中国地震年鉴

CHINA EARTHQUAKE YEARBOOK

1993

地震出版社

《中国地震年鉴》编辑委员会

中国地震年鉴
CHINA EARTHQUAKE YEARBOOK
1993

责任编辑：李　玲
责任校对：王花芝
地震出版社出版
北京民族学院南路9号
中国地质大学轻印刷厂印刷
新华书店北京发行所发行
全国各地新华书店经售
*
787×1092　1/16　28.75印张　3插页　736千字
1995年12月第一版　　1995年12月第一次印刷
印数：0001—1200
ISBN 7-5028-1288-1/P·807
(1719)定价：60.00元

1993年5月25日全国地震局长会议
1993年度全国地震趋势会商会

方樟顺局长在会上讲话

宋健国务委员讲话（贾志坚　摄）

张国民研究员代表专家组发言

方樟顺局长讲话（贾志坚　摄）

日本地震专家石川做学术报告

会场一角（贾志坚　摄）

1993年3月20日西藏拉孜－昂仁6.6级地震

布嘎村房屋局部垮塌

查邬村屋顶局部垮塌

一房屋局部垮塌

布嘎村北山体崩塌的巨石

1993年10月2日新疆若羌6.6级地震

若羌县供销社门市部女儿墙V型裂缝，钢筋混凝土雨篷断裂

米兰36团场石棉制品厂库房山墙裂缝

若羌县、艾西煤矿地表裂缝

1993年7月30日湖北咸宁4.1 级地震（上）
1993年9月30日印度基拉里6.4级地震（下）

地区科委办公楼被震裂

蒋家洞小学校舍被震坏
（地震研究所　于品清　摄）

“墙倒架立”的木构架砌石房屋

毛石堆砌的房屋在地震中成片倒塌

中外名人参观唐山地震资料陈列馆

北京市市长李其炎（右一）、
河北省省长叶连松（中）在参观

台湾著名运动员纪政在参观

国家地震局地震数据信息中心成立

方樟顺局长，何永年、葛治洲副局长在成立大会上

发展地震信息技术
为防震减灾做贡献
宋健
一九九三年十二月

方樟顺局长为数据信息中心揭牌

捐赠仪式（景式范　摄）

1993年9月7日授予世界著名地震工程学家豪斯纳教授为国家地震局工程力学研究所名誉教授

工程力学研究所所长谢礼立教授将名誉教授证书授予豪斯纳教授

中德地震研讨会在北京举行（陈长林　摄）

目　录

专　载

震情与震害

考　　察

国际交往

纪　　事

防震减灾工作

学术活动

附　录

CONTENTS

Special Column

Earthquake Situation and Disaster

Seismicity in Various Areas

Science and Technology

Results of Scientific Research

Developments of Science and Technology

Earthquake Monitoring and Prediction

Investigation

International Exchanges

Chronicle Events

Local Seismic Prevention and Hazard Reduction Efforts

Academic Activity

Service for National Economy

Personnel and Education

Appendix

Appendix

专　载

这一部分主要收载国务院、国家地震局及省级政府领导有关地震工作的讲话；国务院、国家地震局和省级政府印发的有关防震减灾工作重要文件。

国务委员宋健在全国地震局长会议上的讲话

同志们：

这是国务院机构改革后第一次参加地震系统的会议，非常高兴和大家见面。首先代表国务院向同志们并通过你们向地震战线的全体同志表示慰问和感谢！1993年度的全国地震趋势会商会以后，听了局里几位领导的汇报，对去年的工作进展、取得的成绩和今年的地震趋势还是了解的。国务院对有关地震研究和预报工作一直非常关注，对地震工作战线上的科技工作者和全体职工一直是非常关心的。

近几年来，地震工作取得了不小成绩和长足的进步，为保证我们社会的稳定和人民生命财产安全及国民经济建设的顺利进行，做出了重要贡献。这些成绩和进步主要表现在以下几个方面：

一是通过对20多年来地震工作实践的总结和借鉴国外的成功经验，提出了为减轻地震灾害，必须在各级政府领导下，建立综合防御体系的思想。这在你们提出的90年代地震工作方针中作了很好的概括，即：**坚持预防为主，依靠科技进步，发挥政府的减灾职能，提高全民族的防震减灾意识，增强综合防御能力，最大限度地减轻地震灾害，为国民经济建设和社会进步服务**。这个方针和指导思想的确立，对全面推进我国的防震减灾工作具有重要意义，得到了国内外广泛肯定和赞赏。

二是明确了减轻地震灾害的具体途径、工作环节和奋斗目标，初步形成了防震减灾工作体系，各个方面的工作逐步走上科学化、规范化的道路。这就使我国在地震灾害领域的防灾减灾工作由过去的被动救灾，转到积极防灾，迈出了可贵的一步。特别是抓了震害评估，制定了应急反应预案，改变了救灾工作无序，不讲效益、不顾成本，救济工作盲目，缺乏科学规范的状况。

三是地震监测能力和地震速报水平有了提高，一些现代化手段和设备的使用，提高了地震信息处理和传递的速度，为各级政府能及时了解、掌握情况，采取有效对策，提供了重要决策依据，对保持社会安定、稳定生产和生活秩序起到了重要的作用。

四是发挥了地震部门高科技的优势，拓宽了为国民经济建设服务的领域，一些成果已经走出研究室，走向社会，走向市场，走向生产第一线。特别是地震部门与石油部门的合作，取得了显著的效益，成为科研与产业部门跨行业协作，互利互惠的典范。

总之，地震部门已经打破了过去单纯从事地震预报，学院式封闭状态，路子越走越宽，对经济建设和社会进步的作用也越来越重要。地震部门的工作与各级政府和社会各方面的结合越来越紧密，得到了广泛承认和赞扬。

地震部门属于社会公益性部门，但又不同于一般的公益性部门，因为它的主要工作是以减轻灾害为直接目标。由地震灾害的特殊性所决定，地震部门的工作需要快速反应和跨行政区统一调度，具有准军事性质。经过20多年的探索，我国的地震工作已经形成了具有自己特色的管理制度和工作体系。实践证明，这样一种体系和制度，是符合我国国情的，是行之有效的，应该给予充分肯定，并继续坚持、发展和进一步完善，不要轻易变动。

八届人大一次会议通过了国务院的机构改革方案，对国务院的所属机构作了较大的调整。政府机构的改革是为了转变政府职能，理顺关系，精兵简政，提高效率，适应建立社会主义市场经济体制的需要。大家要从党和国家的全局来认识这个问题，正确对待、坚决服从。这次机构改革后，国家地震局虽然由国家科委管理，但是从工作制度和管理体系上来说，应该加强，而不是削弱。随着社会生产力的发展，各种基础设施的增加，基本建设规模的扩大，保护环境和预防灾害问题就日益显得更加重要。发展经济与减轻灾害已成为各级政府和全社会同等重要的任务。因此，地震工作的重要性将与日俱增。国务院机构的变化，不仅不应影响地震部门的工作和执行国务院赋予地震部门的职能，而且应该进一步加强。经过多年努力已经形成的关于减轻地震灾害的方针政策、途径和措施，以及管理制度和工作体系，都应该继续坚持下去，不断有所前进，有所发展。希望同志们继续发扬已有的成绩，努力奋斗，按照已形成的工作方针，继续全面推进综合防御工作，进一步完善防震减灾工作体系，使各项工作进一步科学化、规范化，为提高地震科学技术水平，完善监测和预报系统，加速装备现代化建设而继续拼搏。国务院各部委，特别是国家科委将会为你们提供更有力的支持和帮助。去年国务院办公厅 12 号文件明确：一旦发生严重破坏性地震，国家地震局即自动转换为国务院抗震救灾指挥部的办公机构。各省（区、市）也根据文件要求明确了省地震部门的这一职责。各省地震部门要坚定地负起这个责任，把工作落到实处。另外，各省原来都成立了由省政府领导牵头，各有关部门负责人参加的省“防震减灾领导小组”，对统一指挥、协调防震减灾工作起到了中枢指挥作用，应该继续坚持下去。目前，由于省政府换届，分管地震工作的领导有的可能有些变化，各省地震部门要主动向政府领导汇报工作，加强请示，争取省、市、自治区政府的领导和支持。

我们的奋斗目标仍然是，经过十年左右的努力，使我国大中城市和人口稠密、经济发达地区具备抗御 6 级左右地震的能力。这个目标是必需的，也是可能实现的。当然，要实现这样一个目标，不是仅靠地震部门一家就可以做到的，前提是需要全社会的共同努力，需要各个部门的通力合作，需要科技的支撑和建立有效的工作体系及监督机制，更重要的是各级政府要切实负起责任。各地的地震工作是直接为当地的经济建设和社会发展服务的。地震部门的工作很辛苦，也很清苦，各级领导在政治上、工作上、生活上应给予关心、支持和帮助。

上面谈了机构改革的问题。深化改革不仅仅是机构的改革，更重要的是体制和机制的改革。地震部门要认真贯彻党的十四大和八届人大一次会议精神，继续深入推进地震事业的改革。地震部门是高科技部门，要按照中央和国务院同意的“稳定加强一头，放开搞活一片”的方针，一方面加强基础理论研究和基础设施的现代化建设，确保更好地完成监测预报任务，努力攻克地震预报的理论和技术难关；另一方面要充分发挥高科技优势，面向社会提供多领域、有效益、覆盖面尽可能广的科技服务，搞好综合经营，通过市场渠道扩散科技成果、扩散知识，为建立社会主义市场经济体制作贡献。

在新形势下，各项地震专业工作应该提高装备和技术水平。同时，要精干队伍，分流人员，克服人才积压的弊端，充分发挥每一个人的才智和作用，为发展经济服务。地震部门已经制定出这方面的计划和目标，有的已开始实施，并初见成效。这个方向，应该坚定不移地坚持下去，不能动摇。最后，我希望地震部门的同志们继续发扬优良传统，再接再厉，不断提高工作水平，把我国的防震减灾事业推向一个新的发展阶段。

方樟顺局长在全国地震局长会议上的讲话

这次局长会议的主要议题是，贯彻落实党的十四大和八届人大一次会议的精神，研究地震系统的机构改革问题。

国务委员宋健同志出席我们这次会议，并作了重要指示，我们要认真传达和落实宋健同志讲话的精神，更好地推动地震工作。另外，我们局里的几位领导同志也要分别作专题发言。这里，我先讲三个方面的问题。一是关于机构改革，二是关于人员分流，三是关于做好今年的防震减灾工作。

一、关于机构改革

党的十四大提出，从今年开始，在三年内基本完成机构改革。这次机构改革的根本目的是，适应社会主义市场经济发展的要求，按照政企职责分开，精简、统一、效能的原则，转变职能，理顺关系，精兵简政，提高效率；重点是加强宏观调控和监督部门，强化社会管理职能部门；并且将中央的机构改革和地方的机构改革结合进行。党的十四届二中全会审议通过了《关于党政机构改革的方案》，八届人大一次会议原则通过了国务院的机构改革方案，对国务院的机构设置作了大幅度的调整。根据国务院的决定，国家地震局改为由国家科学技术委员会管理的国家局。部委管理的国家局与主管部委的关系有六条原则，大家在国发[1993] 26号文中都已看到，我就不重复说了。

根据中央机构编制委员会办公室对“三定”工作的安排，部委管理的国家局的“三定”方案与主管部门的“三定”方案分别审核，一起上报中央编委。我局的“三定”工作，正在抓紧进行之中。这里我将主要情况向大家通报一下。

第一，关于国家地震局的主要任务和职能　地震工作除了有认识、探索自然规律的一面之外，更为急迫的是还有为适应国家和人民减轻地震灾害的需求，动员和组织全社会，开展以预防为主，实行综合防御的社会管理功能的一面。

国家地震局成立20多年来，在党和政府领导下，在震前采取了预测预防措施，在震时协助政府及时作出快速反应，采取有效的应急救灾行动，在震后为迅速恢复社会的正常功能和生产能力、重建家园，做了许多卓有成效的工作。经过总结和提炼，我们提出了一条适合我国国情，符合防震减灾工作内在规律的工作思路，这就是坚持以预防为主，实行以监测预报为基础的综合防御，最大限度地减轻地震灾害的道路。具体地说，减轻地震灾害工作，按照时序和工作内容可以分解成地震监测预报、震灾预防、地震应急、地震救灾与重建四个环节。国家地震局的主要任务是，贯彻“以预防为主”的方针，统一管理全国地震工作，研究、拟定我国地震科学技术和防震减灾工作的发展战略和政策，负责管理地震监测预报、地震安全性评价、震害预测和评估、工程抗震、社会防灾对策和震前的应急防御工作，行使国务院抗震救灾指挥部办公室的职能，协助各级政府做好震后应急反应和地震救灾与重建工作，提高全社会的防震减灾意识，争取最大限度地减轻地震灾害，为国民经济建设和社会发展服务。根据上述任务，在上报的“三定”方案中，国家地震局的主要职能具体分解为18项，其核心是强化政府职能，强化社会和行业管理的职能，积极推进科技进步，全面加强防震减灾工作。

我局的主要任务和职能，是由我们面临的严峻震情和防震减灾的工作特点两个基本因素决定的。国家地震局作为一个统一管理全国地震工作、专司防震减灾社会管理功能的政府机构，责任重大。我们要充分认识做好地震工作的重大意义，以高度的政治责任感和历史使命感，努力完成国家和人民的重托，争取经过十年左右的努力，实现“到本世纪末或下世纪初，使我国多震区的大、中城市和人口稠密、经济发达地区具备抗御6级左右地震的能力”的奋斗目标。只要各级政府切实负起责任，各部门通力合作，依靠科学技术进步，动员社会各界积极参与，不断完善各级防震减灾工作体系，建立起健全的法律保障和监督机制，上述的奋斗目标就一定能实现。到那时，中强地震将不致成灾，即使发生了更大地震，也将大大减轻人口伤亡和经济损失。

第二，关于转变职能的思路和主要措施　搞好这次机构改革，转变职能是关键。对国家地震局系统来说，我们主要从以下四个方面入手。

1. 继续完善和发展有中国特色的地震工作管理体制。

实践证明，我国现行的对中央与地方两支地震队伍实行的“条块结合”管理体制，是符合国情和防震减灾工作特点的，有利于发挥中央和地方两个积极性。进一步改革的方向是，继续完善和发展有中国特色的地震工作管理体制。即：省级地震局（办）由国家地震局和省政府双重领导，以国家地震局领导为主。根据各地区震情和社会经济发展水平，国家地震局强化分区分类管理，省政府授权省级地震局（办）统一管理辖区内的防震减灾工作（包括工程抗震工作）；地、市（县）地震局（办）由地方政府领导、省地震局（办）进行业务指导，地方政府授权地、市（县）地震局（办）统一管理辖区内的防震减灾工作（包括工程抗震工作）。各级地震部门都要按照“小机关、大事业”的思路进行机构改革，强化防震减灾工作的社会管理职能，各事业单位要加强以地震监测预报为基础的综合防震减灾工作和相应的地震科学研究，也要积极开展技术开发、科工贸和综合经营工作，全面推进综合防御，提高为地方经济建设和社会发展服务的意识，提高地震工作的社会经济效益。

2. 根据“在严重破坏性地震发生后，国家地震局要立即转为国务院抗震救灾指挥部办公机构”的精神，调整内设机构的职责分工，提高应急反应能力。

根据国务院办公厅印发的《国内破坏性地震应急反应预案》，破坏性地震分为四类，一般或中等两类破坏性地震发生后，主要由所在省、自治区、直辖市人民政府自行抢险救灾工作；而在严重或特大破坏性地震发生后，就需要国务院及各有关部委采取支援灾区实施抢险救灾的应急行动。为了能够高效有序地行使国务院抗震救灾指挥部办公室的职能，及时向国务院提供震情和灾情信息，提出抢险救灾对策和措施的建议，协助国务院做好指挥调度和协调工作，发挥参谋和助手的作用，对内设机构的职责分工进行适当调整，以减少交叉，提高应急反应能力。

3. 理顺关系，合理划分有关部门关于工程抗震管理的职责权限，强化防震减灾工作的统一管理体制。

我国地震工作统一管理的体制是在周总理亲自主持下建立起来的。实践证明是有利于地震科学技术进步和发展，适应推进防震减灾工作需要的。由于历史原因，防震减灾工作中的工程抗震环节仍实行分散管理，使得地震工作没有完全实现统一管理，造成了部门之间的职能交叉和实际工作中的矛盾。这不仅影响到本应加强防御地区的抗震设防工作，而且，严重影响和干扰了防震减灾四个环节组成的综合减灾工作的进行。国家编委曾专门为此做了协调工作，并有明确的意见。但是，在分散管理体制不变情况下，国家编委的协调意见得不到执行。这次机构改革应从改革管理体制入手，变分散管理为统一管理，合理划分有关部门关于工程抗震工作的职责权限，由国家地震局行使归口管理全国工程抗震工作的职能，各有关部门只负责其职能管理范围内的工程抗震工作，国家地震局要加强对各部门工程抗震业务工作的宏观指导、监督、协调、服务，从而消除矛盾，理顺关系，加强合作协调，更好地推进防震减灾工作。

4. 简政放权，强化宏观管理。

国家地震局准备将地震科技计量、标准、专利、科技信息、科技期刊、科技档案和出版等辅助性、技术性、服务性工作转移给下属事业单位，局机关只保留宏观管理职能。同时，通过深化人事、劳动工资、计划财务、物资基建、科技业务管理制度的改革，进一步对局属事业单位和省级地震机构简政放权，强化宏观管理。

以上四方面的思路和措施，我们已向中央编办和国家科委作了汇报，涉及到单位外的理顺关系问题，还需要经过国务院审批。我们尽量争取一个好的结果。大家回去后，要根据上述精神，积极推进省级地震机构和事业单位的机构改革工作。总的精神只有一条，就是防震减灾工作只能加强，不能削弱。省地震局（办）要认真履行职责，大力加强防震减灾的社会和行业的行政管理职能，首先是敢于管理、善于管理，使职能全面到位，同时还要积极作好宣传工作，主动争取当地政府的领导和支持，争取有关部门的协作和配合，不断创造和改善有利于防震减灾工作的宽松外部环境。

二、关于人员分流

人员分流是地震系统进行适应社会主义市场经济体制改革的核心和关键问题之一。刚刚结束的全国科技工作会议要求，对科技队伍的建设，继续采取“稳定加强一头，放开搞活一片”的做法，加快科研院所结构调整和人才分流的步伐。我们必须认真落实。防震减灾事业是社会公益性事业，其队伍规模要与国家的事业经费支持水平和科学技术发展水平相适应，而且队伍人才结构应比较合理，能适应全面推进防震减灾工作的需求。我们这支地震工作队伍是在上一个地震活跃期间迅速发展起来的，其主体是从事地震观测和研究的科技人员，从总体上看，素质相当不错，技术水平比较高，又有强烈的事业心、责任感和献身精神。但是，我们也应看到，与国家现有的经济能力可能提供的事业经费支持相比，这支队伍仍显得规模过大，事业经费的很大一部分被人员经费所挤占，除去维持地震工作的正常运转以外，用于技术改造、科技攻关等经费的支持强度已低得不能再低了；另外，从全面推进防震减灾工作的需求来看，队伍人才结构不尽合理的状况又相当突出。因此，实行人员分流，进行人员结构调整是势在必行的事。

地震系统深化改革的基本思路是“稳定加强一头、放开搞活一片”。人员分流是“稳定加强一头”的需要和保证措施之一，又是“放开搞活一片”的直接结果和主要实现手段。人员分流不能简单地理解为裁减冗员，而是要充分调动每一个人的积极性，真正做到人尽其才，学有所用。所以，我们要在保持一支精干的从事监测预报、震灾预防等基础性技术工作和相应科学研究的地震工作队伍的同时，动员、鼓励、组织一批具有各种专长的优秀人才投入到为经济建设服务的广阔领域中去。我们要充分利用和发挥地震系统人才、科技资源、信息网络等优势，按照国家、集体、个人一起上的方针，积极鼓励支持各单位、各部门、各类人员以市场为导向，全方位、多形式、多途径地发展包括科技开发、咨询、服务和多种经营在内的第三产业，特别要鼓励各单位、集体和个人自筹资金、自愿组合、自主经营、自负盈亏，创办科工贸、生产性、服务性的经营实体。

我们认为，有组织地发展地震科技开发工作，促使科技和经济结合，使大批人员走上为经济建设服务的广阔领域是人员分流的主渠道。只要我们充分用好、用足、用活国家和地方政府制定的各项有关政策，积极组织、引导职工分流，在3～5年内，实现人员分流三分之一甚至更多一些的目标是完全可能的。前几天我们开了一个地震系统科技开发工作会议，总结了科技开发工作的进展情况，研究了如何进一步开创地震系统科技开发工作新局面和促进人员分流的问题。总的看，我们系统科技开发工作的发展势头是很好的，步子稳妥，成效也比较显著。从1987年开始的地震系统和石油系统的科技合作就很能说明问题。几年来，我们为一些大型油田和企业进行了工程区的地震危险性分析、地震影响小区划和震害预测，已成为石油企业场址选择和制订长远规划的决策依据，既为油田基本建设节省了投资，又保证了工程有可靠的安全系数；地震系统运用先进的科学技术手段，对长输油管道沿线进行主干活断裂勘察和地震烈度研究，对油田注水诱发地震的研究，对油井套管破损机理的研究，以及石油乳化剂、人工地震采油技术的开展等，为输油管线的建设，油田地质灾害的防治，保持油田稳产高产作出了重要贡献；科技合作取得的显著经济效益和社会效益受到石油系统的欢迎。这种合作本身既促进了石油系统的防灾减灾工作，同时为几个大油田建设的地震台网，也补充了地震系统专业台网的不足。温家宝、宋健二位领导同志都肯定石油－地震科技合作是科技体制改革的方向。目前，我们和石油系统正在探讨为适应社会主义市场经济的发展，共同投资筹建石油地震高新技术企业，研究、开发包括从地下到地上建筑防震减灾和高新技术的成果，推广到各个经济领域，共同开拓国际市场。石油和地震两个系统的科技合作的经验告诉我们，只要广开思路，打破部门的局限，寻求科技与经济的结合点，发挥市场需求的驱动作用，地震为经济建设服务的领域就会越来越广阔，纵、横向任务相互补充、相互促进，为地震事业持续、协调地发展作出积极贡献。国家地震局今后要进一步加强对科技开发工作的组织领导和政策引导，努力开拓横向联合与科技合作的新领域，积极筹措科技开发基金，帮助开发实体和公司企业健康成长，争取我们系统的科技开发、人员分流工作有一长足的发展，为建立社会主义市场经济体制作贡献。

三、关于做好今年的防震减灾工作

关于今年的地震工作重点项目计划，国家地震局已经下达，各单位要抓紧组织实施，措施要配套、具体，抓得要得力。在年初计划会上，我讲了今年全局要着力推进的四项主要业务工作，即：地震现场的震害评估和建筑物结构安全鉴定工作；进一步落实和完善国家级地震应急反应预案工作；城市震害预测和综合防御试点工作以及地震安全性评价管理办法的出台工作。各有关业务司要抓紧安排进行，承担任务的单位要组织精兵强将，高质量地完成任务。这次“三定”以后，业务司之间的职能会进行一些小调整，目的是减少内部的职能交叉，更加有利于从整体上推进和加强防震减灾工作。按原定进程安排，我局的“三定”方案要在国务院新组建的几个部委之后，和国家科委的“三定”方案一起审批，估计不久即可出台，所以大家要按原定的计划抓好今年的防震减灾工作，千万不要等待观望，延误战机。只要我们真抓实干，一件一件、一个问题一个问题地解决，我们防震减灾工作的水平就一定会有大的进步。

方樟顺局长在1993年度全国地震趋势会商会上的讲话（摘要）

这个会议，这几年我们把它开成一个国际性讨论会，可以说是一个大胆的尝试。我们邀请了美国的同行、前苏联的同行、欧洲共同体的同行。今年，日本同行是第一次参加。地震局作为国家地震工作的职能部门，我们把最大限度地减轻地震灾害作为工作的宗旨。但是，要减轻地震灾害，方方面面的工作、环节是很多的，作为地震部门来说，也仅仅是为国务院当好参谋，做好工作。有政府的强有力的领导、组织协调，我们各部门的通力合作，加上科学技术的支持，我们不会像以往抗御地震灾害能力那么薄弱，一个4～5级地震都会引起社会的混乱，生产的瘫痪。我们只要沿着这条路子走下去，我国的状况就会改变的。我们向国务院提出，沿着目前的这套思路做下去，通过国际减灾十年活动，用十年或者更长的时间，在我们国家一些多地震地区的大、中城市的规划建设，一些设施，特别是重大工程，尤其是生命线工程，如果都按照规定的设防标准来做，大家都来严格把关，政府的强有力组织，推动各部门的通力合作，科学技术的跟上，加上监督机制的完善，我们国家在地震多发地区和地震带上的大中城市，能够抗御6级及6级以下的地震，不至造成重大破坏和人员伤亡，我们认为这个目标是可以实现的。下面我想借此机会给大家讲一讲综合防震减灾的思路。

首先我要讲的是地震监测预报是整个防震减灾的基础。

我们为什么提出来地震的监测预报，是整个防震减灾的基础呢？我国960万平方公里，各个地区的地质背景和地震的危险程度，是很不一样的，所以不能说960万平方公里的土地上都会发生地震。所以，就地质背景和地震危险程度是大不一样的，加上我们拥有这么多台站、观测手段和研究力量，在这些研究工作的基础上，提出来在一定时间发生地震概率较高地区作为重点监视防御区进行综合防御工作，这基本上是世界通用的作法，从长期预报来说，我们有个区划图，是第三代区划图，这作为一般的工民建，这个图基本上是够用了，这几年中长期的预测的可信度逐年在提高，从综合减灾这方面来看，效果是好的，临震预报的问题，一直是困扰全世界的一个科学难题，哪个月哪一天，几点发生几级地震，这个问题，中国没有过关，哪个国家也没有过关，这是全球地震工作者一直盼望解决的一个问题，大家都在探索。上一个活跃期我们在海城、云南、四川等几次地震做出了一定程度的预报，对社会取得了很好的效果，所以我们必须毫不动摇地抓下去，关于预报这方面目前基本上是这个思路。我们感到震前的防御工作是非常关键的工作，要是从工作内容来说，分这么几个方面，在中长期的预测基础上面，对这些重点监视防御区，尤其是一些大中城市，进行震害预测工作，这项工作也仅仅是开始。从我们国家来说，也是从与国外交流中学来的，我们笼统地向政府提出来这个地区很危险，这基本上还是一种定性的概念，现在我们根据大中城市地下的地质背景，地震的安全程度，考虑地面建筑、工程设施，抗震的能力，开展这方面工作，就有一个定量的问题摆在政府面前，哪些地方是经得起几级地震的袭击的，而哪些地方是不能的，那就要求政府对这些薄弱环节或隐患加以消除，这项工作目前我们是有目的，有计划地开展，效果是不错的。

第二项工作，关于工程地震工作，是非常重要的工作。我们和美国、日本及一些多震的发展中国家都有交流与合作关系，基本上是纳入了法制的轨道进行管理的；但这项工作在我国来说基本上还没有个法，这一方面无论是从全球还是从我们国家来说，好的坏的典型是相当多的，所以目前从我们来说是全力地推进这项工作，我们和建设部门及其他的产业部门一起，全力推进这项工作，从国务院来说，很关心这项工作，专门发了文件，目前和有关部门全力推进这项工作，这项工作是一项关键性的工作，但目前的状况不是很理想的，有些部门很重视，如我国大型水力工程已建和拟建的核电厂，应该说工作做得相当不错。到过现场考察过的，包括美国、加拿大和其他国家的一些专家，认为这个工作是无懈可击的，做得是好的。但是我国也有许多城市在规划中不重视这项事情，有些大的工程投资上亿元或更高，由于缺乏这方面的意识，或者认为有个一比四百万的区划图就够用了，所以，有的也不太愿意做这项工作，认为没有必要。如果大家都来注意这个问题，我认为我国抗地震袭击方面能力是可以大大增强的，所以目前我们要全力推进这项工作。

正做的第三项工作，地震发生以前的对策方案。这项工作我们认为也是非常重要的工作，从我本人来说，来地震局后二三个月就遇上了云南的地震，7.6级、7.2级两次，从地震现场来看，要有一个周密细致的预案，否则现场混乱，不知所措，所以这几年来我们根据多年来的经验教训总结，同时引进了一些国外好的作法，帮助一些多地震的省、地、县开展了这项工作。实践证明，虽然没有经历过7级以上大震的考验，但是6级多的地震是经历了好几次，效果是好的，所以有预案与否是完全不一样的。如天祝地震发生以后三要素知道了，指挥部的人员几分钟就到位了，几十分钟以内，带领各路人马、物资到达现场，当然我这说法也不是没根据的，甘肃省政府的两位领导与我谈起这件事情，省政府的慰问团、工作组到现场时伤员已得到了救治，灾民得到了很好的安置，所以感觉到预案的重要性和效果。有的省将地震预案用于其它灾害，也产生了非常好的效果，这使我们一组突然事情发生以后，应该有哪些部门参加，哪个部门主要任务是什么，都是清清楚楚的，所以不会出现考虑了这个部门没考虑那个部门的现象。比如说医院，听说前方很需要医生，就派了一大批内科医生去了，结果前方需要的是外科。等到过了一阵，疾病流行起来了，外科医生赶到了，内科医生因长时间派不上用场，已经走了。当然，这些说明事先没有做好预案的准备，事到临头就乱了，延误了救援效果。所以说，预案是非常重要的，我和地方的领导同志也交换过看法，有人说这个事情会不会是纸上谈兵的事情，比如说发生了像唐山那样的地震，到时候指挥人员没准早都死了，我们的预案由谁来指挥呀？当然，像唐山这样一个不设防的城市，发生了七、八级地震，这种惨状，我认为也是很稀少的事情。有个省的领导对我讲，他们的城市预案，包括哪些家有吊车、推土机，我都知道。我不可能有大量储备放在那儿，但是，一旦事情发生时，我可以调遣，因为我心中有数。所以说，预案非常有用，而决不是纸上谈兵的问题，是经历了几次6级以上地震和其它灾害的考验的。作为国家一级的预案，我们正在推进，我们参考了美国政府和日本政府的预案。目前我们正在制订我们国家级的，一旦发生特大的破坏性大震，需要中央政府作出反应的预案，目前我们在全力推进这项工作。国务院去年开会时曾经明确，一旦破坏性地震发生以后，地震局应自动转化为中央或国家救灾指挥部的办公机构，我们感到这个压力是比较大的，当然，大的决策指挥靠中央政府，但是信息的提供靠这个办公机构，承担这个责任，任务压力是比较大的，是比较繁重的。

目前我们已经把全国的通讯网络基本上建成，一旦破坏性地震发生后，有线通信若被摧毁，全国范围内除西藏、新疆、青海部分地区我们没有能力外，无线通讯网络已基本形成。现场的破坏情况和伤亡情况以及急需上级解决的问题，怎样才能及时地传输到省，传到北京，并能看到现场的情景，这项工作我们正在努力做，车载的卫星通讯、通话、画面传真，我们已经建了几个，在几个多震的省如四川、云南，包括北京、首都圈，这些地区我们基本上已经搞起来了，和军委也已经做了这方面的联系。一旦破坏性地震发生后，中央或省政府最关心的问题就是死人没有，伤的情况怎样，房屋倒塌情况，经济损失情况，生产是否受到破坏，急需上级政府解决什么问题，这些都是抗震救灾指挥部的办公机构或参谋机构的作用，所以这方面的体系我们正在建立，1993年（即今年）我们准备在二、三个地区模拟演习一下，即各通讯网络全部开通。所以我们请各省局把责任担当起来，责任是非常艰巨的，需要各方面的配合，当然工作指挥主要是由各级政府来做，从我们来说主要是提供这方面的信息，这方面的参谋意见，这是我要讲的第三个环节内容。

第四个环节是关于破坏性地震发生后家园的重建恢复工作。当然这些事情主要是政府做，但是作为地震工作的全过程，对于我们来说，我觉得我们要做几件事情，也就是目前我们正在推进的，一个是人们最关心的破坏性地震发生后还有没有更大的地震发生，这方面的趋势判断分析，我觉得我们国家通过这些大震现场的锻炼，我们是有这方面能力的，而且做得不错，我们还参与了国际上一些大震的现场工作，效果也是好的，所以这些年来国际上的大震一般来说很多国家都邀请我们的专家去做些工作，如美国等其它国家。这项工作毫无疑问是很重要的。

第二方面，我们国家发生一个破坏性地震后，不管在城市还是乡村，全民总动员都住在外面或自发的住在外面，哪怕房子很坚固，也住到外面去，所以对社会的影响，生产、生活秩序的破坏是很严重的。我们考察了几个国家的做法，我觉得他们做得比我们科学，特别是几个发展中国家动作很快，一旦破坏性地震发生后，从事地震工作、工程建设、土木工程的人员很快地集合起来，到现场去进行鉴定工作。凡是现场能居住的房屋，不仅家庭人员自己居住，还要接纳无家可归人员居住，这样可以避免地震发生后很多次生灾害如瘟疫等疾病的发生，减少大量财富的浪费、损失。另外破坏性地震发生后灾害损失的评估工作我们认为也是很重要的，因为第一，政府救援究竟根据什么，特别是家园的恢复重建工作需要一个客观的东西，另外，保险公司的理赔，也要建立在客观的基础上。第三，国际、国内的救援活动也需要客观标准。所以国务院把这项任务交给我们，这几年来我们从事了这方面的工作，得到了政府有关主管部门的重视。山西大同、甘肃景泰地震，做了比较客观、合理的经济损失评估，在中央和地方的财政支持下，经过两年的恢复重建，中央满意，省满意，州、地政府满意，县里满意，老百姓满意。如果不是这样做，尽管中央、地方财政拿出了很多钱，下级部门可能不一定会满意。大同6.1级地震发生后，世界银行为当地恢复家园提供贷款，这项工作做得比较好，世界银行官员到现场做了抽样调查，认为是比较客观的，最后决定给予三千万美元的重建家园无息贷款。我们觉得，这些工作整个归纳起来，即地震工作的全过程，当然这些工作都是在各级政府的统一领导指挥之下进行的，地震部门的工作仅是其中的小部分，所以我们提出需要有政府强有力的领导、组织和推进，各部门的通力合作，通过我们大家的努力，经过十年或稍长时间的努力，我们国家有些农村我不敢说，起码一些多震地区的大中城市，发生一个6级或6级以下地震，不至于造成很多的人员伤亡，房屋倒塌，经济损失。我们认为这个目标是完全可以实现的。从1966年周总理提出以预防为主，综合防御的路，我们现在遵循的基本上是周总理当年提出的大方向，实践证明，目前的思路、做法还是符合我们国情的，否则就很难说。最近，福建龙岩发生一个5级左右地震，震级不大，我九、十月份路过当地，当时我们看了当地房屋后总觉得有问题，房屋是就地取材随便搭上去的，我当时跟漳州市领导说这样恐怕不行，福建局领导同志也给他们提出来，结果仅5级左右地震就伤了200多人。江西瑞金也受到了影响，数十人受伤。有人担心监测预报工作会削弱，所以我就把关于以预防为主以地震监测预报为基础，综合防震减灾的思路做法以及目前的一些效果，简单的和大家谈谈。

陈章立副局长在1993年度全国地震趋势会商会闭幕式上的总结讲话（摘要）

今年全国地震趋势会商会，是在前几年判定我国大陆地震活动已明显进入一个新的活跃期，但近两年却无7级以上强震发生，1992年中强地震活动水平又明显偏低的情况下召开的。从1985年到1990年中强地震频度很高，又发生了几次7级以上强震，因此前几年绝大多数专家都认为，我国大陆地震活动确已进入了一个新的活跃期。但近两年活动水平却不高，特别是1992年活动水平明显较低。于是对我国大陆地震活动总趋势的不同见解也就提了出来，这是正常现象。不同见解之间的讨论，有助于使我们的思维更全面些，有助于改进我们的分析方法，把预报研究深入一步。我们必须认真地对待所取得的每一个有限的成功和所遭受的每一个挫折，从中总结正反两方面的经验、教训，提出问题，改进我们的思维和分析方法，不断把地震预报研究朝纵深方向推进。为了便于各种不同意见之间的讨论，这次我们又对会商会的开法进行了改革，采取挂图和报告、答辩式的讨论相结合的方式。经过几天认真的研讨，大家对今后几年，特别是1993年度我国大陆地震活动趋势取得了比较一致的倾向性的认识。刚才分析预报中心主任罗灼礼同志已就会商结果做了报告。在去年全国地震趋势会总结时，我曾就怎样看待年度会商会的结果，特别是所确定的几个重点监视防御区，专门讲了很长一段话。概括起来就是：所提出的几个重点监视防御区是在我国大陆有一定地震监测能力的区域里，目前已出现的异常相对较多些，1993年或稍长些时间发生中强以上破坏性地震的可能性相对大些的地区，因此，对这些地区必须重点加强监视，抓紧做好综合防御的各项工作。但由于地震预报水平所限，一方面这并不意味着所确定的这些地区1993年都必然要发生中强以上的破坏性地震；另一方面也不意味着其他地区1993年就一定不会发生中强地震、破坏性地震。而且5级多的地震，前兆异常往往在震前几个月才出现。年初的会商会要管到年底，实际上是很困难的。因此，其他地区也不可松懈，同样必须适当加强工作，密切注视震情的发展变化，及时作出判断，并采取相应的措施。希望各单位按此精神向省和计划单列市政府汇报和部署今年的工作。

对于全国地震活动的总形势，虽然有些不同看法，但经过会商，多数单位和多数专家还是认为，我国大陆地震活动确已进入了一个新的活跃期。我看，至少说，按地质构造来划分研究单位，把我国大陆和边邻地区作为一个整体来研究，从80年代中后期开始已明显进入一个新的活跃期，这不会有多少疑义。至于这一新的活跃期与前几个活跃期比较，活动水平是高些，还是低些，由于资料和认识水平的限制，现在恐怕还难定论。但在这一新的活跃期里还将有多次的7级以上强震发生，这也是大家比较一致的认识。在活跃期里，连续两年没有7级以上强震发生，不用说仅境内，就是连同境外一起来看，都不是独一无二的。1921，1922年不论境内还是境外，都没有7级以上强震发生；1928，1929年也没有。一上活跃期，1966年邢台7.2级地震后，虽然1967年在内蒙古有7级地震发生，但境内没有，1968年更平静，境内不仅没有6级以上地震，5级地震的频度也很低。因此，目前要作出在这一新的活跃期，7级以上强震将主要发生在境外的判断，为时尚早。而且多数人认为，即使如此，90年代我国大陆地震活动水平也将起伏增强，发生7级以上强震，看来是难以避免的。这就决定着在90年代，防震减灾的任务是相当艰巨的。

对于我们地震系统来说，首要的就是必须努力做好防震减灾工作，提高防震减灾工作的实效。但怎样才能更有效地减轻地震灾害呢？方局长多次的讲话，包括在这次会商会开幕式的讲话都反复做了阐述，强调必须坚持走有符合我国国情的防震减灾工作的道路。这条道路，概括地讲就是坚持以预防为主，在监测预报的基础上，对地震灾害加强综合防御。再说得稍为具体些，一是必须充分发挥各级政府在防震减灾工作的职能作用，这自然包含过去所说的发挥中央和地方两个积极性，必须大力推进地震科学技术的进步与应用，必须努力提高全民族的防震减灾意识，动员组织社会各界，广大公众积极参与防震减灾活动，这自然包括过去所说的专群结合这一特色。并把政府、科技、民众三者紧密地结合起来。二是必须坚持以预防为主，在监测预报的基础上，把监测预报、震灾预防，地震应急、救灾与重建等防震减灾的各个工作环节有机地结合起来。如果从预报的角度，我想还可以加上一点，就是必须坚持边观测，边研究，边进行预报的实践。我体会，这不仅符合防震减灾工作的特点和我国的国情，也符合辩证唯物主义的主体观，系统观，实践观和认识论。因而为实践证明是正确的。只要我们坚持这样做，通过一段时间的努力，有可能做到使城市具有抗御6级以下地震灾害的能力，大大减少人员伤亡和经济损失，社会也不致于因有感地震而产生“振荡”，影响正常的社会秩序和经济生活。方局长在多次会上反复阐明了这一思想，我们全局系统广大干部、职工，多数是赞成的。但有少数同志在赞成这一做法的同时，或多或少产生了点误解，认为现在强调发挥政府在防震减灾工作的职能作用，强调加强综合防御，是不是降低了监测预报工作的地位和作用。还有些同志说，是不是因为近几年国际上对地震预报的现状与前景众说纷纭，我们对预报失去信心，才强调加强综合防御。这都是一些误解。最近几年，我们针对过去防震减灾工作中的薄弱环节做了强调，采取措施予以加强，这是十分必要的，只有这样才能更有效地减轻地震灾害。这丝毫不意味着降低监测预报工作的地位和作用。从国家局到省局的领导，对监测预报这一防震减灾工作的基础，一直是非常重视的。今后局还将继续采取必要措施进一步加强地震监测预报工作。至于国际上对地震预报的现状和前景有不同见解，这不是近几年才有，应该说，从开始进行地震预报探索就有。对此，我们局领导态度也是明确的，同时希望大家，特别是处在监测预报工作第一线的同志一定要有正确的认识。既要看到地震预报确实是一个难度很大的科学问题，又应坚定经过认真的努力预报水平一定能不断提高的信心。既要看到国外在这方面的长处，努力学习，吸收国外先进的理论、技术、方法，又绝不可妄自菲薄。我们在80年代的早、中期的清理攻关，就是反思，总结正反两方面的经验教训，在此基础上，在80年代后期，又开展了实用化研究，把已有的经验、认识系统化，以便更好地用于指导预报实践。所以应该说，我们一直是重视反思的，今后还应继续注意反思，认真总结正反两方面的经验教训。稳定加强一头，放开搞活一片。这是总的原则。监测预报工作是防震减灾工作的基础，当然属稳定加强之列，但稳定不是保持现状。去年11月份，局召开了监测处长会，绝大多数人都认为，监测系统现在总体上来说，不是人少，而是力量有富余。必须在保证优质完成监测任务的同时，积极动员、鼓励、组织富余的力量投入到经济建设的更广泛的战场中去，充分利用我们的资源优势，因地因人制宜，发展包括科技开发、服务和多种经营在内的第三产业，通过努力，争取使职工的生活水平与当地社会的平均生活水平之间的差距不仅不再扩大，而是逐步缩小。对分析预报系统呢？很多同志认为，也应如此。

因为从总体上来说，力量也有富余。据我了解，有些单位分析预报部门人员的任务饱满些，但很多单位则不然，任务并不饱满，力量还是有富余的。因此也应积极动员、鼓励、组织富余力量发展第三产业。当然不论是对监测还是预报，都有个正确处理监测预报工作与发展第三产业的关系。怕影响工作，消极地“保”是稳不住的，但如果不保证优质地完成监测预报工作任务，是不行的，必然要影响防震减灾工作，影响我们更好地为国民经济建设服务，这就要犯大错误。希望各单位正确处理好这两者的关系。还要特别提倡奉献精神，为攀登地震预报的科学高峰，为减轻地震灾害作出贡献。我在分析预报工作第一线工作了十多年，回忆那段历程，我个人深深感到，在目前地震预报仍处于探索阶段，能不能尽可能对震情及时地作出较好的判断，分析预报人员的信心、奉献精神、工作状态是很重要的。当时，很多同志面对严峻的地震形势，经常日以继夜地工作，不放过任何一个重要的可能的前兆信息，从正反两方面反复进行分析研究，千方百计想抓准地震。每当预报获得了成功，大家都很欣慰；每当预报的努力遭受严重挫折，人民的生命财产蒙受巨大的损失时，大家的心情都很沉重。现在在分析预报第一线工作的很多同志仍然保持了这种精神，希望不论是从事分析预报工作10年、20年的老同志，还是年轻的同志都要继续发扬这种拼搏精神、奉献精神。应该说，经过20多年的努力，现在我们不论是技术条件，还是认识水平都比上一地震活跃期强，在上个活跃期我们没有辜负敬爱的周恩来总理对我们的期望，报准了几次强震，率先在人类历史上实现了对破坏性地震成功的预报预防的零的突破。现在面对新的活跃期，我们没有理由倒退！这是对我们地震部门，特别是各级领导和分析预报第一线的广大同志的严峻考验。当然，要使预报水平不断有所提高，从根本上来说，还必须大力推进地震科学技术的进步与应用。局已对此做了安排，在八五计划中体现了出来。包括高新观测技术的研制和突出“新”与“实”的短临预报攻关研究。总之，希望大家正确地认识监测预报在防震减灾工作中的地位和作用，正确看待与处理国际上对地震预报的不同见解，坚定信心，并深化分析预报工作的改革，振奋精神，把分析预报工作做得更好，为减轻地震灾害作出更大的贡献。

陈颙副局长在1993年度全国地震趋势会商会开幕式上的开幕辞

同志们：

1993年度全国地震趋势会商会现在开会。

国家地震局作为国务院主管全国地震工作的职能部门，一直把最大限度地减轻地震灾害，提高全民族的防震减灾意识，增强综合防御能力作为自己的责任。

在减轻地震灾害方面的具体作法之一，是对隶属于国家地震局、有关产业部门和事业单位、地方各级政府以及企业的各种地震观测台网，实行行业领导和业务管理。依据分布在全国大陆的2000多台项的大量资料，依靠国内以及国际专家的研究，每年对我国大陆近一二年地震发生的地点、强度及可能性大小进行会商。经过认真研究的会商意见将向国务院汇报，并通过政府文件形式，通报给有关地方政府，向他们提出建议和明确的要求。1990年国发62号文《国务院批转国家计委、国家地震局关于加强破坏性地震减灾工作意见的通知》，1991年国办发75号文《国务院办公厅关于印发国内破坏性地震应急反应预案的通知》，1992年国办发12号文《国务院办公厅批转国家地震局关于1992年及未来几年地震趋势和防震减灾工作意见报告的通知》都是在每年会商会后发出的。而且，每年我们都同国务院有关部委，深入重点地震监视区检查工作，检查地方政府落实上述文件的情况。

近五年会商会结果表明，平均每年划为“全国重点监视区”的面积总和，约占我国大陆面积的6%左右，如果地震是均匀分布的，那么发生在这些区域内的破坏性地震也应是6%左右。但发生在这些地区之内或附近的破坏性地震数目占总数的比例不是6%，而是30%左右。这表明，广大台站工作者、分析预报专家的辛勤努力，艰苦工作是有重要意义的，他们用有限的人力、物力、财力为最大限度地减轻地震灾害做出了贡献。但是，另一方面，30%是个不大的概率，它反映了地震预报这个国际性科学难题之所在，也反映了地震预报的科学水平在当前还是十分有限的。不断地加强科学研究，提高预报科学水平，仍是十分严峻的问题。为此，我们要有使命感，要有紧迫感。

减轻地震灾害的具体作法之二，是采用国际最先进的理论、技术，对中国大陆进行地震烈度区划。1992年经国务院批准，国家地震局和建设部颁布了“中国地震烈度区划图”，它给出了一般工程建设安全性设防的标准，这是一个进行防震减灾的法规性图件，它把“预防为主”的方针具体化。可以预料，这个区划图的颁布和执行，将为我们大规模的经济建设提供安全性基础。同时，它也是中国政府在国际减灾十年活动中作出的巨大贡献。

减轻地震灾害的作法还有很多，总的说来，这些作法可以概括为监测预报、地震预防、地震应急和救灾重建等四个方面，它们组成了“坚持预防为主，依靠科技进步，发挥政府减灾职能”的综合防御体系。许多国家多次肯定了这种体系的优点，多次地震实践也证明其是行之有效的。每年一度的会商会，是综合减灾工作中的重要的一环，希望我们能够把这次会商会开好。

参加今天会商会开幕式的有来自国务院经贸办、国家计委、国家科委、建设部、财政部、人事部、国家编委、监察部、中组部、核安全局、中国人民保险公司和石油天然气总公司、民政部等部门的负责同志。

大家知道，减轻地震灾害是项巨大的社会系统工程，涉及到方方面面和许多部门。正因如此，国务院才明确国家地震局是主管全国地震工作的职能部门。但我们清楚地知道，没有方方面面、各个部门之间的支持、理解、配合、协作，很难做成什么事情。在过去的日子里，各部门的同志在防震减灾工作方面做出了许多突出的成绩，不断开拓前进，为我们提供了新鲜经验和榜样，而且他们对地震局的工作给予了大力的支持，不仅在北京，在各省也都是如此。借此机会，请允许我代表国家地震局向各有关部委和单位、向今天到会的各部委和单位的领导同志表示衷心的感谢！同时希望在今后，能给我们更多的支持和帮助！

我们这次会商会还邀请了日本的著名地震专家石川有三先生参加会议，我们也对石川先生的到会表示热烈地欢迎。

关于1992年地震工作计划执行情况和1993年地震工作计划安排的意见（摘要）

葛 治 洲

一年来，地震系统在坚持地震工作为国民经济建设和社会发展服务的社会主义方向，进一步推进改革开放，把工作重点放在调整结构、提高效益上来，尽力减轻地震灾害，努力开拓地震工作为国民经济建设和社会发展服务等方面都取得了不同程度的进展。本着量力而行，尽力而为，促进地震事业持续、稳定、协调发展的思想，在国务院有关部门和各级地方政府的大力支持下，克服各种困难，努力筹措资金，合理安排使用经费，保证了地震工作各项任务的完成。在维持地震队伍和保证正常监测分析预报预防工作的基础上，保持了必要的科技投入和重点项目的实施。总的来看，各项计划执行情况是好的。

一、1992年地震工作主要进展

（一）加快地震系统的深化改革

面对经济建设飞跃发展和地震活跃期的严峻震情，为了抓住有利时机发展地震事业，适时地推进各项改革向纵深发展，经过充分调研，局提出了《关于地震系统深化改革的若干建议》。1992年7月全国地震局长研讨会对此作了深入研讨，经过广泛征求各方面的意见，修改印发了《关于地震系统深化改革的若干意见》(以下简称《意见》)。明确了地震系统深化改革的目标和基本思路，制定了深化改革和简政放权的具体政策措施。根据各单位的反映，《意见》基本上是符合十四大精神和地震系统实际的；改革的指导思想和目的是正确的，首先是为了使地震工作更好地服从服务于经济建设这个唯一的中心，把防震减灾工作搞得更好，更有实效，使地震事业的发展更加充满活力和有后劲；还要通过改革缩小差距，使地震系统职工的生活水平逐渐接近当地职工的平均生活水平，这也反映了广大职工群众的愿望。《意见》提出的改革措施也基本体现了既要解放思想又要实事求是，既有原则性要求又不搞一刀切的精神，强调要因地制宜，在充分发挥群众创造性的基础上不断开拓进取，改进完善。几个月来各省局（办）和直属单位不等不靠，积极行动，经过一段时间的实践，大都取得了不同程度的进展，总的形势正在朝着好的方向发展。

（二）进一步明确地震工作思路，统一认识，综合防震减灾工作取得很大进展

近几年来通过总结我们20多年的实践经验和教训及借鉴国际上防震减灾的先进经验，已经逐渐形成了一套符合我国国情的地震工作思路，明确为了争取最大限度地减轻地震灾害，必须坚持以预防为主的方针，充分发挥政府在防震减灾中的职能作用，大力推进地震科学技术的进步，努力提高全民族的防震减灾意识，动员组织群众参与防震减灾；必须在监测预报的

基础上把震灾预防、应急准备、救灾与重建等环节有机地结合起来，走综合防御的道路；争取经过十年或更长的时间的努力，做到使我国的大多数城市具有抗御 6 级以下地震灾害的能力，对 6 级以上地震造成的损失也能有明显的减轻。根据这一思路，一年来全局上下做了大量工作，取得了很好的进展。国务院办公厅以［1992］12 号文转发了我局关于地震趋势和加强防震减灾工作意见的报告，引起了各级政府的高度重视，政府职能意识有明显的增强。根据田纪云副总理的指示，国家地震局筹建了国务院抗震救灾指挥部的办公机构，于年中举行了内部演习，开始建立地震灾情速报通讯网。经国务院批准，与建设部联合颁布了新编《全国地震烈度区划图（1990）》及其使用规定。北京等一些省市已依此精神，由地震和建设等主管部门联合发文将工程建设场地的地震安全性评价纳入基建程序。国家地震局与中央宣传部联合召开的重点监视防御区防震减灾宣传工作会，以及其后各地相继召开的宣传工作会，均把地震宣传纳入各级党委的宣传工作计划和议事日程，必将产生深远的影响。各地在有关防震减灾的地方行政法规的建设上也取得了不小进展，相继出台了一批法规、应急预案等。

（三）加强地震科技攻关，促进科技进步

在对项目进行充分论证和详细课题分解的基础上，“八五”国家科技攻关项目 85-907 项目“地震、地质灾害和城市减灾重大技术方法研究”，“八五”国家地震局重点项目计划 14 个项目中的 13 个项目已全部起动实施，大部分进展顺利，有的项目课题已取得阶段性重大成果。85-907 项目中的 01 课题“数字化地震观测和前兆观测系统的研究”，02 课题“已知大震区和未来强震区构造环境和地壳深部细结构探测研究”两个课题，经过广大科技人员的刻苦攻关，克服技术难度大和经费短缺等困难，取得实质性进展，受到国家科委主管部门的好评。根据年终初步检查，基础探测研究、活断层大比例尺地质填图、地震短临预报攻关研究、中长期地震预测研究、地震试验场短临跟踪研究、震害预测和结构抗震及工程地震研究，以及相关的基础研究和应用基础研究、重点实验室技术改造等方面都基本上按“八五”计划正常进行，为全面完成预定目标奠定了基础。

1992 年，国家地震局组织鉴定科技成果 31 项，评定科技进步奖 39 项。其中一等奖 3 项，二等奖 41 项，三等奖 22 项。获得国家科技进步二等奖 3 项，三等奖 1 项。

（四）地震监测信息技术系统调整优化取得大的进展

初步完成了全国主干短波通信网和 12 个区域短波通信网的建设，建成 8 个小型卫星数据地面站和三个机动车载卫星通信站，初步形成了全国地震通信网络，较好地解决了全国地震监测数据的快速传送、汇集、震情信息交换和大震现场抗震救灾指挥调度的通信联络问题。完成了“837”工程 3 个分项、联合国开发署项目、世界银行贷款项目 5 个子系统的验收鉴定，基本完成以增强首都圈地震监测能力为主要目标的“333”专项。大华北 9 个地震遥测台网和川滇地区 3 个遥测台网实现了联网，各遥测台网均已增配了微机数据处理系统，经过对部分设备的更新改造，初步解决了设备老化问题，提高了地震参数监测、定位精度和地震速报能力。此外，增加了前兆观测 50 多项，前兆观测二次仪表数字化、智能化更新改造方面取得较大进展，提高了观测自动化程度，丰富了前兆观测信息，提高了数据精度和可信度，使重点监视防御区的前兆台网监测能力有了较大提高。预报水平也稳中有升，有关地区在中期预报的基础上加强了综合防御，灾害损失也有所减轻。

（五）地震科技为国民经济建设服务，高新技术开发取得可喜进展

各单位充分利用现有资源，因地因人制宜，大力推进科技开发、咨询服务和多种经营的开展。国家地震局及时因势利导，加强管理和服务，有重点地支持一些预计效益较好的项目。一年来，我们高度重视巩固和发展与有关产业部门的科技合作，组织我局优秀科技力量为这些行业的防震减灾和发展生产服务。一年来，我们在继续为大量的工程建设提供场地地震安全性评价的同时，注意拓宽科技开发的领域，出现了两个明显的特点：一是高新技术所占的比重明显增大；二是我局科技开发进入国际市场，出现了新的希望。总之，我局科技开发的健康发展，不仅在一定程度上缓解了地震系统的供需矛盾，改善了职工生活，而且将进一步为人员分流创造必要的条件。

（六）对外合作交流继续发展

在过去的一年中，对外科技交流与合作无论在数量和质量上，还是广度和深度上都有较大的发展，取得令人鼓舞的进步和实效。中美、中日、中俄合作继续保持较好的势头，与西欧、欧共体和周边国家的合作不断发展，成功地主办了“第二届大陆地震国际会议”和“第一届海峡两岸地震工程交流研讨会”。同时，在对外交流合作中，注意配合国家地震局重点项目，积极参加“国际减灾十年”各项活动与工作，推进我国综合防震减灾工作。通过组织和参加不同层次和类型的国际学术活动，选派专家组赴受灾国协助开展震害调查及余震趋势判断分析，通过多种渠道向外介绍具有中国特色的地震工作，使我国的综合防震减灾工作赢得了世界同行越来越多的重视与关注。ISPEI 减灾十年委员会秘书处、全球地震灾害评估计划东亚中心、IUGG 的中期地震预报项目中心均设在我局，其他一些国际机构也拟这样做。

此外，1992 年能够取得上述成绩，很重要的原因是我们坚持加强地震队伍的思想建设与精神文明建设，深入开展社会主义教育，行政后勤、审计监察方面做了大量的工作，保驾护航，调动了广大职工的积极性，保证和促进了各项工作的顺利完成。

回顾 1992 年的工作，成绩是主要的，但也存在不少问题和困难。我们对社会主义市场经济体制还不熟悉，管得过多，统得过死的问题未能得到根本解决，不善于很快适应市场经济，缺乏有效的对策和手段。事业经费虽然有所增长，供需矛盾依然非常突出，事业维持正常经费十分紧张，行政公用、房屋维修、设备更新经费严重不足，各地有关人员待遇的地方政策，国家地震局无力兑现。计划宏观调控职能不能充分发挥，下属单位几乎没有调控能力和有效调控手段。重点项目有的重心不突出，效益不高，经费分散。为了地震事业的健康发展，必须正视存在的问题和困难，主要通过不断深化改革，提高管理水平加以解决。

二、1993 年地震计划工作指导思想

1993 年是国民经济发展迈上新台阶重要的一年，根据全国深化和加快经济体制改革，逐步建立社会主义市场经济体制这一总的发展趋势，结合地震工作面临的形势与任务，1993 年地震计划工作的指导思想是：全面贯彻落实党的十四大精神，遵循建设有中国特色社会主义的理论和党的基本路线，坚持地震工作为国民经济建设和社会发展服务的方向，努力提高防震减灾工作的实效。为此，一要坚持在调整、优化结构的基础上，尽力保证日常监测预报、综

合防震减灾工作及“八五”科技攻关项目的必要投入。二要坚持“稳定加强一头、放开搞活一片”，积极支持改革开放，努力拓宽服务领域，大力发展第三产业，促进人员分流，改善职工生活。三要坚持广开财源，多渠道增收创收，加强收入管理，防止收入流失。四要从严控制支出，坚持宏观总量平衡，保证重点，兼顾一般，努力提高投资使用效益。

三、1993年地震工作的重点与主要任务

1993年地震工作的重点与主要任务是：

（一）有重点地加大改革力度，建设和发展有中国特色的地震事业

有重点、综合配套地深化和加快地震系统的改革，是全面完成1993年地震工作的迫切需要。要充分估计和利用各种有利条件，实事求是，认真贯彻落实《关于地震系统深化改革的若干意见》，逐步建立起适应社会主义市场经济体制、符合综合防震减灾工作特点的新型体制。继续推进计划财务管理改革，加强和改进宏观调控，严格落实责任包干制范围。要强化财务管理职能，推进对收支预算的统一管理，各事业单位要将预算内外资金纳入统一的收支计划，统一领导，归口管理，合理调整支出结构。在市场经济体制下，尤其要注重发挥财务部门的作用，运用经济手段，处理好各种分配关系，对单位的经济活动加强综合管理。在建立健全财务规章制度，保证经济活动符合国家的法规制度的同时，要增强投资效益意识，一切收支活动必须紧密围绕提高单位的整体效益进行。

（二）坚持以预防为主，继续推进综合防震减灾

以预防为主，走综合防御道路，是根据多年实践经验总结和归纳出来的，比较符合目前地震工作实际情况，是今后地震工作应遵循的方向。各级地震部门要认真贯彻执行全国震害防御工作会议精神，继续强化政府职能作用，抓好防震减灾工作的各个环节，积极推进地震立法工作，把综合防震减灾工作纳入法制建设轨道。要抓好城市震害预测与综合防御试点工作，今年要选择一二个城市或大中型企业，与当地政府相互配合，共同开展从地震危险性场地条件、建筑物结构抗震评估、震害预测，直至综合防御的研究，提出可供当地政府决策，加强综合防御的方案。增强实用性较强的结构抗震研究，并加强对各省局结构抗震、震害评估、预测人员的培训。依靠政府的指挥领导，做好宣传工作，提高全社会与民众的参与意识和承受能力。特别要做好大城市、大型企业、经济发达地区的防震减灾工作，通过不懈的努力，逐步实现使多震地区和经济发达地区具备抗御6级左右地震能力的目标。

（三）坚持做好震情监视预报工作

监测预报是综合防震减灾的基础和第一环节，在今后的工作中要继续得到加强，不能削弱。在经费支持强度有限的情况下，要切实利用和发挥好已有的监测技术系统的作用，安排好重点监视防御区的正常性工作任务。坚持边观测、边研究、边预报，继续支持台站三结合课题，常备不懈地抓好异常落实、震情监视和跟踪、分析，力争对可能发生的破坏性地震作出一定程度的预报。在地震发生后，特别要做好震情速报、灾情速报、大震现场应急、震后趋势分析判断。

（四）提高效益，坚持攻关，调整并完成好“八五”重点项目

1993年是“八五”计划的第三年。是全面完成“八五”计划最关键的一年，首先要抓好国家科技攻关计划85-907项目的实施，加强组织、领导、协调和管理，取得较大的实质性进展。按照《国家地震局重点项目计划组织实施管理办法》的要求，各方面的项目都要相对集中安排，突出重点，把来之不易的重点项目经费使用好、管理好。国家地震局将集中进行对“八五”重点项目的检查评估，结合两年来的执行情况，修改项目设计任务书，调整“八五”计划。要把那些当时论证认识不明确、执行不力、效益不好、经费使用不合理、不能达到预期目标的课题调整下来。今年，在重点项目中，从组织管理和经费支持上，还要适当加强大震速报（包括震情速报和灾情速报）、结构抗震研究、震害预测研究三个方面。同时不失时机地开展“九五”预研究，为确定地震事业下一步的发展目标，制定“九五”规划，地震监测技术系统更新换代等大的战略决策奠定良好基础。

（五）不断开拓地震科技开发领域，切实加强国有资产管理

科技开发要在目前与石油等部门广泛合作的基础上，进一步拓宽领域，在继续抓好地震工程咨询服务的同时，进一步强化高新技术的开发，将地震系统更多的科技成果尽快转化成生产力。要加大政策导向的力度，动员、鼓励、组织更多的力量投入经济建设。发挥系统的综合优势，搞好协调配合，增强凝聚力，完善新的管理运行机制，充分调动各单位开发创收的积极性。要管好用好事业发展基金，支持各类开发实体，支持台站开发，增强各单位的造血机能，争取形成良性循环，以多种形式弥补地震事业经费不足，达到3～5年内人员分流三分之一或更多的目标。

各单位在保证正常工作的前提下，应积极挖掘潜力，利用多余或闲置的资产扶持发展科技开发和第三产业，同时要加强国有资产的产权管理，保持产权国家所有性质不变，促进国有资产的增值和优化配置，防止流失浪费。凡涉及固定资产的变卖、处置、报废，要按处理权限和审批程序办理。上半年要认真做好地震系统财产清查登记工作，为下一步的清产核资作好准备。

（六）发展地震科技对外交流合作，跟踪世界先进水平

按照《国家地震局90年代期间对外地震科技交流与合作总体规划》，结合全局“八五”计划，配合国家和局重点项目，加强对外合作与交流的针对性、计划性和目的性，讲求经济效益。要不断开拓和寻求新的双边、多边交流合作的途径和渠道，积极引进智力、技术和资金，创造和利用更多的机会跟踪世界地震研究与综合防灾的趋势动态，加强和扩大我国地震工作在国际地震界的作用和影响。充分利用国际合作交流的渠道，创造条件，抓住时机，加速推进我国地震科技产品与技术的输出转让，进入国际市场。继续增进海峡两岸地震科学家之间的来往。

（七）合理安排基本建设投资结构，改进技术装备和物资供应工作

围绕地震事业发展十年规划和“八五”计划的目标和任务，进一步调整投资结构，重点加强地震监测预报重点工作建设，改善职工住宅困难的状况，优先安排竣工项目和投资少、见

效快、效益高、集资大的项目，提高投资效益。通过深化改革，进行住房制度改革，住宅及生活设施建设仍以国家投资为主，通过各种渠道集资，走国家、集体、个人一起上的路子。台站建设尤其是区域性台网建设，要积极吸引地方和企业投资。

在安排好设备更新购置的同时。要加强仪器设备管理，在清理清查的基础上，管好用好已有设备，以发挥最大的效益。随着市场经济体制的发展，国 家指令性计划将会大幅度减少，技术装备和物资供应工作也要继续转变思想和工作方式，探索适应市场经济和地震事业需要的新型管理与服务模式，处理好宏观管住和微观搞活的关系，开拓技术装备和物资供应开发服务的新领域，更好地为基层服务。

（八）控制机构编制，加强培训教育

根据“关于地震系统深化改革的若干意见”，国家地震局只控制各单位人员编制数和内设机构数，并尽可能地创造条件实行人员分流。教育培训工作在做好学历教育工作的同时，重点抓好在职教育。办好防灾技术高等专科学校和杭州干部培训中心，做好地震专业研究生和大中专生的培养。在完成国家任务的前提下，充分利用现有条件和优势扩大办学领域，为社会和经济建设服务。要办好各种层次、各种类型的培训班和研讨班，采取切实措施加速青年人才培养，为地震科技和管理造就骨干人才，重点做好高层次科技人才和地震监测第一线骨干的培养。

（九）改进工作作风，提高效率，推进社会主义精神文明建设

在新的一年中，我们除了要抓好各项业务工作外，一定不能忽视思想政治工作，加强党的建设，加强对建设有中国特色的社会主义理论学习。在新形势下，既要发扬优良传统和作风，又必须解放思想，改变过去某些与形势不适应的做法，研究新问题，提出新办法，积累新经验。尤其要注意继续大力提倡艰苦奋斗、无私奉献的精神，强化审计、行政监察以及勤政廉政建设，保证地震队伍具有很强的战斗力。要加强各级干部和机关工作人员的政府职能意识，进一步改进机关工作作风，特别是要牢固树立为基层服务的意识，切实达到转变职能，理顺关系，精兵简政，提高效率的目的。

国务院办公厅转发国家地震局《关于1993年地震趋势和防震减灾工作意见的报告》的通知

（国办发［1993］10号）

各省、自治区、直辖市人民政府，国务院各部委、各直属机构：

国家地震局《关于1993年地震趋势和防震减灾工作意见的报告》已经国务院同意，现转发给你们，请贯彻执行。

今年全国地震趋势会商会提出了如下预测意见：在地震活跃期内，我国大陆地区已连续两年（1991年至1992年）呈现“缺震”的异常现象，今年我国大陆地区的地震活动强度有可能呈增强的趋势。因此，希望各地震重点监视防御区所在地人民政府要进一步完善、落实应急反应预案和指挥机构，切实做好各方面的工作，并做到常备不懈。国务院各有关部门也要对重点监视防御区内所属重大工程和大型企业的防震减灾工作做出部署。各地地震工作部门要在保持高度警惕、严密监视地震活动的基础上，协助当地政府抓好防震减灾各个环节的工作。各级政府要加强对防震减灾工作和地震部门的领导，并在各方面给予支持。

1993年2月17日

关于下发《地震台站责任承包暂行办法》的通知

各省、自治区、直辖市地震局（办），各直属单位，各计划单列市地震局（办）：

现将《地震台站责任承包暂行办法》发给你们，请你们根据本单位的具体情况遵照执行，并请将执行过程中创造的经验、办法和有关建议及时反馈，以便今后适时修订和完善。

附件：地震台站责任承包暂行办法

国家地震局

1993 年 1 月 27 日

附件：

地震台站责任承包暂行办法

第一章　总　　则

第一条　为了建立和完善地震台站责任承包制，促使地震台站转变工作运行机制，增加活力，多出成果，多出人才，多出效益，稳定队伍；根据国家有关规定，制定本办法。

第二条　地震台站责任承包制是在完成国家下达的正常地震监测、减灾工作的基础上，给予地震台站相对独立的人、财、物自主权，以承包合同的形式，明确国家和地震台站的责权利关系，使地震台站做到自主管理、开发和创收。

第三条　实行地震台站责任承包制，必须在确保地震监测质量稳步提高，有效促进台站综合防御减灾工作发展的基础上，兼顾承包者和职工的利益，自主经营，自负盈亏，挖掘地震台站潜力，充分调动广大职工和承包者的积极性。

第四条　实行地震台站责任承包制，应当订立责任承包合同，合同双方必须遵守国家法律、法规和政策，必须严格执行《地震台站观测规范》，并接受国家有关部门的监督和检查。

第五条　实行地震台站责任承包制，必要时，由国家地震局和省地震局审计部门或其委托管理机构对责任承包合同的双方进行审计。

第二章　地震台站承包的范围、形式和条件

第六条　地震台站承包范围包括现有的人工职守台站和遥测地震台网。

第七条　地震台站责任承包可根据各地的具体情况采用如下三种形式：

单项承包：即对台站包括仪器运转消耗，日常工作、行政、后勤等开支在内的正常业务经费实行承包。

总额承包：即对台站已确定的编制之下，包括人员工资、补助工资、职工福利、离退休费及各项补贴在内的人员经费和单项承包所列正常业务经费实行承包。

开发项目承包：即对利用台站房屋、土地、设备进行技术开发服务，进行种、养业、加工、经商等开发项目进行承包。

亦可采用台站业务工作与开发工作总体承包。

第八条 承包台站应具备如下条件：

地震台站观测质量已基本达到正常观测的要求，台站观测环境基本符合要求，现有仪器设备基本完好。有胜任承包的财务管理能力和条件。

第三章 地震台站责任承包的主要内容

第九条 地震台站责任承包制应实行“五定”，即定任务、定编制、定经费、定质量、定奖罚，其标准一律按照国家地震局制定的有关标准核定，特殊情况经监测主管部门批准可作适当调整。

第十条 地震台站仪器设备更新，技术改造，观测、办公和生活设施改扩建，医疗及各种社会摊派一般不列入承包内容。

第十一条 承包台站在完成台站正常监测工作任务的前提下，节余经费全部归台站所有，用于福利基金、奖励基金和台站事业发展基金。其比例应区别不同承包形式由台站与发包方协商确定。

第四章 责任承包合同

第十二条 地震台站实行责任承包制，由省级地震监测主管部门（发包方）和地震台站（承包方）签订责任承包合同。

地震台站责任承包合同由承包方法定代表人和发包方负责人签订并报单位主管监测领导，审核签发后生效。

第十三条 订立地震台站责任承包合同，合同双方必须坚持自愿和协商的原则。

第十四条 发包方与承包方订立责任承包合同前，应对台站固定资产、库存材料及债权债务进行清理和核实。

第十五条 地震台站责任承包合同的主要条款包括：

(1) 承包形式；

(2) 承包期限；

(3) 承包主要指标；

(4) 承包经费的核定、挂钩办法；

(5) 承包者收入的规定及奖惩办法；

(6) 合同双方的权利和义务；

(7) 违约责任和纠纷处理；

(8) 考评组织和办法；

(9) 承包前债权债务处理；

(10) 合同双方约定的其他事项。

第十六条 承包期限一般不少于三年。

第十七条 地震台站责任承包合同依法确立，即具有法律效力，任何一方不得擅自变更或者解除。因不可抗力或者一方当事人虽无过错但无法防止的外因使承包者无法履行合同时，合同双方可以协商变更承包合同内容或者解除合同。

第十八条 由于承包者管理不善，完不成承包合同规定的指标的，发包方有权提出解除合同；由于发包方违约使承包方无法履行合同的，承包方有权提出解除合同。

第十九条 承包合同一方要求变更或者解除合同时，必须以书面形式通知对方，双方达成协议之前，原合同仍然有效。

承包合同一方收到另一方要求变更或者解除合同的通知后，应当自收到之日起三十日内做出书面答复，逾期未做出答复的，即视为同意。

第二十条 合同双方发生纠纷，应当协商解决。协商不成的，合同双方可根据责任承包合同的规定向合同仲裁机构申请仲裁，也可以直接向人民法院起诉。

第五章　合同双方的权利、责任和义务

第二十一条 发包方有权按责任承包合同规定的内容对承包方进行监督、检查和考核，但不得利用职权违背承包合同规定，干预地震台站正常工作业务、开发、经营、人事、分配等内部自主权。

发包方应当按计划按时划拨承包经费，并在职责范围内积极帮助解决地震台站在承包合同履行中的困难和问题，进行台站正常运行所需仪器、零配件、材料购置协调和有偿仪器维修服务，并维护承包方和承包者的合法权益。

第二十二条 承包台站依法享有台站人员优化组合、自主经营、承包经费支配、物资调配、制定台站收入分配和各种岗位津贴办法等权利。

承包台站必须按责任承包合同规定完成各项承包指标。承包台站有义务服从省局大震应急调度指挥，因大震应急任务造成承包方负担加重，发包方有责任给予合理补偿。

第六章　承　包　者

第二十三条 承包者应具备的基本条件：

1. 坚定地贯彻党的基本路线，熟悉国家有关法律、法规和政策，熟悉地震台站的工作业务；
2. 具有台站业务工作、开发经营管理能力和创新开拓精神；
3. 品行端正，团结群众，身体健康并能适应工作需要。

第二十四条 承包者行使以下职权：

1. 聘用各类科技人员和管理人员；
2. 拒收不适应本单位工作的人员；
3. 对不服从工作安排或不适应工作的人员实行经济处罚或划为编外办法，有权批准台站职工外出兼职。

第七章　责任承包合同的审查、兑现

第二十五条 地震台站责任承包合同期满后，由发包方会同同级计财管理部门对承包指标完成情况进行考核，根据考核情况提出合同兑现意见，并与承包方见面无分歧后，报单位

领导审批后兑现合同。

第八章　附　　则

第二十六条　本办法自公布之日起实行。

第二十七条　各单位可根据所属台站具体情况遵照本办法的精神制定实施细则。

第二十八条　对已实行责任承包的台站，只要不违背本办法的基本精神，可以继续实行原来的责任承包办法。

第二十九条　本办法由国家地震局科技监测司负责解释与修订。

关于发布《地震行业观测技术系统管理办法》的通知

各省、自治区、直辖市地震局（办），各直属单位、各计划单列市地震局（办）：

为强化全国地震行业观测技术系统的管理，推动地震观测技术系统的标准化和现代化建设，不断提高地震观测资料的精度和质量，并利于资料内涵的统一，充分交换与使用，在全国地震综合防震减灾和国民经济建设中发挥更大的社会和经济效益，国家地震局依据已颁发的有关地震法规，在广泛征求意见和总结经验的基础上，制定了“地震行业观测技术系统管理办法”，现予发布。望各有关单位在地震观测技术系统管理工作中认真执行。

附件：地震行业观测技术系统管理办法

国家地震局

1993 年 3 月 29 日

抄送：地矿部、水利部、建设部、能源部、中国石油天然气总公司、国家测绘局

附件：

地震行业观测技术系统管理办法

第一章　总　　则

第一条　为加强地震行业观测技术系统的管理，推动地震观测技术系统的正规化建设，充分发挥地震观测技术系统在地震监测、预报、防震减灾工作中的作用，依据国家地震局关于地震监测工作的有关规定，制定本办法。

第二条　地震观测技术系统包括：地震信息检测、通信和数据传递、汇集、加工、处理技术系统及其地震数据资料交换和服务等系统。

第三条　地震行业观测技术系统管理的基本内容是：地震专用仪器设备的研制与鉴定、生产与引进，仪器设备的选型与进入地震监测技术系统网络运行（简称入网）审批，技术系统运行管理和地震数据资料产出管理等。

第四条　本办法的管理范围：

1. 全国地震基本台网（详见震发办［1992］381 号文）。
2. 凡根据“国家级质量地震台站（网）评定办法”评定为国家级质量的台站（网）。
3. 重大企业、厂矿、电站、水库等地震活动性监测台网（站）。

第二章 仪器、设备的研制、鉴定与生产

第五条 地震观测技术系统的技术标准由国家地震局制定和颁布，研制的地震观测仪器和设备的技术要求，必须符合国家地震局统一颁布的技术标准。

第六条 地震观测技术系统仪器、设备的开发研制，应按照国家地震局制定颁发的地震观测技术系统的技术标准，确定指标，经可行性研究报告、技术方案论证审定后，由各级地震监测主管部门审批后纳入相应各级项目计划予以实施。

第七条 地震观测仪器、设备的选型原则是：

1. 要符合观测物理（目标）量对其技术性能指标的要求，与观测环境条件相适应。

2. 具有良好的抗干扰能力，高可靠性，高稳定性，性能价格比合理。

第八条 新研制的仪器设备鉴定应具备：

1. 样机一般不少于2台，且在地震台网（站）上进行试验，并获得半年以上的连续记录资料。

2. 应符合国家地震局地震科技成果鉴定办法实施细则的有关规定。

第九条 地震专用仪器、设备的生产必须由具备生产能力的单位生产。凡生产地震专用仪器的单位必须向国家地震局监测和生产主管部门提出申请，获生产许可证后方可生产、推广、应用。

第三章 仪器、设备入网管理

第十条 地震观测专用仪器、设备及数据处理软件进入地震台网使用，采用颁发《入网许可证书》方式管理，凡未获得国家地震局颁发的入网许可证书的地震专用仪器、设备及数据处理软件，不得进入地震台网中推广应用。

第十一条 对现已在地震台网中运转的地震专用仪器、设备及数据处理软件，将采取核发《入网许可证书》的办法进行管理。

第十二条 非地震专用仪器、设备及软件系统在进入地震台网应用时应满足地震台网观测技术规范的要求，不必再申发《入网许可证书》。

第十三条 新建的各类监测台网的建网技术方案，应经省级以上的地震主管部门组织的技术专家论证，报国家地震局监测主管部门批准后，方可实施。台网竣工后，应通过省级以上地震主管部门组织的技术专家检查验收，并经国家地震局监测主管部门核准后，才能投入正常监测运转，参加国家级台网的数据交换。

第四章 运行与管理

第十四条 已入网的观测技术系统的运行管理（包括检测、安装、调试、标定、维护与维修、技术改造）按照国家地震局制定的有关技术（观测）规范（含补充规定）执行。

第十五条 地震观测技术系统运行实行分类分级管理。分类分级标准由国家地震局制定并颁发。

各类各级地震观测技术系统的日常运行，维护由所属省局或承担单位具体负责管理：国家Ⅰ级地震台站（网）、全国大地形变监测网（含GPS网）、全国主干通信网及全国综合和专业数据库技术系统的调整、改造及更新，由国家地震局负责组织技术方案的设计论证及协调，

在有关学科技术协调组的指导下，由省级地震部门或承担单位组织具体实施；国家Ⅱ、Ⅲ级台站（网）、区域地震通信网和区域综合地震数据库技术系统的调整、改造及更新，由各省级地震部门或承担单位按国家地震局颁发的统一标准负责技术方案的设计、论证后报国家地震局监测主管部门备案再实施。

第十六条 各类、各级观测技术系统中的仪器设备维护及更新改造，由省级地震主管部门或承担单位负责解决，有关学科专家给予技术上的指导。国家地震局监测和技术装备主管部门负责协调和监督。

第十七条 地震台站（网）及技术管理部门应建立健全地震观测技术系统的技术档案，以便检查和管理技术系统的运行情况。技术档案内容包括：选建台址报告，仪器型号，技术参数，仪器安装标定及检测记录，运行故障及维修记录，观测日志，资料产出情况及直接观测技术人员记载等。

第十八条 地震观测技术系统观测人员上岗前应接受省级地震部门组织的岗前技术培训和上岗考核。上岗技术水平要求和考核内容、办法由国家地震局主管部门拟定。合格者颁发地震观测员证书。该证书在地震系统通用。

在岗人员将由省局级地震主管部门核发证书，未取得证书者不得上岗。

第五章　地震数据、资料产出与管理

第十九条 地震观测技术系统运行的目标是产出高质量的地震数据、资料。观测数据资料是整体观测系统效益的体现。各类观测的原始记录资料必须认真整理，按各类观测方法的具体要求形成观测报告。观测报告、目录等编辑出版发行应按国家地震局监测主管部门制定的规范、管理办法执行。

第二十条 观测资料（原始记录和年度观测报告）的归档保存：

1. 原始记录（本年度和上年度）一般由产出资料的台站、野外作业组保存。

2. 原始记录的归档，国家Ⅰ、Ⅱ、Ⅲ级台站（网）归所在省局信息资料部门，其他台站、网归所在单位信息资料部门。

3. 年度观测报告的归档，国家Ⅰ级台站（网）由国家地震局指定单位（或全国地震数据中心）保存。

第二十一条 观测资料的验收

1. 观测资料实行三级验收：台站（野外队）验收，验收率100%，要求对资料进行全面复核；省级地震部门验收，验收率≥50%，由省级地震业务主管部门或委托有关技术人员组织验收，并要求对资料检查一遍；国家地震局负责全国基本台网观测资料的验收，由国家地震局业务主管部门委托有关学科技术协调组进行。各验收组应对资料做出评价。

2. 未经省级地震部门验收的资料不得参与全国同类观测资料的评比，未经省级地震部门和国家地震局验收的资料不得参与国际资料交换。

第二十二条 观测资料的质量评定和评比

1. 评比方式：地震观测质量评比以省局级地震部门评比为主，国家地震局在省局级评比成绩基础上进行统评，评出全国地震台站（网）观测质量名次。

2. 参评资格：凡入网的各类台站观测资料均应执行国家地震局颁布的有关技术规范的规定，资料连续、真实，均可取得参评资格。

第二十三条 观测资料的报送、流通与交换

1. 国家级各级台站（网）的观测资料应向国家地震局和各省局业务主管部门指定的单位准时报送，具体的报送内容、方式等均暂按现行的有关规定执行。

2. 在地震系统内部的观测资料流通的收费按有关资料管理的规定执行；在全国范围（非地震局系统）内流通，如果资料可服务于国民经济建设，则应纳入市场经济管理的轨道，以产品方式进行合法交换；大地形变测量的资料费标准，按国家测绘局的规定执行；其他观测资料费可参照有关规定或协议商定。资料使用者应承担不向第三者提供资料的义务。

3. 全国地震数据信息中心负责国家Ⅰ级台站（网）地震数据、资料汇集、处理、国内外的数据交换及服务。凡涉及到国际交换的地震数据、资料，均应经省以上地震主管部门批准和保密审查后，方可进行交换。

4. 各单位或个人均应严格遵守上述有关规定，对于违反上述有关规定的单位或个人，视情节给予行政或经济上的处罚。

第六章 附　　则

第二十四条 省地震局可根据本办法制定其管理细则。

第二十五条 本办法由国家地震局负责修订，解释权在国家地震局。

第二十六条 本办法自发布之日起试行。

关于印发《地震灾情上报暂行规定》的通知

各省、自治区、直辖市人民政府、国务院有关部委：

根据国办发［1992］12号文件关于“一旦发生严重破坏性地震，国家地震局即作为国务院抗震救灾指挥部的办公机构”以及“各级政府和各部门要高度重视防震减灾工作”的指示，为了适应地震抢险救灾工作的需要，保证震后灾情的快速上报，国家地震局特制定《地震灾情上报暂行规定》，请各地政府和各部门参照执行。

附件：地震灾情上报暂行规定

国家地震局

1993年3月16日

报：国务院办公厅

送：国务院经贸办

发：各省、自治区、直辖市、计划单列市地震局（办）及国家地震局直属单位

附件：

地震灾情上报暂行规定

第一章　总　　则

第一条　为了加强地震灾情管理，保证震后灾情的快速上报，使各级政府迅速掌握地震灾情，进行科学而有效的救灾部署，减轻地震灾害的损失，特制定本规定。

第二条　本规定适用于中华人民共和国境内遭受破坏性地震后，各级政府和各部门对地震灾情上报的管理。

第三条　地震灾情上报内容主要包括四个方面：

1. 人口影响。如人员伤亡情况，居住与生活状况等；

2. 经济影响。如地震对生命线工程、重大工程、一般工业与民用建筑物、构筑物、设施、设备和家庭财产的破坏以及经济损失等；

3. 社会影响。指地震对社会产生的综合影响，如社会安定和社会生产情况等；

4. 环境影响。指地震对地表所产生的影响，如滑坡、地裂缝、砂土液化等。

第四条　地震灾情分为四类：一般破坏性地震灾情、中等破坏性地震灾情、严重破坏性地震灾情和特大破坏性地震灾情。

第五条 地震灾情的调查、评估和上报，要依靠各级人民政府，由地震部门牵头，会同有关行业部门，共同进行。地震部门负责地震灾情的汇总，并向上级政府和地震部门报告。特殊情况下，可越级上报。地震灾情评估工作应按照国务院有关文件规定和国家地震局有关规定及其方法执行。原则上，一般和中等破坏性地震灾情评估由省级地震部门负责，严重和特大破坏性地震灾情评估由国家地震局负责。

第六条 当地各级政府和行业主管部门应利用快速有效的通信或其他手段及时了解和上报地震灾情。

第七条 地震灾情的上报必须坚持实事求是的原则，做到认真负责，及时准确。

第二章 地震灾情的速报

第八条 地震灾情的速报是组织应急和抢险救灾工作的参考依据，因此各行业部门和各级政府必须以最快的速度了解、汇总和上报灾情。

第九条 破坏性地震发生后，震区各级政府和行业主管部门，必须及时了解所辖区内的灾情，并在震后 2 小时内向上级政府和地震部门报告初步了解到的灾情。新了解到的灾情必须及时报告。

第十条 各省、自治区、直辖市地震部门，在向省级政府和国家地震局报告破坏性地震基本参数时，应同时上报初步了解到的灾情。之后，要继续了解、不断汇总灾情资料，及时向省级政府和国家地震局报告。

第十一条 国家地震局在向国务院报告破坏性地震基本参数时，应同时上报初步了解到的灾情。之后，要继续了解和汇总灾情，及时向国务院报告。

第三章 地震灾情初评估的上报

第十二条 地震灾情初评估是迅速恢复地震灾区人民正常生活和工作秩序的决策依据。

第十三条 震中区所在地的省级地震部门，在破坏性地震发生后 2 小时内，应派出地震灾情评估队伍，及时赶赴地震现场。特殊情况下，国家地震局可派有关人员快速赶赴地震现场，参加并协助地震灾情评估工作。

第十四条 地震灾情评估队伍到达现场后 3 天内完成一般或中等破坏性地震灾情初评估；5 天内完成严重或特大破坏性地震灾情初评估。

第十五条 一般和中等破坏性地震灾情初评估的结果，经震中所在地的省级地震部门核准后，及时向地震现场工作指挥机构、震区所在的省级政府报告，并通报国家地震局。严重和特大破坏性地震灾情的初评估结果，需经国家地震局核准，并向国务院报告。

第四章 地震灾情总评估的上报

第十六条 地震灾情总评估是震灾区恢复与重建工作的决策依据。这项工作由地震灾情评估队伍继初评估之后完成。

第十七条 地震灾情评估队伍到达现场后 10 天内完成一般或中等破坏性地震灾情总评估；20 天内完成严重破坏性地震灾情的总评估；30 天内完成特大破坏性地震灾情的总评估。

第十八条 一般或中等破坏性地震灾情总评估结果由震中所在地的省级地震部门或国家地震局组织专家评审验收后，报震区所在地省级政府和国家地震局。严重或特大破坏性地震灾情总评估结果报震中所在地的省级地震部门初审，由国家地震局组织专家评审验收。地震灾情总评估结果由国家地震局报国务院。

第十九条 经过评审组织验收合格的破坏性地震灾情总评估结果可分别提供给震中所在地的省级政府和国务院（包括有关部委）使用。视情况需要，可对外公布。

第五章 附 则

第二十条 各省、自治区、直辖市人民政府和国务院有关部委，根据本规定制定实施细则。

第二十一条 本规定由国家地震局负责解释。

第二十二条 本规定自发布之日起实行。

关于印发《工程建设场地地震安全性评价许可证书管理办法（试行）》等规定的通知

各省、自治区、直辖市、计划单列市地震局（办），国务院各有关部、委、局、总公司地震主管部门：

为了加强工程建设场地地震安全性评价工作的管理，提高地震安全性评价单位的素质，保证地震安全性评价工作的质量，特制订了《工程建设场地地震安全性评价许可证书管理办法（试行）》和《地震安全性评价工作上岗证书的颁发和管理程序（试行）》，现印发给你们，请组织实施。

附件：1. 工程建设场地地震安全性评价许可证书管理办法（试行）
2. 地震安全性评价工作上岗证书的颁发和管理程序（试行）

国家地震局

1993年9月8日

附件一：

工程建设场地地震安全性评价许可证书管理办法

（试　行）

第一章　总　则

第一条　为加强工程建设场地地震安全性评价工作的管理，保证地震安全性评价的质量，制定本办法。

第二条　在中华人民共和国领域内一切从事工程建设场地地震安全性评价工作的单位，应按本办法规定的条件和程序，申领《工程建设场地地震安全性评价许可证书》（以下简称《评价许可证书》），凭证开展工程建设场地地震安全性评价工作。

第三条　《评价许可证书》由国家地震局审查核发并实行监督和管理。

第四条　《评价许可证书》设甲级、乙级和单项三种

持有甲级《评价许可证书》的单位，可承接全国范围内各种规模的工程建设项目和技术改造项目以及开发区建设项目的场地地震安全性评价工作。

持有乙级《评价许可证书》的单位，可承接所在省、自治区、直辖市内大中型工程建设项目和技术改造项目以及开发区建设项目的场地地震安全性评价工作。

持有单项《评价许可证书》的单位，在地震安全性评价工作中，可承接单项《评价许可

证书》规定业务范围内的工作。

第二章 申领《评价许可证书》的条件和程序

第五条 具备以下条件者可申请甲级《评价许可证书》

（一）经国务院部、委、局、办、总公司和省、自治区、直辖市人民政府依法定程序批准成立的、具有法人资格的事业单位。

（二）具有专门地震安全性评价工作机构和固定在编的专职工程技术人员。技术力量雄厚，专业配备齐全，技术经济人员配套。有较高的社会信誉，有六人以上持有国家地震局核发的甲级《地震安全性评价工作上岗证书》。

（三）具有与开展评价工作相适应的实验、测试、分析手段，有较先进的技术装备和软件系统。

（四）能够完成地震安全性评价工作中的地震地质调查、地震活动性分析及地震动参数的预测，对协作单位的技术力量有分析、审核能力，并能独立编写地震安全性评价工作报告。

（五）熟悉和掌握国家地震局颁发的有关法规、标准和地震安全性评价工作技术规范等。有比较健全的质量、技术等管理制度。

第六条 具备以下条件者可申请乙级《评价许可证书》

（一）经省、自治区、直辖市、计划单列市、省辖市人民政府依法定程序批准成立的及国务院部、委、局、办、总公司所属的和所辖大区或省一级代表机构所属的、具有法人资格的事业单位。

（二）具有专门地震安全性评价工作机构和固定在编的专职工程技术人员。技术力量较强，专业配备齐全，技术经济人员配套。有较好的社会信誉、有六人以上持有国家地震局核发的乙级以上《地震安全性评价工作上岗证书》。

（三）具有与开展评价工作相适应的实验、测试、分析手段，有较先进的技术装备和软件系统。

（四）能够完成地震安全性评价工作中的地震地质调查、地震活动性分析及地震动参数的预测，对协作单位的技术力量有分析、审核能力，并能独立编写地震安全性评价工作报告。

（五）熟悉和掌握国家地震局颁发的有关法规、标准和地震安全性评价工作技术规范等。有比较健全的质量、技术等管理制度。

第七条 具备以下条件者可申请单项《评价许可证书》

（一）经省、自治区、直辖市、计划单列市、省辖市人民政府依法定程序批准成立的及国务院部、委、局、办、总公司所属的和所辖大区或省一级代表机构所属的、具有法人资格的事业单位。

（二）具有《评价许可证书》规定业务范围的固定在编的专职工程技术人员。有二人以上持有国家地震局核发的甲级《地震安全性评价工作上岗证书》。有较好的社会信誉。

（三）具有与《评价许可证书》规定业务范围相适应的实验、测试、分析手段，有较先进的技术装备和软件系统。

（四）具有单独承担《评价许可证书》规定业务范围的能力。独立编写《评价许可证书》规定业务范围的工作报告。

（五）熟悉和掌握国家地震局颁发的有关法规、标准和地震安全性评价工作技术规范等。

有较健全的质量、技术等管理制度。

第八条 申领《评价许可证书》的程序

申请《评价许可证书》的单位向国家地震局提出书面申请报告，领取《工程建设场地地震安全性评价许可证书申请登记表》，按规定要求填写后，依次报送所在省、自治区、直辖市人民政府地震部门、行业行政主管部门分别签署审查意见，经国家地震烈度评定委员会进行资格审查后，由国家地震局负责核发。

第三章 职 责

第九条 持《评价许可证书》单位的职责

（一）严格执行国家或地方颁布的有关地震法规、标准、管理办法，遵守国家地震局发布的地震安全性评价行政、技术法规。

（二）严格执行国家物价局和财政部批准的地震安全性评价收费暂行办法。

（三）在《评价许可证书》规定的业务范围内承接地震安全性评价工作。

（四）在签订评价工作合同时，必须标明《评价许可证书》的级别和编号；编报的评价工作大纲和地震安全性评价工作报告必须附有《评价许可证书》缩印件。

（五）及时申报本单位从事地震安全性评价工作的机构、人员、仪器设备的调整和变化情况。

（六）接受国家地震局的检查、监督和考核。

第十条 国家地震烈度评定委员会的职责

国家地震烈度评定委员会受国家地震局委托，对申请《评价许可证书》的单位和《地震安全性评价工作上岗证书》的项目负责人进行业务考核，对持证单位提供的地震安全性评价工作报告进行评估。

第十一条 国家地震局的职责

（一）组织制定、修订《工程建设场地地震安全性评价许可证书管理办法》。

（二）负责审查、核发《评价许可证书》和《地震安全性评价工作上岗证书》。

（三）组织对《评价许可证书》进行定期检查和不定期抽查等工作。

（四）组织、建立《评价许可证书》升降制度，对违反本办法的评价单位有权中止和吊销所发的《评价许可证书》。

（五）监督、检查持证单位的地震安全性评价工作，并负责组织业务考核。

第四章 管理和监督

第十二条 国家地震局负责对地震安全性评价许可证管理、监督，组织对持《评价许可证书》的单位进行考核，并建立许可证升降级制度。

第十三条 每三年进行一次定期检查，不定期抽查视情况确定。

第十四条 检查的主要内容是

（一）评价单位从事地震安全性评价工作的机构、人员状况。

（二）在编专职地震安全性评价人员的业务水平及上岗证书。

（三）设备仪器、分析测试手段和数据质量。

（四）评估已完成的地震安全性评价工作报告。

（五）执行收费标准的情况。

（六）遵守本办法和其他有关法规的情况。

第十五条 检查的程序如下

（一）国家地震局书面通知持证单位参加检查。

（二）参加检查的持证单位，按要求填写《工程建设场地地震安全性评价许可证书检查登记表》，经省、自治区、直辖市人民政府级地震部门、行业行政主管部门审查后，报国家地震局。

（三）根据持证单位的具体情况由负责考核的地震部门确定参加业务考核人员的范围和内容。

（四）检查结果分合格、不合格两种。

第十六条 根据检查结果，并结合升降级制度，对《评价许可证书》分别予以确认、升级、降级或中止。

第十七条 检查不合格或无故不参加检查的持证单位，国家地震局可立即中止其《评价许可证书》的使用。

第十八条 《地震安全性评价工作许可证书》的有效期为五年（从许可证批准之日算起），持有许可证书的单位，在许可证书有效期满六个月之前向国家地震局重新提出申请，由国家地震局组织审查、考核。重新确认许可证书。逾期不办理，则许可证书到期失效。

第十九条 申领许可证书的单位负责《工程建设场地地震安全性评价许可证书》的考核费用。

第二十条 《评价许可证书》遗失后，应立即向国家地震局报告，并声明作废。重新填写《工程建设场地地震安全性评价许可证书申请登记表》，经国家地震局核实后，补发新的证书。

第五章 罚 则

第二十一条 持证单位违反本办法规定，有下列行为之一者，根据第十一条的规定，国家地震局视情节轻重，有权中止、吊销其《评价许可证书》或处以罚款：

（一）弄虚作假领取《评价许可证书》的；

（二）转借《评价许可证书》的；

（三）变相转包评价工作的；

（四）超越所持《评价许可证书》规定业务范围承揽地震安全性评价工作的；

（五）为无证单位承揽地震安全性评价工作的；

（六）机构、人员、仪器设备发生变化已不适宜评价工作又不及时申报的；

（七）评价质量低劣的；

（八）不履行评价合同的。

第二十二条 持证单位完成的评价报告结论不当或错误，造成不良影响和其他损失的，除吊销其《评价许可证书》、勒令其退还全部评价费外，应处以评价费用30%以上的罚款；后果严重的，应追究其直接责任者的责任。持证单位不履行评价合同，造成损失的，按上述规定处理。

第二十三条 未按照本办法获得《评价许可证书》的单位，不得承揽工程建设场地的地震安全性评价工作。如违反本规定承接地震安全性评价任务，一经发现，应立即制止；其做过的地震安全性评价工作无效，收费应全部没收。

第二十四条 审查核发《评价许可证书》的管理人员营私舞弊、滥用职权、玩忽职守，违反本办法规定者，单位领导根据情节分别给予批评教育、行政处分，并调整其工作岗位，构成犯罪的依法追究刑事责任。

第六章 附 则

第二十五条 各类工程建设场地地震安全性评价工作报告必须由持《评价许可证书》的单位和持《地震安全性评价工作上岗证书》的项目技术负责人承担。

第二十六条 涉外建设项目的场地地震安全性评价工作，一般应由国内持有《评价许可证书》的单位承担，确需委托国外机构进行评价的，其评价资格由国家地震局确认。

第二十七条 《评价许可证书》、《工程建设场地地震安全性评价许可证书申请登记表》由国家地震局统一印制、编号和发放。任何地区和部门不得翻印或自行印制。

第二十八条 本办法由国家地震局负责解释。

第二十九条 本办法自颁布之日起实行。

附录一：

工程建设场地地震安全性评价许可证书等级划分表

许可证书等级	甲 级	乙 级	单 项
持证上岗人员	持甲级上岗证书6人以上	持乙级上岗证书6人以上	持甲级上岗证书2人以上
地震地质	1. 地震构造区划分及其最大潜在地震确定 2. 能动断层鉴定技术 3. 断层活动性分段及发震构造鉴定	发震构造鉴定	1. 地震构造区划分及其最大潜在地震确定 2. 能动断层鉴定技术 3. 断层活动性分段及发震构造鉴定
地 震	1. 地震的观测与精定位 2. 潜在震源区划分及地震活动性参数确定 3. 地震危险性分析（确定性方法和概率性方法）	1. 潜在震源区划分及地震活动性参数确定 2. 地震危险性分析（确定性方法和概率性方法）	1. 地震的观测与精定位 2. 潜在震源区划分及地震活动性参数确定 3. 地震危险性分析（确定性方法和概率性方法）
地震工程	1. 场地反应分析（一维反应分析、二维反应分析及非线性分析） 2. 人造地震动合成 3. 地震动参数和反应谱估计 4. 地震地质灾害小区划	1. 场地反应分析（一维反应分析） 2. 人造地震动合成 3. 地震动参数和反应谱估计 4. 地震地质灾害小区划	1. 场地反应分析（一维反应分析、二维反应分析及非线性分析） 2. 人造地震动合成 3. 地震动参数和反应谱估计 4. 地震地质灾害小区划

附录二：

工程建设场地地震安全性评价许可证书申请登记表

编　　号：

申请等级：

业务范围：

申请单位：

法人代表：

申请日期：

审批单位：

批准日期：

证书有效期：　自　　年　　月至　　年　　月

从事地震安全性评价工作调查表（一）

工程技术人员及专业		地震地质专业	地震学专业	地震工程或工程地震专业
人员总数				
其　中	高级职称			
	中级职称			
上岗证书等级	甲　级			
	乙　级			

从事地震安全性评价工作调查表（二）

姓　名	性别	年龄	专业	职称	从事过哪些地震安全性评价工程	上岗证书等级

科研设备调查表（含计算机软件）（三）

序号	设备名称　仪器名称	规格型号	数　　量	主要性能描述

从事地震安全性评价工程或研究项目调查表（四）

工程或研究项目名称	何部门审查	批准文号	成果类别	获奖级别

申请单位意见

（盖　章）
年　月　日

省级地震部门意见

（盖　章）
年　月　日

行业行政主管部门意见

（盖　章）
年　月　日

国家地震烈度评定委员会意见

（盖　章）
年　月　日

国家地震局意见

（盖　章）
年　月　日

批准证书号：

附件二：

地震安全性评价工作上岗证书的颁发和管理程序（试行）

第一章　总　　则

第一条　为加强工程建设场地地震安全性评价工作的管理，保证地震安全性评价的质量，特制定本办法。

第二条　在中华人民共和国领域内从事工程建设场地地震安全性评价工作的项目技术负责人，应按本办法规定的条件和程序，申领《地震安全性评价工作上岗证书》（以下简称《评价上岗证书》），凭证开展工程建设场地地震安全性评价工作。

第三条　《评价上岗证书》设甲级、乙级二种。

持有甲级《评价上岗证书》的工程技术人员，可作为各种规模的工程建设项目和技术改造项目以及开发区建设项目的场地地震安全性评价工作的项目技术负责人。

持有乙级《评价上岗证书》的工程技术人员，可作为省级大中型工程建设项目和技术改造项目以及开发区建设项目的场地地震安全性评价工作的项目技术负责人。

第四条 《评价上岗证书》由国家地震局审查核发并实行监督和管理。

第二章 申领《评价上岗证书》的条件和程序

第五条 具备以下条件者可申请甲级《评价上岗证书》

（一）从事地震安全性评价工作五年以上并具有高级技术职称。

（二）熟悉本研究领域的技术和知识，掌握国内外先进技术和发展趋势，能解决关键性的工程技术问题。

（三）承担过多项重大工程项目地震安全性评价工作，并独立编写过地震安全性评价工作报告。

（四）熟悉和掌握国家地震局颁发的有关法规、标准和地震安全性评价工作的技术规范等，并能结合实际工作熟练运用。

第六条 具备以下条件者可申请乙级《评价上岗证书》

（一）从事地震安全性评价工作三年以上并具有中级以上技术职称。

（二）了解本研究领域的技术和知识，能吸收采用国内外先进技术解决较复杂的工程技术问题。

（三）承担过省级大、中型工程项目的地震安全性评价工作，并独立编写过地震安全性评价工作报告。

（四）了解国家地震局颁发的有关法规、标准和地震安全性评价工作技术规范等，并能在实际工作中运用。

第七条 申领《评价上岗证书》的程序

申请《评价上岗证书》的人员向本单位提出书面申请报告，领取《地震安全性评价上岗证书申请登记表》（以下简称《申请登记表》），按规定要求填写后，依次报送省级地震部门、行业行政主管部门签署审查意见，经国家地震烈度评定委员会进行资格审查后，由国家地震局负责核发。

第三章 证书考核与管理

第八条 国家地震烈度评定委员会受国家地震局的委托制定考核内容、评定标准，对申领证书的工程技术人员进行考评。

第九条 《评价上岗证书》有效期为五年，到期后继续从事地震安全性评价工作者，必须办理新的证书。

第十条 《评价上岗证书》的失效、降级和吊销

持证者离开本职工作岗位超过一年时，原有证书自行失效。如发现持证者有下列行为或事实之一，发证机关可吊销或收回其证书。

（一）《申请登记表》所填内容与事实不符；

（二）提交虚假证明材料的；

（三）转借《评价上岗证书》的；

（四）超越所持《评价上岗证书》规定范围承揽地震安全性评价工作的；

（五）评价质量低劣的；

（六）不履行评价合同的；

（七）不执行国家和地方颁布的有关法规、标准的。

第十一条 国家地震局对《评价上岗证书》进行经常性的管理工作，建立升降级制度。对持证者进行不定期检查。根据检查结果，对持证者分别予以确认、降级或吊销其证书。有的持证者因条件变化要求提升证书等级，需重新填写《申请登记表》，经国家地震烈度评定委员会进行资格审查后，发给升级后的证书。

第十二条 《评价上岗证书》遗失后，应立即向本单位及国家地震局报告，并声明作废。重新填写《申请登记表》，经国家地震局核实后，补发新的证书。

第十三条 未按照本规定获得《评价上岗证书》的人员，不得作为工程建设场地地震安全性评价工作的技术负责人。

第十四条 持证者完成的评价报告结论不当或错误，造成不良影响和其他损失的，除吊销其《评价上岗证书》、退还全部评价费外，应处以一定的罚款；后果严重的，应追究其责任。持证者不履行评价合同，造成损失的，按上述规定处理。

第十五条 审查核发《评价上岗证书》的管理人员营私舞弊、滥用职权、玩忽职守，违反本办法规定者，单位领导根据情节分别给予批评教育、行政处分，并调整其工作岗位，构成犯罪的依法追究刑事责任。

第四章 附 则

第十六条 《评价上岗证书》、《申请登记表》由国家地震局统一印制、编号和发放。任何地区和部门不得翻印或自行印制。

第十七条 本办法由国家地震局负责解释。

第十八条 本办法自颁布之日起实行。

附录一：

地震安全性评价工作上岗证书申请登记表

编　号：
姓　名：
专　业：
职　称：
申请等级：
业务范围：
所在单位：
申请日期：
审批单位：
批准日期：
证书有效期：　自　年　月至　年　月

从事地震安全性评价工作简历

姓　　名	
性　　别	
年　　龄	
所学专业	
现从事专业	
职　　称	
何时从事地震安全性评价工作	
从事过哪些地震安全性评价项目	
在项目中承担何工作	
经哪一级部门审查	
在何刊物发表过哪些有关论文（注明是第几作者）	

申请单位意见

（盖　章）
年　月　日

省级地震部门意见

（盖　章）
年　月　日

行业行政主管部门意见

（盖　章）
年　月　日

国家地震烈度评定委员会意见

（盖　章）
年　月　日

国家地震局意见

（盖　章）
年　月　日

批准证书号：

关于申领《地震安全性评价工作上岗证书》和《工程建设场地地震安全性评价许可证书》的通知

各省、自治区、直辖市、计划单列市地震局（办），国务院各有关部、委、局、总公司地震主管部门：

根据震发防［1993］248号《关于印发〈工程建设场地地震安全性评价许可证书管理办法（试行）〉等规定的通知》的文件精神，现将申领《地震安全性评价工作上岗证书》和《工程建设场地地震安全性评价许可证书》的有关问题通知如下：

一、申领《地震安全性评价工作上岗证书》的项目技术负责人和申领《工程建设场地地震安全性评价许可证书》的单位需向国家地震局震害防御司领取《地震安全性评价工作上岗证书申请登记表》和《工程建设场地地震安全性评价许可证书申请登记表》，并根据震发防［1993］248号文的要求，认真填写申请登记表。

二、申领《工程建设场地地震安全性评价许可证书》的单位向国家地震局提出书面报告，领取申请登记表，按规定要求填写后，依次报送所在省、自治区、直辖市人民政府地震部门或行业行政主管部门签署审查意见后，报送国家地震局。

三、申领《地震安全性评价工作上岗证书》的科技人员向本单位提出书面申请报告，领取申请登记表，并按规定要求填写后，依次报送省级地震部门、行业行政主管部门签署审查意见后，报送国家地震局。

四、自1994年6月1日起，凡未办理《工程建设场地地震安全性评价许可证书》的单位不得继续从事地震安全性评价工作。凡未办理《地震安全性评价工作上岗证书》的人员不得作为各种规模的工程建设项目和技术改造项目以及开发区建设项目的场地地震安全性评价工作的项目技术负责人。

五、《工程建设场地地震安全性评价许可证书》和《地震安全性评价工作上岗证书》由国家地震烈度评定委员会进行资格审查后，由国家地震局负责核发。

国家地震局

1993年10月4日

关于印发《地震重点监视防御区震害预测工作指南》等四个文件的通知

各省、自治区、直辖市、计划单列市人民政府，国务院各有关部委，总参谋部，武警总部：

根据国发［1990］62号文《国务院批转国家计委、国家地震局关于加强破坏性地震减灾工作意见的通知》、国办发［1991］75号文、［1992］12号文、［1993］10号文及国阅［1991］16号文关于由国家地震局牵头，商有关部门抓紧制定出一套防震方面的具体的、有指导性、规范性的文件的指示精神，我局制定了《地震重点监视防御区震害预测工作指南》、《震害调查及地震损失评定工作指南》、《地震重点监视防御区〈减轻地震灾害方案〉编写大纲》、《省级地震部门制定大震应急对策预案大纲》等四个文件，在征求了有关政府和部委意见后经修改完善，现印发给你们，请结合本地区、本部门的实际情况依照执行。

附件：1. 地震重点监视防御区震害预测工作指南

2. 震害调查及地震损失评定工作指南

3. 地震重点监视防御区《减轻地震灾害方案》编写大纲

4. 省级地震部门制定大震应急对策预案大纲

国家地震局

1993年3月27日

附件一：

地震重点监视防御区震害预测工作指南（试行稿）

前　言

当地震重点监视防御区确定之后，为了有效地减轻和防御地震灾害，应对所预报的地震可能造成的震害进行预测，为制订地震减灾计划、地震应急方案和为震后快速评定震害奠定基础。

一次大地震造成的震害，如邢台、通海、唐山地震等，其死亡人数可高达震区总人口的10%～20%，直接经济损失可高达数十亿至数百亿元。如能通过震前的震害预测和减灾措施使地震损失降低20%，则将获得巨大的社会效益和经济效益。

地震灾害和损失一方面取决于地震发生的具体时间和地点、强度，另一方面取决于该区内各类建筑物、构筑物在地震时的破坏程度。因此，震害预测应考虑以上两种因素。

震害预测主要包括：地震危险性分析，现有房屋建筑物、构筑物、水工建筑和工程设施，生命线工程系统，场地，次生灾害，人员伤亡和无家可归人数以及对经济产生的冲击的预测等。

当前科学技术发展的水平还不可能精确地预测地震发生的时间、地点和震级，也不可能精确地预测地震的灾害程度，但可以对未来地震的灾害和损失作出估计，指出某一地震重点监视防御区如果发生所预报的地震时最可能出现的震害种类、分布及其严重程度以及由此可能造成的损失。即使如此，这一工作对减轻和防御地震灾害仍然具有十分重大的意义，应认真进行。

本指南提出的对地震重点监视防御区的震害预测工作的要求和方法，其他地区可根据各自的实际情况参照执行。

第一章　总　　则

1．当地震重点监视防御区确定以后，为了有效地减轻地震灾害，应对所预报的地震可能造成的灾害和损失进行预测，为制订相应的地震减灾措施和地震应急方案提供依据。

2．地震重点监视防御区的震害预测工作应在当地省、自治区、直辖市人民政府的领导和部署下进行。预测结果应由专家会议审定。

3．在地震重点监视防御区进行震害预测工作，需要对所预报的地震的具体震源位置进行判定、对地震烈度区的分布进行划分和对各烈度区内各类建筑物、构筑物、生命线工程系统等进行易损性分析，对人员伤亡和无家可归人数进行预测、对经济损失进行预测。

4．省、自治区、直辖市人民政府应根据经专家会议审定后的震害预测结果，及时部署制订、修订减轻地震灾害的措施和地震反应计划，并组织实施。

第二章　地震危险性分析

5．在进行地震危险性分析及有关预测之前，首先对地震重点监视防御区的基本情况，包括区域的总面积、总人口、总产值，区内的行政区划（县、区、乡等）以及各行政区的面积、人口、产值等进行调查，填写调查、统计表格。尽量利用统计部门已有的可用资料。

6．调查地震重点监视防御区内活动构造的展布及走向，判定最可能发生地震的部位。绘制活动构造及可能的震源位置图，比例尺不能小于1/50万。

7．对每一可能的震源位置，根据全国地震会商会确定的对该地震重点监视防御区所预报的地震震级，确定这次地震在该区可能造成的震中烈度的数值。如果所预报地震的震级是一个区间，则由该区间的上限和下限震级值折算成震中烈度的上限和下限值。

8．根据该地震重点监视防御区内或周围地区历史地震烈度衰减的经验数据，参考其他地震区的资料，结合本地区地壳和地表介质的性质，确定该地区地震烈度衰减参数，由此计算出预期地震将形成的Ⅵ度以上的烈度分布并圈定出烈度异常地区。

9．根据当地地质构造的走向确定等震线长轴和短轴的方向。

10．在地震观测数据比较充分、能够算出各种震级地震发生的概率密度函数时，则应计算出场地地震动危险性曲线。

第三章　现有房屋建筑的震害预测

11．我国现有房屋建筑一般可分为经过正规设计的和未经过正规设计的两种情况，其中经过正规设计的房屋建筑按结构性质可分为：（1）多层和高层钢筋混凝土房屋；（2）多层砖房；（3）多层内框架和底层框架房屋；（4）单层钢筋混凝土柱厂房；（5）单层砖柱厂房；（6）单层空旷房屋；（7）多层空斗砖房；（8）单层砖房等。未经过正规设计的房屋建筑按结构性质可分为：（1）木柱碎砖房；（2）木柱土坯房；（3）砖柱土坯房；（4）土坯房；（5）木穿斗房屋；（6）土窑洞；（7）农村新建砖房等。

12. 震害程度一般可分为5个档级，即基本完好（包括完好无损）、轻微破坏、中等破坏、严重破坏和毁坏。

13. 地震重点监视防御区内、按各个可能震源位置划出的Ⅵ度以上烈度区中的现有房屋建筑的震害预测，可分为对重要房屋进行单体震害预测和对其他房屋进行采样统计群体震害预测。

14. 重要房屋一般指下述五个方面：

（1）指挥机关用房及应急用房：

指挥机关用房（省地县三级）

公安、消防（省地县三级）

医疗救护（省地县三级中心医院）

粮食供应（县属以上粮库和加工厂）

金融保险（地县级）

广播电视（省地两级）

（2）生命线工程中的关键用房：

交通运输（火车站，汽车站，水运、海运和航空港）

邮电通信（地属以上）

电力枢纽（电厂、枢纽变电站）

供水供气（泵机房、控制室、煤气发生站、中心加压站）

（该类房屋也可在有关的生命线工程系统中一并预测）

（3）可能酿成严重次生灾害的房屋：

生产和存贮易燃、易爆、剧毒、细菌或放射性源的车间、试验室和库房。

（该类房屋也可在评估次生灾害时预测）

（4）人员集中的大型公共建筑：

影剧院、体育馆、大商场等

（5）对政治或经济有重大影响的房屋：

重要房屋的震害预测，应逐幢调查防御状态（包括建筑结构现状、目前用途、场地和环境等），分析易损性，预测震害程度和薄弱环节。工作报告中至少应提交下列结果：

（1）每幢房屋在未来地震中的预测震害程度和薄弱环节。

（2）重要房屋的预测震害汇总表，可列下述栏目：编号、房屋名称、建筑面积、建筑结构、层数、建成年份（代）、用途、不同烈度下的预测震害程度。

（古建筑和纪念性建筑的震害预测可另作专门研究）

15. 对预测的Ⅵ度区以上烈度区内的一般房屋建筑的震害进行采样统计群体震害预测，每一烈度区内的采样调查点（村、镇和街道小区）的数目应取总数（村、镇和街道小区）的5%～20%。在每一采样调查点上统计各类建筑的数量并选取几类典型房屋进行抽样单体调查，每类典型房屋调查的单体数量应占该类房屋总数的10%（左右），调查和分析的项目包括建筑物名称、结构类型、建造年代、层数、施工质量、有无设防和在不同烈度下预测的震害程度等。

根据上述工作，应得到：

（1）地震重点监视防御区内的重要房屋分类统计及预测的在不同烈度下各类重要房屋的破坏等级分布（即震害矩阵）。

（2）各采样点上现有房屋的分类统计及预测的震害矩阵，整个地震重点监视防御区内各类房屋的数量、预测的震害程度及薄弱环节。

第四章　构筑物、水工建筑和工程设施的震害预测

16. 构筑物一般包括储油罐、储气罐、化工容器、高炉、热风炉、烟囱、水塔、采煤井架等；水工建筑一般包括土坝、混凝土坝、堤堰等。

17. 在震害预测中，对量大面广的构筑物，如烟囱和水塔，可在抽样调查的基础上，先作单体震害预测，再评估各类构筑物的震害。

18. 对在地震中可能发生严重次生灾害和生命线工程中关键的构筑物、水工建筑和工程设施，应逐个调查，并预测未来地震中的震害程度和薄弱环节。这类单体工程的震害预测，也可在生命线工程系统和次生灾害两章中一并进行。在城市和工矿企业的震害预测中，较常见的这类工程有：铁路和公路桥梁，海港和水运码头、航空港，城市内和城市上游的挡水坝，发电厂的冷却塔和烟囱，无线电和电视台的塔架，水厂的净化池、贮水池和水塔，大型煤气柜和储油罐等。即使在Ⅵ和Ⅶ度这样的中等烈度下，也可能出现非结构性破坏，使气罐、油罐或锅炉翻倒，造成易燃、易爆气体溢出等灾害，对此也应进行预测。

19. 在工矿企业的震害预测中，除了厂房建筑和构筑物的震害预测外，必须注意生产中关键的工程设施和设备的震害预测，包括输送有害物质的各种管道，并应以单体或系统进行震害预测和损失估计。

第五章　生命线工程系统的震害预测

20. 生命线工程系统包括交通、通讯、电力、供水和供气系统。对生命线工程系统的震害预测，包括本指南14（2）中和18中有关生命线工程的房屋建筑、构筑物和工程设施的震害预测，本章的工作必须注重对形成网络的重要线路和设备系统进行震害预测。生命线工程系统的震害预测应强调系统的整体评价和局部破坏对系统的影响，预测在震后能够继续发挥功能的能力和恢复应急服务所需的时间。

21. 交通运输系统的震害预测，旨在预测地震重点监视防御区遭遇地震袭击时交通网的破坏和受阻的震害。震后交通网发挥功能的能力和应急服务的可能性。这项工作包括：铁路、公路、航空、水运、海运等系统和城市街道的主干线、主干线上的重要桥梁、港口、机场、台站、堤岸以及运行和指挥系统的关键设施和设备。

22. 邮电通信系统的震害预测。主要预测地震重点监视防御区在遭受地震袭击时邮电通信联络阻断失效的震害，及震后邮电通信网发挥功能的能力和应急服务的可能性。工作包括：长途电话和电报枢纽、重要电话局和汇接局、无线电台和卫星地面站等机房，架空和埋设线路的电缆、管道和杆架，微波机架和关键的通讯设备。

23. 发电供电网系统的震害预测。要先预测电厂主厂房、枢纽变电站、总调度楼、超高压输电线塔架、高大的烟囱和冷却塔等重要的建（构）筑物和关键设备的震害，进而预测在遭受地震袭击时的电力网络的震害及其应急发电供电的能力。

24. 供水网系统的震害预测。主要是预测水源地的井管、泵房、贮水池和供水管网的主干线在遭受地震袭击时的工程震害和供水中断的震害，及震后居民最低用水和紧急供水（尤其是消防用水）的可能性和相应的对策。

供水系统的震害预测，特别要注意周围场地土质条件的影响。

25. 供气系统的震害预测。应着重于防止严重次生灾害（火灾和爆炸）的发生。

对工作区内管道煤气或天然气气源的工程设施和设备（如煤气发生装置、储气柜、调压塔等），供气管网的主干管道、加压站和切断装置，应进行网络系统的工程震害预测和可能泄漏的估计，并制定保障安全的对策。

对瓶装石油液化气供气站、贮气柜和配气装置的未来地震震害，也应作抽样预测。

第六章　场地震害预测

26. 场地震害预测，通常有下列五个方面：

（1）不同规模和特点的地裂缝导致震害的预测。

（2）大范围震陷、局部塌陷或不均匀沉降导致工程震害的预测。

（3）护岸、路堤、高挡墙等岩土工程和陡坎、山坡等斜坡地形的稳定性分析及其滑坡、塌落程度及其危害的预测。

（4）液化区的液化程度（包括液化引起的滑移和沉陷）及其危害的预测。

（5）断层的活动性及导致震害的预测。

场地破坏所导致的震害，应结合地面破坏小区划绘制预测震害分布图。

27. 对一些特殊的场地，如具有重要政治意义的场所和重大价值的古文物地点，应作为特殊场地进行震害预测。

第七章　次生灾害预测

28. 由于工程震害和场地震害引起的次生灾害主要有水灾、火灾、爆炸、溢毒、细菌传播和放射性辐射等。

29. 对地震次生灾害可能性的估计，一般包括三项工作：

（1）调查次生灾害源，如易燃、易爆、剧毒和放射性源，并绘制其分布图。

（2）评估次生灾害源一旦在地震时突发和蔓延的危害性。一般可分为四级：①只危及本体；②危及当地（车间、库房）；③波及邻区；④蔓延大片。

（3）结合工程震害预测和场地震害预测中有关生产、输送和储存可能发生严重次生灾害的车间、试验室、库房、管道和场区的震害程度，评估发生波及邻区或蔓延大片的严重次生灾害的可能性，并制定相应的防止和应急对策。

第八章　经济损失预测

30. 本项工作系指预测因地震直接震害、间接震害、次生灾害和社会后效等导致的经济损失。地震次生灾害和社会后效（如停工停产）造成的经济损失，有时可能非常巨大，但评估难度很大，可只进行总的估计和宏观评述。本项预测也可用采样调查分析的方法进行。

31. 地震直接经济损失的预测可分为三个方面：

（1）预测现有房屋房产价值的损失。房产价值的地震经济损失，可依据各类房屋的震害程度评估。房产价值应按房屋的现值计，即按房屋的类别、建筑结构、层数、建成年代和质量分类估计目前当地的价值（元/米²）。地震造成的房产损失一般即为该房屋修复或重建的费用。

（2）预测现有房屋内财产价值的损失。现有房屋内财产价值的地震经济损失，也可按各类房屋的震害程度评估。房屋内的财产价值可按房屋的类别、用途和建筑规模（面积）分类统计。财产中包括牲畜、生产工具等，但不包括现金票据。

（3）估计构筑物、工程设施以及其他工程和非工程的地震直接经济损失。

地震直接经济损失为上述三项之和，应将预测结果绘制直接经济损失分布图。

32. 间接震害造成的经济损失预测，按一次性损失计，一般可开展下列四方面的工作：

（1）估计停工停产的人天数及其经济产值的损失。

（2）估计网络系统的破坏，致使功能失效的区域小时数及其对社会的影响。

（3）估计严重的次生灾害一旦发生，可能造成的经济损失和社会影响。

（4）突发性震动，造成停电、停水或人员脱岗后，可能造成重大间接损失的单位和场所。

第九章　人员伤亡及无家可归人数的预测

33. 地震直接导致的人员伤亡，主要是由房屋建筑的破坏和倒塌造成的，预测时应采集区内定居和流动的人员资料及分布状况的有关数据，统计在各村、镇、街道小区和房屋建筑中的人数，依据各村、镇、街道小区中各类房屋建筑的震害程度，分昼夜两段时间预测各小区和各类房屋中的人员伤亡数，推算各烈度区内人员伤亡总数并绘制人员伤亡分布预测图。

34. 根据所预报地震将造成的毁坏，严重破坏和中等破坏的房屋面积以及该地的人口分布资料，在预测地震死亡人数的基础上预测地震将造成的无家可归人数。

第十章　震害预测综合评估

35. 上述各项震害预测应形成如下的图件和说明：

（1）活动构造及可能的震源位置图（1/50 万）。

（2）重要建筑的震害预测分布图（1/2 万）。

（3）现有房屋震害预测分布图（1/5 万）。

（4）生命线工程系统震害预测分布图（1/5 万～1/20 万）。

（5）场地震害分布图（1/20 万）。

（6）经济损失预测分布图（城市：1/5 万，农村：1/50 万）。

（7）人员伤亡和无家可归人数预测分布图（城市：1/5 万，农村：1/20 万）。

以上震害分布图可以用概率的形式给出，对于几个可能的震源位置，得到各地区各类震害的概率分布，从中找出薄弱环节，列出可能遭受严重破坏和毁坏的建筑物和构筑物清单及主要震害类型及分布的清单。

36. 根据震害预测结果，提出减轻地震灾害的初步建议。

附件二：

震害调查及地震损失评定工作指南（试行稿）

第一章　总　　则

为了更好地总结防御地震灾害的经验，正确地制定救灾重建方案，统一地震灾害调查和灾害损失评估内容及方法是非常重要的。为规范震害调查及震害损失评估方法和程序特制定本《工作指南》。

本《工作指南》对震害调查、地震经济损失评估、受到地震破坏的房屋建筑的安全鉴定的程序、内容和方法做了规定。这些规定适用于各类房屋、生命线工程、工业构筑物和其他工程设施的震害调查和经济损失评估工作。

一次破坏性地震发生后，有关单位应迅速组织队伍赴地震现场按本《工作指南》的规定内容进行震害调查和灾害损失评估。调查和损失评估完成之后应按本指南有关规定写出报告。

灾害评估是震后地震现场工作的一部分，参加评估的成员应由具有评估经验或经过专门培训取得资格的技术人员组成。

评估人员必须以实事求是、认真负责的态度进行工作，不得有意扩大或缩小地震灾情；防止因灾情评估不准造成决策失误，导致人为的扩大地震损失。

本《工作指南》的解释和修改权属国家地震局。

第二章　建筑物分类与破坏等级划分标准

一、建筑物分类

在本《工作指南》里统称各类房屋、工业构筑物、生命线工程、桥坝等为建筑物。建筑物类别不同，抗御地震的能力也不同。所以震害调查时应按建筑物的结构类型分类，按结构类型分别调查统计。各类房屋、生命线工程、工业构筑物、大型水工建筑等调查时可进一步按下述分类进行。

1. 房屋分类

（1）多层和高层钢筋混凝土房屋；（2）多层砖房；（3）多层内框架房屋；（4）单层钢筋混凝土柱厂房；（5）单层砖柱厂房；（6）单层空旷房屋；（7）多层空斗砖房；（8）单层砖房等。这些房屋一般都是经过正规设计的房屋。未经过正规设计的房屋如：（1）木柱碎砖房；（2）木柱土坯房；（3）砖柱土坯房；（4）土坯房；（5）木穿斗房屋；（6）土窑洞；（7）农村新建砖房等。调查时可参照上述分类分别调查统计。根据具体情况（如某类房屋很少）可适当合并。

2. 生命线工程分类

（1）供水系统。如管线、泵房、加压站储水池等。

（2）供气系统。如供气管线、储气罐、调压站等。

（3）通信系统。如通信线路、通信发射设备等。

（4）交通系统。如公路、铁路、各种桥梁、机场、码头等。

(5) 供电系统。如输电线路、输电塔架、变电站、电厂等。

3. 工业构筑物分类。常见的构筑物有储油罐、储气罐、化工容器、高炉、热风炉、烟囱、水塔、采煤井架等。

4. 大型水工建筑、混凝土坝、土坝、堤堰等。

二、建筑破坏等级划分标准

为了便于总结经验和计算经济损失，震害调查时需要按结构破坏程度分类统计。结构的破坏分类应按不同结构类型划分，划分时应以承重构件的破坏程度为主，并考虑修复的难易和经济损失的大小。建筑物的破坏一般均划分为五个等级。即 (1) 基本完好 (含完好)；(2) 轻微破坏；(3) 中等破坏；(4) 严重破坏；(5) 毁坏。各类破坏的宏观标准如下：

1. 各类房屋破坏等级标准

(1) 基本完好 (含完好)：建筑物承重构件完好，个别非承重构件轻微损坏，不加修理可继续使用。

(2) 轻微破坏：个别承重构件出现可见裂缝，非承重构件有明显裂缝。不需要修理或稍加修理即可继续使用。

(3) 中等破坏：多数承重构件出现轻微裂缝，部分有明显裂缝。个别非承重构件破坏严重 。需要一般修理。

(4) 严重破坏：多数承重构件破坏较严重，或有局部倒塌，需要大修，个别建筑修复困难。

(5) 毁坏：多数承重构件严重破坏，结构濒于崩溃或已倒毁，已无修复可能。

2. 桥梁破坏等级标准

(1) 基本完好 (含完好)：承重构件完好，桥面无明显变化；个别非承重构件有损坏。不需修理。

(2) 轻微破坏：非承重构件有破坏，桥面伸缩缝有变化，梁有轻微移动，腹拱柱有细微裂缝，拱身微裂，拱肋与拱波联系处松脱，墩台轻微变位，台背填土下沉等，可照常使用。

(3) 中等破坏：支座锚栓剪断，梁移动，梁端混凝土剥落，腹拱错位，拱肋、拱波龟裂，墩台轻微移动和开裂，经适当补强可使用。

(4) 严重破坏：主要承重构件破碎、断裂，如梁、拱开裂或破碎，墩台滑移、断裂或严重倾斜，承载能力明显降低，必须大修。

(5) 毁坏：发生落梁、拱塌、墩台折断等破坏，已不能使用。

3. 路堤破坏等级划分标准

路堤是生命线工程中的一部分，但它不是建筑物，对它的破坏描述是指破坏地点的破坏状态，不是整个路段。其破坏等级划分标准如下：

(1) 基本完好 (含完好)：路面路堤未受损坏或损坏甚微，不影响使用。

(2) 轻微破坏：路面出现小裂缝或小于15厘米的下沉，不影响通车。

(3) 中等破坏：路面出现裂缝或较大凹陷和下沉，车辆必须减速行驶，必须修复方能正常使用。

(4) 破坏：路面出现大断裂，有大于50厘米的沉陷或悬空，或路堤发生坍塌，或由于崩塌、滑坡堆积路面，不修理不能通车。

4. 通信线路和供电线路破坏等级划分标准

通信和供电线路包括电线和架设电线的塔架。对它们的破坏描述是指线路的某一处的破坏状态。其破坏等级的划分标准如下：

(1) 基本完好（含完好）：完好无损或线杆稍有倾斜，不影响使用。

(2) 中等破坏：线杆或塔架倾斜或折损，电线未断，但需要修理。

(3) 破坏：线杆或塔架折断或倾倒，电线拉断，已不能通话或通电。

5. 土坝破坏等级划分标准

土坝的震害表现为裂缝、沉降和滑坡等现象。前者一般与坝的稳定无关，后两者与坝的稳定有关。其破坏等级的划分标准如下：

(1) 基本完好：宏观上无震害。

(2) 轻微破坏：有宽度小于5毫米的纵向裂缝，宏观上无沉降。

(3) 中等破坏：有多条宽度大于5毫米的纵向裂缝，宏观上可看出沉降，有横向裂缝。

(4) 严重破坏：产生了滑裂，坝坡局部隆起或凹陷，局部滑坡。

(5) 失稳：大面积滑坡，坝基失稳，坝体陷落，甚至垮坝。

6. 地基基础破坏等级划分标准

地基基础的破坏等级划分原则与结构是一致的。它的震害表现形式主要是使建筑物沉降、倾斜；地基隆起，丧失稳定；农田、水利设施及农作物因喷沙、地裂、滑移等造成的破坏和减产等。地基破坏等级的划分是根据它本身的破坏和对建筑物的影响程度而定。其划分标准如下：

(1) 基本完好：宏观上看不出地震引起的建筑物沉降或倾斜，仪器测得附加沉降量小于2厘米。

(2) 轻微破坏：仪器测得的建筑物附加沉降量为2～4厘米或沉降引起建筑物墙体发生微裂。

(3) 中等破坏：仪器测得地震引起的附加沉降量为4～8厘米或沉降引起建筑物墙体出现明显裂缝。

(4) 严重破坏：仪器测得的附加沉降量为8～40厘米，宏观可以看出来，建筑物墙体发生多道裂缝。

(5) 失稳：地基隆起、基础陷落或建筑物倾斜，不能继续使用甚至倾覆。

第三章 震害调查

破坏性地震发生后，有关部门应立即组织专业队伍赴地震现场进行地震震害调查。调查时可按结构类别分专业组分别调查。建筑物震害调查可分重要建筑物的震害调查、房屋震害调查和其他工程设施的震害调查。

1. 重要建筑物的震害调查

重要建筑物是指大水坝，重要的铁路公路桥梁，生命线工程中的关键建筑，地震应急用建筑、领导机关用房、大型油库、大型公共建筑、消防用房等。

地震发生后，位于不同烈度区里的上述建筑物应首先调查。这些建筑物中如发现有能引起二次灾害的隐患应立即报告有关部门及时处理。调查结果应按附表1进行登记。

2. 房屋震害调查

房屋震害普查是一次地震后对受灾区房屋破坏情况总的调查。在宏观烈度确定以后，应先从高烈度区到低烈度区进行调查。调查时可用抽样方法，抽样点应分布合理，保证其具有代表性。一般情况下每个烈度区不应少于 12 个抽样点。若抽样点总数少于 12 个，应全部予以调查。抽样点可沿等震线两个主轴方向布点。抽样点一般应以自然村为单位；在城市里可以用街道或小区划分抽样点；但抽样点不能太小，一般抽样的建筑总面积不应小于该烈度区建筑总面积的 30%。抽样点的房屋一般应逐个调查；在人力不足时，可沿抽样点的两个主轴调查，调查面积不应小于抽样点总面积的 60%。极震区原则上全部调查，不选取抽样点，如有特殊情况，抽样的建筑总面积不应小于极震区建筑总面积的 60%。

除极震区外其他烈度区的抽样点都应按前述房屋分类分别调查，按前述破坏等级分别统计填入附表 2。

汇总不同烈度区的房屋破坏比填入附表 3。

在不同烈度区的抽样点应选出能代表本地区的典型房屋，进行详细调查。调查内容应按附表 4 或 5 填写；并附调查房屋的照片。

在不同烈度区对有典型破坏的房屋要做详细调查。调查结果按附表 4 或 5 填写；并附破坏照片。所谓典型破坏是在本烈度区有代表性的破坏。

3. 地基基础的震害调查

此项调查应与房屋震害调查一起进行，破坏标准按前述划分。如果地基基础震害较普遍可按附表 2 列表统计；如地基基础震害只是个别的，可用文字叙述。

4. 生命线工程震害调查

生命线工程一般是指交通、通信、供电、供水和供气系统的线路、重要工程设施和设备。震害调查时应按上述分类调查，调查结果应记述下列内容：(1) 工程名称；(2) 破坏程度，如是线路应绘出线路图，标明破坏位置；(3) 工程用途；(4) 施工质量；(5) 建造年代；(6) 有无设防；(7) 所在地区烈度；(8) 工程所在地点。可参照表 2 形式绘表统计。

5. 构筑物震害调查

构筑物种类繁多，在前面建筑物分类里，只是举了几个例子；在现场调查时应分类进行；同一类的构筑物应记载它们的数量和破坏程度，统计不同烈度区的破坏比。构筑物的破坏等级划分可参照房屋破坏等级的划分标准。

6. 水坝、堤堰等工程的震害调查

这类工程数量较少，不是每次地震都能遇到，但是凡是受到地震影响时应逐个进行调查，调查结果应按上述其他建筑物的调查内容记载。

上述各类建筑物的震害调查结果，最后应汇总写出震害调查报告，作为“地震灾害评估报告”的一部分（即附表 6 的八.1）。可根据情况写出一个总报告或几个分报告。报告应包括下列内容：地表地貌破坏描述；重要建筑物的震害描述；典型建筑物的震害描述；典型破坏的描述；本次地震的震害特点；各种统计表格的汇总；典型震害照片等。

第四章　地震灾害损失评估

地震灾害损失评估是在地震发生后，短时间内估算出这次地震的总损失；包括经济损失，人员伤亡和无家可归人员数。它的目的是为采取紧急救灾措施，制定恢复生产重建规划提供依据。地震经济损失分直接损失和间接损失。直接损失是指由于地震动或与之相关的地表破坏造成的物体自身损失，包括建筑物自身破坏的损失、室内财产损失和其他工程设施、工程和非工程项目自身破坏的损失。间接损失是指由于直接损失的承受主体因功能失效造成的进一步损失和消耗，包括地震后企业停产减产造成的净产值的损失。停产减产导致社会生产及商品流通造成的影响带来的损失以及与救灾有关的非生产性费用消耗等。但一般只统计到一次间接损失值，且统计上报时应分项说明。人员伤亡不折算币值，对不易计价的场地破坏，如文物古迹等可描述震害程度。地震损失评估，一般可分两步做。第一步为初估。初估是根据地震台网测定，航空照片识别和粗线条的宏观调查资料的综合分析，确定出震中位置；以最短的时间估计出灾区范围，建筑破坏程度，急需检修的工程设施，重点救灾区和直接经济损失、人员伤亡、无家可归人数。为震后速报灾情，采取紧急救灾措施，组织救灾队伍，合理地投入人、物、财力救灾提供依据。第二步为总评估。总评估是宏观烈度基本划定之后，在对震区的房屋建筑和工程设施全面调查初步完成的基础上，对地震损失的全面评估；给出这次地震最后的经济损失、人员伤亡和无家可归的人数等评估结果。这对政府部门准确地向灾区拨救济款、恢复生产和稳定人民生活有重要意义。地震经济损失总评估可与震害调查结合进行，利用震害调查的资料。

地震灾害评估主要是评估那些与国民经济建设和人民生命财产有关的地震损失，其中主要损失是建筑物破坏造成的。在初估中重点可放在房屋破坏和重大工程破坏造成的损失；其他破坏可适当兼顾。

在评估经济损失计价时，均以当前市场价格为准，以人民币计算。

震害评估中的调查应根据建筑物的破坏情况采用两种不同方法，1. 对数量多，分布面广，破坏量大的建筑，应采用抽样调查，统计建筑物破坏比的计算地震损失方法。2. 对数量少，或数量多但破坏小的建筑，特殊用途的建筑，应采用单项调查的方法计算地震损失。对抽样调查的建筑应按结构类型分别评估地震损失。

灾区范围是估计地震损失的基本依据，进行震灾评估时首先应查明灾区包括的城镇，乡村和居民点；统计灾区人口和户数；估计灾区面积。灾区范围原则上应按烈度等震线图确定。

建筑物面积是估计地震损失的重要数据，灾区建筑总面积可由两个途径得到：一是根据灾区内的城镇、乡村和居民点的房屋普查资料中直接查得；二是用灾区总户数与户均房屋面积的乘积计算（详见附录）。

抽样点的调查是评估地震损失的基础，抽样点的面积和在抽样点内调查的建筑面积，对损失的计算有直接影响。房屋集中的城区抽样点的面积不得小于 $1.5km^2$ 的自然街区，且抽样点的建筑总面积不应小于该烈度区建筑总面积的 30%。农村的抽样点应以自然村为最小单元。抽样点的建筑物一般应全部调查，按破坏等级填入附录的附表 1 或附表 2；如不能全部调查，抽样点两个主轴线两侧的建筑物应逐个调查按破坏等级填入附录的附表 1 或附表 2 中。每个抽样点调查的建筑面积不应少于该点建筑总面积的 60%。

地震灾害损失的具体计算方法应遵照本《工作指南》附录《震害评估细则》中的规定进行。在地震灾害损失评估完成之后，应按附表 6 要求的内容写出评估报告，交领导部门审定和备案。

第五章　建筑物防灾安全鉴定

建筑物防灾安全鉴定工作首先是为防止二次灾害发生，其次为震后重建规划工作提供依据。安全鉴定可分两步进行：第一步是为了防止余震引起二次灾害。地震发生后应由现场指挥组织专业队伍或责成有关部门对下列建筑物进行安全检查。

1. 易燃易爆物品和有毒气体的容器、仓库等。如发现有泄漏和严重破坏应立即采取措施处置。

2. 要害工程。水坝、堤岸如有漏水或滑动迹象应通知有关部门进一步检查；桥梁如发生有危及交通安全的破坏，应立即出示危险标记禁止通行。

3. 居民住房。根据地震部门的预报，如有较强余震发生的可能，应立即动员已出现本指南中规定的破坏划分标准中轻微破坏（含轻微破坏）以上的房屋中的居民从室内迁出。第二步重点在房屋的安全鉴定，目的是为了重建家园；确定哪些房屋需要拆除重建，哪些只需修理可继续使用。这项工作应由当地政府主持，由地震部门会同当地有关部门的专业人员统一拆修标准，然后根据本指南规定的破坏标准进行破坏等级分类，确定拆修对象；并向有关部门提出拆修建议。一般情况，中等破坏以下（含中等破坏）的房屋不应拆除。严重破坏的房屋的拆留问题需经各方会商确定。其他大型建筑，如水坝、桥梁等应由主管部门组织专业人员进行鉴定。

4. 生命线系统的鉴定。如供水、供电、供气、通讯、交通、供暖等系统及其关键部分都应进行检查。

第六章　地震现场震害摄影内容和要求

为了更好地记述每次地震中各类建筑物及场地环境的破坏现象，以总结震害经验，地震宏观调查时必须对震害有纪实照片或录像。它是震害调查报告的重要内容之一。摄影者在进入地震现场之前必须阅读本《指南》，以便在现场能分辨建筑物的破坏等级。

一、地震现场摄影应包括下列内容和注意事项

1. 有条件时，重灾区应该用航空摄影技术拍照灾区全景照片和录像，以显示震害的全貌。

2. 对震区每一类建筑物中的有代表性的建筑物应拍摄照片，不论这类建筑物有无震害都应拍照。这些照片用以说明这个地区的建筑形式和结构特点。建筑物的分类可按本《指南》的规定分类；本《指南》里未包括的建筑物，如果在本地区有一定代表性，也应拍照。

3. 震区里各类建筑物如果发生了这五个等级的破坏或其中某些等级的破坏应对每一破坏等级选择有代表性的建筑物和有代表性的破坏拍照片。一个拍摄对象，应拍摄全景一张，局部破坏若干张。全景照片必须能显示出结构的总体破坏状态；局部照片里破坏机制必须显示清楚。因此拍照片时必须选好角度和距离。

4. 典型震害现象的拍摄。典型震害是指这种破坏现象对说明某一问题非常有意义的代表性破坏现象。例如，砖结构的窗间墙或横墙上出现 X 型裂逢，这是剪切破坏的特征；又如砖柱根部一侧出现月牙形脱落，这是弯曲受压区破坏的特征。像这些破坏现象应有选择的拍摄。

5. 一次地震的震害常常具有一定的特点，这些特点可能与其地震动的特性有关，也可能与建筑物构造或施工质量有关。在现场拍照时应抓住这些震害特点。这些特点可能表现在建筑物的破坏上，也可能表现在物器反应或地表破坏上。

6. 场地震害的拍摄。如地裂缝、震陷、液化喷砂冒水和滑坡等现象。

7. 除上述建筑物和场地外，典型的物器反应也应拍摄。如书架上的书散落和书架的移动，石碑的转动和移动等现象。

8. 在拍摄建筑物上的裂缝、桥墩的顶部与梁的相对移动等现象时，应放一标志以显示裂

缝和移动的大小。

凡是能说明震害程度和震害特点的现象都应有选择地拍摄。拍摄的每一张照片应有下列内容的说明。

①拍摄地点；②拍摄对象的名称及所属单位；③拍摄日期；④拍摄内容的简单说明；⑤拍摄地点的地震烈度；⑥拍照者姓名。

二、现场摄像工作要求

1. 东部地区 6 级以上（含 6 级），西部地区 7 级以上（含 7 级）（人烟稀少、无损失除外）地震必须拍摄现场震害录像资料；东部 5 级以上，西部 6 级以上（无损失除外）有录像设备的省局应拍摄现场震害录像资料。

2. 为确保资料的真实性，凡属上条规定的地震应在大震现场宏观与震害考察队伍中尽早安排录像设备及人员赴现场。

3. 声像组人员应配合现场宏观与灾害考察人员工作。

4. 声像资料片做为震后宏观及震害总结内容之一。

第七章　重建家园问题

震情稳定后，由地震部门提出本地区的抗震设防标准，据此地方政府根据震后对灾区房屋的安全鉴定结果和本地区的房屋结构的具体情况提出修复和重建方案。重建的房屋应执行抗震设计规范的有关规定；农村的房屋修复和重建问题，应充分考虑本地区的生活习惯和本次地震的经验。

地震破坏严重，要求中央专项补助恢复重建资金的省、自治区、直辖市和中央企事业单位，应按国务院［1990］62 号文件精神进行震后恢复和重建工作，一般不应扩大重建面积。

重建规划确定后，地方政府应将以下内容报国家经贸委：

1. 规划说明书。

2. 灾区各县、区、乡各类房屋倒塌总面积，严重破坏总面积，重建总面积。

3. 重建房屋结构类型（如砖结构、土坯房等）。

4. 资金来源（国家补助，地方自筹等）；旧材料的利用情况；建筑材料来源。

5. 各类房屋每平方米造价及总投资。

6. 拟采取的抗震措施。

7. 预计施工期限。

根据修复和重建方案，地方政府应分轻重缓急，有计划有步骤地组织灾区人民做好恢复生产和重建家园工作，不得因重建工作而遗误生产，并适时地进行检查和总结。

城市里的重建工作应根据本市的城市规划进行，房屋的设计必须严格遵守现行抗震设计规范的有关规定，并按图施工。

农村的重建工作应遵循下列原则和要求：

1. 严格控制重建范围，能修复的应尽量修复。需要国家贷款或专项补助资金重建的，需经过一定的审批手续，重建面积一般不超过旧房的毁坏面积。

2. 重建时应考虑到有利于今后生产和乡镇建设，要认真规划，但不得任意扩大重建面积和侵占耕地。

3. 重建时应选择有利于抗震的建筑材料和建筑形式，在可能的情况下尽量选择坚硬的地基，做到符合抗震要求。公用建筑和乡镇企业的建筑，应有设计图纸，并满足现行抗震规范的要求。

4. 生土房屋应满足下列要求：

(1)生土材料一般只能建单层房屋，房屋的檐口高度不宜大于 2.5 米；开间不宜大于 3 米，窑洞净跨不宜大于 2.5 米。

(2) 应采用轻屋面材料；硬山搁檩的房屋宜采用双坡屋面或弧形屋面，檩条支承处应设垫木；端檩应出檐，内墙上檩条应满搭或采用夹板对接和燕尾接。

(3) 生土房屋内外墙交接处，宜沿墙高每隔 30 厘米左右放一层竹筋或荆条、芦苇等拉结材料。

(4) 土坯宜采用粘性土湿法成形并渗入苇草等拉结材料；土坯应卧砌并用粘土浆或粘土石灰浆砌筑。

(5) 土拱房应多跨连续布置，各拱脚均应支承在稳固的崖体上或支承在人工土墙上，拱圈厚度宜为 30～40 厘米。

5. 木结构房屋应满足下列要求：

(1) 木柱木屋架和穿斗木构架房屋不宜超过二层；总高度不宜超过 6 米。木柱木梁房屋宜建单层；高度不宜超过 3 米。

(2) 木结构房屋里不宜采用木柱与砖柱混合承重。

(3) 木柱顶须有暗榫插入屋架下弦，用 U 形铁连接，并加斜撑；柱脚应采用铁件与基础锚固。

(4) 穿斗木构架房屋的纵向应在木柱的上下端设置穿枋，并在每一纵向柱列间设置一道斜撑。

(5) 围护墙应与木结构可靠拉结，土坯、砖等砌筑的围护墙宜贴砌在木柱外侧。

6. 砖结构房屋应满足下列要求：

(1) 砖结构一般应用白灰或水泥砂浆砌筑。不宜采用单砖墙（厚 12 厘米）；砂浆标号一层房屋不宜低于 10 号，二层房屋不宜低于 15 号；墙间距不宜大于 10 米。

(2) 空斗砖墙不宜建二层房屋，且砂浆标号不宜低于 20 号。

(3) 砖房屋的窗间墙不宜小于 50 厘米。

(4) 砖房的内外墙应同时咬砌筑，不能同时砌筑时，应留马牙槎。

7. 石结构房屋一般应用水泥砂浆或白灰水泥砂浆砌筑。

附表 1 重要建筑物震害调查表

建筑物名称	用途及使用单位	结构类型	建造年代	微坏程度	是否有设防
处理意见					

附表 2　抽样点建筑物破坏汇总表

抽样点总数：　　　　　　　　　　　　　　　　　　　　　　　　　　　　　　　面积单位：

序　号	抽样点名称（镇、村或街道）	毁　坏 $T_{s,k}(1)$	严重毁坏 $T_{s,k}(2)$	中等破坏 $T_{s,k}(3)$	轻微破坏 $T_{s,k}(4)$	基本完好 $T_{s,k}(5)$
1						
2						
⋮						
N						
合计$\left(\sum_{k}^{N} T_{s,k}(j)\right)$						

地震烈度：　　　　　　　　　　　　　　　　　　　　　　　　　　　　　　结构类型（s）：

填 表 人：______，______，______　　　　　　　　　　　　日　期：______

复 核 人：______________　　　　　　　　　　　　　　　　　　日　期：______

附表 3　破坏比（λ）汇总表

破坏比（λ）/ 破坏等级 / 烈　度	毁　坏	严　重 破　坏	中　等 破　坏	轻　微 破　坏	基　本 完　好

结构类型（s）：

填 表 人：______，______，______，　　　　　　　　　　　　日　期：______

复 核 人：______________　　　　　　　　　　　　　　　　　　日　期：______

附表 4　典型房屋及典型破坏的房屋调查登记表（砖结构）

建筑物名称	所在地点	烈度	结构类型	建造年代	内墙厚	外墙厚	砂浆标号	层数	施工质量	有无设防	破坏等级	地基情况	备注
破坏描述													
平面简图（注明尺寸）							剖面简图（注明尺寸）						

附表5　典型房屋及典型破坏的房屋调查登记表（混凝土结构）

建筑物名称	所在地点	烈度	结构类型	建造年代	内墙厚及标号	外墙厚及标号	混凝土标号	层数	施工质量	有无设防	破坏等级	地基情况	备注
破坏描述													
平面简图（注明尺寸）							剖面简图（注明尺寸）						

附表6　地震灾害评估报告

前言

一、地震基本参数和地震烈度

1. 地震基本参数

（1）发震时间

（2）震中位置

（3）震级

（4）震源深度

2. 地震烈度

（1）宏观震中

（2）震中烈度

（3）烈度分布

二、灾区概况和自然环境

1. 灾区概况

（1）灾区面积

（2）省、市、县

（3）乡、镇、村个数

（4）灾区人口、户数

2. 灾区自然环境

（1）灾区地理环境

（2）地质构造

（3）社会经济

（4）技术产业、重大工程以及主要生命线等状况

三、人员伤亡

1. 死亡人数、比率

2. 重伤人数、比率

3. 轻伤人数、比率

4. 无家可归人数

四、建筑物破坏

1. 灾区建筑物结构类型

2. 各类建筑物破坏等级数量（米^2、间）

3. 各类构筑物破坏等级数量

五、经济损失值

1. 工业与民用建筑破坏损失

2. 生命线工程破坏损失

3. 其他工程破坏损失

4. 室内财产损失

5. 地震直接经济损失总计

6. 地震间接经济损失总计

7. 地震经济损失总值

六、地震地面破坏

地表、场地、文物古迹等破坏现象描述

七、根据评估结果，按照特大、严重、中等、一般破坏的分类标准，定出此次地震破坏类型

八、地震灾害分析

1. 震害调查报告

2. 震害特征分析

3. 灾害分布特点

4. 防御和减轻地震灾害的经验与教训

附件：

1. 地震灾区位置及地质构造图

2. 地震烈度分布图

3. 地震灾害调查实际材料图

4. 各类建筑物破坏比矩阵

5. 各类建筑物损失率矩阵

6. 室内财产损失表

7. 地震灾害分布图

8. 评估的原则与方法说明

9. 现场震害录像及照片

附件三：

地震重点监视防御区
《减轻地震灾害方案》编写大纲（试行稿）

前　　言

简述编制《减轻地震灾害方案》（以下简称《方案》）的目的、依据、制订的指导思想、制订的过程及需说明的问题。

第一章　总　　则

1.1　重点监视防御区的范围

依据年度全国地震趋势会商会提出，国家地震局确定的重点监视防御区的范围界定。

1.2　监视防御的目标与任务

1.2.1　力争实现所预测地震的短临预报；

1.2.2　根据所预测地震的强度及可能造成的灾害，进行有效的综合防御；

1.2.3　制定切实可行的减灾措施；

1.2.4　最大限度地减轻地震灾害。

1.3　制定《方案》的原则

1.3.1　贯彻以预防为主的方针，有重点地进行防御；

1.3.2　紧紧围绕所确定监视防御的目标进行制订；

1.3.3　要从地震重点监视防御区的社会、经济及地震防御状态的实际出发；

1.3.4　以监测预报为基础，以震害预测为依据，实施对地震灾害的综合防御对策；

1.3.5　充分发挥各级政府在减轻地震灾害中的职能作用，在各级政府领导下，按部门、按行业实行地震综合对策岗位责任制。

1.4　地震重点监视防御区建立由当地政府直接领导的地震减灾工作体系

1.5　省级确定的地震重点监视防御区参照本编写大纲编制"减轻地震灾害方案"

第二章　地震重点监视防御区的概况与震害预测

2.1　区域地理位置、自然环境、社会、经济、人口及社会防御状态分析

2.2　地震地质条件及地震活动

2.2.1　地震地质环境；

2.2.2　历史地震及震害影响；

2.2.3　现今地震活动及震害影响。

2.3　预测地震的影响分析，绘制烈度分布预测图

2.4　震害预测

2.4.1　现有房屋建筑的震害预测；

2.4.2　构筑物和工程设施的震害预测；

2.4.3　生命线工程震害预测；

2.4.4　场地的震害预测；

2.4.5　地震次生灾害预测；

2.4.6　人员伤亡和经济损失分析；

2.4.7　未来地震灾害的综合预测评估。

第三章　建立地震减灾工作体系

3.1　地震重点监视防御区所在省、地（市）、县建立以政府领导人为首，地震部门及有关部门负责人参加的地震减灾工作体系，并建立健全工作责任制

3.2　确定地震减灾工作的基本原则及处理程序和要求

3.3　按部门、按行业实行地震减灾工作岗位责任制

3.4　省与省、地区与地区之间的联防

第四章　地震短临预报追踪和决策

4.1　加强监测工作

4.1.1　强化微、宏观监测网点；

4.1.2　加密流动观测；

4.1.3　强化地震专用无线通信网，保证地震信息快速传递。

4.2　加强分析预报工作

4.2.1　建立健全地震重点监视防御区的短期和临震预报决策方案；

4.2.2　强化短临预报追踪措施；

4.2.3　短临预报意见及重大短临异常的处理原则和程序。

第五章　震前综合防御对策

5.1　民用及一般工业建筑和设备抗震对策

5.1.1　危房普查鉴定；

5.1.2　紧急加固处置。

5.2　供水、电力、通信、交通、消防、医疗、热力、煤气、粮食等生命线系统震前防御对策

5.2.1　防御状态分析；

5.2.2　增强抗震能力的措施；

5.2.3　防震的安全生产措施。

5.3　要害工程及地震次生灾害防治对策

5.3.1　次生灾害及防御状态分析；

5.3.2　防治次生灾害的措施；

5.3.3　要害工程的防灾措施。

5.4　地震保险对策

5.5　避震疏散规划

5.5.1　疏散人口的估计；

5.5.2　避震场地的安排及使用；

5.5.3 避震疏散路线；

5.5.4 避震疏散的组织指挥及指令下达程序。

5.6 地震救灾预案的制订

5.6.1 成立地震救灾指挥部，地震发生时，由地震减灾工作体系转为地震救灾指挥部；

5.6.2 不同类型地震灾害的确定及基本处理原则和要求；

5.6.3 不同类型地震灾害的处理程序；

5.6.4 地震救灾预案的组织实施。

第六章 地震应急方案

6.1 地震短期预报发布后的应急反应

6.1.1 地震减灾工作体系响应；

6.1.2 检查综合防御各项措施，采取紧急措施；

6.1.3 地震部门派出流动监测队伍。

6.2 临震警报后的应急反应

6.2.1 地震减灾工作体系进入紧急状态；

6.2.2 地震部门每天会商震情；

6.2.3 组织进行避震疏散；

6.2.4 加强社会舆论、治安管理；

6.2.5 次生灾害源的临震紧急处置；

6.2.6 生命线系统的临震应急防灾措施；

6.2.7 救灾应急准备。

6.3 震后应急反应

6.3.1 实施抢险救灾预案；

6.3.2 对重大地震灾害，省政府要迅速组建震区地震救灾现场指挥部，尽快进入灾区；

6.3.3 地震部门实施震后应急方案；

6.3.3.1 快速测定上报地震参数并报告震情；

6.3.3.2 组织开展震后地震趋势判断及强余震的预报；

6.3.3.3 开展各项考察工作；

6.3.3.4 快速进行灾害评估；

6.3.4 震区各级政府迅速了解并报告灾情；

6.3.5 震区各级政府迅速组织救灾；

6.3.6 组织就近救援。

6.4 制定震后恢复和重建规划

6.5 虚假地震事件的处置

第七章 地震减灾教育计划

7.1 宣传教育材料的编写

7.2 宣传教育渠道的安排与协调

7.3 大震模拟演习

7.3.1　地震减灾工作体系演习；

7.3.2　现场救灾指挥部应急救灾决策演习；

7.3.3　救灾方法演习；

7.3.4　地震部门大震应急演习；

7.3.5　群众大震应急演习。

附件四：

省级地震部门制定大震应急对策预案大纲（试行稿）

前　言

制订大震应急对策预案的目的、意义，制订的指导思想，制订的过程及需说明的问题。

一、总　则

1.1　大震的界定。

制订大震应急对策预案所指的大震，系指大中城市及人口稠密地区发生6级（含6级）以上的地震和其他地区发生7级（含7级）以上的地震，造成人员有较大伤亡和财产重大损失。

1.2　大震应急对策预案，既包括大震短临预报震情事件的应急对策预案，也包含大震后的应急对策预案。

1.3　制订“预案”的原则。

1.3.1　贯彻以预防为主的方针，立足于在没有预报，大震突发时的应急对策；

1.3.2　从本单位地震工作实际情况出发；

1.3.3　充分发挥地震部门做为政府主管地震工作的职能作用；

1.3.4　建立地震应急对策组织体系。

二、建立地震应急工作组织体系

2.1　建立以地震部门负责人为首的地震应急工作组织，并建立健全工作责任制，落实到人，每年修订一次。

2.2　确定震前及震后地震应急工作基本原则及程序和要求。

2.3　按部门实行地震应急工作岗位责任制。

2.4　震前及震后机关应急工作组织。

2.5　震后现场应急工作组织。

三、地震短临预报后的应急工作

3.1　地震短期预报后的应急工作。

3.1.1　强化微宏观临震监测网点；

3.1.2　强化临震监视；

3.1.3　加强震情值班；

3.1.4　强化临震专用无线通信工作，保证地震信息快速传递；

3.1.5　完善临震预报决策方案；

3.1.6　临震预报意见的确定程序；

3.1.7　临震预报意见的上报；

3.1.8　重大临震异常的处理原则及程序要求；

3.1.9　强化短期预报后震情跟踪措施；

3.1.10　所预报地震的灾害预测；

3.1.11　向政府提出应采取的对策方案，必要时向局震害防御司提出建议国家下发的防御对策；

3.1.12　做好地震宣传工作，消除地震的社会经济影响，维持社会秩序；

3.1.13　在当地政府领导下，做好短期预报后的震前防灾检查工作。

3.2　临震警报后的应急工作。

3.2.1　地震应急工作组织进入紧急状态；

3.2.2　加强临震值班；

3.2.3　做好临震预报跟踪，每天会商震情；

3.2.4　及时上报震情发展变化；

3.2.5　协助政府确定对策方案，做好避震疏散等各项临震防灾工作；

3.2.6　有针对性做好地震宣传工作，以利临震防灾工作的进行；

3.2.7　检查各项备震工作落实情况，并做好地震现场工作准备；

3.2.8　参加当地政府为主的地震救灾指挥部。

四、震后应急工作

4.1　机关人员及时到岗位，按应急方案中的岗位职责进行工作。

4.2　快速测定地震基本参数，并及时上报。

4.3　了解宏观震中及灾害（特别是重大工程设施）情况并及时上报。

4.4　组织开展震后地震趋势判断及强余震预报。

4.5　现场工作应急组织及时赴现场工作。

4.6　开展地震现场监测预报、地震宏观烈度、地震构造、地面破坏现象及震害、宏观异常现象、地震社会经济影响的考察与调查，提出必要的支援要求（航测、通讯、交通等）。

4.7　快速进行灾害评估报国家地震局和当地政府。

4.8　机关及现场地震应急工作制度及协调。

4.9　做好地震宣传工作，稳定社会秩序，消除地震社会经济影响。

4.10　协助政府做好地震救灾工作。

4.11　提出重建家园的有关建议。

4.12　编写、提交现场工作总报告。

五、奖　　惩

5.1　地震应急工作纪律。

5.2 地震应急工作奖惩。

附录：

震害评估细则

第一章 调查原则

第一条 统一调查标准。评估组到达现场后，首先统一调查标准，包括：①划分调查区域及选取抽样点；②破坏等级的划分标准（5个等级）；③建筑物结构分类；④重要建筑物及生命线的评价等等。

第二条 调查方法。根据情况将评估人员分成若干调查小组，以宏观震中位置为中心，从高烈度到低烈度进行调查，调查按《指南》第三章第二条的原则。每天调查结束，各小组应及时向评估领导组报告调查结果。

第二章 人口调查

第三条 灾区人口总数和地震伤亡人数调查（参见A类表）。

现场工作应指定专人与当地政府部门联系，按表A1和A2要求分别填写受灾地区的户数、人口数和地震伤亡人数。随着调查的深入开展，不断修正补充A类表中的数值，统计出灾区人口数（mH）和地震死亡、重伤、轻伤人数 M_d、M_h 和 M_l（表A1，A2）。

第四条 统计调查各烈度区中不同建筑物结构类型（s）的户数 H_s，户均人口数 m_s 以及伤亡人数（表A3，A4）。

第三章 建筑物调查

第五条 按《指南》第二章建筑物分类原则，结合当地特点，将建筑物分成 s 类，并按不同结构类型分别计算下列参数的结果。

第六条 建筑物面积 T_s 的调查与确定。

首先调查并确定该地区不同结构类型户均房屋面积 A_s。

各个烈度区建筑面积 T_s 直接采用政府已有的建筑面积的统计数字，否则可根据式(1)计算：

$$T_s = \xi A_s H_s \tag{1}$$

式中：ξ 是考虑公用房屋建筑面积的修正系数，一般取1.0～1.2。

第七条 建筑物调查与破坏比 $\lambda_s(j)$ 计算（参见B类表）。

建筑物调查一般采用抽样调查方式，抽样应遵循《指南》第三章第二条的原则。每个烈度区内抽样点总数（N）一般不少于12个（$N \geqslant 12$），每个抽样点内的建筑物原则上应分别按不同结构类型（s 类）逐一调查，将调查结果（n 个被调查点）填入表B1。表B1最后一行的总和即为第 k 个抽样点 s 类结构 j 级破坏的建筑物面积 $T_{s,k}(j)$。

$$T_{s,k}(j) = \sum_{i=1}^{n} T_{s,i,k}(j)$$

式中：s——结构类型数；

k——抽样点编号；

i——调查点编号；

j——破坏等级，分别为 1，2，3，4，5；

$T_{s,i,k}(j)$——抽样点 k 中第 i 个调查点 s 类建筑 j 级破坏的调查房屋面积（米²，间），由调查的表 B1 得到。

将各个抽样点的调查结果（即 N 个表 B1）汇总填入表 B2，表 B2 最后一行的总和即为 N 个抽样点调查到的 s 类结构 j 级破坏建筑物的总面积 $T_s(j)$。

$$T_s(j)=\sum_{k=1}^{N}T_{s,k}(j)=\sum_{k=1}^{N}\sum_{i=1}^{n}T_{s,i,k}(j)$$

将不同破坏等级的被调查的 s 类建筑物面积相加，即得到此类建筑物的全部调查的总面积 T_s：

$$T_s=\sum_{j=1}^{5}T_s(j)$$

B 类表中地震烈度应由高向低依次排列。根据表 B2 的数据用式（2）计算各个烈度区 s 类建筑 j 级破坏比 $\lambda_s(j)$，将 $\lambda_s(j)$ 的值填入表 B3。

$$\lambda_s(j)=\frac{T_s(j)}{T_s}=\frac{\sum_{k=1}^{N}\sum_{i=1}^{n}T_{s,i,k}(j)}{\sum_{k=1}^{N}\sum_{i=1}^{n}\sum_{j=1}^{5}T_{s,i,k}(j)} \tag{2}$$

第八条 建筑物单价 B_s 的调查与确定。

建筑物单价是指破坏的建筑物按原结构形式和使用功能重建时，单位面积所需要的费用。该费用应以当地市场价为计算标准。

第九条 建筑物破坏损失比 $\eta_s(j)$ 的确定。

建筑物破坏损失比 $\eta_s(j)$ 是指不同破坏等级的建筑物，修复、重建单位面积所需费用与其单价 B_s 的比。根据建筑结构类型，参考表 C0，将取值填入表 C1 中。

第四章 室内损失财产调查

第十条 室内财产损失调查（参见 D 类表）。

室内财产损失是指建筑物破坏造成的室内实物财产损坏损失。一般只有严重破坏和毁坏房屋才能造成室内财产损坏，中等破坏、轻微破坏和基本完好房屋不造成室内财产损坏，所以后三者不计室内财产损失。

室内财产损失一般只统计不动产，通过不同抽样点调查确定。调查一定量的毁坏、严重破坏房屋，分别统计建筑面积和对应建筑面积内的室内财产损失，填入表 D1。表 D1 最后一行损失值的总和即为第 k 个抽样点 s 类结构 j 级破坏的室内财产损失：

$$LL_{s,k}(j)=\sum_{i=1}^{n}LL_{s,i,k}(j)$$

将各个抽样点的调查结果（即 N 个表 D1）汇总填入表 D2，表 D2 最后一行损失值的总和即为 N 个抽样点调查到的 s 类结构 j 级破坏室内财产损失：

$$LL_s(j) = \sum_{k=1}^{N} LL_{s,k}(j)$$

第十一条 室内财产损失比的计算。

根据表 D2 数据，用式（3）计算各个烈度区 s 类建筑 j 级破坏的室内财产损失比 W_s（j）（单位面积破坏房屋室内财产损失值），将 W_s（j）的值填入表 D3：

$$W_s(j) = \frac{LL_s(j)}{T_s(j)} = \frac{\sum_{k=1}^{N}\sum_{i=1}^{n} LL_{s,i,k}(j)}{\sum_{k=1}^{N}\sum_{i=1}^{n} T_{s,i,k}(j)} \tag{3}$$

式中： T_s（j）——s 类结构 j 级破坏的房屋面积；

LL_s（j）——s 类结构 j 级破坏的室内财产损失。

第五章 地震总损失及无家可归人数计算

第十二条 抽样调查建筑物经济损失（L_b）的计算（表 E1）。

第 s 类结构建筑物破坏的损失：

$$L_b(s) = \sum_{j=1}^{5} \lambda_s(j) \cdot T_s \cdot \eta_s(j) \cdot B_s$$

一个烈度区建筑物破坏的总损失（L_b）：

$$L_b = \gamma \sum_{s} L_b(s) \tag{4}$$

凡是用抽样统计法估计地震损失的，如农用水利、公路交通等破坏的损失估计，都可以用式（4）计算。

第十三条 抽样调查建筑物破坏造成的室内财产损失（L_w）计算。

一个烈度区房屋破坏造成的室内财产损失用式（5）计算：

$$L_w(s) = \sum_{j=1}^{5} T_s \cdot \lambda_s(j) \cdot W_s(j)$$

$$L_w = \gamma \sum_{s} L_w(s) \tag{5}$$

式中：γ 为未估计到因素的修正系数，根据抽样点数量及调查对象的用途特点而定，对一般村、镇可取 1.0～1.3。

将各个烈度区抽样调查计算的经济损失结果加起来（式（6）），即得到全震区用抽样统计法估计的地震损失。

$$L_{bw} = L_b + L_w \tag{6}$$

第十四条 单体评估建筑物的经济损失 L_d。

对破坏量少的建（构）筑物，如大水坝、铁路桥梁等建筑的地震损失，应采用单个评定损失的方法。评定时，可先评定破坏等级后估计损失，也可直接估计修复所需费用确定经济损失。

第十五条 地震作用下，室内设施自身发生破坏，应单独评定，计算损失 L_t。

第十六条 因地震的影响，导致企业停工减产造成的产值损失也应进行估计，计入经济损失 $L_{其它}$。

可计算的地震总经济损失是第十二、十三、十四、十五、十六条计算的经济损失之和（表 E2）。

第十七条 房屋破坏数与无家可归人数。

各个破坏等级建筑面积 $T(j)$ 用式(7)计算：

$$T(j)=\sum_{s}T_s\lambda_s(j) \tag{7}$$

无家可归人数 M 用式(8)计算：

$$M=\frac{T(1)+T(2)+T(3)/2}{\bar{A}_s}m-M_d \tag{8}$$

式中：$T(1)$，$T(2)$，$T(3)$为地震毁坏，严重破坏，中等破坏房屋面积，由式(7)计算得到。

第六章 现场评估报告编写

现场评估报告按《震害调查及地震损失评定工作指南》中附表 6 编写，其中补充：

1. 第三条、第四条的有关数据分别填入表 A1，A2 和 A3；
2. 列出现场调查原始数据结果表 B2；
3. 简述经济损失计算的基本方法，采用的基本数据，列出 $\lambda_s(j)$（表 B3），$\eta_s(j)$（表 C1），$W_s(j)$（表 D2 和 D3），B_s，T_s，并列出 ξ、γ 的数值；
4. 第五条中应按不同烈度区分项列出各类建筑的破坏面积及地震损失值（表 E1），总地震损失值（表 E2），其他描述性破坏见《指南》附表 6 之六；
5. 如可能从工业与民用建筑经济损失项中单项列出文教卫生及行政办公系统的地震损失值。

表 A1 灾区户数、人口数统计表

序 号	乡（镇）、村或街道	户 数	人口数
合 计		H	mH

统计人：____，____，____ 日期：____

复核人：____ 日期：____

表 A2 地震伤亡人数统计表

类别 \ 人数 \ 烈度								合计
死亡（M_d）								
重伤（M_h）								
轻伤（M_l）								

统计人：____，____，____ 日期：____

复核人：____ 日期：____

表 A3 灾区抽样调查点的户数、户均人口数统计表

序 号	乡(镇)、村或街道	户数	户均人口数
总和		H_s	m_s

地震烈度： 结构类型：

统计人：____，____，____ 日期：____

复核人：____ 日期：____

表 B1 建筑物破坏调查表

抽样点名称： 面积单位：

调查点名称 \ 面积 \ 等级	毁坏 $T_{s,i,k}$ (1)	严重破坏 $T_{s,i,k}$ (2)	中等破坏 $T_{s,i,k}$ (3)	轻微破坏 $T_{s,i,k}$ (4)	基本完好 $T_{s,i,k}$ (5)
1					
2					
⋮					
n					
合计 $\left(\sum_{i}^{n}T_{s,i,k}(j)\right)$					

地震烈度： 结构类型(s)：

调查者：____，____，____ 日期：____

表 B2 抽样点建筑物破坏汇总表

抽样点总数：　　　　　　　　面积单位：

序号	抽样点名称（镇、村或街道）	毁坏 $T_{s,k}$ (1)	严重破坏 $T_{s,k}$ (2)	中等破坏 $T_{s,k}$ (3)	轻微破坏 $T_{s,k}$ (4)	基本完好 $T_{s,k}$ (5)
1						
2						
⋮						
N						
合计 $(\sum_{k}^{N} T_{s,k}(j))$						

地震烈度：　　　　　　　　结构类型（s）：

填表人：____，____，____　日期：____

复核人：____　　　　　　　日期：____

表 B3 破坏比（λ_s）汇总表

破坏比（λ）＼破坏等级 烈度	毁坏	严重破坏	中等破坏	轻微破坏	基本完好

结构类型（s）：

填表人：____，____，____　日期：____

复核人：____　　　　　　　日期：____

表 C0 建筑物破坏损失比 η_s（%）

$\eta_s(j)$＼破坏程度 结构	毁坏	严重破坏	中等破坏	轻微破坏	基本完好
多层砖房钢筋混凝土结构	70～100	40～70	10～40	5～10	0
单层厂房	70～100	35～70	8～35	4～8	0
城镇平房农村建筑	60～100	30～60	8～30	4～8	0
桥　梁	70～100	40～70	20～40	10～20	0
路　堤	—	50～70	20～50	10～20	0

表 C1 建筑物破坏损失比 η_s（%）

$\eta_s(j)$＼破坏程度 结构类型	毁坏	严重破坏	中等破坏	轻微破坏	基本完好

填表人：____，____，____　日期：____

复核人：____　　　　　　　日期：____

表 D1 室内财产损失调查表

抽样点名称　　　　　　　　面积单位：

被调查户姓名	房屋面积 $T_{s,i,k}(j)$	损坏物品名	损失值 $LL_{s,i,k}$
1			
2			
⋮			
n			
合计 $(\sum_{1}^{n})$			

烈度区：　　破坏等级：　　结构类型（s）：

调查人：____，____　　日期：

表 D2 调查点室内财产损失汇总表

抽样点总数：　　　　　　　　面积单位：

序号	抽样点名称（镇、村或街道）	毁坏房屋数量 $T_{s,k}$ (1)	损失值 $LL_{s,k}$ (1)	严重破坏房屋数量 $T_{s,k}$ (2)	损失值 $LL_{s,k}$ (2)	备注
1						
2						
⋮						
N						
合计 $(\sum_{k}^{N})$						

地震烈度：　　　　　　　　结构类型（s）：

填表人：____，____，____　日期：____

复核人：____　　　　　　　日期：____

表 D3 室内财产损失比（W）
（单位面积室内财产损失值）

破坏等级＼损失比 烈度	毁坏 $W_s(1)$	严重破坏 $W_s(2)$	备注

填表人：____，____，____　日期：____

复核人：____　　　　　　　日期：____

表 E1 建筑物等损失统计表

建筑物分类	结构名称	总面积	破坏率 %	各破坏等级面积					单价	系数	损失金额	备注
				毁坏	严重	中等	轻微	总和				
工业与民用建筑												
合　　计												
重大工程												
合　　计												
生命线工程												
合　　计												
其　　他												
合　　计												
损失金额总和												

地震烈度：　　　　　　　　　　　　　　　　　　　　　面积单位：

表 E2 灾害经济损失总和统计

损失 / 类别 / 烈度	工业与民用建筑物	室内财产	生命线工程	重大工程	其他	合计
V						
VI						
VII						
VIII						
IX						
X						
XI						
XII						
合计						

统计人：______，______，______　　　　　　　　日期：______

复核人：______　　　　　　　　　　　　　　　　日期：______

国家地震局无线电管理办法

根据中华人民共和国无线电管理条例，为加强全国地震系统的无线电管理，有效地利用无线电频谱资源，保证地震系统各种无线电业务的正常开展，更好地为地震监测预报和抗震救灾与经济建设服务，特制订本办法。

第一条 国家地震局无线电管理委员会负责统一管理全国地震系统的无线电工作。

第二条 地震系统任何部门要研制、生产、进口、设置无线电发射设备，必须报局无线电管理委员会审定。

第三条 任何单位都必须遵守频率使用的有关规定，未经指配的频率不得擅自使用。紧急状态（发生特大地震灾害）时可以临时使用未经指配的频点，但应及时向有关无委会报告。未经国家地震局批准，国家地震局系统外单位不得擅自使用地震专用频率组网。

第四条 频率一经指配，不得随意变动，确需变动时，要讲明原因，向原频率指配部门重新申请。

第五条 经指配的频率，不论是什么原因发生干扰时，应按照次要业务让主要业务，带外让带内，后用让先用的原则处理，然后将干扰的详细情况报有关无线电管理委员会。

第六条 参照国家无线电管理委员会的有关规定，地震系统凡是使用地震专用频率进行经营开发（含办无线寻呼网，集群电话）的单位，在每年 12 月 5 日前按每台（部）年收入服务费的 1%（系统内自用除外）向国家地震局交纳频率管理费。

第七条 本办法从 1993 年 5 月 1 日起执行。

国家地震局

1993 年 4 月 7 日

关于印发《地震事业单位财务管理暂行办法》的通知

各省、自治区、直辖市地震局（办），局直属各单位：

为加强地震事业单位的财务管理，促进地震事业的发展，国家地震局和财政部共同研究制定了《地震事业单位财务管理暂行办法》。现将该办法印发给你们，请遵照执行。执行中有何问题，请及时报告，以便进一步修改和完善。

附件：地震事业单位财务管理暂行办法

国家地震局
财 政 部
1993年12月21日

抄送：各省、自治区、直辖市和计划单列市财政厅（局）

附件：

地震事业单位财务管理暂行办法

第一章　总　　则

第一条　为了加强地震事业单位的财务管理工作，进一步提高资金使用效益，促进地震事业的发展，根据财政部《关于加强事业单位收入财务管理的规定》和《社会文教事业全额预算管理单位财务管理暂行办法》、《社会文教事业差额预算管理单位财务管理暂行办法》、《社会文教事业自收自支管理单位财务管理暂行办法》以及国家其他有关规定，结合地震事业单位的实际情况，制定本办法。

第二条　本办法中地震事业单位（以下简称单位）是指国家地震局所属从事地震事业工作的各省、自治区、直辖市地震局（办）和国家地震局直属事业单位。

第三条　地震事业财务是单位各项经济业务活动的综合反映，地震事业财务管理是地震事业管理的重要组成部分，各单位应予高度重视，建立健全财务机构，配备合格财务人员，做好财务管理工作。

单位财务管理实行统一领导、分级负责、归口管理的原则，在单位首长（或总会计师）的统一领导下，将单位的一切财务收支活动归口财务部门统一管理。

第四条　单位的财务管理工作，必须贯彻执行党和国家有关方针、政策和财政、财务制度，遵守财经法规和财经纪律，并主动接受财政、税务、审计、银行、工商、物价等有关部门的指导和监督检查。

第五条 单位财务管理的主要任务是：合理安排预算资金，积极合法合理组织收入，努力节约开支；建立健全单位财务规章制度，加强财务监督、检查，严格执行财经纪律；强化经济核算，科学调度与配置资金，提高资金使用效益；开展财务分析，提供财务信息，参与单位经济决策；正确发挥财务管理的各项职能作用，促进地震事业的发展。

第六条 单位财务管理的范围包括：预算管理、收入管理、支出管理、财产物资管理、财务分析和财务监督等。

第二章 预算管理

第七条 单位的事业费预算（财务收支预算）是根据党和国家的有关方针、政策，按照事业计划、任务，对单位财务收支规模的预计，是国家预算的组成部分。单位预算资金主要由国家财政拨款和单位组织的收入组成。国家预算拨款包括经常性经费和专项经费。

第八条 单位预算管理级次。按照地震事业费的领拨关系和经费管理权限，单位预算管理分为三级：国家地震局为一级预算单位；各省、自治区、直辖市地震局（办）和国家地震局直属事业单位为二级预算单位；各单位的下属独立单位为基层预算单位。

各级预算单位应遵循“统一领导、分级管理、权责结合”的原则开展预算管理工作。各级预算单位的合法权利，应予充分保证，下级预算单位必须服从上级预算单位的领导。

第九条 单位的预算管理形式。根据国家地震局下达的事业计划、任务和单位收入、支出的不同情况，单位预算管理形式可划分为全额预算管理、差额预算管理和自收自支管理三种。

（一）没有稳定的经常性收入或收入较少的单位（一般占单位经常性支出30%以下）为全额预算管理单位。国家对其实行“预算包干、结余留用、超支不补”的预算管理办法，经费拨款和任务挂钩，一年一定或一定几年。

（二）有一定数量的稳定的经常性收入（一般占单位经常性支出的30%以上）但不足以解决本单位的经常性支出，支大于收的差额需国家预算拨款补助的单位为差额预算管理单位。国家对其实行“核定收支、差额（定额或定项）补助、增收节支留用、减收超支不补”的管理办法。

（三）有稳定的经常性收入，可以抵补本单位的经常性支出，但尚未具备企业管理条件的预算单位为自收自支管理单位。国家对其实行“核定收支、以收抵支、增收节支留用、减收超支不补”的管理办法。

有条件向差额预算管理或自收自支管理过渡的单位，应积极创造条件，逐步向差额预算管理或自收自支管理过渡。单位的预算管理形式，由国家地震局报财政部核定。其所属基层单位的预算管理形式，由单位参照本办法的有关规定自行确定，并报上级单位审查备案。

第十条 单位预算的编制原则

（一）坚持收支平衡、略有结余的原则。单位预算应根据国家有关方针、政策，按照国家地震局下达的地震事业计划和任务编制。收入预算必须积极可靠，支出预算不能留有缺口，不得编制赤字预算。

（二）坚持统筹兼顾，重点安排的原则。单位应正确处理好事业需要和财力可能的关系，实事求是，量入为出，区别轻重缓急，科学合理地安排预算资金。

（三）坚持严格分清经费渠道的原则。单位应划清正常事业费和专项经费、事业费和基建投资的界限，各类经费预算的编制不得交叉和重复。

第十一条 单位预算的编制程序。单位财务部门应在上年第三季度末，会同有关业务部门，根据单位年度事业发展任务，以及以前年度经费预算执行情况和有关预算经费定额标准，编制本年度经费预算建议数和详细说明及计算依据，经单位负责人审核同意后报国家地震局审核汇总，再报财政部核定。财政部下达经费预算指标后，单位根据国家地震局调整下达的经费预算指标和有关要求，调整编制正式的经费预算，国家地震局在财政部核定的预算内核批单位预算。

第十二条 单位预算编制方法

（一）收入预算。不同预算管理形式的单位采用不同的编制方法。

1. 全额预算管理单位的收入预算数包括财政拨款数（含动用上年预算结余数）和抵支收入数。单位应将纳入预算管理的收入，全额作为"抵支收入"。预算数与"抵支收入"数的差额为申请财政预算拨款数。

2. 差额预算管理单位收入预算数包括单位组织的收入数和财政差额补助数。单位以收抵支后的差额为申请财政差额补助数。

3. 自收自支管理单位收入预算数，应大于或等于支出预算数，不得编制赤字预算。

全额预算管理单位的"抵支收入"数和差额预算管理单位、自收自支管理单位的收入数，可参考上年度预算执行情况和预算年度内增收条件、措施等测算编制。

（二）支出预算。根据各项经费支出的不同内容和管理要求，支出预算分为经常性经费和专项经费两部分。

1. 经常性经费部分，是指单位的人员经费和公务、设备购置、修缮、业务等公用经费的日常开支。这部分经费采取责任包干的办法管理，单位要认真核实各项基本数字，按照定员定额标准和上年执行情况，并考虑预算年度可能出现的增减变化因素，测算编制，具体项目及编列方法如下：

（1）人员经费。指单位用于职工个人方面的经费开支。主要包括职务（等级）工资、补助工资（含专业技术人员技术职务津贴、职员职务岗位目标管理津贴和工人岗位津贴，以及经人事部批准的其他津贴）、职工福利费、离退休人员费用、人民助学金等，按照国家地震局核定的定编人数和有关要求计算编列。

（2）公务费。指单位的办公费、会议费、水电费、邮电费、差旅费、取暖费等项开支。按单位的定编人数和预算定额标准（台站人员、野外队人员和分析预报预防人员按各自定额标准）进行测算编列。

（3）设备购置费。指单位按计划购置的一般小型公用设备和专用设备所需的开支。按购置计划安排的项目和设备价格编列。

（4）修缮费。指单位用于维修公用房屋、建筑物及仪器设备所需的开支。维修费用按维修定额进行测算编列；不够基建额度的零星土建工程，按施工概算编列。

（5）业务费。指开展正常业务活动所需的开支。按单位业务工作计划和有关开支定额测算编列；无法确定定额的，可参照上年开支情况测算编列。

（6）其他费用。指上述项目以外的其他各项开支。分别不同支出项目，按照国家有关预算定额和开支标准测算编列。

2. 专项经费部分，是指规定专门用途的业务经费和其他专项申请的具有指定用途的经费。其中，专项业务经费包括台站（网）观测和流动观测经费、分析预报预防经费、合同制项目经费和地震科学基金等。专项经费预算采取任务和经费挂钩的办法编制。

(1) 台站（网）观测和流动观测经费

台站（网）观测经费，是指除台站人员经费以外，用于台站（网）正常运行所需的经费。包括材料动力消耗、邮电通讯、房屋维修及仪器设备购置、交通运输及其他业务活动经费等。单位应按台站（网）规模及条件，将台站（网）划分为不同等级，其经费应按核定的台站（网）数和台站（网）等级标准测算编列。

流动观测经费，是指流动观测大地形变和定点形变、重力、地磁等所需的经费。包括材料和动力消耗、邮电通讯、交通运输、仪器设备购置、差旅费及其他业务活动经费。按流动观测次数和定额标准计算编列；无法确定定额标准的，按上年开支情况测算编列。

(2) 分析预报预防经费。是指除人员经费和公务费以外的分析预报预防工作所需的经费，包括仪器设备购置、房屋维修和其他业务活动经费，以及大震应急和地震前后现场工作经费等。按预算年度任务和定额计算编列；无法确定定额的，按上年开支情况测算编列。

(3) 合同项目经费。是用于确定实行合同管理的地震监测和基础探测、地震灾害防御等项目的经费。合同项目经费预算应根据国家地震局批准的合同，及合同项目数量和金额编制。

(4) 地震科学基金。是用于地震预报、工程地震、地震社会学以及与其有关的地球物理、地质学、大地测量学、地球水文化学等基础和应用基础研究项目的资助经费。地震科学基金经费预算，应根据国家地震局或地震科学联合基金会批准的资助项目数量及金额编制。

(5) 其他专项经费。指专项申请的大型修缮费、大型专用设备更新购置费，以及其他指定用途的项目经费，其经费预算应列出详细的计算依据，逐项计算编列并作详细的文字说明。

单位支出预算中经常性经费部分，应分别不同用途编列在年度支出预算的各有关“项”级和“目”级科目中，专项经费部分预算则只分别填列在“公务费”、“修缮费”、“设备购置费”、“业务费”等“项”级和“目”级科目中。

第十三条 预算的执行

单位预算经批准后，即成为预算的执行依据，除经批准调整收支计划或发生重大特殊情况外，一般不予追加追减。调整预算时，单位应向上一级预算单位提出追加或追减预算的报告，经批准后方可执行。

第十四条 决算的编制

单位在预算年度终了后，应组织年终帐务清理，编制年度经费决算。经费决算应按规定的表式和编制要求及预算拨款的级次，逐级编制、汇总和上报，各级预算单位应依据有关规定，认真审核，严格把关，以确保决算的质量。

(一) 决算的数字以会计年度12月31日的帐面数字为准，其中，“银行支出数”按单位银行签证单上的数字列报，“实际支出数”和有关收入数字分别按各项支出和收入的累计余额汇总列报。决算数字必须真实可靠，严禁以领代报，估列代编和虚列支出等弄虚作假行为。

(二) 全额预算管理单位的预算拨款数与“抵支收入”数之和大于决算支出数部分为经费结余数，经费结余扣除专项资金结余、合同制项目、基金制项目的结余后，应按规定计提事业发展基金、职工福利基金和职工奖励基金。

差额预算管理单位的收入数与财政“差额补助数”之和及自收自支管理单位收入数，大于决算支出数部分为收支结余数，收支结余应按规定计提事业发展基金、职工福利基金、职工奖励基金及经财政部门批准设立的其他基金。

（三）决算报表编制完成后，单位应认真总结、分析年度预算执行情况，查找存在的问题，提出改进意见，并据此编制决算说明，随决算报表一并报上级财务部门审批。

第三章 收入管理

第十五条 收入管理的原则

（一）单位在保质保量完成地震事业计划和工作任务的前提下，应采取有效措施，充分利用现有的人才、技术、设备等条件，通过多种形式为社会提供服务，广辟财源，积极合理地组织收入。

（二）单位组织收入，必须严格遵守国家有关政策、规定和财经纪律，各项收入的来源应合理、合法。

（三）单位组织收入，必须把社会效益放在首位。在组织收入活动中，应加强经济核算，坚持少投入、多产出，以求得最大经济效益。

第十六条 收入的收费标准。单位在组织收入过程中必须按规定使用财政、税务和物价部门统一印制的发票或收据。增减收费项目、制定和调整收费标准必须按规定报批。

第十七条 单位的收入应全部纳入单位经费预算，由财务部门统一管理。根据内部机构设置的不同情况和各项收入内容，单位可采取统一立帐，分帐核算的办法。单位所属独立核算的经济实体，应将各项收入全部交其财务部门统一核算管理。单位所属经济实体实现的收益或利润应按一定的比例或数额上交其主办单位。单位及其所属经济实体应逐级向上级财务部门报送财务收支计划和决算报表。

第十八条 收入的内容

（一）事业性收入。指单位凭借自身业务专长为社会提供有效服务，按国家有关规定所取得的收入，主要包括：

1. 地震安全性评价收入。指单位按照有关规定，为工程建设项目提供地震烈度复核、危险性分析、活断层评价和地震烈度区域规划服务所取得的收入。

2. 技术转让收入。指单位通过技术市场，对外转让其研究开发的技术成果，如计算机软硬件、专利技术、设计方案和其他专有技术所取得的收入。

3. 技术服务收入。指单位利用现有设备对外提供计算、打印、录音、录像、复制、照相、制图、测绘、测试、检验、计量等服务所取得的收入。

4. 技术培训收入。指单位为普及某种专业技术和某方面的科学知识，举办讲座和培训所取得的收入。

5. 出版发行收入。指单位出版和发行图书、期刊、报纸和音像制品（包括刊登和制作广告）所取得的收入。

（二）生产经营性收入。指单位从事生产经营活动，包括研制和销售产品，以及从事其他贸易活动所取得的收入。

（三）上交收入。指单位附属独立核算的生产经营服务单位，如技经贸实体、招待所、小卖部、餐厅等上交的净收入。

（四）其他收入。指不属于上述范围的收入。如资产租赁和固定资产变价处理，以及后勤服务收入等。

第十九条 收入的计算

单位在组织收入过程中，应进行成本（费用）核算，成本（费用）的主要内容包括：工资、补助工资、劳务酬金、材料费、燃料动力费、设备费、折旧费或仪器设备使用费、管理费等。凡能计算实际成本的，应按实际消耗的成本（费用）计算。无法计算实际成本（费用）的，可以按收入的一定比例予以扣除，扣除的比例应不低于收入的50%，各单位可视具体情况确定。

全额预算管理单位的收入应按扣除成本（费用）后的净收入计算。单位组织收入过程中的成本（费用），已在地震事业费中列支的，应用扣除的成本（费用），冲减当年事业经费的相应支出。

差额预算管理单位和自收自支管理单位的收入应按毛收入计算，满收满支。单位必须进行严格的成本（费用）核算。

第二十条 单位提取的折旧和固定资产的变价收入，应转入专用基金的事业发展基金或修购（折旧）基金，用于固定资产的维修和重置。

第四章 支出管理

第二十一条 地震事业经费支出，是地震部门和单位为完成工作任务和事业发展计划所必须发生的费用开支。支出管理是地震事业财务管理工作的重要组成部分。

第二十二条 支出管理的原则

（一）单位的各项支出必须贯彻执行国家有关方针、政策，严格遵守有关财政、财务制度及财经纪律。

（二）单位应严格执行支出预算，各项支出应按规定的资金用途办理，不得相互挤占和挪用。

（三）单位应坚持勤俭办事业的方针，对各项支出应精打细算，厉行节约，杜绝铺张浪费。

第二十三条 支出管理的要求

（一）单位经费支出应根据经常性经费、专项经费及专用基金的不同管理特点，采取分类分项的管理办法。

（二）单位根据支出预算，对其各业务部门的经费实行指标控制。有条件实行定额管理的应建立健全定额管理办法。

（三）单位要严格开支审批手续，各项支出要有合法凭证，并按经费审批权限，经有关领导批准和财会部门审核后，方可入帐和报销。不得以领代报、以拨代支。

（四）单位应建立健全支出管理制度，各项支出应按规定的费用开支标准办理。

第二十四条 经常性经费支出的管理。单位应按《责任包干经费的管理办法》管理经常性经费支出，经费开支应按规定的范围和标准执行，以实际支出数列支。

（一）人员经费的开支应以核定的定员定额标准，以及经批准的劳动工资计划为依据。单位发给职工的各种奖金、津贴、补贴，以及其他的职工福利待遇，应按国家有关规定执行，不得自行提高国家规定的标准。

（二）公用经费的公务费、修缮费、业务费和设备购置费等项开支，凡能建立定员定额的，应核定定员定额标准，并据以控制支出。无法确定定员定额标准的，应以上级批准的预算额度为依据控制支出。其中设备购置和房屋修缮完成后，必须经有关部门组织验收，方能列支。

（三）单位与其所属独立核算的经济实体，在经济上应保持相互独立。经济实体在生产经营过程中聘用单位人员和使用单位水、电、气、设备及房屋等发生的费用，应按实际发生数或按一定的比例及时结算，向单位交纳占（使）用费。单位收到的占（使）用费后，应冲减相应支出。

（四）为加强经费核算和管理，有条件的差额预算管理单位和自收自支管理单位，可结合自身业务特点，参照国家有关行业的财务会计制度，在单位内部实行与其业务活动相适应的成本（费用）核算和管理办法。

第二十五条 专项经费支出的管理。专项经费支出应按批准的预算及规定的开支范围执行，按实际发生数列支。专项业务经费支出和其他专项经费支出可采取不同的管理办法。

（一）专项业务经费支出应实行定额和费用包干的管理办法。其中台站（网）观测、流动观测经费和分析预报预防经费的开支，应执行台站（网）等级定额标准和规定的费用开支标准；合同制项目经费的开支，应遵守《合同制项目经费管理办法》的有关规定；地震科学基金项目经费的开支，应按照《地震科学联合基金项目经费管理办法》的有关规定执行。

（二）其他专项经费支出应按批准的用途专款专用，单独核算。单位要实行专项资金的追踪反馈制度，定期将执行情况报送国家地震局和其他拨付专项经费的部门。项目完成后，应报送专项经费支出决算和使用效果的文字报告，随同年度决算一并上报。年终未完项目经费结余，应结转下年继续使用；已完成的项目如有结余，必须报经原拨款部门批准后处理，用款单位无权自行处理。

第二十六条 专用基金支出的管理。单位按规定提取和设置的专用基金，包括事业发展基金、集体福利基金、职工奖励基金及经财政部门批准设立的其他基金。差额预算管理和自收自支管理单位还可建立修购（折旧）基金、医疗保险基金和后备基金等。

专用基金要实行计划管理，先提后用，量入为出、专款专用，按规定的开支范围和标准执行，以实际发生数列支。专用基金的具体开支范围包括：

（一）事业发展基金。用于抵补业务费、设备购置费、房屋修缮费和购买国家债券，以及其他事业发展项目的支出。

（二）集体福利基金。用于职工集体福利设施的建设，补贴职工家属子女统筹医疗费开支，补助职工医疗费超支和未享受公费医疗待遇的职工医疗费，以及独生子女补助费等其他职工集体福利支出。

（三）职工奖励基金。用于按规定对业绩考核优秀的职工发放的奖金和代扣代缴的个人所得税，支付自收自支管理单位的浮动工资，以及经人事部批准的属于奖金性质的其他支出。

（四）修购（折旧）基金。专项用于单位的仪器设备购置和房屋修缮支出。

（五）医疗保险基金。专项用于非国家公费医疗单位的职工医疗费的支出。

（六）后备基金。用于职工劳动保险和其他不可预见的支出等。

第二十七条 专用基金安排的自筹基本建设支出，须报主管部门审查资金来源后，按规定程序报批立项。

第二十八条 为支持有条件的单位在国家政策允许范围内，合理组织收入，弥补事业经费不足，国家地震局可用财政周转金和其他自有资金建立事业周转金。主要用于帮助有偿还能力的单位，解决生产经营过程中出现的临时资金短缺问题。事业周转金优先用于扶持向差额预算管理和自收自支管理过渡的单位。

第五章　财产物资管理

第二十九条　单位的财产物资是国有资产的组成部分，是从事地震工作和开展其他活动所必须的物质条件，财产物资包括固定资产、材料和低值易耗品等。管好用好财产物资，对保护国有资产完好，保证地震工作任务的完成，具有十分重要的作用。

第三十条　财产物资管理要贯彻计划供应、定额配备的原则，做到既要保证地震工作的需要，又要防止财产物资的积压和损失浪费，最大限度地发挥财产物资的效益。

第三十一条　单位要加强财产物资的管理工作，配备与实际工作相适应的管理人员，建立健全财产物资管理办法，并使之逐步完善。

单位的财会部门应与财产物资管理部门合理分工，密切配合。财会部门按类别设立财务帐目，对财产物资进行核算和管理，财产物资部门按类别设立实物登记帐卡，以加强实物的管理。帐卡的设立要规范和完整，财务和财产物资部门应定期核对和清查，做到帐、帐卡、物相一致。

第三十二条　固定资产管理

（一）固定资产标准。单价在200元（含200元）以上的一般仪器设备和设施，单价在500元（含500元）以上的特殊专用仪器设备，具备耐用时间在一年以上条件的为固定资产。单价虽不满上述起点标准，但耐用时间在一年以上的大批同类资产，也应作为固定资产进行管理。

（二）固定资产分类

1. 房屋和建筑物。包括办公、科研、监测、生产和宿舍用房，以及其他各种建筑物及附属设施。

2. 专用仪器设备。包括各种地震科研、监测仪器设备、生产机械、动力设备和交通运输工具等。

3. 一般设备。包括各种办公家具、设备和文体设备等。

4. 专业图书。包括图书室和资料室长期保存的各种专业图书、期刊和资料等。

5. 其他固定资产。指不属于以上各类，但符合固定资产标准的其他资产。

（三）固定资产管理的要求

1. 实行责任制管理。业务部门应配合财产物资管理部门建立固定资产的使用和交接登记制度，制定有关操作规程，并严格遵照执行。贵重仪器设备还应建立技术档案，指定专人负责管理。要加强固定资产日常的维护和保养工作，并使之制度化、规范化。

2. 严格验收制度。购建和调入、调出固定资产时，要由财产物资管理部门负责验收，贵重的专业仪器设备，还应组织专业技术人员参加验收。新建房屋及其他建筑物竣工时，应按规定组织有关人员进行验收。经验收合格后的固定资产要及时入帐和建立登记卡，并交付使用。

3. 加强固定资产报废（报损）和调出的管理。固定资产确属不能使用的，应由财产物资管理部门会同财会部门，报请单位行政领导批准后作报废（报损）处理。但大型精密仪器设备的报废（报损），要请专家鉴定，报国家地震局批准。固定资产的调出应按规定办理调拨手续，经查对实物后，移交接收单位使用。固定资产作为联营或投资、参股的资本时，其管理工作应按国家有关规定执行。

第三十三条 材料管理

（一）材料的计划管理。财产物资管理部门应根据业务工作需要，会同财务部门编制材料采购计划，核定材料的储备定额和主要材料的消耗定额。材料收发业务量大，且品种较多的单位，应进行材料核算。

（二）库存材料的管理。财产物资管理部门应严格执行材料验收、发送和保管制度，完善进料、发料、报废和核销手续。材料的保管要做到地点固定、零整分开、存放有序和帐实相符。对贵重、易燃易爆材料，应专橱（库）保管，随时进行查对。材料使用部门一般不设库存，采取随用随领的办法，以减少保管环节。

第三十四条 低值易耗品管理

（一）实行分类管理。低值易耗品分为两类，一般用品可采用以旧换新的办法，消耗性用品可实行定额管理的办法，财产物资管理部门要根据各部门的实际消耗情况核定消耗定额，按定额领用。

（二）财产物资管理部门应对在用、在库低值易耗品进行登记、管理。在采购低值易耗品时，应先由财产物资管理部门编制采购计划，经财会部门审核报经单位领导批准后执行。

第三十五条 单位的财产物资必须每年全面清点一次。清点时由财产物资管理部门、财会部门和其他有关部门组成清查小组，清点结果应报告单位领导。财产物资如有盈亏，要查明原因，按有关规定处理。

第六章 财务分析和财务监督

第三十六条 单位的财务分析与监督，是财务管理工作的重要组成部分。单位要建立健全财务分析与监督制度，做好财务分析与监督工作，以便通过财务分析与监督，认识和掌握本单位的财务活动规律，提高财务管理水平和资金使用效益，保证国家有关方针、政策和财政、财务制度的贯彻执行，维护财经纪律。

第三十七条 单位财务分析主要对象包括：预算执行、资金运用、财产物资使用与管理，以及组织收入等情况的分析。

（一）预算执行情况的分析。主要是采用本期预算执行数分别与本期预算数、全年预算数、上年同期预算执行数、事业计划完成进度情况进行比较的方法，分析单位预算执行情况，并从中发现问题，及时采取措施，以确保预算任务的完成。

（二）资金运用情况的分析。主要是通过对季报、决算及其他有关资料的分析，考核单位的资金运用情况，具体分析内容和方法主要有以下几方面：

1. 人员经费和公用经费构成情况分析。分别计算人员经费和公用经费占经费支出的比重，并通过与预算的比较，分析其构成变化量是否合理。

2. 银行支出未报数的分析。银行支出未报数是银行支出数和实际支出数的差额，是进行正常业务活动必须的周转性资金。通过对此项指标的分析，可以了解单位资金运转情况是否正常。

3. 往来款项的分析。主要是查明各种暂存暂付、预收预付、借入借出等款项的数额及其未结清或造成呆帐的原因，分析往来款项是否合理，以便及时采取措施进行清理。

（三）财产物资的使用与管理情况的分析。根据有关报表和资料分析各种财产物资的购建、使用、发出和消耗情况，特别要重点分析固定资产的结构及其变动情况。通过分析找出存在的问题，提出改进的措施和建议，以充分发挥财产物资的使用效益。

（四）组织收入活动的财务分析。主要是借鉴企业财务的若干指标，如资金利润率、投资利润率、销售利润率、成本费用利润率、资产负债率等指标，对单位组织收入情况进行分析和评价，为单位经济决策提供可靠的依据。

第三十八条 财务监督检查。单位财务部门应按规定建立和完善监督检查制度，对财务收支活动，包括财务收支、资金运用、财产物资管理活动等，开展定期和不定期的监督检查。对违法、违规和违纪行为，要及时予以制止和纠正，情节性质严重的，要向单位领导和有关部门报告。

第七章 财务机构与财务人员

第三十九条 为了加强财务管理，完成业务工作任务，单位应设立同本单位业务工作规模和财务工作任务相适应的独立的财务机构，配备具有会计证或上岗资格的专职财务人员和财务主管人员，负责管理财务工作。

第四十条 规模较大的单位应按照《会计法》的规定，设置总会计师。总会计师应由政治业务素质较好、具有会计师以上技术职称的人员担任。

第四十一条 财务机构和财务人员，负有贯彻国家有关方针、政策，执行国家财政、财务制度，维护财经纪律，保护国家财产物资，促进地震事业发展的重要职责。单位在聘任财务人员时，应选择政治、业务素质较好的人员。单位要加强对财务人员的培训，支持财务机构和财务人员的工作。

第四十二条 单位的财务部门和财务人员要认真履行职责，正确行使权力，遵守职业道德，廉洁奉公，遵纪守法，敢于坚持原则，与违反财经纪律的行为斗争。

第四十三条 财务人员应保持相对稳定，其任免、调离，按国家有关会计人员管理的规定执行。财务人员离职时必须办好交接手续。

第八章 考核与奖惩

第四十四条 为了增强单位及财务人员的工作责任感，调动财务人员的积极性，提高财务管理水平，保证事业计划和工作任务的完成，财务主管部门应制定财务工作考核与奖惩制度，单位也应建立相应的考核与奖惩制度。

第四十五条 财务主管部门按国家对会计人员、会计工作的有关规定和本办法的有关管理要求，结合发放会计证、会计达标工作及日常财务工作，对单位的财务工作和财务人员进行考核，建立业务档案，作为财务人员评审专业技术职称和晋升职务的参考依据。

第四十六条 单位对完成各项考核指标、成绩突出的财务人员应给予精神鼓励和必要的物质奖励。

第四十七条 对于违法违纪和使国家财产或工作遭受损失的单位和财务人员，应按《国务院关于违反财政法规处罚的暂行规定》及国家其他有关规定给予必要的处罚。

第九章 附 则

第四十八条 本办法适用于国家地震局所属事业单位。国家地震局所属科学事业单位的财务管理工作，应按国家科委、财政部（93）国科发财字475号和其他有关科研单位财务管理规定执行，上述规定未尽事宜，可比照本办法执行。

第四十九条 本办法实施细则由国家地震局制定，报财政部备案。

第五十条 本办法由国家地震局和财政部负责解释。

第五十一条 本办法自1994年1月1日起施行。

关于颁发《国家地震局地震类专业优秀教材奖励办法》的通知

有关高等学校地震类专业、防灾技术高等专科学校、中国科技大学北京研究生院、国家地震局杭州干部培训中心：

地震专业教育是地震科学事业发展的重要依托，地震专业教材建设关系着未来地震科技队伍的素质。目前地震专业教材建设任务繁重，亟须地震科学技术方面的一流专家、教授从事教材编写这一创造性活动，把地震类专业教材建设工作提高到新水平。为了推动地震专业教材建设工作，国家地震局组织制订了《国家地震局地震类专业优秀教材奖励办法》，现颁布执行。

附件：国家地震局优秀教材奖励办法

国家地震局

1993年5月6日

抄送：地震出版社、全国高等院校地震类专业教材建设委员会各委员

附件：

国家地震局地震类专业优秀教材奖励办法

根据国家教育委员会《高等学校优秀教材奖励试行条例》的基本精神和国务院各部门组织对口专业教材编审的分工要求，结合高校地震类专业教材建设的实际情况，制订本办法。它将有利于提高地震类专业的教学质量，并鼓励教师和热心教育事业的科技人员编写教材的积极性。

一、参加评奖教材的范围

参照国家教委优秀教材奖励条例有关规定，本办法中所指的教材是由地震出版社和中央、地方、大学出版社正式出版的地震类大学本科、专科、中专学生及研究生使用的专业教材（包括基本教材、教学参考书、实验教材、实习指导书、习题集）和地震系统成人教育使用的地震类专业教材。这些教材出版后必须经过两届以上学生使用，证明效果良好的，方可参加评奖。

申报优秀教材的研究生教材应与科学专著有明显区别，并主要用于研究生学位课程的教学。

二、评奖的基本条件和重点

1．评奖的基本条件必须符合国家教委《高等学校优秀教材奖励试行条例》的有关规定：

——坚持四项基本原则，符合党和国家的方针、政策，努力运用辩证唯物主义和历史唯物主义的观点，阐述本门学科的基本规律；

——具有与本门学科发展相适应的科学水平，有较强的理论性和系统性，能够正确地阐述本门学科的科学理论和概念，贯彻理论联系实际的原则；

——符合本门课程在教学计划中的地位和作用，要求恰当，取材合适，内容阐述循序渐进、富有启发性，便于自学，使学生能够掌握基本理论、基本知识和基本技能；

——文字准确、流畅，符合规范化要求；插图正确，文图配合恰当。

2. 评奖的重点是那些内容新颖，教学适用性强，教学效果显著，在内容和体系的改革上有所突破和创新，或为多校采用，在人才培养上发挥了显著作用的教材。

三、评比程序

1. 申报：凡符合本办法规定范围内的教材，由作者所在学校（研究生院、培训中心）提出申请，并填写《地震类专业优秀教材申报表》。其后，由学校组织使用该教材或担任本课程教师进行评议，在此基础上填写《地震类专业优秀教材质量评议表》。

2. 初审：由全国高等院校地震类专业教材建设委员会办公室按照本办法规定的评奖教材范围和评奖基本条件对提交的申报材料进行审核，对每本符合申报资格的教材，选定三位教材建设委员会成员提出初审意见。

3. 评选：由国家地震局委托全国高等院校地震类专业教材建设委员会召开全体会议进行优秀教材评选工作。

4. 批准与授奖：以上评出的优秀教材，经国家地震局批准后公布并组织授奖活动。

凡获得国家地震局地震类专业优秀教材一等奖的教材，将作为向国家教委推荐的全国优秀教材。

四、奖励标准

一等奖：颁发荣誉证书及奖金2000元

二等奖：颁发荣誉证书及奖金1000元

三等奖：颁发荣誉证书及奖金500元

此外，优秀教材评奖委员会还可根据实际需要设置“特别奖”，以表彰在教材建设上做出突出贡献的科学家、教育家。

五、附　　则

1. 获奖教材的责任编辑由所在出版社给予荣誉证书与物质奖励。

2. 国家地震局优秀教材评奖活动每四年进行一次。

3. 优秀教材奖励的奖金等费用在国家地震局教育事业费中列支。

4. 为杜绝弄虚作假等不正之风，国家地震局人事教育司接受有关方面的举报材料，一经核实，除立即取消教材评奖资格外，并予以通报批评。

5. 本办法自公布之日起施行。由国家地震局人事教育司负责解释。

1993年4月

国家地震局地震科技新星选拔与管理办法

（1992 年 10 月 30 日）

第一章　总　　则

第一条　为了表彰和鼓励为地震科技事业及国家建设做出了显著成绩的青年科学、技术、管理人员，并为全局广大青年科技人员树立学习榜样，决定开展评选国家地震局地震科技新星的活动。

第二条　局地震科技新星的评选范围为在地震监测预报、综合防震减灾、科研、工程技术、科技开发、对外科技交流与合作、教学及科技管理等第一线工作岗位上做出了显著成绩的青年专业技术人员。

第三条　局地震科技新星每两年评选一次。

第四条　局地震科技新星坚持好中选优、宁缺勿滥、确保质量的原则，并且引入竞争机制，能上能下，不搞终身制。

第五条　经批准者，称为："19××年度国家地震局地震科技新星"。

第二章　选拔条件

第六条　国家地震局地震科技新星必须热爱社会主义祖国，坚持四项基本原则，坚持改革开放，遵纪守法，有良好的职业道德，善于团结合作。年龄不超过 40 岁，并且符合以下条件之一者：

1. 在技术上有发明创造或技术革新或解决了技术难题，具有显著的经济效益或社会效益，对推动技术进步和本地区（部门）的科技经济发展做出了显著成绩。

2. 在地震科学研究上学术造诣较高，是某一学科领域的骨干，取得具有科学价值并达到国内先进水平的重大成果，对地震科学事业的发展做出了较大贡献。

3. 在科技管理工作中，结合实际运用现代科学管理的理论提出一套切实可行的科学管理方法，并取得了显著成效，被有关部门认可并推广。

4. 获得过国家级科技奖励；国家地震局（省部级）科技进步一等奖、二等奖或科技进步三等奖二次以上的主要贡献者，其成果已被广泛应用，并取得显著社会经济效益者，可作为优先推荐对象。

第三章　选拔程序

第七条　国家地震局地震科技新星由所在单位人事部门提名，在征求同行专家意见的基础上，由单位领导集体确定推荐人选。

第八条　各单位推荐的人选确定后，由人事部门组织填写《国家地震局地震科技新星呈

报表》一式三份，并连同有关材料于当年九月底前报局人事教育司。（今年延至12月底）

第九条 局人事教育司根据各单位上报材料，征求局有关业务管理部门意见后，提交局科学技术委员会采用无记名投票方式表决，择优确定，经局领导审批后公布。

第四章 奖励和待遇

第十条 国家地震局地震科技新星享受下列奖励和待遇：

1. 发给《××年度国家地震局地震科技新星证书》。

2. 在现有职务工资的基础上奖励晋升1～2级工资，自批准之日下月起执行。

第五章 使用与管理

第十一条 要努力改善地震科技新星的工作、学习、生活条件。

1. 工作上要优先考虑他们的科研项目经费，要尽量保证他们的专业技术工作相对稳定，若需要调整工作，要尊重他们本人意愿。

2. 学习上要为他们多创造条件，要尽可能为他们参加国内外学术交流会议及出国考察、进修等提供机会。

3. 生活上要为他们排忧解难，优先解决住房、两地分居等，要分期分批为他们安排疗养。

第十二条 局地震科技新星纳入国家地震局人事教育司管理范围，所在单位积极做好日常管理工作。

第十三条 局地震科技新星实行动态管理，管理期限内，除进行年度考核外，每四年要进行一次全面考核，考核结果作为取消、继续保留和再次评选地震科技新星的依据。考核由所在单位进行。经考核，没有做出新的突出成绩和贡献者，不再列入地震科技新星的管理行列，对重新做出新的突出成绩和贡献者，可再次申报参加评选。

第十四条 要建立与地震科技新星的联系制度，通过各种方式经常与他们联系，倾听他们的意见和要求，宣传报道他们的事迹和成就。

第六章 附 则

第十五条 本办法自正式发布之日起实施，由国家地震局人事教育司负责解释。

关于印发《国家地震局关于实施内部审计工作程序的若干规定》的通知

各省、自治区、直辖市地震局（办）、局属各单位：

为完善审计工作程序、强化审计监督，根据《审计署关于实施审计工作程序的若干规定》，结合地震系统的实际情况，制定了《国家地震局关于实施内部审计工作程序的若干规定》，现印发给你们，请贯彻执行。

附件：国家地震局关于实施内部审计工作程序的若干规定

国家地震局

1993 年 5 月 18 日

抄送：审计署

附件：

国家地震局关于实施内部审计工作程序的若干规定

为完善审计工作程序，保证审计部门依法行使审计监督权，实现审计工作规范化、科学化的管理，强化审计监督，提高审计工作效率和工作质量，根据《审计署关于实施审计工作程序的若干规定》，特制定本规定。

第一条 审计部门依照《中华人民共和国审计条例》（以下简称《审计条例》）、《审计条例施行细则》（以下简称《施行细则》）的规定办理审计事项，做到以事实为根据，以法律为准绳，实事求是，客观公正。

第二条 审计部门应根据上级部署和本部门、本单位的具体情况制定审计工作年度计划，根据批准的审计工作计划确定的审计项目组成审计组，制定审计方案，在实施审计前向被审计单位送达《审计通知书》。

《审计通知书》的内容包括：

（一）审计的范围、内容、时间和方式；

（二）审计组长及其他成员的名单；

（三）对被审计单位配合审计工作的要求。

审计部门认为需要被审计单位自查的，应在审计通知书中写明自查的内容、要求和时间。

第三条 审计人员通过审查凭证、帐表，查阅文件、资料，检查现金、实物，向有关单位和人员调查等进行审计，并取得证明材料。证明材料应当有提供者的签名、盖章。

第四条 审计部门办理审计事项时，对涉及地震系统其他有关单位的问题，需要调查核实的，可以与该单位的审计部门协商并委托其调查核实。

被委托的审计部门接受委托之后，应当及时予以调查，并将调查结果书面通知委托的审计部门。

第五条 审计组对审计事项审计后，向其所属的审计部门提出审计报告，在向本单位领导和上级审计机关报送前，应按《审计条例》规定征求被审计单位意见。如果接受了被审计单位的意见应当修改审计报告。被审计单位的书面意见要随同审计报告一并报送其所属的审计部门。

第六条 审计部门按照《施行细则》第三十一条的规定，对审计报告中的下列事项进行审定：

（一）主要事实是否清楚；

（二）审计依据是否充分；

（三）审计评价、审计处理意见是否适当。

第七条 审计部门审定审计报告后，作出审计结论和决定，通知被审计单位执行。

审计部门对重大事项作出审计结论和决定之前，应征求有关部门的意见，并报经本单位领导批准。

第八条 审计部门审计发现被审计单位的直接责任人和被审计单位负责人（指本单位下属的二级单位负责人）严重违反财经法规，认为应当给予行政或司法处理的，应当向本单位领导提出监察处理或司法处理建议。如涉及到本单位领导的问题，应当移送国家地震局监察部门处理。

审计部门移送处理应写出移送处理意见书，移送处理意见书的内容包括：

（一）责任人员的违法事实；

（二）审计部门对责任人员的经济处理建议。

移送处理意见书应附有关证据材料。

第九条 被审计单位对审计结论和决定不服的，应当按《审计条例》第二十三条的规定，向本单位主管领导和上一级审计机关提出申请复审。

被审计单位的复审申请，应当以书面形式提出。

第十条 申请复审应当符合下列条件：

（一）申请人是不服审计结论和决定的被审计单位；

（二）有明确的作出审计结论和决定的原审计部门；

（三）有具体的复审请求和依据；

（四）属于申请复审范围；

（五）属于受理复审的审计机关管辖；

（六）法律、法规规定的其他条件。

第十一条 复审申请不符合上条规定条件之一的，审计机关不予受理，但应告知理由。对符合规定与不符合规定的复审申请，审计机关均应以书面形式通知申请复审单位，并抄送原审计部门。

第十二条 上一级审计机关办理复审事项，应当按照下列情形分别作出复审结论和决定：

（一）原审计结论和决定事实清楚，符合法定权限和审计工作程序、适用法律正确，维持原审计结论和决定。

（二）审计结论和决定有下列情形之一的，决定撤销、变更或部分变更：

1. 主要事实不清的；

2. 适用法律、法规有错误的；

3. 违反审计工作程序影响被审计单位合法权益的；

4. 超越或滥用职权的；

5. 审计定性或处理明显不当的。

（三）审计工作程序上有不足的，维持原审计结论和决定，并通知原审计部门补正。

第十三条 上一级审计机关自收到书面复审申请之日起，三十日内作出复审结论和决定，特殊情况下，可以延期作出复审结论和决定，但应在法定期限内，将延期的原因书面通知申请复审的被审计单位。

第十四条 复审期间，原审计结论和决定照常执行，但有下列情形之一的，由上一级审计机关书面通知停止执行：

（一）原审计部门认为需要停止执行的；

（二）上一级审计机关认为需要停止执行的；

（三）法律、法规规定停止执行的。

第十五条 被审计单位如对上一级审计机关或者审计署的复审结论和决定不服，可以向作出终审结论和决定的审计机关或者上级审计机关提出申诉，依照行政诉讼法的规定，也可以在收到复审结论和决定后向人民法院起诉。

第十六条 对固定资产投资项目开工前审计，由被审计部门向审计部门或被审计部门向审计机关提出申请，并报送有关资料，审计部门或审计机关应予审核。

审计部门或审计机关应在接到申请后三十日内提出审计意见书，发送被审计部门或被审计单位和有关单位。

第十七条 审计部门办理审计调查事项时，可以持介绍信等简便方式通知有关单位，审计调查报告可以不征求有关单位意见。需要通知有关单位审计调查结果的，应使用审计通知书，通知有关单位。

对审计调查中发现违反财经法规的行为需要处理的审计部门应当重新按照《审计条例》中规定的审计工作程序办理。

第十八条 对单位领导交办的属于审计范围内的审计事项，审计部门按审计工作程序的规定办理；对单位领导交办的不属于审计范围内的事项，工作终结后，应向单位领导提交专题报告。

审计部门与其他部门联合进行的并共同作出处理决定的检查事项，按联合检查组商定的程序办理。以审计部门名义组织进行的，按审计工作程序的规定办理。

第十九条 审计部门办理的每一审计事项，都应按规定建立审计档案，并按规定管理。

第二十条 本规定自 1993 年 7 月 1 日起执行，由国家地震局审计部门负责解释。

1993 年 5 月 18 日

关于成立国家地震烈度评定委员会的通知

各省、自治区、直辖市、计划单列市人民政府，国务院各部委、各直属机构：

为了加强工程建设场地地震安全性评价工作，遵照经国务院批准，国家地震局和建设部联合发布的《中国地震烈度区划图（1990）》和《中国地震烈度区划图（1990）使用规定》的精神，决定在国家地震局地震烈度评定委员会基础上，成立国家地震烈度评定委员会。其职责是：

1. 审定国家重大工程、特殊工程、可能产生严重次生灾害的工程建设项目场地的地震烈度、地震危险性分析、地震地面运动参数预测、地震小区划等地震安全性评价工作结果；审定大城市、大型厂矿企业及新建设开发区的地震安全性评价工作结果。

2. 审批全国各地区地震基本烈度的更改。

3. 协助地震行政主管部门对申请工程建设场地地震安全性评价工作资格证书的单位进行资格审查、年度考核，并提出发放许可证书、许可证级别升降、吊销等方面的建议；参与审核技术人员的上岗资格。

4. 重大工程及重点建设地区地震安全性评价工作的技术咨询。

国家地震烈度评定委员会设主任委员、副主任委员、常务委员和委员。视工程项目的实际情况，将临时聘请有关专家担任委员。委员会办公室设在国家地震局（震害防御司），负责日常工作。国家地震烈度评定委员会组成名单：

主　　任：方樟顺（国家地震局局长，高工）

副 主 任：许溶烈（建设部总工程师，教授）

丁国瑜（国家地震局科技委主任，研究员，学部委员）

胡聿贤（国家地震局地球物理所研究员，学部委员）

陈　颙（国家地震局副局长，研究员）

时振梁（国家地震局地球物理所，研究员）

常务委员：王国治（国家地震局震害防御司司长，高工）

马宗晋（国家地震局地质所所长，研究员，学部委员）

方蔚青（国家科委社会发展司总工，研究员）

陈厚群（水利水电科学研究院抗震所，研究员）

李裕澈（国家地震局，高级工程师）

廖振鹏（国家地震局工程力学所，研究员）

王优龙（中国石油天然气总公司抗震办公室主任，高工）

委　　员：高文学（中国灾害防御协会副理事长，研究员）

葛治洲（国家地震局副局长，高级工程师）

张国民（国家地震局分析预报中心副主任，研究员）

赵国光（国家地震局地壳应力所所长，研究员）

温鸿钧（中国核工业总公司计划部副总工程师，高工）

臧军昌（中国国际工程咨询公司水电处处长，高工）
周锡元（中国建筑科学研究院抗震所副所长，研究员）
侯忠良（冶金部建研院抗震所所长，研究员）
张仲孝（电力工业部抗震办公室主任，高工）
冯启民（国家地震局工程力学所副所长，研究员）
张裕明（国家地震局地质所，研究员）
徐宗和（国家地震局地壳应力研究所，研究员）
田胜清（中国核工业总公司第二设计院，研究员）
汪一鹏（国家地震局地质所，研究员）
鄢家全（国家地震局地球物理所，高工）
金　严（国家地震局地球物理所，副研究员）
卢寿德（国家地震局震害防御司处长）

办公室负责人：王国治、卢寿德

办公室秘书：孙福梁（国家地震局震害防御司）

国家地震局

1993年4月1日

抄报：国务院办公厅

抄送：中国人民解放军总后勤部、国防科工委

发：各省、自治区、直辖市、计划单列市地震局（办），各直属单位

关于增补刘志刚等四位同志为国家地震烈度评定委员会委员的通知

各有关单位：

根据工作需要，决定增补刘志刚（建设部抗震办公室副主任、高工）、叶耀先（中国建筑技术发展研究中心主任、教授）为国家地震烈度评定委员会常务委员，李洪训（国家核安全局北京核安全中心、高工）、周克森（广东省地震局、研究员）为国家地震烈度评定委员会委员。

特此通知

国家地震局

1993年8月12日

国家地震烈度评定委员会章程

第一章 总 则

第一条 为加强工程建设场地地震安全性评价工作的管理，保证地震安全性评价工作的质量，使其更好地为国民经济建设服务，根据国办发［1992］12号文件的精神，特制定本章程。

第二条 国家地震烈度评定委员会是全国重大工程、特殊工程及可能产生严重次生灾害工程建设场地地震安全性评价结果的审定机构。

第三条 各省级地震烈度评定委员会可参照本章程制定各自的章程，负责审定中、小工程项目场地地震安全性评价工作并接受国家地震烈度评定委员会的指导。

第二章 主要任务

第四条 研究国内外地震安全性评价工作的发展趋势，对地震安全性评价工作长远规划及发展战略提出建议，促进评价工作的科学化、标准化。

第五条 协助地震行政主管部门对申请工程建设场地地震安全性评价工作资格证书的单位进行资格认证、考核，审定与地震安全性评价工作有关的技术标准。

第六条 协助国家地震行政主管部门审定国家重大工程、特殊工程及可能产生严重次生灾害的工程建设场地的地震烈度、地震危险性分析、地震地面运动参数、地震小区划工作结果，审定大城市、大型厂矿企业及新建设开发区的地震安全性评价工作结果和区域性地震基本烈度的变更。

第七条 承担国家重大工程建设场地及地区地震安全性评价工作的技术咨询。

第八条 接受委托评审其他有关地震安全性评价工作成果。

第三章 工作制度

第九条 工程建设场地地震安全性评价结果的评审可视情况采取会审和函审两种形式。

第十条 会审时，参加评审的委员不得少于十人；函审时，参加评审的委员不得少于七人。必要时可增聘有关专家参加评审。参加评审委员中的三分之二同意即可认为通过审定。

第十一条 国家地震烈度评定委员会受理审定的项目，承担任务单位应提前申报有关材料，开会时到会作汇报并答辩。如需修改，承担任务单位应根据审定意见修改工作报告并经项目主审委员审阅同意。

第十二条 国家地震烈度评定委员会一般每年召开一次全体会议。

第四章 组织形式

第十三条 国家地震烈度评定委员会由国家地震行政主管部门聘任，每届任期五年。根据需要可增聘委员。

第十四条 国家地震烈度评定委员会由主任、副主任、常务委员和委员组成。国家地震烈度评定委员会下设办公室，负责处理日常工作，办公室设在国家地震局震害防御司。

第五章 工作原则

第十五条 国家地震烈度评定委员会委员在工作中应公道正派、认真负责、实事求是，杜绝各种不正之风。

第十六条 国家地震烈度评定委员会委员不得参与自己承担或参加的地震安全性评价工作结果的评审。

第十七条 评审过程中的意见，应注意保密。

第六章 附　则

第十八条 本章程由国家地震局负责解释。

第十九条 本章程自公布之日起实行。

关于成立国家地震局地震灾害损失评定委员会的通知

各省、自治区、直辖市人民政府，国务院有关部委，解放军总参谋部，武警总部：

根据国发［1990］62号文件《国务院批转国家计委、国家地震局关于加强破坏性地震减灾工作意见的通知》、国办发［1991］75号文件和国办发［1992］12号文件的精神，为使救灾重建工作具有准确、科学的依据，决定成立国家地震局地震灾害损失评定委员会。其职责是：

1. 提审评估地震灾害损失的标准和评估方法；

2. 审定特大和严重破坏性地震的评估报告，必要时审定中等破坏性地震的评估报告；

3. 提出特大破坏性地震的重建决策建议，审议严重和部分中等破坏性地震的重建方案。

国家地震局地震灾害损失评定委员会设主任委员1名，副主任委员2名，委员24名。委员会视灾情特点及受灾地区情况将聘请有关部门及地区的专家和领导参加评定工作，地震灾害所在地的省地震局局长为该次地震灾害损失评定委员会的当然聘任委员。评定委员会办公室设在国家地震局震害防御司，负责日常工作和应急联络等。每届评定委员会任期三年，首届人员名单如下：

主 任 委 员：方樟顺（国家地震局局长）

副主任委员：陈颙（国家地震局副局长，研究员）

胡聿贤（国家地震局地球物理研究所，研究员，学部委员）

委　　　员：张成寅（国家经贸委员会生产调度局副局长）

姜　力（民政部救灾救济司司长）

冯秀华（财政部预算管理司副司长）

李明安（财政部文教行政财务司副司长）

刘志刚（建设部抗震办公室副主任）

王国治（国家地震局震害防御司司长，高工）

孙其政（国家地震局科技监测司司长，高工）

李革平（国家地震局震害防御司三处处长）

马宗晋（国家地震局地质研究所所长，研究员，学部委员）

徐冠华（中国科学院遥感研究所所长，研究员，学部委员）

沈聚敏（清华大学土木系抗震所所长，教授）

陈厚群（水利部电力部水利水电科学研究院抗震所，教授）

刘锡荟（电子工业部电子科学研究院，研究员）

孙绍平（北京市市政工程研究院，教授级高工）

周锡元（建设部建筑科学研究院抗震所副所长，研究员）

罗灼礼（国家地震局分析预报中心主任，研究员）

傅征祥（国家地震局分析预报中心室副主任，研究员）

冯启民（国家地震局工程力学研究所副所长，研究员）
王前信（国家地震局工程力学研究所，研究员）
尹之潜（国家地震局工程力学研究所，研究员）
李树桢（国家地震局工程力学研究所，副研究员）
赵国光（国家地震局地壳应力研究所所长，研究员）
邹其嘉（国家地震局地球物理研究所室主任，研究员）
朱海之（国家地震局地质研究所，研究员）

国家地震局

1993 年 3 月 25 日

关于首届全国地震工作好新闻评选结果的通知

首都有关新闻单位，各省、自治区、直辖市新闻单位及地震局（办）：

根据国家地震局、中华全国新闻工作者协会《关于举办首届全国地震工作好新闻评选活动的通知》（震发办［1991］331 号）的精神，各单位认真申报了自 1985～1991 年七年间在中央和省级报刊、电台、电视台刊播的新闻稿件，共计 262 件（篇）。在各报送单位推荐和评委会办公室补选的基础上，经全体评委认真审阅并以无记名投票方式评选，结果现已揭晓。有 171 件（篇）分别获奖，占总申报件数的 65%，其中一等奖 12 件、二等奖 31 件、三等奖 70 件，鼓励奖 50 件，特别（组织）奖 8 件（见附件，不举行发奖仪式，通信发奖）。三等奖以上获奖率为 42.7%。由于获奖新闻是在报送单位推荐、评委办公室补选经评委审阅投票方式评出的，因此保证了获奖作品的权威性及质量。今后，地震工作好新闻还将继续评选，希望各级新闻单位、各级地震部门更多地关心我国的防震减灾工作的新闻报道，积极推进我国防震减灾事业发展，增强全社会的防震减灾意识，为在我国大陆新的地震活跃期中减轻地震灾害作出更大的贡献，同时使我国防震减灾新闻报道工作上一个新的台阶。

附件：首届全国地震工作好新闻评审结果表

国家地震局
中华全国新闻工作者协会
1993 年 2 月 19 日

首届全国地震工作好新闻评审结果表

一 等 奖(12件)

序号	新闻标题	作者姓名	作者单位	发表报刊(台)	刊播时间(年.月.日)	体裁
1	地震台站采访见闻(上、下)	胡孝汉	新华社	新华社内参	1987.11.13	调查报告
2	云南震后第一周	李希光	新华社	新华社英文通稿	1988.11.12	通 讯
3	保卫首都圈安全的人们	顾迈男	瞭望周刊社	瞭望周刊	1990.8.6	通 讯
4	紧急时刻的决断——山西运城地震考察记事	高新庆 俞敏	人民日报社 中国青年报社	人民日报	1987.2.11	通 讯
5	地震,明天能准确预报吗?	金 涛	科普出版社	光明日报	1986.7.31	专 访
6	前进中的中国地震科学事业	王银桩	中央电视台	中央电视台《新闻联播》	1989.10.24	综合新闻
7	甘肃天祝、景泰、古浪发生6.2级地震(一组报道)	张晓南 谈广灵 李保荣 李小宝 吴卫林 陈宗缨 万 昆 韩 亮 王汀晔 杨德灵 王 虹 杨建武 孔令凯	甘肃电视台 景泰广播局 武威电视台	甘肃电视台《甘肃新闻》 中央电视台《新闻联播》	1990.10 1991.11	消 息
8	留给大地的备忘录	罗 杰 方学东 李开义 杨泽林 程郁儒	云南日报社	云南日报	1988.11.18	通 讯
9	日夜监视地震的哨兵	王念生	中央人民广播电台	中央人民广播电台《科技与社会》	1990.1.29	通 讯

续表

序号	新闻标题	作者姓名	作者单位	发表报刊(台)	刊播时间（年.月.日）	体裁
10	彰武地区发生5.2级地震	董义 张庭杰	辽宁人民广播电台	辽宁人民广播电台	1988.2.25	消息
11	对“地震云”说和“观云报震”的宣传应总结教训	庞际昌 朱辉	中央人民广播电台北京记者站	广播电影电视部内参	1986.8.5	调查报告
12	地震-恐惧？对策！——来自国家地震局的报告	刘一达	北京晚报社	北京晚报	1991.7.27	特写

二 等 奖（31件）

序号	新闻标题	作者姓名	作者单位	发表报刊(台)	刊播时间（年.月.日）	体裁
1	与地震作斗争的人们	蒋涵箴	人民日报社	人民日报	1989.10.4	特写
2	来自大自然的警告	王溪元	人民日报社	人民日报	1987.12.30	通讯
3	为使噩梦不再现——记地震综合预报专家系统	景星	中国青年报社	中国青年报	1991.3.1	特写
4	解放军来了人心定	杨彪 郑蜀炎 王洪山	解放军报社	解放军报	1988.12.23	通讯
5	“7.28”——抹不掉的记忆——唐山地震当天采访一日志	张广友	农民日报社	农民日报	1986.7.28	通讯
6	青海发生强烈地震，救灾工作正在紧张进行	孙亮 李夫成	青海电视台 中央电视台	青海电视台 中央电视台	1990.4.27	新闻
7	“4.26”塘河大震纪实	报道组	青海日报社记者部	青海日报	1990.5.16～18	通讯
8	地震压不垮塘格木人	刘鹏 王文刚	青海人民广播电台	中央人民广播电台	1990.5.20	通讯
9	山摇地动奈我何——乌恰、乌帕尔乡抗震救灾纪实	王文献 张新宇 马驰野	新疆日报社	新疆日报	1985.9.6	通讯
10	京师天灾启示录	范三成	北京日报社	北京日报	1991.7.27	通讯

续表

序号	新闻标题	作者姓名	作者单位	发表报刊(台)	刊播时间（年.月.日）	体裁
11	雁北地震现场报道	李忠莲 李占敖 孟小勇	山西电视台	山西电视台	1991.4.26	现场直播
12	我要夸夸伟大的党	王悦	山西日报社	山西日报	1989.10.22	照片
13	跨越崇山峻岭	陈焕新 王学武	中国地震报社 中国电子报社	中国地震报 中国电子报	1991.12.26	通讯
14	工程地震——基本建设中一个不容忽视的问题	陈金武	新华社	新华社内刊	1991.11.28	调查报告
15	地质学家发现我国地壳有轻微位移和变形	陈金武	新华社	新华社通稿	1991.2.23	消息
16	我国地震今年进入较活跃时期	姜在忠	新华社	新华社	1988.12.13	消息
17	中国地震预报和科研水平居世界先进行列	王佳斌	中国新闻社	中新社通稿	1991.11.28	消息
18	唐山再生记，一座凝聚着全国人民心血的城市	王庚年	国际广播电台	国际广播电台	1986.7.28	录音报道
19	我国地震监测从未中断	李兢 张继民	科技日报社 新华社	中国科技报	1986.7.28	通讯
20	滇西地震预报实验场取得一批有价值的地震资料科研成果	刘媛	科技日报社	科技日报	1987.9.27	消息
21	他为地震带安上哨卡—— 记第一座无人地震台的研制者	荣跃	中国青年报社	中国青年报	1987.10.30	通讯
22	中国工程地震学研究世界领先	谢良君	中国日报社	中国日报社	1989.12.13	通讯
23	我地震信息网络初具规模已进入世界四大强国之列	王学武 谭先锋	中国电子报社 国家地震局	中国电子报	1991.1.7	消息
24	北京地区近期无5级以上地震	王甫 姜待明	中央电视台	中央电视台	1989.10.19	电视新闻
25	捕捉蓝光的顽强战士	陈传熹 杜国胜	蚌埠铁路分局	安徽电视台	1990.9.10	专题片
26	江苏地震形势相当严峻监测仪器落后亟待解决	施锦昌	新华日报社	新华日报内参	1991.11.26	内部消息

续表

序号	新闻标题	作者姓名	作者单位	发表报刊(台)	刊播时间(年.月.日)	体裁
27	灾情牵动亿万心	冯学锋	文江报社	文江报	1989.10.30	通讯
28	来自地震灾区巴塘的报告	张阿佩　扎西尼玛	四川人民广播电台	中央人民广播电台	1991.8.11	通讯
29	记者就地震传闻访副省长吴达才	任晓青　张五一	山西省人民广播电台	山西省人民广播电台	1991.2.8	录音专访
30	假如这里发生震情	李强华	国家地震局	中国地震报	1988.1.1	通讯
31	世界水平与潜在危机	梁鸿光	中国地震报	中国地震报	1989.1.11	言论

特别（组织）奖(8件)

序号	新闻标题	作者姓名	牵头单位	发表报刊(台)	刊播时间(年.月.日)	体裁
1	新建工程防震减灾问题亟待解决	庞际昌	国家地震局震防司	广电部内参	1981.10.17 1991.10.10	调查报告
2	《地震之谜》电视专题片	中央电视台经济部等	北京市地震办公室	中央电视台《科技与生活》	1986.10	专题片
3	云南地震连续报道之一、之二	周燕屏　胡家麒	云南省地震局	中央台《联播节目》	1988.11.7～15	新闻
4	《大震对策》电视系列片——《瞬间抉择》、《地震谣言》	高宏明等	甘肃省地震局	甘肃省电视台、中央电视台		专题
5	新疆乌恰、疏附发生强烈地震，各界军民奋起抗震救灾	张福欣等4人	新疆区地震局	新疆人民广播电台	1985.8.24开始	连续报道
6	地震知识普及与宣传的重要性	邵艺屏等3人	广东省地震局	广东人民广播电台	1991.4.3开始	专题
7	地震科普知识讲座	张进京等3人	青海省地震局	青海人民广播电台	1989.7.2	系列讲座
8	《地震与社会》专题广播	北京市科协 北京地震办等	北京市地震办公室	北京电台经济台	1991.7～1992.1	系列广播

1992年12月

地震系统增选学部委员名单

陈 颙

注：1994 年中国科学院学部委员更名为中国科学院院士

国家地震局 1993 年获准享受政府特殊津贴专家、学者、技术人员名单（169 人）

50 元档晋升 100 元档人员（19 人）

琴朝智 张裕明 叶 洪 王绳祖 胡毓良 杨玉成 张克绪 崔德海
张肇诚 秦保燕 武 烈 顾浩鼎 李瑞浩 周硕愚 邵占英 张先康
黄立人 林继曾 戈澍谟

直接享受 100 元档人员（11 人）

牟其铎 宋仲和 张培震 庄灿涛 全鎣道 张大名 常宝琦 张伯崇
高锡铭 郑治真 李 博

享受 50 元档人员（139 人）

吴佳翼 李鸿吉 钟仁杰 侯作中 范国华 郭履灿 钱复业 吴忠良
林中洋 魏 淳 高名修 陈益惠 虢顺民 蒋凤亮 朱海之 车用太
郑剑东 聂宗笙 苏恺之 黄福明 安 欧 黄锡定 张 超 张崇寿
黄忠贤 黄振平 门福录 李沙白 齐霄斋 陶夏新 罗学海 金 星
黄龙生 杨升田 白玉麟 张振中 吕德徽 邵世勤 石特临 侯珍清
王长岭 汤 泉 曾心传 贾民育 王建华 蔡庆福 陈德福 张世照
蔡亚先 朱煜城 郭唐永 桂燮泰 傅征祥 高 旭 刘德富 张立明
王吉易 张四昌 万迪坤 蒋克训 夏乱保 苏宗正 王玲英 孙国学
钟以章 徐心同 赵文峰 夏怀宽 李继泰 迟振才 朱景春 王雅灵
贺楚儒 严新育 周太平 褚志宏 唐荣余 陆学振 杜振民 唐兆华
陆南栋 钱 祝 刘文龙 郑兆宓 刘盛武 侯茂生 曹伯强 吴建华
王屏路 张大轩 林思诚 林趾祥 刘家东 魏光兴 胡长和 张昭栋
王启民 战传富 李运祓 肖安予 韩黎珍 侯思聪 魏柏林 张思龙
李天绍 李家隆 周湘泉 钱 洪 王云基 张学笔 黄祖智 闻学泽
姜庆寰 韩新民 周炳荣 罗荣联 何希虎 李白基 袁家治 丁韫玉
苏 刚 廖玉华 吴建明 杨 章 敖雪明 石鉴邦 李海华 赵文俊
石 权 谢乐金 王明魁 彭先干 祝治平 顾国华 徐开诚 刘天铭
车兆宏 曹可珍 席云藻

国家地震局1992年科技新星获准人员（18名）

高孟潭　吴忠良　张培震　金　星　闻学泽　郭唐永　谢新生　杨学山
罗咏生　刘力强　李大华　修济刚　聂永安　刘耀伟　薛　兵　李　钢
焦德成　杨国华

国家地震局1993年评审通过研究员任职资格人员名单（143人）

朱　虎　王椿镛　赵玉林　牟其铎　金　严　汪素云　环文林　张少泉
高玉芬　鄢家全　石汝斌　黄玮琼　周公威　胡鸿翔　侯作中　李志义
方仲景　胥怀济　宋惠珍　虢顺民　车用太　郑剑东　刘行松　卢演俦
张　流　位梦华　高振寰　曹　英　李沙白　黄浩华　袁一凡　李树贞
杨柏坡　张敏政　朱　葳　朱镜清　陶夏新　陈懋恭　首培休　周雍年
齐霄斋　刘蒲雄　黄德瑜　郑斯华　周胜奎　丁鉴海　林伟凡　谢湘薇
王　愍　谢广林　李安然　李树德　唐炳燮　叶文蔚　刘鼎文　蔡庆福
聂　磊　徐菊生　丁建民　黄福明　陈学波　毕福志　勾　波　陈志泰
李正蒙　石特临　王长岭　邵世勤　李清河　汤　泉　杨　斌　张先康
金国维　王明魁　应绍奋　李延兴　顾国华　巩守文　车兆宏　苗良田
杨懋源　姜　葵　刘祖荫　陈忠义　赵洪声　谭承业　晏凤桐　唐荣昌
李天绍　黄圣睦　周　玖　程　式　魏柏林　张虎男　陈家超　陈恩民
郭钦华　冯绚敏　吴章珠　黄日恒　李起彤　张德齐　顾瑾平　贺楚儒
程德利　魏文元　全鎣道　顾浩鼎　钟以章　夏怀宽　赵　振　杨理华
王吉易　张四昌　万迪坤　陈绍绪　卓秀榕　蔡诗凰　林继华　丁祥焕
汤永安　李家灵　金安忠　王　琦　戈澍谟　柏美祥　苏　刚　吴富春
苏宗正　王玲英　王　炜　陆镜元　戴维乐　汤有标　许志荣　赵景珍
林命周　沈建文　李一兵　赵根模　钱　祝　张云琳　孙加林

震情与震害

这一部分包括两方面内容：一是对我国及全球一年来地震活动的综述，我国及全球震害情况简介；二是将一年来我国各地地震活动性及破坏性地震震害的宏观考察加以记载。

1993年震情概况

一、1993年我国地震活动概况

1993年我国共发生$M_S \geq 5.0$地震27次（大陆地区19次，台湾地区8次）。大陆地区最大地震为3月20日西藏拉孜6.6级和10月2日新疆若羌6.6级2次地震；台湾地区最大地震为12月10日的6.1级地震。在大陆地区发生的19次5级以上地震中，包括拉孜6.6级地震后的1次5.2级余震和若羌6.6级地震后的2次5.5级余震，若不计这3次余震，则我国大陆地区共发生16次5级以上地震，与本世纪以来每年14次5级以上地震的平均水平相当或略高。这16次5级以上地震，分别发生在云南（5次），新疆（4次），西藏（2次），青海（2次），四川（2次）等地（图1）。

1993年我国地震活动主要特点为：

1. 无7级地震活动

自1990年4月26日青海共和7.0级地震以来，我国大陆地区一直无7级地震活动，7级地震的平静时间超过42个月，这不仅为活跃期内所少有，而且在20世纪以来的总体活动状态中也不多见。

在我国大陆7级地震持续平静的过程中，多年来一向十分活跃的与我国西部毗邻的境外地区，在1992年8月19日吉尔吉斯7.5级大震后，7级地震的活动也突然沉寂，到1993年底已形成16个月的平静时段。

2. 6级地震活动呈显著性增强

1991年和1992年，我国大陆地区每年都只发生1次6级以上地震，1993年则呈现为显著性的高频度活动。1993年我国大陆地区发生6次6.0～6.6级的地震，明显高于20世纪以来6级以上地震每年3.8次的平均水平，也高于上一个活跃期（1966～1976年）每年4.8次的平均水平（表1）。

表1　活跃期与平静期地震年频度对比（不含余震）

震级 \ 年频次 \ 时间（年）	1966～1976	1977～1987	1990～1992	1993
$M \geq 6$	4.8	3.3	3.8	6
$M \geq 7$	1.5	0.1	0.7	0

3. 中强地震的时空分布特征

近几年来，我国大陆中强以上地震活动，大体上呈现为西6东5的空间分布格局，即6级以上地震基本上分布在西部，东部地区只发生一些5级多地震。1993年的地震活动打破了这种格局，大陆地区19次（含余震）5级以上地震全部集中在西部地区，东部地区的地震活动

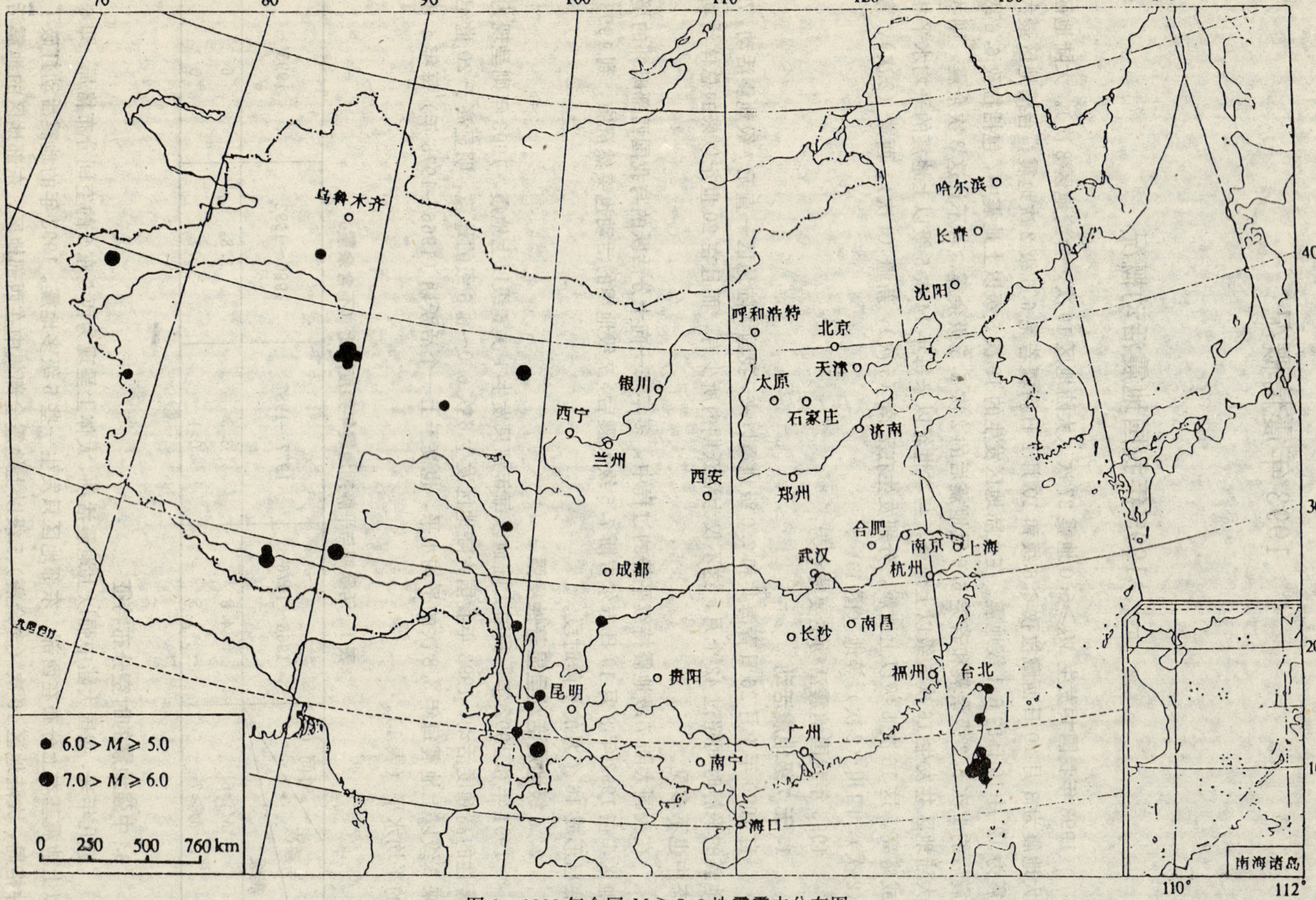

图1 1993年全国 $M_S \geqslant 5.0$ 地震震中分布图

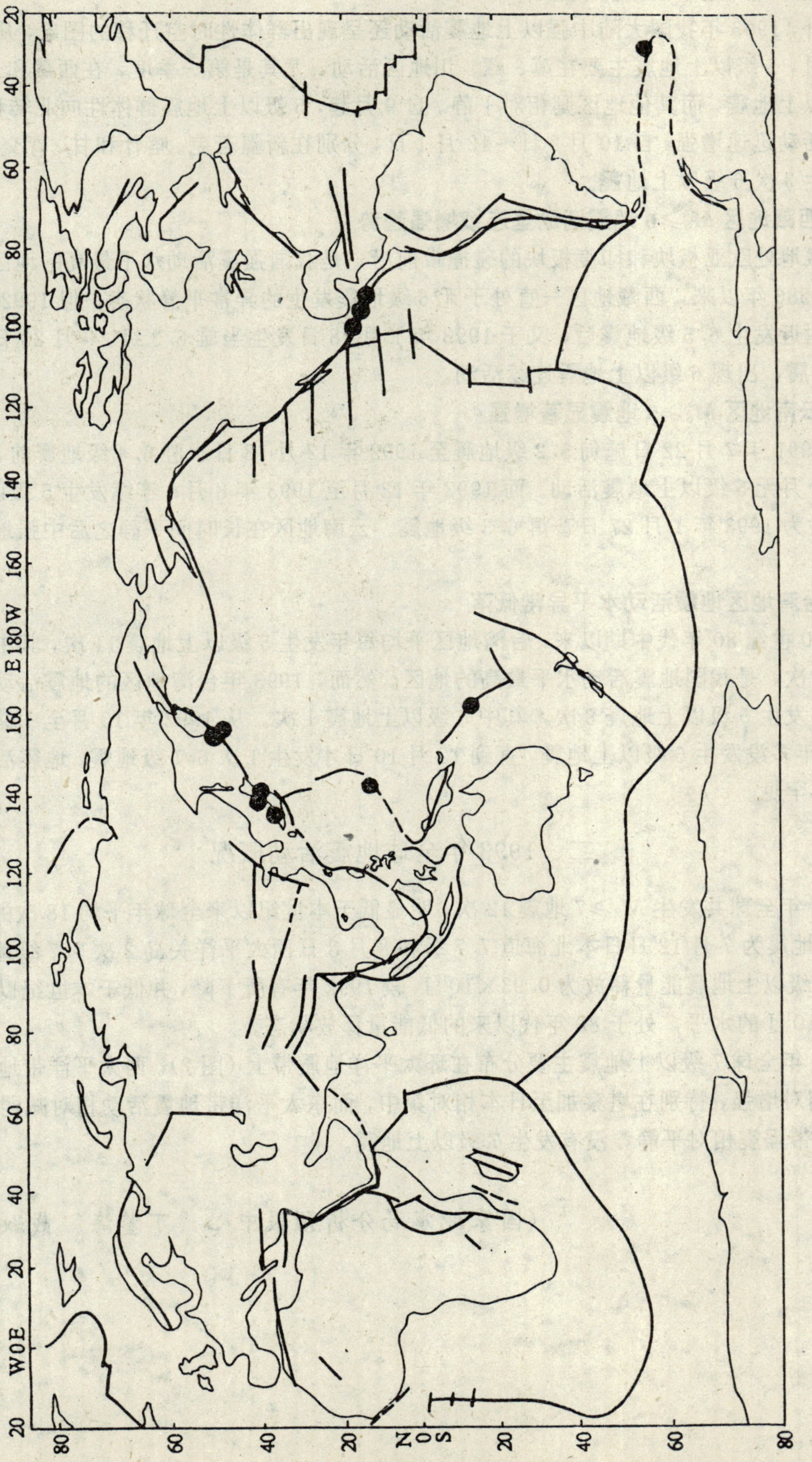

图 2 1993 年全球 $M_S \geq 7.0$ 地震震中分布图

水平明显降低，显示出平静状态。

此外，1993 年我国大陆中强以上地震活动还呈现出群体性时空迁移的图象，从 1993 年 1 月至 8 月，5 级以上地震主要在滇、藏、川地区活动，尤其是第一季度，在西藏和云南发生 3 次 6 级以上地震，而其他地区则相对平静。自 9 月起，5 级以上地震群体性向北转移，西北地区地震活动迅速增强，自 10 月 2 日～12 月 1 日，分别在新疆若羌、喀什和甘、青交界的祁连，连续发生 3 次 6 级以上地震。

4. 西藏地区 $M_S \geqslant 6$ 地震活动呈连续增强趋势

西藏地处欧亚板块和印度板块的碰撞带前沿，是我国强震活动水平最高的地区之一。然而，从 1986 年以来，西藏地区一直处于无 6 级地震发生的异常平静状态，但 1992 年 7 月 30 日拉萨附近发生 6.5 级地震后，又于 1993 年 1 月 18 日发生当雄 6.3 级、3 月 20 日发生拉孜 6.6 级地震，出现 6 级以上地震连续活动。

5. 云南地区 $M_S \geqslant 5$ 地震显著增强

自 1991 年 7 月 22 日施甸 5.2 级地震至 1992 年 12 月 18 日永胜 5.4 级地震前，云南地区连续 7 个月无 5 级以上地震活动。而 1992 年 12 月至 1993 年 8 月，连续发生 5 级以上地震 7 次，最大为 1993 年 1 月 27 日普洱 6.3 级地震。云南地区在长时间平静之后中强地震活动明显增强。

6. 台湾地区地震活动水平异常低落

自 20 世纪 80 年代中期以来，台湾地区平均每年发生 5 级以上地震 11 次，其中 6 级以上地震 3.4 次，是我国地震活动水平最高的地区。然而，1993 年台湾地区的地震活动水平则异常的低，发生 5 级以上地震 8 次，其中 6 级以上地震 1 次。从 1992 年 10 月至 1993 年 12 月 9 日，一年多没发生 6 级以上地震，直到 12 月 10 日才发生 1 次 6.1 级地震。地震活动水平之低为多年罕见。

二、1993 年全球地震活动概况

1993 年全球共发生 $M_S \geqslant 7$ 地震 12 次，明显低于本世纪以来全球年平均 18 次的水平。其中，最大地震为 7 月 12 日日本北海道 7.7 级和 8 月 8 日西太平洋关岛 2 次 7.7 级地震。1993 年全球 7 级以上地震能量释放为 0.93×10^{17}J，较 1992 年有所下降，并低于本世纪以来年均释放 2.2×10^{17}J 的水平，处于 80 年代以来的低能量释放状态。

1993 年全球 7 级以上地震主要分布在环太平洋地震带上（图 2）。西太平洋带地震活动比 1992 年相对增强，特别在堪察加至日本相对集中，而东太平洋带地震活动相对减弱。1993 年亚欧地震带强震相对平静，没有发生 7 级以上地震。

（国家地震局分析预报中心　丁鉴海　戴淑玲）

1993年中国大陆地震灾害概述

1. 地震灾害情况

据有关省地震局提供的震害评估报告表明，1993年有10次5级以上大陆地震成灾，另有几次不足5.0级的地震（速报结果为5.0级）造成了两次地震灾害事件。对这12次具有一定规模的地震灾害事件本文进行了统计，在人员伤亡方面共计有9人死亡，48人重伤，333人轻伤；在房屋建筑方面有9.2万m^2毁坏，63.7万m^2严重破坏，151.2万m^2中等破坏，223.7万m^2轻微破坏，直接经济总损失2.845亿元。伤亡最重的地震是2月3日新疆和静5.4级地震，造成4人死亡；直接经济损失最大的地震是3月20日西藏拉孜6.6级地震，造成6900万元损失（表1）。这12次地震灾害事件涉及77个乡镇，灾区人口约54万人（表2）。

表1、表2列出的地震震级为速报震级，最终确定的震级应以1993年地震目录为准。

表1　1993年中国大陆地震灾害损失统计

序号	月.日.时.分	地点	震级*(M_S)	人员伤亡(人)			房屋破坏(m^2)				直接经济损失(万元)	备注
				死亡	重伤	轻伤	毁伤	严重	中等	轻微		
1	1 27 4 32	云南普洱	6.3	0	24	130	1303	219950	509973	1066218	6870	包括水利、生命线、建筑工程以及军队营房破坏等直接损失
2	2 1 3 33	云南大姚	5.3	0	0	4	585	17445	48405	255915	1150	包括水利、电力、公路损失46.8万元，大姚铅矿损失400万元
3	2 3 0 05	新疆和静	5.4	4			15	210	5739		67	
4	3 20 22 52	西藏拉孜-昂仁	6.6	2	3		8159	159203	301236	652235	6900	
5	5 24 7 57	四川德格	5.0	0	0	0	0	11263	33787	104699	812	包括两座电站的水渠和一座公路桥损失共50万元
6	5 30 6 3 9 15 6 4 9 30	云南景谷 云南景谷 云南临沧	4.9 <5.0 5.0	0	3	10	0	33830	123740		1192	
7	7 17 17 46	云南中甸	5.6	1	1	13	0	20878	86890		2065	
8	8 17 16 36	四川沐川	5.0	0	0	3	8329	20832	83292	158254	935	
9	8 14 22 29	云南姚安	5.5	0	9	143	440	15220	83124		3055	
10	9 5 4 22	青海格尔木北	5.1	0	0	0	0	0	0		110.00	

续表

序号	月.日.时.分	地　点	震级*(M_S)	人员伤亡(人)			房屋破坏(m^2)				直接经济损失(万元)	备　注
				死亡	重伤	轻伤	毁坏	严重	中等	轻微		
11	10 21 16 42	新疆若羌	6.6	0	0	1	60	540	9028		480	包括兵团自估损失 215.5 万元
12	12 1 4 37	新疆疏附	6.0	2	8	29	63107	137792	226881		4805	
合计				9	48	333	91968	637163	1512095	2237321	28451	

*表示速报震级。

表 2　1993 年中国大陆地震灾区范围统计

序号	月.	日.	时.	分	地　点	震级*(M_S)	震源深度(km)	灾区范围					
								乡镇(个)	人口(万人)	各烈度区面积(km^2)			
										Ⅵ度	Ⅶ度	Ⅷ度	Ⅸ度
1	1	27	4	32	云南普洱	6.3	32	7	9.63	1174	113	20	0
2	2	1	3	33	云南大姚	5.3	10	9	10.69	192	0		
3	2	3	0	05	新疆和静	5.4	16	4	5.3	352	0		
4	3	20	22	52	西藏拉孜-昂仁	6.6	24	12	4.35	2833	715	151	0
5	5	24	7	57	四川德格	5.0		10	近万人	470	0		
6	5 6 6	30 3 4	 9 9	 15 03	云南景谷 云南景谷 云南临沧	4.9 <5.0 5.0		5	5.18	423	0		
7	7	17	17	46	云南中甸	5.6	26	7	1.99	207	0		
8	8	17	16	36	四川沐川	5.0	15	5	1.5	98	15	0	
9	8	14	22	29	云南姚安	5.5	8	8	1.92	144	10	0	
10	9	5	4	22	青海格尔木北	5.1	17		1.5	464	0		
11	10	2	16	42	新疆若羌	6.6	14	5	2.48	21000	2533	0	
12	12	1	4	37	新疆疏附	6.0	8	5	8.06	300	168	0	
合计									54.51				

*表示速报震级。

2. 地震灾害的特点及损失

（1）受灾地区主要为我国西部地区。1993 年地震灾区集中在我国西部的云南、四川、西藏、青海和新疆 5 省区。与前几年多数灾区在西部、少数灾区在东部的特点不同。

（2）震害主要是由中等地震造成的，与前两年类似。

（3）死亡人数比前两年略有增加。

表 3 列出了 1991 年至 1993 年的地震伤亡损失。

表3　1991～1993年地震伤亡损失

年 \ 伤亡损失	死亡人数	受伤人数	直接经济损失（亿元）
1991	3	554	4.4
1992	5	480	1.6
1993	9	381	2.8

（国家地震局震害防御司）

1993年世界灾害地震概况

一、概　　述

截至11月15日止，1993年全球共发生6级以上地震104次。其中，大于或等于7级地震有9次，8.1级地震1次，年平均112次。总的活动水平比1900～1990年期间（154次），1991年（174次）和1992年（124次）都较低。按7级以上地震次数比较，比1900～1990年（18次），1991年（14次）和1992年（13次）都低。造成灾害的地震有9次，其中，较严重灾害地震4次，重灾地区是日本北海道的奥尻岛和钏路市区；印度南部马哈拉斯特拉邦、卡纳塔克邦和安得拉邦交界区的拉杜尔县；还有关岛地区。地震灾害死亡人数估计1万～3万人（其中，仅印度南部地震死亡1万～3万），伤约2万人，伤亡人数超过了1992年（死亡4800人，伤12000人）和1991年（死亡3300人，伤约5000人），也高于历史地震灾害的平均死亡人数（8000～10000），但低于1990年（死亡超过42000人，伤约50000人）。印度南部地震，震级较小（6.3级），但伤亡最多。9次震灾合计经济损失达4亿美元。其中，关岛和奥尻岛震级最大，虽伤亡较轻，但经济损失最大（分别约9000万和2亿美元）。全部经济损失比1992年（19亿美元）少得多，也比1991年（5.7亿）少。分区地震灾害统计见表1及$M \geqslant 6$世界地震震中分布图。

表1　1993年震灾分区统计表

序号	日期（月．日）	受灾地区	伤亡人数		直接经济损失（百万美元）	M_S	备　注
			亡	伤			
1	1.15	日本钏路	1	364	2	7.1	NEIC速报
2	2.7	日本能登半岛		23	数百万	6.7	JMA
3	7.12	日本奥尻岛	244	130	80～100	7.8	JMA
4	8.8	关岛	—	48	20	8.1	NEIC
5	9.30	印度南部	9.748（3万）	1.5万	80	6.3	NEIC
6	9.10	墨西哥南部	1	3	数百万	7.3	NEIC
7	8.1	苏　丹	2	9	0.1	5.2	NEIC
8	8.9	阿富汗、巴基斯坦	—	20	0.1	6.3（M_b）	NEIC
9	4.18	秘鲁利马	6	—	0.1	6.1（M_b）	NEIC
全世界			1万至4万	2万	约4.2亿		

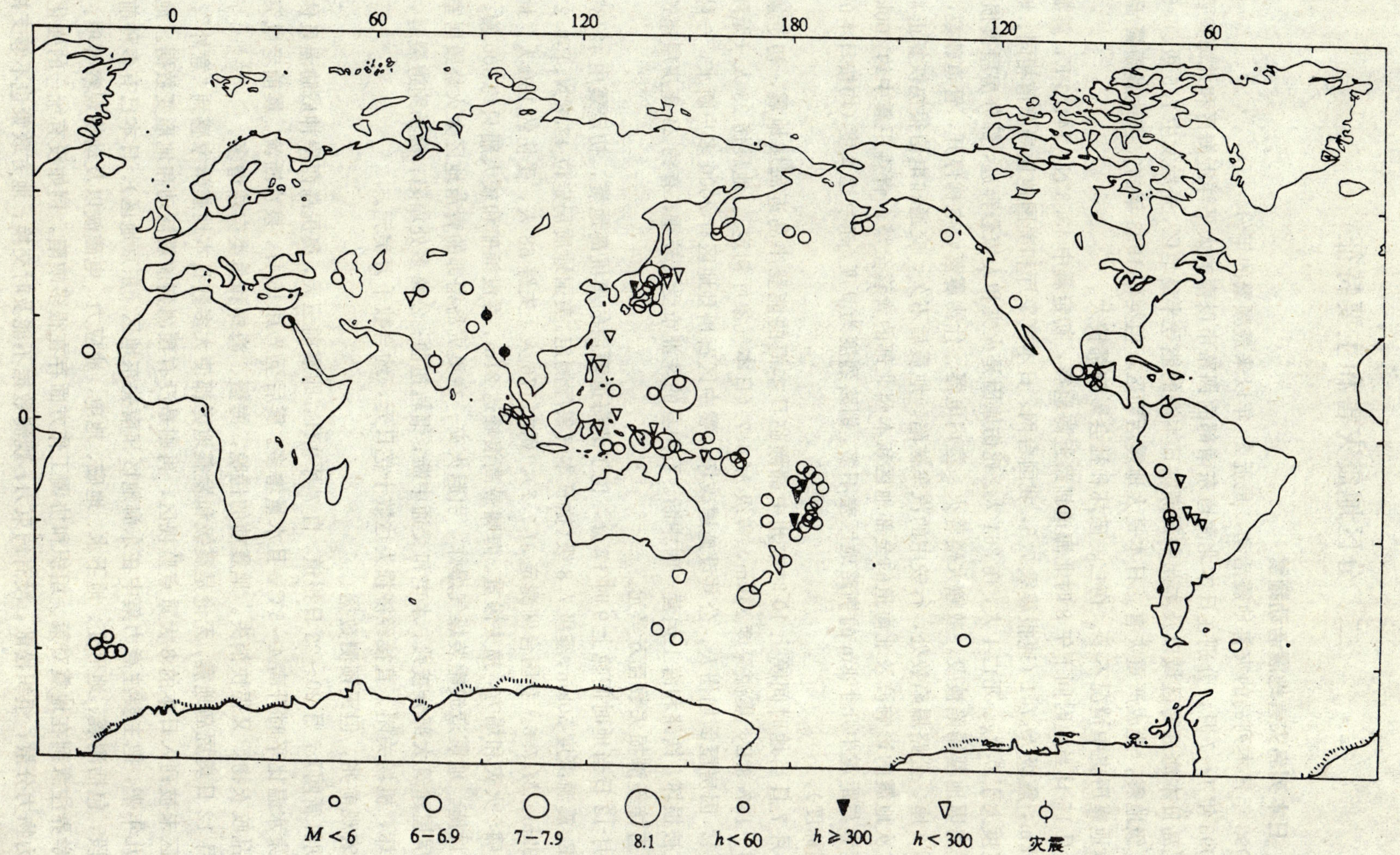

1993 年世界 $M \geqslant 6$ 地震震中分布图

二、分区地震灾害和主要特征

1. 日本列岛灾害地震活动频繁

1993 年日本列岛的灾害地震活动，是近 20 年以来最频繁的年份。

1993 年 1～7 月，分别在日本北海道东南部的钏路市以南的太平洋近海区和北海道西南的奥尻岛日本海近海区域以及本州中部濒临日本海的能登半岛地区，先后发生 7.5 级、6.6 级和 7.8 级地震，造成严重灾害。日本是大地震活动区，但类似 1993 年的灾害地震频繁活动，在日本地震历史中情况不多。伤亡、破坏和社会影响都较大。

1 月 15 日当地时间下午 8 时北海道钏路近海地震，初定震中 43.3°N，144.3°E，震源深度 100km，震级 $M_S7.1$（速报震级 7.5，我国台网、日本气象厅和美国地质局测值相同。地震动加速度大于 0.4g。死亡 1 人，伤 364 人。死伤原因是火灾和人惊恐奔逃，部分房屋被损坏，一些民房因地基塌陷被毁。数幢大楼着火，室内电器、什物震落，电梯停开，管道破裂，桥梁破坏 7 座，公路塌陷数处，行驶中的汽车被陷。地震后不久，交通和电信很快恢复正常。

这次地震的影响波及北海道的全部地区和本州北部的青森全境。青森距震中约 400km，但烈度竟与距震中几十 km 的钏路地区差不多。钏路烈度为Ⅵ度，东京达Ⅲ度（均按日本的Ⅶ度烈度标度）。

2 月 7 日当地时间晚上 10 时本州中部濒临日本海的能登半岛近海域地震，初定震中 37.6°N，137.3°E，震源深度 24km，震级 $M_S6.7$（日本气象厅初定）。地震伤 23 人（无死亡的报道），因房屋倒塌伤人。公共设施遭破坏。震中区石川县地区有 2000 多户断水，一隧道因滑坡被损坏，铁路和海上运营一时中断。石川县的珠洲市受灾较重，有约 24 座房屋建筑被破坏。直接经济损失数百万美元。

7 月 12 日当地时间晚上 9 时 17 分，位于北海道西南的奥尻岛地震，初定震中 42.8°N，139.4°E，震源深度 50km，震级 7.8 级（据日本气象厅测定。美国地质局定位 42.8°N，139.2°E，深度 10km，$M_S7.6$。我国台网测定 $M_S7.7$）。死亡 176 人，失踪 68 人，受伤约 130 人。地震引起海啸、火灾和塌方，损失惨重。海啸最高浪峰达 21m，吞没渔船和较大船只约 500 艘，冲毁港口设施。地震造成罐装煤气爆炸，引起火灾。在奥尻岛南部的青苗地区大火烧毁居室的 60%，房屋建筑大部分被毁；水电和交通中断；钢轨扭曲；公路多处塌陷；机场跑道裂缝，设施被破坏，机场关闭。直接经济损失达数十亿日元，约合数千万美元。

有宏观前兆，但无预测数据。

《朝日新闻》7 月 20～23 日报道，自 7 月 9 日，即震前三天，奥尻岛西岸神威胁温泉休养所的温泉水温比平时升高 4～5℃。且水量增多。震后至 7 月 15 日，泉水断流。震前老鼠突然增多，乱咬衣物，又很快消失。地震前的傍晚，海蟹、海螺和鱼类突然增多。

7 月 12 日奥尻岛地震，无论是震级和发震地区都使大多数日本地震学家感到“意外”。一则是该区未被列入日本的 8 大重点监视区，再则是没有预测到前震活动和地形变数据。地震学家近几年来，把主要注意力集中在东海地区和南关东地区（东京地区）。日本已有多种前兆观测手段，包括测震、地形变、地下水、地磁、地电、地应力、电磁波以及动物观察等项。日本地震学界注意到在地震对策、组织和协调工作方面存在很多缺陷。例如没有统一的强化领导，人力物力分散；组织松散，没有约束力；观测数据不能及时交换；地方政策也不够支持。

经费投入不足等问题，作为教训，决策部门已提出改革方案。

2. 较少有的关岛 8.1 级地震

1993 年 8 月 8 日关岛地震，当地时间下午 6 时 34 分，在关岛首府阿加尼亚西南约 80km 海域。初定震中 13.0°N，144.8°E，震源深度 61km，震级 M_S8.1。地震使阿加尼亚民居、店铺和旅馆饭店普遍受到不同程度破坏。同时出现火灾，供电、供水中断，公路多处塌方，发生泥石流；桥梁断毁两处，汽车翻落河中，交通中断，机场关闭。海啸最高浪峰达 1m。正逢台风，灾民受到地震和风暴的双重袭击（灾民中，有数千名日本、南朝鲜和中国台湾省区游客）。估计直接经济损失达两亿美元。如此强烈地震和灾害，伤亡都相对很轻，仅有 48 人受伤，无死亡报道。

3. 成因不明而且伤亡惨重的印度南部地震

9 月 30 日印度南部地震，当地时间凌晨 3 时 26 分。震中在印度马哈拉施特拉邦、卡纳塔克邦和安得拉邦交界区。初定震中 18.1°N，76.4°E，震源深度 6km，震级 M_S6.3。波及印度 7 个邦，印度的西南部都有震感，灾情严重。印度官方报告死亡人数 9748 人，而国外通讯社综合分析死亡和失踪人数至少 3 万人，数万人受伤。其中，基拉里和乌马加两个村庄的 6000 居民已大部分死亡。基拉里、奥斯曼阿巴德和乌马加等 50 多个村庄至少有 20 个已成废墟。有 50 万人口的拉杜尔县房屋几乎全部倒塌。仅在基拉里地区就挖出 3600 具尸体。地震和旋风同时肆虐，余震与风雨交加，灾民衣不遮体，情景凄惨。因风雨不断，道路泥泞，使救援工作十分困难。这次地震的震级相对来说不算太大，但伤亡和破坏十分惨重，究其原因，一是发震时，人们都在室内熟睡中；二是该区房屋结构简陋，极易塌毁伤人。加之地处河谷，房屋多建于阶地上，土质松软，加重震灾。据称，仅灾区民居的重建费用就需要 8000 万美元。

三、世界其他地区的地震灾害摘要

1. 中美洲墨西哥南部持续地震活动

自 1993 年 9 月 3 日～10 月 24 日，墨西哥南部的恰帕斯州、瓦哈卡州和哥雷罗州一带，连续发生 M_S6.4～7.3 地震 4 次 [9 月 3 日 19 时（GMT，下同），14.6°N，92.8°W，震源深度 33km，M_S6.8；9 月 10 日 19 时，14.7°N，92.7°W，34km，M_S7.3；9 月 30 日 18 时，15.5°N，94.7°W，震源深度 33km，M_S6.4；10 月 24 日 07 时，18.1°N，99.4°W，M_S6.5]。除 9 月 10 日地震（死 1 人，伤 3 人）有轻度伤亡外，都只有轻度破坏，无伤亡报道。这几次地震墨西哥城都有感，同时波及危地马拉。

2. 东非裂谷带的地震持续活动

8 月 1 日凌晨，苏丹首都喀土穆以西约百公里的北方省栋古拉地区（15.4°N，31.7°E，震源深度 10km，M_S5.2）地震死亡 2 人，伤 9 人，轻度破坏。

3. 伊朗、阿富汗—巴基斯坦边境地区，仍有破坏性地震活动

伊朗 6 月 22 日（16 时 32 分 44 秒，30.2°N，50.9°E，33km，M_S4.9）地震有一些人受伤。该区以北 700km，1990 年 6 月 20 日赞兼省地震，M_S7.9，死亡数万人。

阿富汗—巴基斯坦边境（兴都库什地区）8 月 9 日地震（12 时 42 分 49.7 秒，36.4°N，70.9°E，230km，M_S6.3），共有 20 多人受伤，白沙瓦、伊斯兰堡、塔吉克斯坦和印度北部地区有感。

4. 菲律宾吕宋岛区地震轻度伤亡

4 月 9 日地震（11 时 35 分 35.3 秒，14.9°N，120.6°E，15km，M_S5.6）死亡 7 人，伤数人，民居受破坏。NEIC 未有伤亡报道。

5. 斐济群岛地震轻度伤亡

3 月 12 日地震（14 时 01 分 38.6 秒，14.3°N，178.3°W，33km，M_S6.5）。地震使 5 人死亡，20 多人受伤。

6. 堪察加半岛南端地震，灾情类似斐济群岛地震

6 月 8 日地震（13 时 03 分 37.6 秒，51.2°N，157.8°E，81km，M_S7.3），虽然震级较大，因该区人烟极其稀少，仅有较轻破坏。

7. 巴布亚新几内亚地震，轻伤

8 月 20 日地震（05 时 06 分 52.0 秒，6.0°S，142.7°E，7km，M_S6.2），有 5 人受伤，房屋有轻度破坏。10 月 16 日地震（03 时 05 分 28 秒，5.8°S，146.5°E，M_S6），死亡 698 人，伤 200 人。

8. 秘鲁利马地震有伤亡

4 月 18 日地震（09 时 16 分 21.7 秒，11.6°S，76.6°W，90km，M_S6.1），在利马东 140km 处，死亡 6 人。但利马市区震感强烈，有两处楼房倒塌，10 多处房屋破坏，市民惊恐外逃。

（局地球物理研究所　赵荣国　陈英方）

1993年度全国地震趋势会商会

一、地震监测预报工作

（1）1992年地震监测预报工作总结及1993年工作要点；

（2）讨论1993年度全国地震趋势意见汇总报告；

（3）论强震危险区的边界划分；

（4）我国西部周边地区强震活动对大陆地震形势的影响分析；

（5）1993年中国地震大形势预测分析；

（6）对首都圈、苏鲁、闽粤、辽蒙、晋中南、甘东南、宁蒙、川滇、新疆、西藏危险区分析以及大形势的讨论；

（7）表彰活动；

（8）“地震预报奖励基金”活动等。

二、1993年及稍长时间我国地震趋势的总形势

近两年我国地震活动水平较前几年明显下降，这是1988～1990年我国大陆以及近两年边境外地区强震活跃、增强形势下出现的。虽然部分专家提出今后几年我国地震活动水平有可能略低于本世纪前几个活跃时期，但大多数代表和专家认为，90年代仍将是我国大陆强震活跃时期，有可能发生多次7级以上地震。近一二年地震活动水平下降，是活跃期内的起伏波动，强震活动形势严峻，应给予充分的重视。通过多种方法和资料的分析，认为，1993年我国大陆地区，特别是西部青藏构造块体及其边缘地区发生7级大地震的可能性较大，同时，台湾及其附近海域也有发生7级大震的可能。

三、1993年我国地震重点危险区

经过多种方法分析会商，会议判定1993年全国重点地震危险区8个：

1. 首都圈地区，重点是京西北—张家口地区有发生5级左右地震的可能

首都圈地区1989年大同6.1级地震后，地震活动明显增强。最近一年虽然出现地震活动减弱和前兆异常数量减少的情况，但仍存在缺少中等以上地震，异常平静区和以地形变为代表的一批中短期异常。主要依据：

（1）条带交汇，空段，增强-平静，缺震、低频度、高应力降，低波速比，地震活动度偏低，响应比偏高，低分维数，小震调制比高等地震学异常。

（2）存在大灰厂、北石城、香山、狼山、芦家井、紫荆关、涞水、晓幼营、百善、白羊城等10余项形变异常。

（3）存在怀来、宝坻、王生营等水化，白家疃等地磁，延怀盆地、香河一宝坻一带、张家口流磁，徐庄子、昌黎、黄村等地电，北阜堡和怀来测点流动重力等前兆异常。

综合分析：专家系统 0.70，概率图 0.20，模式识别 0.53；综合信度：0.53。

2. 苏、鲁交界至南黄海地区 1993 年再次发生 5～6 级中强地震的可能性较大

该区是近几年中强地震较为活跃的地区，1992 年又先后发生黄海 5.3 级和射阳附近沿海 4.7 级地震，同时，多项地震学异常背景和前兆异常持续发展。主要依据：

（1）中等地震增强，小震条带，空区，应变加速，低 b 值，高 C 值，缺震，低频度，地震窗，低 η 值，低 s 值，响应比偏高，低分维地震学异常。

（2）存在南京、南通、松江、佘山、泾县、新沂等形变异常。

（3）无锡、盐城、镇江、上海、江浦、聊城、大丰等 10 余项水氡，苏 15 井、苏 19 井、王河井等水位，莒县、沂水流磁，江宁、海安等地电，皖东北流动重力，溧阳、新沂、南京地应力等前兆异常。

综合分析：专家系统 0.50，概率图 0.60，模式识别 0.75；综合信度：0.62。

3. 宁夏北部至宁夏、内蒙古交界地区，重点是临河—吉兰泰—阿拉善左旗一带仍存在发生 6 级左右地震的危险性

这一地区近几年地震活动增强的趋势明显，虽然 1992 年较为平静，但多项地震学异常和部分前兆异常依然存在。主要依据：

（1）空区，条带，应变加速，高应力降，低 b 值，低频度，低波速比，高 Q 值及诱发地震。

（2）存在乌加河、乌海、石嘴山、红果子、苏峪口等形变，马加河地电，庙台一石嘴山流动重力等前兆异常。

综合分析：专家系统 0.58，概率图 0.40，模式识别 0.75；综合信度：0.58。

4. 祁连山中、西段至甘、青交界地区 1993 年发生 6.5 级左右强震的可能性较大

该区是 1988 年以来中强地震活跃的地区，具有发生强震的形变异常背景和深部构造条件，1992 年又在该区发生 2 次 5 级地震，多项地震学异常以及形变异常较为突出。主要依据：

（1）空区，条带，高频度，低 b 值，低分维，C 值，累积频度，波速比，调制比，地震迁移，地震危险度，爆发余震等地震学异常。

（2）存在高台、童子坎、门源、香日德等形变异常。

（3）玉门、张掖、西武当水氡、托来地磁，武威地电，峨博、大梁、祁连、民乐、张掖流动重力等前兆异常。

综合分析：专家系统 0.60，概率图 0.40，模式识别 0.75；综合信度：0.60。

5. 甘肃东南部至甘、青、川交界地区 1993 年有发生 6 级左右地震的危险

这一地区是近几年南北地震带中强地震活动的空段，周围地区地震增强形势突出，多项地震学异常和一批前兆异常相对集中。主要依据：

（1）空区，条带，低频度，b 值，缺震，高集中度，高响应比，蠕变加速，地震呼应，平静等地震学异常。

（2）存在宕昌、松潘等形变，榆中、武都、武当、西吉等水化，西和、清水水位，武都、通渭、天水地电，兰州、固原一河川、篙店一平凉、滚泉一侯家湾等流动重力，文县、武山、天水、刘家峡地应力等前兆异常。

综合分析：专家系统 0.60，概率图 0.40，模式识别 0.75；综合信度 0.60。

6. 四川西部康定—西昌及理塘附近地区 1993 年发生 6 级或稍强地震的可能性较大

四川省在 1989 年先后发生巴塘、小金等强震后，近两年出现长达 22 个月无 5 级地震的平静异常，几年来，一批地震学异常和前兆异常在此区附近相对集中。主要依据：

(1) 空区，空段，条带，缺震，低 b 值，高 C 值，应变加速-减缓，低频度，低分维，高响应比，4 级地震增强。

(2) 存在乾宁、恰叫、西昌、攀枝花、姑咱、楚雄、弥渡、虾拉坨形变异常。

(3) 西昌、昭觉、安县、姑咱、龙陵等水化，石棉、西昌、小金、会理、渡口、安县、攀枝花、会泽、剑川等水位，理塘、毛垭、康定水温，冕宁、甘孜地电，石棉—泸定、会理—会东、渡口流动重力等前兆异常。

综合分析：专家系统 0.50，概率图 0.45，模式识别 0.75；综合信度：0.60。

7. 云南西北部剑川、永胜至泸水、腾冲及其中、缅边境地区 1993 年具有发生 6 级左右地震的危险

该区具有发生强震的构造背景。1988 年滇西南澜沧、耿马两次 7 级地震后地震活动异常平静，1992 年 12 月该区永胜附近发生两次 5 级地震显示出开始活跃和一批前兆异常。主要依据：

(1) 强震活跃，4 级地震频度增高，高能量，低 b 值，波速比，高 C 值，高频度。

(2) 存在丽江、永胜、楚雄、易门等形变异常。

(3) 思茅、龙陵、腾冲、鹤庆等水化，龙陵、剑川水位，通海地磁，丽江、剑川流动重力，建水、昆明地应力，涝旱及低压高温等异常。

综合分析：专家系统 0.42，概率图 0.52，模式识别 0.60；综合信度：0.52。

8. 新疆天山地震带，1993 年北天山西段发生 6～7 级地震，南天山西段发生 6 级左右地震的可能性较大

天山地震带 1985～1991 年出现了强震活跃的状态，先后发生乌恰 7.4 级等多次强震，1992 年虽然该地震带活动较为平静，但境外吉尔吉斯 7.5 级大震的发生显示出该区已处于强震活跃时段。目前，北天山西段和南天山西段是多项地震学异常及部分前兆异常集中的地区。主要依据：

(1) 空区，条带，5 级地震变化，b 值，集中度 C 值，小震调制比，地震活动度，缺震，模糊活动度，信息熵、应变加速，响应比，能量释放，强震迁移，极值分析，马尔可夫模型预测等地震学异常。

(2) 独山子、乌什、阿合奇、阿图什、库尔勒、卡子湾、库尔楚、方家河、坎村、拉依苏沟、卢革沟等形变异常。

(3) 乌鲁木齐、石河子、乌苏南等水位，阿图什地磁，乌鲁木齐、库车北山、石河子—乌苏南、阿克苏、乌鲁木齐流动重力，库尔勒应力等前兆异常。

综合分析：专家系统 0.40，概率图 0.60，模式识别 0.53；综合信度：0.51。

除上述重点地震危险区外，有两个今后几年可能发生中强地震背景性危险地区：①山西地震带中南部至晋、陕、豫交界地区；②辽西至辽宁、内蒙古交界地区近几年地震活动明显增强，同时存在一定数量的地震学异常和前兆异常。

此外，还有 6 个亦存在地震活动增强的趋势及部分异常，需要加强监视的注意地区：①

东南沿海地震带的泉州—汕头至闽、粤、赣交界地区；②云南的澜沧—思茅至中、缅边界一带；③滇东建水、石屏至元谋、巧家地区；④青海西北部格尔木以北三湖地区；⑤西藏拉萨附近；⑥新疆富蕴及和田地区亦存在地震活动增强的趋势及部分前兆异常。

会议上多数专家认为，近两年我国大陆地区的地震活动出现明显减弱的缺震现象以及我国周边国家强震的不断发生，大大加重了我国大陆发生7级强震的危险性。面对这种地震形势，国家地震局要求地震系统各单位（各省地震局（办），局直属各单位，地方地震部门）在深化改革的大好形势下，尽职尽责，全面做好综合防御减灾的各项工作和各项大震应急准备，绝不能掉以轻心，麻痹大意，为最大限度地减轻地震灾害作出我们新的贡献。

（局科技监测司　徐京华）

1949～1992 年全国地震灾害统计

1989 年国家科委组织开展了全国重大自然灾害综合调查研究。国家地震局、国家气象局、国家海洋局、水利部、地质矿产部、农业部、林业部等部门的几十名专家参加了此项工作。历时三年，将 1949～1992 年全国七大类 24 种自然灾害的灾情汇编在《全国重大自然灾害及其对策》（已由科学出版社出版、发行）的年表、总论、分论、图集四项成果中。

地震灾害是该成果中一个重要部分。表 1～5 的资料主要来源于《中国地震年鉴》及各地区出版的历年地震资料汇编、地方志、文集等。

表 1　1949～1992 年全国地震灾害综合统计表（1990 年价）

时　间	死　人（人）	伤　人（人）	倒　房（间）	损　房（间）	直接经济损失（万元）	直接经济损失占当年 GNP（‰）
1949	17	22	3938	255	476	0.06
1950	2857	2998	8410	1434	7364	0.80
1951	423	2395	47686	13529	22122	2.02
1952	349	1215	10333	51670	2452	0.19
1953	3	104	451	1140	231	0.02
1954	49	345	4982	5692	1354	0.08
1955	744	1692	21293	13448	7761	0.47
1956	3	9	661	1852	393	0.02
1957		19	112	836	290	0.02
1958	1	7	65	940	280	0.01
1959		4	67	322	267	0.01
1960	2	12	803	2140	522	0.02
1961	7	101	9153	16737	6574	0.33
1962	13	139	4667	32642	2468	0.14
1963	1		142	137	157	0.01
1964		6	305	2029	591	0.02
1965	7	40	32051	240839	23421	0.78
1966	8525	54794	1380048	4241573	2580861	7.61
1967	50	570	35051	386801	32105	1.03
1968			5	35	4	0.00
1969	45	1363	27122	152758	64488	1.81
1970	15740	27196	167610	184037	65404	1.37
1971	17	291	5084	32174	1942	0.04
1972	4	155	183	2132	584	0.01
1973	2204	2863	47661	27917	19059	0.35
1974	1797	1823	40853	116631	27349	0.50
1975	2041	24543	867443	374678	174886	2.87

续表

时　间	死　人（人）	伤　人（人）	倒　房（间）	损　房（间）	直接经济损失（万元）	直接经济损失占当年GNP（‰）
1976	242695	248468	3456675	4525354	2206269	35.80
1977		52	542	4150	2441	0.04
1978	16	58	204	26262	3454	0.05
1979	62	3998	117190	527583	50699	0.62
1980	3	28	414	3253	733	0.01
1981	126	526	3616	31104	9938	0.11
1982	14	67	3781	24033	4008	0.04
1983	46	4853	66011	299436	46776	0.44
1984	14	318	26	3592	765	0.01
1985	99	1023	30706	284821	41379	0.30
1986	3	91	1225	33448	2590	0.02
1987	2	102	7574	119042	16047	0.10
1988	753	5036	414077	816522	257469	1.52
1989	34	1072	93187	608837	136649	0.84
1990	128	2205	28516	378535	69598	0.39
1991	3	734	8402	764009	44849	0.23
1992	6	496	5073	132870	14659	0.07
平均	6338.7	8905.8	158032	329255	82476	1.39
总计	278903	391853	6953398	14487209	3628953	
按国民经济计划时期划分（平均）						
1950～1952	1210	2203	22143	22211	10646	1.00
1953～1957	161	434	5500	4594	2006	0.12
1958～1962	5	53	2951	10556	2022	0.10
1963～1965	3	15	10833	81002	8056	0.27
1966～1970	4872	16785	321967	993037	84017	2.36
1971～1975	1213	5935	192245	110706	44764	0.75
1976～1980	48555	50521	715005	1167192	452719	7.30
1981～1985	60	1357	20828	128597	20573	0.18
1986～1990	184	1701	108916	391277	96471	0.57
1991～1992	5	615	6738	448440	29754	0.15
按自然五年时期划分（平均）						
1950～1954	736	1411	14372	14693	6705	0.62
1955～1959	150	346	4440	3480	1798	0.11
1960～1964	5	52	3014	10737	2062	0.10
1965～1969	1725	11353	294855	1004397	75621	2.25
1970～1974	3952	6466	52278	72578	22868	0.45
1975～1979	48963	55424	888411	1091605	487550	7.88
1980～1984	41	1158	14770	72284	12444	0.12
1985～1989	178	1465	109354	372534	90827	0.56
1990～1992	46	1145	13997	425138	43035	0.23

表2 1949～1992年全国各地区地震灾害直接经济损失排行榜（单位：万元）

名次	地区	年均经济损失	占全国比例(%)	名次	地区	年均经济损失	占全国比例(%)
1	河北	43246	52.4	16	江西	231	0.3
2	云南	10159	12.3	17	福建	144	0.2
3	天津	9615	11.7	18	宁夏	139	0.2
4	辽宁	4185	5.1	19	河南	28	0.03
5	四川	3371	4.1	20	湖北	16	0.02
6	山东	2147	2.6	21	广西	14	0.02
7	北京	1745	2.1	22	吉林	9	0.01
8	江苏	1383	1.7	23	安徽	6	0.007
9	山西	1328	1.6	24	陕西	5	0.006
10	新疆	1287	1.6	25	黑龙江	4	0.005
11	广东	1257	1.5	26	贵州	3	0.004
12	内蒙古	750	0.9	27	上海	3	0.004
13	青海	719	0.9	28	湖南	1	0.001
14	甘肃	402	0.5	29	浙江	1	0.001
15	西藏	277	0.3	30	海南		

注：以1990年为不变价。

表3 1949～1992年全国各地区地震灾害死亡人数排序表(单位：人)

名次	地区	年均死亡人数	占全国比例(%)	名次	地区	年均死亡人数	占全国比例(%)
1	河北	5139.0	81.1	16	广东	0.9	0.01
2	天津	553.3	8.7	17	陕西	0.07	0.001
3	云南	434.5	6.9	18	上海	0.07	0.001
4	四川	77.8	1.2	19	贵州	0.05	0.0008
5	西藏	66.0	1.0	20	广西	0.02	0.0003
6	辽宁	46.4	0.7	21	吉林		
7	北京	4.5	0.07	22	黑龙江		
8	新疆	2.8	0.04	23	浙江		
9	青海	2.8	0.04	24	安徽		
10	宁夏	2.7	0.04	25	福建		
11	山西	2.5	0.04	26	江西		
12	山东	1.8	0.03	27	河南		
13	江苏	1.5	0.02	28	湖北		
14	甘肃	1.2	0.02	29	湖南		
15	内蒙古	0.9	0.01	30	海南		

表 4　1949～1992 年全国地震灾害事件排序表（以直接经济损失为序）

名次	时间（年．月．日）	震中	震级	直接经济损失（单位：万元，1990 年价）	死亡人数
1	1976. 7. 28	河北唐山	7.8	2133031	242469
2	1988. 11. 6	云南澜沧耿马	7.6	246594	748
3	1966. 3. 8 1966. 3. 22	河北邢台	6.8 7.2	210283	8182
4	1975. 2. 4	辽宁海城	7.3	174369	2041
5	1970. 1. 5	云南峨山曲江	7.7	64380	15621
6	1969. 7. 26	广东阳江	6.4	53528	33
7	1983. 11. 7	山东菏泽	5.9	45341	46
8	1979. 7. 9	江苏溧阳	6.0	39602	47
9	1989. 4. 16	四川巴塘	6.7	38797	8
10	1976. 5. 29	云南龙陵	7.3	31995	98
11	1989. 10. 19	山西大同	6.1	30630	17
12	1990. 4. 26	青海共和兴海	6.9	27427	119
13	1951. 12. 21	云南剑川	6.25	22077	423
14	1989. 9. 22	四川小金	6.6	20726	1
15	1989. 5. 7	云南耿马	6.3	20000	1
16	1974. 5. 11	云南大关	7.1	19285	1668
17	1973. 2. 6	四川炉霍	7.9	18109	2200
18	1991. 5. 30	河北唐山	5.1	17780	2
19	1985. 8. 23	新疆乌恰	7.4	16209	71
20	1985. 3. 29	四川自贡	4.8	16209	1

表 5　1949～1992 年全国地震灾害事件排序表（以死亡人数为序）

名次	时间（年．月．日）	震中	震级	死亡人数	直接经济损失（单位：万元，1990 年价）
1	1976. 7. 28	河北唐山	7.8	242469	2133031
2	1970. 1. 5	云南峨山曲江	7.7	15621	64380
3	1966. 3. 8 1966. 3. 22	河北邢台	6.8 7.2	8182	210283
4	1950. 8. 15	西藏察隅墨脱	8.5	2846	6911
5	1973. 2. 6	四川炉霍	7.9	2200	18109
6	1975. 2. 4	辽宁海城	7.3	2041	174369
7	1974. 5. 11	云南大关	7.1	1668	19285
8	1988. 11. 6	云南澜沧耿马	7.6	748	246594
9	1955. 9. 23	云南家仁、四川会理	6.75	613	6918
10	1951. 12. 21	云南剑川	6.25	423	22077
11	1966. 2. 5	云南东川	5.5	308	3575
12	1952. 9. 30	四川冕宁石龙	6.75	236	682
13	1981. 1. 24	四川道孚	6.9	123	6057
14	1990. 4. 26	青海共和兴海	6.9	119	27427
15	1970. 12. 3	宁夏西吉	5.5	117	862
16	1976. 5. 29	云南龙陵	7.3	98	31995
17	1985. 8. 23	新疆乌恰	7.4	71	16209
18	1952. 10. 8	山西原平	5.5	58	1152
19	1952. 8. 18	西藏当雄	7.5	54	327
20	1954. 2. 11	甘肃山丹	7.25	47	785

从这些表中可以看出，1949～1992年，全国地震年平均死亡人数6339人，受伤人数8906人，倒房158032间，损房329255间，直接经济损失82476万元（1990年价），占全国国民生产总值（GNP）的1.39‰。其中，直接经济损失的计算步骤如下：

（1）搜集1949～1992年已有经济损失计算的地震实例。

（2）将这些灾例中的直接经济损失按《中国统计年鉴》中公布的物价指数，折算到1990年不变价。

（3）将灾例中以倒房、损房为自变量、直接经济损失为应变量，用最小二乘法求出倒房、损房的系数：

①根据《中国统计年鉴》公布的历年竣工面积、投资量求出各地区建筑物造价相对比值；

②在计算时对灾例中的倒房、损房按地区乘以建筑物造价相对比值；

③剔除偏离趋势线较大的灾例。

（4）根据地震的大小分档计算。

（5）综合时，对原来已有直接经济损失结果的全部予以保留（只剔除个别认为有误者），对没有直接经济损失的按每年每省（市、区）进行计算。

另外，从这些表中，我们还可以看到：地震灾害直接经济损失年均8亿元，只占全国各种自然灾害损失总量的1%；但死亡人数平均为6000多人，占全国自然灾害死亡人数的比重很大。

（国家科委、国家计委、国家经贸委自然灾害综合研究组　高建国）

各地区震情

1993年1月27日云南普洱6.3级地震

一、地震基本参数

发震时刻：1993年1月27日
04时32分1.7秒

震　　级：$M_S=6.3$

震中位置：22°56′N，101°05′E
（仪器）
22°59′N，101°04′E
（宏观）

震源深度：14km

震中烈度：Ⅷ度

二、烈度分布与震害

震区范围（烈度为Ⅵ以上区，下同）内面积为1226.8km²，呈南北向并向南撒开的椭圆形（图）。震区在行政区划上覆盖普洱、思茅两县的2个镇（宁洱镇及磨黑镇）、5个乡，490个自然村，共22346户，受灾人口达96348人，Ⅵ度区内房屋总面积达324.5km²。总经济损失7338万元。

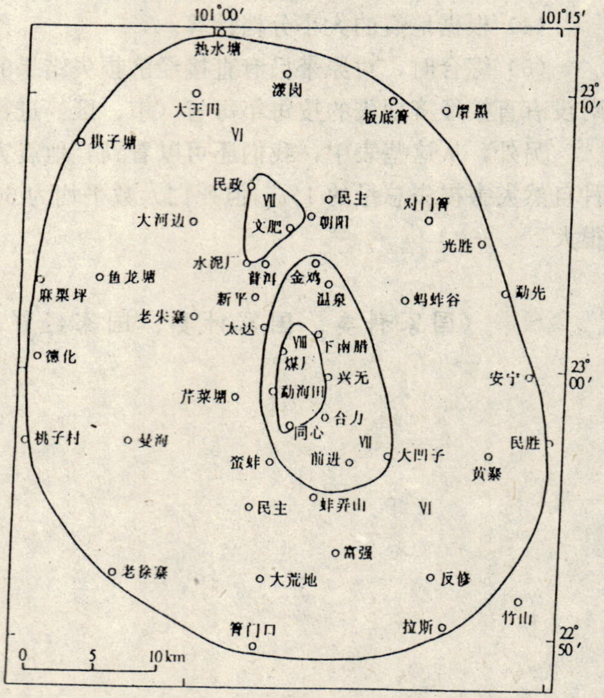

普洱6.3级地震等震线图

Ⅷ度区　东起石膏井，西到勐海田，南起同心乡，北抵土锅寨，长轴走向近南北向，呈北窄南宽的椭圆形，南北长7.6km，东西宽3.4km，短轴与长轴之比为1∶2.2，面积约20km²。

Ⅶ度区　东界为芹菜塘，西界为小牛寨，南止岩子脚，北到金鸡，南北长16.5km，东西宽8km，短轴与长轴之比为1∶2.1，另外在普洱县城以北的朝阳、民政、水泥厂一带有倒三角形的Ⅶ度区。两者合计面积约101.6km²。

Ⅵ度区　东从安宁、西到德化、北止热水塘，南抵箐门口，呈北北西向的椭圆形，长轴45km，短轴37km，短轴与长轴之比为1∶1.2。面积为1107.2km²。

在Ⅷ度区内，约10%的土木结构（包括部分砖木）房屋出现木架歪斜、木梁折断、柱脚位移、拔榫、墙体大部倒塌、房顶脱落、地基下陷等现象；一些（20%～30%）土木结构

（包括部分砖木），墙体严重开裂或局部倒塌；普遍梭瓦；个别（1%）土木结构房屋毁坏。非正规设计的房屋，如灶房普遍倒塌，烟囱倒毁。公路边坡开裂，有些地段有崩塌及滚石现象。个别山体产生崩塌及滑坡。一些水库土坝纵向或横向开裂，引水沟渠多处塌落而被堵塞。有些通信、供电、供水线路受损。

本次地震出现两个Ⅶ度区。在这两个Ⅶ度区内，土木结构和砖木结构房屋少部分出现木架歪、墙体倒塌、砖柱开裂，大部分表现为墙体上方或转角处倒塌、拉裂，砖柱或砖墙出现裂缝，普遍掉瓦；非正规设计的建筑，如灶房、牲口厩等部分出现倒塌或烟囱部分倾倒；砖混或框架建筑；部分承重构件，如梁、柱有微裂，填充墙之接合部开裂，掉瓦。乡村公路部分边坡开裂，有少量塌方。一些农用或人畜饮用水沟有不同程度的崩塌堵塞、山体极个别出现崩塌与小型滑坡等。

Ⅵ度区内的土木结构房屋，只有极少数倒墙，且倒墙者一般均为老朽建筑。少部分房屋倒墙角或后墙上部，一些房屋出现墙体开裂，掉瓦较普遍，但量不大。地表破坏不明显。砖木和砖混结构房屋，多数完好，少量出现墙体裂缝和掉灰皮等，极个别的承重构件有轻微损坏或中等损坏。

在Ⅵ度区范围内共有18座水库，其中除东洱河水库为中型水库外，其他均为小Ⅰ型或小Ⅱ型水库。在本次地震中有12座水库受到不同程度的损坏，东洱河水库和勐海田水库为中等程度的破坏，其他10座水库为轻微破坏。主要震害表现为：坝顶面及迎水坡、背水坡产生数十米长、宽约0.2～0.5cm的纵向裂缝；左右坝肩出现规模不大的横向裂缝；坝体出现网状裂缝；有些坝体出现沉降；渗漏加大；涵洞开裂，出现浊水等。

本次地震产生一些地面破坏效应，但规模不大，程度比较弱，主要有边坡开裂、滑坡、崩塌、地基不均匀沉陷、沙土液化等现象。

较大的边坡裂缝主要出现在极震区。如同心北3km的公路产生了近东西走向，长约250m，宽约10cm，在靠近边坡处下沉15cm的一条裂缝。桥头村山梁边坡开裂较为严重，裂缝长约600m、宽10～20cm，并由多条裂缝组成宽约3m的裂缝带，近东西走向，与该地附近的北东东向断裂平行。在石膏井村南，边坡裂缝穿过稻田，长约400m。

滑坡与崩塌规模很小，主要分布Ⅷ度区范围内。较大的滑坡发生在石膏井村的边坡，滑坡裂缝呈弧形，长约100m，向下滑移了10cm，位于滑坡体之上的45户土木结构房屋受到不同程度的破坏，其中约80%为中等以上的破坏。1～10m^{3}的小型崩塌在极震区范围内的公路边随处可见。

地基不均匀沉陷现象主要发生在回填土、半坡半填及松散沉积的地基土上，范围较广，在震区内均可见。最明显的是县水泥厂职工宿舍，为四层砖混结构，约1000m^2，依坡建成，地基土为回填土，地震时整体反坡向倾斜约1m。造成楼体严重破坏。思茅振华大厦，处在Ⅴ度区，8层框架结构，是这次地震区最高建筑物之一，地基原为稻田，在1988年11月6日澜沧-耿马地震中，该楼整体向南倾斜20cm，这次地震中该楼再一次发生倾斜，向北倾斜25cm。

沙土液化现象主要零星分布在极震区内的河漫滩及原为古河道的一些饱和沙土、堆积层上，规模很小。

（云南省地震局　姜朝松）

1993年2月1日云南大姚5.3级地震

一、地震基本参数

发震时刻：1993年2月1日03时33分30秒

震中位置：25°51′N，101°21′E

震　　级：$M_S=5.3$

震源深度：$H=10km$

震中烈度：Ⅵ度

二、烈度分布与震害

Ⅵ度区　北起六苴镇的余租乍，南到上沟，东起小龙潭，西至大箐，长短轴分别为16km和12km，总面积约192km²。

本次地震受灾范围包括县城和9个乡（镇），53个村公所（办事处），637个自然村，受灾面积约3000km²，占全县总面积的72.4%。受灾人口占全县总人口的38.9%。本次地震轻伤4人，无人员死亡。

震区农村房屋多为正规穿斗木架土坯房，瓦屋房。震区共倒塌房屋39间；严重破坏1163间，中等破坏3227间，轻微破坏17061间。极震区倒塌的房屋多为简易木构架（或墙抬梁）房屋，如畜厩、伙房等。房屋破坏直接经济损失703.2万元。水利设施损失26.8万元，电力、公路损失20万元。大姚县直接经济损失750万元。处于震区的大姚县铜矿直接经济损失据厂方估计为400万元。此次地震总经济损失为1150万元。

（云南省地震局　张朝芳）

1993年2月3日新疆和静5.4级地震

一、地震基本参数

发震时刻：1993年2月3日00时05分14.4秒

震　　级：$M_S=5.4$

震中位置：42°19′N，86°06′E（Ⅱ类精度、微观）

42°18′N，86°03′E（宏观）

震中烈度：Ⅵ度

二、烈度分布与震害

这次地震在和静县哈尔莫敦乡造成个别民房倒塌，多数民房遭受不同程度的破坏。和静县其他乡、巴仑台、焉耆县、和硕、博湖、大山口电站、兵团农二师的五个团场和库尔勒市震感强烈，也造成部分房屋不同程度的破坏或损伤。

极震区在哈尔莫敦乡，长轴32km，近东西走向，短轴14km，面积352km²。地表出现十几km的地裂缝带，树干扭裂，山区出现滑坡滚石，房屋个别垮塌，部分房墙、屋顶裂缝，烟囱掉头，局部垮塌，房墙外闪，木梁下坐，货架歪倒。电站护坡裂缝，土码头张裂。

Ⅴ度区包括焉耆盆地的大部地区，长轴148km，短轴102km，面积11504km²。

区内个别老旧房屋严重破坏，墙体坍塌，多数房屋裂缝或旧缝加宽，屋内普遍掉落尘土，家具摇晃，人惊逃户外。山石滚落，响声很大。库尔勒市钢混结构大楼的承重墙体裂缝，孔雀河混凝土护坡垮滑，桥头及桥墩有细小裂缝。

这次地震的有感范围很大，乌鲁木齐、石

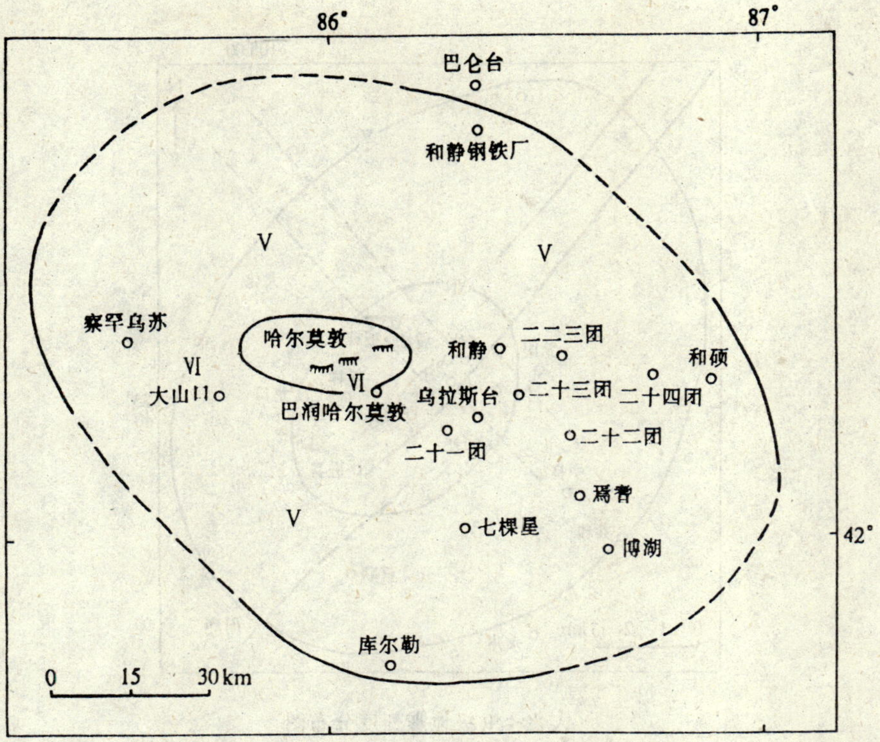

和静 5.4 级地震等震线图

河子、吐鲁番和新源、库车、轮台、尉犁、托克逊等市县均强烈有感。

根据地震现场实际核查的结果，这次地震造成房屋建筑破坏的直接经济损失达 72.7 万元。

（新疆地震局　尹光华）

1993 年 2 月 10 日广西大化 4.9 级地震

一、地震基本参数

发震时刻：1993 年 2 月 10 日 02 时 26 分 0.1 秒

震中位置：23°38′N，107°53′E（仪器）

23°41′N，107°55′E（宏观）

震　　级：$M_S=4.9$

震中烈度：Ⅵ度

震源深度：10km

二、烈度分布与震害

1. Ⅶ度异常点

Ⅶ度异常点有两处，分别为定伏屯和百祥屯，这两处房屋开裂达 100%。Ⅶ度异常点均地势平坦，开阔且远离河流，两屯内的水泥砖现浇顶平房墙体开裂，并有明显位移，墙体歪斜、扭曲的现象明显，滑瓦及檐口掉瓦严重，平整的地面出现裂缝。局部倒塌房屋一间（百祥屯），严重破坏（墙体开裂并有明显位移、歪斜）50 余间，其他房屋 70%属中等程度破坏

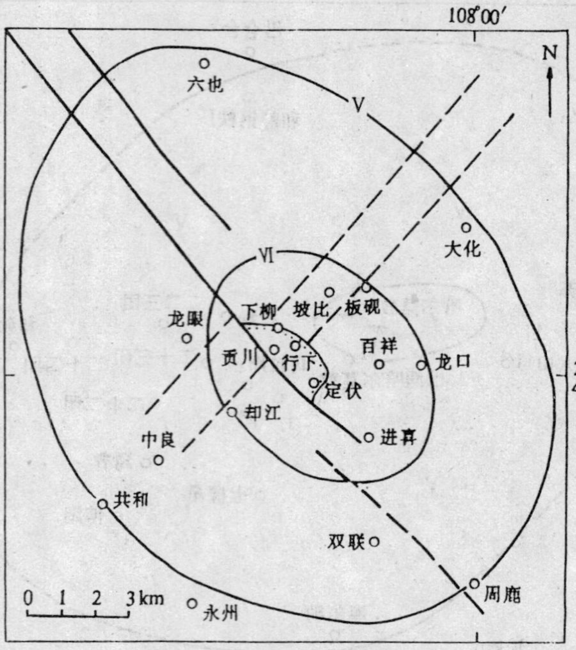

大化 4.9 级地震烈度分布图

（墙体开裂、略有歪斜），约有 300 余间。

2. Ⅵ度区

Ⅵ度区主要分布于大化县贡川乡境内，等震线呈椭圆形，长轴方向为北北西 330°，长轴半径 15km，短轴半径 11.25km（如图）。在Ⅵ度区内，人们被震醒，并都逃出室外，部分人被抛到床下，骑自行车的人摔倒。普遍听到地声，感到先上下震动，后北西一南东水平摇摆。倒塌（遭滚石击中）房屋及牛羊棚圈 15 间，局部倒塌 7 间，严重破坏 450 间，中等破坏 1300 余间，该区范围内剩余房屋约 80%都有微细裂缝。滑瓦现象普遍，檐口掉瓦达 100%；贡川附近的供水渠道遭滚石袭击毁多处，造成 8000 余人、10000 头牲畜饮用水，3600 亩农田灌溉用水发生困难；县乡公路路面被滚石破坏多处；农户的围院毛石墙都被震倒。

3. Ⅴ度区

Ⅴ度区东南到马山县的周鹿，西北至大化县的六也，东北止于大化县城，西南抵马山县的共和镇。该区内大部分人被震醒，其中部分人跑出并露宿屋外。约有 30%的房屋出现微细裂缝（绝大多数为半填土式房屋或老旧房）。

三、震前异常

震前有两例较确切的临震异常。其一，贡川镇农行工农业所的两条护院狼狗在震前数分钟狂吠起来，并爬到三层楼上，分别敲响所内仅有的两户人家的门。其二，清坡村一村委家（距贡川镇 1 公里）的牛在震前约十分钟吼叫起来，似圈内发生牲畜斗殴现象，有人查看未发现任何异样，不久发生地震。

四、抗震救灾

由于地震造成相当损失，且威胁到大化和岩滩两水电站的安全，广西壮族自治区人民政府、国家地震局非常重视，广西民政厅、河池地区行署、广西地震办公室、区救灾办、河池地区保险公司等有关部门先后派出人员赶赴震区组织抗震救灾、震灾调查地震监测和地震知识宣传工作，很快稳定了灾区群众的情绪，恢复了正常的生产、生活秩序。自治区陆兵副主席带领有关部门领导到震区视察，看望并慰问受灾群众，现场办公解决抗震救灾中的一些困难问题并对救灾工作提出了具体要求。

（广西地震办公室　尹克坚）

1993 年 3 月 20 日西藏拉孜-昂仁 6.6 级地震

一、地震基本参数

发震时刻：1993 年 3 月 20 日 22 时 52 分

震中位置：29.3°N，87.4°E（微观）

29°06′N，87°25′E（宏观）

震源深度：8.4km

震　　级：$M_S=6.6$

震中烈度：Ⅷ度

二、烈度分布与震害

这次地震的震源较浅，引起的破坏较重。Ⅵ度以上（含Ⅵ度）灾区面积达 3699km²。涉及两县（拉孜县、昂仁县），三镇（昂仁县城、拉孜镇、曲下镇），9 个乡（拉孜县 6 个乡、昂仁县 3 个乡）344 个自然村。昂仁县的布嘎、拉孜县的达居等村为极震区，烈度为Ⅷ度。这次地震使 2 人死亡，3 人重伤，直接经济损失 6900 万元。

通过对 78 个村点的实地考察，综合评定了各点烈度值，绘制了拉孜-昂仁 6.6 级地震等烈度分布图（见下图）。各烈度区的面积列于表 1。

震区地形复杂，山势陡峻，河谷深切、居民地均集中在雅鲁藏布江宽缓河谷积层上，以农业为主。区内房屋单一，除县城的机关、学校有少量的砖混、框架混凝土房屋外，其余城

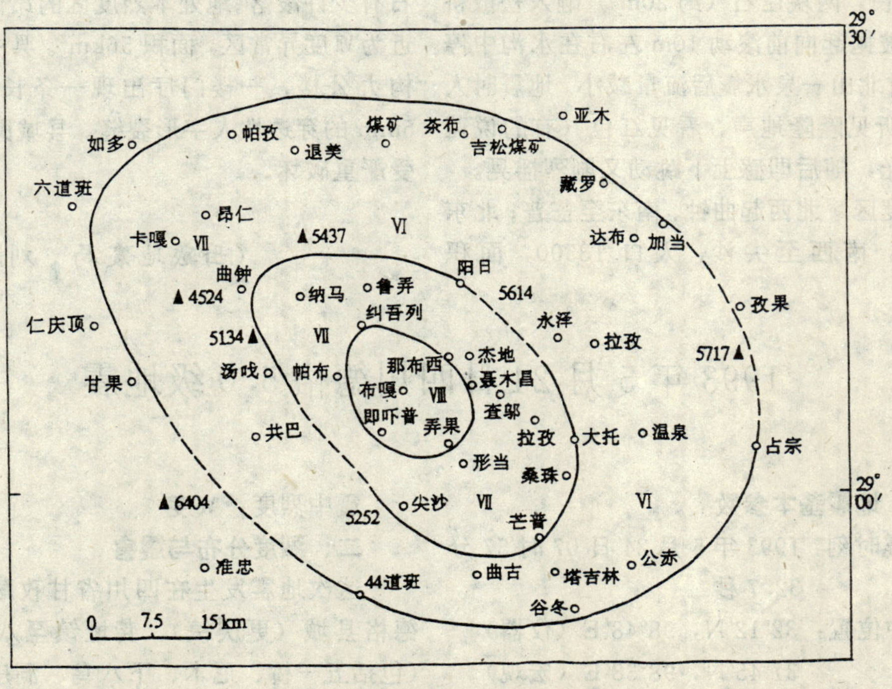

西藏拉孜-昂仁 6.6 级地震等烈度线图

表 1 各烈度区的面积

烈度 \ 轴向	长轴（km）	短轴（km）	长短轴之比	面积（km^2）
	北西-南东	北东-南西		
Ⅷ	18.8	11.4	1.6	151
Ⅶ	48.0	26.0	1.8	715
Ⅵ	86.2	62.0	1.4	2833

镇居民和农村民房均为传统的藏式房屋。其结构为木柱撑梁，卵石或不规则块石砌基础，土坯砌墙，泥浆粘结，屋面用木椽、石片加泥土铺盖，重量大。木梁、木椽与墙体连接十分脆弱，施工粗糙、质量差，基本无抗震能力。

Ⅷ度区　震害表现为少部分房屋垮塌、大部分严重破坏，已成危房。山体崩裂塌方堵塞公路，少数地段有边坡重力裂缝。昂仁县的布嘎村共 29 户，174 间土坯墙房，3 户 18 间房大部分垮塌，其余 25 户大部分住房遭受严重破坏，纵横墙连接处出现穿透性裂缝 2～3cm，长 2～3m，墙体上部变形外散，屋面与墙体分裂 1～3cm。只有 1991 年修建的 12 间房基本完好。村北山体崩裂垮塌 100m^3 之多，阻塞公路 50m 长，两块巨石（约 20m^3）砸入松散耕地后又被抛起向前滚动 10m 左右在水沟中停下。该村北山一泉水震后流量减小。地震时人们普遍听见隆隆地声，看见红色（有的说蓝色）地光，随后即感上下跳动又剧烈摇晃。

Ⅶ度区　北西起曲钟、南东至芒普；北东起大托，南西至尖沙，人口 13500，面积 715km^2，部分房屋严重破坏，老朽房屋局部垮塌，大部分为中等破坏。城镇民居少部分出现较大裂缝长 1～2m，宽 0.5～1cm，个别机关较高层砖混楼层局部严重破坏。如拉孜县畜牧局三楼会议室东墙体出现网状裂缝长约 6m，宽达 1～1.5cm 且穿透墙体。公路两边山石滚落较多，本地村北山坡出现边坡重力裂缝长约 30m，一泉水流量减小。

Ⅵ度区　北西起如多，南东至占宗，北东起加当，东西至中尼公路 44 道班，人口 28237，面积 2833km^2。地震时，人们普遍感到站立不稳，室内悬挂物晃动，有的掉地，少部分房屋出现裂缝长 1～2m，宽 2～4mm，老朽房屋裂缝加大至 1～2cm。公路两侧不稳定山石有少许滚落。地处本烈度区的昂仁县城及附近为Ⅶ度异常区，面积 56km^2。县中学框架结构办公楼，一楼门厅出现一条长 3.5m、宽 5mm 的穿透性人字形裂缝。县城民房 30％遭受严重破坏。

（西藏地震局　刘洪发）

1993 年 5 月 24 日四川德格 5.0 级地震

一、地震基本参数

发震时刻：1993 年 5 月 24 日 07 时 57 分 32.7 秒

震中位置：32°12′N，98°48′E（仪器）

31°45′N，98°38′E（宏观）

震　级：M_S＝5.0

震中烈度：Ⅵ度

二、烈度分布与震害

这次地震发生在四川省甘孜藏族自治州德格县城（更庆镇）、龚垭镇至八邦乡一带（包括五一桥、尼木、下八乌、洞庄、卡登等村寨)。极震区（Ⅵ度）北自八一桥，南至八邦，东抵上八乌西，西近八一桥。长轴 36km，短轴 18km，面积约 470km²，呈北西向椭圆形展布。Ⅴ度区北自卡松渡，南至日火，东到格洛洞至麦宿一线，西抵金沙江西岸。长轴 85km，短轴 36km，面积约 2400km²（图）。

震区内房屋为砖混、砖木、土木结构。地震使德格县更庆镇、八邦乡、龚垭乡等乡（镇）境内的部分房屋墙体和结构物产生裂缝、倾斜、基础下沉、掉瓦、门窗位移等。砖混结构房屋受到不同程度破坏的占 38%，基本完好的占 62%。砖木和土木结构房屋受到不同程度破坏的占 60%，基本完好的占 40%。房屋破坏经济损失为 762.8 万元。生命线工程不同程度遭受破坏，城北八里达电站和城西南的东风电站水渠局部出现裂缝而漏水，城区公路大桥耳孔震裂，造成经济损失约 50 万元。震区内的德格印经院和八邦寺为重点文物保护单位，寺庙壁画、文物古迹亦有损坏。该县城位于色曲河峡谷地带，建筑物均处于Ⅱ、Ⅲ类场地，稳定性差，使建筑物破坏加重，造成间接经济损失约 50 万元。

这次地震没有造成人员伤亡，仅因山坡滚石砸死牦牛一头。

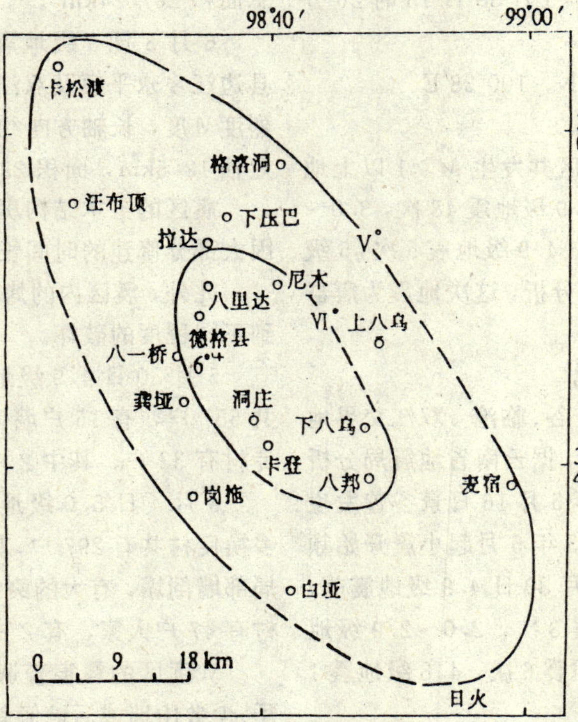

德格 5.0 级地震等烈度线图

三、震前异常

水井异常　甘孜县生康九队一民用井水位下降，至 5 月上旬基本干枯，地震发生后，6 月初水位又恢复正常状态。

温泉异常　甘孜地震台观测氡值的温泉，水温从 5 月上旬开始上升，由原来的 28.4℃ 上升到 31.6℃，巴塘县小坝村温泉从原来的 31℃上升到 36℃，理塘毛垭温泉出现冒泡，出水孔压力增大。另外，甘孜川 15 号井水位和甘孜地震台电位差也有不同程度异常显示。

四、地震预报

甘孜县地震办公室和甘孜地震台依据上述异常显示，并结合多年来对该地区地震预测预报的经验，综合分析研究认为：甘孜县境内近期出现的宏观异常现象与 1973 年炉霍 7.6

级震前出现的异常现象相近似，于5月17日，提出了在未来20天至30天时间内有可能在甘孜县北东或北西方向发生5～6级地震的预测意见。甘孜县地办和甘孜地震台及时向甘孜县政府、甘孜藏族自治州地震局作了正式电话汇报，甘孜藏族自治州地震局经研究后于5月18日和21日分别向甘孜藏族自治州政府和四川省地震局作了正式转报。

（四川省地震局　程天才　王新民）

1993年5月30日云南景谷4.9级地震

一、地震基本参数

发震时刻：1993年5月30日15时26分28秒

震中位置：23°43′N，100°28′E

震　　级：$M_L=4.9$

截止6月10日震区共发生$M\geqslant1$以上地震81次。其中2.0～2.9级地震48次，3.0～3.9级地震16次，4.0～4.9级地震5次，5级地震2次。据地震序列分析，这次地震为震群型。

二、地震活动概况

本次震群发生在景谷、临沧、双江交界地带。这次震群发生之前，据云南省地震局分析预报中心记载，1992年5月16日景谷曾发生过4.8级地震，自1993年5月起小震开始频繁，从5月10日到5月30日4.9级地震前，震区内发生1.9级地震3次，2.0～2.9级地震6次，3.0～3.9级地震6次，4.8级地震1次。

三、烈度分布与震害

5月30日4.9级地震宏观震中位于景谷县民乐乡大河边、民乐、平掌、董家村、大勐掰一线，极震区烈度Ⅵ度，长轴方向为北30°东，长轴15km，短轴9km。6月4日5级地震宏观震中位于临沧县平村乡、沈家寨、岔河、换良、麻栗树、蛮海一带，长轴方向北30°东，长轴15km，短轴8km。考虑到两次地震震中相距较近，中间又有3次4.7～4.8级地震的重复破坏，使两个极震区的范围扩大，构成一个近东西向长约22km、宽约12km的Ⅵ度区，总面积207.24km²。

6月3日5级地震的宏观震中位于景谷县边江乡永平镇及双江县的芒糯一带，极震区烈度Ⅵ度，长轴方向约北75°东，长轴23km，短轴12.5km，面积226km²（见图）。

震区的土木结构房有些破坏。砖木结构房因大部分修建的时间长，破坏比较厉害。

此外，震区内的烤烟房、土坝、桥梁均受到不同程度的破坏。

5月30日4.9级地震震中区的大河边村共557户，有15户墙体严重歪斜。民乐乡蛮专村有33户，其中2户墙体严重歪斜。

6月4日5.0级地震震中区所在的平村乡换良村共有297户，其中12户为严重破坏，局部墙倒塌，有大的裂缝。无人员伤亡。蛮海村有47户人家，有2户墙体严重歪斜。

Ⅵ度区的震害普遍表现为墙体开裂、掉瓦、少数山墙或后墙倾斜，偶尔见有山墙倒塌。震时人感强烈，纷纷跑出室外。

该次地震除少数年久失修的倒墙外，基本上没有毁坏的房屋，无一人死亡。但为避震惊逃户外以及从汽车内摔出而造成重伤3人。正在上课的学生因房瓦震落被打成轻伤10人。

4.9级和两次5.0级地震的Ⅵ度区面积共423.24km²，三县在Ⅵ度区范围内共包括4个乡1个镇，共25个村公所286个自然村，9550户，有51797人。

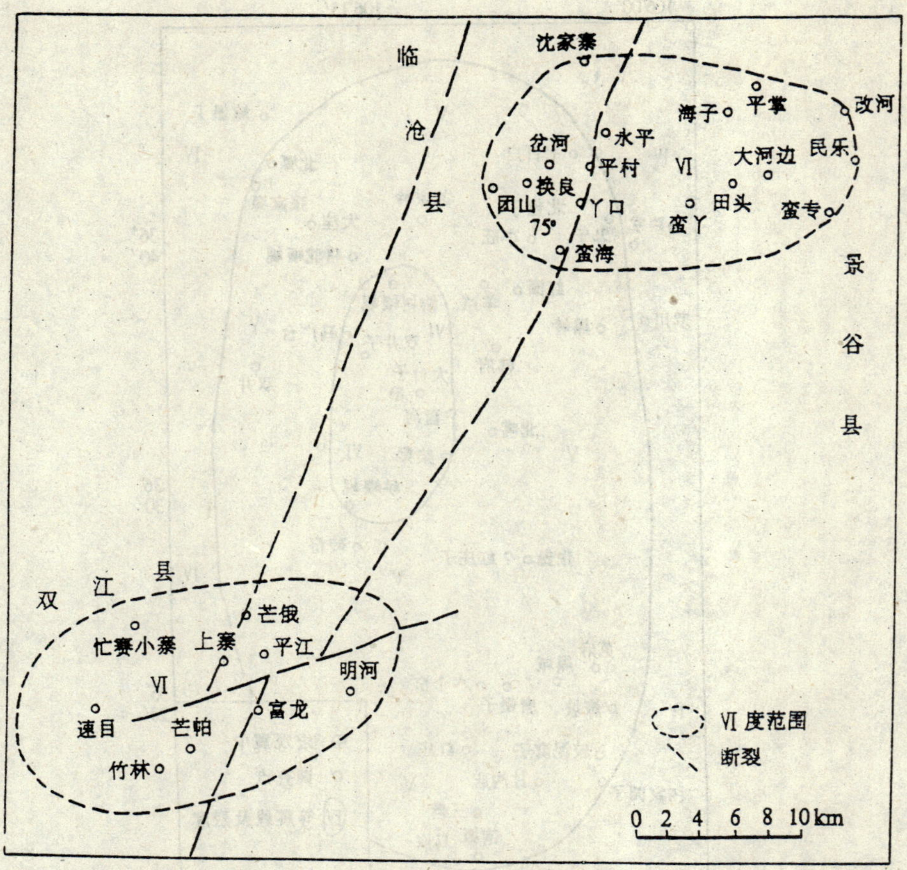

云南景谷、临沧、双江震群等震线图

（云南省地震工程研究所　何　蔚）

1993年7月11日宁夏固原4.2级地震

一、地震基本参数

发震时刻：1993年7月11日04时12分53秒

震　　级：$M_S=4.2$

仪器震中：36°39′N，106°16′E

宏观震中：固原双井附近

震源深度：15km

震中烈度：Ⅵ度

二、烈度分布与震害

Ⅵ度区　北起同心县羊路乡柳树崾岘，南抵固原县双井乡峡崾岘，长19km，宽9km，面积约140km²，呈不规则椭圆形展布，长轴走向345°（见图）。

该区处在黄土、沟壑发育的贫困山区，绝大部分建筑物抗震性能极差，为土箍窑、土坯房（墙）等，因此破坏比较严重。许多房屋建

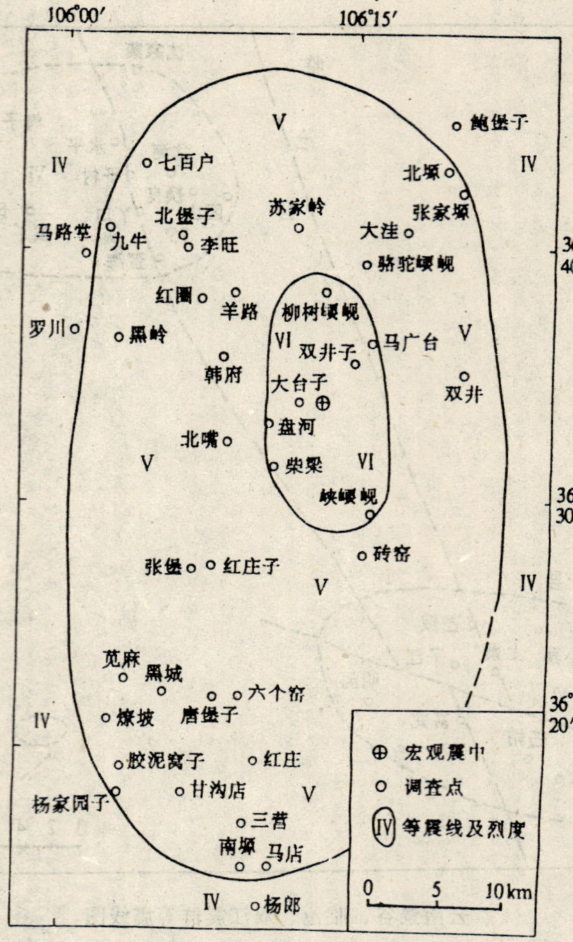

固原 4.2 级地震等震线图

筑出现裂缝、脱皮，个别倒塌。少数砖混结构建筑物在这次地震中也出现了损坏或轻度破坏现象，其中麦家大台子清真寺，后缘屋顶的十几行瓦全部震乱。Ⅵ度区陡崖黄土崩垮现象也比较普遍，靠近陡崖出现了非构造裂缝。震时，区内绝大多数人被震醒，惊慌外逃，有些人站立不稳，甚至摔倒。

Ⅴ度区　北起七百户、张家湾，南到马店一带，总体为南北走向，长、短轴及面积分别为 58km、32km 和 $1450km^2$。区内震时门、窗作响，房顶落土等现象较为普遍，多数人梦中惊醒，逃向户外。土箍窑等抗震性能差的建筑仍有较严重的损坏，主要表现为墙体开裂、掉皮等。裂缝宽度一般为毫米级，个别可达 1～2cm。在该烈度区内，个别年久失修的围墙被摇倒。

Ⅳ度区及有感范围区　许多人被地震震醒，少数人逃出户外，各类建筑均无破坏。

本次地震的有感范围北达银川，南到固原，西过海原，东到大水坑一带。有感范围长 320km，宽 130km，面积为 $32000km^2$，长轴走向为南北向。

（宁夏地震局　柴炽章　王增光）

1993年7月17日云南中甸5.8级地震

一、地震基本参数

发震时刻：1993年7月17日17时46分38.2秒

震中位置：27°47′N，99°42′E

震　级：$M_S=5.8$

震中烈度：Ⅵ度强

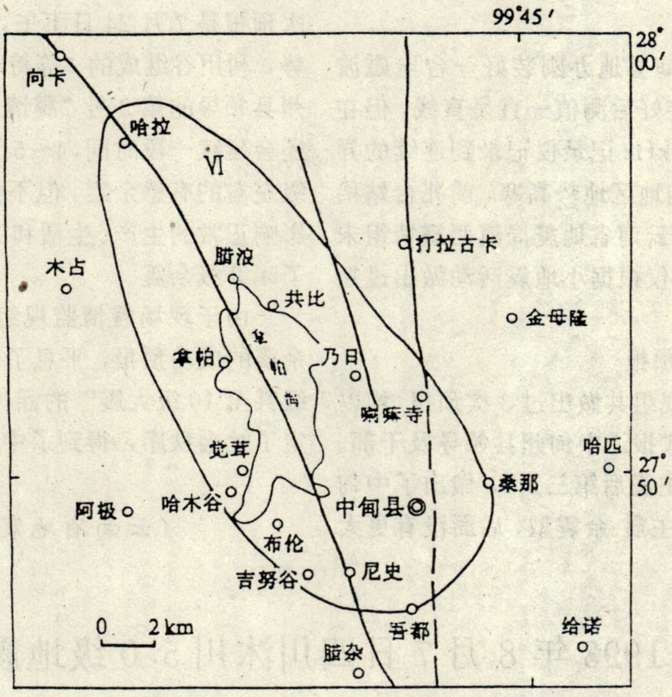

中甸5.8级地震等震线图

二、烈度分布与震害

中甸地震等震线呈椭圆形分布，长轴沿北西30°走向。宏观震中位于中甸县城西北10km（27°50′N，99°40′E）。Ⅵ度区北至哈拉，南至吾都，东至诺西、下那，西至哈木谷，吉努谷。Ⅵ度区长24km，宽11km，总面积为207km²。中甸县城正好位于Ⅵ度区中。

Ⅵ度区内除中甸县城外，农村居民点稀少，农村房屋主要是藏式土木结构的穿斗木架房，四周用夯土围护。抗震性能良好，地震主要造成夯土围护墙开裂，个别山墙倒塌或局部倒塌，中甸县城房屋类型较多，均受到不同程度的破坏，相对比农村更重。县城附近的拿帕海是一个季节高原湖泊，以暗河为出海口。因地震受到破碎岩石垮塌而堵塞，是一项重要的灾害。该湖是维系中甸县城生活、生产的重要水源。

Ⅴ度区有少量土坯房屋开裂，个别点受到轻度破坏。

这次地震造成重伤2人（其中1人经抢救无效死亡），轻伤13人。房屋破坏约106.7万m²（其中土木结构49.6万m²，砖木结构23.9

万 m^2，砖混结构 29.3m^2，框架结构 3.9 万 m^2)。灾害评估直接经济损失 1590 万元。

三、震前异常和现场预报

1. 震前异常

中甸地震前，小地震活动频繁。从 1993 年 4 月～7 月 12 日，震中区及邻区先后出现过 3 次小地震活动高潮，共发生 $M \geqslant 1.4$ 地震 216 次，求得 b 值为 0.62，用 b 值截距法得到未来主震的震级为 5.5 级。该值与中甸地震实际发生的震级相一致。

在地震前中甸县地办刚装好一台电磁波仪不到两个月，装好后测值一直呈直线，但在 7 月 9～16 日 3.9kHz 记录仪记录到连续的异常变化。由于中甸地区地势高寒，前兆台站稀少，滇西实验场和云南省地震局滇西震情组未能作出临震预报，仅根据小地震活动做出过短期预报。

2. 现场地震预报

现场震情监视组共做出过 3 次预报，均以“震情通报”的形式报送中甸州县领导及干部。7 月 19 日中午（主震后第三天），做出了中甸地震是属于前震-主震-余震型，后面没有更大地震的危险，近两天有发生 4.5 级地震的可能的判断，当天下午 19 时发生了 4.1 级地震；7 月 19 日 4.1 级余震之后，余震衰减一直正常，但在 7 月 22 日中午出现 7 个小时的 $M \geqslant 2.0$ 地震平静时段，随后又出现小震活动增强加速过程，加之中甸县地震办公室的电磁波、地温观测仪器记录也出现了异常，根据这些现象于 7 月 22 日作出近一两天有 4.5 级左右余震发生的预报，7 月 23 日发生了 4.4 级地震；第三次预报是 7 月 24 日下午，根据余震的发展趋势，利用谷继成的“等待时间”公式，在报给州县领导的第 3 号“震情通报”上指出，余震还会延续一段时间，4～5 天仍有可能发生 4.5 级左右的有感余震，但不会造成太大破坏，不影响正常的生产、生活和工作。7 月 29 日发生了 4.2 级余震。

由于现场震情监视组在灾害调查中的强余震的成功预报，平息了“某月某日要发生 7 级甚至 10 级大震”的谣传，安定了人心，稳定了社会秩序，得到了中甸州县领导的赞赏。

（云南省地震局　刘祖荫）

1993 年 8 月 7 日四川沐川 5.0 级地震

一、地震基本参数

发震时刻：1993 年 8 月 7 日 16 时 36 分 06.3 秒

震中位置：28°58′N，103°44′E（仪器）

29°01′N，103°36′E（宏观）

震　　级：$M_S=5.0$

震中烈度：Ⅶ度

震源深度：5km

二、烈度分布与震害

极震区（Ⅶ度）　位于沐川县凤村乡和杨村乡一带（包括凤村乡的隆兴、红桥、三荫、沙坝、桂香和杨村乡的硝坝等村组），呈北 75° 东的椭圆形，长轴约 6km，短轴约 3km，面积约 15km^2。区内大部分为人烟稀少的高山区。Ⅵ度区包括凤村乡、杨村乡、武圣乡和舟坝镇等所辖村组，长轴约 13.5km，短轴约 9km，面积约 98km^2。

Ⅶ度区　多数房屋遭受不同程度的破坏，个别陈旧房屋局部或全部倒塌。区内大多数瓦房严重梭瓦，山坡地带地面破坏比较严重，崩塌、垮崖、滑坡、滚石严重。人感先上下抖动，后左右摇晃。地震时人们震感强烈，并惊慌外逃。

Ⅵ度区　房屋多数遭受轻微破坏，有轻微

梭瓦现象。有的烟囱震倒或震裂。陡坡、悬崖处有滚石、崩塌现象，地震时伴有暴雨，使山地次生灾害加重，农作物遭受意外损失，受灾面积达 1.5 万亩，引水渠道被山体塌方阻断。

这次地震造成直接经济损失 935 万元，间接经济损失 147.2 万元。由于震区人员稀少，又发生在白天，仅有 3 人受轻伤（均系避震过程中被掉瓦砸伤）。

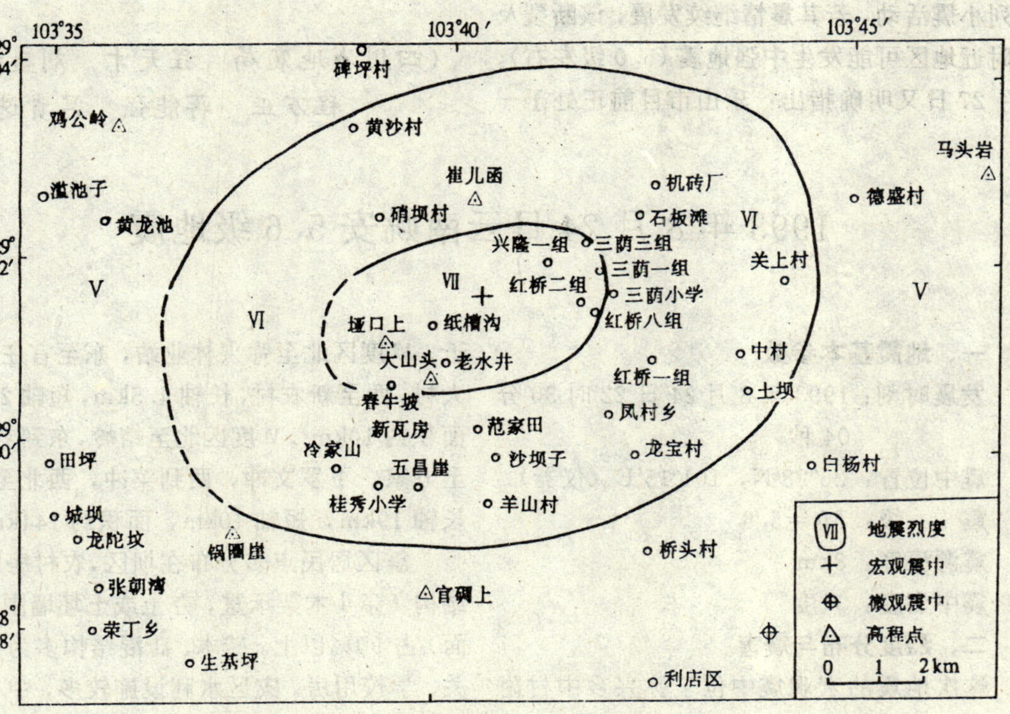

沐川 5.0 级地震等烈度线图

三、宏观异常

气候异常　地震发生前，震区天气酷热，晴空万里。地震发生当天，闷热使人心发慌，下午 4 时许，突然天气大变，狂风四起，飞沙走石，雷电齐鸣，暴雨交加，随即发生地震。

动物异常　震前 1～2 天有的牛惊恐不安，出现跳圈。有的猪跳出圈栏，且猪拱圈的反常现象很普遍。有的鸡晚上不进窝，有的鹅震前 10 分钟左右惊恐乱飞。8 月 6 日晚，红桥村、夏寨村、桂香村一带的狗，惊恐不安、狂吠奔跑，惊叫一夜。舟坝镇政府办公楼附近，震前 1～2 天，见到老鼠白天出洞，到处乱窜，养鱼塘的鱼跃出水面。

四、地震预报

四川省地震局 1993 年度会商估计："四川盆地西南缘及川东地区可能发生 4～4.5 级地震"。结果 3 月 7 日沐川发生 5.0 级地震，3 月 20 日荣昌发生 4.3 级地震，10 月 24 日马边发生 4.8 级地震。

1993 年 7 月 30 日四川省地震局第一研究室月会商认为："3 个月内，尤其在 8 月份，我省西部及其邻区存在发生 5～6 级地震的可能性。还应注意龙门山断裂中南段和马边地区，发生 5 级左右地震的危险性"。8 月 7 日沐川、马边间发生 5.0 级地震，10 月 24 日马边发生 4.8 级地震，三要素估计都较准确。第一研究室震兆组对此次地震有较明确的短期预报意见，三要素短期预测较准确。

1992 年 10 月 16 日乐山市地震办公室在《乐山市 1993 年度地震趋势意见》中指出

“1993 年度乐山市地震活动水平将比 1992 年高，存在发生 4～5 级地震的可能性，主要地点是马边及其附近地区”。1993 年 6 月 1 日在《乐山市 1993 年下半年地震趋势意见》中再次认为：五渡－利店断裂带在很短的时间发生一系列小震活动，若其震情继续发展，该断裂及其附近地区可能发生中强地震（5.0 级左右）。7 月 27 日又明确指出：乐山市目前正处于一个以中强地震为主的地震活动期。1993 年下半年或稍长时间内可能发生中强地震。其主要地点是马边、沐川、峨边等地。乐山市地办对沐川凤村 5.0 级地震作出了较准确的中短期预报。

（四川省地震局　程天才　刘盛利　程万正　蒋能强　吕贵选）

1993 年 8 月 24 日云南姚安 5.6 级地震

一、地震基本参数

发震时刻：1993 年 8 月 24 日 22 时 30 分 04 秒

震中位置：25°28′N，101°15′E（仪器）

震　　级：$M_S=5.6$

震源深度：8km

震中烈度：Ⅶ度

二、烈度分布与震害

这次地震的宏观震中位于弥兴乡中村附近。Ⅶ度区北至弥兴林业站，东至官庄，南到大村，西至新农村，长轴 4.5km，短轴 2.8km，面积约 10km²。Ⅵ度区北至蜻岭，东到老街，南至万家、下罗文冲，西到莱冲，西北至连厂，长轴 19km，短轴 10km，面积约 144km²。

震区居民点多分布在坝区，农村房屋土木结构（穿斗木架承重，夯土或土坯墙围护、瓦面）占 90%以上，砖木、砖混结构多为乡镇机关、学校用房。灾区水利设施较多，中小型水

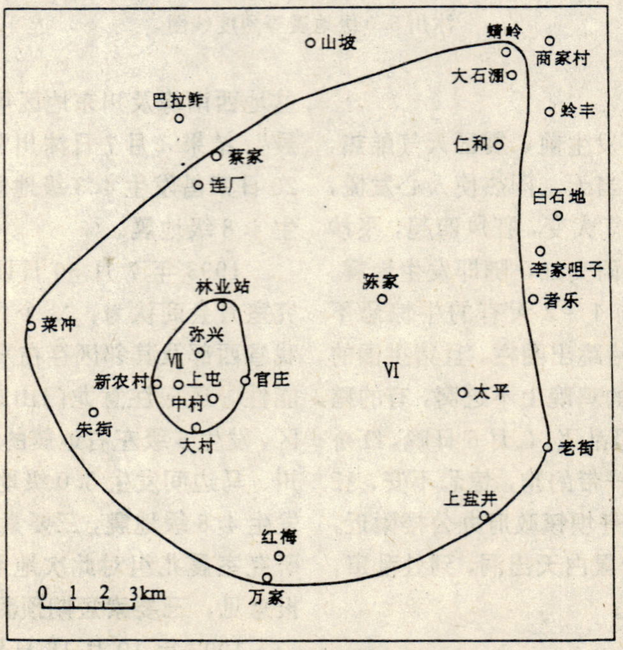

姚安 5.6 级地震等震线图

库12座，有一定数量的排灌站，小水站及灌溉管道，弥兴大沟引水工程全长42km，约有30km通过灾区。

这次地震造成重伤9人，轻伤143人，无死亡。

此次地震的直接经济损失按国家地震局震灾评估规范进行评估，农村房屋损失970万元，水利工程700万元，公用房屋300万元，学校用户180万元，工业建筑100万元，生命线工程100万元。合计为2350万元。考虑到Ⅵ度和县城以外的一些受灾点的损失，将上述损失乘系数1.3，得出此次地震总经济损失为3055万元。

（云南省地震局　刘祖荫）

1993年9月5日青海格尔木5.1级地震

一、地震基本参数

发震时刻：1993年9月5日04时22分33秒

震　　级：$M_S=5.1$

震中位置：37.1°N，94.7°E

宏观震中：36°45′N，95°20′E

震源深度：40km

震中烈度：Ⅵ度

二、烈度分布与震害

Ⅵ度区　为极震区，位于察尔汗钾肥厂的一选厂、二选厂和兰空钾肥厂所在区域内。该烈度长轴34km，短轴17.4km，呈一规则椭

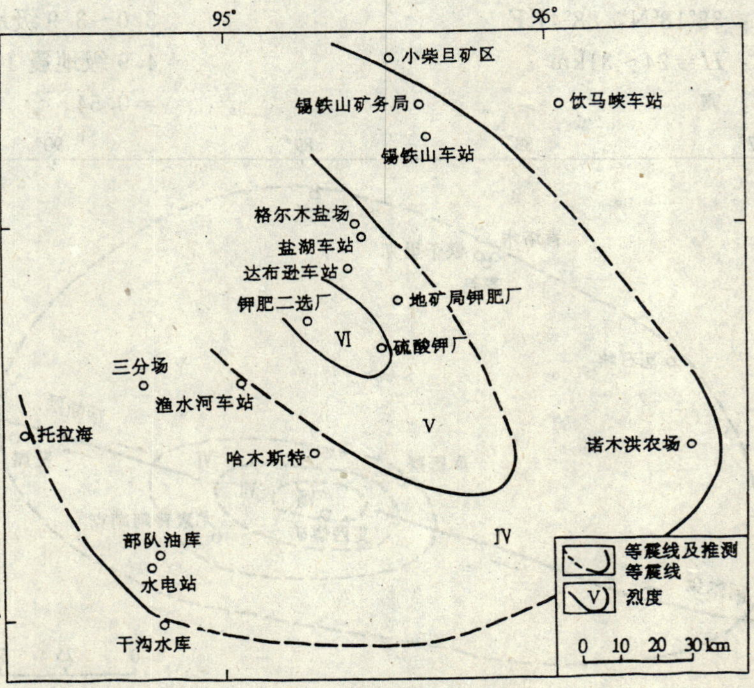

格尔木5.1级地震烈度及等震线图

圆，面积达 464km²。长轴方向为北西 307°，区内多数人强烈有感并听到沉闷的轰隆声，室内部分人被惊醒并逃出户外。这一地区砖混结构的居民住房及厂房大多有轻微损坏，少数因地基不稳的房屋受到中等强度的破坏。

Ⅴ度区　北到达布逊湖一带，东南止于大格勒乡所在区域，北东以南霍鲁逊湖为界，西南可达东马厂一带，总体呈一规则椭圆，长轴方向北西 314°，面积 5102km²。区内居民普遍有感，少数人从睡中惊醒，灯泡及墙壁上的悬挂物明显摆动。

Ⅳ度区　该烈度区包括人口较密集的格尔木市，锡铁山矿区及格尔木农场和干沟水库等广大区域，有感范围受盆地两侧山体控制呈不规则型。区内未入睡者多数有感，少数人从睡中惊醒。人们普遍反映，地震时门窗有轻微响动，住楼上的人感到床铺摇晃，电视机防盗警报器被震响。

（青海省地震局　邬树学
涂德龙　张瑞斌）

1993 年 10 月 2 日新疆若羌 6.6 级地震

一、地震基本参数

发震时刻：1993 年 10 月 2 日 16 时 42 分 33.8 秒

震　　级：$M_S=6.6$

震中位置：38°18′N，88°41′E

震源深度：$H=24\sim31$km

震中烈度：Ⅷ

序列特征：主-余震型地震 10 月 2 日主震后当天及 3 日发生 2 次 5.5 级强余震，截止 10 月 8 日共发生 2.5～2.9 级地震 21 次，3.0～3.9 级地震 18 次，4.0～4.9 级地震 16 次，$H=2.9$，$b=0.54$。

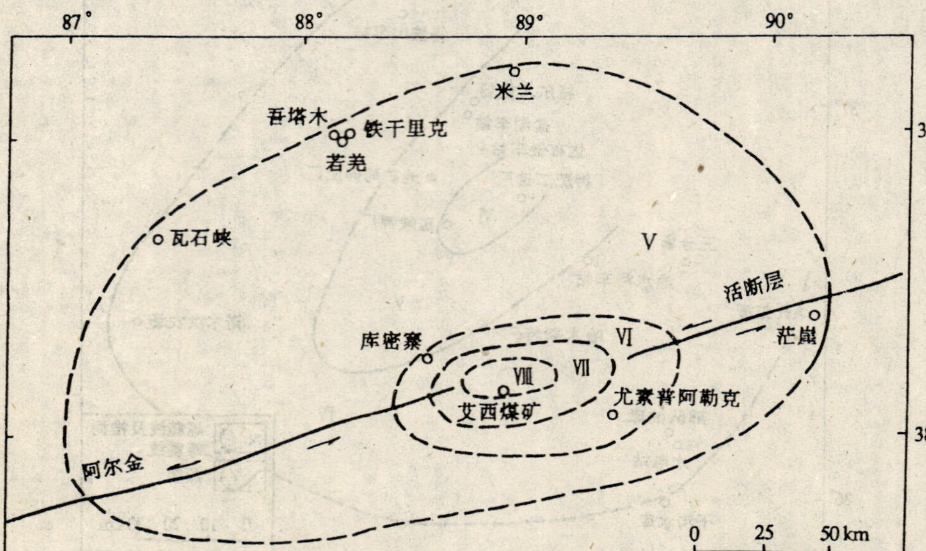

若羌 6.6 级地震等震线图

震源机制解：发震断层截面走向 88°，倾向北西，倾角 87°，为右旋正断层。

二、烈度分布与震害

Ⅶ度区　为近似东西向的椭圆形，长轴为 36.5km，短轴为 15km，面积约 523km²（图）。若羌县艾西煤矿石木结构的地下简易建筑石砌边墙倒塌，烟囱坍塌、屋顶塌陷。山坡出现 254m 长的地裂缝多条，走向北西及近东西向。

Ⅵ度区　若羌县玉石矿及 33 团石棉矿（云代里克），长轴为 111km，短轴为 54km，长短轴之比为 1：2.1，面积约 21372km²。区内，山体坍塌、山石滚落及塌方。

Ⅴ度区　包括若羌县城、吾塔木乡、铁干里克乡、36 团石棉矿、若羌县石棉矿（茫崖）和祁曼区。长轴为 265km，短轴为 153km，长、短轴长度比为 1：1.7，面积约 137158km²。

Ⅴ度区以上的各类建筑物和构筑物中，除框架结构外，15.96％受轻微破坏，中等破坏比例为 6.24％，严重破坏占 2.04％，倒塌占 0.02％，共 178816m²。直接经济损失为 266.9 万元，间接损失 10.5 万元。

（新疆地震局　柏美祥）

1993 年 10 月 26 日青海祁连 6.0 级地震

一、地震基本参数

发震时刻：1993 年 10 月 26 日 19 时 38 分

震　　级：M_S＝6.0

震中位置：38°40′N，98°40′E

宏观震中：38°53′N，98°37′E

震源深度：30～40km

震中烈度：≥Ⅵ度

二、烈度分布与震害

Ⅴ度区　该烈度区南半部位于托勒南山南缘一带，西起甘、青交界的白云石矿一带，东至祁连县至托勒牧场公路的 40 道班与 39 道班之间，北面开口无资料可循，但总体呈一近似椭圆状。长轴约 112km，长轴方向为北 50°西，与发震断裂构造的方向一致，短轴为 80km，面积为 7032km²，包括未能列出的大于Ⅵ度区的面积。震时，室内人们普遍有感，部分人惊逃户外，大部分人震时头晕；室外多数人有感，并听到沉闷的犹如履带式拖拉机开过的轰隆声。区内房屋普遍为砖柱土坯结构。通过调查，仅有少数房屋的抹灰层出现微细裂缝或原裂缝加宽现象；房屋的门窗、屋顶、层架震时普遍颤动作响，灰尘掉落；灯泡左右晃动约 30°左右，祁连县玉石沟石棉矿，震时铁皮文件柜也发出了“哐哐”响声。个别居民反映放置不稳的碗被震落在地。炕桌上杯中茶水溢出等现象。白云石矿有工人反映，地震时听到山上有滚石落下的声响。

Ⅳ度区　该烈度区西起柳泉运输站，东止野牛沟乡西 15km；南抵托勒南山南缘与疏勒地南山北缘之间。北至甘肃省清水堡以南，总体呈一规则椭圆状。长轴方向与发震断层走向一致，长轴为 180km，短轴约 112km，面积为 8790km²。地震时室内多数人有感，个别人逃出户外；室外少数人有感。门窗有轻微响声。该烈度区居民反映，震时放在桌子上的电视机错动 1cm 左右。柯柯里乡住户反映，地震时听到地声从北西方向传来；房屋东侧的不咬合的土坯墙角有开裂现象。

三、宏观震中位置的确定

该次地震的微观震中位于托勒山的南缘，而宏观震中位于托勒山的主脊一带，两者相距

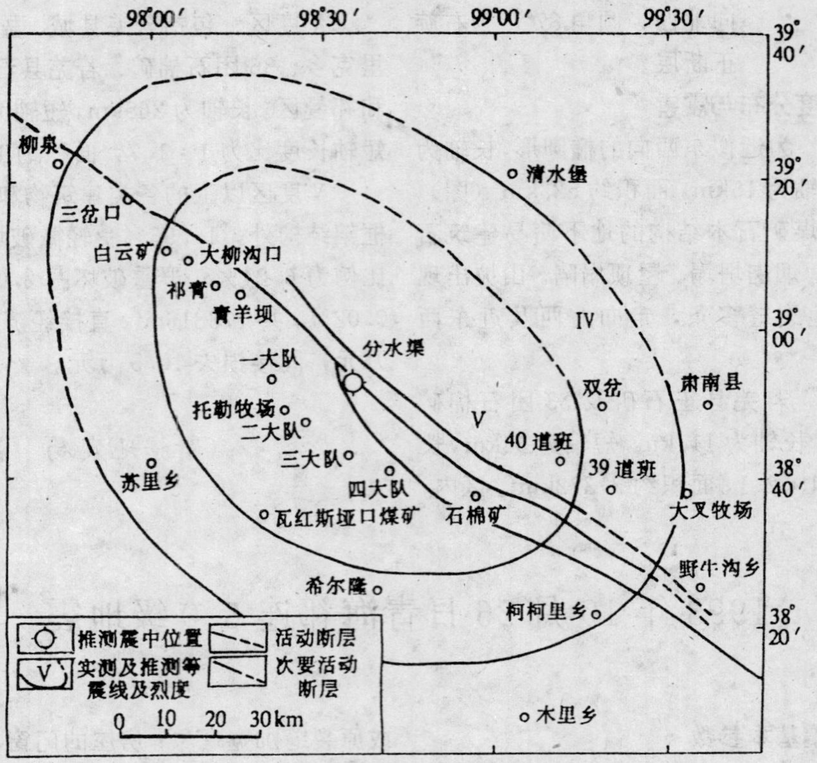

祁连 6.0 级地震烈度及等震线图

约 38km。总结本次地震烈度分布震害情况，判定宏观震中位置的依据是：

(1)等震线长轴方向呈北西—南东方向展布，表明本次地震与托勒山—冷龙岭断裂带活动有关。而且，等震线长轴中心部位在托勒山主脊一带。

(2) 从Ⅴ度区居民点调查结果看，大多数人指示的地声传播方向，与宏观震中相符。

(3) 本次地震发生，余震活动甚少，而且震级很低。然而位于发震断裂带上的石棉矿和柯柯里乡个别人感到明显的余震活动。从时间上看，石棉矿半夜一点钟左右，而柯柯里乡是第二天早上八点钟左右，这表明，该次地震的弱余震是沿着发震断裂带分布的，由此证明该地震主震也应该发生在托勒山—冷龙岭断裂带之上。

(4) 距离微观震中较近的苏里乡、木里乡的震感强度较低。而距微观震中较远的肃南县双岔口一带居民震感较为强烈。从调查结果上看，我们感到微观震中以北的调查点的震感强度比以南的调查点要强，由此可见，宏观震中位置应在微观震中以北。

(青海省地震局　涂德龙　张瑞斌)

1993年12月1日新疆疏附6.2级地震

一、地震基本参数

发震时刻：1993年12月1日04时37分12秒

震　　级：M_S＝6.2

震中位置：39°20′N，75°37′E（微观）

39.3°N，75.6°E（宏观）

震中烈度：Ⅶ度

震源深度：28km

二、烈度分布与震害

地震的宏观震中位于疏附县乌帕尔乡与阿克陶县喀热克其克乡之间，Ⅶ度区总面积约为130km²，Ⅵ度区面积约300km。

地震使2人死亡，8人重伤，29人轻伤，2万多人无家可归。

地震灾区主要为乡村，建筑物主要以土木结构为主。另外，在地震波及范围内的疏附县城，喀什一、二、三级电站等地，尚有一些砖木结构和砖混结构的建筑物，其中11000多间倒塌或严重破坏，37000多间房屋受到不同程度的损坏，地震造成的经济损失5900多万元。

此次地震使克孜勒苏河和盖孜河两岸及一些沟谷的边坡地带出现裂缝，个别土石堆填坝产生局部裂缝和下沉，在盖孜河漫滩及一些引水渠附近有喷水冒砂现象。

三、地震预报

这次地震发生前，新疆地震局曾有过中、长期预报。地震发生后，新疆地震局对地震类型及震后趋势有明确的判断意见。新疆地震局的现场工作及震害评估意见对政府救灾起了极为重要的作用，受到了国家地震局和自治区党委和人民政府的高度赞扬。

（新疆地震局　张　勇）

各地区地震活动

1993年首都圈地区

随着1989年大同6.1级震群对首都圈地区地震活动影响的减弱及1991年5月陡河5.6级（M_L）地震后唐山余震的进一步衰减，本区地震活动出现逐步下降的总趋势。1993年首都圈地区除大同震区的一组4级地震起伏外，其他地区仍处于与1992年相近的持续偏低状态。根据北京地区地震台网测定结果统计，1993年首都圈共发生$M_L \geqslant 1.0$地震602次；$M_L \geqslant 2.0$地震203次；$M_L \geqslant 3.0$地震26次；$M_L \geqslant 4.0$地震6次；最大地震为9月27日发生在唐山余震区滦县附近的$M_L = 4.5$地震。和近20年的地震活动情况相比处于明显偏低状态，全年无$M_L \geqslant 5.0$地震，年最大地震由1992年的$M_L = 4.9$下降到1993年的$M_L = 4.5$。仅大同震区出现了1991年5.8级地震后的又一次明显的起伏。京津张地区从1990年9月小汤山4.5级地震后已有39个月没有4.5级以上地震，明显超过本区4.5级以上地震最大的时间间隔（17个月）。

由1993年首都圈地区$M_L \geqslant 2.0$地震的

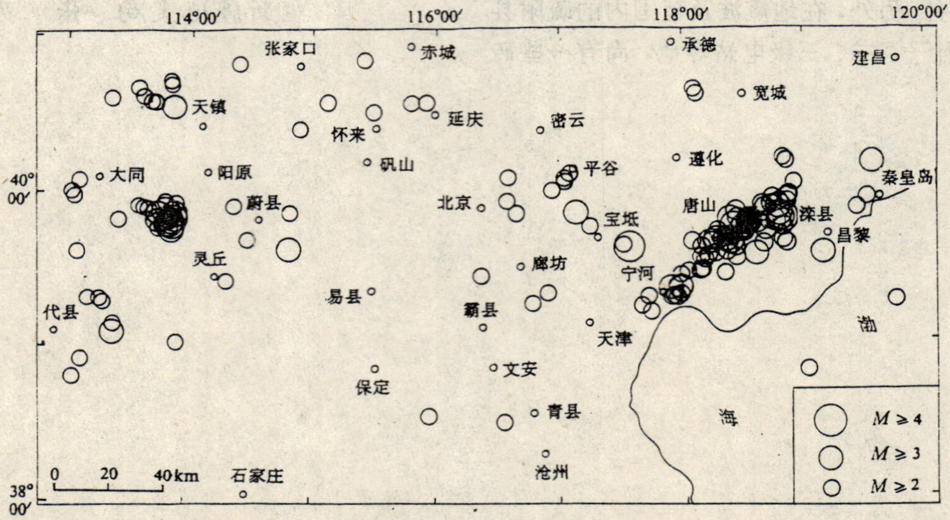

1993年首都圈地区$M_L \geqslant 2.0$地震震中分布图

震中分布图可见，1993年本区地震活动主要分布在山西北部（代县、大同、兴和一带）、张家口—北京的北西带及宁河—滦县的唐山老震区一带。与1992年地震分布状况相比，山西北部及蔚县张家口一带地震相对活跃，北京至宝坻地震相对集中，天津—文安、霸县—易县地区小震活动减少。此外1993年6月8日、6月15日和11月18日先后发生的天镇3.2、三河南 3.4 及京津张地区宝坻 4.4 级地震，虽然打破了从 1991 年 9 月 28 日马坊 4.0 级地震后出现的 3 级以上地震的平静，但张家口—北京一带仍然缺少 3 级以上地震活动。

综上所述，1993 年首都圈地震活动水平持续偏低，山西中北部地震活动继续活跃，大同震区出现新的起伏以及张家口—北京一带长达 3 年多无 4.5 级以上地震的平静现象是本区 1993 年的主要活动特征。

（分析预报中心　王慧敏　高　旭）

北　京　市

根据北京遥测地震台网资料统计，1993 年北京市辖区内共产生地震 148 次。其中 M_L<1.0 级的地震 85 次；1.0～1.9 级的地震 50 次；2.0～2.9 级的地震 13 次。虽然总体活动水平不高，但无论从频度还是强度上均高于 1992 年，与华北北部地震活动趋势基本一致。在空间分布上，主要集中在北部的平谷、怀柔、延庆、昌平等地。海淀区的龙泉寺一带小震活动频繁，震级一般都在 1.0 级以下。

1993 年北京市最大的一次地震发生于 8 月 27 日 04 时 07 分，地点在通县西。震中位置是北纬 39°57′，东经 116°34′，震级为 M_L=2.9。此次地震由于发生在夜间，强度不大，所以仅在通县城关、梨园、徐辛庄以及朝阳区的管庄、双桥、金盏、平房等地个别人有感。

值得注意的是继 1991 年在平谷县马坊一带发生两次 4.0 级地震之后，1993 年沿这一活动断裂带的地震活动又有增强的趋势，全年发生 2.0～2.9 级地震 5 次，1.0～1.9 级地震 5 次，1.0 级以下的地震 15 次。其中 11 月 28 日 19 时 10 分在马坊附近发生一次 2.8 级地震，深井水位也存在异常，因此，沿此断裂带的地震活动应引起充分的重视。

（北京市地震局　吕庆书）

天津及其邻区

天津及邻近地区（φ_N38°30′～40°10′，λ_E116°40′～118°05′）于 1993 年内共计发生 59 次 M_L≥1.0 地震。其中北部地区属燕山带地震活动的地震 25 次；南部属沧东断裂带地震活动的地震 12 次；东部属唐山大地震余震活动的宁河、汉沽一带地震 22 次。1993 年度最强地震为 11 月 18 日发生在宝坻东南的 M_L=4.4 地震。地震频次分级统计如表 1 所示，图 1 给出了震中分布图。

天津及邻近地区 M_L≥1.0 地震（宁河、汉沽一带的余震活动除外）N-M 关系如图 2 所示，分档频度 b 值为 0.41，累积频度 b 值为 0.59。

表 1　天津及邻近地区 M_L≥1.0 地震频次分级统计表

M_L / N / 分区	1.0～1.4	1.5～1.9	2.0～2.4	2.5～2.9	3.0～3.4	3.5～3.9	4.0～4.4	总计	M_{max}
燕山带	5	8	8	2	1	0	1	25	4.4
沧东断裂	2	5	5	0	0	0	0	12	2.3
宁河、汉沽	1	7	8	4	2	0	0	22	3.2
合　计	8	20	21	6	3	0	1	59	4.4

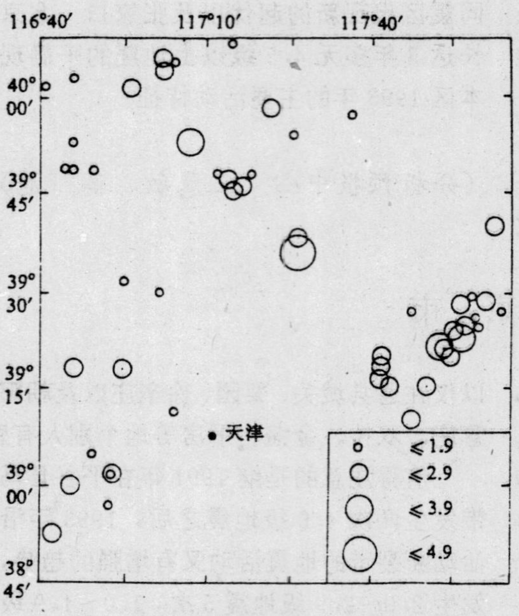

图 1　天津及邻区 1993 年 $M_L \geq 1.0$ 地震震中分布图

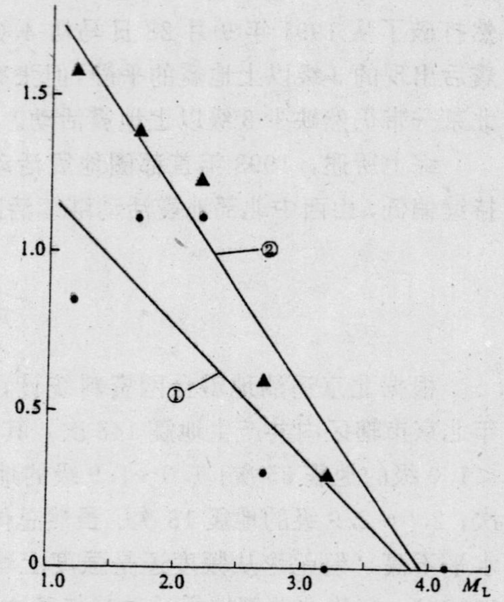

图 2　天津及邻区 1993 年 $M_L \geq 1.0$ 地震（宁河、汉沽一带余震除外）N-M 关系图

·和①为按震级分档统计的频次数据和 $\log N$-M 线性关系，$b=0.41$；▲和②为累积频次数据和 $\log N$-M 线性关系，$b=0.59$

（天津市地震局　王俊国）

河　北　省

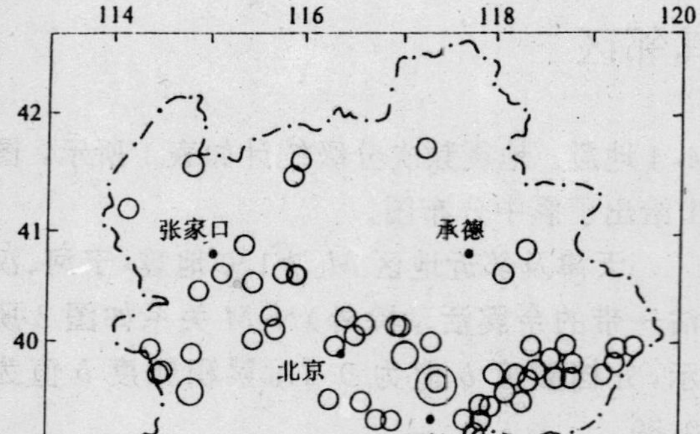

1993 年河北省震中分布图

1993 年 1 月 1 日至 1993 年 12 月 31 日，河北省及京津地区共发生地震 1388 次。其中，$M_L \leq 2.0$ 地震 1096 次；2.0～2.9 地震 270 次；3.0～3.9 地震 20 次；$M_L \geq 4.0$ 地震 2 次；最大地震为 1993 年 11 月 18 日天津（39°36′，117°27′）$M_L=4.4$。

从表 1 可以看出，与历年相比地震频度有所下降。3.0 级以上地震频度较低，4.0 级以上地震只有 2 次。

据河北省地震台网记录的地震月报目录统计和地震震中分布图看，在空间上的分布是唐山老震区占 70.4%，邢台老震区占 11.3%，北三省交界地区占 12.1%，可以看出河北省的地震活动仍然集中在唐山、邢台、北三省交界地区的三个地方，大的格局没有改变，只是唐山老震区所占的比例较前几年大些，但强度更弱些。

表 1 河北省及京津地区 1986 年以来地震活动统计表

年	1986	1987	1988	1989	1990	1991	1992	1993
总数	3263	2003	1731	1485	1533	3748	1904	1388
$M_L=3$	37	35	31	30	35	48	22	20
$M_L=4$	4	6	4	6	6	12	4	2
$M_L=5$	0	0	2	1	1	2	0	0

（河北省地震局　刘继禄）

山　西　省

1993 年山西地区共发生 $M_L \geqslant 1.0$ 地震 518 次。其中，2.0～2.9 级地震 158 次；3.0～3.9 级地震 22 次，4.0～4.9 级地震 7 次。较大地震为 1993 年 9 月 11 日山西五寨的 $M_L=4.8$ 地震和 6 月 26 日太原南郊 $M_L=4.5$ 地震。地震活动表现出以下特点：

（1）地震整体活动水平高于 1992 年，尤其 3～4 级地震活动与 1992 年相比明显增多，其中 3 级以上地震频次由去年的 8 次增至 29 次，高于 1970 年以来 24 次/年的平均水平。4 级以上地震频次由历年平均不足 4 次，上升至 7 次；且地震活动强度也高于 1992 年。

（2）9 月 11 日五寨 4.8 级地震，发生在山西少震的西北部隆起区，这是山西地震带东西两侧隆起区自 1970 年以来发生的较大的一次地震。反应了山西地区自 1989 年大同-阳高 6.1 级地震后整体活跃的态势仍未结束。

（3）老震区的震群活动仍很活跃。年初在运城老震区，8 月底在大同老震区先后发生 4 级多的震群活动。1993 年 8 月 29 日大同震群活动持续时间 27 天，共记录到 $M_L=4.1$ 以下地震 234 次。根据震群指标综合分析判定，这次地震群活动属一般性震群，即无前兆意义。

（4）山西中南部地震“空段”1993 年以来有新的变化，在该“空段”南北两端的临汾盆地南缘和太原盆地北部先后发生 5 次 3.5 级以上地震。尤为引人注目的是，在该“空段”南端的襄汾—曲沃之间，发生 3.5 级、4.3 级两次中等地震（该地震空段的震级下限为 3.5 级）。这两次地震越过侯马-河津凹陷而进入临汾盆地，使得形成 10 年之久的“空段”南界被突破，原“空段”的范围有所收缩。

山西北中部忻定盆地与大同盆地交汇的代县、繁峙至灵丘一带，1993 年以来小震活动很突出，形成条带分布（图 1）。

（5）1993 年山西地震仍主要分布在山西各断陷盆地，东西两侧隆起区较少。29 次 3 级以上地震中，10 次分布在大同盆地、4 次分布在忻定盆地、3 次分布在临汾盆地、3 次分布在太原盆地、9 次分布在运城盆地（图 2）。不计余震的话，3 级以上地震几乎均匀分布在山西地震带上 5 个主要盆地内。

（6）虽然 1993 年山西地区 4～5 级中等地震活动仍很突出，地震活动水平高于 1992 年度，但与 1989 年、1991 年的地震活跃年份相比，其整体活动水平呈下降趋势。目前，在山西地区还存在诸如地震活动性、地形变等多种中短期异常；仍具备发生 5 级左右地震的中期背景。

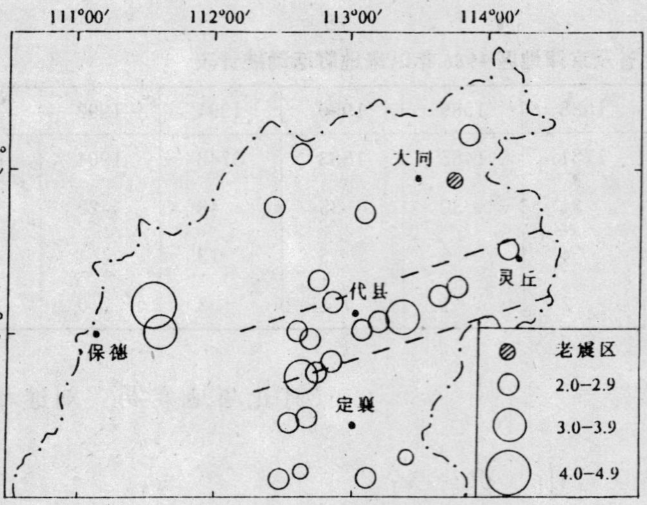

图 1　1993 年山西北中部小震分布

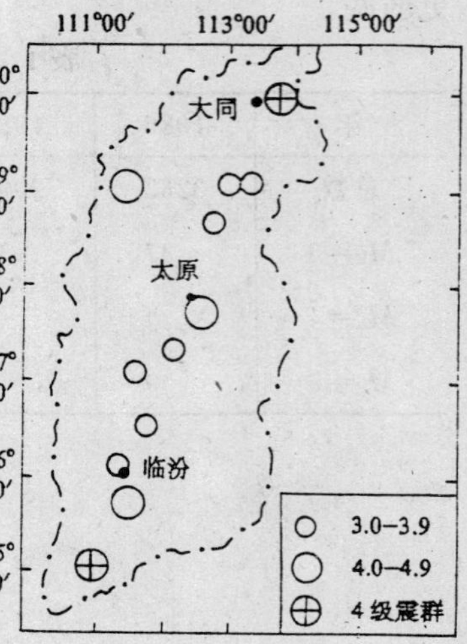

图 2　1993 年山西地区 M_L ≥3.0 地震震中分布

（山西省地震局　刘　巍）

内蒙古自治区

1993 年内蒙古自治区共发生 M_L＝1.0～ 4.9 地震 900 余次。其中，1.0～1.9 地震 600

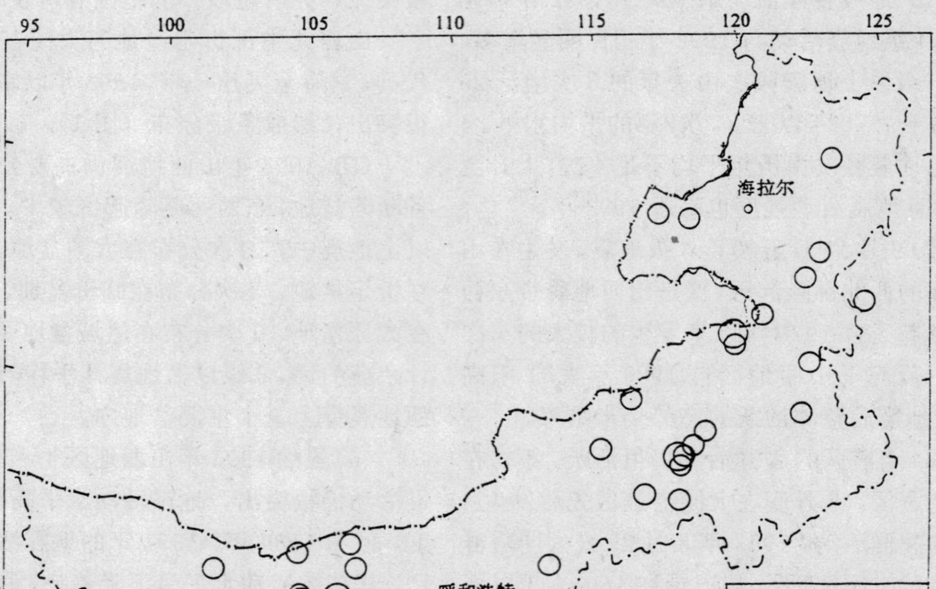

1993 年内蒙古自治区地震震中分布图

多次；2.0～2.9级地震260多次；3.0～4.9级地震40多次；最大地震为8月29日杭锦后旗$M_L=4.9$地震。

1993年内蒙古自治区无$M_L=5.0$以上地震发生，地震活动水平较低。测震学指标异常减少，一些前兆手段的趋势性异常消失，与1992年度的预测意见一样，仍表现为“高预报，低实况”的情况。

（内蒙古自治区地震局）

辽 宁 省

1993年辽宁省内共发生小地震2555次。其中，$M_L\geqslant1.0$地震1189次；$M_L\geqslant2.0$地震134次；$M_L\geqslant3.0$地震22次；$M_L\geqslant4.0$地震3次。最大地震为4月18日辽宁安平(41°09′N，123°22′E)、4月25日庄河平山（39°41′N，122°49′E)的$M_L=4.1$地震，两次地震震中附近人均有感但没有造成破坏。

1993年辽宁省邻近地区共发生$M_L\geqslant3.0$地震12次，$M_L\geqslant4.0$地震4次，$M_L\geqslant5.0$地震1次。邻区4.0以上地震分别发生在吉林安口镇（1次）、渤海地区（1次）、北黄海地区（2次）。邻区最大地震为12月31日大连南部北黄海中(38°08′N，122°41′E)的$M_L=5.0$地震。

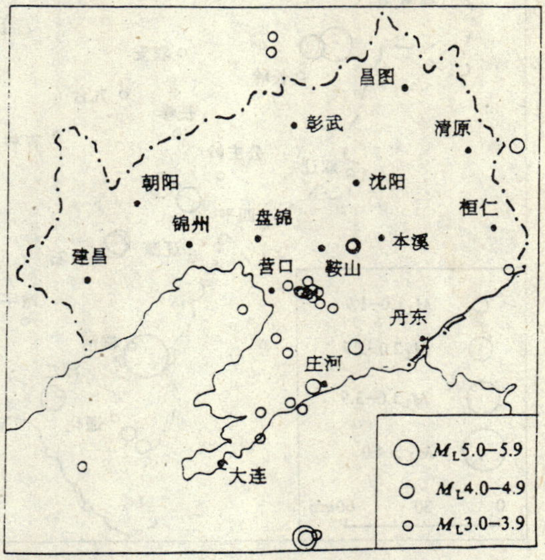

1993年辽宁省及邻区$M_L\geqslant3.0$地震震中分布图

1993年辽宁省内$M_L\geqslant3.0$地震总能量为5.76×10^{10}J，明显高于前几年（其中1992年为3.29×10^{10}J，1991年为7.89×10^{9}J)，1993年辽宁省及邻区的$M_L\geqslant3.0$地震总能量为6.44×10^{11}J，同样明显高于前几年。

1993年辽宁省内共发生3次震群活动，分别为2月11～13日在本溪清河地区(41°27′N，124°08′E)，发生小震共计60次，其中，$M_L\geqslant1.0$地震19次，最大地震$M_L=1.9$；3月6日～3月29日在里长山海峡（39°27′N，122°37′E)，发生小震共计33次，其中，$M_L\geqslant1.0$地震13次，最大地震$M_L=3.9$；4月18日～4月27日在辽阳安平地区（41°09′N，123°22′E)，发生小震共计51次，其中，$M_L\geqslant1.0$地震14次，最大地震$M_L=4.1$。

1993年辽宁省地震活动在时空强方面有如下特点：

(1) 全省1993年$M_L=1.0$以上小地震与1992年相比有所减少，从地震频次的时间分布上看，4月份最高，1、8月份次之，7、11、12月份最低；从地震频次的空间分布上看，仍为海城老震区最高。

(2) 从全省地震能量释放时间分布上看，4月份为最高，3、10月份次之，6、7、12月份最低；从地震能量释放的空间分布上，海城地区最高，其次为大连地区及辽阳地区。

(3) 辽南及北黄海地区地震明显增多，辽西地区又出现较明显的相对平静，构成了1993年辽宁地区地震活动在空间分布上相对集中的格局。

1993年辽宁省有少量宏观异常出现。

（辽宁省地震局　徐　平）

吉 林 省

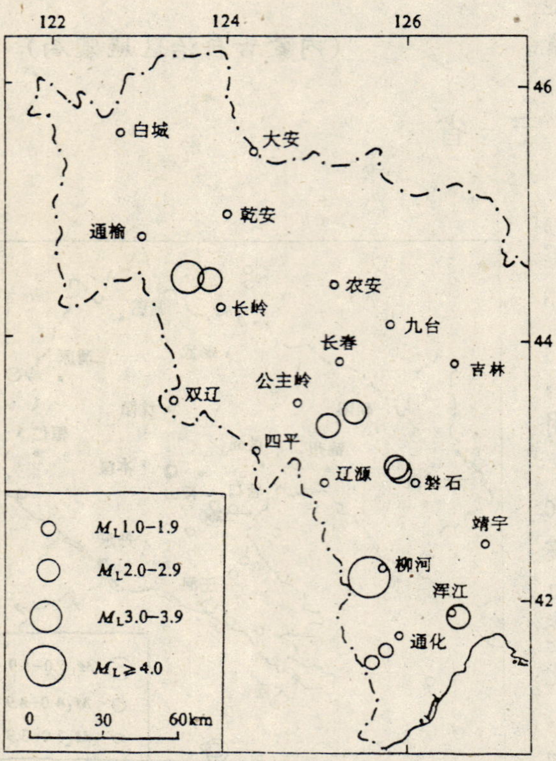

1993年吉林省地震震中分布图

1993年吉林省内共发生地震21次。其中，$M_L \geqslant 2.0$地震10次，最大地震为2月12日柳河县三源浦$M_L = 4.2$地震。

这些地震总释放能量为2.3×10^{10}J，其数值明显高于1992年，与1990、1991年持平。从地震的频度、能量上看，仍保持1988年以来的平均活动水平。

1993年吉林省小震的空间分布主要集中南部呈北西走向的狭长区域内，并以柳河、瞻榆一带为能量集中释放区，2月12日柳河4.2级地震发生在近几年沿柳河地堑展布的3级以上地震条带的西南端部，是1988年以来这一带的最大地震；4月22日长岭县六十四乡3.2级地震也是瞻榆一带1988年以来缺震的结果；此外在四平、长春附近仍有几次确定不了震中的小震活动，与1992年比，相对零散一些。此图象说明伊舒断裂带还在活动，只是强度相对较小。

（吉林省地震局　李景富）

黑龙江省

1993年全省共记录到地震98次（不包括依兰小震群）。其中，$M_L \geqslant 3.0$地震13次；$M_L \geqslant 4.0$地震3次；最大地震为发生在萝北县延兴水泥厂附近的$M_D = 4.8$地震。空间分布情况是依兰—萝北地堑构造带附近34次（不包括依兰小震群），五大连池火山区36次，嫩江断裂带及其附近9次，历史老震区绥化附近1次，其余18次地震零星分布于省内其他地区。

值得注意的地震事件是从1992年12月20日至1993年3月4日依兰台附近一次由99次小震活动构成的震群活动，最大震级为$M_L = 2.3$，震源深度为19km左右。小震群共分四个阶段，明显地成串、间歇活动（见表）。

1993年与前两年地震活动的空间分布格局基本相似，主要集中于五大连池地区、依兰—萝北地区和嫩江带附近。但地震活动的频度和强度均明显高于前几年，特别是依兰—萝北地区。

依兰—萝北地区1993年共发生$M_L \geqslant 3.0$地震6次，$M_L \geqslant 4.0$地震全部集中在该区的萝北县。空间分布上明显地表现出由南部的依兰、汤原而逐渐集中于北部的萝北附近的活动特征；时间上表现为不均匀的集中活动特征，如依兰附近的小震群活动于年初，该区内$M_L \geqslant 3.0$地震集中活动于1993年8～11月。

此外，牡丹江断裂带东侧的林口附近小震

阶　段 （年．月．日）	第一阶段 1992.12.20	第二阶段 1993.1.31～2.11	第三阶段 1993.2.21～2.27	第四阶段 1993.3.4
次　数	13	20	63	3

活动有增强的趋势。　　　　　　（黑龙江省地震局　李登恒　薛仲新）

上海及其邻区

上海及其邻近地区（29°～34°N，119°～124°E）1992年10月～1993年9月发生M_S

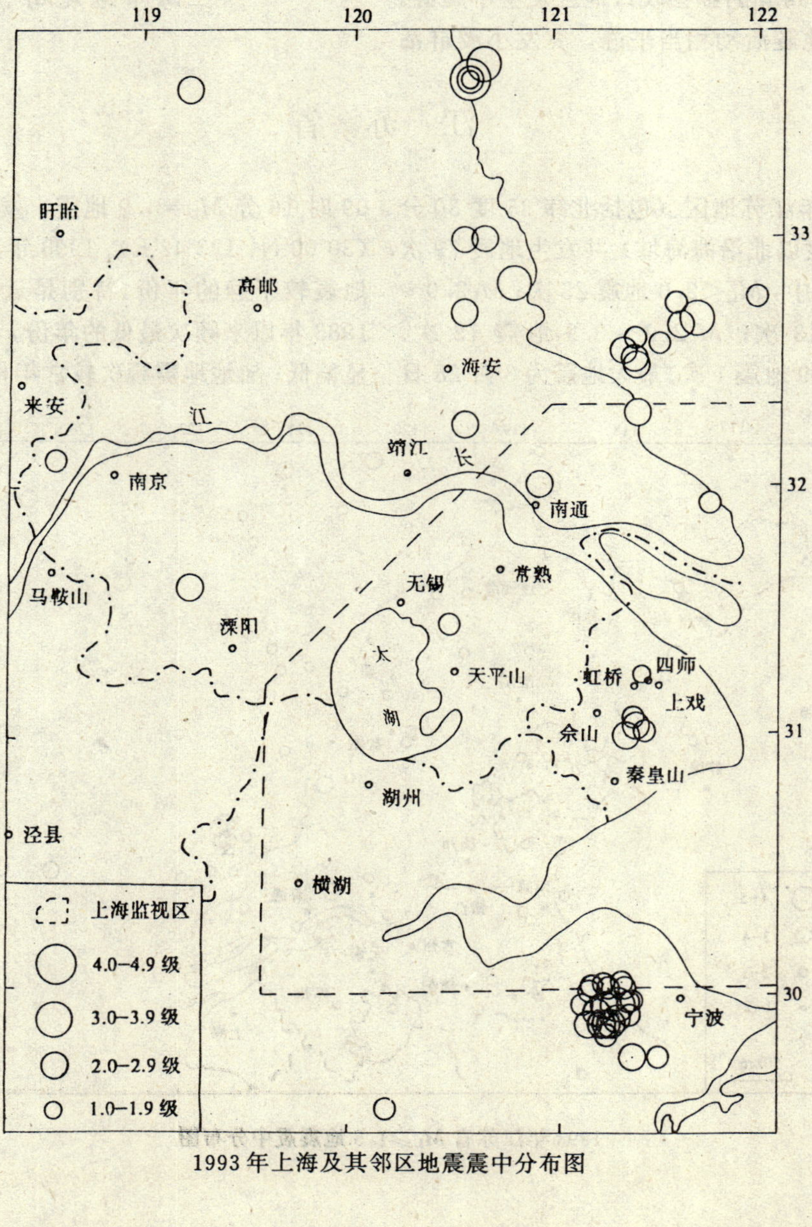

1993年上海及其邻区地震震中分布图

≥2.0 地震 32 次，是近 20 年年平均数（$N=18.5$ 次/年）的 1.7 倍；释放总能量 1.53×10^{12}J,是近 20 年正常年份（$E=2.1\times10^{11}$J/a）的 7.2 倍；最大震级为 $M_S=4.8$（1992 年 10 月 22 日，33.6°N，120.6°E 江苏射阳附近）。

地震活动主要集中在 32.0°N 以北，120.5°E 以东的苏北沿海一带，比上几个年度略有北移。3 级以上地震主要分布在苏鲁交界至南黄海一带重点监视防御区的边缘，而重点监视区内部，地震活动却相对平静。另在距宁波市区约 25km 的鄞县皎口地区发生小震群。该区历来地震活动相当平静，突发小震群活动，实属罕见。

上海监视区（30.0°～32.4°N，119.6～123.0°E）发生 $M_S\geq1.5$ 地震 6 次，与近 20 年平均数（$N=5.8$ 次/年）相当；释放总能量 4.6×10^8J，与近 20 年正常年份（$E=4.4\times10^8$J/a）相当。与上年度相比，地震频度和能量释放均略有下降，趋于正常状态。1993 年度的最大地震为 1992 年 10 月 8 日，31.5°N，121.5°E，上海奉贤县西北部的 M_S2.1 地震。

（上海市地震局　许跃敏）

江 苏 省

1993 年江苏地区（包括北纬 35 度 30 分以南、31 度以北沿海海域）共发生地震 79 次（见图）。其中，$M_L<2.0$ 地震 23 次；M_L2.0～2.9 地震 43 次；M_L3.0～3.9 地震 12 次。M_L4.0～4.9 地震 1 次。最大地震为 3 月 28 日 09 时 16 分 $M_L=4.9$ 地震，发生在黄海海域（30°00′N，123°42′E）。1993 年是 1983 年以来地震较平静的年份，特别是近海海域地震为 1983 年以来频次最低的年份，能量释放也明显偏低；陆地地震频次较常年相当，但震级不

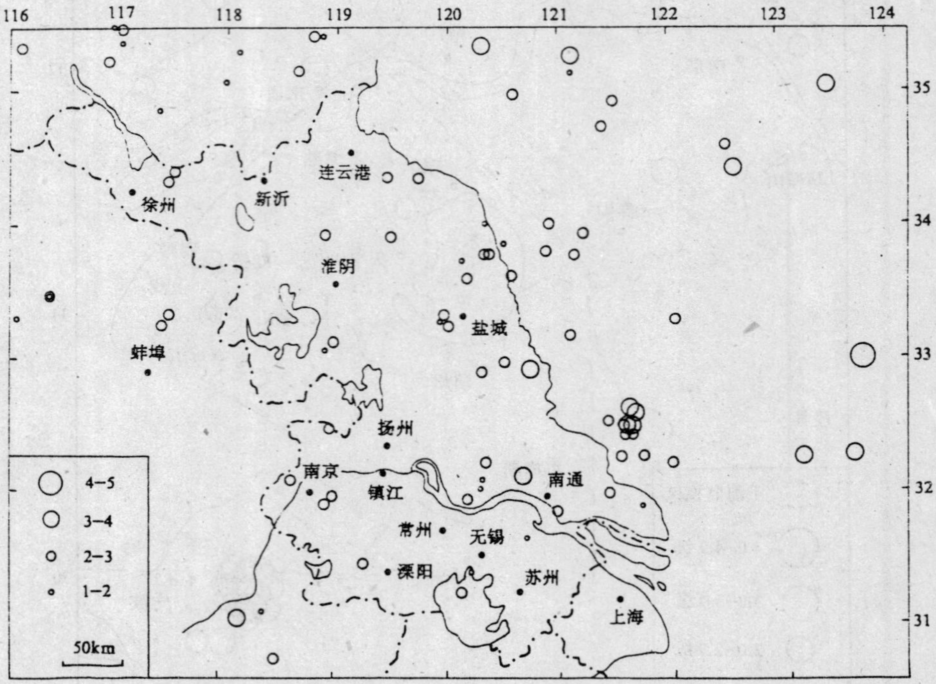

1993 年江苏省 $M_L\geq1.5$ 地震震中分布图

大，最大震级为1月12日15时56分大丰 M_L3.7地震（32°58′N，120°45′E）。从时间分布上看，全省地震上半年较活跃，8月份起趋向平静，为1970年以来所罕见。

（江苏省地震局　王铮铮）

浙　江　省

1993年浙江省共发生 M_L1.0以上地震60次。其中，鄞县皎口水库50次；鄞县横溪水库3次；诸暨、上虞南、乌溪江水库及舟山以东海域各1次（见图）。

全年共发生2级以上地震27次，超过了1976年的19次。其中，3级以上地震7次；2级以上地震频次及地震活动性指数均达有仪器记录以来的最高值；3级以上的7次地震全部发生在皎口水库。1993年发生的最大地震为2月26日鄞县皎口水库 M_L3.9地震，这是自1985年舟山 M_L4.4地震以后浙江省发生的震级最高的地震。

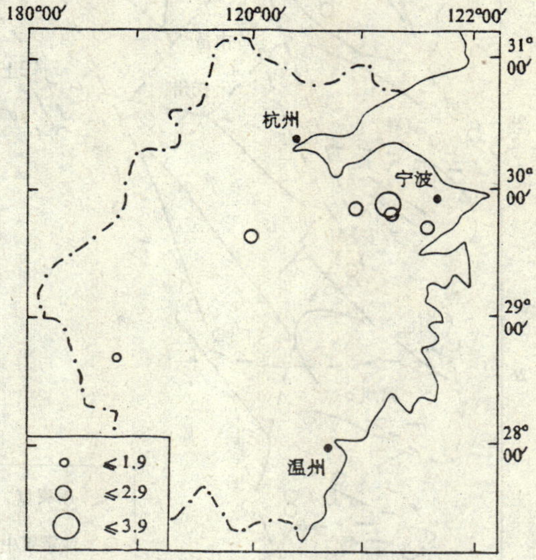

1993年浙江省地震震中分布图

1993年2月18日～10月24日，鄞县皎口水库共发生 M_L＝1.0以上地震50次。其中，$M_L \geqslant 2.0$ 地震23次，3.0以上地震7次。3月1日～4月15日，地震现场流动台共记录1级以下微震100余次。按震群判别指标，确定震群起始时间为2月18日～5月7日，这期间发生 $M_L \geqslant 1.0$ 地震41次，b 值为0.48，k 值为0.37，由此判断为非前兆震群。2月26日12时12分的 M_L＝3.9地震为震群最大地震，其震源机制解见表1。

表1　震源机制解

	走　向	倾　向	倾　角	仰　角
A节面	166°	76°	75°	
B节面	81°	171°	75°	
P轴	33°			7°
T轴	123°			23°
B轴	121°			21°

（浙江省地震局　肖志江　张耀明）

安　徽　省

据安徽省区域台网测定，自1992年10月至1993年12月31日，全省共发生 $M_S \geqslant 1.5$ 地震16次。1993年3月7日至6月21日，霍山发生自1980年以来频次最多的小震群，4、5、6三个月累积 $M_L \geqslant 1.0$ 地震共计130次。16次 $M_S \geqslant 1.5$ 地震中有8次集中分布在霍山、霍丘、六安不足1°×1°的范围内，而颍上在10月28日一天内连续发生了3次 $M_S \geqslant 1.5$ 地震，其中一次 M_S＝2.9地震为本年度全省最大的地震。

（安徽省地震局　张　波　刘良宽）

江　西　省

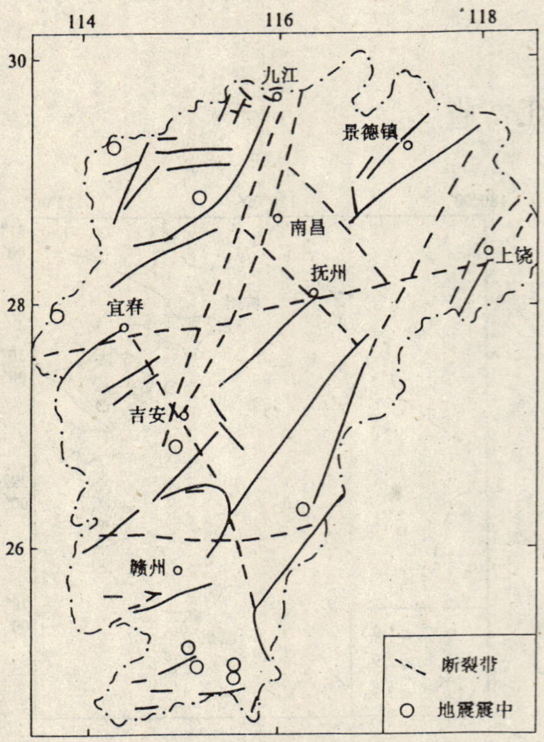

1993 年江西省地震震中分布图

1993 年江西省记录到境内地震 10 次，地震震级都在 2.0 级以上。其中，$2.0 \leqslant M_L < 3.0$ 地震 6 次；$M_L \geqslant 3.0$ 地震 4 次；最大震级为 1993 年 6 月 13 日 02 时 03 分寻乌 $M_L3.2$ 地震（见图）。

1993 年江西省地震活动具有以下特点：

(1) 地震活动仍集中在江西南部、北部两震区，所不同的是，江西很少发生地震的抚州市 6 月 25 日发生了一个 $M_L3.0$ 地震，打破了以往地震活动空间分布格局。

(2) 1993 年江西地震频度与去年一样，仍维持一较低的活动水平，但地震强度却比去年有所增强。

近几年赣、粤、闽三省交界地区地震活动水平一直偏低，但其周边的广东河源、福建连城相继发生了中强地震。

（江西省地震局　华　卫）

福建及其沿海（含台湾省）

根据福建省地震区域台网测定，1993 年福建（含沿海）地区共发生 $M_L \geqslant 2.0$ 地震 52 次。其中，3 级以上地震 10 次；最大地震震级 $M_L = 3.9$。地震活动水平比 1992 年明显下降，全年累积释放地震能量 15.9×10^9J，台湾省 1993 年的地震活动水平异常低落，仅有 6 次 5 级地震，最大地震震级 $M_S = 5.9$。闽台地区地震震级与频度关系见表 1。

1993 年地震分布仍符合东强西弱，南强北弱，地震相对集中于沿海和闽南地区的格局，此外，还存在"两带一点"的集中现象。如图所示，沿两条北西向条带相对密集，即长汀至厦门海外，南平至平潭海外，以及古田莪洋地区水库地震高度集中点。这种分布特征是近年来出现的地震活动新动向，见表 2。

水口水库位于闽清水口至南平的闽江河道，坝高 101m，正常库容 $26 \times 10^8 m^3$，1993 年 3 月 31 日水库开始蓄水，5、6 月份有零星小震活动，至 7 月 23 日突发 2 次 3 级以上地震，并有众多的小震活动。此后地震连续不断，时强时弱，震中基本集中在库区的古田县莪洋附近，根据现有遥测地震台网测定，1993 年 5～12 月共发生 271 次地震，最大地震为 10 月 12 日发生的 $M_D = 4.0$（省区域台网测定 $M_L = 3.6$），水库地震序列的震级与频度分布见表 3。

由于现有台网监控能力低，除上述地震外仍可能漏记不少微弱地震。

综上所述，1993年福建虽无较强地震发生，但是水口水库诱发地震非常突出，打破了该地区历年无震的平静局面，台湾地区地震活动持续多年低水平。

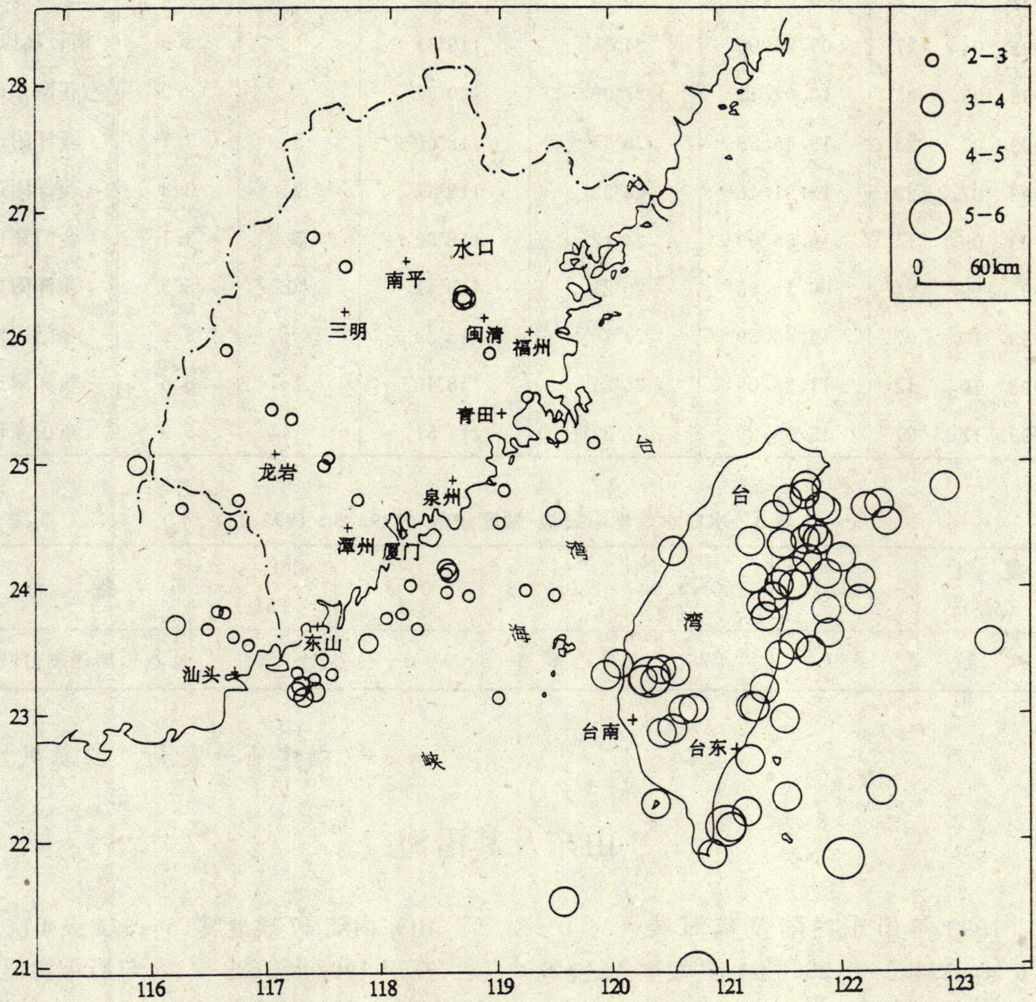

1993年福建及其沿海 $M_D \geqslant 2.0$ 地震震中分布图

表1 地震震级-频度分布（1993.1～1993.12）

地 区	福建（含沿海）			台湾（含邻近海域）			
震级 M_L	2.0～2.9	3.0～3.9	≥4.0	3.5～3.9	4.0～4.9	5.0～5.9	≥6.0
次 数	42	10	0	62	55	6	0

注：台湾5级以上地震震级为 M_S。

表 2　福建及其沿海 1993 年 $M_L \geq 3.0$ 地震目录

发震日期（年．月．日）	发震时间（时．分．秒）	震中位置		深度（km）	震级（M_L）	地名
		纬度	经度			
1993. 02. 12	03. 34. 08	23°13′	117°23′		3.6	东山海外
1993. 04. 27	09. 26. 00	24°38′	119°31′		3.6	南日岛以南
1993. 05. 25	10. 02. 11	27°09′	120°32′		3.0	苍南东南
1993. 07. 23	13. 45. 58	26°23′	118°40′	5	3.1	莪洋附近
1993. 07. 23	13. 51. 46	26°22′	118°41′	9	3.3	莪洋附近
1993. 09. 14	16. 55. 00	24°12′	118°32′	5	3.1	金门东南
1993. 09. 24	06. 15. 56	26°21′	118°41′	10	3.5	莪洋附近
1993. 10. 07	15. 45. 39	24°10′	118°33′		3.2	金门东南
1993. 10. 12	11. 26. 09	26°21′	118°40′	7	3.6	莪洋附近
1993. 12. 21	15. 35. 36	23°37′	117°51′		3.9	东山东南

表 3　水口水库地震震级-频度分布（1993.5～1993.12）

震级（M_L）	<1.0	1.0～1.9	2.0～2.9	3.0～3.9	4.0～4.9（M_D）	备注
次数	180	78	8	3	1	此表依据遥测台网数据

（福建省地震局　彭美凤）

山东及其沿海

1993 年山东内陆及其海域（34.0°～38.5°N，114.5°～123.0°E）共发生 $M_L \geq 2.0$ 地震 110 次。其中，3～3.9 级 24 次；4～4.8 级 3 次。内陆 47 次，黄海 16 次，渤海 47 次，总频次略高于 1992 年（96 次）和历年均值（97 次）。3 次 4 级以上地震均发生于海域，最大震级为 12 月 31 日北黄海 4.8 级地震，随后该区又发生了 4.0 级地震。6 月 14 日莱州湾曾发生 4.1 级地震。全区释放的地震总应变能为 $1.69\times10^6J^{1/2}$，约为 1992 年（$4.67\times10^6J^{1/2}$）的 1/3 强，稍高于历年均值（$1.55\times10^6J^{1/2}$）。其整体活动水平与 1970 年以来平均水平相当。

山东内陆 47 次地震（3～3.4 级 4 次），年频次高于 1992 年（28 次），与历年均值（45 次）相当。释放的应变能为 $2.54\times10^5J^{1/2}$，稍高于 1992 年（$2.24\times10^5J^{1/2}$），但明显低于平均年释放应变能（$7.8\times10^5J^{1/2}/a$）。

本区黄海海域 16 次地震（其中 3～3.6 级 9 次、4 级、4.8 级各 1 次），年频次大大低于 1992 年（61 次）。释放的应变能为 $8.64\times10^5J^{1/2}$。12 月 31 日 0 时 29 分北黄海（38°03′N，122°44′E）发生 4.8 级地震，该震后 17 小时内在同一地点曾发生 2.6 级、4.0 级地震各 1 次。因震中远离陆地，未造成破坏，威海市全区及烟台市东部地区普遍有震感。

渤海海域包括莱州湾及长岛以西海域 47 次地震（3～3.8 级 11 次，4.1 级 1 次），年频次明显高于 1992 年（7 次）。

1993 年山东及沿海地震活动有如下特点：

(1) 在空间分布上，地震活动总体显示仍表现为东高西低，海高陆低，并呈带状分布的特点。3 级以上地震主要分布于山东沿海 119°E左右及其以东的胶东半岛及渤海和黄海海域。其中，渤海及北黄海 1993 年以来小震活动有所增强，形成渤海－蓬莱－乳山北西向小地震条带；山东以东的南黄海海域地震活动强度显著减弱，1992 年 3 级以上地震频发区，1993 年很少发生相应地震，1992 年形成的近南北向地震条带已消失，而代之以较零散的 3 级左右及其以下地震。山东内陆地震也偏少。

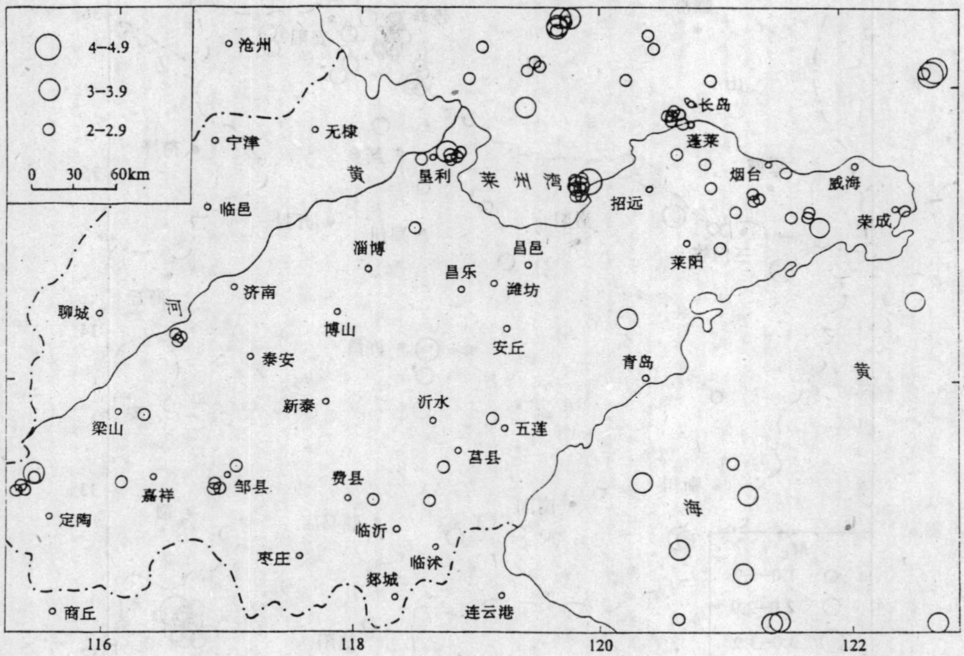

1993 年山东及其沿海 $M_L \geqslant 2.0$ 地震震中分布图

(2) 在时间分布上，山东内陆地震分布仍较均衡，每月至少发生 1 次 2 级以上地震。渤海 3 级以上地震多发生于 2～4 季度，12 月份地震活动月频次达到一年最高值。黄海 3 级以上地震主要发生于 1、4 季度，6 月中旬以后的半年时间，地震活动很弱，至 12 月底地震月频次突然增加至一年中的最高值。

(3) 北部沿海小震群增多。1993 年 4 月底以来，莱州湾西岸及北部沿海，先后在渤海老震区、东营、莱州湾和蓬莱西北海域发生小震群活动。其中，莱州湾近东岸处小震群为多年来未曾发生过 3 级地震的海域；而东营小震群则发生于历史与现代地震都很少的地区。

综上所述，山东内陆地震活动与多年平均水平相当，山东半岛北部及其沿海小震群活动增强，渤海及北黄海小震活动有所增强，显示了局部区域地震活动性逐渐增强的趋势。

（山东省地震局　季同仁　郭爱香）

河 南 省

1993 年河南省境内共发生 $M_L \geqslant 1.0$ 地震 79 次。其中，1.0～1.9 级 48 次；2.0～2.9 级 24 次；3.0～3.9 级 6 次；最大地震为 1993 年 8 月 6 日固始 $M_L = 4.0$ 地震。地震次数高于 1992 年，而释放的能量则低于 1992 年。林县窗口 1993 年发生了 30 次地震，占全省地震总数的 38%，该窗口内的最大地震是 1993 年 10 月 28 日发生的 2.3 级地震。

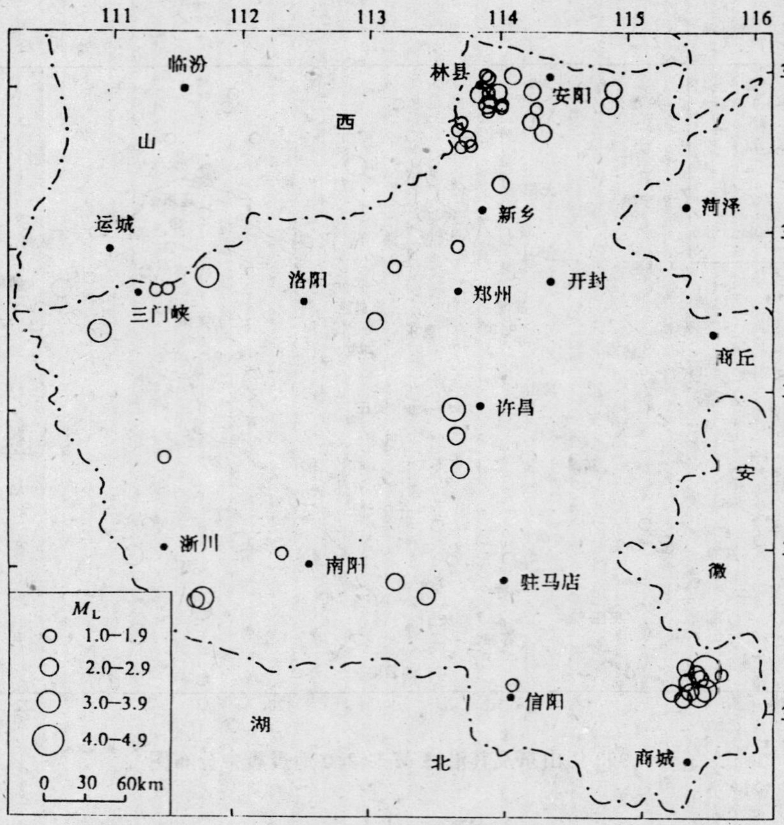

1993 年河南省地震震中分布图

1993 年 8 月 6 日固始 4.0 级地震的震中烈度达Ⅴ度，震源深度 18km，宏观震中在固始县胡族乡金钟村。极震区面积 172km²，包括固始县胡族乡、马堽乡及商城县的白塔集乡，有感范围达 2400km²。

1993 年河南地震活动的基本特点为：

（1）林县窗口的地震频次逐年增高。

（2）与 1992 年相比，3.0 级以下地震的频次较高；3.0 级以上地震的频次与去年相当，表现出微震增强的特点。

（3）空间分布上，表现出微震豫北密集，豫西平静的特点。

（河南省地震局　宋桂林）

湖 北 省

1993年湖北省境内$1.0 \leqslant M_L \leqslant 2.0$地震283次，$2.1 \leqslant M_L < 3.0$地震71次，$M_L \geqslant 3.0$地震8次。最大地震是1993年7月30日咸宁温泉$M_L = 4.1$地震。近两年湖北省及邻区地震活动的一个显著特点是小震群频发。1992年7月毗邻湖北省的四川巫溪$M_L = 3.4$震群发生后，这一地区仍不断有小震活动。1993年5月长阳隔河岩水库区的$M_L = 3.3$小震群(从4月24日～11月共发生$M_L \geqslant 0.7$地震105次)和1993年7月咸宁温泉$M_L = 4.1$小震群(从7月25日～8月17日共发生$M_L \geqslant 1.0$地震270次)。

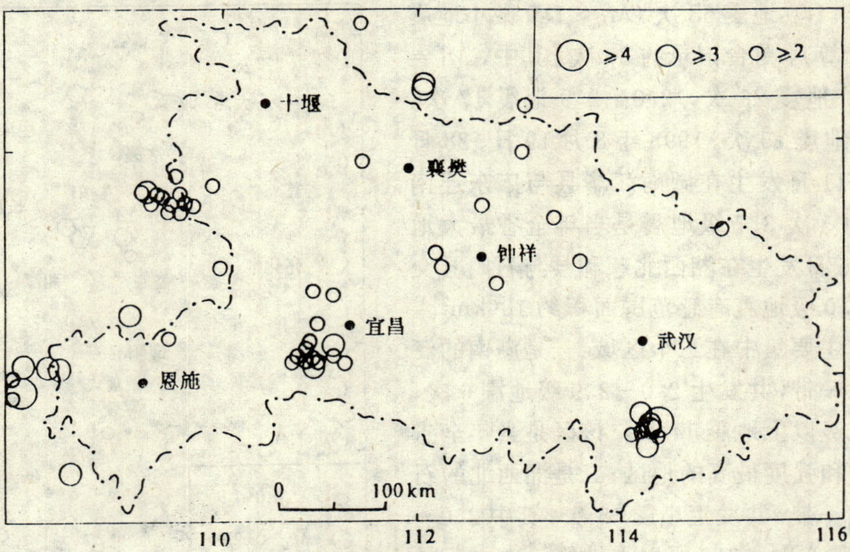

1993年湖北省震中分布图

1993年湖北省$M_L \geqslant 3.0$地震目录

地震时间（月.日 时.分）		震中位置		震级	发震地点
		N	E		
5.30	18.03	30°19′	110°58′	3.3	长 阳
7.25	14.53	29°53′	114°10′	3.1	咸 宁
7.25	16.18	29°48′	114°15′	3.0	咸 宁
7.25	22.03	29°48′	114°17′	3.4	咸 宁
7.28	23.56	29°49′	114°16′	3.0	咸 宁
7.30	01.58	29°49′	114°15′	4.1	咸 宁
7.30	04.48	29°46′	114°10′	3.2	咸 宁
7.30	09.11	30°29′	111°09′	3.1	长 阳

以地震活动度 S 作为评估年度的活动水平，1993 年全省地震活动水平略高于 1970～1991 年的平均水平。湖北东部及邻区 $S=3.6$（上年度为 2.6），湖北西部及邻区 $S=3.5$（上年度为 3.3），均略高于近 20 年的平均值 3.0，并且改变了多年来西部远高于东部的形势，但总体上仍属低活动水平。地震活动水平增强，可能反映较大区域范围地壳运动的调整。

（湖北省地震局　薛军蓉　胡朝明）

湖　南　省

湖南省地震台网 1993 年记录到全省境内发生 $M_L\geqslant1.0$ 地震 58 次（$M_L<1.0$ 微小地震未统计计算），单台记录的 35 次。其中，$M_L=1.0\sim1.9$ 地震 26 次，2.0～2.9 地震 17 次，3.0 以上地震 15 次。1993 年 8 月 19 日、28 日和 11 月 11 日发生在湖南江华县与广东连南交界处的 3 次 3.7 级地震是当年全省最大地震，3 月 6 日发生在湘西北慈利县与石门县交界处的 3.0 级地震有感范围面积约 100km²。

地震主要集中在三个区域：一是湖南的江华—宜章一带，共发生 2.0—2.9 级地震 6 次，发生 3.0 级以上地震 14 次，该区是当年全省发震频次和强度最高的地区；二是湘西北的石门—临澧一带，共发生小震 15 次，其中 2.0～2.9 级地震 3 次，3.0 级以上地震 1 次；三是湘中到湘北东的娄底—宁乡—临湘一带，共发生 1.0 级以上小震 16 次；其他地区有零星小震发生。能交汇震中的 23 次地震震中分布如图所示。

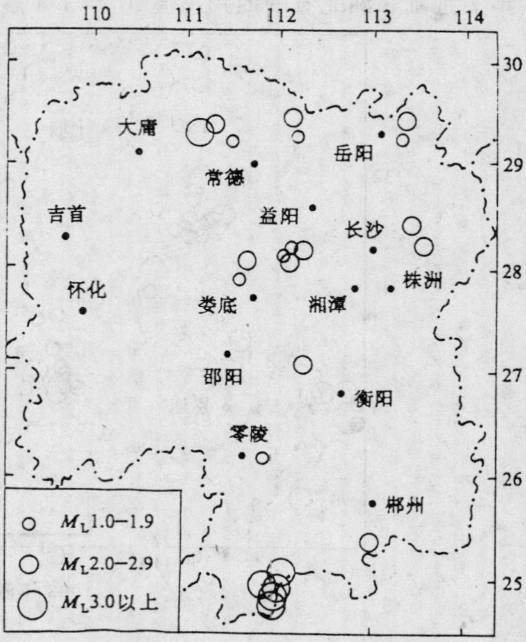

1993 年湖南省地震震中分布图

湖南地震活动强度，自 1991 年以来逐年提高。1993 年有较大的增强。特别是 3.0 级以上地震，1993 年发生 15 次，大大高于 1992 年（2 次），是湖南省近 20 年来 3.0 级以上地震活动频次最高的一年。

（湖南省地震办公室　刘宇红）

广东及其沿海

根据广东省地震台网测定，1993 年广东省内及其近海发生 $M_L\geqslant2.5$ 地震 100 次，$M_L\geqslant3.6$ 地震 7 次，最大为 6 月 12 日阳江 3.7 级及 9 月 5 日连山 3.7 级地震。其地震活动特点是内陆分散，震区较强，南北皆动（见图）。

1993 年广东省 $M_L\geqslant3.0$ 地震 39 次，高于往年的平均水平，自 1990 年地震有逐年增加的趋势。特别是 1992 年以来，新丰江、阳江等震区，地震增加明显。

1993 年广东省地震活动主要分布于新丰江水库、阳江、汕头三个震区。其他地区地震活动较为分散。如连山、龙门、怀集、恩平、番禺等均发生高于3级左右地震,形成内陆地震分布较为分散。

1993年8月,连山壮族、瑶族自治县发生最大为3.6级的小震群,45天内发生57次2.0级以上地震。使较为平静的粤北地区地震活动具有明显的变化。

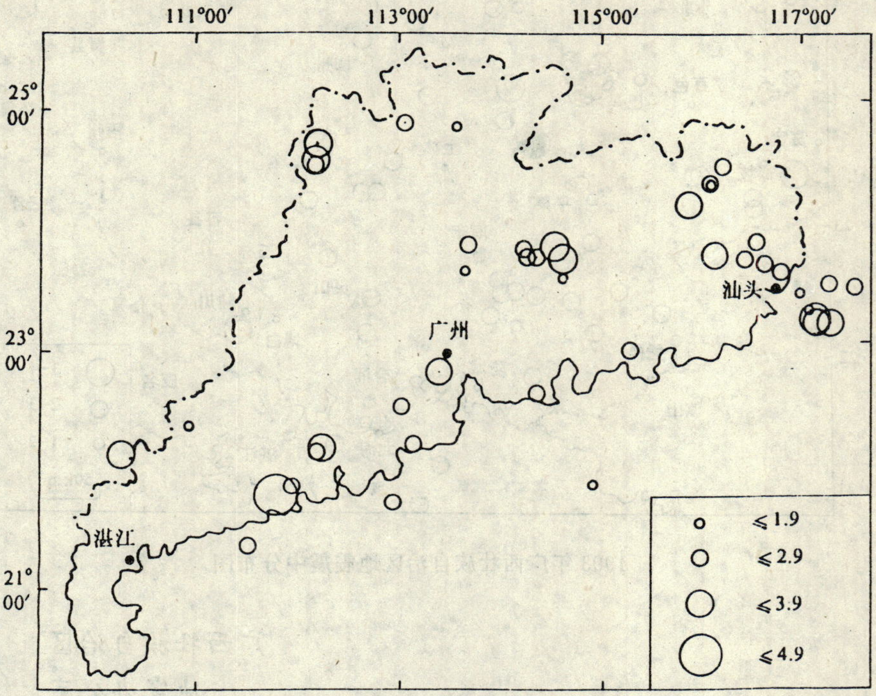

1993年广东省地震震中分布图

(广东省地震局)

广西壮族自治区

根据广西壮族自治区地震台网记录,1993年全区境内共发生 $M_L \geqslant 0.0$ 地震425次。其中,$M_L \geqslant 0.0 \sim 0.9$ 地震202次;$M_L \geqslant 1.0 \sim 1.9$ 地震145次;$M_L \geqslant 2.0 \sim 2.9$ 地震69次,$M_L \geqslant 3.0 \sim 3.9$ 地震8次;$M_L \geqslant 4.0 \sim 4.9$ 地震1次;最大震级 $M_L = 4.9$。1993年2月10日广西大化 $M_L = 4.9$ 地震是自1988年11月10日广西北部湾海域 $M_S = 5.0$ 地震后在广西境内发生的最大地震,且3级以上地震亦偏多。

1993年区内的地震主要发生在桂西地区的巴马—博白断裂带上,桂东南地区本年度的地震活动偏低,而桂东北地区历年来地震活动都很平静(见震中分布图)。

1993年在巴马—博白断裂带上发生了一次震群活动,该震群主震为 $M_L = 4.9$,发震时刻为1993年2月10日02时26分,震中为大化县贡川乡(23°38′N,107°53′E),震中烈度为Ⅵ度,并有两处Ⅶ度异常点。本震群共发生 $M_L \geqslant 0.0$ 地震224次。其中,$M_L \geqslant 0.0 \sim 0.9$ 地震142次;$M_L 1.0 \sim 1.9$ 地震62次;$M_L 2.0 \sim 2.9$ 地震16次;$M_L \geqslant 3.0 \sim 3.9$ 地震3次;$M_L \geqslant 4.0 \sim 4.9$ 地震1次。

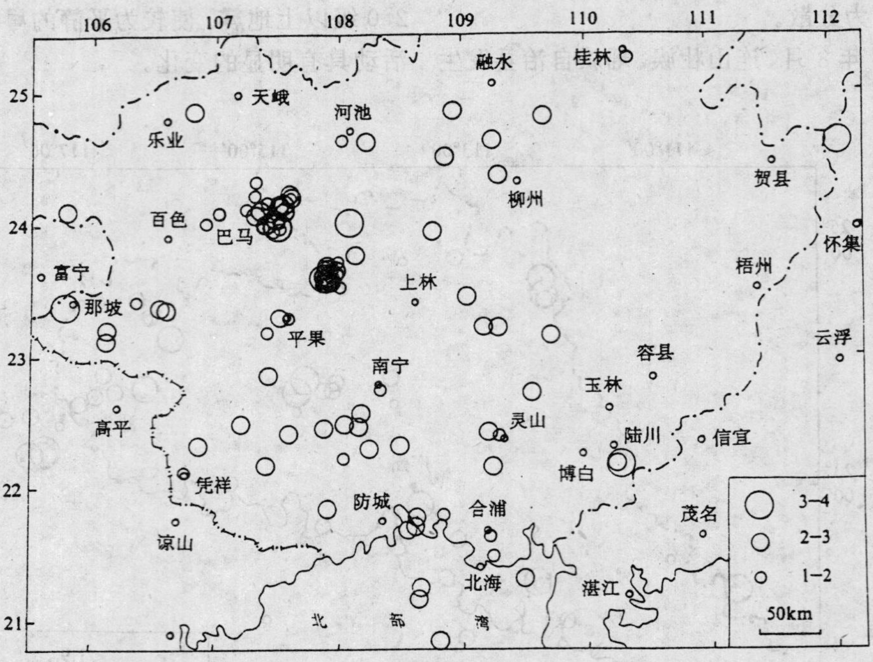

1993 年广西壮族自治区地震震中分布图

广西壮族自治区
地震办公室　　龙安明

海南及其近海

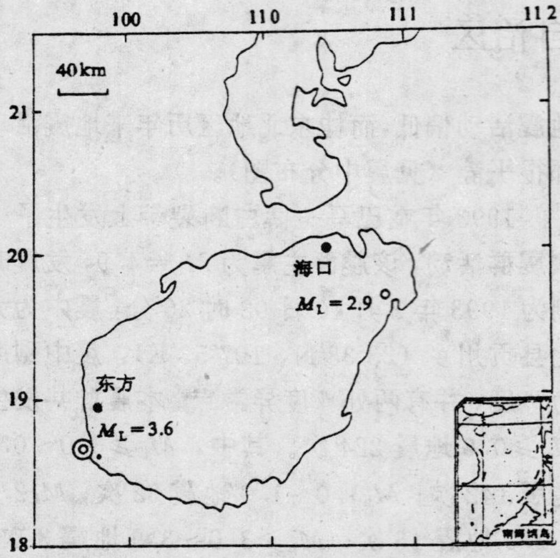

1993 年海南省及近海地震震中分布图

1993 年海南省及近海发生有感地震两次，即 1993 年 2 月 22 日文昌 $M_L=2.9$ 地震（19°42′N，110°52′E）和 1993 年 8 月 13 日东方、乐东震群老震区 $M_L=3.6$ 地震（18°40′N，108°40′E）。

文昌 2.9 级地震宏观震中在该县东阁附近，震中烈度Ⅴ度，有感面积约 600km²。东方、乐东震群区 3.6 级地震宏观震中在该县白沙坟以西近海，震中烈度Ⅳ度，有感面积约 300km²。两次地震震前无宏观异常。

1993 年度地震活动主要集中在 1993 年 8 月 13 日前后，且多发生于东方县和乐东县以西近海，最大地震 $M_L=3.6$。本年度地震活动频次及所释放应变能皆高于 1991 年度，但远低于 1992 年度。

1993 年度地震活动构成较完整的序列。1993 年 8 月 13 日 3.6 级地震前后地震序列构成了东方震群的第五个子群。

（海南省地震局　蔡堪瑞）

四　川　省

1993 年四川省境内发生 3.0 级以上地震 127 次。其中，3.0～3.9 级 118 次；4.0～4.9 级 7 次；5.0 级 2 次。其频次、强度是 1990 年以来活动水平最高的一年，地震频次为上年度的 152%，能量释放为上年度的 3.3 倍。本年度影响较大的地震分别是 5 月 24 日德格 5.0 级、8 月 7 日沐川 5.0 级、10 月 14 日马边 4.8 级、12 月 30 日都江堰 4.3 级地震。

1993 年，四川省地震活动出现一些令人关注的新情况，德格地震发生在甘孜州西部的边缘地带，沐川、马边地震发生在名山-马边地震带，都江堰地震发生在成都平原内的小断裂带上。而川西著名的鲜水河地震带、安宁河地震带和龙门山地震带仍处于相对平静的状态。另外，从 4 月份以来，木里、马边、沐川、犍为、荣昌等地的小震活动比较频繁，特别是都江堰 4.3 级地震，由于发生在经济比较发达、人口比较稠密的成都平原，造成的社会影响较大。

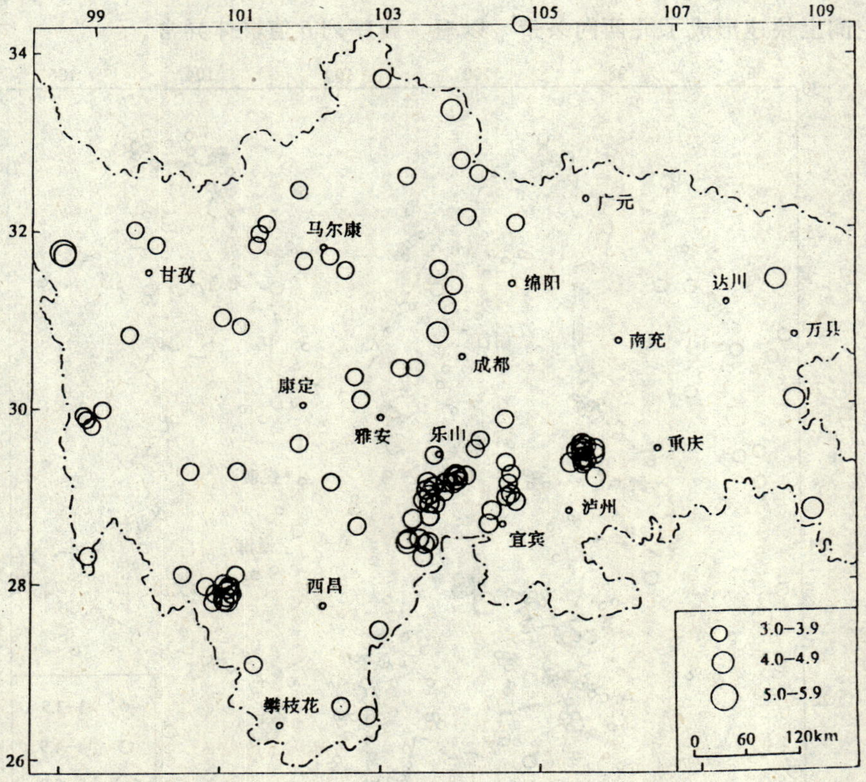

1993 年四川省地震震中分布图

（四川省地震局　程天才）

云　南　省

据云南省地震台网测定，1993 年云南地区（21°～29°N、97°～107°E）共记录地震 2002 次。其中，1.0～1.9 级 346 次；2.0～2.9 级 1308 次；3.0～3.9 级 306 次；4.0～4.9 级 33 次；5.0～5.9 级 8 次；6.0～6.9 级 1 次。

1993 年云南省内共发生 3.0 级以上地震 179 次。其中，3.0～3.9 级 164 次；4.0～4.9 级 9 次；5.0～5.9 级 5 次；6.0～6.9 级 1 次。

1993 年云南省的地震活动时空强的特征为：

(1)时间密集　云南省 5 级以上地震的年平均数为 3 次，1993 年发生 5 级中强震 5 次，6 级强震 1 次，远远超过了平均数。

(2)空间上快速形成了北西向条带　以短短 8 个月的时间，快速形成了中甸—永胜—大姚的中强震北西向条带，该条带的东南端以 4 级地震延伸至双柏、江川一带。

滇西南在普洱强震后，4 级地震仍密集发生，滇东北川滇交界处 4 级地震活动亦密集成丛。

(3)强度上的升级　自 1992 年 5 月 16 日景谷 4.8 级地震至 1993 年 1 月 27 日普洱地震，震级呈总体上升趋势，随之，震级出现下降趋势。

在地震序列上出现 b 值群体异常。云南省 4 级以上地震序列出现 $b<0.7$ 的次数，一般都在 3 次以下，1993 年出现的高达 8 次的地震序列 b 值群体异常。

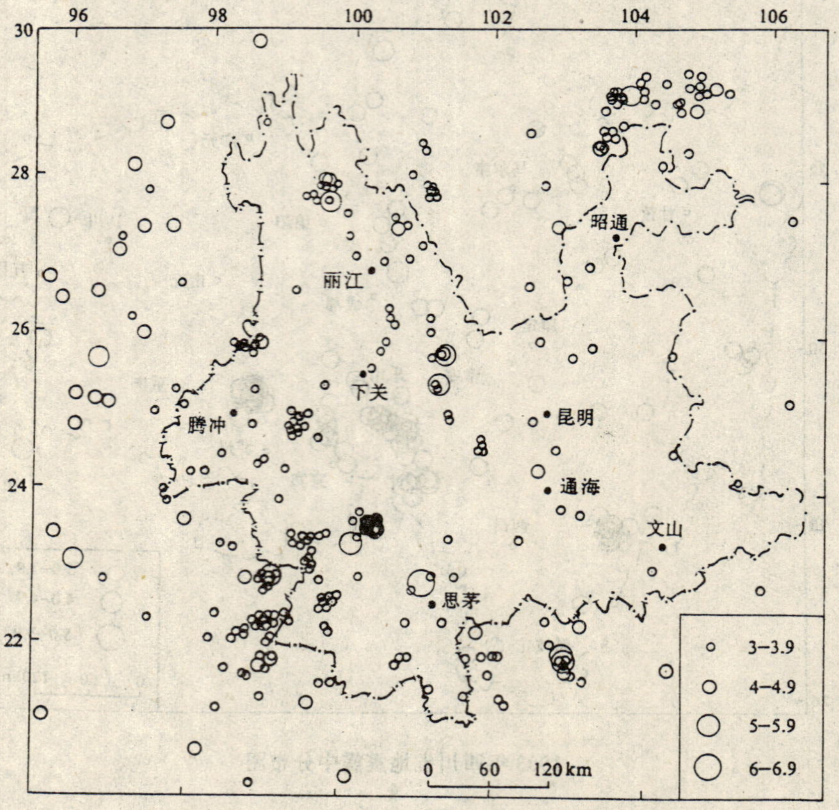

1993 年云南省地震震中分布图

（云南省地震局　蔡静观）

贵 州 省

根据贵州省西北地区的六盘水市地震台，毕节地区地震台，威宁自治县地震台，晴隆县地震台（四台均属地方台）和贵阳基准地震台的测震记录，1993 年共记录到省内地震 263 次。其中，M_L<1.0 地震 103 次；M_L=1.0～1.9 地震 97 次；M_L=2.0～2.9 地震 54 次，M_L3.0 级以上地震 9 次；全年最大地震 M_L=4.4。

1993 年贵州省 3.0 级以上地震目录

时	间				震	中位置		震级
月	日	时	分	秒	东经	北纬	参考地名	(M_L)
1	15	16	16	46.1	104°10′	27°20′	威　宁	3.0
2	1	14	23	20.7	103°57′	27°19′	贵州威宁云南昭通间	3.0
3	30	07	10	24.8	103°00′	26°42′	贵州威宁云南会泽间	3.6
4	16	15	37	24	106°10′	27°24′	金沙县城	3.2
6	17	12	49	41.7	104°29′	25°50′	盘县特区城关镇	4.4
8	17	08	25	56	103°57′	27°21′	威宁石门坎	3.3
10	27	01	29	01	105°53′	25°13′	贞丰望谟间	3.6
11	8	03	09	42	104°29′	24°35′	云南罗平贵州兴义	4.1
12	29	01	58	06	104°07′	26°47′	威宁城关镇	3.1

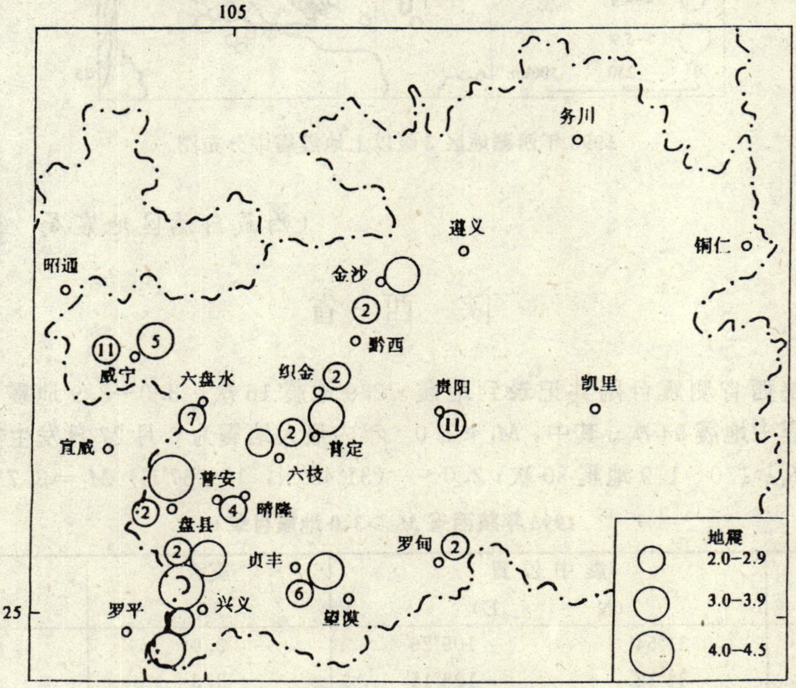

1993 年贵州省 2.0 级以上地震震中分布图

（贵州省地震办公室　覃子建
王继安　罗远模　冷永勤）

西藏自治区

1993年西藏地震台网共测得区内1级以上地震813次。其中，1.0～1.9级437次；2.0～2.9级305次；3级以上地震71次。能确定震中位置的地震165次，其中，3级以上57次。同期，邻省区台网测定的本区边远地带的地震30次，其中3级以上地震23次。

1993年发生的两次5级以上地震（不含强余震），为1993年1月18日纳木湖（30°48′N，90°25′E）M_S＝6.1地震和1993年3月20日拉孜—昂仁间（29°05′N，87°22′E）M_S＝6.4地震。

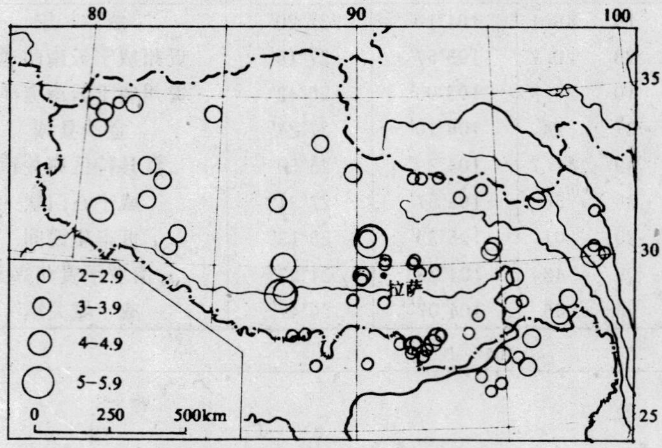

1993年西藏地区3级以上地震震中分布图

（西藏自治区地震局　谢乐全）

陕　西　省

1993年陕西省测震台网共记录到地震150次，可定震中地震94次。其中，M_L＜1.0地震41次；M_L≥1.0～1.9地震30次；2.0～2.9地震16次；3.0～3.9地震7次（见表）。年内最大地震为6月27日发生在陕西镇坪县（31°48′N，109°37′E）M_L＝3.7地震。

1993年陕西省 M_L≥3.0 地震目录

发震时间（月.日）	震中位置 (N)	震中位置 (E)	震级 M_L	地点
3.4	31°54′	109°26′	3.0	镇坪县
4.21	34°12′	108°15′	3.6	周至县
5.9	34°16′	107°44′	3.4	眉　县
5.10	35°06′	106°41′	3.4	陇　县
6.27	31°48′	109°37′	3.7	镇坪县
7.8	35°03′	106°37′	3.1	陇　县
12.22	35°05′	106°46′	3.5	陇　县

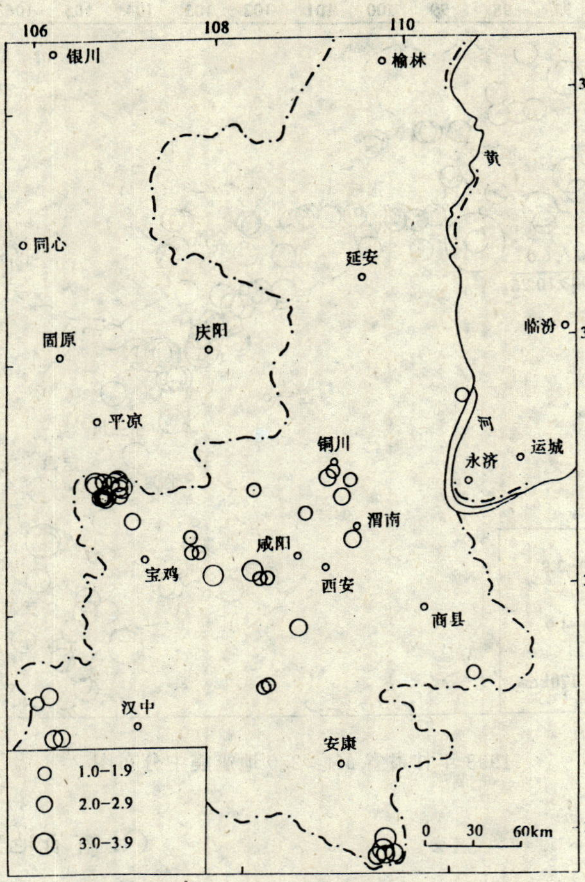

1993年陕西省地震震中分布图

(陕西省地震局　施彩霞)

甘 肃 省

1993年据统计甘肃省内共发生地震469次，1.0级以上地震326次。其中，$1.0\leqslant M_S\leqslant1.9$地震213次，$2.0\leqslant M_S\leqslant2.9$地震93次，$3.0\leqslant M_S\leqslant3.9$地震10次。没有发生4～5级地震。略低于1970年以来3级以上地震的年平均数14次。10次3级多地震集中于祁连山地震带的中西段和甘肃东南部地区。

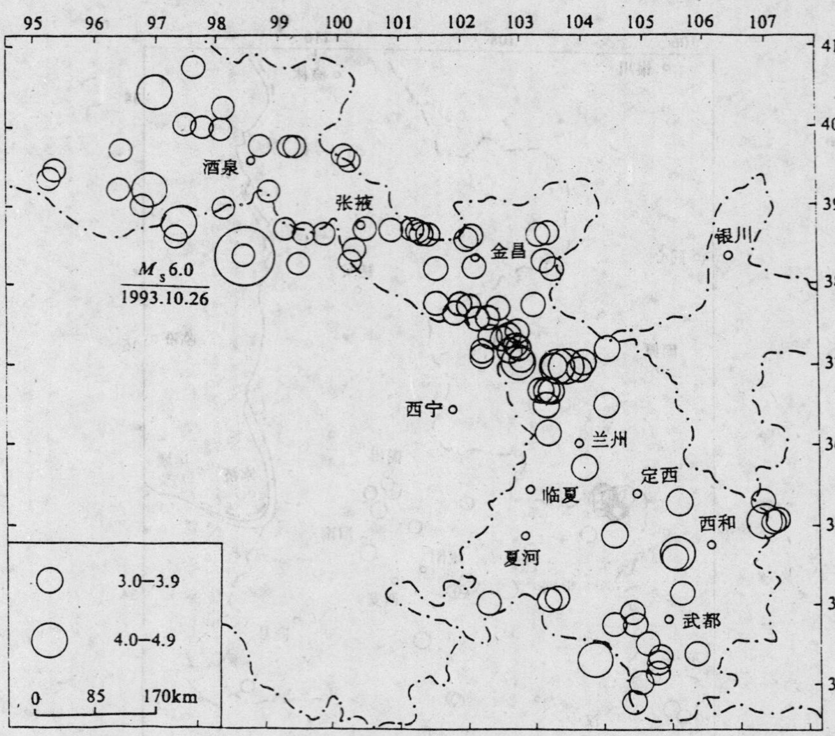

1993年甘肃省 M_S≥2.0 地震震中分布图

（甘肃省地震局　毕秋菊）

宁夏及其邻区

据宁夏地震台网记录，1993年宁夏及邻区（35°00′～40°40′N，103°30′～107°40′E）共记到 M_L≥1.0 地震 239 次。其中，2.0～2.9 级地震 106 次；3.0～3.9 级地震 19 次；4.0～4.9 级地震 4 次。两次较大地震分别为 1993 年 7 月 11 日同心 M_L=4.7 和 8 月 12 日石炭井 M_L=4.8 地震。两次地震均属孤震型。石炭井地震后有两次分别为 1.9 和 1.6 级的小震。同心地震后未记到余震。另外，1993 年 8 月 29 日还在宁夏北部及宁内交界全国地震重点监视区内的临河附近（40°46′N，106°49′E）发生一次 M_L=5.1 地震。

1993 年全区总释放能量约 3.7×10^{11}J，总体 b 值为 0.77，地震活动频度、能量释放及 b 值均同正常活动年份大体相当。

地震震中分布相对集中的区域为宁夏石嘴山至内蒙古磴口一带和宁夏南部地区。从时间分布上看，下半年 M_L≥3.0 地震的频度和强度明显高于上半年，且有较明显的丛集特征，如 1993 年 7～8 月间连续发生 2 次 M_L≥4.5地震，10 月 28 日到 11 月 6 日几天之内在宁夏银川、内蒙古乌海、阿左旗西等地连续发生 7 次 M_L≥3.0 以上地震，11 月 27 日至 30 日在宁夏西吉、同心和内蒙古阿拉善左旗等地又连续发生 5 次 3～4 级地震。这种现象显示 1993 年下半年后宁夏及邻区地震活动水平有较明显增强趋势。

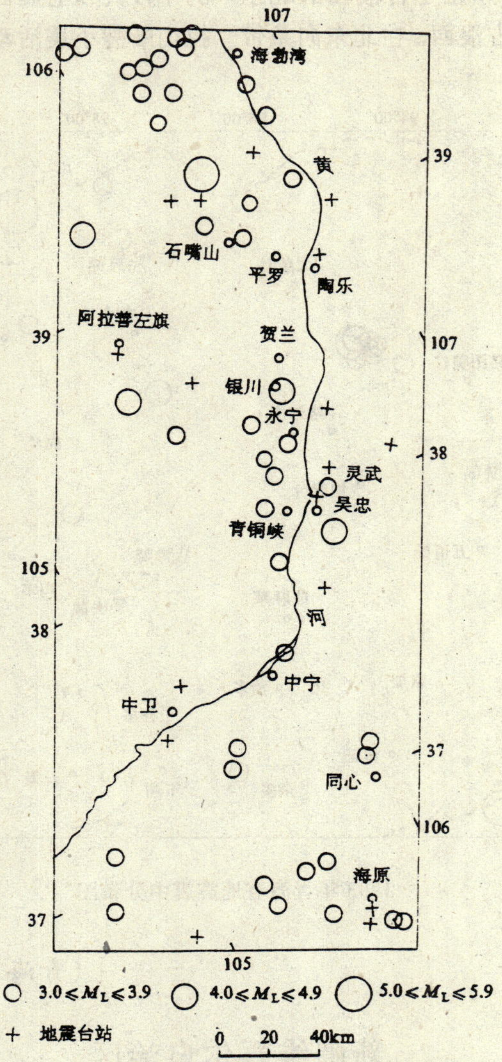

1993 年宁夏及邻区地震震中分布图

（宁夏回族自治区地震局）

青 海 省

据青海省测震台网记录，1993 年青海省及邻区共发生 $M_L \geqslant 2.0$ 地震 177 次。其中，$2.0 \leqslant M_L < 3.0$ 地震 143 次；$3.0 \leqslant M_L < 4.0$ 地震 27 次；$4.0 \leqslant M_L < 5.0$ 地震 4 次；$5.0 \leqslant M_L < 6.0$ 地震 2 次；$M_L \geqslant 6.0$ 地震 1 次。最大为 10 月 26 日托勒 6.0 级地震。

1993 年青海省地震活动频度及强度都较低，3 月 28 日至 31 日在格尔木西北发生一组震群，共记录到地震 38 次，最大震级 3.6。9 月 4 日在同一地区发生 $M_L = 5.1$ 地震，记录到余震 54 次，最大余震震级 4.5 级。

青海东部地区 $M_L \geqslant 2.0$ 地震在空间分布上有两条比较明显的小震条带，一条西起德令哈，经天峻终止于古浪西的东西向条带；另一条从花石峡开始穿过共和止于古浪西的北东条带，两支条带交汇于古浪西。在北东向条带的中段共和老震区附近有一明显的空段。沿鄂拉山断裂小震活动也较活跃。

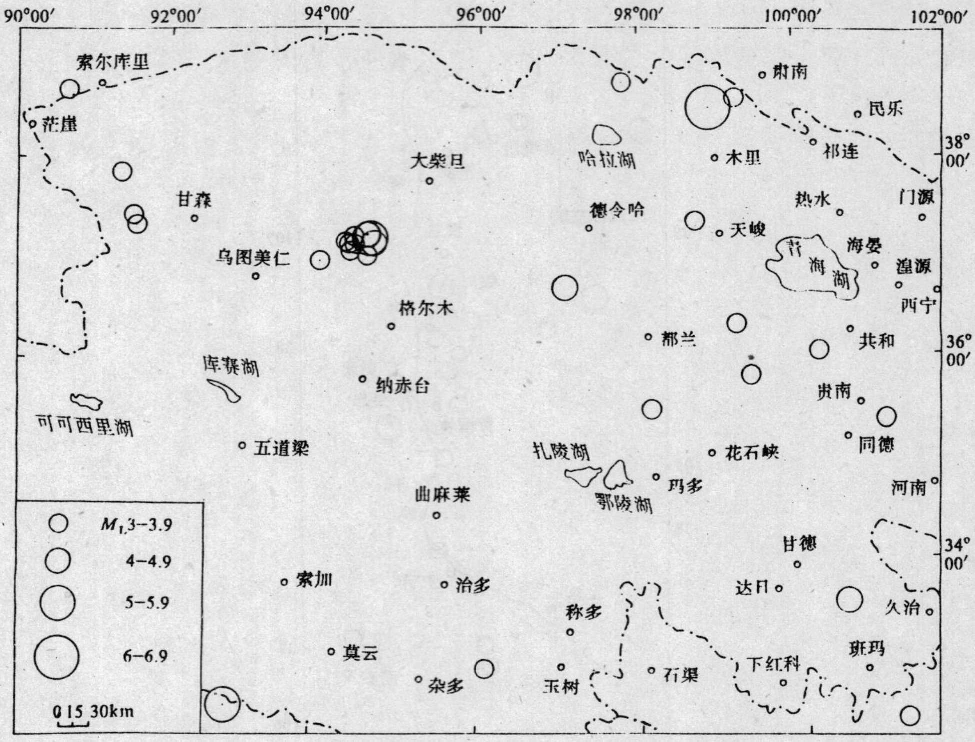

1993 年青海省地震震中分布图

（青海省地震局　张雅玲）

新疆维吾尔自治区

1993 年新疆境内共发生 $M_S \geqslant 3.5$ 地震 58 次。其中，3.5～3.9 级地震 58 次，4.0～4.9 级地震 20 次，5.0～5.9 级地震 5 次，6.0 级以上地震 2 次。

1993 年新疆地区地震活动特点是频次高、强度大。本年度最大的地震是 10 月 2 日发生在若羌县城南阿尔金山中的 6.6 级地震。全年地震释放能量 7.2×10^{14}J，高出 1992 年 10 倍，是自 1985 年乌恰 7.4 级地震以来活动强度最大的一年。

发生在新疆境内 28 次 $M_S \geqslant 4.0$ 地震中，西昆仑山 10 次，阿尔金山 9 次，南天山西段 5 次，南天山东段 3 次，中蒙边界 1 次。1993 年地震较活跃的地区仍为西昆仑山地区，并渐渐向阿尔金山转移，相对而言，阿尔金山地区更活跃更强烈些，从而打破了自 1979 年 12 月 2 日若羌东南 5.7 级地震后连续 13 年的平静局面。其次为南天山西段及东段。北天山西段与东段、阿尔泰山、准噶尔界山及东疆地区相对平静，全年均未发生 $M_S \geqslant 4.0$ 地震。值得注意的是北天山东段全年未发生 1 次 $M_S \geqslant 3.5$ 地震。

1993 年阿尔金山地区地震突然活跃，共发生 $M_S \geqslant 4.0$ 地震 9 次，其中 6.6 级地震 1

次，5.1～5.5 级地震 3 次，4.0～4.9 级地震 5 次。10 月 2 日 6.6 级地震是 1924 年 7 月 3 日 7¼级和 7 月 12 日 7.2 级地震后近 70 年发生在阿尔金山震级最大的一次地震。这个地区 1993 年的释放能量占全疆地震释放量的 73% 以上。

新疆周边地区 1993 年地震活动与 1992 年相比较为平静。仅在 8 月 9 日阿富汗与巴基斯坦交界处发生 5.8 级和 6.6 级两次中强地震，与新疆毗邻的塔吉克斯坦、吉尔吉斯斯坦、哈萨克斯坦及蒙古等国均未发生 6 级以上地震。与新疆相邻的甘肃、青海及西藏交界地区均未发生大于 6 级的地震。

（新疆地震局　陈祥玉）

科　技

这一部分介绍科研成果、科研进展及地震监测预报工作。

科研成果包括上年获奖成果和当年各单位评定的成果两类；科研进展则着重反映本系统重点项目的实施情况；地震监测预报工作则主要介绍上年度本系统该项工作的进展及成果。

科研成果

国家地震局1993年获国家科学技术进步奖项目表

序号	奖励等级	项目名称	主要完成单位	主要完成人
1	二	中国活断层图集（IGCP第206项——全球主要活断层特性对比）	国家地震局地质研究所 新疆维吾尔自治区地震局 山东省地震局 国家地震局兰州地震研究所 云南省地震局 四川省地震局 国家地震局分析预报中心	丁国瑜　张裕明　方仲景 戈澍谟　李家灵　汪一鹏 侯珍清　韩　源　邓天岗
2	三	变形岩显微构造研究在地震和地质科学中的应用	国家地震局地质研究所	何永年　林传勇　史兰斌 陈孝德
3	三	水文地球化学地震监测预报研究	国家地震局分析预报中心 河北省地震局 甘肃省地震局 福建省地震局 天津市地震局	张　炜　李宣瑚　鄂秀满 王吉易　徐玉华

1993年国家地震局科学技术进步奖项目表

序号	奖励等级	项目名称	主要完成单位	主要完成人员
1	一	中国地震烈度区划图	国家地震局地球物理研究所 国家地震局地质研究所 国家地震局工程力学研究所	时振梁　张裕明　鄢家全 陈达生　金　严　叶　洪 陶夏新　高文学　刘恢先 高孟潭　汪良谋　李玉龙 金学申　闵子群　卢寿德
2	一	跨断层水准测量成果连续五年获全国资料质量评比第一名（1987～1991）	国家地震局综合观测队	刘善华　王广余　刘天海 潘同新　高继宗　张金城 董凤跃　赵　凯　刘其刚 江沁涛

续表

序号	奖励等级	项 目 名 称	主要完成单位	主要完成人员
3	二	山东省泰安地震台形变观测成果（1986～1990）	山东省地震局	罗 煜 刘家乐 毛玉华 肖凤莲
4	二	我国大陆构造应力场的研究	国家地震局地球物理所	许忠淮 汪素云 俞言祥 黄雨蕊 高阿甲 戈澍谟 阎 明
5	二	中国地震报告的数据处理系统	国家地震局地球物理所	陈培善 李 强 张雁如 白彤霞 张德存 房明山 方韶东 刘瑞丰 王溪莉
6	二	NG-2型惰性气体同位素质谱计的研制和应用	国家地震局地质研究所	孔令昌 王志敏 李秋珍 张修银
7	二	全国地震数据库系统	国家地震局分析预报中心	周胜奎 严蔼芬 杨满栋 张肇诚 王贵宣 黄德瑜 黄 伟 张久柱 田世华
8	二	华北地震预报研究试验场项目	国家地震局分析预报中心	何世海 刘北顺 李大辉 高 凡 崔德海 宁长平 刘惠琳 宁立然 魏家珍
9	二	中国地倾斜基本台网技术改造与综合效能	国家地震局地震研究所 国家地震局科技监测司 河北省地震局 四川省地震局 天津市地震局 山东省地震局 云南省地震局	陈德福 吴翼麟 罗荣祥 刘国培 李正媛 张健民 林穗平 沈建华 李晓军
10	二	甘肃省平凉台水氡观测资料全国评比五年第一名（Ⅱ类台）	兰州地震研究所	刘廷慧 李克龙 高世学
11	二	甘肃省兰州台长水管观测资料评比五年前二名	兰州地震研究所	周志宇 常千军 杨嘉文 强科瑜 曹文祥 唐九安
12	二	甘肃省安西台测震观测资料评比五年前二名（Ⅱ类台）	兰州地震研究所	康怀金 朱宗德 吴怀礼 王胜庆
13	二	城市现有房屋震害预测智能辅助决策系统	国家地震局工程力学研究所	赵玉成 王治山 杨雅玲 杨 柳 李大华 赵宗瑜 吕秉志 郑 鸽 彭亚忻
14	二	全国跨断层水准测量质量评比连续五年第二名（1987～1991年）	国家地震局第二地形变监测中心	朱喜宗 戚志浩 肖建军 纪兆辉 彭洪生 权毓瑞 李 权 杨向东 解宏文

续表

序号	奖励等级	项目名称	主要完成单位	主要完成人员
15	二	地震科技成果奖励政策的导向及作用	国家地震局科技监测司	王秀文 赵天真 李革平 陈孝德 赵和平 赵勇 柴保平 李祥根 毕云莉
16	三	全国短水准观测资料质量评比连续五年前三名	河北省地震局	于秀兰 杨振国 王淑兰 于占永 任建杰
17	三	东北历史地震考察与研究	辽宁省地震局	吴戈 房贺岩 李志田 蒋秀琴 方明远
18	三	营口地震台地倾斜观测成果	辽宁省地震局	王丽华 郭涛 陈德峰 秦家林 王福昌
19	三	沉东京考辨及深沪湾海底古森林——牡砺礁遗迹的发现等八个系列成果	广东省地震局 广州地理研究所	徐起浩 彭承光 冯炎基 李运贵 王业新
20	三	一九八九年四川巴塘强震群	四川省地震局	罗灼礼 程万正 刘盛利 周湘泉 陈天长
21	三	云南省1990、1991和1992年度地震趋势研究报告	云南省地震局	陈立德 赵洪声 罗平 蔡静观 万登堡
22	三	十年继续教育的开拓与实践	杭州干部培训中心	钱祝 陈修民 苏晓梅 徐子君 陈经华
23	三	潜在震源区定量确定方法研究	陕西省地震局	丁韫玉 杜兴信 狄秀玲 薛广盈
24	三	乾县台地倾斜连续五年获全国评比前三名	陕西省地震局	柯昌安 徐静 樊金堂 王超伦 邢东杰
25	三	年轻地质体系的年代测定	国家地震局地质研究所	陈文寄 彭贵 严富华 王庆隆 计凤桔
26	三	大港油田现代构造应力场及其与井网布置的关系	国家地震局地质研究所 中国石油天然气总公司大港石油管理局	叶洪 张昭菊 杨天吉 徐峰 徐杰
27	三	中国大陆震例的研究	国家地震局分析预报中心 云南省地震局 四川省地震局 河北省地震局 江苏省地震局	张肇诚 郑大林 罗兰格 李海华 陈立德
28	三	岩石微破裂数据采集分析系统	国家地震局分析预报中心 云南省地震局	庄灿涛 许绍永 张伟学 徐速 梅世蓉

续表

序号	奖励等级	项目名称	主要完成单位	主要完成人员
29	三	应用系统科学研究大陆地震前兆与地震预报	国家地震局地震研究所	周硕愚　吴　云　宋永厚 刘　放　韩　键
30	三	甘肃省高台台测震观测资料评比五年前三名	兰州地震研究所	武华峰　许康生　李发科
31	三	太原钢铁公司架空管线抗震安全性评价	国家地震局工程力学研究所 山西太原钢铁公司	冯启民　苏丛柏　王前信 熊占路　朱镜清
32	三	电站锅炉构架抗震设计研究	国家地震局工程力学研究所 哈尔滨锅炉厂 上海锅炉厂 东方锅炉厂 武汉锅炉厂	李树桢　尹之潜　程丰渊 余志敏　李云林
33	三	DSH-86型水压致裂应力测量系统的研制及其应用	国家地震局地壳应力研究所	李方全　刘　鹏　张　钧 柴建忠　张志国
34	三	DSC-1型地震前兆综合数据采集器	国家地震局地壳应力研究所	黄锡定　付子忠　梁焕贞 徐文凯　郭柏林
35	三	高精度自动安平水准仪性能（主要磁致误差）的研究及其检定规程	国家地震局第二地形变监测中心	夏克瑞　任道胜　陈如莉 杨　辉　李秀村

1992年国家地震局组织鉴定项目（续）

长江三峡工程区区域应力场及蓄水影响的模拟研究

编号（1992）　　震鉴字032号

成果完成单位：国家地震局地震研究所

主要研究人员：高士钧　曾心传　宋惠珍　王清云　秦小军　孙君秀　张柏崇　陈永成　兰印刚　龚　平　刘长义　袁岩光　马元春　黄　江　胡淑香

鉴 定 形 式：专家评议

组织鉴定单位：国家地震局

鉴 定 日 期：1990年7月16日（1992年12月30日补发，实发为1993年）

一、成果简要说明及主要技术指标

本项目研究是在总结国内外水库诱发地震的主要基本特征基础上，利用三维非线性有限元法对三峡工程区区域应力场数值模拟进行了计算，并结合岩石孔压力学试验所给出的断层滑动准则，综合分析了不同深度上的断层沿走向，倾向剪应力分布特征；并着重讨论了水库蓄水后断层应力场对仙女山断裂、九湾溪断裂力学性质的影响。对在饱水岩石和断层存在的情况下，利用二维有限元法计算了典型库段的水压应力场、变形场和超孔压场，同时还讨论了断裂产状和断裂介质力学性状对“三场”的影响。依据本区现代构造应力场的作用方式和地震活动与活动断裂的相互关系，确定了库坝区潜在震源区（段）和地震最大强度。该项研究对评价水电工程区地震烈度和地震预测有重要意义，并在三峡工程的可行性论证中得到应用。这项研究工作在深度和广度上达到同等专业领域先进水平，个别领域达到国际水平。经过实践已完成和达到如下技术指标：

（1）区域应力场三维数值模拟；

（2）孔压和软化作用对应力场变化的影响；

（3）岩石孔压力学试验和断层滑动准则；

（4）库坝区诱发地震综合评价。

二、鉴定意见

本报告根据三峡工程区域的断层活动规律、震源机制和地形变测量等资料建立三峡库坝区的地质构造和力学模型，采用三维非线性有限元方法进行了数值模拟计算，综合不同力学过程模型的计算结果确定了可能引起地震的地段和部位。此外，报告还对岩层水压进行了二维数值计算，结果表明：断裂带传压快，可传至岩层深处，断层内最小主应力为张性，快速蓄水过程和放水过程，会降低有效应力和法向应力，从而容易诱发地震。报告对库坝区的三维地震活动及诱发地震评价亦作了探讨和分析。

从总体看，报告中整个模型选择合理，分析方法先进，结果为整个三峡工程区域诱发地震的评价提供了参考，整项工作符合研究工作设计大纲要求，较好地完成了预期任务，达到国内先进水平，经专家组审议，一致予以通过。

作为建议，将第六章删掉，并将第七章改名为“水库诱发地震危险性的力学分析”，以使报告的篇幅和内容安排更为合理，对不是利用数学模拟得到的一些意见亦应删掉。

1993年国家地震局组织鉴定项目

用面波反演中国大陆及相邻地区地壳上地幔三维S波速度结构

编号（1993）　　震鉴字001号

成果完成单位：国家地震局地球物理研究所　云南大学地球物理系

主要研究人员：宋仲和　庄　真　陈国英　安昌强　付竹武　陈立华　胡家富　吕梓龄　苏小兰

鉴定形式：专家评议

组织鉴定单位：国家地震局

鉴定日期：1993年7月21日

一、成果简要说明及主要技术指标

(1) 研究方法简便，适合面波研究较大尺度结构的要求，在国内尚未有人用过，在国外亦属先进方法之一。

(2) 首次给出全面的、较详细的中国大陆、相邻海域及北邻和邻域的广大古生代构造域的S波三维速度结构。这项工作开始前国内只有局部地区有二维速度结构结果，国外工作涉及本地区的有10°×10°为一格的结果。在工作过程中有人用其他面波方法作了局部地区的SV三维速度结构。用面波研究各向异性分布在国内除本课题外迄今未见有人作过，在国外，这类工作也多只限于大洋地区，大陆地区这类研究甚少。

(3) 中国西部面波各向异性的研究结果有力地证明了西部地壳巨厚及地貌特征形成的主要因素是板块的水平挤压和下插作用。此前关于青藏高原隆起的各种学说均缺乏如此深的结构特征的依据，而这种依据是主要的依据，因此，我们的这一结论的根据是充分的，前所未有的。

(4) 由瑞利波得到的三维速度结构分布与大地构造格架一致，也与次级构造单元划分有密切关系，它还显示了大构造单元的大体边界及大断裂所在大致位置，这表明壳、幔速度结构综合地反映了各构造单元的形成、演化史的特殊性及构造环境的作用，不但反映其形成基础、时代而且明显地显现出后期改造作用的严重影响。我们对各构造单元的速度结构给出地质构造解释。这样全面、详细的工作是前人所未作过的。

(5) 根据我们得到的地壳厚度分布及西部各向异性的研究结果，我们提出西伯利亚与古中国大陆的碰撞，在中国西部加上印度板块的碰撞，其作用十分强烈，而在中国中部（北部）作用十分缓和，属于软碰撞。

(6) 收集了地表热流资料及重力布格异常资料，与上述三维结构结果进行对比研究，提出了上地幔低速层埋深是形成地表热流的重要因素，但不是唯一的因素，地壳的热结构（包括热水活动，壳内低速腔的存在等）也在一些地区有相当大的，甚至主要作用，这一结论是前人未得到的。与重力异常资料对比，提出莫霍界面的起伏控制了布格重力异常的分布。搞重力的同志往往用地震的结果作为用重量资料计算莫霍面的起伏的控制点。而我们从地震面波的研究结果与重力资料进行全面对比得出了明确的结论。

(7)提出了地震活动区与稳定区速度结构的多样性及主要标志，这是前人所未作过的，对认识地震活动的规律，潜在震源地区的研究提供了重要依据。

(8)根据我们得到的结果提出了一些地区的构造所属问题，需要从地质和其他地球物理等方面进行再研究。

总之，工作结果给出不少规律性的或进一步的全面的认识、提出了一些新观点和新问题。

二、鉴定意见

宋仲和等利用中国长周期地震仪及 WWSSN 台网记录的地震资料，创造性地应用世界上先进的面波成象方法，系统地研究了中国大陆及其邻区的地壳和上地幔三维 S 波速度结构，并分区讨论了地壳上地幔结构与大地构造运动、演化、地热分布、重力异常、地震活动性、地球应力场等的相互关系，这是首次利用面波对中国大陆及其邻区岩石层所进行的深入研究。利用面波资料研究中国西部地区的各向异性在国内属开创性工作。这些成果为地球内部结构、岩石层的形成、演化及地球动力学的研究提供了基础资料。该成果在一级刊物上发表论文 10 余篇已受到国内外有关学者的重视和应用并获得好评。

鉴定委员会认为，该成果国内领先并达到国际先进水平。

模式识别方法研究及其在地震预报中的应用

编号（1993）　震鉴字 002 号

成果完成单位：国家地震局地球物理研究所

主要研究人员：王碧泉　范洪顺　陈祖荫　王春珍　陈佩燕　杨锦英　王玉秀　陈锦标　黄汉明　马淑田

鉴 定 形 式：专家评议

组织鉴定单位：国家地震局

鉴 定 日 期：1993 年 8 月 24 日

一、成果简要说明及主要技术指标

1. 全面、系统、深入地进行了模式识别理论和方法研究

(1) 系统研究、论述了模式识别方法及其在地震学等方面应用的最新成果。引进了一批新方法，其中包括我们提出的方法，如 ICHAM 法、拟合优度法等。

(2) 除新方法外，所阐述的其他方法均是常用而有效的。

(3) 明确论述了方法的基本原理，但又不拘泥于数学细节，深入浅出。

(4) 各种方法均附有详细算法和数字（或应用）实例，以便于在地震界推广应用。

2. 提出了两种新的模式识别方法

(1) 提出了 ICHAM 方法。其要点为：

①将连续特征数据标准化；

②计算 D_0 类和 N_0 类每一特征的均值和各类样品各特征方差之和；

③计算 Hamming 核；

④计算各样品至 Hamming 核的距离；

⑤分类判别，即预测。

（2）提出了 FS 方法。其主要内容如下：

①特征形成。特征取为某些论域上的模糊子集；

②子分类器训练过程。A. 生成新特征。B. 选取新特征。在子分类器训练过程中，先以原特征集之中的每三个特征组成子分类器的特征集，“训练”这些子分类器，然后对子分类器进行筛选；

③删除多余子分类器；

④分类识别。用筛选出来的子分类器的“软”分类结果的加权平均作为判别函数，形成总的分类决策。

3. 建立了一套强震发生时间的中期预测方法——SKI 方法

（1）自相似地震活动特征的提取，共选取了 94 个地震活动前兆特征。

（2）用 K-W 检验进行特征选择。保留统计量 H_i 较大的前 P 个特征，舍弃余下特征。

（3）用 ICHAM 方法判定危险时间段 DTI。

（4）SKI 方法的实际应用

SKI 方法已实际应用于预测，并事先对 1988 年 11 月 6 日云南澜沧 $M7.6$ 地震的发生时间进行了中期预测。此外它还应用于专家系统，是地震预报专家系统 ESEP 的中长期预报系统中的重要组成部分。

4. 提出了用模式识别进行强震三要素综合预测的方法

国际上 Keilis-Borok 等给出的 CN 和 M8 算法还都只是对强震发生时间进行中期预测。为把预测时间推向中短期，为同时进行强震三要素预测，我们提出并建立了这一套完整地进行强震三要素的综合预测方法。

（1）地震活动前兆及其定量指标的研究

对 20 次强震及 25 次“无强震”研究了下列一组地震活动性前兆：

地震频度；b 值；地震空区；地震的条带分布；地震的集中性。

然后研究并提出这些震兆的定量指标。共有 10 项有定量指标的前兆。

（2）建立用模式识别进行强震三要素综合预测的方案

①建立资料文件：包括建立地震目录库及其他文件库；

②特征提取：包括各项测震学前兆指标的确定；

③特征选择：可用直方图法、K-W 检验或熵法；

④模式识别：用 ICHAM 方法进行模式识别和预测。

二、鉴定意见

该项目针对地震预报的要求和特点，系统、深入地进行了模式识别的理论和方法研究，写了专著一本，并发表 7 篇论文，为地震预报研究引进了一批有效的模式识别方法，特别是提出了两种新的模式识别方法——ICHAM 方法和 FS 方法，其中 ICHAM 改进了对 Hamming 核的计算方法并适合于连续数据和更为一般的样品分布；提出了适用于小样品集及模糊特征的情况的 FS 方法。试验、检验和应用实例表明，这两种模式识别方法均较目前国内外地震界常用的模式识别方法为优，从而更丰富了模式识别方法。

在应用上，以 ICHAM 方法为核心建立了两套预报方法：

（1）用于强震发生时间的中期预报方法，它已有成功预报的实例。

（2）用于强震三要素综合预测的方法，它已列入地震预报的规范程式并推广应用。

综上所述，该项目在统计模式识别方法研究及其在地震预报中的应用上处于国内领先、国际先进水平。

民用房屋震害及其损失评判与保险赔偿

编号（1993）　　震鉴字 003 号

成果完成单位：山东省地震局　山东省保险公司　防灾防损安全技术服务中心

主要研究人员：王　錡　姜立才　李家灵　严伯昌　尹之潜　刘宪章　杨吉泰　都吉夔

鉴 定 形 式：专家评议

组织鉴定单位：国家地震局

鉴 定 日 期：1993 年 9 月 3 日

一、成果简要说明及主要技术指标

（1）在分析了山东地震活动，地质构造分布特点的基础上，对山东新的地震烈度区划及房屋建筑类型分布作了综合分析阐述。这对山东地区地震保险的承保风险水平评估是极重要的。

（2）根据中国近些年来发生的破坏地震的实际震害经验，从易损性分析角度，就不同种类房屋的不同破坏机制，破坏特点作了深入研究。从而也就为房屋修复可能性及修复和加固途径提供了理论依据。这对房屋地震保险赔偿有现实意义。

（3）作为一种新险种，本文给出了地震保险的技术措施，理赔原则及保险对策，对促进开展这项新的保险业务，发展保险事业，对震后救灾及恢复重建都是一种指导和推动。

（4）本书是地震预报，房屋建筑抗震和保险三者结合性研究成果。对房屋建筑抗震关键问题的分析始终围绕为地震保险解决实际问题的目标进行。因此，不同于一般灾害评估，它可被作为制定震灾评判与保险理赔科学预案的理论依据，对震灾保险的承保及理赔具有实用价值。

二、鉴定意见

（1）地震保险研究在理论上和应用上还有许多待探索的领域，该书是对地震保险研究的重要推进。

（2）理赔工作属于保险工作的内在机制，震后民用房的理赔，是震后恢复的重要手段，进而必将促进防灾防损工作的发展，有重要的社会意义。

（3）该书的研究成果对科学地开展民用房屋地震保险的承保和理赔，具有重要的应用前景，将产生经济效益。

建议：

（1）进一步完善地震灾害评估的不确定性分析；进一步把研究推向实用化，使之具有可操作性。

（2）在本课题研究的基础上对工矿企业建筑物开展震害损失评判和保险赔偿的研究。

水准测量大气折射改正研究

编号（1993）　震鉴字004号

成果完成单位：国家地震局第一地形变监测中心

主要研究人员：李延兴　薄万举　徐树心　韩月萍　罗三明　杨国华　赵承坤　夏淑辉

鉴定形式：专家评议

组织鉴定单位：国家地震局

鉴定日期：1993年9月28日

一、成果简要说明及主要技术指标

该任务通过几年的野外试验和理论研究，建立了近地面大气层中水准视线的理论方程，并给出了多种温度分布模型及相应的显式视线方程。同时，筛选出了相对最佳模型，对模型未知数的解算方法有独创，首创了C值直接解算的方法，给出了全新的折光改正公式，试验证明，其效果优于著名的库卡梅奇公式，将水准折光研究课题在世界水平上向前推进了一步。

该课题在数据处理方法中有理论上独特的观点，其中部分内容被黄立人教授引用到了其他重大研究项目之中，并写成论文发表。本课题的试验及理论成果已成为国家测绘局制定新的精密水准规范的重要依据之一。

在本课题的研究中，还对三角水准及其折光问题进行了理论研究，对推进三角高程测量的发展有参考价值。

最后，本课题组完成了CARPL软件的研制，内容为首创的C值解法，可唯一确定温度模型中非线性未知数的最佳解，经比较证明，效果优于现有的经验值法、图解法、广义迭代估计法、最小二乘法、阻尼最小二乘估计法等等，同时给出每一站折光改正数及改正后高差，经实用取得了良好效果。

二、鉴定意见

此项成果根据折射原理，首次建立了近地面大气层中水准测量视线的理论方程，并结合四种大气温度模型推导了水准测量的具体视线方程。在建模过程中，首次，以非线性原理，直接计算C值以解算折射改正数，取得良好的效果，并相应研究了CARPL软件。

此项研究成果在理论与实践结合上有创新，其科学意义不仅对水准测量折光改正的研究有指导意义，而且对三角高程测量发展有参考价值。

此项成果达到了国际上近地面折光改正同类研究的先进水平。

青藏高原地壳上地幔结构的研究

编号（1993）　震鉴字005号

成果完成单位：国家地震局地球物理研究所

主要研究人员：曾融生　朱露培　丁志峰　陈国英　刘成瑞　郑　重　孙为国　赵　珠

鉴 定 形 式：专家评议

组织鉴定单位：国家地震局

鉴 定 日 期：1993年10月28日

一、成果简要说明及主要技术指标

(1)利用近震资料重新进行地震定位，确定青藏高原Moho界面的P_n波速度，反演Moho界面的深度；

(2)利用远震体波数据计算台站下地壳上地幔介质的接收函数，进而反演其速度结构；

(3)利用面波资料计算青藏高原内部不同地体的瑞利波相速度及其速度结构；

(4)利用青藏高原及其邻区台网的观测资料，得到地壳和上地幔P波和S波的速度模型；

(5)通过分析地震波层析成象方法反演所得到的西藏及其邻区地壳和上地幔的速度结构，提出印度次大陆物质向西藏的下地壳挤入，造成青藏高原的隆起。同时，增加的西藏下地壳物质向东迁移，向青川滇的上地幔软流圈下插；

(6)通过对青藏高原的地震活动性和震源机制以及高原活动断层的研究和总结，对高原的地震带进行新的划分。

二、鉴定意见

(1)该项研究在极为困难的地理环境条件下，采用当今先进的宽频带地震仪，首次在青藏高原布设大范围的地震观测台网，并取得了连续观测1年的地震观测记录，获得了$M>5$的地震记录事件600余个，提供了利用近震和远震、体波和面波研究该区深部构造的丰富资料，这在天然地震研究方面是一项开创性的工作。

(2)根据新获取的观测资料及前人在本区工作的成果，开展了大量深入的研究工作，取得了青藏高原及其邻区三维地震波速度结构的分布、地震活动特征和震源机制、瑞利波相速度与深部结构的横向变化、利用远震体波波形反演研究本区地壳上地幔速度结构、P_n波速度偏低和Moho面起伏等富有重要意义的科研成果，进一步指出了在世界上引人注目的青藏高原独特构造区深部构造的特点，为研究大陆内部地球动力学问题提供了宝贵的依据。

(3)根据新的资料，明确提出了有关印度板块向北“楔入”青藏高原下地壳的模型及高原物质向东流动的新认识。在对青藏高原的地震活动性和震源机制以及高原的活动断层进行详细研究和总结的基础上，对高原的地震活动性和分布特征提出了新的认识。

(4)在较短的时间内、较低的投入条件下取得了大量成果，在国内外学术刊物上发表了有重要意义的学术论文多篇，得到了地球物理学界的极大关注。

鉴定委员会一致认为，这是一项富有重要意义的科研成果，达到了国际先进水平。

河北省超低频电磁波台网建设与预报研究

编号（1993） 震鉴字006号

成果完成单位：河北省廊坊地震局 河北省地震局 北京大学

主要研究人员：陈智勇 陶如谦 杜晓泉 宋志新 康吉成 徐东红 陈大元 田树德 陈 峰 步克功 张俊恒 罗英杰 赵东坡 冯玉侠 刘国权

鉴 定 形 式：专家评议

组织鉴定单位：国家地震局

鉴 定 日 期：1993年10月28日

一、成果简要说明及主要技术指标

(1) 完成了以首都圈为监测重点的“河北地震电磁台网”常规观测、磁电比测和小区域台组总计13个台站的台网建设，技术上由台网中心站实施“规范化”管理，有比较完整的资料和技术档案。资料传递、地震预报和异常速报使用无线电台通讯。

(2) 仪器系统抗50周干扰能力大于70dB，其模抑制比大于75dB，备有输入输出自动保护线路，能自动充电、切换电源，市电断电后能继续正常工作24小时，性能可靠，故障率低，能长期连续运转。放大记录灵敏度选择在0.5～1mV/m的精度，既能接收到技术设计要求的电磁信息，又能抑制干扰，使记录基本无本底噪声，震前电磁异常信息突出、直观。传感器稳定，并具有防干扰和漏电检测功能。

(3) 记录资料连续可靠，平均记录率为97.6%，可使用率为94.0%。

(4) 在逐步深化研究的基础上，依据课题任务于1991年11月至1992年12月进行了全网观测资料（含准备实验资料）系统清理与技术攻关，系统总结出电磁辐射与地震相联系的前兆特征。其时间、重现、方向性反映、频率升高、起伏增强发展和地域等特征，可为地震三要素的研究提供重要依据，并有可能为电磁辐射场、源及其传播的探索开拓思路。

(5) 电磁辐射的“一般异常”、“明显异常”、“显著异常”和综合阈值数量指标的映震信度，平均约0.6。综合经验定量阈值地震短临震预报方法，应用于200～300km内显著符和中强地震预报检验，平均有效率约0.6（时间和强度两个要素）。

二、鉴定意见

河北省电磁辐射实验观测台网，采用埋地电极对作传感器和改制的DJ-1作终端的仪器系统，自动连续检测超低频电压信息，有的台站还进行了超低频磁感应强度进行同台比测，研究电磁辐射与地震的关系。观测物理量清楚，技术思路明确，台网实施规范化技术管理，以边研究、边应用的方式，进行短临预报方法探索，并取得了好的效果，具有自己的特色。该台网取得如下主要成果：

(1) 建成了一个具有13个子台的监测台网，技术上达到了规范化管理，资料传递和异常速报使用无线电台通讯。

(2) 该网仪器系统性能稳定、可靠、故障率低，长期连续运转，记录资料干扰小。

(3) 积累了大量系统观测资料和丰富的震例资料，全面整理分析了电磁辐射异常与地震的关系，从多方面总结了电磁辐射异常的特征及其与地震三要素的关系，探索了震前电磁波异常信息的判别方法和定量化指标，在实验性震情监视预报中取得了好效果。

(4) 开展了一系列震前电磁波信息的研究，在国内外学术刊物和学术会议上发表了一系列有理论意义和实用价值的研究成果。

该项研究在国内外同类研究中具有先进水平，同意该台网通过验收并投入正常运行，且同意作为一项常规监测手段投入日常震情监测。

建议进一步完善采集系统，并建议与有关部门合作进一步加强电磁地震异常信息的机理研究。

石棉—西昌地区地震区划研究

编号（1993） 震鉴字007号

成果完成单位：四川省地震局

主要研究人员：唐荣昌 黄祖智 张耀国 文德华 雷建成 蒲玉泰 钱 洪 伍先国 蒋国芳 田 鸿 蒲晓虹 夏大德 蔡长星 夏彩芳 白兰香

鉴 定 形 式：专家评议

组织鉴定单位：国家地震局

鉴 定 日 期：1993年11月24日

一、成果简要说明及主要技术指标

《石棉—西昌地区地震区划研究》系四川重点地区新的地震区划研究的一项科研成果。该成果是严格按《新的中国地震区域划分图编图工作大纲》的要求进行的。课题组在前人工作的基础上，开展了野外考察，收集了大量的第一性实际材料，并以科学的技术思路和途径，对石棉—西昌地区地震区划进行了深入研究。该成果概略介绍了研究区地震区划的总体技术途径，阐述了该区的区域构造，活动断裂带特征和现代构造应力场，记述了该区强震震害资料，探讨了地震影响场，讨论了该区地震活动时、空、强特征，并对地震震源深度、震源机制解结果进行了分析，在此基础上对研究区及其附近地区的潜在震源区进行了划分，并采用考虑地震时、空不均匀性的地震危险性概率分析方法对该区作了地震区划。最后编制完成了22幅附图及相应的说明书，并编写出版了《石棉—西昌地区地震区划研究》一书。

该成果填补了该区活断层研究的空白，获取了新的古地震资料，对确定该区大震重发的时间间隔和断裂的活动分段具有重要意义。该成果已达到国内同类技术先进水平。正如专家们评定指出的“本报告使得对西昌—石棉地震危险性研究大大向前推进了一步，改变和更新丰富了则木河和西昌以北地区断裂活动性及历史地震的某些认识，取得了新进展，是一份科学性和实用性都很强的区划报告”。

二、鉴定意见

该成果严格按国家地震局重点地区区划工作大纲完成。收集了工作区范围内的地震地质、地球物理及地震活动性资料。据此，系统编制了22张基础图件，6份专题报告，完成了50年超越概率10%的地震烈度区划图（1：50万）。鉴定委员会认为，该成果基础材料丰富、翔实，技术思路清楚。在重点地区区划工作中，对活断层和古地震所作的调查研究方面具有特色，填制了重点地区1：1万活动构造图，填补了安宁河断裂带北段的地震地质空白。本项成果达到国内先进水平。

鄂西三峡地区地震烈度区划

编号（1993） 震鉴字008号

成果完成单位：国家地震局地震研究所

主要研究人员：李安然　严尊国　龚　平　张飞飞　王清云　陈步云　徐孝文　李愿军
耿爱玲　曾心传　周明礼　申重阳　李普丽　薛军容　李胜乐

鉴 定 形 式：专家评议

组织鉴定单位：国家地震局

鉴 定 日 期：1993 年 11 月 24 日

一、成果简要说明及主要技术指标

《鄂西三峡地区地震区划》是"七·五"期间我国"重点地区地震区划图"项目。课题组按照国家地震局制定的统一工作大纲要求，同时结合本区具体的地质、地震特征创用了一系列适用于本地区的技术思路和方法，在总结、吸收三峡地区已有工作成果的基础上开展了地震区划系列研究工作，包括区域地震活动性及其三维、动态的总体构造环境（Entire Seismotectonic Environment）、区域中强震的构造标志、潜在震源区及其地震活动性参数、地振动衰减与地震危险性分析等，最后编制了 50 年期限超越概率 10%所对应的地震烈度区划图（1：50 万）。

主要结果：

（1）依据区内地震构造总体环境条件和中强地震构造标志；划分了 12 个潜在震源区，其震级上限 M_u＝5.5～6.5；

（2）本区地震烈度为Ⅵ～Ⅶ度，其中大部分是Ⅵ度区。

二、鉴定意见

该项研究按照"区域性地震区划工作大纲"，完成了鄂西三峡地区地震烈度区划图（1：50 万）和 10 张基础图件、1 份研究报告、6 份专题研究报告；该项研究目的明确、技术思路合理、清晰，吸收了该地区近 30 年来积累的最新资料，基础工作扎实，论证分析合理；该项研究在中、强震构造条件、潜在震源区三级划分研究方面有特色。该项研究达到了国内先进水平。

银川平原 1：50 万地震烈度区划

编号（1993）　震鉴字 009 号

成果完成单位：宁夏回族自治区地震局

主要研究人员：孟广魁　廖玉华　王　萍　王增光　董卫国　崔黎明　赵卫明

鉴 定 形 式：专家评议

组织鉴定单位：国家地震局

鉴 定 日 期：1993 年 11 月 24 日

一、成果简要说明及主要技术指标

银川平原 1：50 万地震烈度区划编图，严格按照《区域性地震区划图编制工作大纲》的要求，分两个阶段进行。第一阶段在收集、整理、分析大量文献资料的基础上，编绘了研究区地震地质、地震活动性、地球物理场方面的 16 张基础图件。第二阶段，对研究区做了地震带的划分并对两个地震带做了地震活动趋势分析，然后对研究区做了潜在震源划分，求得适用于编图区的地震烈度衰减关系，最后通过地震危险性概率综合评定，得到了 50 年 10%超越概率下的地震烈度区划图。本项工作采用的编图原则和方法与中国地震烈度区划图完全一致，由于比例尺为1∶50万，与全国区划图1∶400万相比，精度明显提高。

二、鉴定意见

该项目系统地收集了地震地质、地球物理及地震活动性方面的基础资料，通过整理、分析，编制了三组16张基础图件，两份基础资料表格及相应的说明书。通过地震危险性分析工作得到了50年超越概率10%的地震烈度等值线图。该项工作收集了工作区外围200km范围内的基础资料，材料丰富、扎实，确保了1∶50万区划图的精度。工作思路清晰，所采用的分析方法正确，对全国区划图的潜在震源区划分方案及参数选取作了某些适当的修改。文字、图件及表格清楚。已达到国内先进水平。

鉴于灵武地区的烈度值与全国区划图相比有较大的变化，建议对灵武地区的烈度计算结果作核实或说明。

中国地震分析预报软件系统

编号（1993）　震鉴字010号

成果完成单位：国家地震局地球物理研究所　安徽省地震局　国家地震局科技监测司　国家地震局兰州地震研究所　天津市地震局　河北省地震局　国家地震局地壳应力研究所　国家地震局第一地形变监测中心　国家地震局地震研究所

主要研究人员：牟其铎　朱文林　成小平　吴培稚　沈建华　刘辉炜　杨建思　高文海　胡新亮　周克昌　刘天奎　曹永健　吴　静　黄建梁　杨选辉

鉴 定 形 式：专家评议

组织鉴定单位：国家地震局

鉴 定 日 期：1993年12月4日

一、成果简要说明及主要技术指标

(1) 系统功能全面，包括了目前所有学科和手段常用的地震分析预报方法，并配以丰富的图表输出，形成一套独立、完整的系统。

(2) 该系统为适应不同的研究思路和工作过程，分别实现了多种处理流程。一是从学科角度设计控制流程（例如，在地震学方法中，处理功能又被分成地震活动性的时间图象、地震活动性的空间图象、地震序列特征、地震相关性和震源及介质参数等方面）；二是按照预报时段将系统模块分成长、中、短、临几个部分；三是从数据处理流程的角度，将处理过程划分为数据的预处理、干扰排除、数据的常规处理、异常识别和预报意见生成等几个步骤；对于特殊的研究工作，该系统还可以为软件工具提供多种服务。

(3) 该系统是面向不同层次的用户的，既适合一般的操作人员和初级用户，又兼顾了中、高级用户的需求。因此，整个系统被设计成操作简单可靠、界面直观友好、安装使用方便的系统，同时，又被设计成具有较强的灵活性和可扩充性，既可作为地震分析预报和数据处理的实用软件，又可为进一步的编程提供一个开发平台。

(4)该系统的程序设计选用的是当今最新型的语言——C^{++}程序设计语言。采用面向对象的程序设计（OOP）技术，合理划分对象，充分保证程序的代码重用和数据重用，大大减少系统的冗余。

（5）系统设立了数据的统一管理标准，并充分考虑到有效利用其他数据源的数据。以数据库技术与文件管理技术相结合来完成数据存取，可大大提高数据的处理和传递的效率，并有利于与其他系统的数据交换。

（6）系统界面设计和图形输出风格统一，并采用了流行的界面技术，从而达到界面美观独特，操作简单、方便、可靠，提示帮助及时，误操作处理周到。

（7）专门设计的打印机仿真绘图工具即使绘图输出功能得到扩展，又可避免配置绘图仪的不方便，通过设置的专门接口，在不需对软件做改动的情况下，即能支持多种打印设备。

（8）系统采用统一的编程风格，包括书写格式、注释、变量说明及文件分类等，使系统具有良好的可维护性。

（9）该系统被设计成开发式的可减裁、可扩充系统，用户可以根据自己的需要来组织和安装分系统或子系统。系统的扩充接口允许用户将新的功能模块纳入到系统中来，使系统得到扩充和更新。

（10）系统具有中文版和英文版两种版本，以方便不同用户。

系统技术指标：

系统的运行环境是 IBM 系列微型计算机；

系统综合了十个学科或手段的地震分析预报方法；

系统具有三种工作流程：学科方法流程；数据处理流程；预报时段流程；

系统程序设计环境：Borland C++；

程序代码长度：超过 15 万行；

发行可执行代码长度：约 3.5M 字节。

二、鉴定意见

《中国地震分析预报软件系统》是与《中国地震分析预报总指南》相配套的大型软件系统，是在我国地震分析预报实用化攻关研究及其相应软件的基础上研制的第一个综合多学科方法的大型应用软件系统，它实现了按学科方法、阶段预报、或数据处理流程三种方式选择处理功能。该软件既适合于地震预报，也适用于一般地震科学研究和数据处理。

本系统采用了先进的面向对象的程序设计技术和方法以及 C++ 语言，实现了系统的语言统一、结构完整，形成一个有机整体，做到系统功能强而程序代码紧凑。系统的用户界面友好，借助下拉式和弹出式菜单、数据合法性检查、错误提示报警、联机帮助信息以及中英文两种版本等措施，使得用户在功能选择、参数输入、结果显示等方面操作简便、易于掌握、成功率高。该系统的输出功能强，除屏幕显示多种文本信息和图形以及通过打印机打印屏幕显示的文本或图形外，还可以通过参数控制在多种打印机上绘制出不同尺度、不同取向的图件。系统中还提供了一系列通用工具软件，为多学科地震前兆的对比分析提供了良好条件。系统模块可以方便地进行剪裁和扩充，对机器的适应性也较强（如只需 640kB 内存），使该系统可适于不同用户的要求，有利于推广应用。

《中国地震分析预报软件系统》是目前国际上涉及学科最多、方法最多和功能最强的一个地震分析预报软件系统。经过国内 30 多个地震部门试用，证明该系统是成功的。鉴定委员会认为该系统居国内外同类系统的领先水平，予以通过鉴定。

鉴定委员会希望该项目课题组继续注意吸收最新的地震预报方法，进一步做好该系统的完善和推广工作。

首都圈地震与前兆数据库及分析处理实用化系统

编号（1993）　震鉴字 011 号

成果完成单位：国家地震局分析预报中心

主要研究人员：崔德海　周胜奎　吴邦素　吕培苓　孙孝义　于学军　陈建民　黄　伟　李闵峰　王贵宣　孙春季　王国庆　张郢珍

鉴 定 形 式：专家评议

组织鉴定单位：国家地震局

鉴 定 日 期：1993 年 10 月 7 日

一、成果简要说明及主要技术指标

本成果是将首都圈地区的测震数据（其中包括地震目录、台站信息、P 波初动及震源机制解等）和前兆数据（自建台以来 147 台项的数据），用 VAX DBMS 建立数据库，并建立了完整的数据录入、更新、检索、各种报表打印、图形显示和绘制等数据库管理功能。同时，利用数据库中的数据建立了有关测震和前兆的震情监视处理系统，测震方面的处理功能主要有地震活动性参数计算及时间序列图和震中分布图的绘制、震源机制参数的计算及图形绘制等；前兆方面的处理功能主要有数据的预处理、图形显示、异常的识别和提取及综合预报等。本系统具有数据种类繁多、数据量大、数据质量可靠、检索速度快及数据联机共享等特点。

二、鉴定意见

(1) 该系统数据库结构合理，一致性好，冗余度小，系统涉及的数据种类多、数据量大，其响应速度可以满足数据管理和日常处理的要求。

(2) 该系统处理功能比较丰富，实用性强，基本上满足了对首都圈地区震情监视处理的要求，几年来，在日常震情监视中发挥了良好的作用。

(3) 全部数据联机共享，使用方便。

(4) 用户界面基本友好，修改和录入方式清晰、直观。

(5) 文档资料齐全，符合鉴定要求。

总之，鉴定委员会认为该系统达到了预期的目标，在技术上达到国内先进水平。希望对该系统进一步完善，使其在地震监测预报中发挥更大的作用。

现代化震情分析会商系统建设

编号（1993）　震鉴字 012 号

成果完成单位：四川省地震局　国家地震局分析预报中心　国家地震局科技监测司　甘肃省地震局

主要研究人员：李谊瑞　孙其政　邢如英　盛家伦　徐京华　高　旭　郭大庆　吴碧春

雍幼予　唐吉阳　陈棋福　郭建康　梁晓东　张跃勤　刘昌祥

鉴 定 形 式：专家评议

组织鉴定单位：国家地震局

鉴 定 日 期：1993年12月6日

一、成果简要说明及主要技术指标

（1）建成布局合理、环境适宜、实用性强，并具有浓郁学术气氛、方便日常震情分析会商和紧急会商以及大震时指挥调度的现代化会商室。

（2）震情分析会商室的硬件系统是以高档微型机为中心（逐步建成微机局部网络），合理的配置了数据输入、输出设备；大屏幕演示设备；图形图象设备；声像设备和通讯设备等，满足了日常震情分析会商和紧急会商以及大震指挥调度需要。

（3）震情分析会商软件系统基本囊括了地震分析预报全过程，具有数据汇集、存储、管理、处理和演示能力，并具有帮助地震分析人员进行数据处理和综合辅助决策的功能。其主要功能是：①地震数据汇集与通信；②震情分析会商地震数据库；③震情分析会商演示和绘图；④前兆数据日常处理方法；⑤测震数据日常处理方法；⑥地震综合分析预报方法。

震情分析会商系统建设始终遵循高起点、新思路、新方法、标准化、注重实用，力求系统具有高性能价格比的科学指导思想。因而，使我国的震情分析会商工作向现代化迈出了坚实的一步。其主要特点是：

（1）先进性与整体性：系统的总体构思，运用系统科学的思想，率先在国内把数据汇集、加工、处理与震情的综合分析、判断有机地结合在一起，构成一个完整的系统。为地震分析预报辅助决策快速提供可靠的信息和处理方法，使地震分析预报工作的面貌得到了根本性的改变。

（2）实用性：系统建设完全依据震情分析会商的实际工作需要，模拟地震预报的全过程，不但实现了日常震情分析会商计算机化、图形化、规范化，而且各种日常地震分析预报方法也基本程序化、定量化。

（3）标准化与兼容性：硬件系统设备型号统一，接口标准统一，使之向上、向下兼容。软件系统程序设计标准统一，用户界面统一，输入/输出格式统一，逐步形成一套震情分析会商系列软件产品。

（4）统一规划实施：系统建设从可行性分析、总体设计、建设试点到具体实施，始终坚持“统一领导，统一规划，统一标准”的原则。因而，先后建成的12个现代化震情分析会商系统，尽管规模有别，各具特色，但目标一致，功能相同，相互兼容。

二、鉴定意见

该项目是国家地震局1987年下达的重点科研项目，历时六年完成。在项目科学思路，系统总体设计，技术途径，实施措施指导下，成功地建设了12个国家局和省局具有中国特色的现代化震情分析会商系统。系统具有科学思路的先进性、应用的实用性、工作环境的兼容性、实施过程的统一性等特点。该项目所建设的各个会商系统均具备下列五项功能：建立震情分析会商地震数据库；具有数据管理和应用功能；日常震情监测和分析会商处理功能；震情分析会商演示功能；震情综合分析预报辅助决策功能。

该项目科学思路指导下建成的各震情分析会商系统已在日常地震周、月和年度会商和地震发生后的紧急会商中发挥了重要作用，有利于实现地震分析会商计算机化、程式化、定量化和地震综合预报决策科学化。

鉴定委员会认为，现代化震情分析会商系统属国内首创，该项目成果与同类系统相比较具有国际先进水平。鉴定委员会一致通过鉴定。

层析技术在工程中的应用研究

编号（1993） 震鉴字013号

成果完成单位：国家地震局地球物理研究所

主要研究人员：冯锐 周鹤鸣 周海南 郝锦绮 孙次昌 刘庆芳 陶裕录 张炼 吴建平 张景涛 腾云田 乔军华 周建国 汤毅 冯国政

鉴定形式：专家评议

组织鉴定单位：国家地震局

鉴定日期：1993年12月23日

一、成果简要说明及主要技术指标

研究内容全面而丰富，是项技术起点高、综合性强、创造性突出的项目。经多年努力，改进并发展了图象重建算法，率先在国内的PC机上建立了电磁波层析成象的软件系统，扩大了软件的适应范围和处理功能，实现了从野外观测仪器、数据采集、岩样测试到图象重建的一体化和实用化，在大量实践的基础上，使该成果在整体上处于国内领先的地位。在我国还首先建立起来电波工作频段下岩石电磁性参数及相关物理量的测试系统，对有代表性的岩矿的参数进行了系统测试和模拟试验，为技术的应用建立了实验基础。完成了钻孔电磁波EWCT-1型CT仪器的研制，正在投入批量生产，采用了较多的先进电路和跳频工作方式，集成化程度高，性能可靠，轻便省电，实现了自动观测，达到国内同类仪器的先进指标。对于工程应用，在国内较宽的地学领域做了大量开创性的试验研究，不仅取得了程度不同的成果或突破性进展，给国家建设做出了贡献，也为物探技术的应用开辟了新途径，在某些领域达到国际领先水平，对层析技术在我国的推广应用起了重要的推动作用。

二、鉴定意见

(1)实现了多种层析成象理论方法的实用化。建立了电磁波层析成象软件系统(ETS)，具有较强的实用功能，提高了图象重建算法的速度和精度。同时提出和发展了交切反投影、非块状模型、最大熵成象和波形反演的理论方法。图象显示输出方式灵活，使用方便。

(2)设计并完成了EM测量的整套数据采集、传输、成象直到硬输出的程序和软件，解决了一系列计算机系统的软硬接口。

(3)设计并完成了钻孔电磁波EW-1型CT仪的研制。该仪器在稳定性和适用性等方面具有突出优点。尤其在仪器动态范围、工作频率使用方式、井深计数、发射功率、宽频带小尺寸天线等方面的指标有明显改进，达到国内先进水平。

(4)在国内首先建立了岩石高频电磁参数测试的整套设备，完善了测试技术，并完成了国内13个省市，40余种173块各类岩石标本物理参数的测定，进行了一系列淡水、海水、砂粘土的模拟试验，得到了大量的基础参数，填补了国内该领域的空白。

(5)在工程应用上取得了一些可喜的结果是本项目突出特点之一。先后在地质、煤炭、水电、水文、金矿和石油等许多领域实际应用并取得了程度不同的成果或突破性的进展，涉及到建筑地基的破裂、断裂、风化、岩溶等异常及分布部位，隧道、矿山和工程地质隐患、灌浆检测、矿体探测、地下水探测等众多地质问题。已取得的结果充分表明了层析成象技术的广泛应用前景。

专家组认为，以上成果系统而全面地反映了本研究课题的整体思想、严谨的研究方法和技术手段以及明显的应用效果，在我国层析技术应用方面取得了突破性进展。不仅技术方面、研究深度方面具有国内领先水平，学术上具有较高价值，而且迈入了国际先进行列。项目在执行过程中已取得明显社会和经济效益，而且有广泛应用推广前景。

希望今后结合复杂的现场条件，更深入一步改进方法并系统性地进行岩性测试，提高分辨能力以减少地质多解性，扩大应用范围；仪器方面应再上一个档次，在定量方面有所提高。

数字地震记录的仿真、复原及应用

编号（1993）　　震鉴字014号

成果完成单位：国家地震局地球物理研究所

主要研究人员：李鸿吉　傅昌洪　何正勤　牟其铎　陈国英

鉴 定 形 式：专家评议

组织鉴定单位：国家地震局

鉴 定 日 期：1993年12月10日

一、成果简要说明及主要技术指标

1. 仿真

从数字地震仪的传递函数出发，运用现代控制论原理推导了数字地震观测系统的仿真模型，使用该模型可以将地面位移转换为数字地震记录。从国际范围看，在地震仪的仿真中，首次运用了自动控制论原理，具有开创意义，已由国际刊物 Electricnl & Electronics Abstracts 所引用。

2. 复原

通过两条途径，一个是频率域，运用仿真模型和FFT建立起一个迭代过程；另一个是时间域，从数字地震观测系统的传递函数出发，建立了一个适于CDSN宽频带复原的递归的反褶积滤波器。国内还没有发表过类似的成果，与国外同类复原结果比较，也是先进的（这种比较包括在论文中）。

3. 数字地震记录应用

（1）震级，包括 M_b、M_S 和地幔波震级；

（2）Q 值和应力降；

（3）地壳和上地幔结构。

二、鉴定意见

（1）本研究首先推导出我国与美国合作的数字化地震台网（CDSN）的地震观测系统仿真模型，并将它推广到CDSN的短周期和中长周期记录。为CDSN的资料应用作了较扎实的基础工作。

(2) 研究中首次采用了 FFT（快速傅里叶变化）和自动控制论原理将传递函数转换为状态方程，将一个多阶微分方程变为一个一阶微分方程组，并应用了龙格库塔法求解输出方程，从而避免了仪器传递函数作除数时引入的各种失真，得出了接近真实的地面位移。

(3) 利用本研究复原地动位移的结果，对 CDSN 资料作了部分应用研究，在地震震级和地幔 Q 结构等方面取得了初步结果。为 CDSN 资料的应用和推广作了部分基础工作。

本研究结果是国内首先公开发表的地震观测系统仿真和复原地震记录的研究成果，在国内同类研究中处于领先水平。在国际上本项目首次将自动控制原理用于研究地震记录的仿真和复原，有其独到之处。同意通过鉴定。

数字信号模型曲线处理理论

编号（1993） 震鉴字 015 号

成果完成单位：国家地震局地震研究所

主要研究人员：陈中林　黄振华　王　岚　杨惠英

鉴 定 形 式：专家评议

组织鉴定单位：国家地震局

鉴 定 日 期：1993 年 12 月 24 日

一、成果简要说明及主要技术指标

(1)“信号模型曲线分类及其时域、频域细化（内插）点的快速计算”成果。

(2)“新采样定理和模型曲线信号处理中的混淆效应理论”成果。

(3)“周期信号截断处理的新泄漏效应处理理论”成果。

(4)“纠正信号处理计算中的一些失误和不当之处”成果。

这里，在信号曲线采样方面，就如第 2 分项成果所述，它创导了一新的实用方便的采样原理，它可以代替过去延用的只适于理想的带限信号和其频域特征来采样的经典采样原理。这样就能使之经济、合理、方便地进行采样。

在变换曲线计算方面，由第 1 分项成果所示，它发展了一套各种类型模型曲线数据内插点和变换曲线细化点的精确快速计算理论，以代替过去常用的纯 EFT-FFT 的近似算法理论。特别是，它创导了适于时限随机振动（如地震、爆破或短时振动记录）信号的“时限光滑化”模型曲线数据处理概念及其细化变换计算理论，它具有明显的实用价值。

在误差及其处理理论方面，它包含在第 1，第 2 和第 3 分项成果中，它给出了数据处理中具有模型曲线特征的新的误差理论，它使过去的那些“混淆”、“泄漏”及其他误差的解释更具有明确性和科学性，随之可有效地避免发生或缩小误差。在第 4 分项成果中还对过去频谱计算中常出现的差错进行了纠正。如给出：相位谱的正确计算，矩形函数的正确表达和折叠频率点上谱值的正确计算等。

二、鉴定意见

“数字信号模拟曲线处理理论”项目，独立地提出了一种数值运算的更精确的内插技术，采用 n 阶泰勒展开，导出了适用于 DFT（FFT）的 β 算法，提高了谱估计的精度。并对谱估计中采样定理、混淆效应、泄漏效应进行了深入的数学研究，做出有意义的贡献，得到了具有创新的成果。其结果在地震工程、石油勘探的资料处理中得到了广泛应用。

该项研究成果在信号的谱估计方面达到了国际水平。

JSJ 精密水准仪（含经纬仪）综合检验仪

编号（1993）　　震鉴字 016 号

成果完成单位：国家地震局地震研究所　中国计量科学研究所

主要研究人员：付辉清　魏凤岭　齐乘光　宁金忠　陆建国　沈　妮　李江应　崔行顺　宋晓平

鉴 定 形 式：专家评议

组织鉴定单位：国家地震局

鉴 定 日 期：1993 年 11 月 26 日

一、成果简要说明及主要技术指标

自计量法颁布以来，用于大地测量、工程测量的经纬仪、水准仪等大批测量仪器相继纳入了法制管理轨道。为了保证该类仪器的使用精度及量值传递的准确可靠，国家计量检定规程规定这类仪器属非强检计量器具必须每年送检，然而目前为止检定这类仪器的标准装置尚不完善，特别是对大量进口的精密水准仪，仍然只能用野外方法进行检定，特别是望远镜调焦误差等项目室内无法进行准确的检定。为了解决以上难题，填补这一领域的空白，于 1991 年 5 月开始了这项课题的研究工作，经过近两年的努力，在国内首次突破了研制高精度移动平面摆镜补偿器的制作难关，并将这一技术成功地应用于 JSJ 系列仪器中，取得了较好的效果。其主要特点是在经纬仪、水准仪检验设备中首次实现了准线目标连续可调，并可获得一条高精度自动安平水平准线。该仪器主要技术指标如下：

(1) 准水平线标准偏差为 $\sigma<\pm 0.1''$（在铅垂面内）；

(2) 2～50m 范围内目标连续可调，十字目标偏离准线精度为铅垂面内 <0.05mm，水平面内 $<\pm 2''$；

(3) 物镜焦距 $f'=1000$mm，通光口径 ∅70mm；

(4) 圆分度标准最大分度间隔误差 0.2″，测微器格值 0.2″；

(5) 水准器检定器测微分辨率为 1″；

(6) 四维微倾工作台格值 1′。

二、鉴定意见

1. 该仪器达到的主要技术指标为：

(1) 仪器给出的准水平线其标准偏差为 $\sigma<\pm 0.1''$；

(2) 连续式多目标水平准线在 2～50m 范围内的水平准直度其最大误差不超过 0.05mm；

(3) 仪器补偿器的补偿范围 $>\pm 8'$，补偿精度优于每分 0.05 角秒（0.05″/′）。

2. 该仪器设计原理正确、技术指标先进、结构合理、功能齐全、操作方便、稳定性好。并在以下方面具有创新突破：

(1) 在经纬仪、水准仪检验设备中首次实现了目标连续可调，并可获得自动安平的水平准线，该水平准线具有精度高、稳定性好的特点。

(2) 在国内突破了高精度移动摆镜补偿器尖端技术，并成功地用于该仪器中。这一技术的掌握也为研制高精度自动安平水准仪等仪器打下了基础。

(3) 带有四维可调仪器座的1″微倾工作台结构新颖、载重量大、稳定可靠、操作方便。

3. JSJ精密水准仪（含经纬仪）综合检验仪的实测精度优于设计指标，能满足各级水准仪的检定要求，并可检定DJ_1及其以下各级经纬仪，仪器精度与性能达到国际先进水平。经国际联机检索尚未发现国外有同类仪器的研究报道。该仪器在国内外均有广阔的应用前景与推广价值，可以投入小批量生产。

建议对该仪器作进一步改进后，争取作为国家准水平线基准。

鲜水河断裂带断层形变动态观测系统的建立和试验研究

编号（1993） 震鉴字 017 号

成果完成单位：四川省地震局 国家地震局地壳应力研究所 国家地震局地震研究所

主要研究人员：刘本培 周硕愚 勾 波 张鸿旭 宋永厚 赵世君 张 超 吴 云 黎定福 张荣富 李根远 张文甫 何锡光 韩 健 陈 浩 杨兴孝 孙世泽 高晓军 周如品 张周术 江敬坚 孙启伟 序 华 杨永林 邓春泉

鉴定形式：专家评议

组织鉴定单位：国家地震局

鉴定日期：1993年12月22日

一、成果简要说明及主要技术指标

本课题主要包括按正确的设计思路、严格的工作程序建立的由多个观测台站组成的断层形变动态观测系统；通过对系统高效运转所获得的断层活动信息的分析研究，建立的断层形变时空分布模型；利用大量与地震相关的微小形变信息的分析研究结果，进行卓有成效的地震预报试验。因此，本课题既有应用技术的内含，又有科学理论的研究，是多学科对地学科技前沿联合攻关的系统工程。

系统的建立是基于现代构造物理、微震定位、活断层研究的一些成就，地震地质调查和现今地壳形变监测研究的一些成果，参考国外的一些经验，通过反复的场址勘选，采用高烈度区的特殊基建设计、施工、选择、研究与环境条件匹配的观测仪器等一套完善的工作。因此技术上比国外同类工作有了明显改进。

通过对观测资料的分析研究、数理模拟，提出的观测到的蠕变事件的前兆意义和机理；断层形变的时、空分布模型；板内活动块体边界的缓慢“连续对数蠕变”和板块边界较快速率的间隙阶段跃蠕动的区别，对于推进地球动力学一些问题的研究及其在工程、地震、地质灾害方面的应用方面具有明显的学术价值。对于建立在地震活动频繁的断层上的观测系统和对系统附近十余年来唯有的两次4级以上地震的有效预报试验，已证明和预示其良好的应用效果。

二、鉴定意见

（1）鲜水河地震带断层形变动态连续观测系统的建立具有充分的理论依据和长期实践的基础，它遵循了一套完整的野外调查、方案论证、设计施工、仪器选型安装测试等工作程序。体现了设计思路先进、系统布局合理、观测系统与环境条件匹配，系统工作正常，产出资料合格，系统建设具有先进性与实用性。观测系统的建立符合我国国情与民情，达到投资少、产出高、维护简便、长期受用的高效率，不仅填补了我国跨断层连续观测的空白，而且比国外同类工作有了明显的改进。

（2）动态连续观测系统的建立若与地面其他观测系统的配合，基本上能实现该断裂带形变监测工作，在空间域内的多尺度、全方位，时间域内的全频道覆盖。研究成果提出的断层形变时、空分布模型等结论，具有科学新意和较高参考价值。

（3）动态观测系统以连续的、微米量级的观测资料打开了认识断层活动的整体信息与分段活动性的新窗口。尤其是短周期异常活动的信息。用连续观测时序重建复杂系统动力学等方法和蠕变数理模拟，充分显示了这类信息的理论意义和实用价值。可望推动动力大地测量学、现今地球动力学、活动构造学等前沿学科的发展，以及地震预报（特别是短临预报）工作的进程。

鉴定委员会一致认为，这是一项观测、实验和理论相结合，且有新意的前沿性研究成果，也是一项在理论指导下，从野外调查、选址建台、实验观测、资料分析到理论建模，认识实践的系统工程的研究成果，又是一项历时很长、条件艰苦、多方协调、投资量少、效益突出的多学科的研究成果。课题的研究成果具有较高学科水平，而且有着重要的推广价值。成果的重要作用是在观测系统建立和试验研究上填补了地学中板内断层现今运动，尤其是短周期运动的空白域，这一成果处于国内领先地位并达到同类研究国际先进水平。建议深入开发已有的大量信息，并完善场区的观测的匹配项目（如垂直量、环境因子观测等）。

乌鲁木齐遥测地震台网建设

编号（1993）　　震鉴字018号

成果完成单位：新疆维吾尔自治区地震局

主要研究人员：吴新泉　段天山　何　彦　张智强　杨红莲　朱令人　王志元　王晓林　王克宁　杨晓源　许　静　许洪新　葛光文　李志华　单新建

鉴定形式：专家评议

组织鉴定单位：国家地震局

鉴定日期：1993年12月25日

一、成果简要说明及主要技术指标

（1）快速测定自治区境内发生的M_S5.0以上的中强地震和强震的基本参数，并向自治区政府和国家地震局速报，为抗震救灾提供基础依据。

（2）快速测定国内M_S6.0和国外M_S7.0强震的基本参数，并向国家地震局速报。

（3）强化乌鲁木齐地区的监测能力，快速准确地为该地区的地震预测、预报研究提供弱震活动数据。

(4) 结合人工台网资料编辑出版地震观测报告，有重要震情发生时还能结合人工台网资料编辑地震序列、小震活动的时空分布，分析计算较大地震的震源机制，地震谱等一系列测震学参数。为地震预测、预报和地震学研究提供可见和磁介质原始波形记录数据。

乌鲁木齐台网从1990年5月开始勘选设计至1992年12月按合同计划将无线传输系统和笔绘记录部分安装调试完毕，并于12月上旬完成了地震数据实时采集处理系统的联网运行。

乌鲁木齐遥测台网是国内第一个全无线化仅靠一次中继实现了近500km的大孔径布局的区域遥测地震台网，是国内同类台网中孔径最大的一组台网之一。它由11个子台，三个中继站，一个记录处理中心组成。观测内容设置较全，短周期位移、中长周期位移、速度记录融为一体。在技术系统中采取国内地震遥测的新技术新设备，专门研制了CDM-3型区域地震遥测系列设备。包括区域地震遥测调制发送设备，容量较大的汇集中继设备，区域地震遥测接收解调设备，中长周期采用副载波直接调频方式，确保了中长周期地震信号在无线传输过程中的质量。为了提高信道贮备和信道质量，还研制了高增益阵列天线、螺旋滤波和晶体滤波的低噪声天线放大器，实现了300km低功率长站距和超长站距传输。系统设备集成化程度高，有别于国内同类台网使用的技术系统，具有自己的特色。

台网通过半年多的试运行和三个月的运行考核的实测结果表明，设备运行可靠，资料连续率达到96.8%。各项指标达到了设计技术指标要求。

主要技术指标：网内100km内监测地震的震级下限为$M_L \geqslant 1.5$，漏检率低于5%，定位精度为Ⅰ－Ⅱ类。

拾震器、短周期1秒、中长周期20秒，由768自动换纸记录仪提供连续记录。

地震数据实时采集系统，采样率50次/秒，采样时间360秒，模数转换位数12位，四个台以上触发，即可自动处理定位，并生成磁介质波形数据记录，10分钟内即可打印结果。

脱机图象处理系统，可为实时采集的波形数据提供多功能的图象处理软件，通过人机对话，可以在386系列微机上完成地震波形回放，自动识别震相，联合识别震相，自动定位，联合定位，波谱分析等项数据处理工作。此外还实现了系统与局计算站VAX机之间的数据通讯，建立了数据库。

二、鉴定意见

乌鲁木齐遥测地震台网是我国国内尺度最大的无线遥测地震台网。

该台网设计思想正确，并具有以下特点：

(1) 在台网布局上，采用大震、远震测定台与乌鲁木齐微震强化监测台有机的结合，合理地配置观测项目，以实现乌鲁木齐遥测地震台网的任务。

(2) 在技术系统上，采用了近几年来我国地震遥测的新技术和新装备，利用超短波无线遥测中继技术和音频转接——单边带调制汇集设备，以及移植改进一套实时地震数据采集软件等，使整个系统具有较高的技术、经济指标。

(3) 在工程实施中，为适应高寒气候及维护困难等特点，采取一系列技术措施，提高了整个系统的可靠性。

委员会认为，该台网充分利用有利地形，特别是采用高增益阵列天线和低噪声高选择性天线放大器的传输技术，成功地实现了超长站距（300km）的多道信号传输遥测，在新疆自治区和我国地震部门中是首创，为我国地震遥测技术提供了有益的经验。

该台网的建成，将大大提高新疆，尤其是北天山地区的地震监测能力和速报能力。为新疆地区的地震预报、地震科学研究和减轻地震灾害，为新疆国民经济建设起着积极的作用。

委员会认为，乌鲁木齐台网已达到了国内遥测地震台网的先进水平，填补了新疆自治区地震遥测技术系统的空白。

中国新生代火山岩年代学与地球化学

编号（1993） 震鉴字 019 号

成果完成单位：国家地震局地质研究所

主要研究人员：刘若新 解广轰 周新华 陈文寄 樊祺诚 涂 勘 刘丛强 张 明 李大明 陈道公 支霞臣 王俊文 孙建中

鉴定形式：专家评议

组织鉴定单位：国家地震局

鉴定日期：1993 年 12 月 15 日

一、成果简要说明及主要技术指标

在对我国新生代火山岩广泛的野外地质调查的基础上，进行较为系统的岩石学，年代学和地球化学研究，取得了 300 余个有关我国新生代火山岩的 K-Ar 年龄和 Sr-Nd-Pb 同位素数据及数以千计的岩石主、微量元素分析数据。根据对大量实际资料的综合分析提出我国新生代火山岩构造环境分类：即华北—东北地区大陆裂谷玄武岩（包括早第三纪盆地裂谷玄武岩，中新世地堑裂谷玄武岩及与裂谷作用有关的大陆溢流玄武岩）；东南大陆边缘张裂带玄武岩；台湾岛弧钙碱火山岩；东台湾 MORB 和南海盆地 OIB 型玄武岩；青藏高原及其周边新生代火山岩大都属于碰撞后火山作用产物，不论钙碱还是碱性岩系均以富钾为特点。中国东部早第三纪裂谷盆地的发育均始于晚白垩世，玄武岩的 K-Ar 年代表明这些裂谷 盆地中普遍存在古新世的陆相碎屑堆积及玄武质火山作用，为古新统在中国大陆的存在提供了新的可靠依据，但早第三纪火山作用的高潮期在 30～50Ma。根据火山岩的 Sr-Nd-Pb 同位素体系反演其地幔源区性质，发现我国陆下地幔具有鲜明的区域性特征：即华南（包括南海、海南岛、粤、闽、台、澎等地）亏损地幔区，以具典型 MORB—OIB 过渡型或 PREMA 型源区为特点，并具 Dupal 异常，是我国大陆地幔综合指标最亏损的一个地区。与全球资料对比表明其具有某种源自古南大陆的演化历史；华北西部、北部及大部分东北地区的 Sr-Nd-Pb 同位素大体围绕原始地幔值分布，具明显的古劳亚大陆的特征；东北西北部富集地幔区，以 Sr—Nb—Pb 三体系均富集，且显示最低放射成因 Pb 的 LOMU 为特征，为钾交代富集地幔；介于上述南北两大块体之间的鲁苏皖混杂过渡地幔区，反映南北大陆复杂的拼接离合过程中，其陆下的地幔有相互混染；古俯冲带物质再循环富集地幔区，包括青藏高原及其周边地区及东部个别地区（如长白山及广东三水）。反映青藏年青造山带多次俯冲碰撞给予地幔源区的影响。

上述新生代火山的构造环境分类及地幔源区的鲜明区域性特征，反映了中国大陆岩石圈更为本质的动力学机制。

二、鉴定意见

（1）清楚地揭示了中国（特别是东部）新生代火山岩时空分布，主量和微量元素演变的基本规律，提出了晚白垩纪中国东部已开始了裂谷盆地的发育，并将其与早第三纪视为同一体系，这一观点已得到许多地质资料的支持。

（2）用同位素和微量元素地球化学方法，论证我国地域下的地幔源区的性质和区域性差异的规律。提出华南亏损地幔区具有源自古南大陆的演化历史，华北－东北似原始地幔区具有古劳亚大陆的同位素特征，苏、鲁、皖具南北两大块体的混杂过渡区特征。通过Sr、Nd、Pb同位素体系研究，应用多次地幔富集与幔内存在不同特征的地幔块体，解释了亏损的同位素体系与富集的微量元素之间的矛盾以及火山岩类型的差异。

（3）提出了我国新生代火山岩构造环境分类，并对裂谷型火山岩进行了合理划分，讨论了新生代时期中国大陆及邻海的地质构造环境及岩石圈动力学机制。

总之，本项成果代表了中国新生代火山岩的最新研究成果，在火山岩年代学和区域地幔地球化学研究方面做出了重要贡献，实际资料丰富，研究思路先进，观点鲜明有说服力，其学术价值可以同国际同类的研究成果相媲美，该成果已达到国内外同类研究的先进水平。

成果不足之处为论文或论文集，无具有系统观点的专著。此外，此成果称“中国东部新生代火山岩年代学与地球化学”更确切些，因为研究工作及成员基本限于中国东部。

西部石油长输管道（乌鲁木齐—洛阳）和陕甘宁气田－北京输气管道工程安全评价中的活动断裂研究

编号（1993）　震鉴字020号

成果完成单位：国家地震局地质研究所　国家地震局地壳应力研究所　国家地震局兰州地震研究所　新疆维吾尔自治区地震局　陕西省地震局　河南省地震局

主要研究人员：邓起东　汪一鹏　方仲景　刘光勋　刘万僥　冯先岳　聂宗笙　徐锡伟　虢顺民　王挺梅　于慎谔　向宏发　吕太乙　许桂林　冉勇康

鉴定形式：专家评议

组织鉴定单位：国家地震局

鉴定日期：1993年12月17日

一、成果简要说明及主要技术指标

西部石油长输管道和陕甘宁气田－北京输气管道是国家重大生命线工程，分别长达2800km之多和1200km，两条管道均通过我国一些主要的构造活动和地震活动区。为了保证工程安全，对两条管道沿线两侧100km范围内的活动构造背景及地震地质特征进行了全面研究，在此基础上，对管道沿线两侧20km范围内主干断裂的活动参数进行了详细勘查。勘查内容包括：活动断裂的存在和数量、活动断裂带的宽度、性质、位移量和滑动速率、断裂带中的相对静止段、断裂与管道线的交角及交汇区的岩土类型和性质、与管道线相交的活动断裂在未来100年的错动量评估等。在此基础上，根据新的全国地震烈度区划图及已有的有关工程地震专项研究结果，对沿线地区在50年超越概率10%基准下的地震基本烈度进行了划分。

在活动断裂研究方面，经过深入的野外调查、实地测量、探槽开挖、年龄测试等各方面的工作，对两条管道沿线共482条断裂进行了勘查，对断裂活动年代和活动特征进行了划分，对其中53条晚更新世或全新世以来活动断裂的各项几何量和运动学参数给出了定量数值。为了工程设计的需要还给出了沿断裂的水平、垂直滑动量及断裂倾向方向上的拉张或缩短量，对活动断裂的古地震、大震重复间隔及最后一次地震和错动事件作了研究。

特别值得指出的是，应工程设计部门的迫切要求，对管道跨越的全新世活动断裂在今后100年内可能产生的位移量进行了评估。这是一个在国内外尚无先例的开创性研究，我们设计了古地震法、非完全古地震法、滑动速率法、断裂长度转换法和预测地震转换法等5种方法，综合评估了有关活动断裂今后100年的可能位移量（各种分量），以供工程设计参考，同时在活动断裂上开拓了一个新的领域。

二、鉴定意见

该项工程包括我国西部石油长输管道（乌鲁木齐—洛阳）和陕甘宁气田—北京输气管道沿线主干活动断裂的勘察与研究。管线全长4000余km，跨越我国西部和华北的多条活动断裂。该项工作组织了地震局系统六个单位，数十名专家，充分吸收了国家地震局系统近年来在该工作区取得的各项最新研究成果和方法，高质量完成了任务。

本项研究工作采用了室内和室外相结合的研究方法，进行了约4万余km的路线考察，对582条断层进行了活动性鉴定，232个样品，采用^{14}C等方法进行年龄测定，根据工作设计需要采用4种估计断裂未来错动量的方法，估算了沿线不同类型活动断裂未来的滑动速率和位错量。整个报告实际资料丰富、内容翔实、论据充分、结论可靠，完成了合同要求，它是我国第一次活动断裂的研究在对长距离输油管线工程项目中的应用。

本工程在活动断层研究和工程建设相结合及应用上取得了许多有益的经验，对今后开展有关工程项目的安全性评价工作有实际意义。勘察工作中在吐鲁番盆地新发现了全新世活动断裂的古地震遗迹。对某些段线路提出了管线修改方案及进一步工作建议。这些研究成果和建议，得到了工程选 线和设计部门的重视和应用，满足了设计工作的需要，为降低投资和保证工程安全起到了重要作用。

本项成果在预估未来断层活动性及其在长输油气管线中的应用方面达到了国内领先水平。

西藏中部活动断层

编号（1993） 震鉴字021号

成果完成单位：国家地震局地质研究所

主要研究人员：吴章明　曹中权　申屠炳明　邓起东

鉴 定 形 式：专家评议

组织鉴定单位：国家地震局

鉴 定 日 期：1993年12月17日

一、成果简要说明及主要技术指标

青藏高原是研究大陆构造学和现代地球动力学的关键地区，而西藏中部发育的张性区又是青藏高原内部的一个特殊的构造活动区。前人虽在其中部分地带做过一些粗略工作，但缺乏全面、深入的实测，因而缺少准确可靠的实际资料。本项研究是国家地震局七五重点项目之一，几年的工作着力于对西藏中部张性区内发育的活动走滑断层、正断层、活动盆地、大震区构造、地震地表破裂带的实测和填图，因而取得了数条全面的定量资料，在此基础上，对区内地震活动应力状态和动力学问题进行了讨论，获得了新的认识。

本项研究在全面调查西藏中部活动构造的基础上，对念青唐古拉东麓断层、崩错断层、格林错断层及一些南北向活动断层的几何学、分段特征、运动性质、位移量分布、位移总量、滑动速率、多次活动证据及其年代等进行了详细的实际测量和研究，对本区两种类型的盆地，即拉分盆地和地堑，半地堑盆地的结构、演化和形成机制、拉分盆地内部张剪切断层的成因、三次 7.5～8 级大地震与活动断层及拉分和地堑盆地的关系等进行了研究和讨论，并有所创新。

本项研究还特别详尽地研究了 1951 年崩错、1952 年当雄和 1411 年当雄南 3 次大地震地表破裂带的变形和分段特征，取得了达 220 多个地震位移数据，得到了在发震断层带上地震位移的分布特征，取得这些地震地表破裂带的可靠的年龄资料，对应力场、破裂形成机制和扩展等问题进行了讨论，并纠正了前人由于工作较粗略而提供的一些不正确的认识和数据，填补了某些空白。

在本项工作中还发现了一些古地震证据。并在活动构造、震源机制、物理和数学模拟的基础上讨论了西藏中部活动构造的新的形成模式，包括在印度板块碰撞推挤作用形成的近南北挤压力和地壳下部热物质运动形成的垂直力的联合作用下形成近东西向拉伸作用。

二、鉴定意见

本成果包括《西藏中部活动断层》专著一部，地震断层录像带一部，论文十多篇。首次对研究区域（约 15 万 km^2）内的念青唐古拉山南东麓断裂带、崩错断裂带、格林错断裂带和若干南北向断裂和盆地作了详细研究和重点填图。对区内三次大地震（1411 年当雄南 8 级、1951 年崩错 8 级和 1952 年当雄北 7.5 级）的地震断层进行了深入的专题考察，取得了丰富的资料，填补了这一地区活动断层详细研究的空白。

本项研究抓住了工作核心，形成了自己的特色。对该区强震的发震条件、地震断层和地震地表破裂带的几何学、运动学和动力学特性取得了新的认识；对走滑断裂带上拉分盆地的成因机制及其与强震的关系有新的见解；对西藏中部地区活动断层形成、发展和演化的解释有所创新。

总体上看，该项研究成果达到国内先进水平，并在某些方面达到国际先进水平。

压磁套芯深井自动化地应力测量系统的研制

编号（1993）　　震鉴字 022 号

成果完成单位：国家地震局地壳应力研究所

主要研究人员：丁旭初　李　文　李立球　关伟沂　闻　珣　杨枝莲　王建军　杨树新　杨增学　侯砚和　刘　义　刘宛华

鉴 定 形 式：专家评议

组织鉴定单位：国家地震局

鉴 定 日 期：1993 年 12 月 20 日

一、成果简要说明及主要技术指标

“压磁套芯深井自动化测量系统”的研制课题是国家自然科学基金资助项目，该测量系统在国内外首次将单片机技术引入高精度的深井压磁地应力测量仪器中，克服了传统压磁仪器不能进入井底，需在钻孔中穿引导线的种种弊端，实现了不用导线传输，而将仪器和传感器探头合为一体放入孔底，实现了高精度的自动跟踪测量压磁元件的变化，并将测量到的数据存放在存储器中，待测量完成后，取出仪器测量结果进行回放，显示输出或打印输出。本系统的预加力装置采用一次加压法，用预先标定好的三个弹簧同时推动滑楔来达到三个元件同时接受应力。定向仪是自动操作固结定向。

该测量系统精度高、自动化程度高、操作方便、成功率高、测深大。1992 年 10～12 月在拉西瓦水电站 60m 深的钻孔中应用本系统进行实测试验，取得了可信的资料，并运用于拉西瓦水电站大坝的工程设计。

该系统采用 MOS-51 系列汇编语言，设计了指令很强的软件系统，通过程序控制实现自动跟踪测量，自动开机、关机，数据存储，打印输出，显示输出。

主要技术指标：

测量仪器的工作频率为 1kHz，频偏≤3×10^{-4}，频漂≤1×10^{-4}，

电流稳定度≤0.2%，灵敏度 0.05Ω/字，非线性度≤×±0.2%，

测量范围：200～800Ω，定向仪精度±1.5°，重复性 0.5°。

二、鉴定意见

1. 本测量系统，是一种新型的具有自动测量功能、能用于较深钻孔的压磁法地应力测量系统。

与传统的压磁套芯法测量装置相比，本项目从测量线路、到定向装置与预加力装置等方面做了系统性的重要改进。尤其是，把原先在地面的测量电流（交流电桥，稳频电源，放大电路）经技术改造并加入新的电路（控制电路，切换器，存储器等）后，一并作了小型压缩化处理，与压磁传感元件合为一体，一道放入较深钻孔中自动进行测量存储，之后一道取回地面，取消了传统的联接井下压磁元件与地面仪器之间的多股电缆，消除了由于该电缆带来的（压磁法难以用于深井观测等）许多缺点，这在压磁应力测量史上尚属首次。

2. 本系统的各项技术指标已完全达到了原设计指标，证明研制工作的技术路线与方案是正确合理的，并且为此作了许多有益的改进与创新，克服了以下各种技术难点：

（1）在钻孔内用单片机自动控制全部测量、自动跟踪记录应力解除过程，将较大的数据量（5333 组）存储于储存器，供以后读取与显示打印。

（2）成功地解决了磁性元件在断续供电时因磁滞效应产生的电感值突跳现象，从而将传统的三组电源持续供电改为一组稳流电源，不仅缩小了仪器体积，还增强了测值的可靠性。

（3）全部电子线路在低功耗、小体积、高灵敏度、高可靠性、耐震与防水等方面均做了有效的努力。

（4）预加力装置由地面手工机械式三次分别操作，改进为用预调节弹簧在井下自动一次性加力，明显改善了三个元件预加力的均匀性与可靠性。

（5）定向装置由地面手动控制和现场洗相方法改进为井下自动固结法，并解决了罗盘指针在固结剂中的黏性摩擦问题。

3. 新型压磁套芯应力测量系统的优点是：具有在数百米深钻孔中自动测量的能力；具有较高的灵敏度、可靠性与下井成功率；使用方便。

在青海拉西瓦水电站的实测中已证明了上述优点的实用性，该测量成果已成功地应用于

水电站的建设。

该测试系统在主要技术指标、工作特点等方面已具有国际先进水平。经国际联机检索，尚未发现国内外有类似系统。

建议，开发适用范围更广泛的地应力测量数据自采系统，以满足更多种领域的需求。

地震定标律及其在地震统计关系中的应用

编号（1993）　震鉴字023号

成果完成单位：国家地震局地球物理研究所　云南省地震局

主要研究人员：陈培善　陈海通　白彤霞　秦嘉政

鉴定形式：专家评议

组织鉴定单位：国家地震局

鉴定日期：1993年10月30日

一、成果简要说明及主要技术指标

地震定标律是研究地震之间的相似性问题。根据对地震震源破裂过程的研究，采用二维矩形破裂的位错模式，导出了与众不同的地震定标律。在世界上首次发现地震震源谱中有三个拐角频率，这是一个崭新的地震定标律。同时用实际观测资料确定了定标律中的常数。据此，从理论上解释了诸多地震学中的统计关系式。

在我们的定标律里，震源谱（包括位移谱，速度谱和加速度谱）有三个拐角频率：f_{c1}，f_{c2}，f_{c3}，f_{c1}和f_{c2}分别联系着长度方向和宽度方向的破裂时间，f_{c3}联系着震源含数的上升时间。根据三个拐角频率，可以把位移谱$u(\omega)$分成四个区域，在Ⅰ区，$f<f_{c1}$，$u(\omega)=u(0)\propto f^0$；在Ⅱ区，$f_{c1}<f<f_{c2}$，$u(\omega)\propto 1/f$；在Ⅲ区，$f_{c2}<f<f_{c3}$，$u(\omega)\propto 1/f^2$；在Ⅳ区，$f>f_{c3}$，$u(\omega)\propto 1/f^3$。由于在四个区域中，位移谱$u(\omega)$随频率的增加而下降的速度不一样，决定了震源参数在不同的震级范围内（也就是不同地震矩范围）有不同的表达式。在以前的定标律里，震源谱中只有1个或2个拐角频率。因此，震源加速度谱中的高频部分不下降，呈平坦状，出现了不合理并与观测事实相悖的情况。在我们的定标律里，震源谱中有三个拐角频率。而且发现第三个拐角频率的频率很高，与位错速度有关，并在加速度谱的观测中得到了证实。震源加速度谱的高频部分随频率呈1次方下降，解决了上述问题。我们的定标律与国际上前人的定标律相比前进了一大步。

在以前的定标律里，都是定性的讨论震源谱的性质，没有给出震源谱中的常数。我们的定标律，使用了800多个地震的实测资料，求出了震源谱中的常数。从而，在地震相似性的基础上，推导出了震源参数之间的定量关系。换句话说，震源参数之间的关系，不再是纯粹的统计关系，而是建立在地震相似性基础上的理论关系。从而，使人们对震源性质的认识也前进了一大步。

基于我们的地震定标律所建立的统计关系，当知道一个地震尺度参数，譬如震级M，就可以估计出其他震源参数，如破裂面积、长度、宽度，震源位移谱，速度谱和加速度谱等等。

二、鉴定意见

该成果是一项基础理论研究成果，由在国内外刊物上发表的四篇论文组成。其论点论据明确，所提交的文件符合要求。

该成果最重要的贡献是采用二维矩形破裂模型在相似性条件下（几何相似、应力环境相似、地震动力学条件相似）导出了新的地震定标律，首次提出了震源谱中与位错速度有关的第三个拐角频率，阐明了三个拐角频率的物理意义，将位移谱分成四个区域并推得了不同震级范围里震源参数之间的不同表达式。这些关系经一些震例资料检验基本符合实际。

该项成果在地震定标律研究方面取得了新进展，大大加深了震源参数之间物理关系的认识，在国际上进一步推进了该领域的研究。所获得的地震统计平均震源谱与主要震源参数间的简洁表达式能方便地使用，计算震源参数。此项研究成果属国内领先，达到国际先进水平。鉴定委员会同意通过鉴定。

由于新的定标律是建立在相似条件基础上推得的统计关系式，因此会存在一定的局限性。建议作者对这些关系式的适用范围作进一步研究，并利用更多的大小不同、类型不同的地震资料来验证关系式的合理性，适用范围以及评估其误差大小，以便更好地推广使用。

中国重力固体潮台网建设和优化研究

编号（1993） 震鉴字024号

成果完成单位：国家地震局地震研究所

主要研究人员：魏望生 蓢大西 李瑞浩 喻节林 钟蔚民 陈冬生 成福元 杨又陵 刘光权 刘贵安 罗星辉 郭自强 邓涛 李辉 闫得全

鉴定形式：专家评议

组织鉴定单位：国家地震局

鉴定日期：1993年11月20日

一、成果简要说明及主要技术指标

本成果是根据国家地震局《（81）震监字第304号》文下达的课题而完成的，从1981～1992年，历时12年。通过对重力固体潮台网建设与优化研究，使台网优质运行，获取高质量的观测资料。在总结、分析研究各种试验的基础上，提出了中国重力台站的选台、建台的一整套技术标准，尤其是重力仪室的恒温、湿度定量指标和最佳供电方案。为解决重力台站观测中的技术难题保证台网的优质运行，进行了各种不同的试验，采取一切有效措施，如仪器的改造与维修、跟踪服务等。利用重力仪外加金属密封箱的办法解决了当今重力台站观测中恒温与湿度这一难题，同时有效地抑止了气压干扰，满足了重力仪的正常工作条件。结合中国的国情，对一批即将淘汰的昂贵的重力仪，提出了改造、改型和维修方案，并付之实施。在试验和理论研究方面进行了“重力仪的磁标定方法”、“重力仪的静电标定方法”、“重力仪输出线性范围的确定”以及“地表台站的人工控温”等的研究，从而使整个台网的观测精度提高了一个数量级。集成重量固体潮这一领域的理论、技术、方法的前沿成果，制定了《重力台站观测规范》，并付诸贯彻执行，大大提高了观测质量。通过对重力固体潮台站的供电系统、接地技术、格值标定、人工控温等的试验与研究，使资料的缺记率降到0.5%以下，可用率达85%～100%，大量台站的长序列调和分析结果表明，到1992年度，台网固体潮观测精度处于国际同类台站的领先水平。

二、鉴定意见

(1) 在总结、分析研究各种试验的基础上，提出了重力潮汐观测台站的选台、建台的一整套技术标准，尤其提出了重力仪室的恒温、供电、湿度的定量指标。

(2) 在理论与实践结合上，采用有效措施，如仪器改造与维修、跟踪服务等，保证了台站的优质运行。利用重力仪外加金属密封箱的办法解决了当今重力仪观测中恒温与湿度的这一难题，同时抑止了气压的干扰，满足了重力仪正常工作的条件。

(3) 为了提高仪器的观测精度和抗干扰能力，结合中国的国情，对一批即将淘汰的昂贵的重力仪，提出了重力仪改造、改型和维修方案，并付之实施。在试验和理论研究方面进行了“重力仪的磁标定方法”、“重力仪的静电标定方法”、“重力仪输出线性范围的确定”以及“地表台站的人工控温”等的研究，从而使整个台网的观测精度提高了一个数量级。

(4) 为了使我国重力台网的观测质量赶超国际同类的先进水平，课题组集成国内外在这一领域的理论、技术、方法的前沿成果，编著了《重力台站观测规范》，使先进的技术成果与操作经验融为一体，极大地提高了观测质量，把我国重力台网推上世界先进行列。

(5) 为保证仪器的长期稳定和资料的连续，开展了固体潮汐台站供电系统、接地技术、格值标定、人工控温等的试验与研究，使资料的缺记率降到 0.5%以下，可用率达到 85%～100%。大量台站观测长序列调和分析结果表明，至 1992 年度，台网固体潮观测精度处于国际同类台站的领先水平。

鉴定委员会一致认为，本成果的技术资料齐全。这是一项集理论、试验、技术、观测与管理为一体的成果。为我国重力台网的建设、改造、运行闯出了一条优质、低价特色的发展道路，为重力台网的建设提供了实践经验和理论依据。成果具有科学性、先进性、实用性和独创性。由于科学目标明确，仪器配置合理、先进、技术管理严明，维修服务及时，保证了台站的优质运行。因此，成果达到了同类仪器台网的国际先进水平，并取得了明显的经济效益和社会效益，具有重要的推广价值。

洞体应变固体潮台网建设的综合研究

编号（1993）　　震鉴字 025 号

成果完成单位：国家地震局地震研究所

主要研究人员：杜慧君　蔡惟鑫　丁伟民　周翠屏　陈　晋　刘序俨　吕光吾　蒋　骏　沈建华　杜锡武　郑开碧　梁卫群　陈　亨　李美玉　张栖连

鉴 定 形 式：专家评议

组织鉴定单位：国家地震局

鉴 定 日 期：1993 年 11 月 20 日

一、成果简要说明及主要技术指标

中国洞体应变台网是国家地震局前兆监测的重要手段之一，根据国家地震局 1988 年对洞体应变台网的要求，要建设一批以观测固体潮（即 10^{-8}量级）为指标的地壳形变（应变）I 类基本台，同时提出了 I 类台的精度指标为：

(1) Nakaii 检验 $\sigma_N \leqslant 2\times10^{-9} \geqslant 40\%$

(2) M_E 波 α 值相对中误差 $\sigma_\alpha/\alpha \leqslant 0.05$

经几年努力，现已全部完成预定目标，截止 1992 年全国已有 18 个台站提供连续可靠的观测数据，资料连续率平均达 98.46%。在综合治理过程中的研究成果和经验已总结成“洞体应变固体潮台网建设的综合研究”成果上报。这次提交的成果包括总报告、分报告、试验资料说明、台站及设备改造方案、防雷措施、观测规范、监测能力评估、固体潮调和分析国内外对比结果，映震能力说明等。该项成果虽起步较晚，但由于优化改造目标明确、措施得力，加上技术管理科学因而将资料杂乱、仪器故障较多的洞体应变台网建设成达标的新一代台网，这不仅保障了优质运行，而且赢得了投入监测的时间，效果显著。这是一项集理论、实验、技术、观测与管理为一体的重大成果。资料连续率和观测精度均取得了突出的成绩，达到了国际同类台站的先进水平，相当一部分已处于国际同类领先水平。

二、鉴定意见

(1) 在理论和实践结合上，创造性地提出把仪器安放在岩石槽孔内等台站建设的方案。

(2) 为使台站设备尽快正常运行，课题组提出了一系列适合我国国情的台站改造和维修方案，其中有“标定设备-胀盒的更新”、“石英伸缩仪电路优化改造”、“石英管基线安装技术”、“洞室防雷技术”、“仪器本体密封措施”等，不仅提高观测质量，而且大量节约开支，并赢得投入监测的时间。

(3) 为使台网观测质量赶超国际先进水平，在编写“洞体应变连续观测规范”时，吸取了国内外当今的理论、技术和实践成果，把科学性、先进性和可操作性融为一体，从而把我国洞体应变固体潮台网推入世界的先进行列。

(4) 通过技术改造和综合研究，1992 年全国应变台网资料连续率平均达到 98.46%，特别是许多台站其数据连续时间序列已达五年以上。从应变固体潮调和分析，说明我国现阶段观测精度与改造前（1984 年）的结果相比，已提高数倍，并达到了国际同类先进台网的观测精度。

鉴定委员会一致认为，鉴定成果的技术资料齐全。本课题的研究虽起步较晚，但由于优化改造的目标明确，措施得力，加上技术管理科学、细致，因而不仅保障了台网的优质运行，效果显著，而且在资料的连续率和观测精度均取得突出的成绩。这是一项融理论、实验、技术、观测与管理为一体的成果，为我国新一代洞体应变台网的改造、建设、运行闯出一条优质、低价、高效的发展道路，达到了国际同类台站的先进水平，具有重要推广价值。希望资料的潜在效能更充分地予以发挥。

现代地壳形变定量研究方法与理论的某些基本问题

编号（1993）　震鉴字 026 号

成果完成单位：国家地震局地震研究所

主要研究人员：刘鼎文　王静瑶　鲁家珍　旷　达　王咏娟

鉴 定 形 式：专家评议

组织鉴定单位：国家地震局

鉴 定 日 期：1993 年 11 月 21 日

一、成果简要说明及主要技术指标

(1) 在广泛调研和概括的基础上，系统整理和综述了近十多年来形变理论研究的进展，首次提出了地壳形变模型的分类和类别，规划了地壳形变理论研究的内容，并提出了进一步研究的课题。

(2) 利用大地测量资料进行地球物理反演（以下简称反演）通常集中在有关断层的研究上，本成果在更广泛意义上研究了反演问题，首次基于固体力学和从构造物理学观点阐明了反演问题的提法，从偏微分方程理论出发论证了反演问题的不适定性，从大地测量观点提出了改善问题不适定性的方法，并以（变形）几何非线性和（材料）物理非线性弹塑性有限变形为例，讨论了反演问题数值解的有限元方案，提出了利用大地测量资料进行地球物理反演的基本原则和以动态反演为基础实现地震物理预报的途径和前景。

(3) 系统研究了形变监测网的可估性问题，给出了形变网的可估性定义，证明了当参数可估时，作为参数函数的量的无偏估计理论与代数不变理论的一致性，推导了形变网可估性的必要和充分条件，从可估性条件出发，论证了一些可估量，推论出形变网理想的基准是使网成为满秩网，从而可得出形变网中具客观性的位移量及应变张量不变量，为认识用大地测量方法研究现代地壳运动的客观性提供了理论和实践基础。

(4) 研究了区域性形变测量时空分布和网设计的理论问题，从图论观点阐明了形变监测网结构的特征，给出了监测网复测周期的积分表达式，提出了从信息论观点评价监测网质量的方法。在现有（第）0、1、2、3 阶（类）（order）设计的基础上首次提出了（第）4 阶（类）设计的问题，并研究了问题的解、概括了形变网优化设计的特点、原则和实施流程。

(5) 从全新的观点系统地提出和讨论了大地形变资料解释的 10 个基本问题，其中首先提出大地形变解释模型的精化概念。模型解的非线性性质和模型的认证问题等，这 10 个基本问题的论述为构造大地形变解释理论体系提供了理论框架。

(6) 广泛讨论了地壳形变模型误差问题，从信息论观点给出了数据处理中信息综合处理原则和方法，从控制论观点给出了地壳形变运动模型与参数估计方法，在 L_n 范数准则下，讨论了模型后验信息，模型含误差时的参数估计方法与模型优化准则问题，论证了测量平差中常用的最小二乘准则及协方差传播律公式仅系所论问题的一个特例。从系统辨识观点阐明了模型的识别问题，并从规划论观点给出了模型参数估计方法。

(7) 讨论了地壳形变和断层演化的自组织问题和非线性特征，首次提出了用突变论识别形变突变的方法；讨论了分形理论应用于地壳形变中的模式特性及分形测算等基本问题，并提出了一种用形变资料计算 Liapunov 指数，进而计算 Liapunov 维数的方法，可用于提取地壳形变动力学过程的信息；开拓了地壳形变非线性问题研究的新领域。

(8) 在广泛调研 15 种期刊、专集 889 篇文献基础上，精选 284 篇文献，对中国地壳形变研究 30 年（1962～1991）在理论、方法方面的重要研究和进展进行了初步概括和总结，为编写中国地震专业测绘史有关理论方法章节提供了基础。

本成果为地壳形变研究理论体系的建立和深入研究提供了理论基础，具有重大的学术意义。

二、鉴定意见

《现代地壳形变定量研究方法与理论的某些基本问题》系地震科学联合基金资助课题J86-037“现代地壳变动定量研究方法与理论”的理论研究成果。

该成果学术资料齐全，提交的15篇论文均已在国内外高级学术刊物或全国学术会议上发表，发表后并已获得引用，符合鉴定要求。

本成果试图探讨利用大地测量手段来研究现代地壳形变的一些基本理论和方法问题，以便为现代地壳形变定量研究的实践和创建地壳形变的理论体系提供某些理论基础，这是一项极有意义的前沿研究课题。

该成果的主要创新点是：

(1) 从图论观点阐明了形变监测网结构的特征，给出了监测网复测周期的积分表达式，提出了从信息论观点评价监测网质量的方法，在现有（第）0，1，2，3类设计的基础上，首次提出了（第）4类设计问题，并给出了问题的解，系统研究了监测网的可估性问题，给出了形变网的可估性定义，推导了形变网可估性的主要条件，论证了形变网理想的基准是使网成为满秩网，为认识用大地测量方法研究现代地壳运动和地壳形变的客观性提供了理论和实践基础。

(2) 以新颖的观点系统提出和讨论了大地形变资料解释的10个基本问题，提出了大地形变解释模型的精化概念，模型解的非线性性质和模型的认证问题。在一般意义下研究了利用大地测量资料进行地球物理反演的问题。基于固体力学和从构造物理学观点阐明了反演问题的提法，从偏微分方程理论出发论证了反演问题的不适定性，从大地测量的观点提出了改善问题不适定性的方法，讨论了几何非线性和物理非线性弹塑性有限变形反演问题数值解的有限元方案，及以动态反演为基础的地震物理预报途径。

(3) 广泛讨论了地壳形变模型误差问题，从信息论观点给出了数据处理的信息综合原则和方法，从控制论观点给出了地壳形变模型与参数估计方法，在L_n范数准则下，讨论了模型后验信息，模型含误差时的参数估计方法与模型优化准则，从系统辨识观点讨论了模型的识别问题，并从规划论的观点给出了模型参数估计方法。

(4) 讨论了地壳形变和断层演化的自组织问题和非线性特征，讨论了分形理论应用于地壳形变的模式特性及分形测算等一些基本问题，并提出了用形变资料计算Liapunov指数进而计算Liapunov维数的方法。

此外，在广泛调研的基础上，首次对中国地壳形变研究30年（1962～1991）在理论、方法方面的重要研究和进展进行了概括和总结，系统整理了近10多年来地壳形变理论研究的进展，首次提出了地壳形变模型的分类和类别。

鉴定委员会一致认为，这项研究成果，论点明确，论据充分，不仅内容广泛，而且具有相当深度，是学科前沿性的重要内容。成果的系统性、开创性和先进性，在国内外尚不多见。在理论和实践上有重要参考价值，对地壳形变的定量研究的发展有重要推动作用。这是一项在地壳形变学科研究领域中具有国际先进水平的研究成果，其中有些是处于国际领先的水平。

中法合作张掖地震遥测台网布局研究和应用

编号（1993）　　震鉴字027号

成果完成单位：兰州地震研究所

主要研究人员：吴伯荣　刘建义　张柏连　王锡恩　张国柱　徐根福　曲正杰　席维岳

曹启宝　赵仪全　曹文浩　孟凡珣　何景琳

鉴 定 形 式：专家评议

组织鉴定单位：国家地震局

鉴 定 日 期：1993 年 10 月 16 日

一、成果简要说明及主要技术指标

本成果的主要内容是：

(1) 按研究台网的设置要求，进行布局研究，合理选择网点，精确设计台网，使台网在各类指标上均达到很好的效果。

(2) 增加研制了台网标定系统，为台网资料研究提供了动参数。

(3) 改造研制时间服务系统，确保“零”钟差，提高了时间的服务精度。

(4) 重新设计了定位程序软件和数据处理软件，解决了数据压缩存档的问题，提高事件定位精度。

(5) 及时利用台网资料进行地震学方面的研究，取得了一些研究成果。

(6) 充分利用台网资料，进行现场模拟试测，为祁连山中段监视区的震情监视作出了贡献，并取得了较好的社会效益。

二、鉴定意见

(1) 进行了大量艰苦的勘测选点工作，在此基础上结合“768”遥测台网布局，合理优化了中法台网布局，并且完成了遥测子台及接收中心的建设工作。

(2) 对法方提供的部分技术设备进行了改进和完善，如技术系统的标定，时间服务设备的系统误差修正，及增加遥测子台电源系统的配置。

(3) 在上述前期工作的基础上，完成了台网设备的安装、调试，同时将张掖地震台三分向及“768”台网五个子台的地震信号输入中法台网处理机进行统一处理，并保持了台网的良好运转。

(4) 对法方提供的数据处理软件重新进行了新的开发，对数据处理回放显示、人机结合确定震相到时、地震定位、汉化等软件的编制。

(5) 利用中法台网在大震现场工作中增加模拟记录输出，对当地的地震监测发挥明显的社会效益。

(6) 对中法台网所记录的地震事件进行了富有成效的地震学的科学研究工作，并取得了宝贵的研究成果。

鉴定委员会认为：中法台网是由五个无线遥测子台直传的三分向子台和一个接收中心组成的，无线模拟传输，集中数字化的地震台网。在引进法方提供的技术设备中，结合实际，克服原设备中有关部分的缺陷，有所发展，对推动地震科技进步有较大的作用，该台网在技术性能上，已达到国内同类遥测台网的先进水平。

中法合作台网的建成，对进一步加强祁连山中段及民乐盆地的地震活动研究，进一步研究该地区地震震源机制，地震介质结构，地震动力学特征以及地震监测预报有明显的现实意义。

为了进一步发挥中法台网的效益，建议将中法合作台网的地震信号传输至兰州遥测地震台网接收中心，纳入兰州遥测台网。以更好地为地震监测预报和科研工作作出更大的贡献。

1993年省部级组织鉴定项目

福州遥测地震台网第一期工程

编号（93）　　闽科工鉴字013号

成果完成单位：福建省地震局分析预报中心

主要研究人员：陈文明　杨孝宇　唐元苍　袁定强　沈　浩　吴建华　何友文　林仙坎　林松建　洪　星　段显鹰　陈懿德

鉴 定 形 式：验收鉴定

组织鉴定单位：福建省科学技术委员会

鉴 定 日 期：1993年5月30日

一、成果简要说明及主要技术指标

福州遥测地震台网第一期工程（包括：闽沽白云山，城门大顶峰两个三分量短周期遥测地震台，连江虎东城、平潭、莆田壶公山三个垂直单分量遥测地震台，长乐董凤山中继站与福州台网记录中心）由福建省政府和国家地震局共同投资建设的我省第一个遥测地震台网。其特点是：采用超短波无线传输技术将不同空间分布的无人值守遥测地震台信号实时地传输到台网记录中心进行集中记录，统一授时，并用计算机处理地震数据，速度快、精度高。在调试过程中对768-11单路天线传输设备进行了技术改进，使它可同时传输三路地震信号，在中继站的转接技术上进行了改造，将接收机接收到的载波信号经过无源带通滤波后再进行合成转发，解决了由于无线传输过程中带外杂波造成的路际干扰问题。

主要技术指标：对于台网内$M_L \geqslant 2.2$地震可以有效地监测，精确地测定其地震参数。对于台网网缘以内$M_L \geqslant 3.5$的有感地震能在20分钟内快速测定出地震参数，对于网外发生$M_L \geqslant 5.0$地震能在30分钟内快速测定出地震参数。

二、鉴定意见

委员会认为福州遥测台网第一期工程符合验收大纲要求，考核期运行稳定，记录波形正常，台网功能已达到了国家地震局颁布的《遥测地震台网观测技术规范》的要求，可予以验收通过，并投入正式通行。

福州遥测地震台网设计思路正确，第一期工程中设备与频段选择，观测台布局合理。在中继站转接方面，通过使用无源带通滤波器对野外观测台传来的副载波进行滤波，避免了无线传输过程中带外杂波干扰，提高了信号质量。在设备使用方面，对768-11单路无线地震遥测设备进行改进，可传送三路地震信号。这些技术改进形成福州台网的特色，在地震系统内有一定的推广价值。福州遥测地震台网达到了国内同类型遥测地震台网的先进水平。

福建省地震区域无线通讯台网建设第一期工程

编号（93）　　闽科工鉴字 014 号

成果完成单位：福建省地震局分析预报中心

主要研究人员：林湘琪　何友文　杜运连　林成桐　刘迎春　李　华　黄向荣　黄文勇　陈丰笙

鉴 定 形 式：验收鉴定

组织鉴定单位：福建省科学技术委员会

鉴 定 日 期：1993 年 5 月 30 日

一、成果简要说明及主要技术指标

福建省地震区域无线通讯台网是由福建省政府和国家地震局共同投资的重要建设项目，拥有 15 个子台和一个中心台。该台网具备话音通讯能力和部分数传通讯能力；网内通讯话音清晰，通讯质量均在 3.5～4.5 分之间，能快速准确无误地收集、传递各地震台报送的地震观测资料，及时完成网内台站大震速报数据的可靠收集与快速传递，用数据传输通讯定时向北京通讯总站报送地震观测资料，可实现与其他地震区域通讯网、流动地震通讯网等地震专用通讯网联网并交换地震观测资料。

二、鉴定意见

鉴定委员会认为："福建省地震区域无线通讯台网"能完成网内地震数据的收集和转发交换以及同国家地震局通讯总站，其他地震区域通讯网及流动地震通讯网进行网间通讯，具备进行日常业务话音通讯，中心台与国家地震局通讯总站间的数传通讯的功能。为此委员会认为可以验收通过，投入正式运行。

鉴定委员会认为，本网话音清楚，数据通讯可靠，较好的解决了在狭窄地域内多种不同电子设备相互干扰的问题，为区域地震通讯网的建设提供了一个很好的借鉴。此项目已达到地震系统内同类型通讯网国内先进水平。

Sti 型综合工程探测仪

编号（93）　　豫科鉴委字 147 号

成果完成单位：河南省地震局

主要研究人员：何忠旭　张亚琳　许金梅　陈建海

鉴 定 形 式：专家会议

组织鉴定单位：河南省科学技术委员会

鉴 定 日 期：1993 年 6 月 29 日

一、成果简要说明及主要技术指标

河南省科委科技攻关项目 Sti 型综合工程探测仪是集放大、采集、存储、打印、显示于一体的一机多用的智能化仪器，解决了目前工程系统中数据处理仪器种类繁多，但应用对象单一的问题。该仪器结构紧凑，操作方便，通过室内对各项性能指标的测试和现场的实测与处理（场地参数的测试、桩基质量检测等），其技术指标均达到设计要求并优于其他仪器。

主要技术指标：

采样频率：50～5000Hz；

通频带：0.2～1000Hz；

通道个数：8通道；

采样精度：8bit；

放大倍数：4.42×10^4；

输入阻抗：$>5\times10^6\Omega$；

输入噪声电平：$<3\mu V$；

输入信号电平范围：0～±5V；

二、鉴定意见

Sti型综合工程探测仪是集放大、采集、存储、打印、显示于一体的多功能工程探测仪器，从河南省计量测试研究所测试结果表明，该仪器各项性能已达到河南省科委1991年科技攻关计划中所要求的指标。该仪器具有噪声低、灵敏度高、通频带宽、电路设计先进、结构合理、操作方便、应用范围广等优点，在性能指标上达到国内同类仪器的先进水平，具有应用推广价值。

与会专家一致同意通过该仪器的鉴定。

大庆油田多层砖混结构住宅楼抗震性能试验研究

成果完成单位：国家地震局工程力学研究所　大庆油田建设设计研究院

主要完成人员：夏敬谦　迟文喜　丁世文　毛国成　于福臻　张培珍　孙铁山　林荫珣　高亚民　王全国　王育新　刘忠信　陈惠民　刘永昌

鉴 定 形 式：专家评议

组织鉴定单位：中国石油天然气总公司

鉴 定 日 期：1993年9月14日

一、成果简要说明及主要技术指标

大庆油田多层砖混住宅和宿舍中约有200万m^2不符合Ⅵ度抗震设防要求，需要进行加固。为了研究现有房屋实际抗震能力，为大庆地区和我国Ⅵ度地震区抗震加固提供科学依据，大庆油田抗震办委托我所进行了本项目研究。

本项目通过对现有房屋调查、分类、比较分析以及抗震验算等工作，选择了具有代表性的80-1型房屋进行模型设计和振动台模拟地震试验。给出了房屋地震反应，破坏特征，及抗震薄弱环节，同时对房屋进行了抗震验算和弹塑性计算分析，提出了80-1型及与之类似的住宅和宿舍楼的实际抗震能力，能够满足Ⅵ度抗震设防要求，可不进行加固处理。研究成果可用于占我国国土面积1/3的Ⅵ度地震区多层砖房的抗震设计加固与鉴定，以及有关规程制定的依据，经济与社会效益十分显著。

二、鉴定意见

该课题采用研究与设计相结合，试验与计算相结合的方式进行研究，选题密切结合实际，研究路线正确。

本课题选择80-1型住宅进行模拟地震振动台试验研究。试验方案合理，试验技术先进，数据准确，现有房屋抗震验算与模型计算分析结果是可靠的。该研究结果为大庆地区多层砖房抗震鉴定与加固提供了科学依据，对同类房屋的鉴定与加固及相应标准的修订也具有参考价值。

本课题研究表明，与80-1型居民住宅楼有类似结构体系和施工质量的其他住宅楼和职工宿舍楼，同样能满足Ⅵ度抗震设防要求，可不进行抗震加固。研究成果具有十分明显的经济效益与社会效益。

科技进展

85-907-01项目主要进展

85-907-01项目“地震前兆数字化观测试验系统研制”是国家科委“八五”科技攻关项目，同时也是国家地震局“八五”重点项目，国家地震局科技监测司和计划财务司组织有关专家于1993年底对该项目的四个专题的进展情况进行了检查评估。检查采用现场演示的方式，对研制的仪器及软件按照技术设计要求进行了认真的对照检查，结果表明，项目的进展是显著的，已攻克了大量关键性的技术难点，为后两年项目的完成打下了坚实的基础。

一、数字地震观测试验系统研制的进展

该系统主要包括85-907-01项目中01—03三个专题，即：甚宽带数字地震观测试验系统，区域数字地震遥测试验系统和流动数字地震遥测试验系统。

1. 地震计研制

(1) 甚宽带地震计　已经完成了两台样机，采用了精密的恒温和高分辨的位移换能等先进技术使仪器整体水平进入了世界先进行列。研制组在高台地震台测试了该地震计，从记录的固体潮、远震和爆破信号表明此地震计能记录直流至20Hz的地面运动信号，仪器产生的噪声远低于最小地面运动的幅度，是一种性能优秀的地震计。

(2) 宽带地震计　已研制了机械样机和电子线路板，其设计是合理的。

(3) 短周期地震计　已研制成功了垂直向和水平向的样机，设计新颖合理，结构简单，操作方便，便于携带和野外架设，此地震计已接受了日本地震仪器商的40台订货。

(4) 强震计　已完成了样机生产，其功能指标均已达到技术设计的要求，此仪器已在澳大利亚使用，并作为商品样机售往日本。

2. 地震数据采集设备

(1) 甚宽带地震数据采集设备　甚宽带地震数据采集器是24位的采集设备，在充分调研的基础上与日本合作研制了三路快速采样的24位采集器样机，样机的结构合理，功能可靠，下一步，拟按技术方案要求加入一块慢速采样板，并增补部分软件完成总体样机。

(2) 宽带数字地震采集设备　用于区域数字地震台网的采集设备已基本完成，具有国际先进水平特点，是精度高稳定可靠，并采用了90年代发展起来的GPS授时，超大容量固态存储和微功耗等技术。

3. 无线通信设备

研制成了传输4800BPS的超短波无线单工通信设备，其性能指标基本达到设计要求，为

进一步提高通信水平，拟在上述设备的基础上研制半双工信道设备。

4. 区域台网数据处理系统

数据处理系统是整个数字地震观测系统的核心，在技术方案中采用了目前国际上较为流行的先进的工作站作为硬件支持，整个软件开发在一个全新的环境中进行。

在两台SUN PARC2工作站上开发的区域台网数据处理系统功能齐全，采用了动态波形显示，动态参数修改方式，人机界面采用方便图形窗口结构。在实时功能，地震图输出方式，记录容量，双机数据保护等方面达到了目前国际上的领先水平。该系统开发已基本完成，它的研究成功，实现了我国地震台网数据处理系统由微机单用户系统向工作站系统的飞跃，并在技术上与国际新水平接轨。目前正作进一步的完善和实际运行。

二、数字前兆遥测试验系统的进展（85-907-01—04课题）

1. 前兆数据采集器

（1）完成了用于综合性（或大型）前兆台的综合数据采集器DSC-I样机。DSC-I能以0.02%精度采集32个模拟量和10^{-6}精度采集四频率分量，能与改造后的全部前兆仪器接口，实现自动数字化采集，具有较强的本地处理能力，可以与微机和拨号电话相连实现数据遥测和传输。

（2）DSC-2型地震前兆数据采集器的研制。DSC-2是一个小型化的前兆数据采集器，用于小型的前兆台使用，成本低，功耗小，易于普及。主要采用20位AD，高精度基准电源，光电隔离等技术，可通过RS-232或MODEM与微机相连，智能化程度较高。初步样机已做完，硬件调通软件配齐。

2. 无线遥控器

主要用于对台站的电源进行无线遥控和选呼进而完成反向数据传输的功能，初步样机已做出，可以大大提高快速响应能力。

3. 前兆仪器接口改造

已完成了对体应变仪，定点形变仪，水位测量仪的技术改造，并进行了台站实验和数采联调，其记录仪，地热测量仪以及地磁测量仪接口改造的初步样机均已完成。

85-907-01项目在开发我国的数字地震和前兆观测试验系统方面作了大量的调研工作，目前在地震计、数据采集器、无线遥控器和地震数据处理系统等方面都已经取得了实质性的结果，各专项的研制中能应用国际上的高新技术，在保证切实可行的基础上，充分考虑到技术上的先进性，特别是地震计，应用此项目的技术，已经打入了国际市场并取得了可喜的效益，数据采集器也有望在国际招标中获得成功。区域数字地震数据处理系统是本项目的一个重要部分，工作量很大，目前也已基本完成，部分技术已达到国际领先水平。

（国家地震局科技监测司　阴朝民）

“八五”地震短临预报攻关研究及进展

“八五”地震短临预报攻关研究工作从1991年已开始进行，1992年4月国家地震局科技监测司在北京香山组织召开了“八五”短临预报攻关研究工作会议，会议对设置的全部一、二级课题进行了论证并全部通过，“八五”地震短临预报攻关研究工作正式全面启动实施。“八五”短临预报攻关共设置10个一级课题，43个二级课题及近250个三级课题。

经过1991年预研究，1992年正式实施到1993年底，大部分三级课题取得明显进展，已完成论文报告110篇，首批三级课题的优秀成果论文将在《中国地震》、《地震学报》、《地震》、《地壳形变与地震》等国家刊物上以专刊发表。各三级课题取得的进展主要表现在以下几个方面：

1. 理论研究工作不断创新和发展

各有关课题进一步深入研究了地形变、地下水、重力、地电等各方法手段的前兆场物理机制，创立和完善了一些孕震前兆物理模式，如：孕震系统前兆场自组织演化模式；坚固体孕震模式等；对孕震过程中各阶段的物理过程的演化进行了室内试验及数值模拟。

2. 新方法新手段的研究工作取得明显进展

例如：S波分裂在地震预报中应用研究的有关三级课题的研究成果取得明显进展，他们研究出的提取慢S波的方法优于国际上已有的方法，其研究工作走在世界前列。又如加卸载响应比方法研究取得明显进展，震例检验效果较好，显示出良好的应用前景。又如形变学科提出的信息合成与Lyapunov函数方法效果也较好。其他学科还提出了地震强度因子Mf值方法，从属函数μ_0值等方法。同时在研究波形特征、频率分析、尾波特性等开发地震波资源方面也提出了一批初步检验有效的参量与方法。

3. 判据指标的研究工作取得明显进展

在中短临（含1～3年）预报判据指标研究方面，各有关的三级课题提出了一批实用、有效的判据指标。如韩渭宾提出的容量维、信息维的变化率ΔD_0、ΔD_1判据，陆远忠提出的地震活动演化指标YH和算法复杂性CN，经震例检验显示其预报效能明显提高，还提出了PP投影数值法、深部电性特征法等等判据指标。

4. 边研究边应用

例如：“利用前兆动态从属函数模型对首都圈地震形势的分析”三级课题的研究就紧密结合地震预报实践，该课题先后3次提交了年中、年终的首都圈地震趋势意见，其预测意见与实况基本相符。又如：“地磁转换函数和低点位移的短临前兆标志及判定方法研究”三级课题，也多次提供意见较成功地预报了多次地震。

“八五”地震短临预报攻关工作还注重加强管理工作，通过有效的管理体系创造出有一定规模，有一定科学水平的成果，此次攻关研究采取的是课题负责人负责制，实行逐级管理。三级课题负责人向二级课题负责人负责，二级课题负责人向一级课题负责人负责。局科技监测司重点抓好对一级课题和部分二级课题的管理。

1993年3月，局科技监测司对“八五”地震短临预报攻关课题进展情况进行了检查、评审。以二级课题为单位对攻关所属的43个二级课题进行了评审，结果如下：A类14个，占32.5%；B类27个，占62.7%；C类2个，占4.6%，评审结果通报了各有关课题。

（国家地震局科技监测司　谷永新）

地震信息系统优化及技术改造总体设计进展

随着地震形势的不断变化和科学技术的高速发展，我国现有的地震信息系统已不适应地震科学和社会发展的需要。为解决当前存在的主要问题，以求提高地震科学水平和提高资金投入的总体效益，国家地震局在“八五”规划中对地震重点监视防御区安排了“地震信息系统的优化及技术改造总体设计（以下简称《总体设计》）”项目，作为重点支持，即为85-01项目。

地震信息系统主要包括三大部分内容：地震观测系统，数据通讯系统，数据管理和数据处理系统。限于经费条件的制约，《总体设计》的主要内容是全国测震基本台网，地震重点监视防御区的综合区域台网及空间大地测量网的优化与技术改造，地震通讯系统的完善及建设，全国数据中心的筹备及建设等。

《总体设计》分四章阐述。第一章为现状分析；第二章为优化及技术改造的技术指标；第三章为优化及技术改造方案；第四章为效果评估。《总体设计》由罗兰格、李友博、沈建华执笔完成。

一、现状分析

1. 地震观测系统的现状分析

地震观测系统主要含全国测震基本台网，多地震重点监视防御区的综合区域台网及空间大地测量网，涉及首都圈、河北省、山西省、内蒙古自治区、辽宁省、山东省、江苏省、云南省、甘肃省、宁夏回族自治区、新疆维吾尔自治区以及青海省等地区。

表1　全国测震基本台网及其速报能力（1988年底）

台站总数	有人值守台站	遥测台站	地方台	速报能力（震级）				
				全球	边境	国内	大部分地区	少部分地区
727	320	265	142	≥7	≥6	≥5	≥3.5	1～2级

台站总数包括全国27个Ⅰ类、56个Ⅱ类基本台，各省、市、自治区的区域台、10个数字化台、6个区域传输台网和20个地方遥测台网，其中华北9个地方遥测台网与北京台网联网，云南与四川两省遥测台也已联网。由于大部分台站运行时间较长，老化现象日趋严重，现代化程度较低，亟待改造。

重点监视防御区的区域综合观测台网的现状由表2、表3所示。

表 2　首都圈前兆观测台站分项目统计表

	地形变	地下水	水化学	地　电	地　磁	重　力	应力应变	合 计
地球物理研究所	1	1			2			4
地质研究所		4	15			1		20
分析预报中心	14	21	7	4	8	1	10	65
第一形变中心	10							10
地壳应力研究所							5	5
河北省地震局	15	15	24	5	15		5	79
山西省地震局	3	6		2			1	12
天津市地震局	2	26	18	4	9	1	1	61
内蒙古自治区地震局	1	3						4
合　　计	46	76	64	15	34	3	22	260
密度(台项/万 km^2)	3.8	6.3	5.3	1.3	2.8	0.3	1.8	21.7

表 3　各重点监视防御区监测状况表

地　区	面积(10^4km^2)	测震遥测台网	有人职守测震台(含地方)	震级控制能力	前兆台网项目 数量	前兆台网项目 密度(10^4km^2)	监测能力	备注
河北省	5	邯郸网 (8 子台)	6	全区 $M_L>1.5$ 部分地区 $M_L>1.0$	35	3.8 台项	B 类	不含首都圈地区
山西省	15	大同、太原、临汾三个台网	11	大同、太原、临汾 $M_L>1.5$ 忻县、运城 $M_L>2.0$ 其他 $M_L>2.5$	59	3.7 台项	太原地区 A 少数地区 B 其他地区 C	
内蒙古	14	呼和浩特网 (10 子台)	13	东部 $M_L>2.5$ 西部 $M_L>2.0$ 磴口以西 $M_L>2.5$	78	5.0 台项	呼和浩特市附近 A 其他为 B 和 C	
辽宁省	15	沈阳、大连、丹东三个台网		沈阳 $M_L>1.5$ 辽南、辽东 $M_L>2.0$ 其他 $M_L>3.0$	72	4.8 台项	沈阳 A 辽南、辽东 B 其他 C	
山东省	8	嘉祥网 (6 子台)	11	鲁东南 $M_L>1.7$ 整区 $M_L>2.0$ 全省 $M_L>2.5$	69	5.0 台项	济南地区 A 其他 B	
江苏省	10	南京网	14	溧阳 $M_L>1.2$ 苏南 $M_L>1.5$ 苏北 $M_L>2.0$ 近海 $M_L>3.0$	118	11.8 台项	大部分 A 近海 B	
云南省	38	昆明网 (37 子台)	22	实验场 $M_L>1.0$ 全省 $M_L>2.0$	128	3.4 台项	滇西 A 大部分 B 少数 C	
四川省	17	成都网 (20 子台) 西昌网 (12 子台)		成都、四川 $M_L>1.5$ 重点区 $M_L>2.0$ 边缘区 $M_L>2.5$	86	4.5 台项	B	

续表

地　区	面积(10^4km^2)	测震遥测台网	有人职守测震台(含地方)	震级控制能力	前兆台网项目		监测能力	备注
					数量	密度(10^4km^2)		
甘肃省	11	兰州网(23子台) 张掖网(5子台)		$M_L>2.0$	113	8.7台项	A	
宁　夏	6.6	银川网(6子台)	7	银川 $M_L>2.0$ 其余 $M_L>2.5$	76	3.9台项	B类	
新　疆	40	乌鲁木齐网	15	$M_L>3.0$	92	2.0台项	乌鲁木齐市B其他C	
青海省	3		5	$M_L>3.5$	42	3.0台项	C	

首都圈前兆台网监测能力大部分地区为A类(指5级以上地震),各类流动观测点600多个,测线总长6300多km,平均10^4km^2内有50个测点,525km测线。

2. 通讯系统现状分析

我国地震系统的专用通讯系统已初步形成了国家、省、自治区、直辖市和地、州、县三级无线专业通讯网,通讯方式为卫星、短波、超短波话音或数字通讯。全国已建成9个VSAT卫星地面站(在地面引接线路开通后可实现波形数据、计算机通讯、声码话音和图文传真等功能),16个省与北京联网构成国家短波主干数传网,17个省区建成或在建的区域无线通讯网,11个省市建立了移动通讯系统。近年来,在原有话音通讯基础上,发展了数字传输技术。

表4　各地震重点监视防御区的通讯系统的基本状况

地　区	VSAT卫星地面站	计算机通讯	话音通讯	数　传	无线通讯	
首都圈	地面站与全国9个卫星站联网	华北测震台网联网		部分前兆台站		大部分前兆数据由邮电部门传送
河北省		华北测震联网	大部分前兆台站	部分前兆台站		实现与北京收传,且有机动通讯设备
山西省	太原地面站与北京综合通讯		大部分台站			
内蒙古					与北京以及区内各专业台、办、局之间	
辽宁省	沈阳地面站与北京综合通讯			部分台站	各台站及地市局与省局之间	有机动通讯设备

续表

地　区	VSAT 卫星地面站	计算机通讯	话音通讯	数　传	无线通讯	
山东省	济南地面站与北京综合通讯			部分台站	台站及地市局与省局之间	
江苏省				部分台站	大部分台站、地市局与省局之间	实现与北京的无线通讯
云南省	昆明地面站与北京综合通讯				大部分台站及地州局与省局之间	有机动通讯设备
四川省	成都地面站与北京综合通讯			部分台站	大部分台站及地市局与省局之间	有机动通讯设备
甘肃省	兰州地面站与北京综合通讯			大部分台站	部分台站及地市局与省局之间	有机动通讯设备
宁　夏					与北京，各台站及地市局与省局之间	
新　疆					与北京，以及各台站、地市局与省局之间	

从表 4 中可看出，主要问题是数传占的比例较少，速度慢，不适应计算机集中管理和高速处理，此外机动通讯设备较落后。

3. 全国地震数据中心建设

全国地震数据中心的基本功能是采集、编辑、处理、检索各种地震数据，为地震事业提供科学服务。该中心于 1993 年成立，正在建设中，并与分析预报中心、地球物理所等已形成的数据渠道联体发展，避免重复。

二、技术指标

(1) 对全国测震台网能满足速报全国 5 级以上，边境附近 6 级以上，全球 7 级以上。对重点监视防御区，在中国西部能控 $M_L \geqslant 3.0$，大城市监控 $M_L \geqslant 2.0$；中国东部监控 $M_L \geqslant 2.0$，大城市 $M_L \geqslant 1.5$，首都圈与滇西实验场监控 $M_L \geqslant 1.5$。定位精度都不低于Ⅱ类。

对各重点监视防御区的监测能力达到 A 类，台网密度在西部达 4～5 台项/$10^4 km^2$，东部达 6～7 台项/$10^4 km^2$，首都圈达 10 台项/$10^4 km^2$，力求观测方法全面、配套，使观测质量逐步消灭Ⅲ类资料和提高Ⅰ类资料的比例。

对全国大震速报台网尽量实现无线计算机通讯，以保证大震后 1 小时内（国内强震 30 分钟内）完成速报并反馈有关省市地震局。

（2）主要技术指标和实施目标见表 5。

表 5　测震台网的主要技术指标

测震台网	主要技术指标和实施目标
全国测震基本台网	（1）时间服务系统绝对时间准确到 50ms 以内 （2）记录器小信号记录分辨率达到±2ms 以内 （3）标定精度优于 8%
地震速报台网	（1）震后 30～60min 完成速报，定位精度有明显提高； （2）实现无线通讯与卫星通讯的转接； （3）完成微机通讯及图形系统软、硬件开发。
数字地震台网	完成 8～10 区域数字台网和 3～4 个甚宽频带数字地震台的台址选择、测试、设备安装和正常运行。
重点监视防御区区域综合台网	（1）测震台网监控能力：首都圈与滇西实验场为 $M_L \geqslant 1.0$；河北、山西、山东、辽宁、江苏等省境内的重点区为 $M_L \geqslant 2.0$，部分为 $M_L \geqslant 1.5$；云南、四川、甘肃、宁夏、新疆、内蒙古及青海等重点区为 $M_L \geqslant 2.5$ （2）前兆台网的监测能力：首都圈、滇西实验场、河北、山西、山东、江苏、辽宁等重点区为 A 类，边缘地区为 B 类；云南、四川、甘肃、宁夏、新疆、内蒙古及青海等重点区为 B 类，其中少部分地区为 A 类 （3）部分前兆观测项目实现数采与数传 （4）新建 3～4 个流动微震观测台网
强震观测台网及大震快速响应系统	（1）更新改造 76 台 RDZ-1 型强震仪，并调整台网 （2）建成大震快速响应系统和一个局部场地条件影响观测台阵
地震通讯系统	（1）建成 9 个卫星地面站成网，实现大震波形数传，计算机远程通讯，图文传真和话音通讯 （2）建成全国主干短波数据通讯网，实现省级地震部门的前兆数传和汇集 （3）建成 3 个机动卫星通讯系统；完善各重点区的地震通讯网
GPS 观测系统	（1）建成以重点区为骨干网的全国 GPS 网，重点区完成一期复测，华北、滇西、川西地区重复两期，统一预处理程序，建成专业数据库。 （2）保证武汉 SLR 站的正常运转，参与国际资料交换。
数据中心建设	（1）完成全国数据中心的总体设计 （2）研制数据管理软件 （3）建立国内、国际数据流通网络 （4）建立国内、国际数据源索引及用户索引，形成全国交换基础 （5）16 个区域数据库的建设与完善

三、优化及技术改造方案

全国测震基本台网、通讯系统的任务及安排，各重点监视防御区区域综合台网优化及技术改造方案见表 6～表 8。

表 6　测震台网的任务及安排

测震台网	任　　务	安　　排
全国测震基本台网	(1) 用集成数字钟作时间服务 (2) 提高笔绘机的小信号记录特性 (3) 研制整体标定仪器 (4) 利用新技术，改造因环境恶化的台站	(1) 1995 年完成时间专用时钟的研制与配置 (2) 1995 年完成短周期笔绘记录器的改进 (3) 1995 年完成标定器的研制与配置 (4) 数字化资料的应用研究
地震速报台网	(1) 以实时波形传输的大震速报主系统 (2) 完善大震速报数据处理系统 (3) 遥测台网的调整与技术改造 (4) 六大区域遥测台网传输信道改造试验	(1) 1995 年完成主系统的建设 (2) 1995 年完成遥测台网调整，信道改造 (3) 1995 年完成人机结合大震速报波形分析系统和速报处理中心、CDSN 台网交换系统的建设
数字地震台网建设	(1) 8～10 个区域数字地震台站的选择、测试、安装 (2) 3～4 个甚宽频带数字地震台站的选择、测试、安装	1993～1995 年实施 1993～1995 年实施

表 7　各重点监视防御区区域综合台网优化及技术改造方案

地　区	调整与新增项目	观测系统改造完善	供电系统改造完善	仪器设备更新改造	工作生活条件改善	台　站基本建设	监测预报科研基地	合　计	备　注
河　北	2	10	3	5	5	4	3	32	
山　西		10	2	15	3	3		33	
内蒙古	21	7		2	2	5		37	
辽　宁	4	5		20	8	5		42	首都圈与滇西实验场的工作由其他二个项目已作安排
山　东	9	7		8	8	2		34	
江　苏	5	9		15	3	7		39	
云　南	15	10		15		4		44	
四　川	2	6		18	6	4		36	
甘　肃	2	7		37	6			52	
宁　夏	1	1		11	1	2		16	
新　疆	11	5		15	10	2		43	
青　海	5	3		6	3			17	
合　计	77	80	5	167	55	38	3	425	

表 8　强震观测台网任务及安排

	任　　务	安　　排
强震观测台　　网	(1) 强震固定观测台网建设 (2) 强震流动观测 (3) 局部场地条件影响观测台阵的建立	(1) 1994 年更新改造 26 台 RDZ-1 强震仪，1995 年完成台网调整 (2) 每年在一二个重点区进行强化流动观测 (3) 1993 年投入观测台阵的观测

表 9　通讯系统任务及安排

	任　　务	安　　排
通讯系统	(1) 卫星通讯网建设 (2) 机动卫星通讯网系统建设 (3) 区域通讯网的完善	(1) 1993 年完成：8 个地面卫星站建设；卫星通讯网中心的完善；3 个机动卫星通讯系统的建设 (2) 1995 年完成短波主干数据通讯网的建设；12 个区域通讯网的完善

重点监视防御区空间大地测量的任务主要是：①GPS 网的选点埋石；②GPS 网的实施观测；③GPS 与重力、水准的联测；④资料统一处理与建立专业数据库等。工作安排由 1991～1995 年分别在各重点区按技术指标分头实施。

数据中心的建设任务是：①全国地震数据中心建设；②3 个分中心的建设；③16 个区域数据库的完善。

四、效果评估

《总体设计》实施后，其主要效果是：

1. 测震台网

全国测震基本台站的时间服务，其绝对精度可达到 50ms 以内，比现有提高 2～3 倍；短周期可见记录器小信号的分辨率可达到±0.2ms 以内；仪器总体标定精度优于 8%；大震速报可缩短为 30～60min 左右等。

2. 重点监视防御区综合观测台网

台网密度提高，资料可靠性与连续性提高，监测能力提高（表 10）。

表 10　各地区的监测能力

地　区	测震台网监测能力		前兆台网监测能力	
	改造前	改造后	改造前	改造后
河　北	1.5	1.5	B	A，B
山　西	1.5，2.0	1.5，2.0	B，C	A，B，C
内蒙古	2.0，2.5	2.0	A，B，C	A，B
辽　宁	1.5，2.0	1.5，2.0	B，C	A，B
山　东	2.0	2.0	A，B	A，B
江　苏	1.5，2.0	1.5，2.0	A，B	A，B
云　南	2.0，2.5	2.0	B，C	A，B，C
四　川	1.5，2.0	1.5，2.0	B	A，B
甘　肃	2.0	2.0	A，B	A，B
宁　夏	2.0，2.5	2.0，2.5	A，B	A，B
新　疆	3.0	2.5	B，C	A，B，C
青　海	3.5	3.0	C	B

3. 强震观测台网

台网布局与重点区更趋合理；观测仪器稳定、可靠；快速响应能力提高。

4. 地震通讯系统

实现大震波形数传输，计算机远程通讯、图文传真与话音通讯；不仅提高地震速报能力，而且部分前兆数据快速传送；数采与数传的发展提高重点区的短临预报的能力。

5. GPS 系统

提高大尺度形变测量的精度与速度，对地震中长期预测发挥重要作用。

6. 全国数据中心建设

为全国数据中心及分中心全面建设创造了条件。

（局分析预报中心　陈鑫连）

中国大地震速报网的发展与现状

大地震发生后，只有快速、准确地测定它的三要素（发震时刻、震中位置、震级），才可能对国内的灾害地震做到及时、有效地救援；对国外的灾害地震作出合理的国际援助决策。换言之，开展大地震速报是国内外灾害性大地震发生后快速应急的关键。

中国的大地震速报始于60年代初。70年代初国家地震局成立后，建立了全国大地震速报网。在全国范围指定北京、牡丹江、长春、沈阳、大连、太原、银川、泰安、红山、包头、呼和浩特、佘山（上海）、南京、武汉、长沙、广州、泉州、琼中、昆明、贵阳、攀枝花、成都、拉萨、西安、兰州、高台、乌鲁木齐、喀什28个地震台为大地震速报台，各台的大地震速报数据用电话或电报方式报送国家地震局分析预报室集中统一处理（1980年以后，由国家地震局分析预报中心集中统一处理）。

1986年，根据大地震速报工作的发展与需要，全国大地震速报台调整、补充至30个，即撤销包头和佘山（上海）两台，同时增补格尔木、海拉尔、温州及宾县四个台站为大地震速报台。

1989～1990年国家地震局科技监测司实施地震台网优化后，全国大地震速报台站扩展至36个，即在原30个速报台的基础上又增补了和田、洛阳、南昌、合肥、桂林和恩施台为全国大地震速报台站（图1）。

全国大地震速报网承担国家下达的对国内$M_S \geqslant 5.0$、边境区域$M_S \geqslant 6.0$及国外$M_S \geqslant 7.0$地震的参数快速测定与速报任务。我国大地震速报网的数据流程见图2。

为了加强全国大地震速报网的运作能力，1985年开始，由国家地震局分析预报中心负责对其实施技术管理，对该网所属的大震速报台站的速报业务进行统一管理。规定大地震速报使用的常规仪器为DK-1与DD-1或DD-2地震仪；制定了大地震速报观测的规章与数据编报格式；规范了速报原始数据的产出与记录；积极地开展速报技术交流与培训工作。技术管理使大地震速报网的工作逐步走上了正轨。从而使速报台站产出准确及时的速报数据，使速报网基本做到大地震参数测定准确及时。

为了准确测定大地震震级和改善速报数据传递环境，1989～1990年的两年时间里在30个速报台站的DK-1地震仪上又增配了ARA自动衰减放大器，从而基本保证了国内外大地震

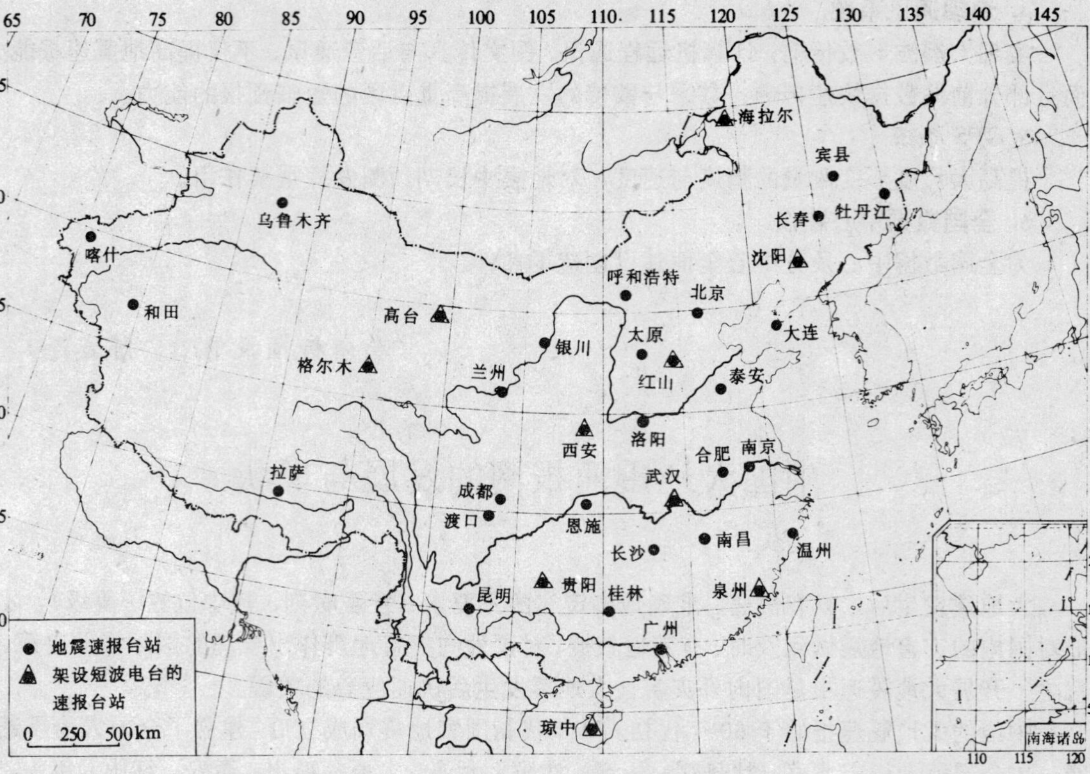

图 1 中国地震速报台站分布图

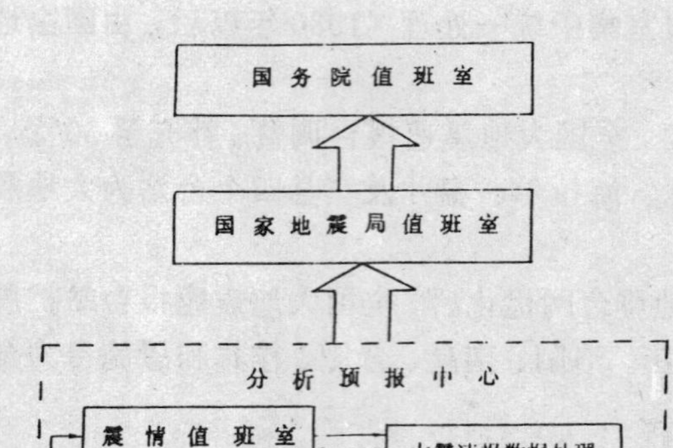

图 2 速报数据流程图

震级测定的准确性。1989 年，在红山、高台、武汉、贵阳、沈阳、泉州、琼中、西安、格尔木、海拉尔十个速报台站架设了短波电台，一定程度地改善了台站速报数据的传递手段。

1985 年，我国大地震速报网的数据处理结束了手工定位的方法，开始进行计算机定位。1992 年，计算机屏幕交切定位法引入大地震速报数据处理，在提高极远地震的定位质量和大地震速报质量的稳定性方面做出了贡献。

在解决大地震速报数据质量问题和定位结果可靠性与稳定性的过程中，有关的培训与研究工作取得了较大的实效。

1992～1993 年间积极开展了旨在提高速报台震相分析水平的人员培训工作。对远震和极远震速报震相的判读进行强化培训。1993 年完成了大震速报与震相分析实用文集的编印工作。同时在地震定位方法，地震波走时分区特征，震级测定等方面做了大量的研究工作。

1993年，我国的大地震速报开拓了国际合作的新领域。根据中俄地震科技合作协议的精神，中俄双方自1993年开始了全球大地震数据快速交换的合作项目。该项目的中方负责单位是国家地震局分析预报中心，俄方负责单位是俄罗斯科学院大地物理研究所奥布宁斯克实验方法考察队。

中俄大地震数据快速交换协议规定，双方对全球范围内发生的$M_S \geqslant 7.0$地震实施数据快速（3小时以内）交换。快速交换的数据包括本台网测定的地震参数（发震时刻，震中经纬度，震源深度，震级）以及约定台站的地震观测读数。

双向的大地震数据快速交换，改善了地震定位数据使用环境。中俄地震台站读数联合定位，提高了对全球大地震定位的质量。

不断提高大地震参数速报水平是我们始终不渝的基本任务。而推进地震速报系统现代化建设则是提高大地震速报水平的必由之路。我们期待着正在建设的用卫星和长话线路传输地震波形数据，集中记录的全国大地震速报系统早日建成。为中国大地震速报网的现代化做出贡献。

（局分析预报中心　薛　峰）

地震工程学的发展和趋势

地震工程经过一个世纪的萌芽、形成和发展，已公认为是一门学科。其萌芽可以追溯到19世纪末至20世纪初，欧洲工程师们在强地震震害现场调查中对房屋震害程度的评述、原因的探讨、预防、设计标准的研究等。地震工程发展的先驱们，不但研究了房屋抗震设计，同时也参与开创了地震学——宏观地震学，创造了震中、震源、等震线、极震区等地震学方面的词汇，包括地震学（seismology）这个词本身。

地震工程学发展的动力是人们社会生活的需要，发展的条件是社会生产的生活实践中的经验和教训，特别是强震震害的教训，以及科学技术发展所能提供的工具和方法。这三个因素都很重要，缺一不可。工程与社会发展的需要是动力；强震的经验与教训提供了定性的、科学的认识和启发；科学技术发展提供了定量分析的工具与方法，从而形成了一门学科并稳定地发展起来。当然，现代社会中所取得的重大进展，还均得力于科学技术的交流，特别是国际性交流。在地震工程界，从1956年起到现在，共召开过十次世界地震工程学术讨论会，平均每四年一次，近年来每次约1000～2000人参加；一些多地震国家还定期举行全国性的地震工程学术会议，我国已举行过四届。除去国际性的专门期刊外，不少国家还有自己的全国性地震期刊。这些工作对学科的迅速发展起了重要作用。

下面先分别介绍作者对地震工程学发展三个阶段特点的认识，再提出对今后发展趋势中值得重视的几个问题，供大家讨论。

一、第一阶段——地震工程学发展的萌芽阶段

这一阶段为 19 世纪末到 20 世纪 50 年代，此阶段的特色或标志是新建工程（特别是房屋建筑）的经验性抗震设计。其经验性表现在以下几个方面。

1. 设计原则

工程的抗震设计原则和具体规定主要根据从强震震害现场总结出来的宏观的、定性的、经验性的规律，后来也引入了一些理论的、定量的重要规定，如反应谱，但其主旋律仍以经验为主。其主要表现有：

第一，地震荷载或以地震烈度表示，或以等效地震动峰值加速度 a 与重力加速度 g 的比值 $k=a/g$ 表示。等效地震动峰值加速度按照静力平衡理论反算求得。19 世纪末，工程师在调查意大利强震破坏现场时，提出了按照 $k=a/g=0.05$ 或 0.1 进行抗震设计的设想；到本世纪 20 年代，日本工程师据此成功地设计了几栋重要的房屋，并经受了 1923 年日本关东大地震的考验。1924 年日本“市街地建筑物法”规定 $k=0.1$，这是工程抗震设计的第一个法规性规定，在日本一直沿用到 80 年代初。

第二，在设计地震动的估计上，认为历史上发生过的最大地震动或地震烈度未来也可能发生。

第三，在结构计算上，采用的是等效静力法，认为结构所受的地震惯性力 $F=ma=kW$（这里 m 与 W 分别是结构的质量和重量）象静力一样，大小与方向均不变，系数 k 与结构能力性能无关。

第四，结构抗震设计以从强震的宏观经验中总结得到的构造措施为主。

2. 房屋工程观点

由于在那个时期，房屋建筑以外的工程不多，震害经验也少，不易得到成熟的经验，所以抗震设计经验是从房屋建筑中得来而又用于工程中的。抗震措施是构造措施，并且这些构造措施一般可以直接用于房屋建筑；主要抗震设计方法和数据，一般也是直接用于房屋建筑的。因此，地震工程学是从房屋抗震发展起来的说法也不为过。

3. 静力方法

当时人们已经具备振动知识，在强震现场调查中也指出过结构动力特性的重要性，但由于缺乏地震动加速度与结构地震反应的仪器观测数据、缺乏足够的实际震害数据、缺乏复杂振动过程的分析计算方法与工具等原因，使人们的认识不尽一致。1924 年今村明桓根据 1923 年的关东大地震的地震仪记录，量出东京地震动的最大位移为 4.43cm，平均周期为 1.35s，按简谐振动计算，地震动最大加速度大约为 $0.1g$。这种观点的形成，主要在于当时仪器选频特性太强，滤掉了对工程起主要作用的高频振动分量，使本来十分复杂的地震加速度过程接近于低频的简谐波的形状，因而给出了过小的地震动峰值加速度。1927 年佐野利器提倡刚性结构，认为强地震动的主要周期在 1.0～1.5s 之间，刚性结构可以有效地抗御这种低频地震动；而真岛健三郎则主张采用柔性结构，他认为结构物愈刚，所受的地震力愈大，而且在产生破坏之后，结构物的自振周期会加长而更接近地震动的周期，从而加大结构反应。到 40～50 年代积累了许多地震动加速度过程记录之后，人们才认识到地震动的主要周期一般在 0.1～0.5s 或 0.1～1.0s 之间了。

50年代地震工程学的重要进展之一是反应谱理论的提出和应用。比奥特与本尼奥夫在40年代初就提出了地震动反应谱的概念，但直到十年后有了一些地震动加速度过程的记录及数值积分计算方法和工具之后，才由豪斯纳提出可供工程使用的反应谱。这也说明地震工程的发展需要有足够的定量的基础数据和近代的科技方法与工具。

二、第二阶段——地震工程学发展的成熟阶段

这一阶段为20世纪60～80年代。本阶段是以震害经验为基础、以测试和分析为辅的半定性半定量的阶段。其特点有：

从以房屋建筑为主扩展到各类工程；从新建结构的设计扩展到已建结构的抗震鉴定与加固；从地上工程扩展到地下工程和从单体到生命线系统工程。

主要成就至少有以下七个方面：

1. 抗震设计的规范化

世界上的第一个抗震设计规范始于1924年。1960年，第一次出版了“世界抗震规范汇编”，共收集了13个国家或地区的抗震设计规范。以后，又于1963、1966、1970、1973、1980、1984、1988、1992年出版了类似的汇编，1992年的汇编包括了几乎布满全球地震区的37个国家或地区的规范。

2. 反应谱理论的普及

据作者1985年的统计，当时收集到的33个国家或地区的规范中，除葡萄牙之外，都采用了反应谱理论。

3. 抗震设计的动力理论已经形成

1972年纪念圣费尔南多地震一周年的学术讨论会上，人们认为，反应谱只说对了问题的一半，另一半是强震动持续时间的影响，从而推行了按照地震时间过程、在时域内逐步积分，进行动力分析，并已在较重要的、非弹性反应显著的、特殊或新形结构的设计中得到应用。反应谱理论的实际应用得力于几十条地震动加速度记录，而到80年代全世界的这种记录则已经积累了几千条。因此，才有条件提出适用于各种具体条件的地震动加速度过程。值得指出的是这种动力分析方法还只是简化的近似方法，在构件和结构的非弹性大变形阶段的动力性能上和结构接近倒塌的机制上，均待改进。为此，这一时期发展了大型模拟地震振动台和伪动力计算机联机试验装置。

4. 砂土液化的定性和定量分析

这特别受益于1964年的日本新潟地震和同年的美国阿拉斯加地震的经验教训，也得力于砂土液化动力试验和理论的结果。

5. 地震危险性的概率分析法趋于成熟，并得到实际应用

概率法是60年代末提出的。到80年代末，许多国家或地区的地震区划图是根据这一方法编制的。我国在80年代初引入这一方法，并在重大和特殊工程的地震危险性分析中和1990年全国地震烈度区划图的编制中修正后采用。这一进展得力于地震学的一些成就，如板块构造理论、古地震、震源动力学、强震观测和历史地震资料的积累，以及计算技术的迅速发展。

6. 生命线地震工程研究方向的确认

生命线系统工程包括各种线性系统组成的工程，如各种地下地上管网、公路和铁路等交

通运输网、输电网、通讯电视网等。这种工程系统与一般工程不同，它有一个很重要的特色，即：除了结构破坏之外，还有服务功能是否破坏的问题，从而将网络理论应用于地震工程。

7. 震害估计及减灾对策的提出

减灾已被确立为地震工程最终目标，在本阶段中又进行过许多城市的地震小区划与震害预测和对策的研究，1984 年第八届世界地震工程大会上提出，后经联合国批准的以本世纪最后十年为国际减灾十年，这一力图实现减灾目标的国际性举措，标志着下一阶段的开始。

三、第三阶段——地震工程学发展的扩展阶段

这一阶段为 20 世纪 90 年代开始。除了在工程方面继续深入提高和发展之外，突出之处在于其从工程向社会的扩展。这一扩展是一个飞跃，它使地震工程的减灾目的针对整个社会，因为在以大城市为主体的现代社会中，强地震的社会、经济、人身、政治方面的损失并不小于工程损失。

1. 本阶段的特色

本阶段的特色是防震减灾的全面重视和执行。第一阶段的重点是新建房屋建筑的抗震设计。第二阶段是各类工程的设计和鉴定。第三阶段则是整个工程和社会的防震减灾，既包括新建工程的设计施工，又包括已建工程的鉴定加固；既包括震前的预防，又包括其应急救灾和恢复；即包括直接工程损失，又包括间接经济损失。具体概括为：从单体工程到生命线系统工程再到社会；从结构验算到真正的结构设计——结构振动控制；从确定性方法到不确定性方法的全面考虑；强震地震学——地震学家与工程师的密切结合到他们与行政管理和社会经济学家的结合。

地震工程发展过程中，地震学家与工程师有着密切的结合而且成绩显著：在萌芽阶段，他们共同开创了宏观地震学；在深入发展阶段，又共同开创了强震地震学，提出了地震危险性分析的概率方法和模拟地震加速度过程方法；在现阶段，又在进一步发展强震地震学使之进入工程实用，并进而与减灾管理和保险业结合。回顾一下我们对设计地震动的认识，就更容易理解这一点。60 年代，我们认为地震动峰值加速度的上限可能是 $0.5g$；70～80 年代，又认为震源体上方地面处，它有可能高达 $1.0g$ 以上；但到 80 年代中期又出现了地震动峰值加速度为 $0.5g$（1966），$0.5g$（1967），$1.25g$（1971），$1.2g$（1976），$0.87g$（1978），$1.7g$（1979），$0.75g$（1985），这些令人迷惑的矛盾现象。它们都是在震中或发震断层上记录到的。1985 年下半年墨西哥一次 8.1 级的大地震的大片震中区内多个台上记录到的地震动峰值加速度不超过 $0.3g$，所用仪器是数字仪，高频特性良好，记录可信。这至少说明，仅用震级这个简化了的量是远不足以描述震源的复杂动力特性的；另外，地震动峰值加速度是一个不确定性很大的量，既难估计，又不是决定震害的唯一参数，因而不宜用作抗震设计的唯一指标。于是，工程上究竟应该采用哪些设计 地震动参数以及如何估计这些参数，必须由地震学家和工程师密切合作，才能得以解决。

2. 本阶段发展的动力和条件

（1）社会发展的必然结果　目前世界上，人口在千万以上的城市已有几十个，在百万以上者更多。1989 年美国加州洛马·普瑞塔地震中死亡 64 人，伤 3000 余人，直接经济损失达 60 亿美元。不少强震发生于现代化大城市附近，1976 年我国唐山 7.8 级地震是一例，死伤各

20余万人。唐山市几乎全毁，损失惨重。1994年美国的6.7级北岭地震发生在洛杉矶附近，死62人，伤9000人，直接经济损失初步估计为130～200亿美元，间接损失恐不低于此。因而使人们不得不考虑下述两种情况：①大地震发生在大城市引起的经济社会方面的损失，普遍会超过1906年美国旧金山地震、1923年的日本关东地震、1976年我国唐山地震；②发生的可能性大的中小地震对大城市可能引起的经济损失，特别是间接经济损失，可能超过我们现在的估计。

针对这种情况，科学家和行政管理部门已经采取了措施，不少发达国家已在一些大中城市制订了抗震防灾的预防、应急和救灾以及恢复重建的计划，联合国还根据地震工程学术讨论会上的建议，规定本世纪的最后十年为"国际减灾十年"，以地震灾害为主，进行国际合作，达到减灾的目的。这正是地震工程学发展第三阶段开始的十年。

（2）新技术是必要的工具　计算机技术的发展，对地震工程学现阶段的形成和发展有重要意义。意义之一是计算机的普及。40～50年代的工程师人手一把计算尺，60～70年代人手一个计算器，现在则是科技人员人手有一台计算机了。意义之二是图形管理功能的提高。自从计算机发展到工作站后，计算机就不再是计算的机器，而已具备监测、管理、图形分析与显示等许多功能，为网络分析、震害预测、模拟地震的动力和伪动力试验、人机交流提供了方便。意义之三是小型化。计算机的小型化使得试验数据的量测快速、精确、自动化，使得地震动加速度过程的现场量测、结构振动控制中的实时量测和控制成为可能。

地理科学近几十年在地理信息的取得和图形处理方面获得很大进展，如利用卫星的遥感技术，不但可以取得地表如地形地貌信息，还可以取得近地表的地下如断层信息，为取得地质信息提供了很大方便；在表示和分析地理信息方面，提出了地理信息系统GIS，它在地震工程与地震社会学方面，既可以用来表示多种地质构造、地震、工程地质情况地理分布，又可以用来表示可能引起震害的工程和社会环境的地理分布；然后再进而表示震害和减灾对策效果的地理分布，对实际减灾决策起重要作用。

除此之外，自动化技术，在动力和伪动力试验方面和结构振动控制方面，是必不可少的；如CT技术在工程地质分层方面已得到应用。

（3）新学科的发展和渗透　在防震减灾工作全面开展的推动下，人们吸收借鉴了计算科学、可靠度理论、运筹学和决策论、信息论、控制论、优化、人工智能、专家系统等学科的成就。

三个发展阶段都面临着一些需要作出选择或决策的问题，前阶段中遇到的是工程设计方案的选择（工程师们用经验性的判断方法去解决）；现阶段遇到的是社会对策的决策（人们是用专家判断的人工智能系统处理的，其实质是，经验性判断方法的一种新发展）。

四、地震工程学发展现阶段的关键问题及发展趋势

1. 大中城市的防震减灾

城市化是当今社会发展的突出现象。特别是发展中国家，在工业、商业、金融、服务业迅猛发展时，大量劳动力和就业人口涌进城市，城市规模越来越大，工程类型越来越多，公用设施越来越现代化，致使生命线系统越来越重要，近十年来我国沿海许多城市的发展充分说明了这一趋向。城市是一个地区的政治、经济和文化的中心，是物质和精神财富高度集中

的地方。因此，一旦受到破坏，其影响将波及整个地区、整个国家。有人估计，全世界的震害损失的70%～90%发生在城市。我国海城与唐山两次地震的经济损失之和竟占建国以来历次地震损失总和的85%。

城市震害实例表明了城市抗震防灾的脆弱性和重要性。脆弱性来自城市各个单元、各种功能之间的多边依存关系，除工程学科外，还有政治、法律、公安、经济、保险、心理等社会学科，特别是在第三世界，工程与社会的抗震能力更脆弱，震害会更严重。城市的防震减灾除了预防灾害之外，还必然会带动相关学科的发展，如包括工程和社会在内的复杂大系统的动态分析。

城市的防震减灾工作应该包括以下几个方面：地震危险性分析和地震动估计，各类工程、地基、特别是生命线系统工程的抗震能力或易损性估计（即抗震鉴定）及其震害预测、加固或改善，城市空间的抗震区划，次生的火、水、毒灾害，间接的经济和社会损失，减灾对策（包括震前、震时、震后）。

2. 防震减灾计划的制订和执行

虽然一些国家的一些城市已经制订了相应的防震减灾计划，但还有更多的城市尚待制订；已制订计划者，也不一定很全面。以我国为例，有的进行了地震小区划（如北京）或震害预测，但这只是防震减灾的前期工作，还不是主体，更不是全部。防震减灾计划的主体应该是减灾对策，其基础是地震危险性分析（SHA）和工程与社会目录的调查及其抗震能力评价或易损性分析（VUL）。美国国家研究委员会的地震工程委员会（主席G. Housner）下属的地震损失估计方法小组（主席R. V. Whitman）在1989年提出了一个报告，分使用要求、地震动危险性、房屋损坏和损失、次生灾害、特殊设备和城市系统的损坏和损失、间接损失、震后损失快速评估等方面全面阐明了所推荐的方法。最近，美国又对这一问题进行了详细的总结。损失估计并不是全部防震减灾工作，它只是其工作量最大的部分，通过它可以发现成灾的因素和成灾的重要环节或薄弱环节，以及工程和社会的抗震能力改变之后相应的损失变化；加强薄弱环节或提高抗震能力的方法和行动才是防震减灾对策，是震前防御对策。减灾对策还包括震后恢复，如政府或社会的支援与救济，社会保险等。因此，防震减灾工作应该是一项以科学技术为基础的政府社会决策行动。我国已有一些城市制订并执行了一些防震减灾计划。理想的计划至少应包括下述几项主要内容：

（1）完善防震减灾立法，发挥政府与社会多方面的作用。

（2）提高防灾意识。通过宣传教育，使领导、管理人员和群众了解抗震防灾基本知识，了解地震趋势，了解防灾计划的必要性。

（3）工程、社会、地震和地质环境的调查。调查收集地震和地质环境以及工程和社会现状并建立目录，必要时对未来的环境发展作出预测，以了解地震危险性和遭受地震影响的财富SOC。

（4）估计工程和社会抗震能力VUL。根据经验和分析，评定各项工程和社会系统的抗震能力，即在各种可能的地震动或地震烈度作用下出现各种损坏的可能性。

（5）进行地震危险性SH分析。

（6）根据上述数据，按下式估计震害SR

$$SR = SH \times \sum_i [VUL \times LS \times SOC]_i$$

式中 SH 是该城市可能遭受地震烈度或地震动 Y 的概率矢量；VUL 是在地震动 Y 作用下第 i 项工程或社会目录可能出现某种破坏程度的概率，即破坏概率矩阵；LS 是发生某种破坏程度的人身和经济损失矩阵。

（7）分析薄弱环节，即寻找对损失起主要作用的工程项目和社会子系统。

（8）采取适当措施或对策，使上述薄弱环节所引起的损失减到最小。可能的对策有：对工程的加固或拆除，对人的组织训练、提高防灾意识和应变能力，制订震前的提高工程质量、强震发生时的应急抢救、强震后的恢复发展等计划，组织各级政府和社会力量相互支援，如震灾保险，以及加强对社会系统的管理。

（9）分析各项措施或对策的效益，有计划地执行防震减灾措施。

值得强调的是：制订和执行防震减灾措施，不但强震时能减轻地震灾害，而且有助于减少其他突发性灾害带来的损失。

3. 结构振动控制

结构振动控制包括被动和主动控制。基础隔振属于被动控制，强震经验表明隔震效果明显，特别是隔离高频震动；美国已将之列入 SEAOC（1990）抗震设计规范建议中。迄今为止，抗震设计实际上只是一种校核或验算，并不是设计；结构振动控制则是真正的设计，它使结构采取针对地震的特殊布局。在被动控制中是增加可产生大变形而不影响结构功能的软垫层或吸能机制；在主动控制中是随时监测结构地震反应，估算下一步的结构振动，通过外加能源，向结构施加理想的外力，使结构按设计的方式振动。由于近代计算机、自动化、控制元件的发展，使这一理想得以初步实现，其发展远景十分激动人心。还有介于被动与主动两者之间的半主动控制，它不用外加能源，而是用一种装置将强震动过程阶段的地震动能量储存起来，在适当的时刻、适当的位置、适当的方向，按设计者的设计施加于结构物上，以达到振动控制的目的。

结构振动控制还可以克服现行抗震设计之不足。由于地震活动性很复杂，现有的科学水平不能对今后几十年的地震危险性作出满意的估计。例如唐山地震之前，我们未能估计到那里会发生 8 级地震；在 1985 年之前，国际专家恐均未能估计到 1985 年墨西哥海湾 8.1 级强震震中区的地震动峰值加速度会低达 $0.2g$ 左右。现在已多次记录到大到 $1.0\sim2.0g$ 的地震动峰值加速度，致使设计者难以在安全和经济之间作出满意的决策。结构振动控制却为此提供了一个方法，即结构可以按一般要求进行常规设计，而所要求的特殊控制系统可以在异常强烈的地震发生时才发生作用，以保证结构不倒塌。这种结构振动控制装置还可以同时使工程免遭大风破坏。这在高强度地震区的重大工程的防震减灾方面，这是一种有效可行的方案。

4. 特殊和重大工程的抗震设防

随着经济、建设、高科技的飞跃发展，不少高耸、长跨、大型的重要工程结构象雨后春笋般地拔地而起，它们在城市、交通、企业、工业、通讯等方面都起着重要作用。我国近十年来每年有上百栋几十层高的建筑物在城市中建成；大跨、高墩的公路和铁路桥、悬索桥、斜拉桥在丛岭、江河、海滨如彩虹飞挂；大型挡水坝拦江耸立；几百米高的电视塔、通讯塔遍及各地；城市中遍布着大型储罐，罐内储易燃或有毒的液体或气体；高炉、通廊、架空管线遍及各大型工矿企业；地下输油、输气管线贯通东西南北；海洋平台与核电厂也在沿海岸兴建。所有这些工程结构都向地震工程学提出了新课题。和一般房屋建筑相比，它们的设计应该更为详细而安全，我国现行工程抗震设计规范均有专门规定，不得按常规处理。例如日本在兴建其九州—四国大悬索桥时，就制订了不同于一般规范的专门的抗震设计规定。

特殊和重大工程的抗震设防及设计与一般工程的差别表现在以下几个方面：

(1) 地震动参数 高耸、长跨、大型的重要工程结构常有较长的自振周期，长者可达几秒，甚至十几秒，一般建筑物的工程抗震设计规范，如国际GBJ11-89，规定的设计反应谱终止于3s，不能满足设计需要。对于地下直埋管线，由于控制设计的不再是一般规范所要求的惯性力，而是地基变形，所以需要给出的是地震动速度或应变。对于多支墩长跨桥梁，各支墩的地震动可能不同，因而需要给出各支墩地震动的差异或差动。

(2) 具体场地与地震条件的考虑 一般工程的抗震设计强调简单，因而牺牲精度，将复杂的场地与地震条件加以简化，从而用少数几条反应谱曲线来代替连续多变的反应谱，换取一些简化。但是，对于性能特殊和重要性高的工程而言，这种简化是否恰当的，就象对于体型特殊的人，标准型号的衣着不一定是恰当的一样。因此，对特殊和重大工程，要求根据具体的场地和地震环境来规定适当的设计地震动参数，考虑地基抗震稳定性，如砂土液化、变形、滑坡，并对工程场地附近的断层，研究其位置、走向、特性和规模，以及断层位错量的估计。

(3) 结构抗震设防标准 我国现行建筑抗震设计规范GBJ11-89规定，对一般工程，采用超越概率分别为50年63%、10%、2%～3%的三个水准设防，以达到小震不坏、中震可修、大震不倒的目标。对特殊重要的工程如核电厂，我国规范按照国际惯例，规定采用年超越概率为1/10000进行极限安全设计，以满足大震安全停堆的要求，并采用不小于大震的1/2的地震动加速度进行运行安全设计，以满足小震安全运行的要求。重要性在一般工程与核电厂之间的工程，其抗震设防标准自应在这两者之间，尚须逐一明确规定。

5. 生命线系统工程的抗震设防

自从1971年提出生命线地震工程一词以来，它已经发展成为地震工程学的一个重要分支，日益显示其对现代生产和生活的重要意义，其内容得到了共同的认识，即它包括：交通运输（铁路、公路、水路、空中）、通讯、能源输送（供电、输油输气）、给排水等系统。1989年美国洛马·普瑞塔地震破坏了旧金山、奥克兰之间的海湾大桥和奥克兰附近的高速公路桥，使重要交通枢纽被迫中断；使煤气与供水管线多处破坏，严重影响居民的生产和生活，造成社会混乱，损失严重。1994年美国北岭6.7级地震造成直接经济损失近两百亿美元，桥梁破坏、煤气管道破坏引起的火灾、供水管道破坏引起的水灾、供电中断等致使损失巨大。二三十年前，生命线系统工程尚未如此普及和受到重视，所以其震害经验远比房屋少，直到在土耳其召开的第七届世界地震工程会议上，才把生命线地震工程作为一个专题列入会议文集。此后，在美、日、欧、中国都分别召开过以生命线地震工程为专题的双边、三边或国际会议。1994年在我国召开的第二届中、日、美三边生命线地震工程讨论会，并已定于1998年召开第三次讨论会。此领域的研究集中在以下几个方面：

(1) 新的设计地震动参数 生命线系统工程不但包括多种工程结构物，而且覆盖面很广。城市的交通系统和供水系统均覆盖全城，范围可达几十至几百平方公里；长输油、输气管线则可跨越数百至数千公里。对于直埋地下者，与土壤全面接触，管线长度与直径之比很大，其抗震能力决定于其变形能力，与房屋结构的抗震能力决定于惯性力完全不同；对于跨越远距离者，地震时系统各部分所受地震动的大小与特性不同；又由于跨越地区的地震地质条件差别可能很大。凡此种种，都需要提出与房屋不同的地震动参数。

(2) 地震地质灾害十分重要 由于生命线系统工程跨越的地震地质条件复杂，必须考虑断层位错、滑坡、砂土液化和场地的不均匀沉陷等地质灾害的影响，因而要对这些灾害引起的地形变作出估计。

(3) 结构破坏与功能损失双指标　和房屋建筑一样，组成生命线系统工程的管线和节点也会产生破坏，也要进行抗震设计；但是，生命线系统工程在强地震时又具有迫切应急的救灾任务，由于其复杂的网络冗余特性，一条线段或一个节点的破坏并不就是整个网络功能的全部丧失，从而在结构破坏之外，又提出功能损失研究这个新问题。

(4) 生命线系统工程抗震设防标准　由于震害后果的严重性和震时需要的迫切性，生命线系统工程的抗震设防标准应高于一般房屋；究竟高多少就需要认真研究。现在，生命线系统工程中，地下部分与地上部分分别按不同的工程抗震设计规范进行设计，缺乏统一的考虑。

(5) 生命线系统工程的恢复与重建对社会的生产与生活十分重要，具有重要的经济意义，因此，对生命线系统工程的设计、修复，应该进行经济效益分析。

6. 不确定性与决策分析

近 20 年来，不确定性因素分析愈来愈受到地震工程研究者的重视。80 年代美国在研究其东部核电厂地震安全性时，着重研究了不确定性的来源，并提出了分别处理的方法，即用概率方法处理随机因素，用逻辑树或分位数方法处理知识不完备因素，两者同时存在时，结果为概率的概率，或概率的分位数。国际原子能机构（IAEA）在其 1991 年版安全导则 50-SG-S1 中特别强调不确定性因素的考虑。虽然在地震危险性分析（SHA）中和在核电厂地震危害性分析（SRA）中早已提出了概率分析方法，但只考虑了部分不确定性因素，如在地震活动性中，只是用泊松模型来考虑随机性，而无视于地震区的划分、地震活动的时空依赖性。又如在许多情况下，人们作出的主观决策常常包含有巨大的知识不完备和模糊不确定性，也还有待深入研究。作者曾提出过一种统一处理随机、知识不完备、模糊这三种不确定性的方法，但实际问题仍待解决。为此，必须先了解问题中所包含的所有或主要的不确定性因素的性质，并估计其大小，再统一进行分析。主要问题是：全面分析多种不确定性及其综合处理，特别是在此基础上进行的决策分析，并在适当的简化处理后，提出实用的方法。

7. 结构破坏分析与震害估计

结构破坏分析与防倒塌设计之所以长期受到重视，除了要利用结构物的非弹性阶段的巨大耗能作用以达到经济而又安全的防倒塌目的之外，还有一个原因，即近代观测数据多次表明，建筑物有可能遭受到预料不到的特大地震动峰值加速度，如 1994 年初美国洛杉矶附近的北岭地震，震级不过 6.7，就有一处记录到 1.8g，另有四处记录到 0.9g 的地震动峰值加速度。对于安全性需要高的工程，不能忽视这种可能。

结构非线性和破坏性分析已经研究了几十年，取得了许多重要进展。60～70 年代，人们首先认识到非弹性变形和极限变形能力的重要性，从而在抗震设计中引入了延性或韧性系数，即最大变形与弹性极限变形之比，纽马克详细研究过不同延性系数的非弹性反应谱。80 年代，人们进一步认识到结构物的破坏积累效应或低周疲劳破坏，这在结构反应进入非弹性阶段后尤其重要。这种破坏有两个指标，即极限强度或变形和能量积累。到 80～90 年代之交，费特若等对结构物的非弹性设计提出了更详细的要求。他再次明确，只是延性还不能完全表达结构的抗震能力，还必须考虑结构积累损耗的能力。根据许多震害现场经验、室内试验和强震观测数据，他们提出应同时考虑地震动的输入总能量谱、非弹性设计反应谱、积累滞回耗能谱，而后者又包括积累延性系数谱和反向频数谱。他们的研究是合理的，但在实用时还需要简化。

鉴于现今先进的计算技术，结构非弹性地震反应的计算已不成问题。但在其他方面还存在着一些难点：第一，结构非线性反应对地震动加速度全过程十分敏感，而震动过程的细节目前又难以预测；第二，结构和构件在地震作用下的非弹性滞回特性非常复杂，难以估计；第三，地震动具有六个自由度，即三个平动和三个转动，所以构件的截面经常处于复杂的应力状态，而且状态还在不断改变，作者认为随着观测与试验技术的发展，将可能在模拟地震动试验台上进行试验，来确定截面或构件的非弹性滞回曲线，以克服伪动力试验中静力试验的缺点，即在试验中考虑阻尼作用，进而得到构件真正的动力性能。

8. 地基破坏与变形的估计

地基抗震稳定性中研究得最多的是边坡滑动和砂土液化。目前的难点是：缺乏地震动加速度过程和土体相互作用的全面、详细的了解，主要原因是土体除了动力性能复杂，难以测量或预测外，其组成还极不均匀，极不规范。第一，土体由固体颗粒、液体、气体组成，虽具格式但有很大的随机性，与钢材、混凝土相比，颗粒的分布很不均匀；不同颗粒的物理化学性能不相同，同一类土所含的颗粒成分不完全一样，故性能差异颇大。第二，土体状态受自然和人为环境变化的影响很大。河道的迁移、湖泊的改变、天然降雨、人工用水等使地下水起变化，从而引起土体性能的变化。山坡抗滑稳定性的巨大变化即为一例，由于雨水的影响，有的山坡无地震也会滑坡，而不少山坡强震时也不会滑动。第三，地基滑动与变形引起结构破坏。虽然对地基变形有一些分析估计的方法，但不易达到准确。砂土液化引起的土体滑移以及不均匀土层产生的地基不均匀沉降，都会引起工程破坏。总之，如果不能确切掌握土体内物质组成、分布及其动力特性，特别是非弹性变形特性，地基破坏与变形的估计仍将困难重重。

（胡聿贤　冯启民）

GPS 技术用于中国大陆地壳形变场的研究现状

一、概　述

GPS 地壳运动监测网的建立是国家基础研究项目“中国现代地壳运动和地球动力学研究”中二级课题“全国地壳运动监测网和 GPS 测轨网的研究”的重要组成部分，也是我们地震系统研究中国地壳形变场，并以此进行地震预报研究的主要基础工作。

最近十年发展起来的 GPS 技术由于设备机动性好，造价低（相对于 VLBI 和 SLR）精度比常规大地测量方法高 1～2 个数量级，因而在很大程度上弥补了 VLBI 和 SLR 等空间技术的不足，将成为监测我国大陆地壳运动的最为重要的手段。

据了解，美国宇航局（NASA）为了满足固体地球动力学研究的需要，已在 1990 年继全球地壳动力学计划（CDP）后制订了一个以 VLBI、SLR 和 GPS 等空间技术为基础的固体地球动力学研究计划。该计划的要点就是建立所谓的国际自然科学基准网络（FLINN），以全球的 VLBI、SLR、LLR（激光测月）和 GPS 观测站作为该网的基准网点。这些网点总数约 200 个，大约以 1000 公里的间隔进行布设。并要求几年后各测站的定位精度达到数毫米。实际上全球的 VLBI、SLR 和 LLR 站目前经常开展工作的约有 50～60 个。在未来几年中，用以上技术装备的测站预计不可能大量增加，为此，将来组成 FLINN 网的测站大部分必需采用 GPS 技术。根据美国 JPL 多年来的试验，证明采用 VLBI、SLR 和 GPS 相结合的方法，有可能使测站间基线的精度达到 10^{-8}～10^{-9}的量级。从而确保全球板块和区域性地壳运动以及地球动力学研究的重要。

日本于 1988 年曾提出了建立日本超高精度 GPS 网的方案（简称超网）。考虑到日本列岛由太平洋、菲律宾海板块与列岛所在大陆板块的汇聚而产生的形变，其应变率约为 0.1×10^{-6}/年。为此超网网点的相对定位精度应达到 0.1×10^{-6}。计划利用近百台各种类型的 GPS 接收机，按 100～200km 的距离间隔布点。除一些基准站外，其他网点每年最少观测两次。该网的部分测点也和日本现有的 VLBI 和 SLR 站相重合，以提高多的相对定位精度，此外，在数据处理软件以及为减少大气影响等方法方面也作了相应研究。

二、用于中国大陆地壳形变场研究的 GPS 监测网布设方案

1. 精度要求

我国大陆地壳运动速率过去主要依靠地质构造的分析进行推算，近年来，由于大地测量方法引进这个领域，使得地壳运动速率的测定逐渐建立在实测基础上（如一些跨断层和水准测量方法和手段）但其规模一般较小（特别是水平位移）检测范围也有限。对于一些尺度较大的对象（如大陆内部各块体的相对运动）目前还无实测的数据。许多学者研究表明：我国大陆的地壳运动主要由印度洋板块每年以 60mm 的速率向北推移和太平洋板块每年以 80mm 的速率向西俯冲所造成。因此各块体间的相对运动速率每年估计为几个厘米。为此，对于数百至 1000km 这样尺度的块体，其速率的测量精度必须好于 0.1×10^{-6}。这个指标对于我国目前 GPS 技术水平来说，还是一个相当高的要求，如不采取相应措施是较难达到的。

2. 网的布设及选点原则

根据基础研究项目的经费投资强度及计划完成周期，我国的 GPS 地壳运动监测网的布设以长边为宜，边长可从数百至 1000km。此外，为了主要满足监测地壳运动的需要，点位的设置应考虑我国大陆新构造运动，现代构造变形以及地震活动性确定的板内块体分界。原则上我们在每一块体内部设置了不少于两个 GPS 观测为控制点。为了研究这种运动的特征，在我国西部地区以南北向为主，中部以南北地震带为界东西大致均匀布设若干监测网点，以此来测定板内各块体间的相对运动。这对研究青藏高原的隆起及其力学机制，以及太平洋板块俯冲所引起的我国东部地区的地壳运动，从而为探索我国大陆地震的成因、力源及其他动力学研究有着重大意义。全网共设 22 个点。其中上海、武汉、长春、北京为 SLR 站（上海站还兼有 VLBI 技术），以此可进行 Colocation 观测，以提高相对定位精度。站间的平均边长为 600km。图 1 为我国 GPS 监测网的点位分布。

为了将 GPS 监测网更好地用于工程和科学研究以及减少不必要的重复投资，网点的选择除满足地壳运动监测外，还应尽量地与我国布设的空间大地测量网点相重合。此外，某些点

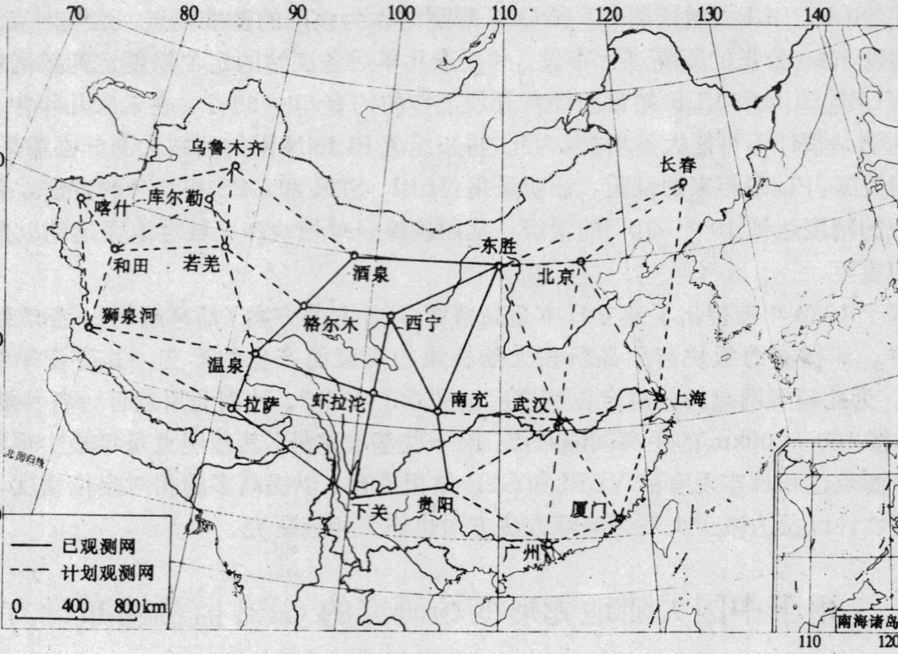

图 1 我国 GPS 地壳运动监测网的点位分布

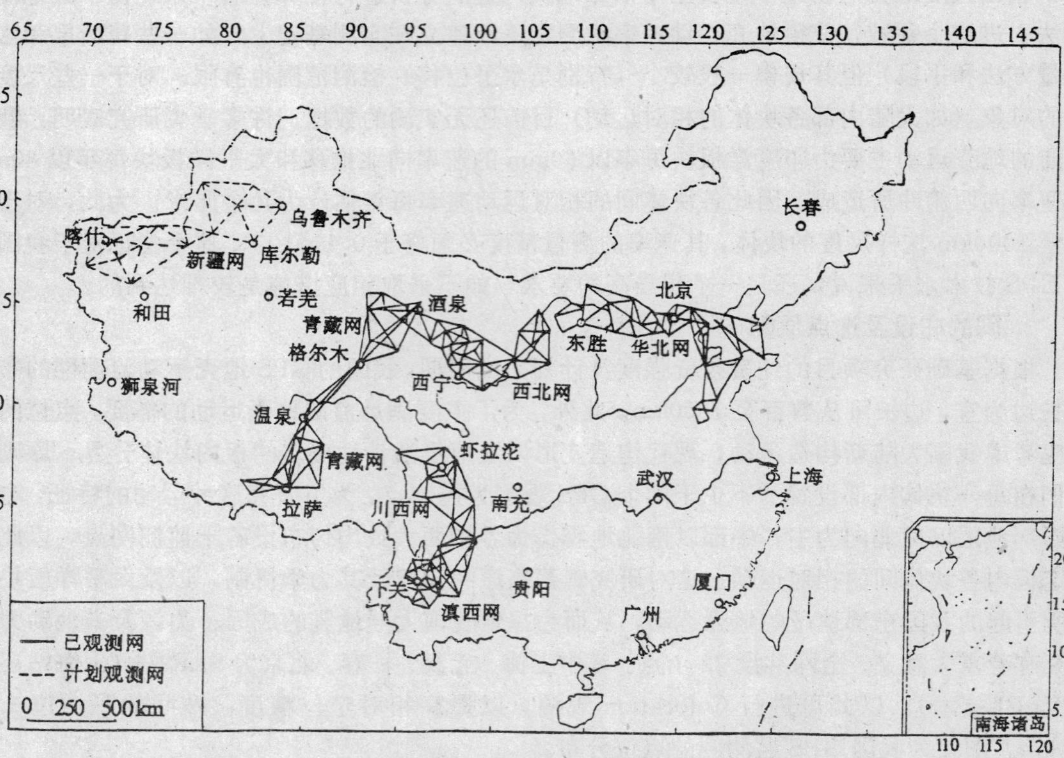

图 2 我国局部 GPS 地壳运动监测网分布

位的选择还可与我国具有丰富观测资料的定点形变台网以及其他地球物理网点相重合或联测，使空间网点与局部定点形变和地球物理场的观测手段紧密结合起来，因而可为地壳运动和地球物理现象的综合解释提供相互印证，相互补充的有利条件。

此外，为满足我国近期主要地震活动区的地壳运动监测要求，根据国家地震局现有的装备和技术力量，拟在重点地区布设 GPS 局部监测网，边长一般不超过 200km。通过定期的重复测量，以确定区域形变场的运动特征，从而为中期地震预报和地震危险区判定提供定量依据。图 2 为我国地震重点监测区的 GPS 网分布。

三、GPS 监测网的实施进展

1. 全国 GPS 监测网

1992 年 10 月国家地震局地震研究所和武汉测绘科技大学两个 GPS 小组各携带四台 wild200 和 trimble 双频接收机在南北地震带两侧即酒泉、格尔木、温泉、拉萨、西宁、虾拉沱、下关、东胜、南充、贵阳 10 个点上进行为期约 30 天的观测。时值全球 GPS 网的联测期间，其目的旨在能取得同期的国外提供的精密星历和高质量的观测数据，因为这些点位是全国形变监测网的组成部分，1992 年的观测带有试验性质。由于这项任务是两个单位利用不同型号仪器共同完成的，其资料在各单位单独处理后，由基础研究项目有关课题研究人员进行统一处理，结果表明，在利用国外提供的精密星历和上海天文台研制的 SHAGAP 软件情况下，对拉萨、下关、温泉、虾拉沱、格尔木、西宁 6 个 GPS 点所测的 10 条基线边长相对精度已达 $1\sim2\times10^{-8}$，大大超过了原该网的精度设计要求。为此，已计划于 1994 年适当时间，对该网的 22 个点使用统一的 8 台 wild 200 型仪器进行一次全网观测。

2. 局部地区 GPS 监测网

(1) 滇西网　为了在滇西地震预报实验场进行地壳运动和地震孕育、发生间关系的研究，国家地震局地震研究所和西德汉诺威大学大地测量研究所合作，在该地区布设了一个有 20 个点组成的监测网，该网平均边长为 76km。汉诺威大学大地测量研究所和地震研究所的科技人员于 1988 年 10 月联合进行首次观测。四台 T1-4100 型双频 GPS 接收机由德方提供。观测资料由中德双方分别用 Bernese 和 GEONAP 软件进行处理，其边长相对精度一般均好于 1×10^{-6}，两种软件处理结果差值也在 $1\times10^{-6}\sim2\times10^{-6}$以内。1991 年该网用四台 Ashtech 双频机(由德方提供)进行了复测，边长相对中误差除个别短边外平均达到 $0.4\times10^{-6}\sim0.5\times10^{-6}$。地震研究所的科技人员曾用此两期观测资料，对滇西试验场区的构造运动进行了大地测量反演取得了初步的结果。

(2) 川西网　该网地处青藏高原及四川盆地西缘，平均海拔高 3000m，其间跨越鲜水河、则木河、安宁河等断裂带。川西 GPS 监测网共布设测站 16 个，平均边长 122km。1990 年 8 月利用三台 WM102 接收机进入测区作业，历时 81 天，共得基线 39 条。使用 WM102 随机 POPS 软件处理了观测资料，其基线解的相对误差为 $0.1\times10^{-6}\sim0.3\times10^{-6}$。1994 年在对滇西网复测的同时，通过布设少数点位，将滇西和川西网进行了联测，使两网的地壳形变建立在统一的坐标系中，便于分析研究。

(3) 华北网　该网地跨北京、天津、河北、山东、江苏、山西、内蒙古等省、市、自治区。地区内地质构造上有著名的郯庐断裂带以及鄂尔多斯周围断裂，历史上曾发生 7 级以上的地震多次，1976 年唐山大地震也位于这个区域，近几年大同-阳高等地的地震活动频繁，加上经济发达、人口稠密，使该地区成为地震重点监测地区之一。国家地震局第一形变监测中心经过多年的准备，于 1991 年 3 月 13 日至 4 月 26 日，在该地区布设的 37 个 GPS 观测点上，利用四台 Asthtech 双频接收机进行为期 43 天的野外观测，共得基线 70 条，数据经处理后，边长相对精度平均为 $0.2\times10^{-6}\sim0.3\times10^{-6}$。

（4）青藏地区网　青藏高原是世界上地壳运动最为剧烈的地区。我国大陆板内的形变速率和地震发生的规律往往归结为该地区的运动状况。国内有些学者认为印度板块的向北移动是我国西部地块和褶皱带运动和变形的根源，由此可推测华北地区一些大地震能量的由来。为此，在国家地震局的统一部署下，由国家地震局地震研究所、第一形变和第二形变监测中心，于 1993 年 5 月联合组成 GPS 作业组赴该地区作业。青藏网地跨甘肃、青海和西藏三个省、自治区，共设点位 16 个，平均边长 174km，网呈南北向，便于检测印度板块向北移动所造成我国大陆板内块体的运动速率。为了提高网的观测精度，曾用四台 wild-200 型 GPS 接收机以四个时段每时段为 6 小时的较长时间的同步观测。观测资料经处理后，所得的边长相对精度为 $0.1\times10^{-6}\sim0.2\times10^{-6}$，这是迄今为止在局部监测上利用 GPS 广播星历取得的精度最好的成果。地震研究所的科技人员，利用近年来在青藏地区进行的局部 GPS 观测资料，特别是拉萨地区的局部 GPS 基线复测获得了青藏高原南北向挤压和东西向拉伸的实测数据，这是一项可喜的成果（详见青藏地区地壳运动 GPS 监测一文）。

（5）西北网　西北河西走廊是我国历史上大地震频发地区，监测区中如海原、古浪、玉门等地历史上均发生过 8 级左右的地震。近年来，该地区没有发生过较大的地震，从统计学角度出发，该地区发震潜在危险较大。为此国家地震局第二形变监测中心根据国家地震局的部署于 1990 年布设了一个由 33 个点组成的 GPS 监测网。由于设备的限制，该网拖延至 1993 年 5 月才由二测中心和地震研究所的科技人员联合组队，共投入五台 WM102 接收机赴测区进行作业，其观测时段和要求与青藏网相同，观测数据已由二测中心处理完毕。

（6）新疆网　新疆是我国大陆地震频率较高的省区之 一，地处印度板块和欧亚板块碰撞带西部尖角的北侧，这一地区现代构造运动表现强烈。1992 年 6 月地震研究所接受国家地震局科技监测司任务，由乌鲁木齐、库尔勒向西、沿天山构造带至帕米尔、达西昆仑，完成了由 15 个点组成的 GPS 监测网的选点埋石任务，该网全长 1200km，控制面积 $3\times10^{5}km^{2}$。按原定计划，该网于 1994 年进行首次观测。

四、为提高 GPS 网的监测能力应采取的措施

为了使 GPS 监测网的布设和施测能满足我国大陆地壳形变场和地球动力学研究的需要，上面提出的全国监测网边长相对精度达到 0.1×10^{-6}的指标是最低的要求，根据我国当前 GPS 接收设备、软件处理能力以及精密星历的提供等情况看，使全国网能达到 0.1×10^{-6}的水平也是较为困难的，为此，采取下列一些措施也是非常必要的。

（1）整个网点连同国内 SLR 基准点最好利用同一仪器进行一次性同步观测，以减少各种因素引起的测量误差。这就需要各单位抽调仪器，在同时间内，精心计划，协同联合作战，以获取高质量的观测数据。

（2）适当延长观测时间，根据近年来资料处理的结果发现，由于观测期间各测站在不同

程度上存在着信号的外界干扰，使事后处理产生一系列困难，因而影响了点位的精度。若增加观测量，通过剔除，使每个测站保证有足够数量的高质量数据。

(3) 在数据处理软件的研制上狠下功夫。在引进国外优秀后处理软件基础上，尽快着手编制一套能够统一处理全国基准网和局部监测网的软件，以便使联合会战的成果尽快付诸应用。

(4) 为了减少对流层电波传播延迟湿项改正中不确定性带来的误差，我们还必需同时开展除模型外推法以外的理论修正方法。据报道，参量估计法是80年代后期JPL首先提出的。该法即把对流层延迟湿项修正的残差，作为一项待估的过程参量，用随机过程的数学处理方法模拟它，在观测资料处理中估计出这一参量。初步结果表明，参量估计法的修正精度与水汽辐射计实测法相当。在我国目前还不可能使用水汽辐射计的情况下，参量估计法应是我们应该重视的研究课题。

(5) 积极参与GPS的国际联测，通过交换资料，以获取国内GPS监测网联测期间的GPS精密星历。

(6) 为了进一步提高观测精度，以满足监测地壳运动的需要，希望今后引进Rougue型GPS接收机，因为这种接收机通过扩频技术能在较短时间内准确解算模糊度，对外界干扰的影响也比一般接收机小，如该型机配备有扼制多路径效应的特种天线，跳周出现率也远低于其他接收机，因此，测量精度大为提高。据国内学者将全球联测期间装备有Rouge型设备的观测站的资料进行统一处理，其洲际基线间的边长相对精度已达到10^{-8}，这个精度实际上已与VLBI和SLR技术取得的结果接近或相当，这对于现代地壳运动和地球动力学研究者来说，是一个令人鼓舞的结果。

(地震研究所　夏治中)

流动重力方法在我国地震预报中的应用

一、流动重力方法发展概况

我国地震部门习称的流动重力测量是相对于仪器固定不动的台站重力观测而言的，它是每隔一定时间重复观测点与点之间重力差的相对重力测量，国际上称为重复相对重力测量(Repeated Relative Gravity Measurements)。

我国利用流动重力方法研究地震预报最早可追溯到1966年。到70年代随着国家地震局和地方地震机构的建立，旨在研究地震预报的流动重力测量队伍迅速扩大，70年代对中国的地震重力测量来说是一个重要的历史阶段。其意义主要表现在：第一，观测到了迄今国内外公认的唐山地震前$980nm \cdot s^{-2}$的重力变化，证明重力测量有可能成为地震预报的手段之一；第二，初步形成了具有相当规模的观测队伍和覆盖主要地震活动区的监测体系；第三，研究人员获得了丰富的经验教训，产生了总结提高的强烈欲望。

80 年代主要进行调整总结提高工作。这个阶段发生了三个有深远影响的重大事件，一是公布了流动重力规范；二是开展了 1983～1984 年的清理攻关和 1987～1988 年的实用化攻关；三是引进了 7 台当代性能最好的拉科斯特-隆贝格重力仪（90 年代又引进 3 台）。这三个事件促使独具特色的“地震重力测量”的形成，使得流动重力方法研究地震预报的工作进入了有效研究的阶段。90 年代可以说是地震预报尝试阶段，地震所负责提供单学科年度会商报告，各省局重力组负责提供本省会商报告。在这个阶段测量规模的发展处于停顿，但研究工作更加深入，预报工作逐步加强，预报水平逐年提高。

目前的测网均能满足下列要求：

（1）测网布设在地震活动区，主干测线通过主要构造单元和活动断裂带。

（2）测区交通便利，测点周围环境干扰小，地基稳定。

（3）测网绝大部分由若干测环组成，个别困难地区和特殊需要地区有少数测线。测点或与水准点重合，或测区有水准测量路线。

（4）测点设有专门标志，标石表面不小于 $60\times60cm^2$，标有磁北方向，易于永久保存。

测网的分布如图 1 所示，测网要素的统计数字列于表 1。

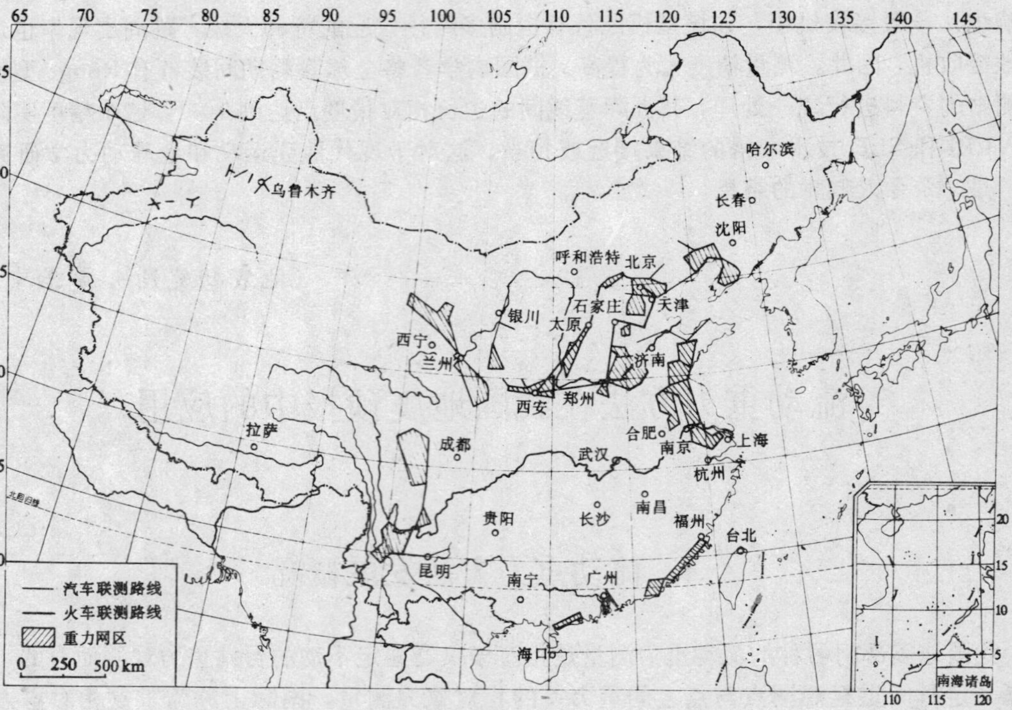

重力复测网（线）图

自 1985 年起国家地震局陆续引进了 10 台 LaCoste-Romberg（以下简称 LCR）重力仪，这是美国生产的金属弹簧重力仪，是目前全世界公认的性能最好的相对重力仪，测程大，抗干扰能力强。

目前区域网的测量精度约为 70～100nm·s^{-2}（单位权中误差），局部网可达 20～30 nm·s^{-2}。而且累积误差和系统误差小。一个 5 级以上地震前重力场的变化约有 400～1000nm

表 1　流动重力测网结构统计表

统计时间	测环数	测线数	测点数	测段数	平均段距 (km)	测线总长 (km)
1983	167	57	2245	2379	25	59475
1990	178	61	2568	2997	26	77992

$\cdot s^{-2}$。可见目前的测量精度已具备了检测地震重力变化的能力。

关于复测周期，目前首都圈和华北地区是每年 4 次，滇西地区每年 2～3 次，新疆、辽宁每年 2 次，其他地区每年 1 次。

二、数据处理

与测量仪器和观测方法配套，目前流动重力测量的数据处理方法也与世界接轨，达到了国际先进水平。突出表现在它在理论上的严密性，功能上的完备性与灵活性及技术上的先进性。

观测数据首先要进行预处理，包括仪器读数换算成重力值，固体潮改正，仪器高改正，气压改正等。

平差计算采用以段差为观测量，以点值为未知数包含仪器参数和漂移改正的间接观测平差法并编制了相应程序。平差中考虑了观测数据间的相关性问题。该方法理论严密，功能齐备，能把绝对和相对测量结果放在一起处理，也可单独处理；能分仪器处理，也可合并处理；可以将仪器参数作为未知数求解，也可作为已知数放入方程。在求解段差、点值的同时，还进行相应的、严格的精度评定。除此之外结合地震重力测量的特点，还编制了自由网平差、拟稳平差的程序，供灵活选用。计算工作全部在微机上进行，并已实现了实用化，全局统一。

一般地说平差只能消除偶然误差，不能消除系统误差。而实践证明对于以地震预报来说为目的的测量系统误差的存在是一个严重问题。1983～1984 年清理攻关时贾民育等发现曾经作为海城地震前兆的重力异常大部分是系统误差；1987～1988 年的实用化攻关又发现大部分省区的资料中也有系统误差。系统误差很容易被误认为地震“前兆”，因此引起了重力专家的高度重视。目前已制定了有效地检验、改正办法，并列为必行工作之一。这也是近年来重力方法预报准确率提高的一个重要原因。

三、干扰因素排除

地球重力场是一个机制清楚的地球物理场。它随时间的变化是地球内部、表面以及外空物质的重新分布和测点位移造成的。引起物质重新分布和测点位移的因素多种多样，有些与构造活动有关，有些则与构造活动无关。对于后者必须从观测值中分离出去，这就是排除干扰因素。

属于非构造因素的物质重新分布在地球内部主要是地下水活动和大型矿藏开采，在地表主要是河湖水位变化和大型工程建筑，在外空主要是大气密度变化。20多年来重力工作者对于这些干扰因素进行了不少研究，目前有些已达到了定量排除的水平。例如唐山地震前的重力变化，滇西实验场几次5级以上地震前的重力变化，都分离出了地下水、河湖水位变化和煤田开采的影响。又如1971～1974年密云的重力变化被归因于地下水活动，作出了与地震无关的结论。

属于非构造因素的地壳形变主要发生在一些大城市及其周围，如天津、沧州、郑州、西安等地。它们是由于在大量抽取地下水造成的地壳下沉。相应的重力效应达数百至上千微伽，比地震活动引起的重力变化大得多。

四、扩展研究方法及与其他手段的配合

重力的时间变化只是地震活动的地球物理显示之一，而且在反演构造活动时存在多解性。此外流动重力测量还存在着只能得到相对值的缺点。这些迫使流动重力测量工作者在用本手段研究地震预报的同时，尽量扩大同其他手段的配合。

为了获得绝对值和检验参考点的变化，流动重力工作者争取一切机会开展绝对重力测量。较大的行动有：1980～1981年和计量院合作在北京、徐州、连云港等地的测量；1985年和计量院合作在北京、乌鲁木齐、哈尔滨、沈阳、杭州、昆明、滇西实验场开展的测量等。

流动重力测量本身的研究范围近几年来也有所扩大。除前述区域重力网外，不少单位还布设了跨断层的短测线；综合观测队、河北省地震局、国家地震局地球物理勘探大队等单位布设了较大范围的火车测线；地震研究所开展了微重力测量和重力垂直梯度测量的研究等。

流动重力与台站重力结合得愈加紧密。地震研究所在滇西实验场同时开展了这两种手段的观测，在每年的震情研究报告中两类资料配合分析。

与其他手段的配合日益加强。滇西实验场的流动重力点均设立了水准标志，网中还设立了三个水位观测点。辽宁省地震局布设了重力、地磁、形变等手段的综合观测网。这些措施提高了识别地震前兆的能力。

五、机 理 研 究

重力变化的机理研究还是初步的，有时会出现用不同模式能够解释同一观测结果的现象，因而模式的真实性受到了怀疑。然而无论如何它对于研究工作的深化是必不可少的。主要的工作有：

陈运泰等研究了形变和质量迁移引起的重力变化，给出了理论公式，计算了质量迁移的重力效应，进而推测在某些大地震的孕育过程中可能存在着地壳和上地幔内的质量迁移，而地震观测到的重力变化大部分是这些质量迁移引起的。

李瑞浩根据扩容理论研究了大地震前后重力场的变化。他假设震源体为圆柱体，计算出压缩、膨胀和扩散三个阶段的重力变化分别为＋1081、－790和＋75$nm \cdot s^{-2}$。在与唐山地震前后的实际观测资料作了对比后认为唐山地震的震源物理过程与扩容理论有一定联系。

张超等研究了断层活动的重力效应，他们计算了弹性介质和广义开尔文介质中断层不同的运动方式所产生的地表附加重力场，并参考唐山地震前沧东断裂的活动和震时断层错动，计

算了相应的重力变化，认为与实测重力资料有一定程度的符合。

还有些学者强调将重力场和形变场结合起来研究构造事件。如高锡铭等研究了几种简单源模型所产生的地面重力变化与垂直位移的振幅比（重力垂直位移梯度），着重讨论了静态位错源的真重力垂直位移梯度的分布特征。又如王勇研究了地球内部各向挤压，拉张应力源、膨胀源、热应力源等激发引起的地球表面重力和高程的变化以及它们之间的相互关系。导出了在球坐标系中的理论和数值计算公式。给出了 1066A 地球模型的地表重力-高程变化的转换因子。

李斐从大地重力学反问题的角度研究了场源基本理论及赋值模式。他对大地重力学反问题给予了明确的数学定义，指出它是一个典型的不适定问题，并讨论了处理不适定问题的一些理论和方法。进而对调和性扰动场源问题进行了研究，并构制了一种新的扰动场源赋值模式，给出了具体算例。

六、分析预报

用流动重力方法进行地震预报尝试的状况，在不同时期有明显差别：70 年代是观测结果的“异常”次数多，量级大，震前不敢预报，震后找对应；80 年代处于沉默阶段；90 年代是观测到的异常次数少，量级小，震前敢发表预报意见，预报准确率逐年提高。

预报的前题是识别地震孕育过程中的前兆现象。识别依据多年来主要是概率论，笔者根据这一理论和 1983～1984 年清理攻关的经验提出了 4 条识别地震重力变化的标准并得到领导小组的认可予以推广：①消除系统误差；②变化量应有一定置信度，一般须在 0.95 以上；③分析消除各种环境干扰因素；④重力变化在时空上应有一定趋势。这 4 条标准中除用到概率论外，还考虑了系统误差、熵谱分析法，并应用于唐山地震前后的资料中得到了较好的结果。

用来提取前兆异常的元素是段差和点值随时间的变化量。为了寻求这些变化量与地震三要素的关系，一些学者做出了不少努力。陈素改全面研究了宁夏境内中强地震前后重力场变化的特征；王志敏、李家正等反复处理了华北地区的资料，分析了重力变化与地震事件的关系。马丽等统计分析了海城、唐山等 7 个地震前后重力变化与地震三要素的关系，给出了用异常起始和持续时间计算震级和震中距的统计公式。陈益惠等对我国主要地震活动区重力变化的量级、形态进行了核实，概括出重力方法预报地震的实用指标。所有这些都为以后的地震预报工作提供了参考依据。近两年来贾民育等试图从时空域的离散观测量中寻求连续重力变化图象，并用动态图象进行预报尝试，初步结果表明提高了预报的准确率。

国家地震局要求提供重力单学科年度趋势会商报告是 1988 年开始的。预测效果如何在初期三年中没有进行检验；从 1991 年开始国家地震局要求在一年后要根据实际发震情况作出检验。表 2 是 1992 年到 1993 年预测效果检验的概括。可以看出效果是比较好的。在 1992 年度单学科预测准确度的检验中重力学科获得第二名的好成绩（其他年度没有公布评比结果），各省地震局重力组的预报工作也同样取得不同程度的进展。由此证明重力测量是中长期预报的有效手段之一。重力学科可以用于地震预报研究并取得了可喜的进展，这一点是确信无疑的。

表 2　1991～1993 年重力单学科年度地震趋势预测效果

年　代	预测意见（条数）	准确或基本准确数	基本不准确数
1991	13	10	3
1992	13	10	3
1993	9	8	1

（局地震研究所　贾民育）

地震预报智能决策支持系统

一、目的和意义

目前人们对地震成因和机制都还不十分清楚，因此确切的地震预测预报仍然是极其困难的，但是每当发生了大地震以后，地震工作者都能总结出很多现象与地震有关，这说明大地震之前是有一定前兆的。而这些前兆现象每次大地震前往往都不能简单地重复。经常在地震前出现，但也不一定与地震有一一对应的关系，这就给地震预报带来了极大的困惑。地震预报专家们一方面从地球内部构造、应力分布、各种地球物理量的解析等方面来探索地震孕育、发展和发生的过程；另一方面从统计的角度来分析地震前的各种现象与地震之间的关系，根据经验进行综合预报。同时对地震成因进行探索。地震前的现象是很多的，而且非常复杂，就地震本身提供的信息而言，地震预报专家们从空区、b 值、η 值、频度、能量、蠕变、波速比等等各种角度，总结出了不少规律和指标。对各种地球物理量和化学成分的观测更是种类繁多，地震预报专家们对这些观测量进行各种不同的处理和分析，也总结出很多与地震有关的规律，采用各种判别指标来判定是否有地震。此外，地震预报专家们还从行星的运行周期、彗星的出现、太阳黑子的活动及地球的极移等方面总结出很多地震前的异常现象和规律。在很多震例总结中都曾提到，地震前某些动物出现异常行为。总之，地震的各种异常现象五花八门，上至天文，下至地质构造，其中包括各种地球物理量乃至动物行为等的异常变化。地震预报专家们根据这些异常变化总结了大量的规律，论文成千上万篇，地震预报研究的专著一本又一本，震例总结的书也越来越多。我们想利用日新月异的电子计算机技术对地震预报经验和各种前兆现象进行有效的存储，并利用人工智能方法建立知识库和推理机制，以帮助地震预报专家进行经验性综合预报，同时也帮助地震预报专家们进一步总结经验，这就是建立本系统的目的。

二、设 计 思 想

为了达到上面所谈的目的，同时也根据目前的条件和可能，我们按以下指导思想建立本系统：

1. 工具性

由于目前地震预报存在着很大的经验性和地区性，也就是说不同地区、不同地震预报专家，往往采用不同的判别方法和判别指标，所以本系统的知识库（判别规则）和参数库（其中包括判别指标）对用户都是公开的，用户可以根据自己的需要修改知识库和参数库，或者自己重新构造这些库。同时地震预报是一项探索性很强的工作，随着地震预报工作的不断深入，新的方法会不断被提出来，某些对应地震比较好的现象，经过一段时间深入工作和验证以后，也可能被否定。为了适应这种不断变化的需要，也要求本系统在设计时考虑可以由用户自己形成知识库和参数库。因此，本系统为地震预报专家提供了一个建立地震预报“专家系统”的工具。

2. 智能性

为了帮助地震预报专家进一步总结经验和对地震预报方法的统计，本系统引入了自动学习功能。也就是说，本系统不仅能够存储知识和根据知识进行推理，而且能够根据事实（证据）和地震发生情况对知识库进行自动的修改和形成新的知识。

3. 完整的解释和提示信息

本系统具有智能性，所以对推理得出的结论能够进行解释，说明这些结论是如何得出的，有哪些依据。大家知道，知识库和参数库中存储的信息都是代码，用户很难识别和使用。为了使本系统与用户对话时采用人能理解的文字解释，而不是代码，本系统将在代码与文字解释之间随时进行转换，以保证用户见到的是文字解释。另外，在进行人机对话时，本系统将随时提示输入参数的意义，或者打印出可理解性极强的菜单，用户只需回答 YES/NO，或移动光标就可以了。这样，保证用户使用时十分方便。

4. 综合性

目前地震预报分长、中、短、临，但是，我们把有关这些方面的经验（规则）都放在同一个知识库中，根据不同的证据，自然得出各种不同的（长、中、短、临）地震预报意见。同时，在本系统中将长、中、短、临的各种证据进行了综合合成，例如，如果某一长期预报方法出现了长期异常，提出了预报意见，那么，它将提高短、临预报意见的信度。

5. 模块化

为了便于不断的修改和更新，本系统在结构上分成相对独立的几个子系统，每个子系统都由一系列独立的模块组成，这也是地震预报工作不断探索、不断提出新方法的需要。但是对于计算结果我们都统一了格式，保证其他模块或子系统都能使用这些处理结果。这些独立的模块中，如果有相同的子程序，那末把这些子程序放在公共的子程序库中，供所有模块共享，保证程序的冗余度尽可能的小。

6. 与全国地震数据库系统的兼容性

全国地震数据库系统已在国家地震局分析预报中心建成，而且广泛被地震预报人员和科研人员所使用。同时，本系统数据库中的数据主要是全国地震数据库系统，所以本系统中地震目录和前兆观测数据的格式尽可能保持与全国地震数据库系统中的数据格式相一致。本系统建立在 IBM/PC 上，我们把全国地震数据库系统中的某些处理程序移植到 IBM/PC 机上，但保证用户界面的一致，同时也保持处理结果格式的一致性。对于那些复杂的计算或需要大量使用全国地震数据库中的数据的计算，可以在 VAX 机上计算，而把计算结果传送到本系统，本系统直接可用这些处理结果作为证据。如果本系统所运行的 IBM/PC 与 VAX 系统相连接。那末此台IBM/PC可以作为VAX的仿真终端，直接检索全国数据库中的数据和使用有关程序，把所需数据和处理结果传送到本系统，供本系统使用。

三、系统的主要构成

本系统的总体结构如图1所示。它主要由一系列的信息库和处理子系统组成，其中信息库包括数据库、知识库、证据库、参数库、编码库和预报意见库等；处理子系统有异常识别子系统、数据库管理子系统、推理和解释子系统、动态显示子系统、学习子系统及数据处理子系统等。现将各部分的主要功能及相互之间的关系说明如下：

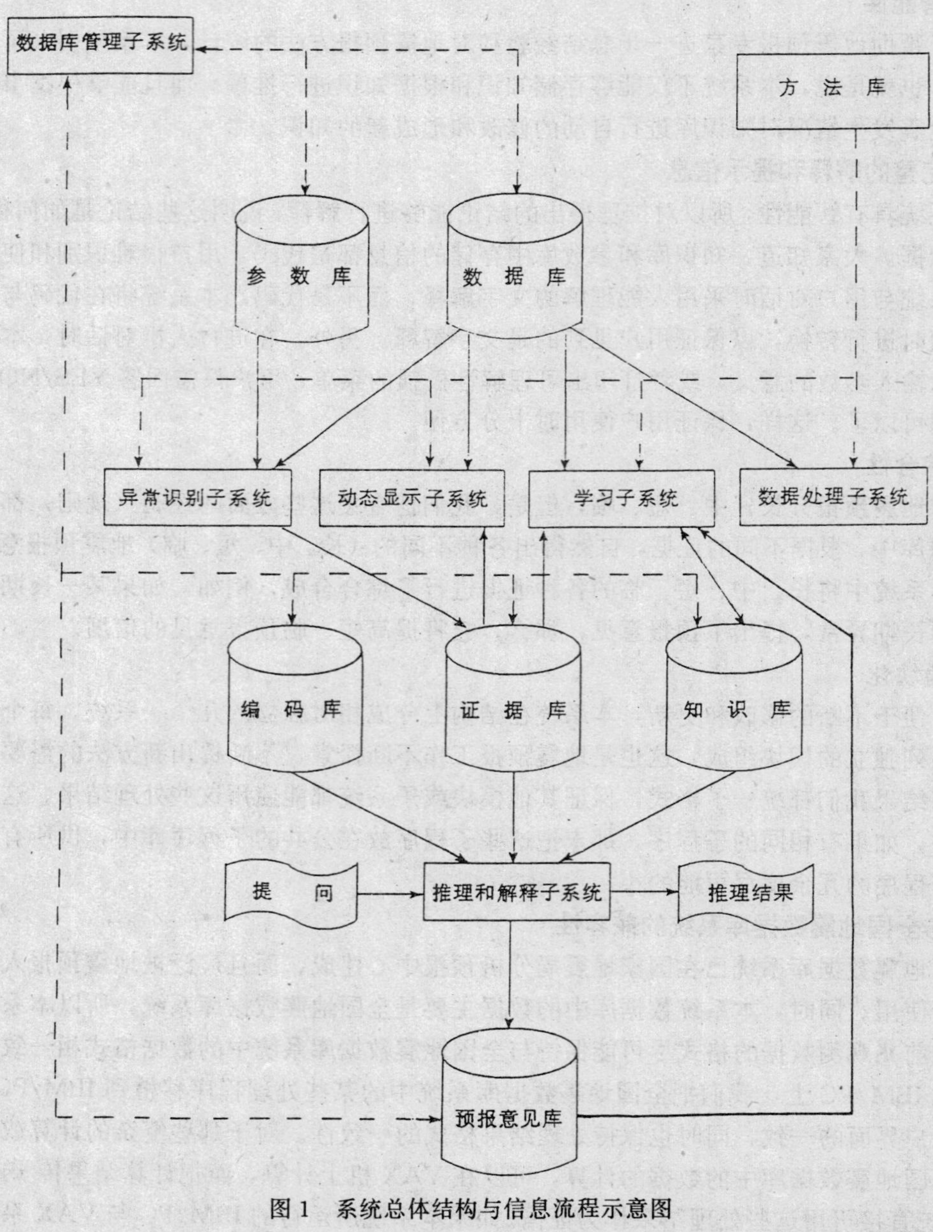

图1 系统总体结构与信息流程示意图

1. 数据库

用来存储各种仪器观测和空间环境等原始观测数据，其中包括地磁、重力、地电、地下水位、地形变、地应力、大地测量、太阳黑子、极移、地下水化学组分及地震目录数据等等。本数据库为有关处理子系统提供了最基础的数据。在VAX上本数据库就是全国地震数据库，它用VAXDBMS网状数据库建立。在IBM/PC上，各类数据都以文件方式存放，便于用各种语言编写的应用程序直接调用。

2. 参数库

在进行异常自动识别时，虽然采用了相同的处理方法，但不同地区异常的判别指标是不一样的，如某地区b值小于0.6为异常，而有的地区b值小于0.7为异常，本参数库为各地区的各种处理方法提供异常识别的各种判别指标；

3. 编码库

为了便于处理和节省存储空间，我们对地区和异常类别等都进行了编码，在知识库和证据库中以编码方式存放有关信息，而在人机界面上，用户所见到的都是文字解释，编码库中存放编码和文字解释对照表，有关处理系统利用编码与文字解释之间的转换。

4. 证据库

它是存放异常信息的地方，所以也可以叫异常信息库或事实库。异常识别子系统把识别到的异常自动放入证据库。对于那些不能靠自动异常识别子系统得到的异常信息，如动物异常等，或只能通过人判别的异常，如空区等，用户可以通过数据库管理系统，用人机对话的方式把它们输入到证据库中。

5. 知识库

本系统中知识的表示采用规则方式。每一条规则由条件和结论组成，其中条件是若干证据的逻辑组合，结论是由地震预报的三要素（地点、时间和震级）和信度组成。知识来源是用户自己的地震预报经验，或综合其他地震预报专家的经验。这些知识或规则通过数据管理系统输入到知识库中。另外，学习子系统将把自动学习到的知识存入知识库。

6. 预报意见库

它存放各种预报意见。推理和解释子系统把推理得到的地震预报意见自动放在本库中。另外，用户可以通过数据库管理系统把各种预报意见放入本库中。以便总结经验或判别地震预报专家们的可信度。

7. 数据库管理子系统

本子系统是指对IBM/PC上的数据库、参数库、编码库、证据库、知识库及预报意见库等进行管理的有关模块，不包括VAX上全国地震数据库管理系统。它的主要功能是对上述信息库进行输入、修改、删除、检索及报表打印等。

8. 异常识别子系统

本子系统对数据库中的地震目录数据和各种前兆观测数据进行各种数据处理，如地震的能量、频率、b值、η值的时空扫描计算，各种前兆观测数据的突跳和阶变判别等等，然后根据参数中的判别指标识别异常，如果发现异常就把异常自动放入证据库。

9. 数据处理子系统

在地震预报中目前仍然有一些方法很难用计算机进行自动识别异常，而必须通过各种计算和绘制出图件后，由地震预报专家决定是否异常，凡是不能进行自动识别的各种处理都放在本子系统中。另外，一些常用的数据处理方法及专业学科的处理方法也都放在本子系统中，如频谱分析、各种数字滤波、滑动平均计算、相关分析、回归分析、震中分布图、R-T 图、M-T 图的绘制、固体潮理论值计算、低点位移计算、平差计算等等。

10. 学习子系统

本子系统主要功能是帮助地震预报专家进行自动统计。它根据证据库的各种异常和数据中的地震目录，自动对知识库中的知识进行修改。如某些声学（证据）的出现，根据某条规则，在某一地区、某段时间内可能发生地震，而事实上没有发生地震，那末本子系统将自动修改此条规则的信度；再如，某地区在证据库中多次出现某些异常，同时这一地区也有地震发生，而知识库中并没有有关的规则，那末本系统将自动形成一条规则放入知识库，并告诉用户，让用户最后决定增加此规则是否合理。另外，本系统还能对知识库中的规则作一致性检验，如发现有矛盾的地方，通知用户给予修改。

11. 推理和解释子系统

本系统根据证据库所提供的事实和知识库中的规则进行推理。用户可以用人机对话的方式向本系统提出问题，如指定某地区在某段时间内有无大于 5 级以上地震的可能性，那么打印出有关预报意见，并把预报意见存入预报意见库中。如果需要，本系统还告诉用户预报的各种根据。在信度合成中本系统采用了 MYSIN 不精确推理的算法。

四、结 束 语

本系统已在 IBM/PC 上初步实现。由于本系统具有工具性和模块化的特点，地震预报专家们可以利用它来建造自己的专家系统。我们根据云南、四川地区的震例和有关地震预报专家的经验在知识库中装入了 75 条规则，在参数库中装入了有关判别指标，形成了一个智能决策系统。用此系统我们对澜沧（1988.11.6，$M_S \geqslant 7.6$）及宁蒗（1988.1.10，$M_S \geqslant 5.5$）等地震进行了推理，取得了较好的效果。另外，用户也可以利用本系统进行各种数据处理和绘制各种图件及对各种预报方法进行统计检验，服务于地震预报和地震科学研究。

本系统刚刚建立，我们相信在使用过程中将提出各种问题，根据需要我们将不断地修改和充实本系统。但我们确信本系统所建立的体系结构比较合理，便于充实和修改。因此，它必将在广泛的推广使用过程中得到不断的完善，它将为地震预报专家们提供一个强有力的工具。

（局分析预报中心　周胜奎　严蔼芬　汪成民　徐建一
王湘楠　王贵宣　黄　伟　黄全莉）

中国数字地震台网的现状与展望

中国数字地震台网（CDSN）是 80 年代由中国国家地震局和美国地质调查局（USGS）合作建设的。1986 年 7 月，包括九个数字地震台站—— 北京（BJI），兰州（LZH），恩施

(ENH)，昆明（KMI），琼中（QIZ），佘山（SSE），乌鲁木齐（WMQ），海拉尔（HIA），牡丹江（MDJ）和台网维修中心（NMC）、数据管理中心（DMC）的数字地震台网建成并投入试运行。1987年10月台网通过了中国国家地震局和美国地质调查局组织国际地震专家进行的验收，并正式投入运行。7年来，中国数字地震台网为国内外地震学观测与研究发挥了重要作用。CDSN资料被国际同行频繁地用于地球内部结构、地震波传播、地震震源过程的研究和核爆炸地震学方面的研究。中国数字地震台网的资料可用率几年来保持在97%以上，被国际同行誉为最可信的地震台网。

我国学者使用中国数字地震台网资料开展了多方面的研究。其中比较突出的，例如国家地震局地球物理研究所陈运泰教授的研究集体、中国科学院地球物理研究所姚振兴教授的研究集体、国家地震局分析预报中心郑斯华教授的研究集体和国家地震局地质研究所刘启元教授的研究集体等。

中美合作中国数字地震台网二期技术改造于1991年启动。在原有的9个数字台站的基础上又建立了拉萨台（LSA）。1993年对数据管理中心（DMC）和北京台（BJI）进行了技术改造。中国数字地震台网二期技术改造的目标是建设具有新一代地震记录系统和新一代数据传输系统、在我国地震学监测与研究工作中发挥更明显的作用的新一代中国数字地震台网。

中国数字地震台网是我国地震工作改革开放的一个窗口，它的建设、管理和发展为加速我国地震工作现代化的进程和我国地震学观测与研究走向世界的进程提供了宝贵经验，准备了技术、研究、管理和人才等方面的基础。目前中国数字地震台网发展的主要任务之一，是吸引中国地震学家更多地、更充分地利用CDSN资料开展高水平的研究，并借此将CDSN从一个高质量的现代化地震观测机构发展成一个高质量的现代地震学监测与研究机构，从而以自己的技术、信息和研究方面的优势，带动中国现代地震学的发展。

以数字化、宽频带为主要特征的现代地震观测和以定量化、计算机化为主要特征的现代地震学研究近年来得到迅速发展，在这个领域内尽快地缩短与世界先进水平之间的差距已成为中国地震工作中一项刻不容缓的任务。作为这方面工作的开始，我们准备从四个接口入手，即中国地震学家与CDSN之间的接口、地震学研究与社会需要之间的接口。中国数字地震台网将在继续把自己的注意力集中在保证观测质量的同时关注地震学基础研究。CDSN将采取全方位的开放政策，欢迎国内外地震学家与CDSN多方面、多层次的合作。

另外，从1992年起，中国国际地震数据交换试验（GSETT）系统并入中国数字地震台网，与此相应，核爆炸地震学基础研究成为CDSN的一项重要任务。同时，我们也希望能够通过拟议中的GSETT系统的建设和运行，学习国际上实时地震学发展的先进经验，为中国防震减灾事业和世界和平做出应有的贡献。

（局地球物理研究所　牟其铎　周公威　吴忠良）

大震震源区地壳细结构探测和研究进展

一、以地震成因研究为目的的大震震源区地壳细结构的探测研究

近20年来，我国在华北、南北带和其他一些强震区开展了较大规模的深部探测工作，发现了震源部位存在速度和电导率的异常，以及震源区下方可能存在的深断裂与浅部断裂之间的某种对应关系等现象。由于受到所采用的探测技术在分辨率方面的限制，对这些现象尚无法完全肯定，从而妨碍了对震源区深部构造与地震孕育和发生关系的深入研究。

地壳细结构的探测是当前深部地球物理领域的发展方向。“细结构”一词在这里有特定的涵义，即在稠密的数据取样和多次覆盖技术下进行观测所取得的结果，例如用地震反射波方法取得的CDP叠加剖面。最近，大地电磁测深也在进行类似的方法试验。

地震反射剖面提供了沉积岩层的最高分辨，它广泛地应用于石油工业中。深地震反射利用这一反剖面技术来获得地壳和上地幔结晶岩中的反射波。实践已证明，它在进一步了解地壳细结构、组成和演化方面起着比其他地球物理探测方法更突出的作用。在过去的二十年里，地球科学家们用这一探测手段成功地解决了关于造山带、裂谷带和板块缝合带研究中的一些大地构造基本问题，被认为是全球地球科学研究中的一个大进展。

国外深地震反射探测的研究主要是针对在地质学上有争议的大地构造问题而展开的，而我们则试图把我国在近代发生的一些破坏性地震震中区的地壳深部细结构作为探测和研究的重点。当然，大地震的成因与大地构造问题是密切相关的。然而，我们清醒地认识到，地震构造及孕育环境的探测比重大的大地构造基本问题的探测要困难得多。国家地震局地球物理研究所在石油部的帮助下曾在唐山大震区做过两次深地震反射的试验。虽然从这两次试验取得了一些结果，但离预计的目标仍相差较远。地矿部在雪峰山的深反射试验也有类似的情况。今后，一旦在这方面有所突破，将是对地震科学研究和地震预测实践的重大贡献。

二、邢台大震震源区地壳细结构的探测研究

顾功叙教授生前曾在科学院学部委员大会上呼吁在我国开展深地震反射波探测地壳深部研究计划项目。他认为固体地球科学的工作大方向应是向大陆深部去探测和研究、深地震反射剖面探测具有多解性较少、分辨率较高的优点，是目前较有苗头的探测地壳深部的地球物理工具。同时，他建议把大震震源区作为探测的一个重点。1988年2月他又和曾融生教授联名向国家自然基金会建议把中国大陆深反射剖面计划列为重大项目。

在1988年12月国家地震局召开的深部地球物理工作会议上，地球物理研究所提出了用深地震反射方法探测大震震中区细结构的建议。与会的专家对这一建议表示了极大的兴趣。1989年3月，地球物理研究所和地震技术专科学校联合提出了“中国大地震震中区的深地震反射探测与研究初步设计方案”。专家评审意见认为“开展深反射探测与折射（或宽角反射）

相结合的探测，对推进我国地壳上地幔探测研究工作的深入开展，发展我国地球科学和地震科学事业具有重要的科学意义”。“基于这项工作技术难度大，成本高，专家们主张在统一规划整个深部探测工作的基础上，积极稳步地推进这一工作的开展”。根据专家意见，在设计第一次试验方案中，场地选择构造上相对简单，地质和地球物理研究程度较高，激发和接收条件也较好的地区，即大兴一通县地区。

1989 年 12 月经过郑州会议深地震反射试验设计的方案论证。

于 1990 年下半年，做好了设备和技术上的准备。然而，在通县的野外踏勘中遇到青苗和用地赔偿费太高，经费根本无力支付的难题。项目负责人与有关专家商议，建议将试验区域从大兴一通县地区改到邢台地区，这样不仅可减少青苗赔偿费，而且可以直接与大震震源区的课题相结合。这一建议得到局业务主管部门的赞同。1990 年 11 月去邢台地震区进行踏勘，修改了原设计方案，并于 12 月初再次对野外施工方案论证。由于首次试验与“八五”计划联系起来，这一项目实施引起了局领导及各方面专家们的高度重视。

1990 年 12 月下旬至 1991 年 1 月中旬，地球物理研究所，地震技术专科学校，山东、江苏、河北省地震局和物探大队等单位 120 人在宁晋新河地区完成了 30 公里 24 次叠加的剖面。这是国家地震局系统自己的深部探测技术队伍进行的第一次试验，而且是一次成功的试验，所取得的结果是令人鼓舞的，使我们增强了信心。

1991 年深地震反射探测正式列入“八五”重大项目，作为 85-907-02“华北北部重点地区地壳细结构和介质物性的探测研究及其潜在震源区预测”这一专题的主要探测手段。该专题研究目的是，采用现代先进的深部地球物理探测技术，对邢台大震区地壳细结构和介质物性进行深入研究，探讨其与地震孕育、发生和发展的关系。由于邢台地震区的现代构造活动属性和地震活动特征在华北地区具有代表性，因此这一研究对进一步认识华北其他强震区的震源构造和介质物性特征以及强震形成机理具有重要意义，它有助于提高当代地震孕育环境的研究和地震预测的水平。

1991 年 11 月，作为 85-907 项目中第一个启动的重点项目，在国家地震局综合计划司和震害防御司的共同主持下，在地球物理研究所进行了邢台大震区深地震反射探测与研究的野外工程设计方案的论证。这一期的野外施工由地球物理所、地球物理勘探大队和河北省地震局承担。1991 年 11 月下旬到 1992 年初完成了两条剖面共 90 公里（24 次覆盖，重点地段 48 次覆盖）的任务。

数据处理是在石油物探局地球物理研究院的协助下利用西方地球物理公司的反射剖面处理系统在 IBM-3083 大型机上完成的。

三、邢台大震震源区深部地球物理探测研究工作进展

邢台地震区内以深地震反射剖面为主的深部地球物理探测研究，经过三年多的努力，已经取得了许多重要的新认识。首先，在反射剖面的浅部所显示的盆岭相间、不对称的断陷盆地、面状或铲状正断层，以及大振幅的壳幔过渡带等事实说明邢台地震区的构造背景是以新生代伸展构造为特征的，它与美国西部盆地山脉地区相似。此外，还有这一地区独特的深部构造特征。

1. 高倾角的发震断层

邢台地震的震中呈现围绕新河断裂，并沿该断裂走向分布的特征。几个大于 6 级的前震、

余震及主震的震源机制解中，走向为 N20°～30°E 的断层与新河断裂走向基本一致。因此，以往许多人认为浅部的新河断裂即是邢台地震的发震断层。然而，反射剖面的结果已确认，新河断裂是一条中到低角度的铲形正断层，它在深度 8km 以下归并于滑脱构造。这与震源机制解的高角度震源断层面以及右旋走滑为主的错动不一致。而且，较大震级的前震、余震及主震的震源深度在 9km 及其以下。因此，将新河断裂作为发震断层是不合适的。尽管在一般情况下，用 CDP 叠加方式对高倾角断裂的成象是困难的。然而，根据中下地壳内反射事件的连续性及倾角的横向变化，在两条 EW 向的反射剖面上分别显示出一条从 7.2 级主震和 6.8 级前震震源位置贯通中下地壳直至莫霍面的高倾角断裂，与这些地震的震源机制解相一致。从横向上看，这两条深部断裂并不连通。这些结果表明，与世界上一些著名的伸展构造盆地不同，在华北盆地中下地壳内仍存在高角度的深部断裂。这一断裂可能是先前存在的，而在近期内重新活动。

2. 滑脱构造和深浅断裂关系

深部断裂与浅部断裂在倾向及倾角大小方面不一致，这一现象在华北地区普遍存在。这些深浅断裂并不是相连通的，而是属于两个不同构造环境之下形成的。在两条 EW 的反射剖面上清楚地显示出存在一个低角度的滑脱构造，它自西向东缓倾，深度在 8～12km 范围内。在深地震测深剖面相应深度上存在低速层，有利于上下盘构造的滑脱。这一深度上的背景速度为 6.20km/s，因此推测可能由于糜棱岩带的存在而产生剖面上的强反射波。滑脱构造有效地把上盘的脆性和下盘的塑性作用分离，使得上部地壳和中下地壳独立起作用，并使得浅部的中到低角度的正断层与中下地壳内的高倾角超壳断层以及中地壳内的滑脱构造共同组成了邢台地震区内特殊的断裂展布几何关系。深部断裂可能是在新生代伸展之前就已经存在的，而滑脱构造和浅部正断裂是在早第三纪以后的扩张时期形成的。在滑脱构造存在的条件下，具有不同动力学特征的深部和浅部断裂可以同处于一个地质构造单元中。这就是人们通常提及的华北地区深浅断裂关系。

3. 脆韧过渡带

根据地壳流变特征，Sibson (1982) 提出的两层地壳流带模型已为人们普遍接受，即地壳由浅部以摩擦断裂作用为主的脆性层和其下方以变形作用为主的韧性层组成，低角度的滑脱构造为脆性和韧性层之间的一个不连续面。脆性层中近地表的陡倾正断层在接近滑脱构造时几何形状变为铲形，这是受韧性流体调节的结果。实际上，脆韧层之间存在一个范围较宽的过渡带，它主要受使蠕变机制能起作用的温度增量所控制。由于岩石变形的阻力在脆性区随深度加大而增加，在韧性区则随深度增加而减小，因此在脆韧过渡带的某个深度上剪切阻力必定达到最大值，而在过渡带的下方剪切阻力急剧减小。这意味着强震发生在脆韧过渡带的深度范围。邢台地震的震源位置资料表明，$M \geqslant 5$ 的地震 80%以上落在深度 10～20km 的区间内，而震源深度分布中地震急剧减少的最大深度为 25km。因此，邢台地震区的脆韧过渡带的深度在 10～25km 的范围内。根据华北盆地中新生代以来的构造-热演化模式，在晚白垩世至早第三纪，盆地处于地热上升发展阶段，平均热流值高达 2.0HFU；晚第三纪以来盆地热状况逐步向下衰退，但仍保留着前期残存下来的较高地热背景。根据岩石实验结果，大多数岩石在 500MPa（即大约 15km 深度）下由脆性向韧性过渡在温度 300～500℃之间出现 (Meissner, 1986)。因此，邢台地震区脆韧过渡带（10～25km 深度）上的温度相应较高，大约为 400～600℃。这与当前仍保持较高的地热背景基本一致。海城和唐山地震的震源分布比邢台地震浅，而这两个地区地热比邢台地区高，这符合地热脆韧过渡带的深度之间的相互关系。

4. 岩浆作用

岩浆作用被认为是大陆岩石层演化的一个基本机制，在深反射剖面上，岩浆反射以大振幅为特征。在伸展相间深部地壳的变质作用产生了强烈的近水平分层。而岩浆的侵入体受到变质，并被分开进入这些分层中。由于分层作用，层间的相长干涉加大了反射波的振幅。因此岩浆的侵入导致地壳的底蚀作用，被认为是壳内强反射的主要来源。华北盆地中、新生代岩浆活动强烈。中侏罗世晚期至早白垩世晚期为岩浆活动最强烈的阶段，此后一段时期活动程度较低。晚第三纪以来又呈现较强烈的活动。在三条深反射剖面上，壳幔过渡带呈现出大振幅、连续性好的反射，并具有多组反射波持续时间在 1s 以上。这一异常的壳幔过渡带由于岩浆的底侵作用而产生。它被认为是中下地壳构造活动的一个标志。同时，在这三条剖面的中下地壳部位上不同程度地显示出多组反射事件，它们相应于岩浆侵入的异常区域。在莫霍界面上反射波振幅明显减弱的位置则可能是岩浆侵入的通道。岩浆的存在使得在下地壳内反射波频率降低，下至中地壳内的反射事件产生变形。这些反射事件在滑脱构造下方终止，说明当前岩浆作用局限于在中下地壳部分。这些反射事件对应于中下地壳内的火山岩，它是在早期岩浆侵入后结晶而成的。华北地区存在多次岩浆侵入而构成复合岩体。下地壳内出现异常低速带，这是高温岩浆活动的重要标志，表明在当前岩浆活动仍较强烈。

通过这一课题的实施，有如下几点体会：

(1) 深地震反射探测是揭示地壳深部构造的最有效方法之一。因此，在“八五”之后，尤其是大震震源区，有计划地继续安排一些这样的探测是必要的。

(2) 国家地震局系统内的多单位团结合作，在深部探测领域中能够发挥更大的作用，能够为地震预测预防作出更大的贡献。深部探测工作必须保持一批具有强烈事业心和献身精神的科研人员，才能使研究水平上一个台阶。

（局地球物理研究所　王椿镛　陈运泰）

地球物理研究进展

根据地震预测预报的需要和地球物理学与地震学发展的趋势，地球物理研究所的研究工作主要包括：地球物理场的观测研究；地震预测预报理论和方法的研究；地下深部构造和地球动力学研究；岩石层和震源区细结构的数字成象，地磁地电场变化规律、地壳浅层地应力变化的研究；以及非线性地震学和震源物理实验研究等。研究工作方向明确，基础性和应用性强，并注意把有关研究进展和成果向国际地球物理和地震学界进行交流和传播，同时获得了新信息的反馈，推动了新问题的研究。

一、地球物理场的观测研究

地震场、地球电场与磁场、重力场、应力场的观测，主要表现在地震参数与波形观测精度的提高和地震矩张量的引入；地球电场、磁场和重力场内外源的有效分离和变化规律准确化的提高和成功地应用到地震的预报；地球内部构造分析和其他基础研究等方面。

重力测量（1981～1992年计31期资料）分析表明：①京津唐张地区的重力场变化图象是存在北京—张家口和北京—通县—宝坻—天津—霸县—北京两个明显的正重力变化区；北京—北戴河一带的负重力变化区；其他地区的正与负变化无明显特征。重力正变化与负变化相间的地区为重力“零线”，它与高程变化的“零线”基本相符；个别测点（如北辛堡、顺义、蓟县、唐山、滦县）在重力规则变化区域中呈“无规则变化”，这些地点大都处于重力正、负变化的交接带。近十年来，在京津唐张地区发生的$M_L>4.0$地震大都集中在这些地段，呈现出一定的规律性。②在1981年12月～1990年9月期间，京津唐张地区（除唐山老震区外）共发生11次$M_L>4.0$地震，在绝大部分地震发生前距离震中较近的地段（10～30km）相对前一时段的测量，重力都有$30\times10^{-8}m/s^2$的变化异常；在重力场变化形态上，这些地震都发生在重力高负值区。地震发生后高负值区消失。因此确认，重力场空间分布的形态变化反映了局部应力场的变化。③1993年9月10日～10月15日重力测量发现通县～香河段段差增大$28\times10^{-8}m/s^2$的异常变化，提出“香河邻近50km范围内应予注意”的预测意见，结果在1993年11月18日7点05分宝坻东南约23km发生了$M_L=4.4$地震。1993年9月27日在滦县附近发生的$M_L=4.5$地震与重力滦县—昌黎段测量减小$34\times10^{-8}m/s^2$异常有关。

首都圈地磁测量对1993年11月18日宝坻$M_L=4.4$地震有中期预报。1993年3月磁测结果表明香河—宝坻一带有4个测点异常，提出有发生5级地震的可能性。对1990年3月～1993年9月期间磁测资料的系统分析，提出该地区存在4～5级地震的预报意见。由此可见，预报意见与实际地震发生符合得较好。

二、地震预测方法的研究

1993年以地球物理场为基础的地震预报方法研究得到了进一步验证，取得了较好的进展。以地震活动变化规律为基础的地震预测对1993年地震趋势的分析效果很好，1993年实际发生5次6级地震和5次5.1～5.9级地震，其中4次6级和1次5.1级地震基本上位于圈出的危险区内；2次5.5级地震离危险区不远；发生在境外的两次帕米尔6.6级地震也离主要危险区不远；但新疆若羌地震未能预测。

加卸载响应比预测方法成功地预报了1993年1月27日的云南普洱地震，预测了中国大陆地震趋势，全年5级以上地震（除青藏地区外）大多数落在预测区内或其边缘（不超过100公里）。从损伤力学解释响应比发现响应比有超前和互补现象。

前震和前震序列特征判别指标和方法研究表明，地震活动的有序性增加和区域应力非均匀性增强可能是前震活动的判别标志。提出以地震后各台不同频率、不同时间窗的Q值及其随时间变化的实时计算方法，跟踪研究地震的前兆信息。在地震序列类型早期判定指标及震后显著地震预报方法研究方面，提出微量分配有序度Q_c值，$Q_c>0.3$时，地震序列为震群型，$Q_c\leqslant0.3$时，为主震型，$Q_c<0.05$时，为孤立型的判据。震群型序列早期分布稀疏，主震型序列早期分布较紧密，震群型序列能量随时间衰减慢，噪声谱随频率衰减值多数大于1.0，主震型的则衰减快，噪声谱的衰减值多数小于1.0。

三、地壳深部研究

采用钻孔崩落分析方法研究我国大陆地壳应力状态发现了盆地内主应力方向与区域构造主应力方向不一致；不同地层主应力方向会发生变化的确切证据（在中原油田）和局部应力场的变化特征（江苏油田）。对中国东部和西南地区，用有限元分析模型反演了区域边界力，具有净力矩平衡和区内观测主应力方向可以约束边界力的特点，并计算了与观测主应力方向拟合的程度。

在海南地区的电磁感应研究中，首次采用长测线磁变测深方法探索这一地区的地磁短周期变化特征。观测资料的反应发现，在海南南端三亚到雷州半岛海康这一剖面下北部导电率高于南部，其界面向北倾，测线中部地表下浅部有一高导电率块。由此提出，在这一地区存在着断层。这一新发现对海南地区的深部结构研究具有指导意义。

华北岩石圈构造的综合研究取得新的进展。地震重力联合反演发现，华北地区重力场与沉积构造和地震活动密切相关。华北沉积层的形成有深源性质，在均衡调节中起着一定的内载荷作用。地震活动最有影响的是中上地壳，特别是层状构造，它与板块运动的深层过程有关。华北地区的均衡状态与深部构造密切相关。根据我国地壳密度和上地幔密度分布，可以把上地幔分为青藏高原、中部过渡区和东部正常区三个大区，反映出上地幔结构的横向不均匀性。

在华北北部未来十年尺度地震危险性预测研究中，对工作区北京西北地区（39°～41°N，114°～117°E）微震精确定位结果是：对 1979～1992 年 3 月发生 $M_L \geqslant 2.0$ 的 348 个地震重新定位，给出震源深度的地震由原来的 132 个增加到 313 个，定位均方根残差的均值从 0.80±0.40S降到 0.45±0.18S；各台 P 波到时残差下降；有近 10%的地震震中位置移动了 10km 以上，它们大多数是北京遥测地震台网边缘的地震。精确定位后地震震中分布于怀安、宣化、怀来、涿鹿等山间盆地内部，并与盆地边缘断裂有关。此外，地震还分布于山区和平原的交界地带。

1991 年 7 月～1992 年 7 月期间，中美合作在青藏高原布设了 71 个先进 PASSCAL 宽频带数字流动地震台，记录到高质量地震资料。据此，可以研究青藏高原构造的横向不均匀性和动力学机制。取得了以下成果：①确定了青藏高原莫霍界面的 P_n 和 S_n 波速度，反演莫霍界面的深度；②利用远震体波反演 71 个台站下面的速度结构；③利用面波计算青藏高原内部松藩块体、羌塘块体、拉萨块体及裂谷带的瑞利波相速度及速度结构，建立了地壳和上地幔 P 波和 S 波的速度结构模型。提出印度次大陆物质向西藏的下地壳挤入，造成青藏高原的隆起，同时增加的西藏下地壳物质向东迁移，贮藏在青川滇的正地幔。关于挤入模式在 1993 年中美 INDEPTH 深反射试验中得到验证。现今青藏物质东流的路径位于雁石坪－丁青－昌都左旋走滑断层与崩错－嘉理右旋走滑断层之间。阿尔金、昆仑、鲜水河等左旋走滑断层则为以前不同地质时期物质东流的痕迹、青藏物质东流贮藏在青川的上地幔尚待进一步验证。

目前，局地球物理研究所有关人员根据印度洋板块的强烈挤压和地壳增厚引起的重力势能增加这种态势。正在对青藏高原的地球动力学问题展开研究。研究青藏高原岩石圈内物质在已知的现代构造应力场作用下发生的水平运动和垂直运动，以及这种运动对青藏高原周围地区构造运动的影响。研究青藏高原的地球动力学问题，对探索该地区构造运动规律，成矿规律、地震成因、开展地震危险性分析，以及减轻自然灾害有重要的意义。他们探讨青藏高原内部一些地区张性构造应力状态的形成机制以及三维应力状态的分布，进一步模拟由天然地震震源机制解和地质调查资料推断的构造应力场控制下，岩石圈物质向东南方向运动的可能性，并揭示岩石圈的垂直方向和水平方向的形变速率。这将对青藏高原的地球动力学过程的现有模型提出试验判据。

（局地球物理研究所　陈英方）

局地质研究所地震监测预报工作的主要进展

一、地震趋势预测研究

局地质研究所基于以基础理论研究为主的特点，面对中期地震预报人员分散以及经费严重不足的困难，于1993年底明确提出了“结合研究课题，为地震预报服务”的构想；由于地震预报及其研究具有极强的探索性，目前仍处于资料和经验的积累阶段。因此，在组织管理工作中本着“百家争鸣、兼收并蓄、求同存异、机会均等”的原则，不过分强调统一思路，以尽各学科、各手段之所能。这些做法，得到了所广大科技人员的理解和支持，从而有效地调动了从事地震监测、预报及相关研究人员的积极性，促进了我所的地震预报工作。

1. 中、短期地震预测研究的新进展

科技人员结合自己的有关研究课题，努力进行基础理论研究成果应用于地震预报的探索，取得了一些新的进展。例如：王绳祖等根据近些年来的研究成果，结合其国家自然科学基金和地震科学联合基金的有关课题研究，发展了一种“地震危险性的多判据构造物理预测方法”。该方法试图以认识地震物理实质为基础、以确定论与概率论相结合，来进行中、长期地震危险性预测。其中包括对地震能量背景区预测法和震源发震概率预测法的综合运用。这是一种由经验预测向物理预测的过渡。他认为地震只有同时在能量背景和震源过程两个方面满足多项必要条件时才可能发生。把这种方法实际应用于中国大陆1994和1995年度地震趋势的预测并加以检验，取得了初步成效。

汪良谋等用确定性预测方法，给出了中国大陆未来十年的强震危险区及其发震信度。确定性预测是建立在地震危险区划分和地震活动性分析的基础上。地震危险区划分主要是确定强震发生地点（对强震活动时间和强度也有一定的预测能力），地震活动性分析主要是确定强震发生时间（对强震发生的地点和强度也有一定的预测能力），两方面的结合就能给出不同时间尺度的确定性预测结果。总的思路是采用综合判定，逐次筛选，空间上由大到小，由多到少，时间上由远而近，由长到短。亦即依据所编制的中国大陆第四纪活断层分布图，结合古地震、历史地震资料划分出长期地震危险区；依据地震重复性从长期危险区中筛选出中长期地震危险区；依据多种地震活动性分析结果给出2000年前各危险区的发震信度。

徐道一等利用磁暴、月相、地震之间的二倍关系，预测了全球范围内7级以上的大地震，取得了一定的进展。在1992年8月初所内的震情研讨会上预测了1992年8月19日吉尔吉斯斯坦 7.7 级地震的发震时段和震级；1994 年应用新近探索的计算发震日期分布特征的方法，预测了 1994 年 10 月 4 日日本以东海中发生的 7.9 级地震；在 1994 年 4 月 7 日向中国地球物理学会天灾预测委员会填报了“天灾年度预测简表”，其预报意见为：1994 年 9 月 23 日～10 月 4 日，太平洋沿岸地区将发生 $M_S \geqslant 7.5$ 地震。该意见在 1994 年 6 月所内震情研讨会上亦曾作过介绍。这次地震与他们预测的时间、震级都很符合，但预测的震中范围较大。发震地点的预测仍是他们继续探索的课题。

张崇立结合地震科学联合基金课题研究结果，强调现代地壳形变速率（或断层滑动速率）仅能作为反映地震活动危险程度的必要标志。认为研究地壳形变与地震活动之间的关系并进而用于地震预报，应着重研究现代地壳变形的强弱与地震活动的关系。因此，引入了反映地壳变形程度的两个标志量 γ_V 和 Δ_V，从而建立了地壳垂直形变与地壳变形（应变状态）间的关系，为利用地壳垂直形变测量资料研究现代地壳的应变状态，进而进行地震危险性预测提供了一个新的途径，同时也为建立地壳形变测量资料与地壳介质的物理-力学性质间的关系奠定了基础。

林元武等认为流体地球化学方法能较好地研究地壳 10～20km 深度区间内环境介质强度和断裂应力状态。提出利用对温泉的温度、流体的循环深度等的研究，有可能获得断裂活动方式的信息，从而为预测断裂带上未来可能发震的段落、估计未来可能发生地震的强度提供了一种新的方法。

2. 强震发生地点的预测研究

这类研究由于其方法手段的限制，仅能给出未来强震发生地点的预测结果，含有不确定性的时间概念。

在这方面，活断层的大比例尺填图及综合研究项目中开展了将其研究结果应用于地震预报的探索，并已安排专题从活断层的分段性、活断层的活动习性、古地震与历史地震的活动性、断层滑动速率等方面入手，初步建立了估计断层未来地震危险性的定量模型。

在确定未来强震危险区方面，不同的学者从不同的侧面、采用不同的方法进行了有益的探索。方仲景等根据 Q_3^2～Q_4 时期有活动的断裂之活动性状和历史地震的空间分布，给出了华北北部具有发生 $M \geqslant 6.0$ 级地震条件的地区，在考虑到最后一次发震时间与大震平均重复间隔之比的时间之基础上，筛选出未来的强震危险区。郑炳华等则强调地壳浅层与震源层（10～20km 深度）之间构造变形的不协调性，主张地震危险区的判定要着重考虑深部震源层的构造特征。杨主恩等用模糊数学中的综合评判和层次分析方法，对与发生强震有关的构造条件要素进行定量化处理和综合评判，给出各分级强震的综合信度和震级信度。徐常芳等从强震的孕育和发生与地壳、上地幔高导层构造变形的关系研究入手，总结了强震活动的深部标志，为强震危险区的划分提供了深部构造方面的依据。

二、前兆监测预报工作

经过近数年的努力，目前局地质研究所在首都圈地区的地下流体前兆监测已初具规模，在首都圈地区的短临地震监测预报中发挥了积极作用。近一年多来，在组织管理工作中，除强化日常监测工作、完善了承包责任制外，还强调并积极引导监测预报科技人员加强对前兆机理的理论探索，着力开展地下流体前兆监测中具有中期前兆意义信息的开发和利用，在探索地下流体监测由短临震情判断向中、短期震情判断的可能途径方面迈出了第一步。

1. 监测台网的基本建设

为适应地震监测预报工作和我国地震地下流体学科发展的需要，在国家地震局科技监测司的大力支持和有关兄弟单位的协助下，建成了北京太平庄地下流体综合观测站，于 1993 年 7 月开始正式投入试验性观测。目前已开展的监测项目有动水位、深层与浅层水温、溶解气和逸出气、离子、断层带土壤气等 27 个测项。流量监测也将于 1994 年底前投入观测。

经过一年多的试验性观测，已取得了水位、水温固体潮与水震波记录、井孔溶解气、逸出气与土壤气的观测资料，而且还发现了水位、水温表现出的与全球某些强震有关的短临异常现象。

断层带土壤气的地震监测是近年来兴起的新的前兆监测手段。地质研究所在首都圈地区已建成了 4 个测点，开展了 15 个测项的日常监测，其中原位 CO_2、$^{4}He/^{40}Ar$、$^{4}He/^{20}Ne$、$^{40}Ar/^{39}Ar$ 等气体与同位素比值的观测均属国内首创。1993～1994 年间，结合局“八五”短临预报攻关，在系统清理全部观测资料、台址地质-水文地质条件与震例等基础上，建立了地震中期预报与短临预报指标体系及计算机软件系统。

2. 方法和技术研究的主要进展

近一二年来，在前兆监测预报方面提出了一系列新方法，其中有利用 H_2 与 He 异常的时间差判定未来强震发生时间；利用井水位记震能力的变化判定未来强震发生地点；利用断层气异常进行地震短临预报的软件系统；Zn 等新的水化灵敏组分研究等。

在前兆监测方面，也取得了一些具有中、短期前兆意义的地震预报新指标。如水化异常群体特征与强震的关系研究；地震活动期与平静期断层气释放量差异研究以及水位、水温的远、大震的短临前兆效应等。

水中 CO_2 观测，在地震监测预报中有重要意义。但在观测技术上，由于水中 CO_2 在不同物理化学条件下处于不同的平衡状态。因此传统的野外取样与实验室测定的方法难以测得水中 CO_2 的真实含量。针对这种情况，提出了野外取样时固定水中 CO_2 总量的新的取样方法，在滇西实验场的中强地震预报中取得了较好的效果。

3. 监测、预报工作

在远南运动会和国庆节期间，局地质研究所作出了震情应急的安排，全体监测预报人员按照国家地震局的要求，进一步加强了监测工作，将月会商改为周会商，遇有情况，随时向局震情值班室汇报。较好地完成了特殊情况下的监测预报任务。

到目前为止，监测预报按时进行了 10 次月会商会，对首都圈地区的震情作出了符合实际情况的判断，并按时将会商意见送分析预报中心和上报上级有关部门，为首都圈地区的震情判断作出了贡献。

卫星热红外监测预报今年在继续探索其前兆机理的同时，较好地预报了今年世界上已发生地震中的 9 次，其中国外的地震 4 次。这 9 次预报中，三要素符合较好的有 3 次，其他几次预报意见中两要素也都符合的较好。在探索高、新技术应用于地震的短临—临震预报方面取得了进展。

（局地质研究所　张崇立）

活动断裂研究进展

预测地震危险性的方法之一是根据大地震周期性重复的原则，从历史地震记录中直接获得。但是大陆内部的地震重复周期往往在数千年到上万年，而世界大多数地区历史地震的记录却非常短暂，即使在我国最长2000～3000年的地震历史记录，也小于大多数大地震的重复周期。因此这些记录无法用来可靠地预测未来地震的时间、地点和强度。尽管利用大范围地震前兆监视网捕捉前兆异常区是预测近期内地震危险的一种方法，但是也存在一些问题。例如，引起前兆异常的因素多种多样；观测到的前兆异常区的范围往往很大，以致于不能够准确地确定可能的发震地区；把有限的仪器和人力投入重点监视区来捕捉临震信息，也无法准确地判定地震震级的大小。

活动断裂研究进展的一些最新成果正在形成新的边缘学科，并可用来预测未来地震时间、地点和强度。80年代以前的活动断裂研究工作主要限于如何识别活动断裂，活动断裂的分布，及断裂的位移性质等定性问题。80年代以来活动断裂的研究重点转向定量研究，开始研究活动断裂的细结构和构造几何特征，一次位错事件中的位移量，不同时期的断裂滑动速率。在这些研究的基础上诞生了两门活动断裂研究中的新的分枝学科——古地震和断裂分段并成为当代国际上活动断裂研究的焦点。这两个新学科在我国亦取得了很大的进展（丁国瑜，1982，邓起东，1982）。对包括古地震和断裂分段在内的所有前缘领域都进行过不同程度的研究，特别是国家地震局85-01重点项目（活动断裂大比例尺填图及综合研究），不仅将为我国地震危险预测和地震灾害评估提供重要的基础资料，而且还将把活动断裂研究的整体提高到一个新的水平。

一、古地震学研究

古地震研究开始形成于80年代，被认为是研究最新活动构造和地震危险预测中最有成就的领域（Allen，1986），而且今天仍然保持着前缘地位（Crone，1987；Walloce，1987）。古地震研究是通过保存在第四系地层中的位错及其他与地震有关的地质和地貌证据，识别史前古地震的年代、频率与强度。沿活动断裂带上古地震的研究成果在很大程度上弥补了历史地震记录的短暂性和局限性，使得我们能够在几个重复周期的时间段上认识断裂长期活动习性和估算未来地震可能发生的时间。

目前古地震研究取得的成果已经成为地震危险性预测中必须考虑的重要基础资料。我国在过去的十年内沿主要的活动断裂带都或多或少地进行过古地震研究，获得了一批古地震事件的证据和地震重复周期。但是，无论是事件的识别标志，还是事件年代的测定都存在一些问题，而且板内地震重复周期长，不易获得多期古地震事件，因而古地震研究的成果还没有与地震危险预测紧密结合起来。存在着许多亟待解决的问题，首先古地震的识别标志是古地震研究的基础，虽然过去的十多年里已经积累了一大批标志，但是这些标志远不能解决不同类型断裂带上古地震的识别问题，因此，今后不仅需要完善这些已经建立的标志，而且还要发展新的识别标志。其次，古地震事件的年代测定也是一个根本问题。在很多情况下由于不能够准确地测完事件的年代而无法应用于地震危险预测。另外，古地震震级的估计目前还只是凭经验判定，没有一套系统的方法和判别依据。特别是中强地震（$M\approx6$）往往不形成地表破裂，如何识别这类古地震亦是一个很大的问题。上述这些问题的解决直接影响着古地震学本身的发展和在地震预测中的应用。

为了解决上述问题，提高地震危险性预测的能力，在今后的十年内应大力开展下列几方面的研究：

（1）最新年代测定技术。其中包括两方面的内容。第一是发展和改进测年精度高、样品用量少、在古地震研究中应用范围广的新技术和新方法。第二鼓励新年代测定研究人员到野外参加古地震研究。同时也应鼓励古地震研究者深入理解各种测年方法的原理，要求和限制条件。

（2）加强历史地震地表破裂带的研究。

（3）研究如何识别中强度（$M\approx6$）的古地震事件。首先要加强研究现代中强度地震在地表的破裂、变形及其所伴随的地质地貌现象，为在地质记录中寻找中强度古地震事件提供对比标志。

二、活动断裂的分段研究

断裂的分段性是80年代地震地质和活动断裂研究中另一最新成果，目前仍然是十分活跃的前缘领域。

活动断裂的分段研究现在已经成为当代地震危险预测和地震灾害评估中极为重要的方法之一。其重要意义表现在三个方面：

(1)它有助于从理论上认识地震破裂的起始与终止过程及其岩石圈的破裂强度和习性。目前地震预报中的一个突出问题是前兆异常的机理不清楚。当然，某些数学和物理模型分析，以及微观断裂力学的理论实验研究是探索前兆机理的途径，但是在宏观的尺度上实地研究在区域构造应力场的作用下，断裂各个段落的活动习性和断裂几何形态对地震破裂孕育、起始和终止的控制作用亦不失为可取的途径。

活动断裂的分段研究正是要弄清断裂几何形态与地震破裂过程的内在联系，从而它对于理解和认识前兆机理有着重要意义。

（2）它是预测地震危险性的有效手段。断裂分段研究可以有效地缩小根据前兆异常区判定的可能发生地震的地区。

另外，未来可能发生地震的大小也可根据断裂分段的研究来估计。

（3）它正在成为地震工程稳定性评价中的最基本方法之一。工程设计中的场址选择，烈度评定，地面振动主要参数的评估都要求提供未来地震可能发生的时间、地点和震级。如前所述，这三种要素都可能根据古地震和断裂分段的研究来判别，因而它们在工程建设和抗震设计中亦有着十分重要的意义。

虽然断裂分段在地震危险性预测中意义重大，但无论是方法本身还是实际应用都存在有待进一步研究和解决的问题。首先断裂分段的方法目前仍然处在发展的初期阶段，还没有形成一套完整可靠且普遍适用的系统方法（Zhang et al.，1991)。由于现有的断裂分段方法是建立在活动正断层分段性研究的基础上，对其他类型的断裂分段性的特征和习性还不了解。地表断裂的形态结构与震源深部断裂的关系是断裂分段研究中的一个根本性问题，对于这一问题才仅仅开始着手研究。段落本身与分段界限区在时间和空间上的持久性问题对于灾害评价是非常重要的，还有待于进行研究和认识。

（局地质研究所　张培震　毛凤英）

“小江断裂带1∶5万地质填图和断裂分段性研究”1993年度进展

1993年是“小江断裂带1∶5万地质填图和断裂分段性研究”课题执行的第四年。11～12月，课题组5人在断裂带东、西两支不同段上开展了填图。实际填图范围是：西支南起清水海以南的龙街子，北至沧溪盆地以北的松毛棚；东支南起小新街盆地南端，北至寻甸盆地南端，长60km，宽4～6km，面积近300km^2。在填图区内，用平板仪精测大比例尺平面图4张，用皮尺测剖面图5条，水系位移若干条，开挖探槽3个，取热释光样品8个，^{14}C样品5个，断层泥颗粒分析样品5个，断层泥定向样品5个。

通过野外工作和室内分析，获得了以下新认识：

1. 对填图段活动断裂的几何学和运动学特征有了全面正确的了解

西支填图段活动断裂由三个几何段构成，即龙街子—清水海南缘段、清水海西缘—沧溪盆地东缘段、沧溪盆地西缘—松毛棚段。龙街子—清水海南缘段往南可延伸到上游水库西缘，沧溪盆地西缘—松毛棚段往北可延伸到乌龙盆地东缘。三条断层的走向皆为北北东，倾向西或东，倾角较陡，它们之间呈左阶斜列。除三条主要的断裂外，在每条断裂的个别地段还有多条次级断裂出现。它们与主断裂或平行，或弧形相交。东支填图段活动断裂由二个几何段构成，从南往北，第一段位于小新街盆地东缘，该段往南延伸一直到达宜良盆地西缘。另一段位于小新街第四纪盆地西缘，往北大致顺牛栏江河谷一直延伸到寻甸盆地东缘。二条断裂的走向也为北北东，倾向东或西，倾角较陡，平面上也呈左阶斜列。

上述断裂的新活动性质都是以左旋走滑为主兼有张性活动性质。左旋走滑造成了水系的左旋位移，在阶区形成拉分盆地；张性活动则形成断层陡坎和小地堑。

2. 对填图段内的第四纪地层进行了细致的划分

发现的主要堆积类型有冲积、洪积、坡积、湖积及少量冰积层。西支填图出露最广的是洪积物，分布在沧溪盆地和甸沙盆地。东支填图段出露最广的为冲积物，分布在小新街盆地。它们的堆积时代为全新世，少量为晚更新世。

3. 对沿断裂分布的盆地进行了成因机制的研究

这些盆地具有不同的成因类型：有由于断裂左旋走滑，在断裂阶区形成的拉分型盆地；有由于盆地两侧断裂规模和活动强度相差悬殊而形成的不对称地堑型盆地；还有由于盆地两侧断裂规模和活动强度基本相等而形成的地堑型盆地等。例如西支断裂的清水海盆地、沧溪盆地皆位于断裂的阶区，属于拉分型盆地。从这两个盆地的地层出露情况分析，它们的形成时间可能在晚第四纪。东支断裂上的小新街盆地从地层出露情况分析，应形成于上新世，当时盆地的形成主要受两侧断裂张性活动的控制，因此属于地堑型盆地。但在晚第四纪期间，控制盆地西缘的断层位置发生了向东迁移，两侧断层的晚第四纪活动性质也发生了变化，变为以左旋走滑兼张性活动的性质，因此晚第四纪以来，小新街盆地的成因类型应是拉分性质的。西支断裂上的甸沙盆地是个典型的不对称地堑型盆地。其形成主要受西侧主断裂控制，在盆地的东缘也有2～3条次级断裂，这些次级断裂南、北两端皆与西缘主断裂相交，因此平面上，甸沙盆地呈现出半椭圆形。由于西缘主断裂的规模和活动强度比起东缘次级断裂的规模和活动强度相差悬殊，因此甸沙盆地东、西两侧下降幅度不一，西侧下降幅度大，东侧下降幅度小，地形上表现为一个大斜坡，洪积物由东向西披盖在斜坡表面。西支断裂的干海子盆地则是一个地堑型盆地，它位于小江西支主断裂东侧，是由两条规模不大的次级断裂所控制的盆地，两条次级断裂张性活动特征明显，且两边的运动幅度也相同，因此盆地两侧的下降幅度也基本相同。甸沙盆地和干海子盆地都是晚第四纪才形成。

4. 对1833年嵩明8级地震的地表破裂带北延问题作了进一步的研究

前人的研究结果认为这次地震的地表破裂带北端终止在清水海北端的海尾村，而我们的野外工作结果认为，它很可能还继续北延到沧溪盆地东缘，比原来的长20km多。其主要理由是：①海尾村所在位置的断裂与沧溪盆地东缘断裂是属同一条连续的剪切断裂，在一次大地震活动中，一条连续的剪切断裂不可能一部分活动造成地表破裂而另一部分不造成地表破裂；②海尾村至沧溪盆地之间，属于大震地表破裂带的若干现象十分丰富，如陡坎，地震沟槽，滑坡等，而这些现象与已经确定的地表破裂现象也是相同的。根据地表破裂带的展布范围，将这次地震的震中定在陆良山一带可能更为合理。

通过今年的填图，还认识到1833年嵩明地震地表破裂带贯穿了所有较大规模的盆地，如清水海盆地，嵩明盆地，阳宗海盆地，除此之外，还贯穿了盆地端部的基岩山地。如清水海南端的基岩山包，嵩明盆地内部的陆良山等。地震地表破裂带贯穿盆地内部和端部的基岩山地，进一步证明盆地内部剪切断层的存在。

（局地质研究所　宋方敏）

城市现有建筑物震害预测与防御对策系统的研究与应用

根据震害经验，地震造成生命和财产损失的主要原因是建筑物的破坏和倒塌，城市的损失远大于乡村。在房屋建筑中，多层砌体房屋量大面广，且在地震中易遭破坏。因此，必须做好城市现有房屋建筑的群体震害预测和多层砌体房屋的单体震害预测，以有效地减轻和防御我国的地震灾害。这是我国防震减灾工作中的一项迫切而繁重的基础工作，工作量浩繁，数据信息量大，影响因素多，且要求知识面宽、经验丰富的专家参与判断和提供决策分析意见。基于这两方面，在1987年国家自然科学基金会与七个部委联合资助“七五”重大项目“工程建设中的智能辅助决策系统的应用研究”。该项目中的一个三级子项目“城市现有建筑物的震害预测与防御对策系统”中我们确定研究两个智能系统：①用于多层砌体房屋单体震害预测的专家系统 PDSMSMB-1；②用于城市现有房屋群体震害预测的智能辅助决策系统 PDKSCB-1。

一、研究目标

系统 PDSMSMB-1 的目标是：使具有一般土建知识的技术人员能具有与专家同等水平，来预测现有或拟建的各类多层砌体房屋遭到不同裂度地震时的震害，评价预测房屋的易损性，地震危害度和抗震设防的满足程度，进而作出决策分析，以有效地减轻和防御地震灾害。

系统 PDKSCB－1 的目标是：以数据库和知识库为基础，对整个城市现有房屋建立起一个震害预测系统，为人们精确记忆、有效管理和快速处理大量的数据信息服务；支持具有一般土建知识的技术人员和震害防御管理人员能以专家同等水平，来预测城市在遭受不同地震影响时现有房屋群体的工程震害、人员伤亡和直接经济损失；识别高危害房屋类型和高危害街坊小区，编制相应的震害潜势分布图件；对城市发展的未来状态进行动态预测和抗震防灾决策分析，辅助政府和有关部门的决策者制定减灾目标及应采取的相应对策，以有效地减轻潜在地震灾害损失。

二、开发过程

多层砌体房屋震害预测专家系统 PDSMSMB-1 的开发过程，分为四个阶段：

1. 雏形阶段

1986 年夏，在同美国斯坦福大学土木工程系 Blume 地震工程中心进行合作研究时，笔者设计了多层砌体房屋震害评估系统（雏形）的知识工程。次年春，由美方合作者编写这个系统的程序 DESMUMB。该程序用 Fortran 语言编写，在微机上运行，但将知识工程中设计的人机对话采集信息改为输入数据文件，并将预测震害的网络系统删减为树状因素关系。DESMUMB 是 PDSMSMB-1 的前期工作，其知识工程也仅为雏形。

2. 演示阶段

吸取更多领域专家的经验，充实和改进了知识工程的雏形，于 1988 年用 Hprolog 语言编写了 VESMSMB 程序，实现了汉字化和人机交互，但仍未实现影响因素的网络关系，且预测的对象较局限，运行时间也较长。VESMSMB 属 PDSMSMB-1 的演示阶段。

3. 试用阶段

把该知识工程由易损性评价和震害预测延伸扩展到地震危害度评估和决策分析，并重新设计系统程序，用批处理命令管理基本模块和网络系统，用 Fortrom 语言解决计算问题。PDSMSMB-1 经系统内因素关系的考核和震例检验，于 1989 年 5 月开始使用。

4. 实用商品化阶段

该系统经推广使用，实现了两种形式的商品化：①“来料加工”，即用户按系统的人机对话说明填写好信息卡，交操作员或用户自行操作；②有偿提供软件使用。

城市现有房屋震害预测智能辅助决策系统 PDKSCB-1 的开发过程，大致分为三个阶段：

1. 人-机系统的初建阶段

1987 年建立了基于关系数据库的城市现有房屋震害预测人-机系统，将所需的信息包容在数据库系统中，并建立起相互间的关系。为便于采集全套数据信息，该系统首例用于 8 万多人口的小城市三门峡。

2. 从基于数据库到基于知识库系统的中试阶段

建立震害预测的知识库系统，使震害由在基于关系数据库的人-机系统中作为数据输入供检索统计用的信息，跃居为在知识库系统中的知识作为系统在自行推理过程中所利用的信息而提供其预测的结果。经应用于湛江和厦门两个 30 多万人口的城市震害预测，从中得到检验，进一步改善和扩展了知识库系统。

3. 智能辅助决策系统的建立和应用

通过三个城市的实践，该系统由以数据库为基础的人-机系统，发展成以知识库为基础的城市现有房屋震害预测智能辅助决策系统 PDKSCB-1，并由对现状的震害预测延伸到对未来状态的动态预测、辅助决策减灾目标及相应的防御对策。1989～1990 年，PDKSCB-1 系统应用于 150 万人口的城市太原、无锡和铁岭。1991 年该系统在国际上公开发表。

三、知识工程的设计思想

领域知识丰富是建成实用的智能系统的先决条件，也是设计好知识工程的基础。而精心设计知识工程，实现知识的获取和提炼、知识的表达和利用以及系统的构成和推理，是建成实用的智能系统的关键。

本研究建立的两个系统的知识工程，都是由领域专家自行设计的。知识工程的设计特点是不拘泥于通用的规则和结构形成，着力于“师法自然”，以求智能系统取得“胜于自然”的效能。这样设计知识工程虽比通常采用现成的外壳费劲，技术难度也大，但使建立的智能系统既能充分反映出专家的知识、经验和思维逻辑，推理自然成章，合乎工程常规，又能发挥出计算机智能的优势。使智能系统既能达到专家级的水准，又具有超越人类专家的智能能力。

对知识工程的设计，国内外学者可能受传统思想影响而有所不同，犹如建造园林，欧美传统是建规则园，而我国古园林推崇自然。在中美合作研究多层砌体房屋震害系统时，笔者认为，按当时通用专家系统外壳设计知识工程（雏形），不可能有效地表达该领域的专家知识和经验，因而按领域专家处理该问题的推理逻辑设计了一个复杂网络关系。就当时的专家系统技术而言，这是超前的，故直到 1988 年底在 PDSMSMB-1 系统中才实现。我们认为，倘若能按实际需要设计知识工程，从而建造出一个不是“花架子”的而是真正实用的智能系统，并促使智能技术的进一步开发和应用，才正是我们着意追求的，即使难度大点、时间长点，也是值得的。

这两个系统在起步时，知识工程的雏形是有所不同的。PDSMSMB-1 系统有一个完整的雏形，在开发过程中只是局部充实和改进知识库系统，延伸扩展震害程度评估和决策分析；而 PDKSCB-1 系统初建的框图最终虽无大的改动，但开始时只是数据库系统，在应用实践中发展为知识库系统，并由对现状的预测延伸到对未来状态的动态预测和决策减灾目标与对策。因此，在智能系统的开发过程中，进一步充实、扩展和完善知识工程的设计也是十分必要的。

四、应用实践

这两个系统已在我国得到广泛应用。PDSMSMB-1 系统现已用于太原、无锡、铁岭和山东省十个市县的房屋震害预测；湖北的三个厂、天津和日照港务局、本溪的中小学和大同矿务局变电所房屋震害预测；克拉玛依市房屋震害预测和抗震鉴定；石臼海关和中国银行办公楼和住宅震害预测与加固方案的选择；以及在北京的地矿部阅览室、全国工商联办公楼和住宅的震害预测、抗震鉴定和加固方案的选择。应用 PDKSCB-1 系统的城市规模，有 8 万多人口的三门峡，30 多万人口的湛江和厦门，150 万人口的太原；地理位置，从中原到东南沿海，及华北等地区，还在无锡和铁岭应用了本系统中的部分子系统；城市的设防烈度从Ⅵ度到Ⅷ度皆有应用。

实际应用表明，这两个系统有着重大的社会效益和经济效益，可为编制抗震防灾和减轻灾害规划、合理使用和节省抗震设防与加固经费、制定减灾目标及相应对策和应急响应预案，以及为地震保险等提供科学依据，对改善城市的抗震设防状态和公众对地震安全保障的心理状态都有着十分显著的作用。

该系统服务对象明确，内容全面，设置大众化，具有功能齐全、适用面宽、使用简便、便于接受、便于管理的特点。本研究表明，在震害预测和防震减灾领域中，开发人工智能系统的应用是行之有效的。

本项研究在 1992 年“工程建设中智能辅助决策系统的应用研究”重大项目的 30 个三级子项目的总结评比中，被评为两个全 A 级子项目之一，并列第一。所建立的上述两个智能系统均达到国际先进水平，获 1993 年国家地震局科技进步二等奖。

（局工程力学研究所　杨玉成）

三维深地震测深方法研究地壳结构的首次应用

地壳三维结构的研究是地球物理学家们探索的一个重要课题。探索的目的是期望用一套系统的数据，通过反演的方法获得某一地区地壳完整的三维结构和速度模型。但长期以来，由于受到计算方法本身难度较大及数据采集量完整性的限制，传统的深地震测深研究壳幔结构的方法仍限于二维剖面的观测系统。80 年代初，加拿大在实施 LITHOPROB 计划时，Alberta 大学的 ERNEST R. KANASEWICH 和 STEPHENK. L. CHIU 在南 Saskatchewen 的 Williston 盆地进行了一次地壳结构的三维结构研究实验，并于 1985 年发表其研究结果。此后，尽管方法理论上不断有人进行继续研究，但用于实际探测工作的研究成果却一直没有见到。

近年来，国家地震局地球物理勘探大队发展了加拿大人 E. R. Kanasewich 的方法，提出了较完整的三维空间深地震测深观测系统和相应的资料解释方法，并于 1993 年 10 月底至 12 月初与胜利石油管理局合作在胜利油气区为研究非烃气体成因、成藏规律，首次进行了三维地壳结构研究的工程实施。

一、基本原理

在工作区布设一个等边三角形观测系统，在三角形的顶点、每边的中点和三角形中心分别布设爆炸点，沿着三角形的三条边布设观测仪器，每个爆炸点爆炸时所有的仪器同时参加接收，这样通过所记录到的宽角反射波和折射波就可以获得强反射面的三维结构。三角形三条边的长度与所研究反射面的深度有关，图1所示是反射波在反射界面上反射的轨迹。

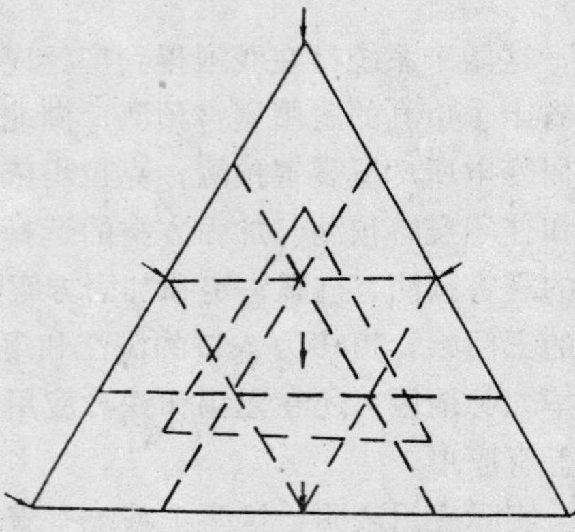

图1　反射波在反射界面上反射的轨迹

数据处理过程采用改进了的E. R. Kanasewich方法，在三维情况下进行快速两点射线追踪，确定走时对各界面参数和速度的Jacobj微商矩阵，再利用适当的反演方法实现三维构造反演。

二、在油气区地壳结构研究中的应用

1993年9月，国家地震局地球物理勘探大队（乙方）与胜利石油管理局勘探公司（甲方）签定合同，乙方承担由甲方负责的国家科委“八五”重点攻关专项专题“胜利油气区非烃气成因、成藏规律，勘探开发技术及综合利用”研究中的子专题“胜利油气区深地震宽角度反射/折射法勘探研究（编号85-925a-08-02-01）”。该子专题的研究目的是获得胜利油气区（主要是惠民凹陷东部和东营凹陷西部）地壳上地幔三维结构图象、壳内速度分布图象、深大断裂展布、壳内结构特征，进而研究非烃气生成的深部构造条件。研究内容包括：壳幔三维速度结构，深大断裂的分布和性质；结晶基底的构造形态，壳内低速层展布特征和成因机制，中、上地壳速度三维成象，莫霍面三维构造，上地幔顶部速度分布，区域深部构造背景及郯庐断裂带深部构造特征，深、浅断裂及壳幔速度结构与非烃气田生成关系。

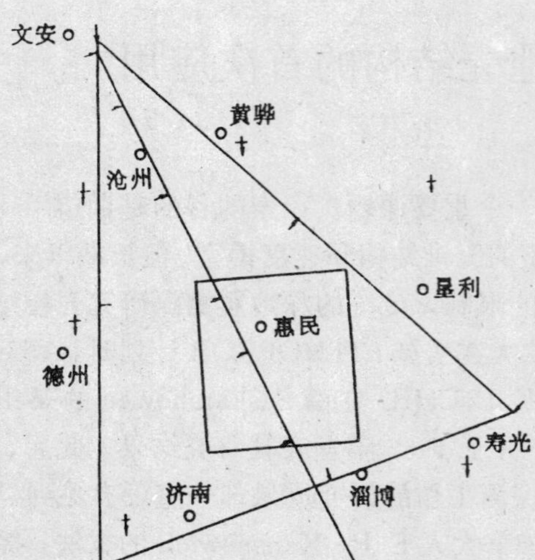

图2　纵测线观测系统

实施过程中，在研究区周围布设了一个边长为300km左右的近等边三角形观测系统，以获得地壳及M面的三维构造形态和深大断裂展布特征，在三角中部布置一个$80\times85km^2$的台阵观测系统以获得研究区中、上地壳的三维速度层析成象。另外，为了把握凹陷南北断裂位置，还沿三角形中线布设了一条纵测线观测系统（见图2），这就形成了一套可以获得从中上地壳到下地壳、M面直至上地幔丰富反射/折射信息的完整观测系统。

施工过程中投入观测仪器160台，钻井设备6台套，人员225人，施工工期37天，野外工程于1993年12月上旬结束，目前野外资料的初步整理工作已完成。初步验收结果表明，尽管施工过程中遇到了许多难以想象的困难和问题（由于测区范围大，又遇上了几十年不见的恶劣气候，交通、通讯、观测、钻井等都遇到了前所未有的困难），施工质量依然是优秀的，达到了国家地震局《人工地震测深工作规范》所规定的“第一类资料”标准。

（局地球物理勘探大队 张先康 宋建立）

层析技术在工程中的应用

地学层析成象是由曾获医学诺贝尔奖金（1979）的CT技术引入到地学来的，我国的理论研究基本上从1984年开始，国内曾一时掀起了CT热，在我们1989年完成了地震科学联合基金会的重点项目《地震层析技术的试验与应用研究》之后，曾经面临过的最大困惑是如何将宝贵的理论研究成果转化成生产力，尽早为国民经济服务。国家地震局及时的为“层析技术在工程中的应用研究”立项拨款，随后中国石油天然气总公司和国家黄金管理局又先后对我们的“油田井间CT技术的可行性研究”和“层析技术探测金矿的应用研究”课题立项拨款，华能科技发展公司还对仪器的研制投资。上述4项共获得科研经费92万元。经过几年的努力，先后在1992年底和1993年完成了有关的项目，分别经过专家评审鉴定，给予了高度评价，在理论方法、计算机系统、模拟试验、岩样测试、仪器研制和工程应用等方面取得了大量的可喜成果，在应用层析技术的某些地学领域上取得了突破性进展。其中对矽卡岩型金矿探测的成功，不仅为国家找到了宝贵的黄金储量，还为开辟我国用CT方法探测金矿做出了积极贡献，技术水平处于国际领先，被评为“1992年中国CT科技十大进展”的首位；1992年底还对油田井间声波CT探测成功，得到了我国第一张油层分布的层析图象，清晰地揭示了两个倾斜油层的分布，其成果被评为“1993年亚洲CT科技十大进展”之一。

总之，上述项目的完成在将理论研究成果转化成生产力上做了大量开创性工作，解决了国家建设中的一些急需，经济效益和社会效益良好，对CT技术在我国的推广应用起了重要的示范和推动作用。专家鉴定认为，整个项目不仅在技术方面、研究深度方面具有国内领先水平，学术上具有较高价值，而且迈入了国际先进行列，有着广泛的应用推广前景。

一、主要内容

在理论研究上，实现了多种层析成象理论方法的实用化，建立了电磁波层析成象软件系统（ETS），具有较强的实用功能，提高了图象重建算法的速度和精度。同时提出和发展了交切反投影、非块状模型、最大熵成象和波形反演的理论方法；在计算机系统上，设计并完成了EM测量的整套数据采集、传输、成象直到硬输出的程序和软件，解决了一系列计算机系统的软硬接口。图象的显示和输出方式灵活，使用方便；在观测仪器上，设计并完成了钻孔电磁波 EW-1 型 CT 仪的研制。该仪器在稳定性和适用性等方面具有突出优点。尤其在仪器动态范围、工作频率使用方式、井深计数、发射功率、宽频带小尺寸天线等方面的指标有明显改进，达到国内先进水平，正做批量生产在国内推广；在岩样测试与模拟试验上，在我国首先建立了岩石高频电磁参数测试的整套设备，完善了测试技术，并完成了对国内 13 个省市，40 余种 173 块各类岩石标本物理参数的测定，进行了一系列淡水、海水、砂粘土的模拟试验，得到了大量的基础参数，填补了国内该领域的空白；在工程应用上取得了许多可喜的结果。先后在地质、煤炭、水电、水文、金矿、考古和石油等许多领域实际应用并取得了程度不同的成果或突破性的进展，涉及到建筑地基的破裂、断裂、风化、岩溶等异常及分布部位，隧道、矿山和工程地质隐患、灌浆检测、矿体探测、地下水探测等众多地质问题。已取得的结果充分表明了层析成象技术的广泛应用前景。

二、工程应用

1. 地基

1990 年在香港城建工程中的演示，取得了有价值的结果。三个剖面的探测都经过后期的检验，特别是对采石场剖面的整体爆炸开挖，直观准确地检验了成象结果。电磁波层析探测技术的工程应用首次得到了香港房屋署的技术认可。这是国家地震局第一次在境外的技术服务，该结果的发表，先后在 1991 年 IUGG 大会（维也纳）和 1992 年国际地学层析成象会议（东京）上引起了强烈的反响和高度评价。随后，我们又对福州长乐国际机场跑道、青州大桥、金鸡山隧道（陶裕录等，1993）、郑州金融大厦（吴建平等，1992）、珠海体育场（刘庆芳等，1992）、台海花园地基（冯锐等，1993）、山西应县木塔（孙次昌等，1993）进行了 CT 探测，还协助地矿部岩溶所对广西的岩溶 CT 探测进行了资料处理（周海南，1992）。这些 CT 图象清晰地揭示了地基内的异常部位、破裂地段以及岩溶分布，有许多是传统的物探与地质手段无法解决的，不仅节省了大量的钻孔，而且使钻孔资料的统一解释变得准确而简单，多次受到工程部门欢迎。

2. 水电站

在水电站的建设中，对坝基、库区和引水隧道的地质勘察有很高的要求，推测的难度和工作环境的恶劣均超过城建项目。先后在广西天生桥水电站（1989）、贵州乌江思林水电站（1989）、四川汶川草坡水电站（1990）开展过工作。对乌江思林站的 CT 探测得到了十分重要的结果，揭示了水坝两端岩体的岩溶、破碎体、泉水渠道等分布，以及乌江下面的褶皱与层位构造，对综合解释起了重要作用。现在生产单位已经把电磁波 CT 探测工作作为一种常规的坝体灌浆检测手段。

3. 煤矿与铁矿

福建邵武煤田的生产中遇到江底采煤的问题，作为安全措施，必须准确地判断巷道顶层破裂的范围与状态，同时也需给出钻探时进行堵漏的地段。在 1992 年所完成的 CT 探测图象很为煤矿重视，解决了地质判断的困难。生产单位在 1993 年利用该图象对钻探施工中的漏水现象进行处理，一次堵漏成功，节省工期近一个月。随后再次请我们进行 CT 探测，进一步确认了顶层破裂的范围，达到了地质勘查的目的（周海南等，1993）。不仅查明了岩层分布结构、原生裂隙带的准确位置及发育形态，而且查明了煤层采动后顶板覆岩破坏形成的冒落带及导水裂缝带，仅这两项即获直接经济效益3.8万元。对山东金陵铁矿也进行了巷道间的层析探测，取得了经验（孙次昌，1993）。

4. 地下水

内蒙古准格尔大型煤田的开发遇到地下水源不足的困难，而该区的地下水补给层是位于浅部煤层以下的白云岩和灰岩层中，这种地质构造不仅影响了常规电法找水的效果，也大大降低了水文钻孔的准确性，增大了勘探的经费。在工期紧迫、难以选定水文孔位的情况下，利用了工区的三口探查孔，经过三角形剖面的CT探测解决了这一问题。受到煤炭部门的高度赞赏，认为"采用井间电磁波法寻找地下水含水层和含水岩溶裂隙技术手段方法先进，理论方法成熟可靠"，"图象清晰，成果准确程度高，有很大的使用价值"，"报告具有很大的推广意义，井间电磁波及其CT技术用于寻找地下水，已经达到国内外先进水平"。准格尔煤田地下水源的解决受到国家的高度重视，1993年10月在中央电视台的新闻节目中详细报道了煤田地质总局第二水文地质队的这一成绩。

5. 金矿

黄金探测是国家经济建设中另一重要的任务，对于这种稀有金属（金矿石中仅有百万分之几的含量）的探测，通常采用地质推断和地球化学办法。从1991年开始做CT的金矿探测研究，先后在山东招远金矿、吉林夹皮沟金矿（陶裕录等，1992）、山东蓬莱金矿和山东沂南金场金矿开展了工作，几经失败取得经验后，对图象重建的算法、岩样参数的测试、仪器性能和观测系统的设计都进行了相应的改进，在1991年秋取得突破性进展。遂得到国家黄金局的立项支持和临沂黄金公司的合作，1992年对山东沂南金场矿山完成了8个剖面的CT探测，取得成功，孙次昌等著文进行了总结。该项目为该危机矿山"探测到3.708吨黄金做出了有一定价值的贡献"，这个储量报告已经得到国家矿产储量委员会的批准。1992年12月通过国家黄金管理局的评审验收，认为"该项目研究采用电磁波井间层析技术在我国矽卡岩型金矿探测上首次获得成果，取得了目前所知为国际上第一批有一定实用价值的金矿物性层析图象，具有较高的学术价值。这些成果目前看来在国际找金矿试验研究上处于领先水平，为开辟我国用地球物理层析方法探测金矿做出了积极贡献。""此项成果评为良好甲级（国内领先水平），方法技术CT部分，达到国际领先水平"。这个成果还被评为"1992年中国CT科技十大进展"的第一名。目前我们正在国内黄金系统推广这一技术的应用。

6. 石油

与吉林省油田测井公司合作，还开展了"油田井间CT应用的可行性研究"，经两年的研究，电磁波CT未在100m井距上收到可用信号，主要原因是泥岩层的吸收系数过大，声波CT采用小导火索为震源对100m井距试验成功，取得了我国第一张油田井田声波CT图象，2个待测油层均有良好显示（冯锐等，1993），这一成果受到专家们的高度评价。该项目已于1993年9月通过了中国石油天然气总公司的评审验收，还被评为"1993年亚洲CT科技十大进展"之一，已在科技日报、中国日报等十余种报纸上刊登消息。

（局地球物理研究所　冯　锐）

加卸载响应比理论及其在地震预测中的应用研究

非线性系统失稳前系统对加载与卸载的响应不同。系统的加载响应率与卸载响应率之比（简称为加卸载响应比 LURR）可以作为非线性系统趋近失稳的定理表征。基于这一基本思想而发展起来的加卸载响应比理论为地震预测开辟了一条新途径。

对于线性系统，加载时的响应率 X_+ 与卸载时的响应率 X_- 相等，所以加卸载响应比 $Y=1$（$Y=X_+/X_-$）。但对于非线性系统 Y 值则与系统的状态有关。当系统处于稳态时 $Y=1$；当系统偏离稳态时 $Y>1$；而当系统失稳时 $Y\to\infty$。因此 Y 值可以定量地刻划非线性系统偏离稳态（或逼近失稳）的程度。地震的物理实质在于震源体的破坏——失稳现象，因此加卸载响应比理论为地震的预测开辟了一条新的途径。

一、主要根据

(1) 地震虽然是极其复杂的自然现象，其全过程包括一系列复杂的物理过程甚至化学、生物过程。但就其最本质的方面讲，主要是震源区介质（岩体的）破坏过程。在弹性范围内，响应率 X 对应于介质某一切线模量的倒数（例如，对于单向压缩实验，如令 P 表示轴向应力，R 表示轴向应变，则 X 为切线杨氏模量的倒数）。在弹性阶段，加载时的响应率 X_+ 与卸载时的响应率 X_- 相等。但当介质所受应力超出弹性阶段时，则 $X_+>X_-$。这既是大量实验结果的归纳，也是热力学第二定律的要求。因此进入非线性阶段后，$Y>1$，且随着载荷的增加，Y 也逐渐增大。当趋近于失稳点时，$X_+\to\infty$。这正是系统失稳的定义。但此时 X_- 仍为有限值，因此系统失稳时 Y 也趋于∞。非线性系统的状态与 Y 值之间的对应关系如表 1 所示。

表 1　非线性系统状态与 Y 值及 D 值的对应关系

状　　态	稳态（弹性变形）	偏离稳态（非弹性变形）	失　　稳
Y	$=1$	>1	∞
D	$=0$	>0	$D_c\leqslant 1$

(2) 上述结论不仅仅是材料实验所得的结论，我们曾分析过多种非线性系统的失稳过程，分析结果表明，表 1 的结果具有普适性。从非线性科学的角度看，系统在失稳前的加载响应率 X_+ 急剧增高，是一种普适现象，由此导致有名的蝴蝶效应，而且许多其他的现象如涨落加剧、长程关联等也都与此有关。系统在临近失稳前 $X_+>X_{-1}$ 也与对称破损及分岔等现象密切相关。

(3) 从损伤力学的角度看，地震孕育过程，亦即震源区介质的损伤过程。损伤过程可以用损伤变量 D 来定量地刻划。著名的损伤力学权威之一 Lemaitre 定义

$$D=1-E/E_0$$

式中　E_0 为初始状态（未受损伤）的模量；E 为受损伤的模量。考虑材料在卸载时的模量一

般都近似等于 E_0，则很容易得出：$D=1-1/Y$。$Y=1$ 时，$D=0$，这说明材料未受损伤，处于安全状态（稳定状态）；当 $Y\rightarrow\infty$ 时，$D=1$，说明材料完全被损伤。实际上材料在 $D=D_c<1$ 时已经破坏，$Y_c=1/(1-D_c)$。例如，$D_c=0.8$，$Y_c=5$。

这意味着 Y 值可以用来定量地刻划震源区介质受损伤的程度。因此从损伤力学的观点来看，用它来定量地刻划地震孕育的进程，并进而用于地震预测是适宜的。

（4）施行觉等与我们合作，对加卸载响应比理论进行了室内实验研究。将岩石试件进行室内压缩实验。结果表明，在弹性范围内，$Y=1$；超出弹性范围后 Y 逐渐增大；当临近破坏时，Y 急剧增大。在此实验中发现波速是一种比较适用的响应。这为加卸载响应比的应用拓宽了一片新的领域。

二、几个主要问题

1. 进行加卸载

我们研究的对象是整个地震的孕震区，其线尺度可达几百甚至上千公里。对这样巨大尺度的物体进行加卸载，显然不是目前人力所能及的。好在大自然正好为我们提供了这样的条件：这就是由日、月运行产生的引潮力。引潮力使地球内各处的应力不断地变化，也就是永不停息地在对地球进行加卸载。为此我们编制了专门的程序，该程序能够计算地球内（尤其是地壳内）任一点在任一时刻由引潮力引起的应力张量。

2. 判别加载与卸载

应力张量有 9 个分量（6 个独立分量），可能此涨彼落。如何判别什么情况下处于加载状态，什么情况下处于卸载状态？必须根据问题的物理实质而提出一定的准则。例如在塑性力学中为了判定材料的屈服而广泛采用 von Mises 准则及 Tresca 准则。对于岩石材料而言，其本构关系非线性的主要原因在于其中不同尺度的裂纹的萌生、扩张及合并。根据大量实验研究，库仑准则是最适宜的。

3. 选择 R

从固体力学的观点出发，首先会想到采用应变作为响应。但是震源处于地下深处（几公里至几百公里），人类至今还无法测量该处的应变及其他物理参数。其实即使在室内实验中，对破坏源处的情况进行观测也是一大难题。近年来在岩石力学实验研究方面的巨大进展之一是声发射（AE）技术的提高与应用。突出优点在于：①它是直接来自材料内部破坏时发出的信息；②可以不用损坏试件，不必停顿实验就可连续地观测到材料内部的破坏过程，因此，AE 参数（如能量、声发射率等）广泛用于刻划岩石内部损伤及破坏的进程，并用于测定材料的断裂韧度。地震学中的 AE 即大小不等的地震事件，这是地震学中最成熟的部分，地震目录也是最容易得到的资料。因此我们仿照岩石力学实验中的做法取地震能量作为响应，定义加卸载响应比

$$Y=\frac{\left(\sum_{i=1}^{N_+}E_i^m\right)^+}{\left(\sum_{i=1}^{N_-}E_i^m\right)^-}$$

式中　E 为地震能量，按古登堡公式计算；“+”和“−”分别代表加载和卸载；m 是一个0～1

之间的常数，$m=1$ 时，E_i^m 是该次地震的能量；$m=1/2$ 时，E_i^m 即为大家熟知的贝尼奥夫应变；$m=1/3$ 及 $2/3$ 时，E_i^m 分别代表震源体的线尺度和面尺度；$m=0$ 时，Y 表示正地震总累计数与负地震总累计数之比。

当然各种地表测量到的地球物理参量如地形变、地倾斜、体应变、地下水位、重力以及其他地震学参数如波速、Q 值等也都可以作为响应。

解决了这些科学问题之后，就有可能着手利用 Y 值进行地震预测。

三、震例检验

任何一种新的地震预报方法都必须首先用过去的震例进行检验，对其作出初步评价。我们用丰富的中国及国外地震资料对加卸载响应比进行了较全面的检验，检验结果是令人满意的。震例检验结果汇总于表 2。

表 2　加卸载响应比震例检验结果

震级范围	地　点	时间范围（年）	符合事件数/总事件数	作　者
$4>M\geqslant2$	房山矿震	1992	8/9	尹祥础等
$6>M\geqslant4$	首都圈	1980 至今	11/12	刘桂平　马丽等
$7>M\geqslant6$	大华北	1970 至今	10/11	陈学忠　尹祥础
$8>M\geqslant7$	中国大陆	1970 至今	9/11	尹祥础　尹　灿
$M=8.6$	察　隅	1950	1/1	宋治平等

由上表可知，从 $M\geqslant2$ 至 $M=8.6$，其能量跨度达 10 个数量级，在绝大多数地震前加卸载响应比 Y 值均显著增高。可以说，加卸载响应比理论已经顺利地通过了震例检验这一关。

此外我们还对国外近年来的几次著名的地震进行了分析，这些地震前的加卸载响应比在震前也都非常典型地有一段响应比增高的时间。说明响应比理论也适合于不同地区和不同类型地震的预测。

另外我们选择了中国大陆上 7 个地壳稳定，地震活动平静且地震记录较好的区域，系统地研究了 1970 年至 1992 年这 23 年间的加卸载响应比的变化，其图象与大地震发生前的图象形成鲜明的对比。7 个区域的响应比 Y 值在 23 年间均始终在 1 上下作微小的起伏，无一例外。这一结果从另一个侧面再次强有力地证明：加卸载响应比 Y 值确实是一个能够定量刻划某地区地壳稳定性的参数。

四、地震预测的尝试

在震例检验取得比较满意效果的基础上，我们开始了地震预测的尝试，而且取得了一定的效果。

几年来，利用加卸载响应比理论，对 1991 年 3 月 26 日大同-阳高地震（$M_L=6.1$），1993 年 1 月 27 日云南普洱地震（$M_S=6.3$），1993 年 10 月 26 日青海祁连地震（$M_S=6.0$）以及 1994 年 1 月 3 日青海共和地震（$M_S=6.0$）等均在震前作了预测。尤其是 1994 年 1 月 17 日美国加州北里奇（Northridge）发生 $M_S=6.6$ 地震，经济损失超过 300 亿美元，是人类有史以来经济损失最惨重的地震之一。我们用加卸载响应比理论在 1993 年夏天作出了中期预测。这些结果除了曾在国内有关学术会议上宣读之外，还向国家地震局科技监测司专门作了汇报，并于 1993 年 10 月 28 日将 Y 值的计算结果及预测意见写信告知了提供资料的美国 USGS 的 ISOP 项目负责人 Eric A. Bergman 博士。这次中期地震预测在时、空、强三方面都比较准确。现已引起美国有关地震学家的重视。

归纳起来，加卸载响应比理论具有如下优点：

（1）物理概念清楚，理论基础扎实。

（2）后验性检验及初步预报实践效果好。

（3）可以用统一的理论、方法、参数，对完全不同的地球物理观测资料（地震学、形变、倾斜、重力、地下水位等）进行综合。

（4）容易推广应用，可以暂时不增添观测设备，利用现有资料也可以逐步进入实用化阶段。

（局分析预报中心　尹祥础）

地壳形变图象动力学

作者用地壳形变图象动力学研究了首都圈和鲜水河断裂带现今地壳形变运动学与动力学过程及其与强震蕴育及发生的关系，证实了此理论与方法的作用。研究了首都圈地区 1965～1991 年间，用 7 期精密水准网复测资料编制的地壳垂直形变场演化系列图。发现地震蕴育过程中动态变化着的地壳形变场具有自相似的分形特性，$1.72\leqslant D\leqslant1.80$。分数维随时间演变，在唐山大震和大同强震前均出现信息维 $D_1(t)$、信息熵 $H(t)$ 的下降及有序度 $R(t)$ 的上升。地震发生在此过程结束并反向之后，震后诸参量又恢复到该区的正常基准值（$D_1\approx1.80$ 等）。它反映了蕴震过程中地壳形变场的分布由“准均匀变形－非均匀变形（变形局部化）－局部区域失稳－准均匀变形”的自组织演化过程。这与岩石力学和破裂试验，是能相互印证的。一个岩石系统的变形均匀化意味着处于较稳定状态，而变形局部化则意味着应变率增加，微裂隙在局部集中，有可能导致宏观破裂发生，即处于较不稳定状态。因此变形局部化是地震中期前兆的一项基本特征。根据时空演化图象直接计算分数维、信息熵与有序度等图象动力学参量是定量跟踪研究变形局部化过程的有效途径。

对首都圈 20 年来 45 条跨断层水平和垂直形变时间序列图象实施了信息合成。发现正常情况下断层水平运动和垂直运动速率分别为 0.20mm/a 和 0.16mm/a；在大震与强震之前增加到 1.20～0.52mm/a 和 0.40～0.36mm/a；水平与垂直运动速率比由正常的 1.25 倍增加到 3.0～1.40 倍。说明强震前震源外的近源区内出现了大范围的断层加速滑动，水平向尤甚，但并不失稳，震后又回到正常速率。当近源区出现加速滑动时，震源区的断层系统仍是相对闭锁的，呈现了“坚固体”性质。大约在震前三个月内，由相对闭锁状态转入较大幅度的临界滑动（预滑动），随即失稳错动，震后以对数衰减形式回归到正常速率。蕴震过程中断层运动呈现出近源区："定常滑动—加速滑动—调整性滑动—定常滑动"；震源区："定常滑动（相对闭锁）—临界滑动—失稳错动—调整滑动—定常滑动"，两者表现了不同而又相互匹配协同的自组织演化过程。

地壳形变系统的状态为 X，它随时间而演化，前一状态与后一状态之间具有一定关系：$X_{n+1}=f(x_n)$。尽管我们目前尚不能写出系统状态演化方程的具体解析式，但它一定应包括正反馈和负反馈两种因子。当负反馈因子占主导地位时，系统会自动回归到稳定状态，如前面所述的地壳形变场保持"准均匀变形"、断层运动回复到"定常滑动"等。当正反馈因子占主导地位时，系统就进入了临界状态，临界机制的主要特征是系统的输入（激励）与输出（行为响应）呈现出在量级上显然不成比例的非线性关系，它将驱动系统走向失稳。在这种机制的作用下，地壳形变系统可能会出现如下的临界行为：

（1）断层出现失稳前的预滑动，即滑动—打破较小障碍体—进一步加速滑动—打破更大的障碍体……直至主破裂发生。这已为震源区跨断层形变观测所证实。

（2）间歇性滑动事件将出现群体性的巨涨落。由于环境因子的作用（如大气水和地下水增加孔隙压、磁暴感应电流使断层面升温软化，从而降低断层面强度……）等原因，断层系统会经常出现一些零星分散在时空域中的间歇性滑动事件；一旦进入临界状态就可能在相对集中的时空域中出现群体性的巨涨落。对首都圈 1980～1992 年间 15 处跨断层水平形变时序和 30 处垂直时序，用高通滤波得到的突发异常事件用 ISSS 方法实施频次合成和异常概率合成，结果表明在正常情况下，突发异常事件的群体涨落水平很低，在所研究的时段中仅出现两次"群体性的巨涨落"，恰好出现在两次大同地震（M_S6.1，1989 年 10 月 19 日；M_S5.8，1991 年 3 月 26 日）之前。

（3）Lyapunov 指数谱是相空间中临近轨道收敛或发散的平均指数率。对 $\lambda_i<0$ 的方向，相体积收缩，运动稳定；对 $\lambda_i>0$ 的方向，轨道迅速分离，运动呈不稳定状态。为证实根据时序数据直接求算 λ_1 的可行性，作者根据时间序列取样（1500 个点）计算了 Rosseler 和 Lorenz 吸引子的 Lyapunov 指数谱中的最大指数 λ_1，计算值与理论值吻合，可行性证实。进而对首都圈 21 个跨断层台站的短水准与连通管的观测时序，整体求算其 Lyapunov 指数 λ_1 随时间演化，时区为 1985.1.1～1990.4.19，共 48300 个数据，滑动步长为 0.25 年，结果表明大同地震前 λ_1 出现显著有别于正常的起伏（λ_{1max}为－0.92，λ_{min}为－1.56）。这些台站均位于近源区，可能是 λ_1 仍为负值的原因。直接根据时序图象数据计算 Lyapunov 指数有可能获得判断层运动稳定性的参量。

曾利用上述研究成果，1988～1993 年间对首都圈震情作过八次预测：两次预测 6 级以上，六次预测 5 级以下，均较符合未来实况。已发现了几种物理意义明确具可重复性的强震前兆。

以实际观测获得的时空演化图象为基础的"地壳形变图象动力学"或"系统图象动力学"，适合于研究复杂系统的现今演化。其可操作性优于经典动力学，可望为岩石圈现今动力学和灾害预测研究开拓一条可行的新路。

（局地震研究所　周硕愚　吴　云　陈子林）

1993年长白山火山监测研究

依据1992年火山地震联网试测的结果，1993年又进一步地围绕天池火口，在天池气象站，岳桦宾馆（用安图站台址）和双目峰边防站，分别安放了流动测震仪器，于7月30日至8月21日进行联网试测。同时还进行了火山地质考察。在国家地震局支持下，首次在天池—圆池一带进行了钻探，共打了7个钻孔，总进尺44.9m，进一步扩大了火山地质填图的研究成果。

（1）依据近两年联网试测和以往单台记录资料分析，初步获得有关火山地震类型特征的认识：火山地震可划分为构造破裂型、爆炸型与脱气型三种，尚没发现有颤动型火山地震。这种分类虽与国外相似，但发现地震波多变而复杂，对同一个地震因台址方位和记录仪器差别而各有不同，区内地震波速一般较低。据此，推测震中多分布在距天池6～10km范围，而且因地震类型不同，也各有不同的震源深度；构造破裂型为5～6km；爆炸型为10～20km；脱气型多在20km以下，个别有超过30km，基本形成地震分布呈三段集中的垂向分带性。

（2）据野外考察与钻探结果，新发现在全新世火山喷发堆积层中有碳化木和泥炭层，经测试，圆池钻孔钻遇的泥炭层，^{14}C年龄值为2040±70a。在黑风口附近的滞后角砾岩中有碳化木和碳化碎屑，经测试其^{14}C年龄值为4105±70a。它不仅代表一次喷发活动，而且表明这一带在距今4105年以来，该区已上升约200m左右。

（3）通过实地考察，在安图县三道白河和两江镇一带以及长白县镇以北的沿河谷两岸，均发现有巨厚的近代火山泥石流堆积物，最大厚度15m左右。另据刘祥介绍，这种泥石流在吉林市丰满沿江一带也很发育，厚度为5m。这种喷发作用所引起的灾害类型，为本区未来灾害的评估分析提供了重要依据。

（4）在考察中，根据多年动态观测结果分析证明，天池火山区不仅火山活动日趋活跃，而且温泉的水温在近十年也有增高；增高速率为年均0.1～0.3℃，并发现个别观测泉点的水温已明显上升，局部地段出现有许多新泉眼，使温泉群分布面积在逐步扩大。

（吉林省地震局　李继泰）

地震监测预报工作

关于表彰1992年度地震监测预报及地震现场工作先进单位、先进个人、优秀集体的通知

各省、自治区、直辖市地震局（办），局直属各单位：

根据各单位各项台站监测资料与分析预报工作评比成绩，全国会商会上专家对各单位1992年度地震趋势研究报告评议意见，1992年度中期地震预报实际检验结果，以及监测预报管理、地震现场考察等项工作综合评价，经研究决定：

一、授予以下10个单位为1992年度地震监测预报工作先进单位：

1. 国家地震局分析预报中心
2. 甘肃省地震局
3. 云南省地震局
4. 安徽省地震局
5. 江苏省地震局
6. 四川省地震局
7. 山东省地震局
8. 辽宁省地震局
9. 宁夏回族自治区地震局
10. 国家地震局综合观测队

二、授予以下15人为1992年度监测预报先进个人：

国家地震局分析预报中心：刘德富、姜秀娥、吕梅梅

四川省地震局：程万正、王新民

青海省地震局：王建格

云南省地震局：张雅玲

新疆维吾尔自治区地震局：刘建民

地球物理研究所：赵荣国

福建省地震局：林颐耀、雷土城

山东省地震局：刁守中

三、授予以下12个集体为1992年度地震分析预报及地震现场工作优秀集体：

1. 国家地震局分析预报中心：第一研究室
2. 西藏地震局：西藏尼木地震考察队

3. 云南省地震局：滇西南地震现场工作队

4. 新疆维吾尔自治区地震局：于田地震现场工作队

5. 甘肃省地震局：监测处台管科

6. 四川省地震局：石渠地震现场考察组

7. 首都圈地壳形变追踪组（参加单位：国家地震局分析预报中心、国家地震局综合观测队、国家地震局地震研究所、国家地震局第一地形变监测中心、国家地震局地壳应力研究所）

8. 西藏自治区地震局：拉萨地震台

9. 国家地震局地震预报实用化应用软件技术组（参加单位：地球物理研究所等）

10. 江苏省地震局：分析预报中心电磁信息组

11. 内蒙古自治区地震局：兴安盟地震处

12. 福建省地震局：龙岩地震现场工作队

特此通知

国家地震局

1993 年 1 月 9 日

“333”专项实施工作

一、概　　述

1. 任务来源

38.5°～41.0°N，113.0°～120.0°E 这一地理范围被划为首都圈。该区域一直被专家定为地震重点监视区，1989 年 10 月 19 日大同-阳高 6.1 级地震以后，更预示着这一区域中强地震活动呈活跃趋势。

这一地区共有 60 个测震台（点），48 个前兆台站，观测项目共 167 台项，短水准、基线、短边测距、流动地磁、流动重力、流动地电等各种流动观测点 725 处，还有逐步形成的包括 61 个地下水点在内的覆盖全区的群测网点，台网布局密度是全国平均密度的 15 倍。

然而，由于长期以来台站（网）日常维持经费不足，造成监测技术系统维护和观测条件改造得不到保证，导致技术系统老化，观测条件、工作条件恶化。技术系统正常运转率仅在 70%，大大低于正常运转率达 95%的要求。能够提供分析预报中心进行周会商的有用前兆资料仅为 60%。资料传达速度慢，且地震数据汇集处理技术落后。总之，这种状态使本区地震能力远低于 $M_L \geqslant 1.5$，定位精度低于Ⅱ类和前兆监控能力达 5～6 级的要求。因此，有效地完成本地区地震监测预报任务难度极大。

为缓解首都圈台网存在的这些问题，进一步强化该区地震监测技术系统建设，财政部以财文字［1991］333号文件下达给国家地震局“强化首都圈地震监测技术系统建设”专项任务。总经费1000万元，1991年下达500万元，1992年下达300万元（含强震台网30万元）。还有200万元待拨款。

2. “333”专项任务总体目标

通过“333”专项任务的实施，力争缓解首都圈地区地震监测预报系统仪器装备老化，观测环境恶化问题，以求增强地震监测预报能力，最终达到减轻未来地震对该区造成的灾害。

3. 具体工作目标

（1）重点强化该区映震效果较好的大约30个地震台，100个观测项目、切实解决好这些台站难以修复、陈旧过时仪器的更新和改造，改善供电条件，尽可能减少停电对观测造成的停记，提高避雷系统的可靠性，使运转率优于90%，消灭Ⅲ类观测资料。

（2）完善通信网建设，使前兆观测数据能在一天内传到分析预报中心、河北省地震局，实现地震数据快速汇集、入库，方便地为首都圈地震震情分析会商提供服务。

（3）解决部分台站观测环境、工作生活条件问题，并重点改变6～8个台站台容台貌及消除大多数台站工作区脏、乱、差状况，使台站逐步朝整齐、优美、清洁、园林化方向迈进，以振奋精神，增强台站的自尊、自强、自救精神。

（4）在经费确保的条件下，力争实现震情动态跟踪和可视化功能，以便提高震情决策、指挥、调度能力。

4. 主要工作内容

（1）监测技术系统改造（台站部分改造）；

（2）前兆数据通信系统建设；

（3）数据汇集、处理中心改造与完善；

（4）强震系统改造；

（5）台站观测条件、工作条件改造；

（6）台站生活条件改造；

（7）台容台貌改造。

5. 组织与管理

为了确保专项任务按时优质完成，取得实质性进展，建立了三个层次的组织管理体系，加强了专项的组织与管理工作。

（1）局领导小组；

（2）局专家技术组；

（3）局实施检查组。

各实施单位也相应成立了专项实施工作领导小组，项目实施组。

“333”专项下达后，在这些组织措施管理下，首先制定实施技术方案，经论证后，分解任务、落实项目实施负责人，开展实施。在实施过程中，局、司及各单位领导分别深入现场进行检查指导、协调，改变了以往专项任务下达计划，缺乏管理的局面，因此，专项任务取得投资小、见效快的效果。

6. “333”专项计划下达概况

在“333”专项技术组工作的基础上，局科技监测司组织有关部门和单位的领导先后到首都圈地区几十个台站上进行实地考察，调查研究，商讨改造与强化方案，经研究，国家地震局分别下达三批计划：

(1)1991年7月12日以震发计(1991)092号文下达第一批计划，计划经费共114.9万元。

(2) 1991年9月13日以震发计(1991)326号文下达第二批计划，经费为385.1万元。

(3) 1992年9月5日以震发计(1992)270号文下达第三批计划，经费为270万元。

三批计划经费共770.0万元。

三批计划共下达给局系统十个单位，具体计划是

序号	单位	第一批计划（万元）	第二批计划（万元）	第三批计划（万元）	累计（万元）
1	河北省地震局	42.9	114.0	33.5	190.4
2	局分析预报中心	15.0	55.0	72.0	142.0
3	地球物理研究所	8.5	40.0	33.5	82.0
4	天津市地震局	18.5	28.5	19.5	66.5
5	第一地形变监测中心	21.5	18.5	13.0	53.0
6	山西省地震局	5.0	11.0	11.0	27.0
7	地壳应力研究所	2.0	12.5	2.0	16.5
8	辽宁省地震局		8.0	5.0	13.0
9	内蒙古自治区地震局		5.0	10.0	15.0
10	地质研究所			4.0	4.0
11	局机关	1.5	5.0		6.5
12	局装备处		87.6	66.5	154.1
合计		114.9	385.1	270.0	770.0

二、“333”专项实施概况

“333”专项任务共安排45个台站，6个地市办，3个台网，2个地震数据分析处理中心改造项目196项。在任务实施单位共同努力下，主要项目已完成，主要进展概述如下：

（一）观测技术系统改造

改造的基本指导思想是在技术系统更新改造过程中尽可能采用实用化、标准化、商品化的设备，在此前提下，利用新技术推进数字化、智能化、自动化应用。着重提高观测数据质量和地震信息的快速响应能力。在此思想指导下，技术系统改造取得可喜的进展。

1. 台站观测系统得到较大改观

(1) 10个地电台实现了智能化观测；

(2) 更新13台形变观测多笔记录器；

(3) 18个台站配备了微机及相应的分析处理软件；

(4) 49个台点上配备了各类短波电台；

(5) 测震台站改造了老化的记录器及时间服务系统；

(6) 19个台站初步解决了供电问题；

(7) 12个台站安装了避雷系统；

(8) 3个测震台采用遥测技术解决了有人职守困难的问题。

2. 初步建成了前兆通信数据传输网

(1) 建成了具有13个子台的河北区域短波数传网;

(2) 完善了首都圈超短波前兆数传网;

(3) 完成了首都圈短波数传网的联网、数据汇集、交换网络;

(4) 加强了机动通信网的建设。

3. 地震遥测台网预测系统得到了全面改造

(1) 北京地震台网观测系统得到了全面改造。

①更新了1套PTY-8-Ⅲ型高性能遥测接收设备;

②30个遥测子台装备了PTY-8-Ⅲ遥测发送设备;

③研制并更新了台网中心监控系统,实现了智能化监控;

④全部更新改造了台网中心多笔模拟记录器。

(2) 天津遥测台网3个子台实现了有、无线改造。

(3) 河北石家庄台网也得到进一步完善。

4. 完善了地震数据分析处理系统建设

(1) 局分析预报中心完善了首都圈地震数据分析处理中心。该处理中心以SUN工作站为核心,利用NFS及Nowell网将现有的微机联网,并增配了大容量磁盘及软件。实现了前兆数据自动汇集、自动入库,为及时处理地震数据提供了方便。

(2) 河北省地震局数据分析处理中心建设得到强化。

河北局利用专项将前兆传输网、测震遥测台网、区载数据库、震情会商及分析预报系统利用Novell联网,改变分体工作面貌,提高了监测预报整体效益,提高了地震信息传送、处理、交换速度,在地震预报和综合防震减灾工作中发挥了重要作用。

(3) 天津台网中心数据处理系统有较大变化。

为台网中心增配了数字化仪、微机处理系统及其处理软件包,提高了台网地震速报速度及地震目录报告质量。

5. 研制及更新一批台站台网使用的标定、测试、维修设备,确保改造后的台网连续可靠,运转产出高质量、高精度地震预测数据。

(二) 大部分台站观测、工作条件得到改善

共改造观测记录室200余间约2000m²、观测线路约10000m。

(三) 重点台站危房和生活条件进行了改造

维修、改造了房屋245间,增配简易锅炉16个,建11个小浴室。

"333"实施项目分类汇总概况:

(1) 技术系统改造: 115项　445.6万元

其中, 测震系统改造: 19项　75.7万元

形变系统改造: 30项　84.9万元

电磁系统改造: 22项　53.0万元

地下流体: 10项　27.0万元

信息系统：　　18 项　172.0 万元

供电系统改造：　16 项　33.0 万元

(2) 观测条件改造：　40 项　114.6 万元

(3) 生活条件改造：　15 项　36.5 万元

(4) 工作条件改造：　19 项　29.0 万元

(5) 台容台貌改造：　7 项　17.0 万元

技术系统改造约占“333”项目经费的 66%；

观测条件改造约占“333”项目经费的 15%；

生活条件改造约占“333”项目经费的 5%；

台容台貌改造约占“333”项目经费的 2%；

专项实施详情参见实施项目汇总表及各单位实施简表。

三、效益评估

财政部下达的用于首都圈地震预测台网的建设与改造的“333”专项，是多年来一次用于首都圈台网建设与改造的最大一笔经费。它的实施在首都圈台网的监测能力、台站仪器的更新改造、预测资料的精度与连续性、台站工作条件、生活环境、数据的传输与处理的现代化及至地震预报的科学水平等诸多方面都有不同程度的改善与提高。同时也促进了地震科研工作，取得了一批有很大实用价值的成果。通过预测室的改造，改善了预测环境，满足了仪器的工作要求，加之台站预测仪器的更新改进，大大提高了预测资料的精度和连续性，并在数据传输与处理的现代化方面前进了一大步。因而，提高了首都圈台网的监测能力和地震预报的科学水平，促进了地震科研工作，取得了一批有实用价值的成果。

为了客观地分析“333”专项的科学价值，我们对其进行了效益评估。

（一）效益评估的原则

(1)“333”专项是用于对首都圈地震网的建设与改造项目，目的是提高这一地区的地震工作的科学水平。所以本专项的效益评估主要是对其科学效益的评估。

(2) 评估的基本依据是项目任务书中各项任务目标。具体地说就是“333”专项总经费为 800 万元，完成首都圈范围内 30 个左右专业及地方台站，大约 100 个台项的建设与改造任务。改造后的台站要提高观测资料质量（消灭Ⅲ类资料），工作条件及生活条件要有明显的改善，作到 5 年内不进行改造和大修，在仪器更新及采用新技术方面，要力争作到技术设备先进，5 年以内不落后。

(3) 在效益评估方法上要力求科学客观、全面、实事求是。

（二）效益评估

根据以上效益评估原则，主要是对其科学效益的评估，按照此专项的各项目安排，分别予以评估。

1. 观测台网的改造

此项任务包括对台站观测仪器的更新改造，解决台站的供电设备，更新及安装可靠的避

实施项目总表

	更新仪器			辅助设备				改善工作条件			通讯设备				分析处理设备			改善生活条件						其他
	观测仪器(台)	记录器(台)	其他(台)	避雷(处)	供水(处)	供电(处)	其他	观测室(间/m²)	线路(m)	其他	电台(套)	传输设备(台)	天线塔(个)	其他	计算机(台)	网络(个)	其他	房屋(间/m²)	修路(m)	围墙(m)	锅炉(个)	浴室(个)	其他	
河北	20	6		4	2	4		17/440	8000	12	17	13	12		7	1		101/1700	2320	800		2	4	
天津	5	3	21		2	7	2	16/145	2000	5	3		1	1	6		1	20/420	400	400	6	3	10	车4辆
山西	2			4	1	3		11/335		2	5	6						48/750	680	256	2	1		
中心	4	2	9	3	2	3	1	26/350			4	4		6	8	1	6	27/450	380	300	5	5		联合国项目
球所	22	7	5	1		2		11/260			8	57	1		2		1	44/910			1		1	
一测	7	11	3		2			5/110		2	6				2			5/100			2			
辽宁	1	3						10/200												240			2	地下水网
地质	1							2/20																
内蒙古	2	1				1														450				
地壳	1											1			1									
北京	1							2/30			3													
总计	66	32	38	12	9	20	3	100/1860	10000	21	46	71	14	7	26	2	8	245/4330	3780	2446	16	11	17	

雷装置等项技术措施。目的是提高台站观测仪器的精度、稳定性和连续性，以增强台网监测能力，提高地震预报水平。“333”专项中安排经费为445.6万元，共完成311台套仪器的更新、配置及改造。其效益表现为：

（1）提高了台站仪器的观测精度　按照仪器更新的要求，新更新的仪器要跟踪同类仪器的先进水平，不是同型仪器的简单更换。如地电仪由过去的DDC-2B更新为CATS微机地电仪，其精度由原来的10^{-2}提高到10^{-3}～10^{-4}，提高了一至二个数量级；如地磁观测由CHD-5型质子磁力仪更新为DTZ-3型质子分量磁力仪，其观测精度也有明显提高（大约为2倍多）。

（2）提高了观测资料的连续性　由于地震工作的需要，各台站观测仪器必须保持长期稳定，工作状态正常，观测资料的长期连续不间断。影响其连续性的因素除观测仪器本身的各项性能外，能否保证连续供电、不遭突然事故的干扰也是一个重要因素。因此，“333”专项的台站技术改造中对部分供电不能保证的台站配备了UPS电源或汽油发电机，取得了明显的效果。如白家疃台由于市电供应不足，平均每周停电1～2次，每次2～8小时，山洞里面的仪器经常中断资料，1992年配置了两台UPS电源之后，保证了资料连续率达100%。在5月份停电14次，共计近100小时的情况下，各项观测仪器均未中断资料。如天津青光地震台，由于配备了发电机，地电观测数据连续率由过去的91%上升为100%。如北京西拨子台、张庄台，河北的怀来台、张家口台等一批台站安装了避雷设施，在近两年雷雨的情况下，保持了大批仪器的完好无损及正常工作状态。通过“333”专项的技术改造，已改造的台站资料连续率平均在95%以上，基本满足了地震工作的需要。

（3）提高了部分方法手段的观测信息量　原来一部分人工观测仪器，每天的观测次数要受到限制，一般为1～5次，更新为自动观测仪器后，观测次数可以大大增加，提高了观测地震前兆的信息量。如地电原来的DDC-2仪器每天观测5次，使用CATS微机自动地电仪后，每天至少可以观测24次，信息量提高了近5倍。

（4）提高了台站资料质量　地震观测资料质量是其观测精度、连续性、稳定性的体现，由于采取了必要的技术改造，凡已改造的台站或观测项目，在省级及国家地震局级的资料评比中，均取得了较好的成绩，消灭了三类资料，相当一些观测资料达到了优秀，有的获得了全国同类台站评比中的前三名，西拨子地震台连通管倾斜观测名列全国同类资料榜首，各项观测资料质量有了明显提高。

（5）提高了首都圈台网的监测能力和地震分析预报水平　台网的监测能力分测震台网的能力与前兆台网的监测能力。测震台网监测能力将在后面评估。前兆台网的监测能力主要与台网的密度及台站观测资料质量有关，鉴于首都圈台网密度较大，一般不需要再增强新的台站或观测项目，要进一步提高监测能力，主要靠提高已有观测项目的资料质量。就已改造的100多个台项而言，原来Ⅲ类资料约占60%，现已均提高为Ⅰ、Ⅱ类资料，其监测能力大约可提高30%。

由于资料的可靠性提高，在地震预报中也发挥了较好的作用。如河北兴济台地电观测，改造后资料稳定可靠，异常易于识别，台站人员根据地电观测资料的异常变化，在震前一周，较好的预报了1992年发生在天津宁河的$M_S4.3$地震，是这个台站近几年来提出的仅有的一次预报意见，得到了河北省地震局的奖励。

2. 台站的工作环境及生活条件的改善与改造

包括仪器室、办公室改造、山洞的防潮、保温，生活住房的维修改造，采暖供水条件的改善，道路维修、更新办公用具以及台站绿化、美化环境等项内容。目的是保护好仪器工作的环境，进一步提高观测资料质量，同时也为台站工作人员创造一个比较舒适的生活和工作环境，以保持地震台站工作人员的稳定性和地震事业的凝聚力。在这方面先安排经费 187 万元。

(1) 工作环境的改造及改善　工作环境的改造效益相当显著，如北京地区的三个地电台，通过改造，控制了观测室及仪器室的温度及温度变化，使之完全达到了台站观测规范的要求标准（最低温度 10℃，年温差小于 20℃，日温差小于 3℃，相对湿度小于 80%）。黄村地磁台大核旋绝对磁场，由于冬季天气寒冷，其观测闭合差时常超出规范要求（>3nT），而且波动很大。改造好观测室并安装保暖设备之后，闭合差在零附近区稳定，其精度提高了一个数量级，增加了资料的实用价值。河北的怀来台、赤城台，新建了办公用房，解决了采暖、供水问题，使水化实验室达到了标准。保证了多种仪器的工作条件。张家口台山洞的改造，解决了排水问题，明显提高了观测仪器的稳定性。天津宝坻台对值班室、仪器记录室、地电、地磁、重力观测室进行了一系列改造，使各种仪器的观测室达到了防尘、保温、防潮、绝缘、整洁、美观等技术要求，同时也为其他台站的改造起到了示范作用。北京白家疃台对山洞进出口采取了封墙措施，有效地减小了气流压力波动，对水管倾斜仪所在的地沟进行了密封，这些措施明显地减少了仪器的干扰。

总之，已进行工作环境改造的台站，人员工作条件及仪器工作环境都有明显改善，基本上达到了 5 年内不需再作大的改造的要求。

(2) 生活条件的改造　生活条件的改造，尤其是台容台貌的改善，效果也十分明显。首都圈台站大部分建台早，受“干打垒”的影响，当初建台时就因陋就简，又加之年久失修，大部分台站生活条件很差，有的还不如附近的农民住房。此次经过改造，大部分台站都呈现了一个新的面貌。如河北怀来台新建了办公楼，院内进行了装修，住房进行了维修，环境进行了绿化、美化。河北阳原台在其他经费的支持下，建成了花园式台站。北京白家疃台通过改造，彻底改变了台站工作区内脏、乱、差的状况，在中心园建成了人行道及草坪，在原来杂草丛生、积水成坑的地方建成了绿地和弯曲小路，种植了松柏树，经过两年的治理，台站面貌一新，达到了整齐、清洁，实现了四季长青、三季有花。同时翻建了职工住房，条件有了明显改善。香山台改造了生活用水系统，经过将近一年的运转，完全可以保证 70～100 人在外供水源暂停的情况下，24 小时的冷热用水、食堂用水和开水供应。

通过部分台站生活条件的改造，使台站生活条件有了明显改善，其效益是安定了地震台站工作人员、稳定了队伍、增强了事业心和凝聚力，这是对地震工作的有力促进。

3. 数据传输及处理系统的改造与建设

包括北京遥测地震台网的改造与建设、首都圈前兆数据传输、记录与处理系统的完善，河北地震局前兆数据的传输与分析预报系统的建设等，共投入经费 137.4 万元，其效益是相当显著的。

(1) 北京地震遥测台网的改造与建设　由于“333”专项的实施，使北京地震遥测台网得以使用最新一代的调频遥测地震观测系统。该系统全部采用集成电路及经过反复设计的电子电路，使遥测系统、监测系统、记录设备、通讯系统集成电路化、智能化，达到了国际上 80 年代末的水平，具有精度高、性能可靠的特点，是保证台网向数字化过渡之前的稳定性重大设备，可保证台网稳定运行 5～10 年。与其他项目经费配合，完成了北京地震遥测台网记录中心的搬迁，使其工作环境、工作条件、设备配置都有了很大的改善，使之面貌焕然一新，可作为我国地震系统对外展示其先进技术的一个窗口。

（2）首都圈前兆传输、记录与处理系统的完善　首都圈前兆传输、记录及处理系统在联合国开发署、世界银行的支持下，已有一定的基础，在这次“333”专项支持下，又进一步完善，完成了提高观测仪器灵敏度、扩大观测项目范围及密度，建立数据传输及分析处理系统等。提高了该地区的监测预报能力，实现了首都圈范围内部分前兆台站观测资料的短波无线数字传输、自动入机入库、用户的联机联网数据处理、异常的自动识别等功能，大大提高了地震数据处理的速度及准确性，对提高地震预报水平，特别是短临预报水平具有重大意义。

（3）河北地震前兆传输及分析预报系统的建设。在省地震局原有工作的基础上，经“333”专项的支持，使河北地震前兆观测项目的90%实现了无线数字传输，并完成了微机存储，建立了由一个中心服务器、10台微机组成的Novell网络系统，使前兆数据从台站传至石家庄，自动人机入库，预报人员从网络中调入数据进行处理，工作效率提高了5～10倍，成为第一个最适合省局分析预报工作需要的现代化数据传输及分析处理系统。

（局科技监测司）

1993年度我国震情监视预报概述

1993年1月1日～12月15日，我国大陆地区共发生5级以上地震19次，其中6级以上地震6次，最大地震为3月20日西藏拉孜和10月2日新疆若羌2次6.6级地震。若不计这2次6.6级地震的3次5级多的余震，则大陆地区共发生16次5级以上地震。其频度与本世纪以来不计余震每年14次5级以上地震的平均水平相当或略高。其强度没有发生7级以上地震，但6级地震活动显著性增强。1993年则一改前两年每年只发生1次6级以上地震的状态，一年内发生6次6级以上地震，高于活跃期中的平均活动水平。在空间分布方面，5级以上地震全部集中在我国西部地区，其中新疆（7次）、云南（5次）、西藏（3次）、青海（2次）、四川（2次），见图。此外，1993年我国大陆地区中强以上地震活动还呈现出群体性时空迁移的图象，1月至8月，5级以上地震在我国西南川、滇、藏地区活动。尤其是第一季度，在西藏、云南地区发生3次6级以上地震。1993年前八个月西北地区相对平静，但自9月份起，5级以上地震群体性地向西北地区转移，地震活动迅速增强，特别是10月2日至12月1日，在新疆若羌、喀什和甘青交界的祁连县连续发生6级以上地震。地震活动的这种时空动态演化特征，是震情跟踪监视的重要图象。

现就1993年年度中期预测效果、短期预报及跟踪监视、地震现场考察情况概述如下：

一、年度中期预测效果

1. 对1993年地震活动总趋势预测效果分析

在1993年度全国会商会地震趋势研究报告中，对我国地震活动总趋势的分析认为：“1993

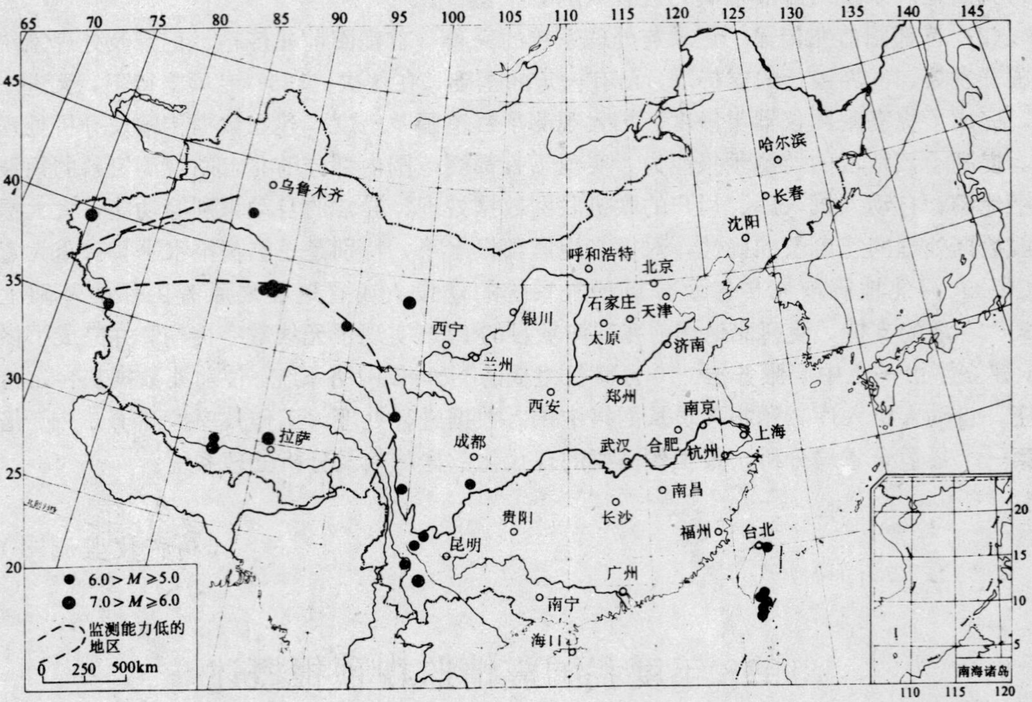

1993 年全国 $M_S \geqslant 5.0$ 地震实况

年我国大陆地区发生 7 级地震的可能性较大，其综合概率为 0.75 左右。”“我国大陆强震活动的主体地区主要在西藏、新疆和南北地震带为主的我国西部地区。”与前面给出的大陆地区地震实况对比可以明显看出：

(1) 对 1993 年地震活动总水平的预测偏差较大　尽管有 7 级地震将以相当高的概率发生的预测意见，但 1993 年没发生 7 级以上地震，只发生 6 次 6 级以上地震，地震释放的总能量相当 1 次 6.9 级地震，趋势预测与地震实况之间的反差，一方面反映了当前地震预报科学水平不高的严峻现实，但同时也反映了在年度趋势预测中所使用的方法、判据和指标存在着许多有待研究和改进的问题；在大形势预测中对活跃期中也可能出现 3 年无 7 级平静时段认识不足，只根据近百年地震资料统计，缺乏物理依据的年度指标是中期预测的主要问题。

(2) 对强震主体地区的预测有一定效果　1993 年地震活动的总体水平，与前两年相比呈明显的增高趋势，且 6 级以上地震全部发生在西藏、新疆和南北地震带，与年度强震主体地区的估计比较吻合。

2. 对 1993 年地震重点危险区预测效果分析

在年度重点危险区判定与其预测效果检验中，考虑到青藏高原地区是无监测能力或监测能力很弱的地区，除了测震学预测方法提出某些背景性的震情分析意见外，作为预测的总体，尚难以从年度的判据和指标上对其作重点危险区的具体判定。在历年的年度检验中，青藏高原等缺少监测能力地区不参与检验。图中用虚线勾划出了这一区域。除青藏高原外，在检验区中（1993 年 5 月 24 日四川德格 5.0 级地震，发生在监测能力低的地区边缘，为严格起见，也计入检验区，为漏报地震）共发生 $M_S \geqslant 5.0$ 地震 10 次，其中 6 级以上地震 3 次，按两种标准检验可以看出：

（1）对 6 级以上地震预测效果较好　以西部地区 6 级以上、东部地区 5 级以上地震作为检验对象。对 1993 年来说，东部地区没有发生 5 级以上地震，只检验西部地区 6 级以上地震即 1 月 27 日云南普洱 6.3 级、10 月 26 日青海祁连 6.0 级和 12 月 1 日新疆喀什 6.0 级 3 次地震。其中祁连和喀什 2 次 6.0 级地震落入年度预测的重点危险区。故有震报准率 $\alpha=2/3\approx 66.7\%$，扣除本底概率 $\beta\approx 15\%$，则 1993 年年度重点危险区预测的有效率 $R=\alpha-\beta\approx 0.5$。

(2) 对 5 级以上地震预测效果与多年均值相类似　在检验区内 10 次 5 级以上地震有 5 次发生在预测的危险区内及其边缘。故有震报准率 $\alpha=1/2=50\%$，扣除本底概率 β 后，预测的有效率 $R\approx 0.35$。基本上在总体水平 $R=0.3$ 左右涨落，与多年来预测效能相类似或略高于平均水平。

以上是以国家地震局上报国务院的文件和报告为准对年度中期预测效果进行的检验。

二、中强地震的震前预报与震后现场考察

在年度中期预报基础上，对重点危险区进行了短临预报追踪和全国区域应力场的动态监视，取得了较好效果。对台网监测范围内几次中强地震有一定程度的中、短期预报；对造成一定破坏的中强地震特别是 6 级以上地震，进行了现场考察，并做出了较正确的趋势判断。

1. 1993 年 1 月 18 日西藏当雄 6.3 级地震

西藏地区无监测能力或监测能力很弱，这次地震前无短临预报。但有的单位根据部分地震学方法提出某些背景性意见，甚至划出了危险区。例如，国家地震局分析预报中心、地震学科、地球物理研究所、西藏自治区地震局等对包括拉萨在内的地区做出了 1993 年可能有 6～7级地震的判断。

震后西藏自治区地震局组织科技人员赴现场考察，并认为短期内原震区再发生 6 级以上地震的可能性不大，趋势判断较好。

2. 1993 年 1 月 27 日云南思茅 6.3 级地震

在年初关于 1993 年地震趋势意见中，云南省地震局、地球物理研究所、地壳应力研究所、分析预报中心以及地磁学科、地震学科、钻孔应力学科、地下水学科等有不同程度的中期预测。此外，震前 1 个月还发现了地震活动、地磁、气象的短期异常。震后云南省地震局立即派出科技队伍赶赴现场，加强震情监视并协助当地政府开展抗震救灾工作。对震后趋势的判断比较及时、正确。

3. 1993 年 3 月 20 日西藏拉孜 6.6 级地震

西藏拉孜地区监测能力十分薄弱，通讯、交通困难，地震发生后国家地震局派出工作组携电台、传真机赴现场加强监视和通讯联络；西藏自治区地震局派出两个工作组赴震区进行现场监视、灾情调查和进行抗震防震宣传工作。

4. 1993 年 7 月 17 日云南中甸 5.6 级地震

这次地震发生在全国地震趋势会商会圈定的地震重点危险区边缘。6 月底西南地区年中地震趋势会商会再次把滇西北到川西南列为 1993 年下半年可能发生 6 级地震的危险区；震前一个多月，云南省地震局提出滇西南和滇西北有发生 6 级左右地震的可能；国家地震局第 6 期

《震情监视报告》提出“川滇西部7月份需注意发生6级左右地震的可能。”国家地震局分析预报中心震前预测，7月17日至23日，27°～29°N，98°～100°E区域内有5.5～5.9级地震。这次地震前从中期到短期内部预报都是比较成功的。国家地震局领导震前听了有关云南地区的震情汇报，并做了重要部署。

震后云南省地震局派出地震考察组，进行震害评估、宏观考察和震情监视，震后趋势判断较好。

5. 1993年8月14日云南姚安5.5级地震

这次地震发生在1993年初地震趋势会商会圈定的地震重点危险区边缘，震前国家地震局分析预报中心、云南省地震局曾有不同程度的内部预报，认为8月17日前后滇西及川滇交界地区可能发生5.5～5.9级地震，其发震时间、震级预报较准，地区有偏差。国家地震局领导震前听取了关于云南西部地区的震情预报意见，做了重要部署。

震后云南省地震局派出现场工作组，进行宏观考察和震情监视，对震后趋势的判断正确。

6. 1993年10月2日新疆若羌6.6级地震

此区监测能力很弱，震前没有中、短期判断。震后新疆自治区地震局即派出工作队去现场，克服重重困难开展地震考察工作。

7. 1993年10月26日青海祁连县6.0级地震

此次地震发生在全国地震趋势会商会确定的地震重点危险区内，三要素预测比较准确。中期预测较好的有甘肃省地震局、青海省地震局、国家地震局分析预报中心、武汉地震研究所、地球物理研究所、国家地震局第二地形变监测中心以及地震学科等。甘肃省地震局还有一定程度的短期趋势预测。地震发生后，青海省地震局、甘肃省地震局派科技人员赴震区进行地震考察和震情监视工作。

8. 1993年12月1日新疆喀什6.0级地震

此次地震发生在全国地震趋势会商会确定的地震重点危险区内，三要素预测比较准确。中期预测较好的有新疆地震局、国家地震局分析预报中心以及地震学科等。国家地震局《震情监视报告》（第11期）“关于12月份我国地震趋势意见”中指出，新疆南天山地区是有可能发生6级地震的地区之一。震前新疆地震局、国家地震局分析预报中心已注意到新疆震情的紧迫性，但由于前兆资料的稀少等原因，很难进一步判断。

震后新疆地震局派出考察组赴现场开展工作，对震后趋势做了较好判断。

以上是部分5.5级以上地震震前预测预报情况和震后现场考察。此外，对5级以上地震省（区）地震局震前有不同程度预测，震后进行现场考察的还有：①1993年2月1日云南大姚5.3级地震；②1993年2月3日新疆和静5.4级地震；③1993年6月4日云南临沧5.0级地震。④1994年8月7日四川沐川5.0级地震等。

三、短期预报追踪监视工作

1993年国家地震局在短期震情追踪监视中重点放在了我国西部地区。例如：1993年1月至8月川、滇、藏地区中强地震活动明显增强，特别是云南地区中强以上地震连续发生，并出现地震条带、前兆异常集中等引人注目的情况，引起了国家地震局的高度重视，9月下旬在滇西北地震实验场组织了大型震情研讨会，除云南、四川省地震局参加外，国家地震局陈章立副局长及直属单位部分专家也参加了震情研讨。云南省地震局做了大量周密而细致的工作，经过30余名专家的会商研讨，给出了明确的震情判断意见。一致认为，滇西北及川滇交界等地区1994年上半年前应警惕发生6～7级地震的危险性；滇西南及川西部分地区也应注意。确定了进行短临预报追踪的具体措施和布置。陈章立副局长专门作了关于“努力做好地震预报工作，加强短临预报追踪”的重要讲话，与会专家认为，加强对年度会商会确定的重点危险区的短临预报追踪监视是实现地震短临预报的关键环节，也是一大科学难题，希望多震区特别是实验场作出贡献。

（局分析预报中心　丁鉴海）

1993年度全国日常分析预报检评综述

1993年度对各有关单位的趋势（C类）、中期（B类）、短临（A类）和安全判断（D类）等四类预报会商和卡片进行检查和评定后得到的最突出的印象是：

（1）多数省局预报思想更加实事求是，要素预报精度有提高。

（2）我国西部发生的6个6级以上地震，有4个在地域和强度上被5个省级单位中期预报准确命中。

（3）我国东部有11个省级单位提出的中期有5或5～6级地震的8个地域的预报都失误。

（4）1993年广西大化、浙江鄞县皎口、湖北咸宁三地区发生的引起较大社会影响的中、小地震活动，震前在中期和短期都没有作出分析和估计。这对我国在经济发达、人口密集以及有水库的地区，如何进行中、短期预报的战略战术研究提出了新的问题。

本年度中期和短期预报效果体现在水平和能力上，最好的省级单位是甘肃省地震局分析预报中心。他们预报的6级以上年度危险区只有一个河西地区，10月26日祁连6级地震落在区中。他们全年度只作了一次短期预报，地域、强度、时间与祁连6级地震实况基本相符。其次是新疆、云南和青海省地震局分析预报中心，他们在年度危险地区和强度预报上对喀什6级和普洱6.2级、祁连6级是准确的；但6级危险预报区域稍多而实际活动水平又偏低。这三个局的短临预报次数亦较多，而准确率不高。

本年度年中会商后，对原来年度危险地区和强度水平进行追踪分析和预报修正，最好的是四川省地震局分析预报室，其次是河北省地震局分析预报中心。四川省地震局年中会商后对川、滇西部交界地区提出的预报意见与云南省地震局对该区的分析预报意见有不同，云南省地震局认为下半年的活动水平为6～7级，四川省地震局则认为5～6级水平。实际上7月17日中甸5.6级和8月14日姚安5.5级地震活动表明，四川省地震局的年中修订是正确的，对全国今后如何开好年中会商会，如何认真的检查和修正原年度预报意见，使之更符合实况的发展是有益的启示。

本年度国家地震局分析预报中心第十研究室、陕西省地震局分析预报室在年度责任区内地震活动水平和危险地区的分析中以科学的态度、实事求是地作出了准确的预报。十室明确提出首都圈地区1993年度的最大活动水平为M_L5左右地震，而且在年中山西带活动明显增强、预报有强震者增多的形势下，亦不为所动，坚持其分析意见。陕西省地震局能在一个弱震地区实事求是地分析提出韩城—陕县地区有 M_L4 地震活动（实况是运城地区 $M_L4.1$）。他们的分析和预报对少震、弱震省区如何分析和提出预报意见有益于有效的预防，是很有启示的。湖南省地震办公室分析室在 1993 年 8～9 月广东连山地区出现小震群活动后及时作出研究和分析，提出一份 A 类预报意见，认为湘、粤交界的连山地区地震活动可能增强，有可能发生 $M_L3.5～4.0$ 的地震，实际发生了 $M_L3.7$ 地震。它一方面体现出预报工作者对震情的严密监视和分析；另一方面也体现出负责任地实事求是地提出预报意见的能力。

国家地震局分析预报中心第一研究室本年度中期预报在趋势估计的水平上仍然偏高。但在西藏地区、甘青交界地区、新疆西部地区发生的 3 个 6 级地震危险区域和强度水平的预报上都是准确的，尤其是 1993 年 7 月 17 日中甸 5.6 级地震前，依据多种监测异常综合提出临震预报，认为：17 日～23 日，27°～29°N，98°～100°E 区域内有 5.5～5.9 级地震。这是本年度全国省级唯一一次三要素都准确的临震预报并上报了国家地震局，国家地震局立即采取了有关加强监视和工作部署的措施。此外 8 月 14 日姚安 5.5 级地震前，一室也曾提出临震预报意见卡，时间和震级预报正确，只是地域有些偏差。

1993 年广东、广西、浙江等省区在预报程序和发生有社会影响的地震后及时派出现场调查及分析组，在震情分析和安定社会等工作中起了重要作用。但有个别重点危险区所在省虽有原因的中断了正常的报告程序也是不应该的。

（局分析预报中心　刘德富）

1993 年度全国上报地震短临预报意见活动评述

自国家地震局 1992 年 10 月 26 日发出《关于开展地震短临预报评奖活动和试行“地震短临预报意见评定标准”的通知》以来，在我国多震省、区的各级预报部门和专门学科组以及预报人员中引起反响。1992 年 12 月由国家地震局分析预报中心第一研究室黄雪香副研究员填报了全国第一份预报永胜地震的卡片。截止到 11 月底已收到 66 份卡片。其中有 6 名研究员级的个人预报。按时间顺序他们是：尹祥础、耿庆国、黄圣睦、强祖基、徐道一、钱复业；省级预报室有新疆地震局、云南省地震局、分析预报中心；学科方法组、中期组、滇西南组、滇西实验场、天津地震局水组、中心前兆组等；地震办公室及其个人有四川攀枝花、云南玉溪、大理、红河、易门、弥勒；甘肃文县，北京平谷等；地震台站及其个人有常熟、个旧、库尔勒、攀枝花、通海、武都、张庄等；此外还有程式、谢华章、黄湘宁、王桂岭、董国胜、张淑容等一批个人的预报卡片等。

综观全部卡片，应该看到：

（1）地震短临预报评奖活动的开展调动了我国各级预报部门、监测台站和预报专家以及专业预报人员的工作积极性、主动性，有利于预报队伍的稳定和预报事业的发展。

（2）短临预报评定标准的试行，将引导使我国的预报意见的提出逐步走上正规化、标准化和科学化，有利于预报精度和水平的提高，为面向社会的预报的发布和预防将会产生效益。

（3）对短临预报成功者实行表彰奖励并纳入科技成果体系是对监测预报科技工作者艰苦

努力工作成果的肯定，将激起广大一线科技人员在预报岗位上励精图治，攻克难关，为人民立功。

(4) 同时也要看到，由于1993年是刚开始，卡片及标准尚未普遍到全国，因此有部分上报卡片不合格，主要是填报的中期预报和非标准卡片，也有部分填报的范围较大或不明确，或超标准而影响到评定。

(5) 初步评价表明，本年度短临预报命中率甚低，有可能在5%左右。而在本年度发生的26次5级以上地震事件中，约90%以上的地震前未能提出短临意见。虽然如此，但命中的短临预报意见，其精确度都十分高，既有专业人员，也有地方台办，说明只要加强值守，认真综合分析，科学预报，取得成绩的前景是乐观的。

(局分析预报中心　刘德富)

1992年度地震观测与工作质量评比成绩

一、测震学科观测资料统评结果

1. 测震台网Ⅰ类台

第一名：兰州台（甘肃局）

第二名：高台台（甘肃局）

第三名：呼和浩特台（内蒙古局）

优　秀：
长春台（吉林局）　乌鲁木齐台（新疆局）　西安台（陕西局）
北京台（地球所）　太原台（山西局）　贵阳台（云南局）
成都台（四川局）　昆明台（云南局）　沈阳台（辽宁局）
包头台（内蒙古局）　佘山台（上海局）　泰安台（山东局）
南京台（江苏局）　牡丹江台（黑龙江局）　大连台（辽宁局）
武汉台（湖北局）　琼中台（海南局）　喀什台（新疆局）
泉州台（福建局）　拉萨台（西藏局）　广州台（广东局）

2. 测震台网Ⅱ类台

第一名：安西台（甘肃局）

第二名：乌加河台（内蒙古局）
重庆台（四川局）

第三名：天水台（甘肃局）
银川台（宁夏局）
延边台（吉林局）

优　秀：
锡林浩特台（内蒙古局）　海拉尔台（内蒙古局）　赤峰台（内蒙古局）
乌兰浩特台（内蒙古局）　临汾台（山西局）　汕头台（广东局）

桂林台(广西办)　邕宁台(广西办)　朝阳台(辽宁局)
乡城台(四川局)　攀枝花台(四川局)　甘孜台(四川局)
姑咱台(四川局)　松潘台(四川局)　洛阳台(河南局)
通化台(吉林局)　个旧台(云南局)　腾冲台(云南局)
昭通台(云南局)　洱源台(云南局)　榆林台(陕西局)
乌什台(新疆局)　新源台(新疆局)　巴里坤台(新疆局)
克拉玛依台(新疆局)　和田台(新疆局)　库尔勒台(新疆局)
温泉台(新疆局)　富蕴台(新疆局)　恩施台(湖北局)
二汽台(湖北局)　丹江台(湖北局)　红山台(河北局)
张家口台(河北局)　昌黎台(河北局)　新安江台(浙江局)
湖州台(浙江局)　温州台(浙江局)　连云港台(江苏局)
灌云台(江苏局)　烟台台(山东局)　南昌台(江西局)
会昌台(江西局)　宾县台(黑龙江局)　鹤岗台(黑龙江局)
碾子山台(黑龙江局)　密山台(黑龙江局)　五大连池台(黑龙江局)
加格达奇台(黑龙江局)　合肥台(安徽局)　蒙城台(安徽局)

良　好：长沙台（湖南办）　吉首台（湖南办）　南平台（福建局）
湟源台（青海局）　香日德台（青海局）

及　格：格尔木台（青海局）

3. 中国数字地震台网

第一名：昆明台（云南局）

第二名：北京台（地球所）

优　秀：拉萨台（西藏局）　牡丹江台（黑龙江局）　乌鲁木齐台（新疆局）
海拉尔台（内蒙古局）　上海台（上海局）　兰州台（甘肃局）
恩施台（湖北局）　琼中台（海南局）

4. 区域遥测台网

第一名：沈阳台网

第二名：昆明台网

优　秀：兰州台网　上海台网　北京台网　成都台网

5. 地方遥测台网

第一名：临汾台网

第二名：大同台网

优　秀：银川台网　西昌台网　新丰江台网　合肥台网　汕头台网
太原台网　郑州台网　天津台网　邯郸台网　呼和浩特台网

良　好：南宁台网

注：南京台网因4个子台停止运转被取消评比资格。

二、地壳形变学科观测资料统评结果

1. 流动重力观测

第一名：新疆地震局

第二名：辽宁地震局

第三名：宁夏地震局

优　秀：综合观测队　河北地震局　江苏地震局　物探大队　地震研究所　兰州地震所　河南地震局　云南地震局　广东地震局　地球物理所　福建地震局　山东地震局

良　好：陕西地震局　安徽地震局　二测中心　四川地震局

2. 断层形变场地观测

第一名：综合观测队（水准、测距）

第二名：江苏地震局（水准）

第三名：第二地形变监测中心（水准、基线）

地壳应力所（水准、基线、测距）

优　秀：云南地震局（水准、基线）　四川地震局（水准、基线）

福建地震局（水准、三角）　陕西地震局（水准）

宁夏地震局（水准）　甘肃地震局（水准）

新疆地震局（水准）　河北地震局（水准）

山西地震局（水准）　内蒙古地震局（水准）

黑龙江地震局（水准）　辽宁地震局（水准）

山东地震局（水准）　安徽地震局（水准）

湖北地震局（水准）　广东地震局（水准）

广西地震办（水准）

3. 断层形变定点台站

第一名：金州台（辽宁局）

第二名：南通台（江苏局）

第三名：天马台（福建局）

优　秀：牛口峪台（预报中心）　易县台（一测）　肥东台（安徽）

灵山台（广西办）　安丘台（山东局）　临沂台（山东局）

南京台（江苏局）　兴隆台（河北局）　宽城台（河北局）

临汾台（山西局）　太原台（山西局）　大同台（山西局）

清原台（辽宁局）　丹东台（辽宁局）　朝阳台（辽宁局）

新丰江台（室内外，广东局）　松潘台（四川局）　虾拉沱（四川局）

泾阳台（陕西局）　乌鲁木齐台（新疆局）　库尔勒台（新疆局）

呼图壁台（新疆局）

4. 倾斜潮汐观测单项台

第一名：西拨子台（FSQ，分析预报中心）

第二名：延边台（SQ－70，吉林局）

第三名：南山城台（FSQ，辽宁局）

本溪台（SQ－70，辽宁局）

优　秀：宕昌台（FSQ，甘肃局）　永胜台（FSQ 云南局）

义安山（JB，江苏局）　厦门台（SQ－70，福建局）

攀枝花台（SQ－70，四川局）　乌什台（SQ－70，新疆局）

承德台（JB，河北局）　涉县台（FSQ，河北局）

阳原台（JB，河北局）　离石台（JB，河北局）

依兰台（SQ－70，黑龙江局）　烟台台（SQ－70B，山东局）

常熟台（SQ－70，江苏局）　大黄山台（MSQ，江苏局）

淮北台（FSQ，安徽局）　湖州台（JB，浙江局）

荥阳台（JB，河南局）　灵山台（JB，广西办）

弥渡台（FSQ，云南局）　昆明台（SQ－70B，云南局）

云县台（SQ－70B，云南局）　昭通台（SQ－70，云南局）

西昌台（SQ－70C，四川局）　汶川台（JB，四川局）

良　好：南昌台（SQ－70，江西局）　漳州台（SQ－70，福建局）

石屏台（JB，云南局）

5. 倾斜潮汐观测综合台

第一名：怀来台（河北局）

第二名：乾县台（陕西局）

第三名：乌加河台（内蒙古局）

黄梅台（湖北局）

优　秀：泰安台（山东局）　兰州台（甘肃局）　麻城台（湖北局）

云龙台（云南局）　宜昌台（湖北局）　佘山台（上海局）

郯城台（山东局）　蓟县台（天津局）　张家口台（河北局）

营口台（辽宁局）　磐石台（吉林局）　徐州台（江苏局）

楚雄台（云南局）　易门台（云南局）　长沙台（湖南办）

银川台（宁夏局）　临汾台（山西局）　汕头台（广东局）

泗县台（安徽局）　姑咱台（四川局）　信阳台（河南局）

呼和浩特台（内蒙古局）　乌鲁木齐台（新疆局）　太原台（山西局）

良　好：包头台（内蒙古局）　佛子岭台（安徽局）

6. 重力潮汐观测台站

第一名：乌鲁木齐（红山）台（新疆局）

第二名：宝坻台（天津局）

第三名：成都台（四川局）

优　秀：弥渡台（云南局）　兰州台（甘肃局）　姑咱台（四川局）

武昌台（湖北局）　二汽台（湖北局）　银川台（宁夏局）

昆明台（云南局）　下关台（云南局）　黄石台（湖北局）

良　好：渡口台（四川局）

7. 洞体应变潮汐台站

第一名：楚雄台（云南局）

第二名：兰州台（甘肃局）

第三名：攀枝花台（四川局）

优　秀：西拨子台（预报中心）　张家口台（河北局）　怀来台（河北局）
涉县台（河北局）　乌加河台（内蒙古局）　姑咱台（四川局）
徐州台（江苏局）　永胜台（云南局）　云龙台（云南局）

良　好：呼和浩特台（内蒙古局）　营口台（辽宁局）　乌鲁木齐台（新疆局）
烟台台（山东局）

8. 钻孔应变台站

第一名：泰安台（压容，山东局）

第二名：昌平台（体积式，地壳所）

第三名：徐州台（体积式，江苏局）
静宁台（压磁，甘肃局）

优　秀：张家口（体积式，河北局）　怀来台（体积式、压磁，河北局）
姑咱台（压容，四川局）　西昌台（压容，四川局）
攀枝花台（压容，四川局）　高台台（压容，甘肃局）
乌什台（压容，新疆局）　库尔勒台（压容，新疆局）
乌鲁木齐台（压容，新疆局）　建水台（压容，云南局）
贵阳台（压磁，云南局）　嵩明台（压磁，云南局）
邕宁台（压磁，广西办）　灵山台（压磁，广西办）
溧阳台（压磁，江苏局）　安丘台（压磁，山东局）
长青台（压磁，山东局）　太原台（压磁，山西局）
代县台（压磁，山西局）　长治台（压磁，山西局）
邢台台（压磁，河北局）　永年台（压磁，河北局）
黄壁庄台（压磁，河北局）　唐山台（压磁，河北局）
锦州台（压磁，辽宁局）　鞍山台（压磁，辽宁局）
文县台（压磁，甘肃局）　武山台（压磁，甘肃局）
天水台（压磁，甘肃局）　武都台（压磁，甘肃局）
刘家峡台（压磁，甘肃局）　青铜峡台（压磁，宁夏局）
莆田台（压磁，福建局）

良　好：峰峰台（体积式，河北）　河源台（压磁，广东局）
丰顺台（压磁，广东局）

三、电磁学科观测资料统评结果

1. 地电

第一名：宝坻台（天津局）

第二名：定西台（甘肃局）

嘉山台（安徽局）
乌鲁木齐台（新疆局）
第三名：固原台（宁夏局）
绥化台（黑龙江局）
武都台（甘肃局）
优　秀：黄村台（预报中心）　大柏舍台（河北局）　临汾台（山西局）
翁牛特旗台（内蒙古局）　新城子台（辽宁局）　四平台（吉林局）
菏泽台（山东局）　郑州台（河南局）　海安台（江苏局）
蒙城台（安徽局）　合肥台（安徽局）　莆田台（福建局）
和平台（广东局）　宝鸡台（陕西局）　兰州台（甘肃局）
雅安台（四川局）　腾冲台（云南局）

2. 地磁基本台网Ⅰ类台

第一名：乌鲁木齐台（新疆局）
第二名：喀什台（新疆局）
第三名：兰州台（甘肃局）
优　秀：通海台（云南局）　北京台（地球所）　泉州台（福建局）
琼中台（海南局）　满洲里台（内蒙古局）　武汉台（湖北局）
佘山台（上海局）　长春台（吉林局）　成都台（四川局）
广州台（广东局）

3. 地磁基本台网Ⅱ类台

第一名：乾陵台（陕西局）
第二名：贵阳台（云南局）
第三名：昌黎台（河北局）
优　秀：邕宁台（广西办）　郑州台（河南局）　天水台（甘肃局）
南京台（江苏局）　大连台（辽宁局）　泰安台（山东局）
杭州台（浙江局）　邵阳台（湖南办）　银川台（宁夏局）

4. 地磁定点核旋

第一名：新乐台（河北局）
第二名：北京台（地球所）
昌黎台（河北局）
第三名：信阳台（河南局）
连云港台（江苏局）
优　秀：铁岭台（辽宁办）　黄壁庄台（河北局）　大连台（辽宁局）
佘山台（上海局）　文安台（河北局）　广平台（河北局）
丰宁台（河北局）　辽中台（辽宁局）　沈阳台（辽宁局）
长春台（吉林局）　马陵山台（山东局）　银川台（宁夏局）
宿迁台（江苏局）　射阳台（江苏局）　盱眙台（江苏局）
永安台（福建局）　承德台（河北局）　洛阳台（河南局）
邵武台（福建局）　漳州台（福建局）　蒙城台（安徽局）

太原台（山西局）　琼中台（海南局）　崇明台（上海局）
邕宁台（广西办）　天水台（甘肃局）　乾陵台（陕西局）
兰州台（甘肃局）　溧阳台（江苏局）　红山台（河北局）
武汉台（湖北局）　宁河台（天津局）　潢川台（河南局）
青光台（天津局）　涉县台（河北局）　聊城台（河南局）
定襄台（山西局）　临汾台（山西局）　泉州台（福建局）
喀什台（新疆局）　呼和浩特台（内蒙古局）　西安台（陕西局）
浚县台（河南局）　黄村台（预报中心）　台安台（辽宁局）
乌兰花台（内蒙古局）　通海台（云南局）　满洲里台（内蒙古局）
卢氏台（河南局）　百灵庙台（内蒙古局）　完县台（河北局）
周口台（河南局）　阜城台（河北局）　大丰台（江苏局）
广州台（广东局）　静海台（天津局）　蚌埠台（安徽局）
郑州台（河南局）　焦作台（河南局）　杭州台（浙江局）
高邮台（江苏局）　东三旗台（预报中心）　重庆台（四川局）
乌鲁木齐台（新疆局）　邵阳台（湖南局）　辉县台（河南局）
怀来台（河北局）　金寨台（安徽局）　林县台（河南局）
成都台（四川局）　马坊台（预报中心）　弶港台（江苏局）
贵阳台（云南局）　南京台（江苏局）　西昌台（四川局）
哈尔滨台（黑龙江局）　西拨子台（预报中心）　德都台（黑龙江局）
泰安台（山东局）　宝坻台（天津局）

5. 流动磁测

第一名：山东局
第二名：综合队
优　秀：地球所　山西局　云南局　安徽局　福建局　河北局
良　好：广东局　四川局　辽宁局

四、地下流体观测资料统评结果

1. 地热观测

第一名：洱源台（云南局）
第二名：塔院井（地质所）
第三名：宝坻台（天津局）
优　秀：保山台（云南局）　锦县台（辽宁局）　五里营井（预报中心）
开远台（云南局）　赤城台（河北局）　攀枝花台（四川局）
大姚台（云南局）　密云台（北京局）

2. 水化Ⅰ类台

第一名：聊城台（山东局）
第二名：福州台（福建所）
第三名：武山台（甘肃局）

优　秀：海口台（海南局）　　张道口台（天津局）　　乌鲁木齐水化室（新疆局）
姑咱台（四川局）　　固原台（宁夏局）　　庐江台（安徽局）
盘山台（辽宁局）　　西昌台（四川局）　　下关台（云南局）

3. 水化Ⅱ类台

第一名：平凉台（甘肃局）

第二名：武都台（甘肃局）

第三名：管庄台（预报中心）
南昌台（江西局）
永清台（河北局）

优　秀：漳州台（福建局）　　保山台（云南局）　　临潼台（陕西局）
朝阳台（辽宁局）　　崇明台（上海局）　　宁德台（福建局）
怀来台（河北局）　　石嘴山台（宁夏局）　　天水台（甘肃局）
五里营井（预报中心）　　王4井（天津局）　　胜利油田（山东局）
安阳台（河南局）　　敦化台（吉林局）　　江浦台（江苏局）
赵家河台（陕西局）　　宁波台（浙江局）　　夏县台（山西局）
绥化台（黑龙江局）　　银川台（宁夏局）　　湟源台（青海局）
五大连池台（黑龙江局）　　赤峰台（内蒙古局）　　浦源台（湖南办）
金州台（辽宁局）　　延边台（吉林局）　　栾县台（河北局）
盐源台（四川局）　　昌黎台（河北局）　　清丰台（河南局）
九江台（江西局）　　温泉台（新疆局）　　定襄台（山西局）
贺县台（广西办）　　洱源台（云南局）

4. 水位观测

第一名：江苏苏15井

第二名：辽宁本溪1井
四川川03井

第三名：甘肃陇06井
安徽皖19井
河南豫14井
山东鲁15井

优　秀：云南滇17井　　云南滇14井　　云南滇20井　　云南滇01井
云南滇11井　　四川川16井　　四川川12井　　四川川05井
中心五里营井　　中心大兴杨堤井　　地质所塔院井　　天津天船井
天津汉1井　　天津宝坻井　　河北永年井　　河北深县井
河北玉田井　　山西晋5-1井　　山西晋8-2井　　内蒙古永保井
辽宁岫岩井　　辽宁汤池井　　吉林云峰井　　吉林蛟河井
黑龙江甘1井　　黑龙江富裕井　　江苏苏02井　　江苏苏18井
山东鲁14井　　山东鲁04井　　河南豫01井　　河南豫10井
安徽皖11井　　安徽皖08井　　陕西双王井　　甘肃陇01井
甘肃陇07井　　新疆04井　　新疆10井　　福建龙田井

福建永安井　　宁夏王民井　　江西南昌井　　广西河3井

海南文昌井　　湖南长沙井

五、全国短波主干通讯网评比结果

第一名：河南局

第二名：江苏局

第三名：上海局

　　　　安徽局

优　秀：内蒙古局　　广东局　　甘肃局　　陕西局　　河北局　　云南局

　　　　四川局　　福建局　　浙江局　　辽宁局　　天津局　　海南局

　　　　宁夏局　　青海局　　山东局　　山西局

及　格：吉林局

（局科技监测司）

地震预报奖励基金情况

国家地震局"地震预报奖励基金"筹建委员会自1992年11月发布关于建立"地震预报奖励基金"公告（见"震情研究"1993年第一期和1992年12月8日"中国减灾报"第48期上）后，从1992年12月至1993年2月，短短三个月时间，先后得到地震系统有关单位和外系统单位的赞助和积极支持，其中地震系统有关单位及所属开发部、公司6个单位、外系统2个单位（公司）。共得到赞助捐款50.5万元。云南建水地震台的陈应禄汇来106元赞助款，卢振恒、陈颙、李海华、陈立德等研究员、教授也提供了赞助。

在召开1993年度地震趋势会商会期间，1993年1月9日国家地震局请赞助单位的领导到会，陈章立副局长和各单位领导一起座谈，代表国家地震局向赞助单位对地震预报工作的鼓励和支持表示热忱的感谢。地震预报奖励基金筹委会的代表同赞助单位法人代表签订了赞助《地震预报奖励基金》协议书。在全国地震趋势会商会全体大会上，局领导向各赞助单位颁发了荣誉证书和纪念品，赞助单位的领导，局分析预报中心副主任杨玉荣，华能地学高科技公司总经理姜光，北京政协委员、光翌集团董事长赵昭亮，中国减灾报常务副主编耿庆国在大会上致辞，向建立地震预报奖励基金表示祝贺，鼓励地震科技工作者在攻克地震预报难关的道路上继续作出努力。

会上国家地震局科技监测司李宣瑚副司长代表国家地震局在会上宣读了建立"地震预报奖励基金"公告和地震预报奖励基金章程，宣读了赞助单位的名单。

全国地震趋势会商会后，又有广东省地震局地震科技咨询中心等单位提供赞助或已表示准备赞助的意向。目前筹委会正在抓紧工作，争取上半年颁发首次奖励基金。各省、自治区直辖市、地震局（办）、各地区、市、县地震局（办）可根据本地区、本单位的预报实践，对符合评审条件的成果积极组织申报（由各省及分析预报中心（室）统一组织）。奖励基金面向全行业，地震系统以外的单位、集体、个人也可申报，但需经过省以及地震部门的审查。各省级地震部门的申报可直接寄至：

北京（100036）复兴路63号国家地震局分析预报中心　申裕收

并注明“申报奖励基金”字样。

《地震预报奖励基金》赞助单位（截止到1993.2.12）

序　号	单　位　名　称	赞助金额	法人代表
1	局分析预报中心科技开发部	8万	杨玉荣
2	国家地震局科技开发办公室	5万	刘玉辰
3	广东省地震局地震科技咨询服务中心	5万	蒋　企
4	北京太阳电子开发公司	4万	孙大武
5	局地球物理研究所科技开发部	3万	侯作中
6	北京震通电信工程部	3万	姚君平
7	局分析预报中心无线通信服务总站	3万	张立明
8	北京华能地学高技术联合公司	3万	姜　光
9	北京光翌遮阳篷有限公司	3万	赵昭亮
10	地震出版社	2万	宋炳忠
11	地壳应力研究所科技开发部	2万	陆远忠
12	吉林省地震局科技开发部	2万	戚柏金
13	局地质研究所科技开发部	2万	王连芳
14	北京天祥地球物理技术开发公司	1万	杜安陆
15	北京震球技术服务公司	1万	梁家荣
16	地震科学联合基金会	1万	刘小伟
17	中国减灾报	1万	耿庆国
18	局机关服务中心	1万	李海洲
19	北京康地电子技术开发公司	0.5万	倪学诗
共　计		50.5万	

（国家地震局地震预报奖励基金筹委会）

“山西地震区域无线通讯网”通过验收

1989年2月山西省地震局以晋震发办字(89)第10号文向省人民政府提出关于加强地震通讯系统建设的报告，吴达才副省长召集省有关部门的负责人，对解决地震通讯的有关问题进行了专项研究，会后省政府办公厅以晋政办法（1989）17号文印发了《关于地震通讯问题的会议纪要》，同意省地震局提出的关于开通晋祠—太原地震信号微波传输，建立山西地震区域无线通讯网和地震流动通讯网的实施意见。在省计委、省经委、省科委、省财政厅的大力支持下，筹集65万元资金，开始了山西地震无线通讯网和晋祠—太原地震信号传输线路的建设。1990年国家地震局下达合同制项目，支持山西地震区域无线通讯网的建设与完善。经过几年的努力，至1992年底，建成了以短波通信为主、且数话兼容的区域无线通讯网和流动无线通讯网；晋祠—太原地震信号传输则采用了特高频传输方式。

区域无线通讯网由省局中心主台和82个下属台组成。省局中心台与11个地（市）地震局、12个专业台站、3个地方观测站直接通信，其中有8个专业地震台实现了数据通信，其余各台目前为话音通信。在11个地（市）中，10个地（市）有了各自的无线通讯网（8个短波网，2个超短波网），大同市、长治市、晋城市达到了每个县区都配有单边带电台。

建成的区域通讯网有如下功能：

（1）完成各地震台向省局主台的地震数据资料报送，主台汇集资料以数传方式上报国家地震局；

（2）完成地震速报任务，该网对规定速报的地震，一般在15～20分钟内可确定地震参数；

（3）完成与邻省区的数据资料交换；

（4）省局与各地、市地震局及各地震台站的业务和行政公务；

（5）短临信息及宏观异常信息上报；

（6）地震发生后，流动电台赴地震现场，全网完成现场指挥，灾情、震情通报，实施抗震救灾指挥等；

（7）流动电台作为野外工程、选台、治安保卫等其他工作的通讯工具也发挥了重要作用。

该网建设期间经历了大同-阳高6.1、5.8级及忻州5.1级等多次地震的检验，保证了地震信息快速准确的传递，为监测预报、震情监视、宏观考察、震害评估等赢得了宝贵的时间，同时每年可直接节省电报电话费十多万元，因此，通讯网的社会、经济效益都是可观的。

晋祠—太原地震信号传输，主要是将太原遥测地震台网原有子台的信号通过特高频通信方式传至省局信息中心，在省局实现了可见记录，在地震发生时利于省领导的快速决策指挥。

1993年12月27～28日，山西省地震局邀请了地震系统及省无委的有关专家对通讯网和晋祠—太原传输系统进行了验收。验收专家组认为：山西地震区域无线通信网已圆满完成了任务要求。本网建成后先后经历了多次地震考验，准确及时地传递了地震信息，在山西地震监测预报中发挥了重要作用。投资经费使用合理，并取得了明显的经济效益和社会效益。总体上达到了总体设计书的技术要求，一致同意通过验收。专家组同时认为，本网设计目标明确，技术上与国家地震局的有关要求标准基本一致。在建设规模、发挥实际效益，通信任务量及管理水平等方面，达到了国内同类通信网的先进水平。对于晋祠—太原无线传输，专家组认为达到了原设计目标的要求，同意予以验收。同时认为本项目解决了在工业发达的城市，背景干扰复杂的情况下，地震信号的无线进城问题，在经济技术等方面，采用了最佳方案，可作为重要的技术成果。

以上项目完成之后，省政府领导将进一步支持，把山西临汾台网、大同台网的地震信号也传至省局信息中心，完成山西台网的联网，预计1994年可望实现，山西台网监测的快速反应能力将会得到更大提高。

（山西省地震局　景呈国）

吉林地震监测工作

1. 合理调整台网布局

吉林省地震区域台网是由专业台站、地方台站及水位观测井等三部分 组成。在实施《台网调优方案》之前，全省共有 9 个专业台、3 个企业台、4 个地方观测站和 12 口水位观测井，设置有测震、形变、水化、水位、地磁、地电、应力等七种观测手段，共 43 台项。其中列入全国基本台网的测震 3 项，前兆 13 项。全省台网总密度为 2.3 台项/$10^4 km^2$。

经过三年的调整实施，撤销了乾安台，新建了白城台，设置了地震遥测、地电、测汞等观测手段；由长春市政府投资近百万，新建了榆树地震台，设置有地震遥测、地电、自记水温等观测台项；同时在双阳观测站新上了石英伸缩仪；在四平梨树县新建了电磁波观测站；在水井网建设方面，又先后建成了云峰、伊通、新立城等三口地下水观测井。以上 11 个台项均已相继投入观测和试测。

经上述优化调整，不仅使吉林省中、西部地区的监测能力得到进一步增强，也使吉林省台网建设的布局更趋合理。

2. 有效地进行了观测技术系统的改造

一是解决了重点台站、重点手段的设备更新与配套。为合隆台配备了 CEM_2 核旋备用仪、四平台配置了 ED_8 数字地电仪，净月台、丰满台分别更新了 DD-2 和 DD-1，为净月台的 DK-1 测震仪安装了自动增益放大器，为磐石台及其他台站分别配置了电位差计和各类标定仪器。二是改善了测震台站的时间服务系统，为Ⅰ、Ⅱ类测震台配齐了双套化的数字钟，区域台配齐了钟差计。三是解决了台站的备用电源。即用铬镍电池代替了甲电池，净月台解决了专用电；延边、敦化、四平等台配备了小型发电机；为磐石台设计、安装了蓄电瓶和逆变装置系统。四是吉林省地震区域无线通讯网已初具规模，现有 17 部电台投入工作。全省 9 个专业地震台已全部实现通讯话传，吉林省地震局中心台已于 1992 年 4 月，正式与国家地震局主干通讯网实行数传，有效地提高了地震数据传递的及时性和准确性。

3. 注重观测条件的改造及工作、生活条件的改善

三年来，吉林省地震局采取保重点、兼顾一般的原则，集中有限资金打歼灭战，相继对全省各台观测仪器的保温防潮、洗相室、地电线路、测震摆线、避雷设施、山洞密封等观测条件进行了改造；先后完成了长春净月台、磐石台；通化台的围墙；通化台的水井改造；净月台、磐石台、四平台、合隆台的锅炉更新及有关台站家属宿舍、水井、暖气设施的维修；更新了四平台、合隆台、净月台的通勤车；解决了敦化台、通化台、四平台、吉林丰满台的家属宿舍。改造了通化、磐石、四平、敦化等台的用电线路。

1992～1993 年连续两年，吉林省正式参加全国评比的 12 个台项，优秀率均达 100%，其中延边台的测震已连续十年名列全国评比的前三名，形变名列全国评比第二名。省内评比，优秀率达 90%以上。

（吉林省地震局　郑雅琴）

江苏省地震局深化台站管理体制改革

1993年江苏省地震局继续完善对台站的责任承包管理，强调台站要抓好思想教育和业务培训，在努力搞好地震监测预报和科研工作的同时，多方位、多途径开发创收，拓宽为社会经济建设服务的渠道，促进台站工作全面发展。明确台站为三级财务管理单位，经费单独核算，结余归台站，超支不补。采取联质计奖方法，对观测质量优，各项工作好的台站，按照考核标准和考核结果，分别给予台站经费结余提成奖，总包干经费结余奖和局长奖励基金奖。为增强台站自我发展能力，1993年6月，省地震局举办了为期一周的领导科学研讨班，组织地震台长较为系统地学习了领导科学概论、管理心理学等理论，并研讨了台站承包管理中的有关问题；举办了地震速报培训班，制定了台站大震速报规定，将大震速报作为全省每年测震评比中的一项内容。

在管理政策上注意引导，经费上采取拨、贷、贴、投等多种形式，同时加强了台站领导班子建设，台站运行机制得到根本转变，台站开发效益明显提高，观测资料质量稳中有升。至1993年底，15个省属地震台中，已有经济实体3个，小型工厂2个，技术开发服务部10个，专职从事开发人员占台站职工总数的21.7%，台站合同总额72万元，纯收入24万元。有两个台站的开发收入超过5万元，达到了监测预报与开发工作双丰收。

（江苏省地震局　安建军）

福州水化站观测资料质量连续十年名列全国前三名

1993年11月在北京召开的地下流体学科全国观测资料评比会上，福建省地震局福州水化学中心实验站又获得1992年度地下流体学科全国观测资料评比第2名。这是自1983年正式开展每年1次的全国观测资料评比工作以来，该站连续十年保持全国观测资料评比前三名的优异成绩。

为了保证观测资料质量，该站领导按照国家观测技术规范要求，制定了严格的规章制度、严密的操作程序和科学的工作流程，坚持岗前培训，新老技术人员一对一传帮带，开展以提高观测资料质量为主题的课题研究。在1990年和1992年连续4次特大台风暴雨袭击福州时，水化站大院被淹，该站职工踏着齐胸深的洪水，进站坚持观测，保证了资料的连续性。

（福建省地震局　蔡晋安）

1993年河南地震监测预报工作

1. 采取优惠政策，稳定监测预报工作，鼓励监测预报人员

1993年对监测预报中心和地震专业台站实行"全员承包、优化组合、质量挂钩"的管理办法，增人不增工资，减人不减工资，节余经费自主安排。凡参加国家地震局评比的项目，获得优秀以上或名次有前进的，都给予不同程度的奖励。对承担科研项目的人员，可提取3%的科研津贴，按合同完成项目，结余经费的30%可作为奖励。

对地震专业台站的开发采取优惠政策，开发收入不上交省地震局，完全由台站自行支配，一部分用于事业发展，一部分用于改善职工的工作条件和生活条件。

2. 制定、完善管理办法，狠抓监测预报的内在质量

制定了新的《地震台站观测质量评分标准》、《分析预报报告评分标准》和《监测预报奖惩办法》。在监测预报工作中，建立健全了岗位责任制，奖惩严明。

3. 合理安排资金，为基层解决实际问题

年初管理部门深入基层调查研究，跑遍了全省28个地震台站（包括企业台、地方台）和部分深井水网，掌握了第一手资料。在此基础上，根据轻重缓急，合理安排资金，1993年共为台站解决仪器更新、环境改造、另改扩建等问题80余项。如当洛阳地震台遭暴风雨袭击后，管理部门的同志及时赶到现场慰问、调查，并安排适当经费恢复工作，稳定人心。

4. 坚持会商制度，提高分析预报水平

监测预报中心坚持了周、月会商制度，全年共写出周、月会商会议报告48份，年中和年终会商报告各1份，落实不同类型的异常19起。

为了提高全省分析预报人员的业务素质和分析预报水平，省局派科研人员七次到各市（地）地震局（办）、台站进行业务技术培训，使广大地震分析预报人员及时了解国际和国内地震预报现状，掌握各学科实用化攻关成果和先进的预报方法，和他们一起制定并指导他们完成分析预报专题报告53篇，其中10篇获1994年度省地震趋势会商会优秀论文奖，13篇获优秀论文奖，30篇获一般奖励。各单位提交的资料报告图文并茂，文字清晰，装订正规，大多采用制作胶片，利用投影机显示。年度会商时，各单位基本上都运用了实用化攻关成果，引用了新理论新方法，大量的专题报告对省局总体报告有直接参考作用，其中有8篇专题报告直接被省局年度综合研究报告采用。

5. 做好成果评审和奖励工作

1993年全局评定成果80项（其中观测成果60项，科研成果20项），评出科技进步奖6项（其中二等奖1项、三等奖2项、四等奖2项、地方科技进步奖1项）。

省局安排青年科研基金项目5项，支持青年科技人员进行监测预报课题的研究。

省局将全省监测质量评比结果和会商报告评审结果通报全省，并在《中原地震科普报》上刊载。

（河南省地震局　刘建华）

1993年湖南地震监测工作

湖南省1993年在加强地震监测工作上主要做了以下工作：

（1）对6个地震台的DD-1仪器进行技术改造，提高了仪器的放大倍数和稳定性，增强监控能力。

（2）对邵阳市地震办公室新建形变台的形变仪试运行进行了验收鉴定，使其正式投入监测工作，增强了全省形变台网的监控能力。

（3）对湘中冷水江市禾青水井水位观测进行了验收鉴定，正式投入了观测，增强了湘中水网监测能力。

（4）湖南省地震办公室承担了湖南资兴市境内大型水库——东江水库地震监测工作任务，在库区周围布设4个临时地震监测台，对水库诱发地震进行监测研究。

（5）湖南省地震办公室组建了地震无线通讯站，开通了全省各专业地震台、地方地震台、企业地震台和6个地、市地震办公室的无线通讯，改善了全省地震通讯条件，加快了地震数据的报送速度。

（6）益阳地区的益阳地震台于1993年9月进行遥测地震仪的整体安装、调试和试运行。通过试记，放大倍数、震相清晰度都比原来有不同程度的改善和提高。

（湖南省地震办公室　刘宝成）

1993年四川地震监测工作

1993年，四川省地震系统继续推行目标责任制，较好地完成了年度的监测工作任务。全省地震台站设备运转正常，观测资料连续可靠，观测质量符合规范要求。

全省目前有46个人工值守地震台，17个水位观测井，4个温泉观测点，总计136台套仪器，正常运行率达98%以上，成都、西昌地震遥测台网共42个子台，年运行率达95%，21个区域网井泉观测、地形变测量、流动重力、流动磁测、水化分析、强震观测等都按计划完成了年度监测任务。135个台项参加省内评比，获优秀的130台项，5个良好。参加全国质量评比的42台项，达到优秀的39台项，良好3台项，其中获前三名的有6台项。

在国家地震局和四川省政府的领导和支持下，按照国家地震局"八五"重点项目计划，继续实施了监测台网调优方案，年度总投资为100余万元，完善、改造项目90余项，主要有盐源地震台长水管仪，道孚、西昌、都江堰、重庆南桐四个台、点的电磁波，冕宁、北川、青川的断层气等观测手段，更新了攀枝花南山台长水管仪以及台站的一般配套改造，扩建了自贡遥测台网3个子台，安装了巴塘、九龙、乡城台的太阳能电源和部分台站的稳压变压装置，10个台改装为程控电话，3个台配置子计算机处理系统，生产数字钟10台，为重点形变、重力台提供了备用记录设备。同时狠抓了观测质量，加强了对监测工作的管理，使四川省地震台网布局、监测能力、台网运行、监测设施、观测环境、供电系统、时间服务、资料采集与传递、工作和生活条件都有较明显的改善。

另外，形变测量主要沿鲜水河、安宁河—则木河、龙门山断裂带开展了形变、短水准、短基线、流动重力的测量工作，完成了年度计划任务。

地震地质完成了鲜水河活动断裂1：5万地质填图和古地震重复间隔研究，目前正抓紧完成最后阶段的收尾工作。

（四川省地震局　程天才）

1993年地震研究所形变、重力测量工作

一、精密水准测量

丹江口水库1967年11月蓄水后，库区地震明显增加，为了监视库区地震，地震研究所的前身武汉地震大队，分别于1974年和1975年先后在大坝左右两侧各建立面水准观测场地，同年投入观测。面水准由三个水准点组成三角形，测站置于三角形重心，上、下午各测一次，持续三四年，后因地震减弱等原因停测，1984年恢复左岸观测，1986年恢复右岸观测，后因经费等原因右岸停测，左岸一直连续观测至今。

二、测　距

1. 滇西地震预报实验场跨断层小网测量

为了监测滇西地震预报实验场水平形变，早在1981年，国家地震局地震研究所和云南省地震局共同选建了定西岭、下关水泥厂、脉地、剑川四个跨断层大地四边形（图1），1982年起由地震研究所基本每年用ME3000测距仪施测一次。1993年采用GPS新技术，仅用6天就完成了原城一个月的任务。这次共用四台LEICA200GPS接收机，对上述四个跨断层小网28条边进行了测量，同时还以团山辐射网中的团山为中心，将该网中的下和北山、小西湖、塔一三个点与四个小网中的一点进行连接。为了保证测量质量，对原有激光测距边都进行独立的GPS基线向量观测，使每个测站都有二次以上独立设站的次数，所有测量结果都满足预定的$5mm+1\times10^{-6}$的精度要求。小网的形变趋势与原测距结果一致，仍是脉地变化较大，应予以重视。辐射网中的成果与原来结果相差较大，其原因尚待进一步分析研究。

2. 长江三峡地区跨断层小网

贺家坪、荒口、马桥、房县四处共24条边，自1981年起基本每年施测一次，1992年因经费短缺未测，1993年使用ME3000测距仪与DP-86频率计进行边频同测，用T_1经纬仪测定高度角，同时获取三维形变测量资料。根据本期观测结果，与1991年资料比较，位于南北

两端贺家坪和房县高差变化较大，中部的马桥和荒口水平应变量较大。

3. 人卫激光测距

本年度原计划完成各类卫生观测200圈，实际完成310圈（卫星包括LAGEOS-1、LAGEOS-2、TOPEX、ERS-1、AJISAI、STARLETTE、STELLA）共获得78697个测距值，经美国宇航局戈达德激光跟踪数据处理中心评定，单次测距精度平均稳定在±3cm。其中STELLA卫星于1993年10月由法国空间局发射，武汉人卫站在国内几个人卫站中较早地观测到，并及时将观测数据发往国际处理中心，对卫星的初期定轨起到了重要作用。1993年10月，在ERS-1卫星发射二周年的时候，武汉人卫观测站获得了欧洲航天局负责人签发的观测奖状，表彰武汉人卫站对ERS-1成功的跟踪观测，在精密定轨和雷达测高仪（星载仪器）的最佳使用上所作出的重要贡献。

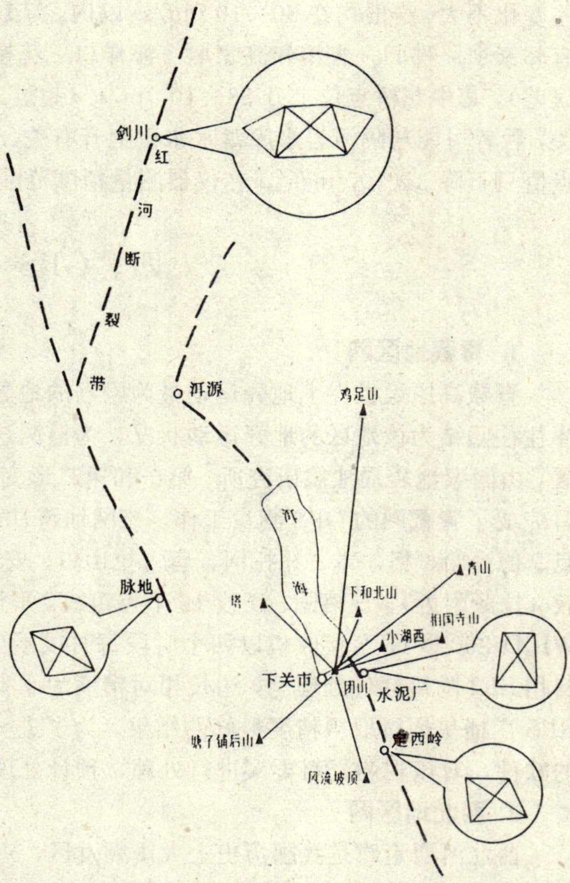

图1 滇西实验场团山辐射网与跨断层小网分布图

在观测数据的处理和应用方面，武汉人卫站利用1993年自己和国内外同期的LAGEOS-1的观测资料，初步解算了武汉—上海超长基线，获得了4×10^{-8}的边长相对精度，这是迄今为止国内实测的精度最高的一条超长（跨距600km多）基线。掌握其变化速率，将有助于我国大陆地壳运动的研究。

三、重力测量

三峡地区地质构造复杂，深部构造细节不清，地壳活动性众说不一。为弄清前述问题，地震研究于1981～1982年在该地区选建了由29个重力点组成的流动重力监测网，自1983年起，每年复测一次，至1993年已完成11期重复重力观测和八期武昌—宜昌（共6个点）的重力联测。前两期观测是使用石英弹簧重力仪，测量精度为$20\times10^{-8}m/s^2$～$30\times10^{-8}m/s^2$，后九期观测是使用拉科斯特-G型重力仪，测量精度为$10\times10^{-8}m/s^2$左右。

1993年是按1992年对全网进行调整、优化、改造后的网线进行观测，使用两台拉科斯特-G型重力仪，完成了网上29个测点和武昌—宜昌重力联测中沿途6个点共35个点的测量。本期测量精度段差自差平均值$11.6\times10^{-8}m/s^2$，互差平均值$15.3\times10^{-8}m/s^2$，互差中误差平均值为$7.6\times10^{-8}m/s^2$。35个测点平均点值精度$12.5\times10^{-8}m/s^2$，21段大环闭合差仅$2\times10^{-8}m/s^2$。

本期测量结果经系统误差改正，点位改正，高度改正后，与多年平均值比较，1993年段差变化不大，一般均在$30\times10^{-8}m/s^2$以内。与1992年相比，多数都在$10\times10^{-8}m/s^2$以内，唯有郭家坝—秭归—香溪和高家堰—津洋口—花桥段差值增加$30\times10^{-8}m/s^2$左右（接近二倍中误差），其中花桥点位上升$58\times10^{-8}m/s^2$（超过三倍中误差。前者可能因轮渡测量误差较大有关，后者可能与隔河岩水库蓄水水位上升有关。宜昌点相对于武昌点，1993年比1992年重力点值只下降$3\times10^{-8}m/s^2$，在仪器测量精度范围内，说明宜昌区域重力场设备有明显变化。

四、GPS 测 量

1. 青藏地区网

青藏高原是世界上地壳运动最为剧烈的地区，我国大陆板内的形变速率和地震的发生规律往往归结为该地区的地壳运动状况。为监测这一地区的地壳运动，根据国家地震局统一部署，由国家地震局地震研究所、第一和第二形变监测中心联合组成GPS作业组，于1993年5月完成了青藏网的GPS测量工作。该网地跨甘肃、青海、西藏三省区，由酒泉、肃北、大柴旦、德令哈、格尔木、托托河、唐古拉山口、安多、索县、那曲、当雄、工布江达、芭拉、达孜（拉萨附近）、日喀则、江孜16个点组成，平均边长174km。为了提高观测精度，使用4台WILD-200型GPS接收机以四个时段每时段不少于6小时的较长时间进行同步观测。观测资料用SKI随机软件处理后，边长相对精度为$0.1\sim0.2\times10^{-6}$，这是国内在局部监测网上利用GPS广播星历所取得精度最好的结果。为了进一步提高精度，正利用同期的精密星历和更好的软件，对该观测资料再次进行处理，预计处理后的结果将好于前者。

2. 西北地区网

西北河西走廊是我国历史上大震频发区，近年来该地区没有发生过较大地震，从统计学角度出发，该地区潜在发震危险性较大。为监测这一地区的地壳形变，国家地震局第二形变监测中心根据国家地震局整体部署，于1990年在该地区布设了由敦煌、肃北、安西、大公岔、玉门、金塔、酒泉、二指哈拉、高台、野牛沟、张掖、祁连、民乐、红寺湖、阿右旗、民勤、河西堡、九条岭、武威、俄博、哈尔盖、青石嘴、西宁、古浪、临夏、白银、干盐池、中卫、定边、银川、锡尼高勒、磴口、鄂托克旗等33个点组成的西北地区GPS形变监测网。由于设备限制，延至1993年5月才由第二形变监测中心和地震研究所联合组队，使用5台WM102GPS接收机进行测量，其观测时段等技术要求，与青藏网相同。观测数据已由第二形变监测中心作了初步处理。

（地震研究所　胡朝明）

国家地震局综合观测队 1993 年地震监测工作成果表

测量项目	测线布置 （测线起止，途经各主要测点的名称）	全年工作量		完成计划 %
		计划 工作量	实际完成 工作量	
一、形变测量 （一）定点精密水准测量	京津唐地区： 测点总数为 11 处，25 段，每月观测一次，全年观测 114 处次，测点为：密云、百善、狼山、南口、土木、芦家井、涞水、紫荆关、南孟、宁河、京西试验场	114/11	117/11	103
（二）短边测距	京津地区： 测网 9 处，70 条边，上半年、下半年各测一次，全年观测 122 条边，测网为：土木、晓幼营、涞水、平谷、密云、白洋城、紫荆关、马兰关、京西试验场	122	122	100
二、重力测量 第一测区	京津地区： 京西试验场：25 个测点，长 50km。二线一网：测点总数 46 个，长 889km 及跨断层联测，测点 10 个，长 100km；总计测点 81 个，长 1039km，测网为：北京小网。测线为：三河—丰润—滦县。昌平—怀来—张家口	3117/81	3429/81	110
第二测区	北京大网： 京西试验场：测点 25 个，长 50km。 京津唐张全网：测点 317 个，长 4100km 及跨断层联测，测点 10 个，长 100km，总计测点 104 个，总长 1450km。测网为：张家口—紫荆关—承德—天津—滦县—山海关—绥中—大同	4150/104	4565/104	110
三、地磁测量 第一测区	首都圈东区： 测点 24 个，测线 1400km，年测四次，测线为：宝坻—武清—安次—堂二里—青光—塘沽—宁河—唐山—滦南—昌黎—山海关—滦县—玉田—黄崖关—承德—古北口—密云—顺义—芦家井	5600/24	6272/24	112
第二测区	首都圈西区： 测点 29 个，测线 1800km，年测四次，测线为：固安—霸县—新城—雄县—文安—静海—徐庄子—青县—沧州—沧县—河间—清苑—完县—徐水—涿县—白家疃—周口店—涞水—泰陵—涞源—蔚县—化稍营—怀安—宣化—涞水—西拨子—昌平—狼山	7200/27	8064/27	112

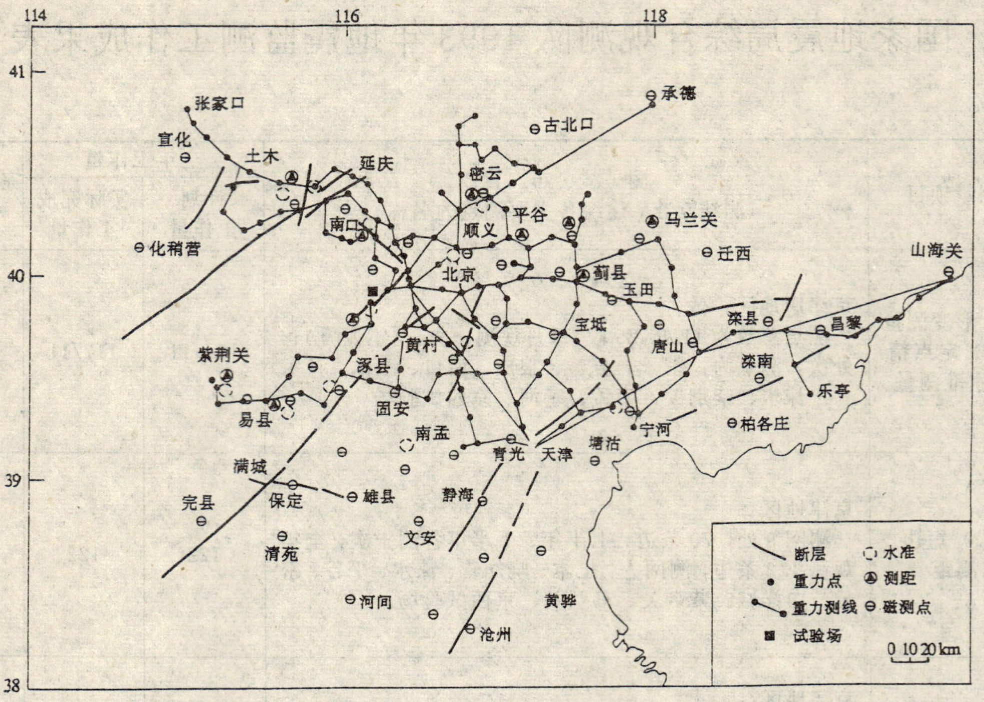

图 1　重力、地磁、水准、测距点位图

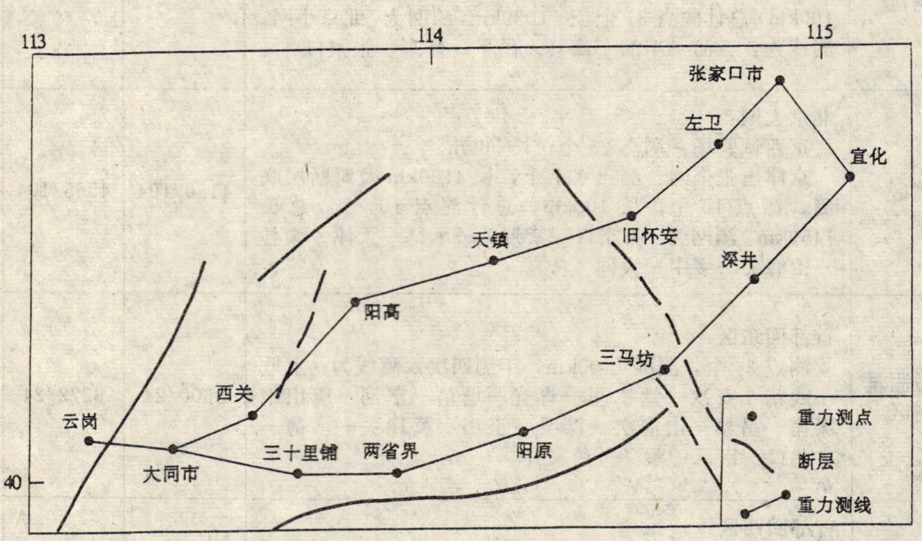

图 2　首都圈西北部重力点位图

（局综合观测队　刘　玫）

第一地形变监测中心 1993 年地震监测工作

一、精密水准测量共施测 4987km（图 1）

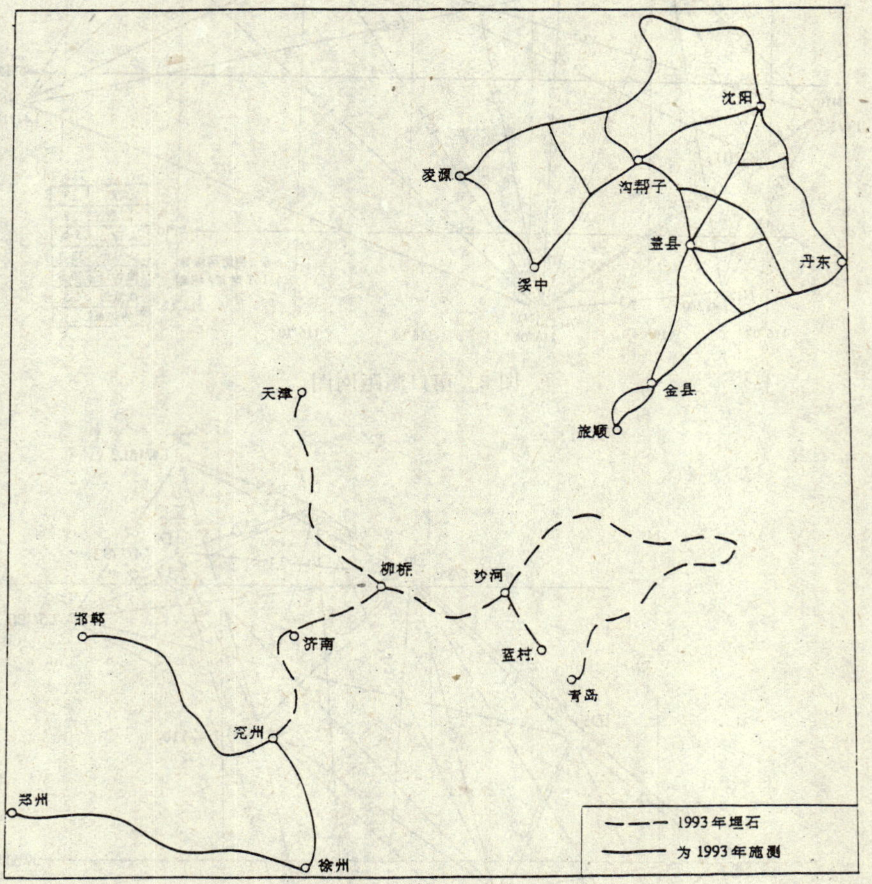

图 1　国家一等水准网路线复测示意图

1. 辽宁地区：4089km（其中全国一等水准复测 1837km）
   旅顺—金县—皮口—庄河—孤山—丹东—本溪—沈阳—辽阳—海城—盖县—新金—金县；
   沈阳—沟帮子—锦州—绥中；
   沈阳—扣河子—清河门—朝阳—凌源—绥中；
   清河门—沟帮子—盖县—庄河；
   盘山—海城—孤山。
2. 河北、山东、河南等地区 898km（全国一等水准复测）
   郑州—徐州；

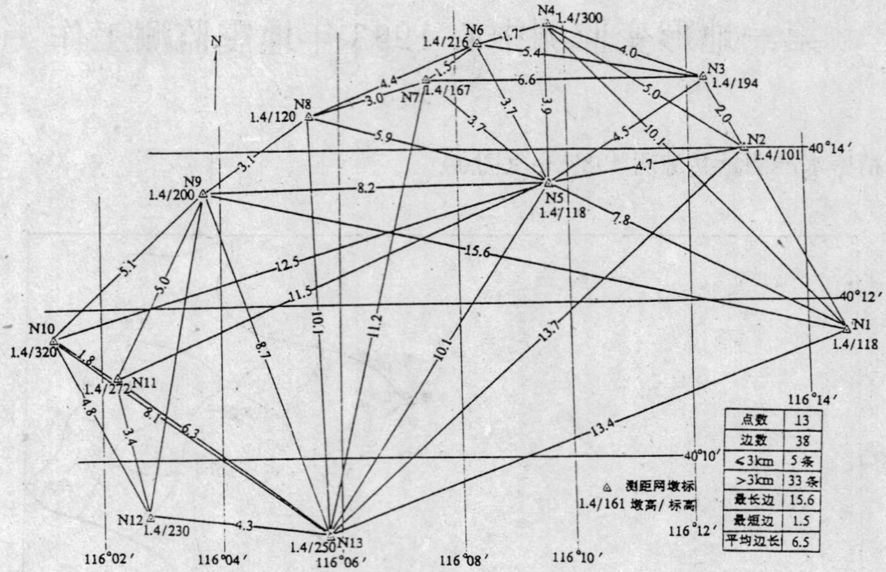

点数	13
边数	38
≤3km	5条
>3km	33条
最长边	15.6
最短边	1.5
平均边长	6.5

图 2　南口测距网图

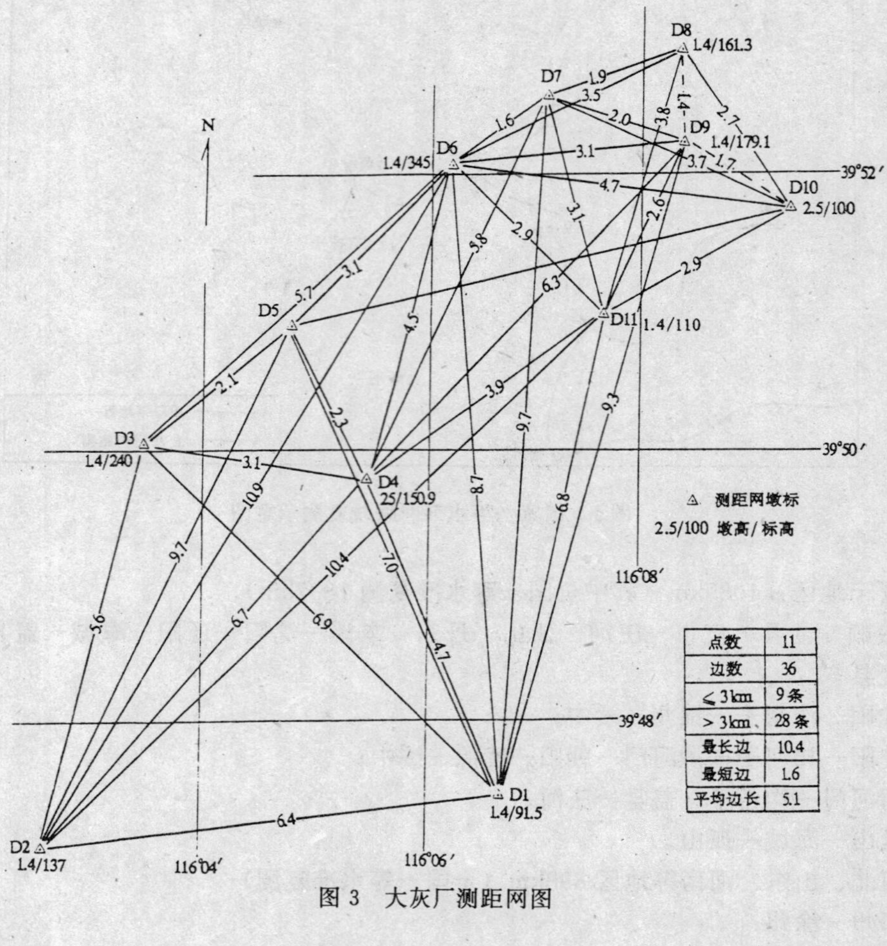

点数	11
边数	36
≤3km	9条
>3km	28条
最长边	10.4
最短边	1.6
平均边长	5.1

图 3　大灰厂测距网图

邯郸—兖州；

兖州—徐州。

二、全国一等水准复测路线踏勘和补埋共计埋石 70 座，踏勘 1039km

山东、河北、天津地区

天津—柳桥；

沙河—青岛；

济南—兖州；

济南—柳桥。

三、测距共施测 38 条边（图 2、3）

北京地区

南口测距图；

大灰厂测距网。

（局第一地形变监测中心监测部）

第二地形变监测中心 1993 年大地形变测量工作

一、精密水准测量

1. 兰天武地区

复测水准路线 15 条，总长 2692.4km，各类水准点 695 个。测线为：双塔—大靖—白墩子，双塔—古浪—永登—河口—临夏—合作，合作—临潭—岷县—宕昌—武都—望子关，和尚铺—泾源—马峡—秦安—天水—成县—望子关，河口—兰州—会川—殆虎桥，定西—陇西—殆虎桥—岷县，陇西—武山—甘谷—天水，武山—礼县—白河—武都—东峪口（文县境）。其中白墩子—双塔—河口—兰州，河口—合作—望子关，和尚铺—望子关 6 条水准路线为全国一等水准复测任务，总长 1602km。以测段往返高差不符值计算每公里水准测量高差中数的偶然中误差 $M_\Delta = \pm 0.29$mm。

该区是 1993 年水准复测的主要地区，水准路线有 5 期（1972、1976、1982、1987、1993）观测资料，按“指南”要求对原始观测高差加正高改正和重力异常改正后，进行分段速率模型拟稳基准平差，编绘出 1987～1993 年垂直形变年速率等值线图，由图可知兰天武地区近来的垂直形变特征如下：

（1）测区北部的古浪—永登地区为上升区，上升中心在乌鞘岭一带，速率达到 6mm/a；测区南部也是上升区，上升中心在白河—武都一带，速率为 3～4mm/a；另外在刘家峡以南有局部上升区，速率在 2mm/a 以内。

（2）测区北部的双塔—大靖—白墩子地区为下沉区，下沉中心在红水地带，速率达到 6mm/a；河口—兰州—定西下沉区的下沉中心在榆中—定西一带，速率为 4mm/a；另外成县地区有局部下沉区，速率在 2mm/a 以内。

(3) 由测区各时段形变场数字特征量（表 1）可知：近年来兰天武地区的垂直差异运动速率逐年下降，表明该区地壳活动强度变弱。

表 1

时　段（年）	平均速率（mm/a）	平均升降差异（mm/a）
1972～1976	5.13	10.25
1976～1982	3.47	6.91
1982～1987	2.83	5.69
1987～1993	1.57	3.14

2. 河南安阳地区

复测水准路线 2 条，总长 120.5km，水准点 47 个。测线为：水治—楚旺—清丰。本期成果与 1990 年复测成果相比，安阳地区继续下沉，下沉中心在安阳—楚旺一带，速率达到 14mm/a。

3. 水准路线踏勘与埋石

全国一等水准复测路线踏勘 40km，找点 17 个。各水准观测组共补埋水准标石 50 座，其中基本水准标石 5 座，岩石水准标石 3 座，普通水准标石 42 座。

二、跨断层测量

1. 西海固地区

测流动短水准 16 处，3 月、7 月、11 月按顺序进行复测，年测 3 次。流动场地为：甘沟窑、安国镇、三关口（一）、三关口（二）、刘家店、六盘山、和尚铺、寺口子、山门、干盐池、红岘子、大水头、水泉、窝子滩、大营水、小红沟。以测段往返高差不符值计算每公里水准测量高差中数的偶然中误差 $M_\Delta=\pm0.19$mm。按“指南”要求对流动水准资料进行处理，以拟合残差均方差的二倍作为限差来识别“异常”，1992 年认为有“异常”的甘沟窑、水泉、窝子滩测点，1993 年已恢复正常。除大水头测点形变量超出限差外，其余测点均无“异常”显示。

2. 天武地区

测流动短水准 20 处，3 月、7 月、11 月按顺序进行复测，年测 3 次。流动场地为：江口、毛集、柳家沟、武家河、锁龙、新庄台、盘古川、四店、口子门、新城北、奈子沟、麻界滩、巴沙沟、毛羽沟、东风沟、武都东、殿沟、沈家园、飞龙峡、黄家坝。以往返高差不符值计算每公里水准测量高差中数的偶然中误差 $M_\Delta=\pm0.20$mm。多年来该测区断层形变量较小，一般小于 0.3mm/a。但是，从 1993 年 7 月起，位于新城子—岷县—凤凰梁断裂的新城北、毛羽沟和奈子沟短水准观测值超出限差，其量值分别为 2.05mm（限差±0.86mm）、0.68mm（限差±0.30mm）、0.71mm（限差±0.56）。

3. 河西地区

测流动短水准 20 处，3 月、7 月、11 月按顺序进行复测，年测 3 次。流动场地为：河西堡、金川峡、大口子、滑石口井、白家咀、九条岭、南营儿、芨岭、红寺湖、石灰窑口、扁都口、莺乐峡、肃南、大岔牧场、西岔河、嘉峪关、大黄沟、大泉口、安门沟、红柳峡。其中石灰窑口、扁都口、肃南、西岔河、嘉峪关、大黄沟、红柳峡场地还丈量短基线 20 条，相对中误差在 1/115 万～1/600 万之间。流动短水准以往返高差不符值计算每公里水准测量高差中数的偶然中误差 $M_{\Delta}=\pm0.20$mm。按“指南”规定的方法处理资料，结果表明该测区绝大部分测点仍为准线性变化，仅嘉峪关测点出现异常变化，跨断层基线缩短 3.4mm（限差±1.0mm）、短水准变化 1.3mm（限差±0.6mm）。

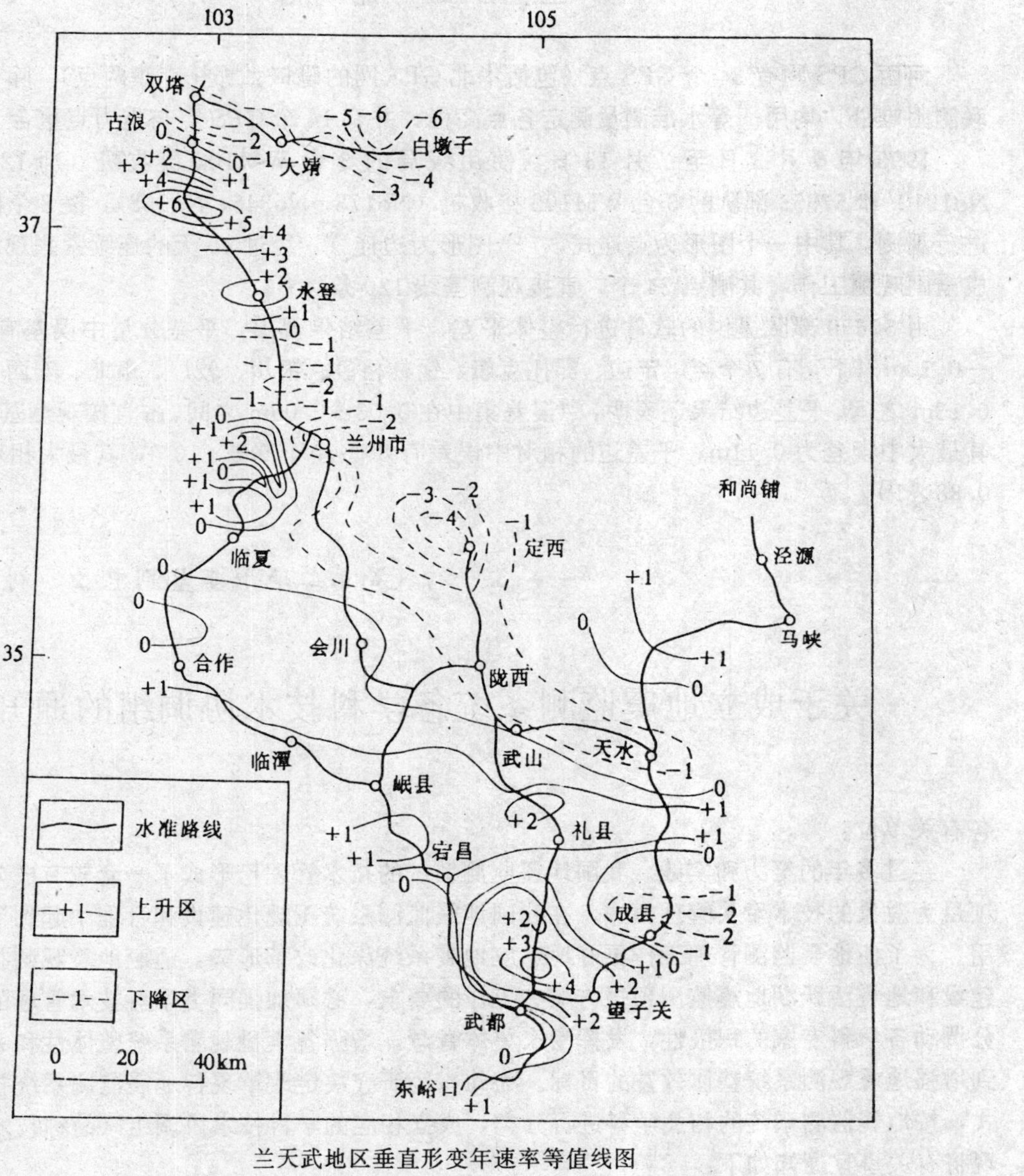

兰天武地区垂直形变年速率等值线图

4. 祁连山地区

测流动短水准 5 处，年测 1 次。流动场地为：二指哈拉、托勒、冰沟（一）、童子坝、大梁（流）。$M_{\Delta}=\pm0.26$mm。该区童子坝短水准于 1991 年出现异常，反向变化达 19mm（限差±4mm）；托勒短水准于 1993 年 7 月出现异常，反向变化 1.6mm（限差±0.8mm）。童子坝和托勒场地距 10 月 26 日祁连 6.0 级地震震中较近，短水准异常可能与这次地震有关。

5. 宁北地区

测跨断层测量场地 5 处，年测 1 次，共计完成基线丈量 12 条边，短水准观测 5 处。测量场地为：青铜峡、大柳木高山、三关口、白石坑、小口子。各测点无明显的形变异常。

三、GPS 观测

河西 GPS 网有 34 个 GPS 点（包括华北 GPS 网的磴口、鄂托克旗两点），除个别点水准联测困难外，均用一等水准测量测定各点高程，并有 14 个 GPS 点与重力点重合。

1993 年 6 月 3 日至 7 月 13 日，使用我局的 3 台 WM102 接收机（No128、No158、No101）和 57659 部队的 3 台 WM102 接收机（No178、No345、No368），按 8 个同步六边形进行观测，其中一个图形为点连式，7 个图形为边连式。经过 40 天的连续紧张观测，顺利完成全网观测工作，共测点 34 个，直接观测基线 120 条。

用 57659 部队提供的软件进行整体平差，平差结果得出：平差分量中误差有 27 个点在 -0.10m以下，有 7 个点（定边、鄂托克旗、锡林格勒、银川、敦煌、肃北、安西）在0.10～0.13m 之间。平差边结果还表明：中误差集中在 0.03～0.05m 之间，占直接观测基线的 50%，其最大中误差为 0.11m；平差边的相对中误差有 80%小于 0.5×10^{-6}，其最大相对中误差为 0.88×10^{-6}。

（局第二地形变监测中心　刘天铭）

关于成立地震监测系统各学科技术协调组的通知

各有关单位：

经过多年的努力和实践，我国地震监测系统的技术管理已形成了一套较有成效的以观测项目为对象的技术牵头管理模式，在我国地震监测系统正规化建设和管理中起到了重要的作用。为了使地震监测管理工作更好地适应地震系统深化改革形势，适应地震观测技术现代化建设和地震活跃期地震监测预报与减灾工作的要求，必须加强同类学科技术管理的协调，充分调动各学科专家的积极性，发挥专家集体智慧，增强各学科观测系统整体性和系统性，达到增强地震观测系统整体效益的目标。为此，经研究决定改革现行地震监测系统技术管理方式，按地震监测系统的相关学科进行分类，成立相应的学科技术协调组（简称技术协调组）。现将有关事宜通知如下：

一、按地震监测系统的相关学科分类，成立五个技术协调组：

测震观测技术协调组；

地壳形变观测技术协调组；

地下流体观测技术协调组；

电磁观测技术协调组；

数据信息技术协调组。

五个学科技术协调组成员名单详见附件1。

二、为了保持技术管理工作的连续性，各学科技术协调组视需要可下设技术管理组，协助学科技术协调组对有关专项进行技术管理。

三、学科技术协调组的职责

1. 根据我国地震监测预报、地震科学研究及减灾工作的需要，适时地提出：

①本学科技术发展的长远规划和近期应开展的研制项目；

②现行系统的优化改造方案。

2. 协助国家地震局监测主管部门制定或修订学科技术管理的有关规定和技术标准。包括：

①技术规范标准；

②数据资料质量评比办法和标准；

③地震行业监测技术管理办法。

3. 参与组织本学科技术专家开展监测技术系统新项目预研，参加重点项目攻关及有关技术系统的研制、试验及成果推广。

4. 在国家地震局监测主管部门组织下，依据全国地震数据、资料质量统评办法，开展全国观测质量统评工作。

5. 参与制定全国地震数据传送、汇集、交换与服务体系方案和编辑出版规划。

6. 指导与协调本学科技术管理组的工作。

7. 为促进技术交流，繁荣学科技术发展，根据技术系统发展情况及技术队伍现状，提出业务培训规划并组织业务交流与培训活动，组织编写本学科技术培训教材（包括电化教材），以及组织编辑出版观测与研究方面的内部通讯刊物。

8. 完成国家地震局监测主管部门交办的其他任务。

四、学科技术协调组活动原则

1. 学科技术协调组对国家地震局地震监测预报主管部门负责。

2. 技术协调组根据国家地震局地震监测、预报、科研发展规划及有关工作部署，积极开展各种形式的技术业务活动。

3. 技术协调组组内要发扬学术民主，充分发挥专家集团作用。

4. 技术协调组及技术管理组业务活动经费，主要从国家地震局得到必要的支持，但也要组织科技开发，努力开辟其他经费来源。

五、各学科技术协调组于1993年6月10日前提出本学科技术协调组近期工作计划（含技术协调组下设技术管理组调整计划），报科技监测司。

附件：地震监测系统各学科技术协调组名单

国家地震局科技监测司

1993年4月29日

附件：

地震监测系统各学科技术协调组名单

1. 测震学科技术协调组名单

顾　问：	陈运泰	学部委员	地球所
	张奕麟	研究员	上海地震局
组　长：	赵仲和	研究员	地球所
副组长：	陈培善	研究员	地球所
	庄灿涛	研究员	分析预报中心
秘　书：	李　强	高　工	地球所
	刘滨兴	高　工	分析预报中心
成　员：	郑斯华	研究员	分析预报中心
	傅征祥	研究员	分析预报中心
	童汪练	研究员	云南省地震局
	张少泉	研究员	地球所
	杨晓源	研究员	四川省地震局
	薛　峰	高　工	分析预报中心
	朱元清	博　士	上海地震局
	罗兰格	研究员	河北省地震局
	陈会忠	高　工	地球所
	夏恩山	高　工	地球所
	刘瑞丰	博　士	地球所
	沈梦培	研究员	分析预报中心
	李　健	助　研	局科技司
	周公威	研究员	地球所

2. 地壳形变学科技术协调组名单

顾　问：	陈鑫连	研究员	分析预报中心
组　长：	赖锡安	研究员	地震所
副组长：	苏恺之	研究员	地壳所
	黄立人	研究员	一测中心
秘　书：	陈德福	高　工	地震所
	耿世昌	高　工	一测中心
成　员：	郗钦文	研究员	分析预报中心
	张祖胜	研究员	一测中心
	夏治中	研究员	地震所
	蔡惟鑫	研究员	地震所
	吕宠吾	高　工	地震所
	魏望生	高　工	地震所

	何世海	研究员	分析预报中心
	潘怀文	助　研	科技司
	刘长义	高　工	地壳所
	丁　平	工程师	二测中心
	宋永增	高　工	计财司

3. 地下流体学科技术协调组名单

顾　问：	汪成民	研究员	分析预报中心
	张　炜	研究员	分析预报中心
组　长：	李宣瑚	高　工	科技司
副组长：	陈健民	助　研	分析预报中心
	车用太	研究员	地质所
秘　书：	鄂秀满	高　工	分析预报中心
成　员：	王铁成	高　工	分析预报中心
	魏家珍	高　工	分析预报中心
	付子忠	研究员	地壳所
	孔令昌	副　研	地质所
	李正蒙	副　研	甘肃地震局
	王吉易	副　研	河北地震局
	邢宏荫	高　工	辽宁地震局
	吴书贵	工程师	科技司

4. 电磁学科技术协调组名单

组　长：	钱家栋	研究员	兰州地震所
副组长：	林云芳	研究员	地球所
秘　书：	周锦屏	高　工	地球所
	赵家骝	副　研	兰州地震所
成　员：	李正南	高　工	地球所
	赵和云	副　研	兰州地震所
	汪志亮	副　研	分析预报中心
	程安龙	高　工	地球所
	周　勋	高　工	地球所
	李　健	助　研	科技司
	李玉锁	高　工	河北地震局
	王德志	高　工	兰州地震局
	付德川	副　研	河北地震局
	刘昌谋	高　工	广东地震局
	鲍振纲	高　工	分析预报中心
	沈万鸿	高　工	安徽地震局
	周军成	高　工	地球所
	詹志家	副　研	地球所

5. 数据信息技术协调组

组　长：	席云藻	副研究员	数据信息中心
副组长：	崔德海	高　工	分析预报中心
	牟其铎	副　研	地球所
秘　书：	李学良	副　研	数据信息中心
	阴朝民	工程师	科技司
成　员：	赵仲和	研究员	地球所
	郑治真	研究员	数据信息中心
	付子忠	研究员	地壳应力所
	周胜奎	副　研	分析预报中心
	周肃敏	副　研	分析预报中心
	林榕光	高　工	山东地震局
	李宜瑞	高　工	四川地震局
	徐菊生	高　工	武汉地震所
	李　强	高　工	地球所
	李清河	高　工	兰州地震所
	吴俊庭	高　工	兰州地震所
	姚忠杰	高　工	一测中心
	李祥根	高　工	地质所
	刘天海	高　工	综合队
	陈永德	高　工	地壳所
	成小平	博　士	地球所
	吴书贵	工程师	科技司
	赵振海	工程师	分析预报中心

考察

一年来，本系统有关单位进行了地震地质、历史地震等多方面的野外考察，取得了大量的实际资料。这里将选择一部分供读者参考、使用。

印度基拉里（KILLARI）地震震害调查

一、基拉里地震概况

1993年9月30日新德里时间03点56分，在印度西南部马哈拉施特拉（MAHARASHTRA）邦、安得拉（ANDHRA）邦和卡纳塔卡（KARNATAKA）邦交界处附近，发生了$M6.4$地震。仪器测定的震中位置为18.2°N，76.6°E，宏观震中在马哈拉施特拉邦基拉里镇西南约5km处。此次地震的震中烈度为Ⅷ度（MMI），极震区内十个村被夷为废墟，死亡和失踪者近30000人。

据卫片分析，在此次地震的震中区似有北西向和沿蒂拉（Tirna）河的东西向断层交汇。在地震现场考察中发现，基拉里镇附近有两条明显的地裂缝，其走向分别为NW70°和NE00°。其中北西向裂缝断续延伸达1km以上，裂缝两边最大地面高差达50cm，在沿此裂缝开挖的探坑中，倾角约50°～60°的风化岩中的断层明显可见。据估计，断层破裂方式为左旋逆掩，震源深度约6km左右。

基拉里地震区所在地是印度德干高原上地震活动性最低的地区，此次$M6.4$地震的发生，造成村镇房屋的惨重破坏并导致众多居民伤亡。

二、基拉里地震的烈度分布

现场宏观烈度调查以房屋建筑的破坏为依据。此次地震发生在德干高原上的农村地区，土、木、石结构房屋占震区房屋总量的90%以上，另外尚有少量的砖混、砖木结构房屋和钢筋混凝土建筑。震区房屋大致可分类如下：

Ⅰ类：粗陋的土石房屋，此类房屋墙体由毛石夹泥浆碎石砌筑，木梁直接置于墙顶，上覆堆土屋盖。此类房屋大致相当于中国地震烈度表中的Ⅰ类房屋。

Ⅱ类：简陋的石木房屋，此类房屋墙体与Ⅰ类房屋相同，但有简制的木构架与墙混合承重，亦为堆土屋盖。此类房屋大致相当于中国地震烈度表中的Ⅱ类房屋。

Ⅲ类：新式砖石房屋和良好的砖（石）木结构房屋，包括以下几种：

①承重砖墙由水泥砂浆砌筑，现浇钢筋混凝土屋盖；

②承重砖墙由水泥砂浆砌筑，木屋盖覆石棉瓦或粘土瓦；

③承重石墙由水泥砂浆砌筑，现浇钢筋混凝土屋盖；

④砌石墙与精制木构架混合承重，堆土屋盖。

Ⅳ类：钢筋混凝土建筑，含钢筋混凝土框架支承的水塔、钢筋混凝土柱钢屋架厂房。

参照中国地震烈度表，将房屋损坏分为以下四个等级：

(1) 轻微损坏——墙体仅有细小裂缝，局部抹灰或装饰构件脱落，屋顶少量落瓦。

(2) 损坏——墙体有大的贯通裂缝、局部酥碎脱落。

（3）破坏——砌块移位、墙体酥碎倾斜，部分倒塌，木屋架歪斜变形，局部屋面坍塌。

（4）倒塌——墙体全部或大部倒塌，木屋架倾倒或严重变形，屋面全部或大部落地。

地震中不同烈度区房屋震害特征为：

Ⅷ度区：Ⅰ类房屋大部分倒塌；Ⅱ类房屋破坏或倒塌；Ⅲ类房屋多数损坏，少量破坏，个别轻微损坏；Ⅳ类房屋完好。

Ⅶ度区：Ⅰ类房多数损坏，少量破坏；Ⅱ类房部分损坏或破坏；Ⅲ类房多数完好，部分损坏或轻微损坏；Ⅳ类房完好。

Ⅵ度区：Ⅰ、Ⅱ类房少量损坏，个别Ⅰ类房破坏；Ⅲ、Ⅳ类房完好。

根据上述标准，以震区中各自然村、镇为单位评定烈度，然后勾画相同烈度点的外包线作为烈度等值线，得出的基拉里地震烈度等值线图见图1。极震区（Ⅷ度区）形状呈圆形，面积约100km²，含十个自然村（镇）。极震区震后一片废墟，造成大量人员伤亡（见表1）。Ⅶ度区呈椭圆形，面积约300km²，房屋破坏与Ⅷ度区相比大为减轻，只有少量人员伤亡（死亡率＜1%）。

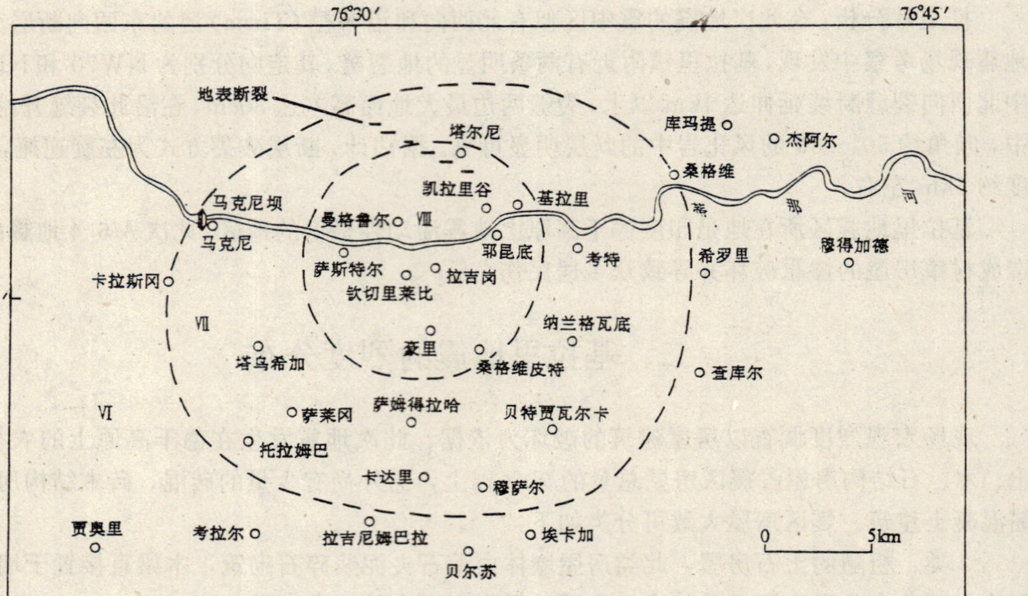

图1　基拉里地震等震线图

表1　Ⅷ度区死亡及失踪者人数

村（镇）名称	居民总数 N	死亡及失踪人数 N_1	死亡率 N_1/N
KILLARI	25000	15000	0.60
KILLARI VALLY	600	200	0.33
MANGRUL	2800	800	0.29
YEKUNDI	950	123	0.13
RAJEGAON	955	328	0.34
HOLLI	2500	380	0.15
TALNI	3500	1000	0.29
SASTUR	12000	3000	0.25
CHINCHOLI REBI	1000	200	0.20
SANGVIPET	5500	800	0.15

三、房屋建筑的震害特点

Ⅰ类粗陋土石房屋在极震区大部倒塌。这类房屋的承重墙厚达1m左右，其内、外两侧由毛石砌筑，砌石互不交错且无水泥砂浆粘接，两侧砌石间又填以泥浆碎石，整体性极差。震前因气温变化、降雨和地基沉降等因素影响，墙体多已产生裂纹，墙内多设神龛更使断面削弱。地震对墙体主要由砌块间摩擦力维持稳定，一旦水平地震作用超过一定限度，砌石即将发生滑移，墙体错位变形，加之在竖向地震力作用下，墙中填土下挤压两侧砌石，故极易破坏倒塌。此类房屋堆土屋顶厚达50cm以上，房屋倒塌必然造成惨重的人员伤亡。砌石墙体缺乏粘接强度及整体性差，使房屋倒塌具有突发特点，这是造成Ⅶ度和Ⅷ度区此类房屋倒塌数量有明显差异的原因。这类房屋倒塌后，常有门框及边墙体残留站立的现象，其原因在于门边砌石一般较精细规整，加之木制门框的支撑作用，故稳定性较强。

Ⅱ类房屋存在两类动力特性不同的结构体系。与Ⅰ类房屋相同的砌石墙体是稳定性很低的刚块堆砌结构，而木柱、木梁和屋顶则构成柔性体系。在水平地震作用下，木架变形推挤石墙，多造成墙倒的典型震害。一些施工粗糙、连接不良的简易木构架，往往倾斜变形以至倒塌。这类房屋的墙体破坏，常有墙体侧坍落而内侧残存的现象，这是由墙体两侧缺乏连接而内侧受木窗框和木柱的约束所造成的。

Ⅲ类房屋的破坏程度因砂浆强度、施工质量和构造措施不同而存在差异。Ⅷ度区内某些砖混房屋因砂浆强度低，墙体产生贯通的X型裂缝或水平裂缝，局部酥碎或倒塌。个别在墙角设钢筋混凝土构造柱的砌石房屋在地震中仅有轻微损坏。精工制作的木构架石墙房屋保持完好。空旷、较高的砌石墙混凝土屋盖房屋墙体折断、局部坍塌。一座墙、柱、梁均由大块石材雕凿拼砌的庙堂，砌石在拼砌处发生滑移错位，但未倒塌。

经正规设计、施工质量良好的钢筋混凝土建筑在各烈度区均保持完好。基拉里镇附近一座糖厂厂房，采用钢筋混凝土柱承重和轻钢屋架，砌石围护墙设多道圈梁，山墙设扶壁柱，该厂房虽高达15m，但在地震中完好无损。震区内由钢筋混凝土框架支承的圆形或矩形水塔，贮水量达数百吨，这类结构因强度高、延性好，且在高频地震动作用下不进入共振状态，故完好无损。位于Ⅶ度区考特（KAWTHE）村的一座圆形水塔倒塌是因支承框架施工质量差造成的。

Ⅶ度区内马克尼（MAKNI）村附近有一座中型水库，混凝土重力主坝完好，但土筑副坝南段有纵向裂缝深入坝体，土坝与混凝土坝连接处有土坝沉降现象。

四、震后的几点思考

基拉里地震震区所在德干高原，历来被认为是印度地震活动性最低的地区，因为历史上该地区没有发生地震的记录，也没有确认的活动构造。在1962年和1966年的印度地震区划图中，基拉里及周边地区被划为地震活动性最低的“O”区。在1970年修订的地震区划图中，“O”区取消，该地被划归“I”区，预期地震烈度不超过Ⅴ度。在地震区划图中的低烈度区发生破坏性地震，造成惨重的人员伤亡，这种现象不只在印度，而且在其他国家也都有发生。因此，有关地震区划的理论与方法的研究以及相关科学资料的积累，仍是工程地震学研究所面临的艰巨任务。

基拉里地震中惨重的人员伤亡，主要是由大量低强度的简陋住房的倒塌所造成的。包括中国和印度在内的广大发展中国家，因历史原因和当前经济发展水平所限，农村地区不存在大量抗震能力很低的土、木、石结构房屋。因此，在充分重视大城市和重要工程抗震设防的同时，村镇房屋的改造和加固应当提上议事日程。特别是，村镇新建房屋必须加强抗震能力以免在今后留下难以处理的隐患。基拉里地震之后，印度政府已制订了大规模的村镇房屋重建和加固计划，其涉及震区及其他地区 2414 个村镇的 125 万间房屋，其中一期工程已于奥斯巴那巴德（OSMANABAD）和拉土尔（LATUR）的十一个村开始进行。在村镇房屋的改造和加固中，适用的简单经济的抗震、减振、隔震技术尚有待开发和推广。

（局工程力学研究所　张敏政）

赤峰市元宝山区山前乡太平地村山体滑坡及地裂缝考察

一、山体滑坡及地裂缝基本情况

太平地村地裂缝分布于村南砖厂的半山坡上，其位置为 119°12′E，42°03′N，海拔高度为 547.8m，属丘岭山坡北缘（该丘岭最高处海拔为 717.8m）。坡下为一正在施工的砖厂，砖厂取土的掌子面及其南部于 1993 年 9 月 2 日突然下滑塌陷，掌子面整体下降 2m 左右，北移 0.5m，呈阶梯状下降北滑，坡角 30°。明显错动范围为，北南 50m，东西 100m，呈簸箕状北倾。

在考察山体滑坡中，发现自砖厂东墙起有一条近 1～2 年内形成的地裂缝，该地裂缝走向为 NE50°，宽 0.3～0.5m，长 500～600m。裂缝穿过庄稼地，延续到平庄西露天矿矿坑，并穿过铁路。在玉米地中，地面至可量到的深处为 2.8m，西露天矿坑坑底距地面的深度有 10m，在矿坑底地裂缝的痕迹仍明显可见。

二、山体滑坡及地裂缝原因分析

该山体土质属马兰黄土，土层下伏地层沿采土掌子面方向预测有一张性断裂通过。因 1993 年夏季大量降雨，雨水从山坡自上而下流淌，有强烈的下切能力。砖厂采土掌子面北部有一低洼处容易积水，雨水大量渗入后土更加松软，加上坡下不断取土，于是导致上覆地层失去支撑而下滑塌陷。

砖厂墙外北东向长约 500～600m 的地裂缝是应该引起重视的，此地裂缝基本与砖厂采土掌子面沿线重合。该地区位于天山口—八里罕新华夏系断裂构造带和锦山—开原纬向断裂构造带的交汇部位，地质构造比较复杂。天山口—八里罕新华夏系断裂构造带和锦山—开原纬向断裂构造带都属于活动断裂带。该地区新构造活动比较强烈，表现在区域地貌升降活动、断裂活动、地震活动等方面。这次考察中发现的地裂缝也证实了这一带的新构造活动仍在继续运动和发展，表现了地下应力场的调整变化。

三、赤峰市及邻区相继出现的地裂缝是构造应力场增强的反映

1988 年赤峰市翁牛特旗东部和哲盟部分地区相继出现地裂缝和地鼓包现象，面积达 27000km²。裂缝主要集中在西拉木伦河两岸、松辽盆地的西南角。一般长度为 50～150m，也有 20～30m 的，有的延伸至 1000m，宽 0.01～0.02m，展布方向与区域地质构造方向相一致，经多次考察分析研究认为，受构造控制的地裂缝，地鼓包占 60%～70%，有 30%左右的地裂缝和地鼓包分布在下湿地和河边古河道上，这些裂缝不受构造控制。

1992 年赤峰市敖汉旗宝国吐乡发来甸子村及邻区奈曼旗部分地区发现地裂缝。地裂缝位于发来甸子村东北部小北沟西北部，有四户人家房屋内地面及墙壁发现明显裂缝，在这几家屋后山坡上（坡度 4°～5°），也有几组地裂缝分布，各组相距约 15m 左右，走向为 NE82°，宽约 0.01～0.04m 不等，最宽的约 0.04m，向东距小北沟冲沟约 60m 处见一走向 NE37°的裂缝，宽约 0.03m。该村地裂缝长度约 400m 左右，分布在宽约 500m 的地面上。

1993 年赤峰市元宝山区山前乡太平地村又发生地裂缝。

综上所述，自 1988 年以来，地裂缝现象从西拉木伦河两岸逐渐向南发展扩大。对地裂缝现象，辽宁省地震局赵文峰在《东北大陆活动断裂系与地震》一文中指出："大陆内部还有一种特殊的反映断裂蠕动的构造形式，就是由于地壳块体或断裂带的蠕动，导致在地壳中发生的一系列微型破裂构造，一般称之为'地裂'现象。"这种地裂现象"表现出与区域构造方向以及大范围应力场的力学性质、分布方向有很好的一致性，它们不受土质、气候、水文、地貌等条件的影响而广泛分布，在大范围内，表现出有统一受力方向。所有这些特点均反映它们可能是一种大范围的构造活动或深部断裂的蠕动而引起的地表蠕裂现象"。

1988 年是西拉木伦河两岸发现大面积地裂缝的一年，这一年在该区域及其附近发生了彰武 4.8 级与阿鲁科尔沁旗 4.6 级中等地震，1989 年喀喇沁旗发生两次震群活动，哲盟奈曼旗发生一次震群活动，1990 年喀喇沁旗再次发生震群活动，1992～1993 年赤峰市敖汉旗、哲盟奈曼旗、赤峰市元宝山区发生地裂缝，1993 年 4 月喀喇沁旗发生小震群活动。所发生地裂缝区域恰好在这些震群围空区内。

经分析还可看出，赤峰市西拉木伦河南部至宁城县北部及哲盟奈曼旗发生地裂缝在时间和空间上与该区域地震活动增强同步发生，可能是统一应力场作用的结果，是该地区区域构造应力场调整、变化、增强的一种表现。

（内蒙古自治区地震局　辛宝玉　张春玲）

内蒙古正镶白旗伊克淖等苏木地下水抬升灾害成因及灾情调查

一、正镶白旗部分苏木受灾实况

由于地下水位上升造成成灾的伊克淖、察汁乌拉、乌兰察布、阿拉腾嘎达苏四个苏木，地处白旗北部浑善达克沙地南边缘。历史上一直干旱少雨。从1992年春季以来，地下水位上升，1993年春节过后，地下发生冒水现象，过去无水的地方严重渗水，部分沙包出现了泉眼，地面积水增多，小淖成大淖，大淖有的连通；大面积草场、草库伦被淹，有的棚圈倒塌或浸泡在水中；饮水井普遍水位上涨1.0～1.5m，有的已外溢，有的已处积水之中；延续到4～5月份，水位上升为最高，积水漫延到牧民房屋根基，牧民家中普遍出现严重返潮，灶坑、地窖等积水冒水，少数牧户房中出现了泉眼；牧民的住房普遍潮湿，重的裂缝，房基下塌、墙体开裂、倾斜，部分倒塌。6月8日调查组到受灾现场时，水位普遍回落，但牧民房舍损破程度已严重于锡盟调查组的调查报告所描述的情况（表1，表2）。

锡盟报告有4个苏木，16个嘎查受灾，本调查组实地调查11个嘎查，确定共21个嘎查受灾，占四个苏木28个嘎查总数的75%；受灾面积1300km²，占四个苏木总面积2220km²的58.6%；受灾总户数532，占四个苏木总户数2257的23.6%，其中房屋倒塌95户255间，危房233户635间，房屋轻微损坏的有204户459间，受灾总人口2150人（其中倒塌房人口408人，危房人口931人，轻微损坏人口811人）占四个苏木总人口9818人的21.9%；灾区牲畜46114头，占总牲畜的28%；遭破坏浸泡的水井106眼；受灾的棚圈3000多间，面积18000m²（见表2）。

二、地下水位上升成灾原因分析

自治区赴锡盟白旗重要自然灾害调查组是由地震、气象、地质、水文等学科专家组成，在灾区现场专家们从气象因素多年及1992年以来降水资料、水文地质、地形地貌、构造条件、地震活动、钻孔资料、区域地质及一年来地下水升降变化、房屋建筑类型等方面进行认真分析、综合研究讨论，取得了较为一致的意见，对灾害成因给以科学合理的解释，排除了将发生强烈地震的担心。

1. 1992年几次气象异常是成灾的主要原因

受灾伊克淖等四个苏木周围有白旗、黄旗、蓝旗、哪日吐四个气象观测站，经查多年气象观测资料，发现1992年该地区有三次异常降水和二次异常低温过程。

（1）1992年春季降水为历史最高值（表1）。

1992年3月份气温低，降水的蒸发量小，且多连续雨，易渗透，使地下水位明显上升。

（2）1992年夏季降水接近历史极值（表2）。

表 1

	白 旗1	蓝 旗	黄 旗	注
1992年3～5月降水量	118mm	108mm	98mm	
历年同期平均降水量	46.6mm	43mm	33.2mm	创同季历史最高值
1992年相对历年增加	153%	151%	196%	
1992年3月份降水量	32.6mm			
历年同日平均值	7.3mm			相当正常年份的4.47倍

表 2

	白 旗	蓝 旗	黄 旗	哪日吐	四站平均
1992年6～8月降水量	229mm	215mm	387mm	302mm	
相对正常年增加	25%	25%	55%	47%	38%

根据四个观测站距灾区的距离和降水特点，估计伊克淖等苏木在1992年6～8月降水量达300mm左右，这是历史上仅次于1974年降水的年份。但1974年6～8月降水虽达350.8mm，却是集中在一次降水，降水量虽大，渗透量却小，1992年6～8月降水却均匀分布，渗透量大，这是造成伊克淖尔苏木地下水上升重要原因。

(3) 1992年11月降水量是有资料以来极值年，为25.8mm。而历年平均为7.0mm，并且1992年11月气温偏低，低于历年平均值1.4℃，造成较深厚的冻土层，冰面蒸发量变小，固定降水量变大，利于来年返潮，又成为地下水位上升的一个重要因素。

(4) 1993年1月份气温、地表温度偏低，气温为－19.6℃，低历年同月平均值的1.7℃，地表温度为－22℃，低历年同月平均值的2.5℃，而90cm的地温为－11℃，高出历年同月平均值的2.6℃，这样上层温度低，形成冻土层对地下水的压力增大，而下层温度又高，有利于热量由下向上传递，增加含水层压力，在强度较薄弱地点上，如菜窖、灶坑处，地下水冲破土层上涌，冒水或成泉。

(5) 春节之后，气温回升，冻土层溶化，冰化为水，地面返潮，水在土层中不再冻结，而能流动。

2. 特殊的地形地貌、水文地质、区域构造是地下水位上升成灾的重要条件

这次白旗北部发生的自然灾害是由地下水位抬升造成的地质灾害，灾区内地下水的形成、分布又是受地形地貌、区域构造和水文地质条件控制。

(1) 地形地貌 白旗受灾的四个苏木，正处东西走向浑善达克沙漠的南边缘的中段。浑善达克沙漠位于内蒙古高原的中东部，它的南侧与阴山山地东延部分相邻，高程1200～1670m；东边与大兴安岭西麓相接，高程为1200～1959m，为区域地下水补给区；沙漠北缘主要为红色泥岩组成的波状高平原和一系列湖泊洼地，高程为1000～1300m，东北部分布有玄武岩台地；沙漠西部为准平原地形高程为960～1150m，浑善达克沙漠高程为1100～1380m，由东南向西北缓倾斜，灾区的东段沙丘较高，洼地较窄，西段稍低洼地变宽，区域地下水总体流向由东南向西北方向流动。

(2) 区域构造 浑善达克沙漠处于北北东向的新华夏系构造体系和东西向阴山构造带东段的复合部位，沙漠分布范围属浑善达克东西向挽近盆地。在盆地东部平行相间排列有几个走向北东向的次级隆起和凹陷，成为横列多字型构造，灾区处于善都凹陷的南部，凹陷中部第四系厚度达 130m，其下为第三系泥岩，是地下水富水地段，除第四系孔隙水埋基浅、水量丰富外，地表水体也较多。善都凹陷的东侧为扎格斯台隆起。浑善达克东西挽近盆地的边缘地带断裂构造比较发育，盆地北部有一条近东西向的大断裂，属二道井—西拉木伦大断裂的西段，在第四纪又有继承性活动，沿断裂附近有火山喷发和一系列湖泊及东西向泉水带；盆地南侧有一条北西西—南东向隐伏断裂（卫星照片解译确定），沿断裂有一些淖尔分布，该断裂对沙漠南部浅层地下水径流排泄条件起控制作用。

（3）水文地质特征　大气降水在低山丘陵区和沙漠区渗入地下形成地下水，贮存于沙层中，并自东南向北西方向径流，排泄于北西方向的洼地淖尔之中。

①区域地下水形成受气候控制，年际间变化较大，降水量大的年份浅层地下水量大，地下水位高，地下水动态类型为气候型。年内地下水位一般有两个高峰值，第一个高峰值出现在降水季节，第二个高峰值出现在下一年的 3～4 月份，融冻季节。1992 年雨季降水多，降水方式又有利于地下水形成，当运移到沙漠区时已达秋季季节，去年冬季温度低于正常年份的 1.7℃，地面温度低于正常年份 2.5℃，使地下水大量形成并封存。

②浅层地下水总的流向受地形地貌条件控制，从东南部低山丘陵区（海拔 1200～1900m），向北西（900～1100m）方向流动，在局部地区又受微地貌控制。灾区居民点，均选择在四周环山（沙丘）中间水草丰美的地方，房屋北靠山丘，降水之后地下水从四周沙丘向中心低洼地泄集，并以下降泉的形式溢出排泄到淖尔里。

③灾区东部沙丘下面为 Q_{1-2} 灰白色粉细砂含水层，其上覆盖一层 Q_3 的古土壤层，透水性较弱，Q_3 上边被 Q_4 的风积沙丘所覆盖，沙丘的迎风坡由于风蚀强烈，使 Q_{1-2} 粉细砂含水层露出地表，地下水以下降泉形式流出。当地下水位抬高时，因为受 Q_3 古土壤层顶托作用，地下水充出时具有一定的微承压性。在湖沼洼地中沉积一层厚度 10cm 的泥质粉砂层同植物根系交织在一起，具有隔水作用，因此湖沼一带地下水也有微承压性。

④由于地下水补给区的正蓝旗一带 1992 年降雨量比其他年份降水量大，沙漠东部冬季冷，降雪大，因此冻结层厚，当春天到来时，冻结的饱和地下水逐渐融化，向低洼地流动，而低洼区底部地下深处的冰层尚未融化，具有隔水作用，在低洼处形成冻结层上出水，其水位自然抬高；另外在向阳坡，由于受热不均，地下冻结层局部融化形成天窗（如灶坑、菜窖、屋内等），冻结层之下的具有承压性的地下水自天窗涌出。

3. 灾区房屋结构类型不合理是房屋倒塌的直接原因

受灾地区房屋基本都是土坯房，墙体下面有几层草坯，无地基，也未作何处理，大部分房屋又建筑在低洼的潮湿地带，实际上是直接建在软弱无承载能力的粉砂土层上。当地下水位上升，潜水层富含水后，引起了粉砂流动，地基不均匀沉降，使墙体产生裂缝，故造成房屋破坏。这是这次灾害造成大量房屋倒塌、严重损坏的主要原因。在 4～5 月间遭灾的房屋大部分浸泡在水中，可以想象其后果是严重的。

三、灾害发展趋势

调查组经过灾区实地考察和对有关资料分析研究，确定了这次自然灾害的类型，否定了是构造运动和地震因素的可能，认为今后一个时期有以下趋势：

（1）这次白旗北部四个苏木的这场自然灾害具有滞后性特点，随时间推移，灾区的房屋倒塌，严重损坏，在1993年夏秋将会增加20%，到1994年将增加40%～50%；

(2)近几年内再发生1992年多次异常性气候，全年降水量再次出现最大值的可能性很小，因此类似目前这场自然灾害几年内不会重演；

(3) 调查组已排除构造运动和强烈地震发生的可能性，但调查组指出，近年来锡盟地区中强中等地震出现增强活动，虽然浑善达克盆地南缘断裂活动较弱，但不排除有4级地震发生的可能。

四、灾害损失评估

调查组通过对灾区灾情的实际调查，认为这次灾害主要损失是因地下水位上升，造成房屋倒塌和严重损坏及一些牲畜棚圈倒塌，需搬迁重建。由于这次灾害发展有个过程，不是突然发生，大部分牧民有所准备，故无人员伤亡和屋内财产损失。调查组综合分析认为正镶白旗这次自然灾害在自治区范围内为中等灾害，在白旗是较严重灾害，对于受灾的四个苏木则是历史少见的严重灾害，尤其这次灾害的损失将随时间推进，会进一步扩大，受灾的四个苏木又是贫困地区，因此突出了这次灾害的严重性。

调查组根据实际调查结果（表2），灾害损失评估如下：

(1) 在此仍按锡盟调查组的统计数据，共544间（本调查组6月11日统计为890间）计算，据现场对各处房屋结构、质量估算其造价为2000～5000元/间不等，我们分别按不同质量房屋的实有数量加权计算，2000元/间×10%，3000元/间×50%，4000元/间×30%，5000元/间×10%，则倒危房直接经济损失为184.9万元；

(2) 塌危棚圈200处，每处最低价为2000元，合计40万元；

(3) 1993年夏秋雨季再增加20%危倒房，为100间，合计30万元；随之需棚圈搬迁损失40处×1000元，合计4万元；

(4) 饮水井损坏106眼，每眼按最低500元，合计5.3万元；

(5) 网围栏草库伦重建，每户按最低数20亩考虑，共6000亩，每亩按最低价10元计算，合计6万元；

(6) 春季接羔因遭灾减少20%，约2000只，每只20元，合计40万元。

以上，仅考虑前3项，合计损失为258.9万元，考虑6项，损失为310.2万元。

（内蒙古自治区赴锡盟白旗自然灾害调查组）

贵州有关县市地质与地震灾害分析

一、1993年6月贵州兴义市城郊发生地裂缝

从1993年5月起，兴义市城区（黄草坝镇）南西面约4km处的下五屯镇耳寨村出现地裂

缝，该地处在一侵蚀山间盆地内，盆地底部为碳酸盐岩地层，其上部为亚粘土所覆盖。据了解，该地前三四年就有地面和房屋墙体曾产生过裂缝，但在1993年5月以来裂缝骤然增多，直至1993年6月20日止，农房受损或破坏的已有31户计88间。该地房屋多数为浆砌块石墙体的瓦顶房，墙体纵长开裂2～8m之间，宽1～8cm之间，最宽的有15cm。墙体开裂的发育特征多是上大下小，有的还在墙体中部或下部尖灭。地面地裂缝分布面积不广，主要沿两个方向延伸，即近东西向和近南北向。裂缝长一般多为3～5m，最长者10m有余。裂缝宽在3～5cm之间，最宽10cm左右。裂缝深度多数在10～30cm，最深约3.0m。

根据前述地裂缝的概况和特征，经现场考察组多方面分析论证，认为耳寨村发生地裂现象"即不属临震前兆，也不是构造地裂缝。"其成因可能与气候条件变异，地下水位波动及岩溶发育等多种因素有关。在此基础上，向当地政府提出了防范建议。事实证明，这一判断起到了安定人心，促进农业生产的作用，取得了一定的社会和经济效益。

二、1993年7月31日贵州江口县城近郊发生地裂缝

新田村民组位于江口县城（双江镇）西南5km处，是双江镇凯德村一个村民组。它处于相对高差约100m多的坡面山腰上。1993年7月31日下午3时，该村民组出现地裂缝，残积的第四系覆盖层黄色紫色亚粘土出现整体下滑下沉现象。整体横向下滑长约500m，沿斜坡宽约50m。当日7时许，由于地面坡面变形加剧，使一栋木制农房倒塌，十余户农房屋基或墙体受损，给1966年搬来该地36户农户带来威胁。

经实地勘查和现有的资料分析后认为：新田村民组出现的灾害不是地震活动造成，而是一种常见的地质灾害。其原因是地裂地滑之前，即当年7月26日突降暴雨，日均降雨量为116.7mm，7月31日的日均降雨量为96.6mm。此外，该山的背后是露天开采石灰矿，由于开山放炮作用，也加速了重力滑坡的进程。据此，向当地政府提出了有关的防灾建议。

三、1993年11月6日贵州威宁玉龙乡发生滑坡

威宁地震台的高级地震地质工程师朱显灵认为，玉龙乡团结村发生的不是"突然地陷"，而是一种常见的地质滑坡灾害。滑坡地为西北高东南低，高差为265m，呈北西向的马蹄形长约6km的槽谷地，它的南北各有一条河沟，农户居住两河沟夹持的北西向小山梁及河沟两侧的坡地上。滑坡体位于该村东头的坡地。1993年11月2日中午1时左右发现该村前坡地开裂，之后裂口逐渐增大，4日将地裂下方的5户人家搬出。5日下午10时发生第一次滑坡，6日早晨1时和3时再次滑坡，以最后一次最大。滑坡体长350m，宽150m，面积约40000m²，滑坡体体积约140000m³，滑体下滑10～30m。它是该处岩层与坡向一致的顺层重力滑坡。在有利地形，有利岩层结构，即底部为二叠系峨眉山玄武岩，它上面为第三系的砾岩和含砾粘土岩，覆盖层为第四系亚粘土，且厚度大于3m，在该地10月份阴雨连绵的情况下，发生了重力滑坡。因此，此次滑坡与地震活动无直接关系。但玉龙乡以北40km处石门乡，在1948年发生过M_S6.0地震。在威宁自治县境内，据初步统计，从1965年至今，已发生M_L3.0～4.5地震55次，其中一些地震的震中位于玉龙乡附近。这些地震对山区边坡场地是有影响的，也是重力滑坡的因素之一。目前，玉龙乡团结村滑坡体已趋于稳定。

四、1993 年 2 月贵州福泉县城发生地动人摇事件

1993 年 2 月 25 日，贵州省地震办公室接到贵州日报转来群众来信一件，反映福泉县城（城厢镇）在 2 月份人感地动人摇，是否会发生破坏性地震问题。来信中对 1992 年 7 月 19 日、8 月 31 日，1993 年 2 月 8 日和 12 日有较详细时间、振动概况和物体反应等记录。在具体时间上，既有下午 1 时 30 分，又有凌晨 4 时左右的，振动最短的时间为 2 秒钟，最长的时间为 4 秒钟，有的人从睡梦中惊醒，睡在沙发上被震滚下来，楼房振动，门窗有响声等。

经现场调查，福泉县林业局、县交通局、县妇幼保健院、城厢镇税务所等单位，确有地动人摇事件，时间大体也相符。这些单位地处一个斜坡，属于石灰岩地区。在斜坡上面且较平坦的县供销社招待所，福泉中学等单位无此感觉。因此，范围不大，约有 $1km^2$。经分析认为：不属于地质构造地震之列，近期不可能发生破坏性地震。造成此种现象可能与工业放炮、机械振动、地质构造蠕动有关，特别与该处地形地貌、地质条件、岩溶蠕动和斜坡地下流水有关。即下午 1 时 30 分的地动可能为人工地震，早晨 4 时左右的可能为岩溶塌陷（包括地下流水塌陷）或岩溶蠕动地震。这些地震，强度一般不会很高。因此，不会发生较大的破坏和损失。

（贵州省地震办公室　覃子建　罗远模　王继安）

国际交往

这部分主要介绍本系统双边、多边国际合作项目。

1993 年出访项目

1 月 10～22 日

云南省地震局局长姜葵、研究室主任刘祖荫、副研究员蒋乐群一行三人赴日本就双方微震观测合作一年来所取得的成果进行学术交流。

1 月 31 日～2 月 21 日

局震害防御司助研杜玮赴泰国参加由日本政府和亚洲灾害防御中心主办的“地震危害减轻”培训班。

2 月 1～9 日

工程力学研究所所长、研究员谢礼立赴印度参加联合国减灾十年科技委员会第四次会议。

2 月 1 日～4 月 2 日

地质研究所博士高祥林赴日本京都大学防灾研究所就“中国大陆内部发生的大地震与日本列岛在南侧的板间大地震的相关性”进行合作研究。

2 月 5 日～3 月 20 日

工程力学研究所副研赵振东、助研傅铁铭二人赴日本京都大学防灾研究所执行“中日桩基贯入的力学机理研究”第二年度国际合作研究计划。

2 月 8～16 日

地质研究所研究员强祖基应邀赴美国参加第九届遥感应用地质大会专题会议，会议在加州帕萨迪那召开。

3 月 13 日～4 月 1 日

地球物理研究所教授周公威、工程师刘希玲、朱文林一行三人赴美国执行中美合作中国数字地震台网 1993 年度双方人员互访计划。

3 月 19 日～4 月 10 日

地质研究所教授高名修赴印度参加喜马拉雅地质与地球物理研讨会。

3 月 19～30 日

分析预报中心研究员庄灿涛应邀访问日本，除参加地震、地球科学学会会议外，还向日方介绍“数字地震观测试验系统”研制的有关设备，与日方就合作的课题进行技术探讨。

3 月 30 日～4 月 4 日

山东省地震局助研刁守中、助研蒋海昆二人应邀赴德国参加“地球科学中的分形和动力系统国际会议”。

4 月 16～23 日

工程力学研究所研究员罗学海、夏敬谦二人应邀赴香港大学就合作项目“结构模型振动台试验研究”进行总结及学术交流。

4 月 1 日～6 月 28 日

分析预报中心副主任郑斯华应邀赴日本东京大学地震研究所进行短期研究访问，就地震预测的研究，特别是采用数字化地震观测资料进行地震破裂过程的研究开展学术交流。

4 月 8 日～6 月 7 日

地质研究所副研究员位梦华应美国北极考察委员会首席科学顾问、美国北极考察实验室首席科学家汤姆·奥尔伯特博士等的邀请赴美考察北极。

4 月 12 日～4 月 15 日

局华商通信技术发展总公司董事长张立明、总经理高文光应澳门国丰贸易有限公司董事长何厚铧邀请，赴澳门洽谈有关合作事宜。

4 月 14～24 日

局长方樟顺率团一行四人应泰国气象厅邀请，赴泰国进行访问，商讨两国地震科技合作，签署两国地震科技合作备忘录。代表团其他成员有：局国际合作司副司长顾平、工程力学所研究员廖振鹏、地球物理所研究员林邦慧。

4 月 16 日～5 月 11 日

地质研究所副研究员张培震博士应全球地震灾害评价计划指导委员会总协调人 DOMENICO GIARDINI 的邀请，赴墨西哥参加全球地震灾害评价计划指导委员会第二次工作会议，会后顺访美国内华达大学。

4 月 20～26 日

上海市地震局副局长、高工火恩杰，开发部主任、工程师江沁洪，上海核工程研究设计院高工吴际杓，上海核电器材公司高工吴培钟，中国中原（恰希玛项目）公司高工高忠勇一行五人赴新加坡对进口仪器设备进行标定、验收及技术交流。

4 月 15～21 日

局科技情报中心翻译赵苹随中国华兴公司赴日本考察农业技术（借调）。

5 月 3～27 日

上海市地震局副局长火恩杰、开发部主任江沁洪二人赴巴基斯坦执行与中国核工业物资供销上海核电器材公司签订的《巴基斯坦恰希玛核电站安全壳土压力、地下水压力及地下水孔隙压力监测仪表系统技术合同》现场安装技术指导任务。

5 月 4～11 日

地球物理研究所研究员赵仲和、山东省地震局研究员林榕光、国家地震局国际合作司项目官员黄建发赴菲律宾执行国家科委“落实赠送地震仪器”任务。

5 月 16～27 日

工程力学研究所研究员赵威、副研究员尚久铨、张敏政一行三人赴俄罗斯执行中俄地震工程合作协议（隔震试验）项目。

5 月 6～18 日

副局长何永年、国际合作司处长朱世龙二人应新西兰地质与核科学研究院邀请赴新西兰访问，商谈中新两国地震科技合作及两国地震科技合作议定书。

5 月 11～19 日

工程力学所研究员何度心赴美国执行中美地震科技合作项目并接收美方赠送计算机设备。

5 月 18 日～8 月 1 日

地质研究所助研刘力强赴美国地质调查局执行中美岩石力学合作计划项目，完成课题总结。

5 月 19 日～6 月 14 日

工程力学研究所副所长齐霄斋、高工刘连胜、副研朱葳、杜尧俊、博士金星、海南省地震局局长刘武忠、上海市地震局外事办公室副主任郁士勇一行七人赴俄罗斯执行中俄地震工程科技合作项目。

5 月 11～16 日（21 日）

地壳应力所所长赵国光教授、研究员苏恺之、张伯崇、李方全一行四人应日本电力中央研究院我孙子研究所邀请赴日签订民间科技合作“AE 深部应力测量”项目协议合同，并进行学术交流。

5 月 21 日～8 月 12 日

地球物理研究所研究员曾融生应邀赴美国参加美国地球物理春季年会并顺访。

6 月 5 日～7 月 18 日

地质研究所研究员邵学钟赴吉尔吉斯斯坦参加“穿越天山的地震转换波测深资料的分析解释”工作（新疆地震局项目）。

6 月 7～21 日

吉林省地震局副局长、高工李继泰，黑龙江省地震局副局长、高工朱景春，海南省地震局高工吴泽龙，国际合作司翻译金成吉一行四人赴朝鲜执行“长白山火山考察研究”合作项目。

6 月 8～17 日

陈颙副局长率团一行五人应以色列石油研究和地球物理研究所邀请赴以色列访问、交流。代表团其他成员有：安徽省地震局副局长王炜、兰州地震研究所副研郭大庆、局国际合作司处长朱世龙、局科技监测司副处长徐京华。

6 月 10～25 日

地震研究所研究员吴翼麟、陕西省地震局助研冯希杰二人赴土耳其执行中土地震科技合作“滑坡监测”合作项目。

6 月 14～21 日

陈章立副局长率团一行三人应越南国家科学研究中心邀请赴越南访问。代表团其他成员有：局国际合作司副司长顾平、广西自治区地震办公室副主任莫敬业。

6 月 12 日～7 月 5 日

陕西省地震局副局长张宏随山西省人民政府组团赴吉尔吉斯斯坦访问、考察（山西省地震局项目）。

6 月 16 日～9 月 25 日

分析预报中心工程师张肖琪随北京医科大学人民医院组团，赴美国洽谈医疗仪器捐赠和仪器测试工作。

7 月 20 日～8 月 4 日

海南省地震局副局长陈金海随中共中央党校和中国对外经济贸易咨询公司组团赴泰国和马来西亚考察。

6 月 9 日～7 月 30 日

地震研究所工程师高伟民赴卢森堡进行合作研究。

6 月 21 日～7 月 2 日（20 日）

国家地震局研究员丁国瑜及地矿部地质矿产信息研究院高级工程师刘雅蓉应日本地质调查所邀请赴日参加“国际自然灾害制图讨论会”。

7月8～23日

广东省地震局副局长、研究员林纪曾，云南省地震局副研秦嘉政和局科技监测司助研阴朝民一行三人赴土耳其执行中土地震科技合作“地震预报试验场”项目。

7月5～15日

局华商通信技术发展总公司董事长张立明、高级顾问黄仲林教授一行二人应邀赴澳门商讨合作事宜。

7月20日～8月27日

四川省地震局副研陈天长赴日本执行“地震波自动记录实时处理系统”合作研究。

7月21日～8月19日

分析预报中心助研张德成应邀赴美国华盛顿州塔科马市就防灾程序、防灾计划、地震对策等问题进行学术交流。

7月24日～8月7日（13日）

局地震数据信息中心研究员赵仲和、局科技监测司工程师李健二人赴瑞士参加日内瓦裁军会议特设地震专家组第三十六届会议。赵仲和于会后应邀赴挪威参观“地震监测台阵”。

8月14日～9月21日

局综合观测队高工于允生、工程师王世俊赴俄罗斯考察。

8月18日～9月18日

局科技监测司司长孙其政等一行八人赴俄罗斯参加中俄地震预报讨论会。代表团成员还有：分析预报中心副主任张国民、研究员何世海、张肇诚；河北省地震局总工罗兰格；云南省地震局研究员陈立德；局综合观测队高工车兆宏，局国际合作司翻译黄建发。

8月16～30日

上海市地震局副研究员戴邦雯随中国中原对外工程公司赴巴基斯坦执行恰希玛核电站现场技术服务任务。

8月23日～9月26日

江苏省地震局副局长贺楚儒，高工徐玉华、张绍治，局分析预报中心研究员张炜，上海市地震局副研朱元清一行五人赴哈萨克斯坦执行形变、遥测、水化等方面的合作项目。

8月25日～9月27日

地球物理研究所副研高孟潭、黄玮琼，青海省地震局室主任张晓东一行三人赴俄罗斯执行中俄地震科技合作“地震区划”项目。

8月22日～9月15日

局震害防御司助研孙福梁、陆鸣二人赴印度尼西亚参加由日本JICA和印尼政府联合组办的“地震工程减灾高级培训班”。

8月30日～9月13日

局第一地形变监测中心主任李延兴、第二地形变监测中心副主任丁平、综合观测队队长陈景权、局综合计划司副处长韩晓东、局国际合作司翻译金成吉一行五人赴朝鲜执行“地形变观测技术与地震预报合作项目”。

8月29日～9月4日

地壳应力研究所所长赵国光为执行中泰地震科技合作“水库诱发地震”项目赴泰国就“内应力测量水压致裂技术”讲学。

8月30日～11月26日

工程力学研究所硕士袁晓铭赴马其顿共和国参加地震工程讲习班。

9月2～17日

四川省地震局助研闻学泽、宁夏回族自治区高工任庆维、局震害防御司助研张宏卫一行三人赴土耳其执行中土地震科技合作“活断层地震活动性研究”项目。

9月5～10日

地球物理研究所钱书清副研究员、郝锦绮副研究员一行二人赴日本参加“与地震预报有关的电磁现象国际学术讨论会”。

9月5～10日

江苏省地震局研究员张德齐赴日本参加“电磁现象与地震预报国际研讨会”。

9月6～16日

局科技开发办处长刘玉辰、新疆地震局局长石鉴邦、江苏省地震局副局长周太平一行三人赴哈萨克斯坦考察。

9月13～21日

国家地震局副局长陈颙、局国际合作司助研胡春峰一行二人赴俄罗斯参加“地震经济损失图工作会议”。

9月7日～10月4日（9日）

地质研究所研究员徐道一、副研郑炳华、高工张存德一行三人赴希腊执行中希地震科技合作计划“地震区现代地壳形变的综合研究”项目。徐道一还赴波兰参加“全球界线事件”大会。

9月7日～10月4日

地质研究所研究员方仲景、副研程绍平一行二人赴希腊执行中希地震科技合作“中国北京和希腊萨洛尼卡地区最新脆性变形与地震断层活动习性的定量研究”项目。

9月14～23日

地质研究所研究员邓起东赴俄罗斯参加“全球地震灾害评估项目专题讨论会”。

9月27日～10月14日

局科技监测司处长修济刚、地壳应力研究所研究员徐宗和一行二人赴亚美尼亚参加“国际地震预防学术研讨会”并商讨合作事宜。

9月24日～10月8日

地质研究所研究员林卓然赴意大利参加国际标准化组织（ISO）微束分析技术委员会（TC202）会议。

9月20日～10月13日

地质研究所副研严正赴波兰参加全球界线事件国际讨论会。

9月24日～10月13日

兰州地震研究所副所长钱家栋、副研陆阳泉、高工赵家骝三人赴法国执行中法地震科技合作地电地磁的理论与应用研究项目。

9月24日～10月4日

地质研究所助研赵阿兴赴伊朗参加第八届地震预测国际学术讨论会。

9月23日～10月4日

分析预报中心研究员朱岳清赴伊朗参加第八届地震预测国际学术讨论会。

10月9～24日

局人事教育司司长李裕澈等七人赴新西兰进行综合防震减灾考察。代表团其他成员有：甘肃省人民政府副秘书长赵胜勤、新疆自治区党委副秘书长董兆河、广东省人民政府办公厅处长朱启淦、中国石油天然气总公司抗震办主任王优龙、北京市市政委员会副主任阜柏南及局国际合作司翻译徐志忠。

10月10日

工程力学研究所在职博士生、助理研究员傅铁铭赴香港大学访问研究，主要开展动力边界元法及其在复杂地震动中的应用方面的研究，为期六个月。

10月14日～12月30日（1994年1月15日）

分析预报中心助研高原、地球物理所室副主任吴忠良二人赴美国执行中美地震科技合作“数字化地震数据的技术分析”项目。

10月15日～12月20日

工程力学所研究员袁一凡应邀赴日本京都大学防灾研究所进行“强地面运动和大城市地区的地震危害性研究”。

10月15～28日

地质研究所研究员强祖基赴奥地利参加第四十四届国际宇航大会。

10月17～27日

国家地震局副局长葛治洲、局国际合作司副处长陈洪飞、分析预报中心研究员郗钦文等一行三人赴比利时、卢森堡执行中比卢地震科技合作项目。

10月25日～11月1日

国家地震局局长方樟顺率团一行五人赴哈萨克斯坦考察访问，重点考察综合防震减灾工作方面的经验。代表团其他成员还有：局国际合作司副司长顾平、震害防御司司长王国治、水利部防汛办副处长邱瑞田、局分析预报中心研究员张肇诚。

10月29日～11月5日

地质研究所研究员徐道一、副研杜品仁二人赴日本进行地震学方面的学术交流。

10月29日～1994年11月23日

分析预报中心工程师盛家伦赴美国南加州大学南加州地震中心工作访问。

10月29日～11月2日（5日）

国家地震局副局长陈章立率团一行十人赴日本参加东亚地震学联合会。代表团成员还有：地球物理所所长研究员陈运泰、研究员朱传镇、物探大队队长高工张先康、地质所研究员马瑾、天津局教授冯德益、翻译王树义、工力所助研孙柏涛、分析预报中心副研陈建民、云南省人民政府副秘书长韩龙。

10月29日～11月2日

第一地形变监测中心主任李延兴、王若柏，新疆地震局局长朱令人，地震研究所教授蔡亚先，山东省地震局教授魏光兴，地球物理研究所教授谢毓寿，分析预报中心教授朱岳清等一行七人赴日本参加东亚地震学联合会。

10月29日～11月2日

辽宁省地震局副局长卢造勋、地球所副研高孟潭、地震研究所高工吴亚明一行三人赴日本参加东亚地震学联合会。

10月29日～11月2日

分析预报中心研究员丁鉴海赴日本参加东亚地震学联合会。

10月29日～11月2日

包头市地震局马桂芳赴日本参加东亚地震学联合会。

10月31日～11月6日

分析预报中心研究员傅征祥赴日本参加国际减灾会议。

10月29日～12月9日

工程力学研究所助研关慧敏赴印度参加由UNESCO举办的地震学和地震危险性评估培训班。

10月30日～11月8日

甘肃省灾害防御协会副会长、高工田植甲，甘肃省计委处长、高工王守俭，甘肃省国际减灾十年委员会副主任、经济师梁鹏，甘肃连城铝厂高工于宝酒，国家地震局地壳应力研究所工程师王宝杰，中国有色金属总公司兰州有色金属研究所高工丁伯阳一行六人赴日本参加国际城市灾害讨论会。

11月1～11日

分析预报中心副主任、研究员张国民，副研孙士鋐，地质研究所副研杨主恩，工程力学研究所副研张敏政，局国际合作司翻译黄建发一行五人赴印度对马哈拉施特拉邦发生的破坏性地震进行现场考察。

11月6～18日

地震数据信息中心赵仲和赴意大利参加裁军地震专家组会议。

11月10日～12月12日

地质研究所研究员邓起东参加中国科学院地质所组团，赴日本与东京大学共同进行“我国山西与日本本州地区地质断裂构造对比研究”。

11月18日（二年）

工程力学研究所助研刘勇生赴加拿大渥太华大学土木工程系进行访问研究，开展有关桥梁结构工程中的数值计算与分析方法的研究。

11月15～11月23日

局计划财务司工程师杜甫来、分析预报中心研究员庄灿涛、甘肃省地震局工程师何广林、分析预报中心工程师薛兵一行四人赴香港执行技术培训（85-907-01项目“数字地震观测试验系统的研制”）。

11月20～26日

工程力学所所长谢礼立应邀赴瑞士参加联合国科技委员会第五次会议。

11月20～28日

地质研究所副研张培震赴埃及参加“埃及全国应急防务会议”。

11月27日～12月22日

综合观测队工程师王世俊赴俄罗斯签订合作开办企业协议。

11月21日～12月12日

分析预报中心研究员朱岳清赴意大利参加第二届非线性动力学和地震预报与 LEZJONI. LINCEE－IBM 研讨班。

11月29日～12月13日

辽宁省地震局高工吴戈、河南省地震局高工孟宪东、山东省地震局副研季同仁、江苏省地震局副研朱书俊、局国际合作司翻译金成吉一行五人赴朝鲜执行中朝地震科技合作“中朝历史地震资料编纂项目”。

11月29日～12月12日

局国际合作司副司长顾平、震害防御司司长王国治、科技监测司副司长李宣瑚、工程力学所副所长高工齐霄斋一行四人赴美国执行中美地震科技合作年度双方协调人工作会晤。

11月17日（450天）

地球物理所副研究员郑重参加国家第十次南极科学考察队赴南极考察。

11月28日（一年）

地质研究所助研徐锡伟赴日本东京大学从事博士后研究，课题为“日本逆断裂 的分段性和非线性古地震学的地质和地貌学研究”。

12月5～14日

地震研究所研究员李瑞浩赴日本参加第八届国际现代地壳运动会议。

12月5～16日

地震研究所所长赖锡安赴日本参加第八届国际现代地壳运动会议。

12月5～11日

地震研究所助研黄建梁赴日本参加第八届国际现代地壳运动会议。

12月7～15日

陕西省地震局局长李博等一行八人赴泰国执行中美数字化地震台网考察任务。代表团成员还有：西藏地震局副局长刘洪发、局国际合作司处长朱世龙、局人教司副处长章思亚、地球物理所工程师刘希玲、黑龙江省地震局工程师孙文斌、内蒙古地震局工程师王玉海、广东省地震局外事科长李博山。

12月13～20日

地球物理所副研王亶文赴越南参加“地磁赤道”国际工作组会议

12月21日（一年）

辽宁省地震局助研杜志俊赴意大利进行中期地震预报和地球结构研究。

12月21日～1994年2月9日

地壳应力研究所所长赵国光等一行八人赴泰国执行拉姆塔崆抽水蓄能工程原地应力测量技术合作。技术组成员还有：研究员李方全、高工张钧、助研毛吉震、助工张志国、助研陈群策、助研郭启良、副研祁英男。

1993 年来访项目

1 月 5～12 日

日本气象厅气象研究所地震火山部地震专家石川有三先生应邀来华参加 1993 年度全国地震趋势会商会。

2 月 6～19 日

世界实验室磁流体发电机（HEFEST）项目主任马特鲁尔西教授（意大利籍）、格莱高里·里西教授（意大利籍）、泽伊加尼克教授（俄罗斯籍）应邀来华访问，主要与我方详细讨论由世界实验室资助中方开展 HEFEST 项目以及建立 HEFEST 项目中国中心等有关事宜，此外还赴项目作业区实施现场考察，并在北京、西安有关单位开展学术交流活动。

2 月 19 日～3 月 19 日

意大利国际商务公司董事长徐玉清（意籍华人）应局华商通信技术发展总公司邀请来华洽谈合作业务，分别在北京、天津、西安、桂林、哈尔滨、吉林、大连、成都等地活动。

2 月 7～28 日

美国地震仪器专家布里泽尔先生（持新西兰护照）为执行中美地震科技合作计划来华工作。主要在北京中国数字化地震台网维修中心工作，并赴新疆乌鲁木齐地震台进行地震仪器与设备的检修和测试工作。

3 月 2 日～4 月 30 日

俄罗斯科学院大地物理研究所乌洛莫夫教授和斯托尔恰克应邀来华讲学、工作，主要就地球动力学与地震预报、地震区划方面的专题进行讲学，此外还就地震预报、亚欧地震目录的编制等课题开展合作研究，并赴云南滇西试验场考察。

3 月 19 日～1994 年

新加坡华侨、美国西方地球物理公司职员李斯强先生来华在局地球物理研究所就地球物理、地震数据处理等方面的内容进行学习和研究，为期一年。

3 月 5 日

瑞士自然灾害专家 C. Kerpelman 应中国减灾十年委员会和国家科委邀请来华访问，顺访设在局地质研究所的全国自然灾害综合研究组，详细了解中国自然灾害资料情况。

4 月 19～23 日

日本东京大学地球物理系菲尔·卡明斯博士（美籍）应地球物理研究所邀请来华就“三维体波反演”等内容进行讲学、交流。

5 月 4 日～6 月 4 日

哈萨克斯坦科学院地震研究所卡扎可夫等一行五人根据中哈地震科技合作议定书，来华交流与合作，主要在江苏省地震局就地球物理、形变、遥测和地球水化学等领域进行学术交流。

5 月 10～25 日

法国巴黎地球物理研究所皮埃尔·莫拉特先生为执行中法地震科技合作计划地电项目来

华工作，主要在兰州地震研究所进行地电野外选点和实验室工作。

5 月 10～23 日

瑞典乌普萨拉大学助教鲁格·瓦尔斯特罗姆应邀来华访问，分别访问局地质研究所、地球物理研究所、兰州地震研究所、青海省地震局，还考察了唐山地震遗迹。

5 月 14～28 日

土耳其灾害事务管理局地球物理工程师德米·阿金、地球物理专家阿瑟·亚特曼、化学工程师舍瑞夫·赛吉利应邀来华工作，主要在云南滇西地震预报试验场开展合作研究与交流，并参观局分析预报中心。

5 月 14～23 日

日本地质调查局大阪分部主任佃荣吉寒川应山东省地震局邀请来华讲学，主要就地震危险性分析问题进行学术交流。

5 月 18 日～6 月 3 日

以朝鲜地震局副局长金圣男为团长的朝鲜历史地震资料汇编代表团一行五人为执行中朝地震科技交流与合作协议书计划来华访问，就“中朝邻近地区历史地震资料汇编”项目进行合作与交流，还赴河北省地震局、天津市地震局、辽宁省地震局进行学术交流。

5 月 22 日～6 月 1 日

以哈萨克斯坦国家紧急状态委员会副主席努拉赫麦特·维扎诺为团长的代表团一行四人应邀来华访问，除在京考察地震研究机构及地震科研项目外，还赴上海地震局考察。

5 月 22～28 日

美国地质调查局中国数字化地震台网美方项目新负责人约翰·戴尔博士为执行中美地震科技合作议定书计划来华访问，与中方讨论台网二期改造计划实施时间及通讯链路等问题，并参观局分析预报中心。

5 月 24～29 日

美国匹茨堡大学地质科学系主任、著名地震和地质灾害预测学家 H. 安德尔逊及其助手谢觉民教授应局地震研究所邀请来华讲学，主要在地震研究所就地震和地质灾害预测方面的内容进行学术交流。

5 月 25 日～6 月 2 日

欧洲地球动力学和地震学中心主任弗利克应地震研究所邀请来华访问。外宾除在武汉执行中、比卢合作项目外，还顺访上海市地震局。

5 月 25～31 日

美国地震仪器专家布里泽尔先生（持新西兰护照）为执行中美地震科技合作计划中国数字化地震台网项目来华工作，在地震台网维修中心进行地震仪器设备的检修和测试工作，并赴云南滇西试验场工作。

6 月 3～11 日

美国专家哈尔伯特·斯科特为执行中美数字地震台网合作项目来华工作，主要在局地球物理研究所中美数字地震台网数据管理中心进行软件安装和调试工作。

6 月 24～30 日

日本京都大学防灾研究所松波孝治和竹内向治应局工程力学研究所邀请来华执行合作项目，赴唐山地震现场工作。

7月4～9日

日本国立中央研究所我孙子研究所佐佐大俊二先生和金川忠先生应局地壳应力研究所邀请来华执行合作项目。根据双方签定的"共同开展水压致裂裂缝传播规律"合作项目协议，在华进行现场勘查并确定试验钻孔位置及施工方案。

7月15～21日

美国驻华使馆二等秘书吉娜·苏里凡女士及中美合作中国数字化地震台网美方地震仪器专家布里泽尔应邀赴拉萨参加拉萨数字地震台验收会，与中方一起就拉萨观测设施建设、数字地震仪系统设备安装、调试工程及数字地震仪并网运行质量进行评估。

7月27日～8月2日

美国哥伦比亚大学郭宗汾教授为执行中美地震科技合作议定书计划，来华就"局部重力场变化与地震发生的关系"项目与我局地球物理所有关科学家共同合作研究。

7月29日～8月6日

美国阿拉斯加北极自治区野生生物管理部、美国北极考察站首席科学家托马斯·奥尔伯特博士、美国北极考察队组织者鲍尔·史龙克等一行四人应局地质研究所邀请来华访问并进行学术交流。

8月2～8日

德国波恩大学地球物理学家詹茨齐教授一行四人来华参加国际潮汐学术会议，会议期间顺访局分析预报中心。

8月3～9日

日本东京大学国际减灾工程中心片山垣雄教授等一行五人应局工程力学研究所邀请顺访工程力学所。

8月8～19日

美国地质调查局阿尔布开克地震实验室数字地震仪器专家布里泽尔先生（持新西兰护照）为执行中美地震科技合作中国数字化地震台网项目来华工作，除在台网维修中心和白家疃地震台进行地震仪器与设备的检修和测试工作外，还赴海南省琼中地震台工作。

8月8～12日

由局地震研究所主办的"武汉国际地壳动力学观测仪器与观测技术发展研讨会"在武汉召开，来华参加会议的有西班牙天文大地测量研究所所长、测量学者维尔哈、仪器专家托洛、仪器专家多迪兹、比利时皇家天文台仪器专家范隆贝克、比利时皇家天文台仪器专家拉逊、冰岛测量研究所仪器专家霍尔多尔逊、俄罗斯大学天文与测量研究所仪器专家科巴耶夫。

8月8～11日

西班牙天文大地测量研究所所长维尔哈教授及托洛博士、拉蒙博士在参加武汉国际地壳动力学仪器与观测专题讨论会后，在地震研究所就地形变观测资料的传输与采集进行合作研究。

8月12～16日

比利时皇家天文台范隆贝克博士与霍尔多尔逊工程师，在参加国际地壳动力学观测仪器与观测技术研讨会后，在武汉地震研究所测试并标定仪器。

8月10～19日

日本茨城大学地球科学系藤井阳一郎教授在北京参加国际大地测量协会学术会议之后顺

访局第一地形变监测中心和福建省地震局，就地震预报的 GPS 数据处理方面的问题及大地形变测量在地震预报中的应用研究进行讲学交流。

8 月 13～20 日

韩国汉阳大学地球科学及海洋科学系主任金昭九教授应辽宁省地震局邀请来华进行学术交流，主要在辽宁省地震局讲学，并赴延吉、丹东考察。

8 月 15～20 日

日本京都大学地球物理和重力学家中川一郎先生和圭子女士在参加在北京举行的国际固体潮学术会议后顺访地震研究所。

8 月 22～31 日

香港理工学院大地测量专家 A. J. BRIMICOMBE 博士和邓康伟先生参加在北京举行的国际固体潮学术会议后，顺访武汉地震研究所和云南省地震局。

8 月 17～26 日

土耳其地震工程专家南捷特·巴尤克、阿克弗·多干、英吉恩·依南，为执行中土地震科技合作协定书计划，来华就地震灾害评估及危险性分析和防震减灾等项目进行合作研究。外宾在北京和哈尔滨、唐山等地进行学术活动。

8 月 29 日～9 月 18 日

德国 Mainz 大学帕斯切尔教授和荷兰 Utrecht 大学的迪尔克斯博士根据中荷“中下地壳变质构造岩的应变相分析”研究计划来华工作，赴山西省进行野外地质考察。

8 月 29 日～9 月 14 日

新西兰地质和核科学研究院院长大卫·罗斯和史密斯博士应我方邀请来华探讨中新两国地震科技合作事宜，签署了中新地震科技合作备忘录，并访问局地质研究所和分析预报中心，顺访地矿部、中科院南海海洋研究所等单位。

8 月 30 日

美籍华人朱若敏女士来华顺访我局。

9 月 1～15 日

美国麻省理工学院伯奇菲尔教授、莫尔纳、布朗来华执行中美地震科技合作议定书计划，赴新疆进行野外考察、开展天山地区活动断裂、活动褶皱及其与地震的关系研究。

9 月 2～10 日

美国加利福尼亚理工学院的世界著名地震工程学家豪斯纳教授与张逢铿教授为执行中美地震科技合作议定书附件三——地震工程与减轻地震灾害合作的研究项目来华进行工作访问，与我局地震工程专家共同交流在该领域内各自的研究成果。豪斯纳教授访华期间，在工程力学研究所参加了该所授予他名誉教授称号的仪式。外宾在京期间，国务委员宋健接见了两位美国客人。

9 月 2 日～10 月 2 日

日本京都大学防灾研究所松波孝治副教授和东京都土木技术研究所星野务主任研究员应工程力学研究所邀请，来华执行中日强地震动预测合作项目。主要在哈尔滨工程力学研究所活动，并赴唐山现场检查台网，验收新仪器。

9 月 7～18 日

日本东京大学地震研究所副教授武尾实博士一行三人应局分析预报中心和陕西省地震局

的邀请，来华讲学，主要就“利用近场数字化地震记录反演震源破裂过程问题”在北京和西安进行学术交流活动。

9月12～23日

德国马普学会的十一位地震学家应邀来华参加首届中德地震学研讨会，会议是由国家地震局和德国马普学会联合发起并筹办的，旨在进一步增强双方科学家之间的了解，推进双方在地震学研究和综合防减灾方面的科技交流与合作。会后，外宾赴云南省地震局滇西地震预报试验场和广东省地震局参观访问。

9月17～27日

日本工程振兴协会组织的实地考察团一行三人应工程力学所邀请来华对东北三省进行实地考察。考察团成员有：户田建设土木技术研究室志关彰男、鹿岛土木技术本部技术部藤村久夫、竹中工务店技术研究所 TAKERU HIROMATSU。

9月20～25日

日本东北大学流体科学研究所伊藤高敏先生应地壳应力所邀请来华，就水压致裂应力测量方面的实验研究成果与中方进行学术交流。

9月21～30日

日本京都大学灾害防御研究所地震预报研究中心主任住友则彦教授应地球物理研究所邀请来华，主要在地球物理所就地震预报方法问题进行讲学，并赴西安访问。

9月21～28日

俄罗斯科学院远东分院地球物理与大地构造研究所柯察金、奥鲁霍夫、奥菲契尼柯夫等三位地震科学家应辽宁省地震局的邀请来华，与辽宁局科学家交流各自的研究成果。

10月11日～11月18日

以日本建设省建筑研究所石桥克彦先生为团长的日本国际协力事业团一行五人来华参加地震学、地震工程研讨会，主要了解赴日进修生回国后发挥作用的有关情况。

10月18日～11月8日

美国地质调查局金继宇、金碧霞、施性杰、施 碧玉一行四人为执行中美地震科技合作“水文地球化学地震观测”项目来华工作。除在北京地区进行野外观测和资料处理等工作外，还赴唐山和西安进行实地观测和考察。

10月24日～11月3日

澳大利亚新南威尔大学测量学院布鲁勒教授应地震研究所邀请来华讲学，主要在地震所就 GPS 在地壳形变及地震研究中的应用问题进行学术交流，并顺访陕西省地震局和福建省地震局。

11月2～8日

泰国电力总局研究和发展办公室主任卡那苏塔教授一行四人应我局邀请来华访问，与我局有关地震专家交流在地震预报和地震防御领域内的学术成果和经验。代表团拜会了我局领导，并参观了地质所、地球物理所和地壳应力所。

11月16～18日

德国地学和资源研究院 D. 班纳特应地质矿产部邀请来华执行合作项目，顺访局地质研究所。

11月7～14日

日本京都大学防灾研究所教授安藤雅孝先生等一行四人应地球物理研究所邀请来华进行工作访问，主要在地球物理所商谈开展合作研究的具体事宜。

11 月 8～23 日

美国专家德尔、伍德 澳德、哈尔伯特和麦克兰菲蒂女士一行四人应邀来华执行中美数字化台网第二期改造项目，主要在数据管理中心和白家疃地震台对计算机软硬件系统进行调整和完善。

11 月 14～24 日

日本京都大学防灾研究所藤原悌三等一行四人应工程力学研究所邀请来华访问，与该所讨论今后五年的合作计划及研究内容。

11 月 24 日～12 月 7 日

日本东北大学长谷川昭教授、堀内茂木副教授和堀修一郎先生一行三人应四川省地震局的邀请，来华开展“地震波自动处理”合作研究，在西昌进行地震波自动记录系统的安装工作。

11 月 29 日～12 月 29 日

俄罗斯大地物理联合研究所雷可夫博士及巴拿马烈夫、扎维亚洛夫、马斯特留科夫一行四人应邀来华进行工作访问，与我方地震专家在地震活动性、首都圈地震前兆观测及应力场震源机制、大样本实验结果处理等方面进行合作交流。外宾主要在北京、河北进行工作。

12 月 6～16 日

日本气象研究所地震火山研究部研究官伊藤秀美应上海市地震局的邀请来华讲学，主要就地震预报方法问题在上海市和安徽省地震局进行学术交流，并顺访南京建筑工程学院。

12 月 20～27 日

日本东京大学地震研究所教授村田一郎应福建省地震局的邀请来华讲学。主要在福建省地震局就 GPS 在地震研究中的应用、地壳形变分析原理等问题进行学术交流。

国家地震局1993年度
对外科技合作与交流（综述）

一、概　述

1993年度，国家地震局与世界42个国家和地区开展了地震科技交流与合作活动，全年度人员交往达397人次（不包括局属各单位通过地方外事渠道派出或邀请的项目人员），其中出国执行双边合作项目、访问、讲学、现场考察、参加国际学术会议、培训、留学、进行与地震科技有关的科技开发项目的人员为108个团组，计249人次，涉及35个国家和地区；接待了来自22个国家和地区的地震专家学者来华访问、考察、讲学、合作研究、执行双边合作项目以及参加国际学术会议，共60个团组，计148人次。总之，我局在1993年度的外事工作中继续坚持“洋为中用、突出重点，加强引进，注意推出”的原则，根据我国地震科学技术发展的需要，组织开展对外科技合作与交流活动，跟踪世界地震科技发展的最新进展，积极引进国外先进技术和人才，择优支持优秀中青年科技骨干参加重大国际学术交流，参与重大国际地震科学合作计划。同时，充分利用双边与多边的对外交流与合作渠道，采取多种形式向世界同行宣传我国的地震工作，使得具有中国特色的地震工作在世界地震科技舞台的影响和地位得以扩大和加强。

二、双边和多边合作与交流

1. 中美地震科技合作与交流

中美数字化地震台网的二期改造继续进行。1993年美方共派9人次来华开展CDSN的二期改造项目，中方也派员赴美参加了技术培训。1993年7月，局组织了专家组并请美方专家共同对西藏数字化台进行验收。在中美双方专家的共同努力下，西藏拉萨台近一年多试运行完好，已产出高质量的地震数据。为充分利用CDSN数据开展地震学的研究，局派出两名青年科学家赴美国进行为期三个月的培训。

1993年9月7日，在国家地震局工程力学研究所举行了向世界著名地震工程专家豪斯纳博士授予名誉教授称号的庄严仪式。现已是耄耋之年的豪斯纳教授与我国已故地震工程专家刘恢先教授和日本的武藤清教授共同被世界地震工程界盛誉为“世界地震工程之父”。现在广泛应用于各类工业与民用建筑及各类构筑物、核电站厂房等结构的抗震设计之中的地震反应谱理论就是豪斯纳教授最先提出的。他不仅是地震工程学研究与实践的创始人，也是在此领域内国际交流与合作的积极推进者，他特别为中美地震工程界的合作与交流做出过开拓性的重大贡献。方樟顺局长高度评价 他不仅是为中美地震工程界合作铺路筑桥的开路先锋，而且是在中美两国地震科学工作者之间传播友谊的友好使者。

豪斯纳教授等二人在北京期间，还受到国务委员兼国家科委主任宋健的亲切接见。

长期在华负责 CDSN 台网技术维护工作的美方专家布里泽尔先生，工作认真负责，技术精湛，解决了许多台网的技术难题，多年来，为该台网的正常运转作出了突出的贡献，为表彰他的功绩，我国政府特授予他 1993 年度“国际友谊奖”。作为 40 位获此殊荣的外国专家之一，布里泽尔先生应邀参加了颁奖仪式，受到我国国家领导人的接见，并参加了 1993 年的国庆活动。

2. 中俄地震科技合作与交流

1993 年 3 月俄罗斯大地物理研究所乌洛莫夫教授来华进行了为期两个月的讲学和项目合作。乌洛莫夫教授长期从事中亚地区地震活动性、地震区划工作，在该领域的研究卓有成就，积累了相当丰富的经验和大量的资料。乌洛莫夫教授在华期间系统地介绍了他几十年来在地球动力学和地震预报方面的学术思路、方法和成果，包括中亚地区从深部构造、地震地球动力学到地震活动性和地震预报方法等方面的情况和资料、“欧亚北部地区地震活动性和地震区划研究纲要”的内容和进展情况以及俄罗斯的国际地震资料交换情况。这些内容对我国同行，特别是对中青年专家有很大的启发，受到学员们的普遍欢迎。1993 年 8 月，根据中俄双方的安排，国家地震局派出科技监测司司长孙其政为团长的八人代表团参加由双方联合举行的“中俄地震预报研讨会”，就地震预报研究的进展、现状、科学问题和今后发展方向进行了实际成果的交流和具体的研讨。另外，中俄双方还就有关具体合作项目，如地震区划、地震活动性、欧亚大陆地壳应力状态以及地震预报研究等方面进行了人员互访和合作交流。

3. 中国新西兰双边合作关系

1993 年 5 月，应新西兰地质与核科学研究院的邀请，国家地震局副局长何永年率中国地震代表团一行二人对新西兰进行了正式友好访问。代表团在东道主的安排和我国驻新西兰大使馆的帮助下，考察、了解了新西兰的地震减灾工作体制及研究机构、地震研究现状，并在此基础上商讨正式建立双边合作关系。通过访问，双方增进了了解，都表示愿在双方感兴趣的领域开展合作与交流。9 月，新西兰地质与核科学研究院院长罗斯博士等二人应邀来华访问，签署了中新两国地震科技合作谅解备忘录。新西兰国家不大（国土面积仅 27 万平方公里，人口约 350 万），但其防震减灾工作很有特色，值得我国学习和借鉴。为此，10 月，由局人事教育司李裕澈司长为团长，北京市市政管理委员会副主任阜柏楠、甘肃省人民政府副秘书长赵胜勤、新疆维吾尔自治区党委副秘书长董兆何、中国石油天然气总公司基建局抗震办公室主任王优龙、广东省人民政府办公厅朱启淦处长等七人组成中国综合防震减灾考察团，赴新西兰考察了新西兰在防震减灾立法、政府防震减灾职能、民众参与及防震减灾科学研究和技术应用情况地区。代表团先后访问了新西兰国家民防部、新西兰国家环境部、新西兰国家地震委员会、奥克兰地区政府、惠灵顿地区政府、坎特伯雷地区政府、地质与核科学研究院、坎特伯雷大学高级工程中心等有关单位。此次考察相当成功，收获颇丰，在新所了解的情况对我国的综合防震减灾工作有很重要的借鉴和参考价值。

4. 与周边国家的地震科技合作与交流

1993 年 4 月，方樟顺局长率四人代表团访问泰国气象厅和泰国电力厅。此次出访，对开展中泰地震科技合作有所促进，尤其是推动了我局同泰国电力厅的地震科技合作。11 月，泰国电力厅派出一行四人代表团访华，双方共同签署了地震科技合作计划。该计划的签署，对推动我国的地震科技开发，使地震技术走向国际市场起到了积极的作用。

1993 年 10 月，应哈萨克斯坦国家紧急状态委员会主席的邀请，方樟顺局长率中国地震代表团访问了哈萨克斯坦共和国，参观了哈国家科学院地震研究所、建设部抗震建筑与设计科学研究所、国家水利资源委员会、公路交通部泥石流管理局等单位和机构及有关的台站。中国地震代表团还会见了哈紧急状态委员会主席和有关组织的领导人，并与哈方签署了会谈纪要。通过此次访问，使我方对哈在地震预报、震害防御和综合减灾方面的工作有了比较全面的认识。按照此次签署的会谈纪要，我局可进一步考虑派遣代表团赴哈进行震害预测、小区划和抗震建筑的深入考察。在与哈萨克斯坦科学院继续进行地震科技合作的同时，可在适当的时候与哈萨克斯坦共和国国家紧急状态委员会签订有关合作议定书，扩展合作领域。

1993 年 6 月间，应越南国家科学研究中心邀请，陈章立副局长率三人代表团对越南进行了为期一周的访问。这次访问商谈了中越两国开展地震科技合作事宜，拟定了两国地震科技合作谅解备忘录草案，并商定 1994 年越方派团来华签署此协议。作为两国地震科技人员相互结识、增进了解、开展合作的第一步，双方拟定于 1994 年 4 月间在中国广西南宁市举行首次中越地震科学研讨会，届时双方科学家可充分利用这一机会，广泛开展学术交流，探讨合作领域和项目。

应以色列石油和地质研究院邀请，陈颙副局长率中国地震代表团一行五人于 1993 年 6 月访问了以色列，向以方介绍了中国的地震预报及地震科学研究的现状，引起了以方专家的极大兴趣。以方表示了同我方开展地震科技合作的强烈愿望。在此次访问中，中以双方就中以地震科技合作领域进行了商讨，定于 1994 年以方派团访华时双方签订中以地震科技合作谅解备忘录。

为执行国家科委中非两国第九次科技合作议定书，国家科委和我局组成的地震专家组赴非就我国援非仪器项目进行实地考察。通过考察形成了一个数额适度、效益明显的“地热前兆仪器观测系统”。此项目已获国家科委批准，1994 年启动。通过此次访问，增进了中非两国地震工作者之间的了解，为今后开展双边合作拓宽了渠道。

中朝两国地震合作的交流活动进展顺利，特别在地震编目方面取得了实效。

5. 中国与欧洲各国的地震科技合作与交流

1993 年期间，我方继续与德国、西班牙、卢森堡、法国、比利时等有双边合作关系的国家加强了联系和接触。特别是在 9 月间同德国马普学会在北京成功地举办了首次中德地震学研讨会。这是中德近几年开展的比较大的交流活动。通过此次研讨会的召开，增进了中德双方的了解和友谊，为今后双方进一步的合作与交流奠定了良好的基础。另外，10 月间，以葛治洲副局长为团长的中国地震代表团一行三人应比利时皇家天文台的邀请访问了比利时，中比双方都认为中比地震科技合作与交流非常重要。比方是少震国家，可供分析的实际资料很少，同我国合作可充分利用我国丰富的资料，特别对我国大量的深井水位观测及固体潮的资料感兴趣。比利时在井水水位观测仪器及资料分析解释方面都具有一定优势，与比合作对我国开展地震预报研究是有利的。中比双方都表示要加强彼此间地震科技交流与合作。

6. 多边合作与交流

派遣科技人员出国参加各类国际学术会议和学术活动，是我们了解世界，跟踪最新发展动态、掌握国际地震领域内重大事件、重要成果及重要人物的重要途径，使我国国际地震科技交流与合作的渠道更加畅通。这类国际交流活动开阔了我国科技人员的眼界，使我们更加充分地吸收国外地震科技的新思路、新技术、新方法和新成果，进一步促进我国地震科研水平的提高。同时，向世界展示了我国地震科技的高新研究成果，提高了我国在国际地震界的声望和地位。

1993 年期间，共组织选派了 70 多位科技专家出国参加各类国际学术会议。

11 月初，陈章立副局长率中国地震代表团一行 22 人赴日参加了在日本鸟取县举行的“东亚地震学联合会议”。共有十个国家近 150 名代表参加了会议。我局派出的代表团成员在本次会议上表现出色，他们大部分都在各专题组作了学术报告。由于出国前曾组织过试讲和专家评议，报告效果较为突出，英语表达流畅，宣传了我局近年来在地震学研究中取得的最新成果，展示了我国地震工作的新进展，引起了其他国家与会代表的关注。

三、加强对外交流与合作，推进我国综合防震减灾工作

国家地震局同北京市、新疆自治区、甘肃省、广东省人民政府和石油等部门联合组团赴新西兰进行了综合防震减灾考察。新西兰重视减灾工作的立法，强调各级政府在综合减灾工作中的作用与功能以及民众参与等，的确可供我国在防震减灾工作中借鉴。

1993 年期间，我局在经费有限的条件下，无论是通过双边合作还是多边交往的渠道，尽可能地选派有实力的专家出国执行项目和参加国际会议以及邀请世界著名地震专家来华讲学，如派员前往美国地质调查局阿尔布开克地震实验室 执行中国数字化地震台网二期技术改造项目，派员参加在印度尼西亚举办的地震减灾国际研讨会以及邀请世界地震界著名专家俄罗斯科学院大地物理研究所乌洛莫夫教授来华举办“地球动力学与地震预报”讲习研讨班等。邀请乌洛莫夫教授这样的科学家来华讲学，投入少、受益面广，不失为国际交流与合作的一个好路子。

四、开展国外大地震的快速反应工作，为国务院对外援助提供决策依据

根据国务院的规定和工作程序，国家地震局负责对国外发生的破坏性大地震作出反应，这一工作包括迅速收集地震灾情等有关情况，于三日之内上报国务院及其他有关部门，以便我国政府迅速准确地就是否进行慰问和援助等作出决策，以履行人道主义的国际惯例，争取好的国际影响。所以做好国外大震快速反应是直接服务于国家整体外交的重要一环，也是发挥和增强国家地震局作用和影响的一个好途径。1993 年期间，我方及时对发生在日本、巴基斯坦、印度等国的破坏性地震做了快速反应，取得了比较好的效果。尤其是 9 月 30 日印度马哈拉施特拉邦州破坏性地震发生后，我方迅速做出了反应。此时正值国庆期间，局主要领导、有关职能部门的人员都放弃了休息，及时来局投入各项工作。同时，与我国驻印使馆及印度驻华使馆等有关方面联系，并收看卫星电视新闻，了解灾情，迅速上报了国务院及有关部门。经多方努力，组成了以张国民教授为组长的五人地震专家组赴灾区考察。中国地震专家组在印度的出色工作给印度专家和印度人民留下了深刻的印象，也为中印两国地震科技合作进一步发展打下了基础。

（国家地震局国际合作司）

纪　事

这一部分主要包括本系统防震减灾工作、学术活动、为国民经济服务及人事教育。

防震减灾工作

山西省地震局防震减灾工作

1. 调整充实了山西省地震防灾协调组成员

根据1991年省政府5号文《山西省地震防灾方案》中的分工，1993年山西省人民政府将原有的21个协调组成员扩大到53个，增补了教育、电力、化工、轻工、纺织、商业、保险以及各地、市分管地震工作的副市长、副专员等。加强了防震减灾工作的组织指挥协调力量。

2. 加强了地震重点监视防御区防震减灾工作的督查

（1）全年省人民政府发出（含批转）有关防震减灾文件共9份，引起各级政府和全社会的关注。

（2）为加强各级政府对防震减灾工作的职能管理，省地震防灾协调办公室（设在省地震局）组成了省政府办公厅、民政厅、水利厅、化工厅、司法厅、财政厅、建设厅、经委、电力局、地震局、保险公司和省武警总队等13个部门31人的省防震减灾工作检查组，于8月27日至9月8日分三组对太原—晋中—吕梁、大同—朔州—忻州、临汾—运城等8个地、市进行了综合检查。检查的主要内容，一是各级政府防震减灾预案的制定落实和对防震减灾工作的领导管理；二是大中型企事业、生命线工程和有次生灾害源的单位以及人口密度较高的大型社会公共活动场所的地震应急组织和防震减灾措施及宣传等。在检查中主要采取突出重点、兼顾一般、汇报与抽查，发现问题与解决问题相结合的办法。检查组共检查了8个地市、18个县（市、区）、9个村镇（街道）、18个企业（含12个大中型企业）、20多个生命线工程、次生灾害源及商场、医院等共82个单位，圆满完成了检查提纲确定的各项任务。检查结果表明各级政府和社会各界都有举措，地震防灾工作受到广泛重视，全社会防灾应急能力有明显提高。检查结束后，省政府办公厅以晋政办发（1994）5号文向全省转发了检查组的专题报告，要求继续加强和推动防震减灾工作向深入发展。

3. 举办了省直各单位领导参加的学术报告会

8月9日，由省政府办公厅、省地震局、省建设厅、省科委、省经济技术研究中心共同组织，在省政府梅山会议厅举办了省直各单位领导参加的"山西地震及防震减灾对策"学术报告会。学术报告会由国家地震局地质研究所所长、学部委员马宗晋教授主讲。

4. 编发了《山西省地震防灾预案汇编（一）》

1993年省地震防灾协调组办公室编发了《山西省地震防灾预案汇编（一）》，主要内容包括：各地市县乡人民政府、省直各部、委、办、厅、局及各大中型企事业单位的地震防灾方案和地震应急预案，以及国务院近年来下发的有关防震减灾重要文件等共33份，约26万余字。

5. 省地震局与其他部门广泛合作

（1）与中共山西省委宣传部共同制定了1993年防震减灾工作宣传要点，并联合发函全省。

（2）与山西省建设厅联合通知转发了国家地震局、建设部关于发布《中国地震烈度区划图（1990）》和《中国地震烈度区划图（1990）使用规定》的通知。

（3）与中国人民保险公司山西分公司联合印制《地震瞬间求生与保险》宣传挂图5万套。1993年在全省发行4万余套。

（4）与省教委联合发出晋教办字（1993）2号《关于重视学校地震知识宣传和防震减灾工作的通知》。重点加强了大、中学校的地震科普宣传和防灾避险教育。

6. 运城、临汾举办抗震减灾演习有效果

运城市吸取1992年年底发生4.0级地震时北郊中学学生惊慌失措18人被踩伤在楼梯间的教训，1993年3月20日始分别在50余所大、中、小学组织紧急避震疏散演习，学校师生和社会反响均很好。

山西省人防办1993年10月27日在临汾市进行了抗震救灾机关室内演习，历时100分钟，省人防重点城市人防办主任及临汾行署、市委、市政府领导和有关局的领导近百人进行了观摩。锻炼提高了人防系统抗震救灾组织指挥能力。

（山西省地震局　王玲英、光春云）

开创防震减灾宣传工作局面

一、贯彻地震宣传工作部署，努力把防震减灾宣传纳入社会宣传范畴

1992年全国地震重点监视防御区防震减灾宣传工作会议之后，山西省委宣传部、省地震局于10月召开了山西省防震减灾宣传工作会议，对防震减灾宣传工作做了具体部署并正式将防震减灾宣传列入党的社会宣传内容。省委、省政府一贯重视防震减灾宣传工作，并把防震减灾工作列入议事日程，仅1993年省委、省政府主要领导对防震减灾工作的批示就近20次，其中涉及防震减灾宣传工作的6次。1993年初省委宣传部、省地震局共同发文制定了1993年防震减灾宣传工作要点。在省委、省政府的领导下，省委宣传部、省地震局通过各自的渠道紧密配合，积极、慎重、科学、有效地开展了防震减灾宣传工作。

（1）重点开展了学校防震减灾宣传工作。1993年省地震局与省教委联合颁发了《关于重视学校地震知识宣传教育和防震减灾工作的通知》，要求各级各类学校认真抓好学校的防震减灾与地震知识的普及教育工作。

（2）利用7·28纪念唐山地震17周年之际，按照年初制定的宣传要点，在全省范围内开展了防震减灾宣传周活动，并在重点监视防御区开展了防震减灾的强化宣传。此间，新闻部门积极配合、利用广播、电视等播出防震减灾科普文章264篇（次），在山西、太原广播电台进行了120分钟的地震科普知识演讲并开辟了听众热线，现场回答听众提出的问题，局长孙国学还发表了电视讲话，收听（看）人数约达1000万人次；在《太原日报》、《山西科技报》、《山西经济日报》上开设专版，连同省城其他报刊共刊载地震科普文章131片；出动宣传车29辆，制作宣传图版1880块，散发传单、报纸30余万份，接受了1050余人的咨

询，张贴各类标语341条，挂图2876幅。这次活动开展得井然有序、生动有色，无论广度和深度均为历年之最，不仅提高了群众的防震减灾意识，也受到了社会各界的关注，取得了较好的社会效果。

(3) 在"纪念国际减灾十年宣传周"活动中，通过省电视台在每天黄金时间播放省地震局编辑的防灾避险知识系列片，很受观众欢迎，社会反响很好。

二、充分发挥新闻媒体作用，及时传播地震新闻

1993年3月26日22时36分，太原北格—榆次张庆间发生4.8级地震，太原市区强烈有感，很多居民跑出户外避震，省城各新闻单位的记者云集省地震局进行采访。山西省地震局按照地震应急预案有条不紊地开展工作。由专人负责接待新闻单位的记者。23：00分省地震局向各新闻单位发布了地震新闻，及时通报了地震参数，27日0：55分第二次向新闻单位通报了对震情趋势的会商意见，认为近几天内不会发生破坏性地震。电视台以字幕形式及时予以播出，长城广播电台通过热线电话现场进行了报道，省、市各大报社以显著位置在第二日出版的报纸上予以刊登。这两则新闻通过新闻媒体及时予以传播，起到了安定民心的作用，取得了显著的社会效益，省政府对此予以了充分肯定。

(山西省地震局　袁正明)

吉林省地方地震工作

一、地方地震工作

在基础监测工作中，长春市的榆树地震台的地电和测震、新立城的深井水位投入观测，四平地区的伊通井、桑树县的电磁波台也都投入了试观测。

在地震宣传周全省各地利用广播、电视、报刊、画廊宣传防震减灾的科学知识，自编发放小册子1000册，估计全省有近千万人收听、收看和阅读。8月份组织省直有关部门的职工子女参加了国家地震局在青岛举办的全国青少年地震科学夏令营。

二、综合防震减灾工作

1993年初省地震局和省建设厅联合发布了《关于转发国家地震局、建设部发布的〈中国地震烈度区划图（1990）〉和〈中国地震烈度区划图（1990）〉使用规定〉的通知》。3月9～10日省地震局组织召开了有省直有关单位、中直、省属基本建设规划和设计单位工程技术人员参加的座谈会，进一步贯彻新的地震烈度区划图及其使用规定，会议邀请新区划图的编委之一徐宗和教授就区划图的编制原则、科学思路、方法、原理做了专题报告。

根据国务院和省政府的有关要求，由省地震局负责的省直民政、卫生、公安、邮电、保险等22个部门和单位，八个市州的《破坏性地震应急反应预案》的编制工作基本完成。相应制定发布了《吉林省抗震救灾指挥部工作规则》和《吉林省地震灾情上报暂行规定》。

珲春市地震小区划报告和长春东郊煤气厂地震安全性评价报告分别通过国家地震烈度委员会和省地震烈度委员会验收。

省地震局共有14人参加了国家地震局举

办的震害评估学习班，14人均获《震害评估上岗证书》。

中国减灾报吉林记者站成立，减灾报吉林省通讯网建成工作。

（吉林省地震局震防处　白大卫）

江苏努力推进综合防震减灾工作

江苏省地震局在巩固和发展监测预报工作的基础上，不断拓展工作思路，大力推进综合防震减灾工作。

(1) 在宣传方面，深入传达贯彻了中宣部和国家地震局在厦门召开的防震减灾宣传会议精神，与省委宣传部一道印发了防震减灾宣传工作的规定，修订了防震减灾宣传工作评比标准，推动了全省防震减灾宣传工作的开展。另外，还组织有关地震办公室编写了防震减灾宣传的系列读本，并与省委宣传部共同印刷发行。

(2) 在管理方面，抓住地震安全性评价管理这一关键环节，加强了与省政府及各厅局、各单位的联系。会同省财政厅、省物价局联合印发了地震安全性评价收费项目及标准的通知，成立了省地震局地震安全评审委员会，并积极促进江苏省地震安全评审委员会的成立；与省法制局联系制定工程建设场地地震安全性评价管理规定（已送各市和有关部门征求意见），努力使地震安全性评价管理工作走上法制轨道。

(3) 此外，省防震抗震领导小组防震办公室和省地震局还举办了首期地震灾害评估与上报培训班，并在全省各地积极推进。全省大部分市也都相继举办了这类培训班，组建和培训了地震灾害评估的上岗人员。

（江苏省地震局　安建军）

平震结合　未雨绸缪
安徽省形成地震综合防御新格局

90年代，我国地震活动进入了一个新的活跃期。安徽省政府十分重视防震减灾工作。几年来，认真贯彻国家关于“预防为主、平震结合、常备不懈”的防灾工作方针，充分发挥政府的减灾主导功能，积极协调各方面力量加强地震的综合防御工作，努力做到未雨绸缪，有备无患，使全省形成了一个政府减灾功能、地震科技进步和社会公众三结合的新格局。

近年来，省政府每年召开一至二次常务会议，及时听取地震部门关于地震活动趋势和工作情况的汇报，切实解决全省防震减灾工作中存在的问题和困难。1990年底，以省政府名义召开了全省地方地震工作会议，总结经验，表彰先进，对推动全省地震工作产生了积极的影响。1991年，省政府以19号文转发《国务院批转国家计委、国家地震局关于加强破坏性地震减灾工作意见的通知》；同时，省政府办公厅以20号文转发国务院办公厅转发《国家地震局关于1991年度全国地震趋势会商情况报考的通知》。1992年省政府办公厅又以21号文转发《国家地震局关于发布地方地震工作管理暂行规定》。为了确保地震监测工作的正常开展，省政府还于1992年2月21日召开常务会议，审议通过了《安徽省地震监测设施和观测环境保护暂行规定》，并以省政府32号令予以发布施行。1993年，为了落实国务院[1990]62号和国务院办公厅（1991）75号文件精神，省政府又专门成立了防震减灾工作领导小组（办公室设在省地震局）并以62号文批准印发了《安徽省防震减灾工作预案》和《安徽省破坏性地震应急反应方案》，建立健全了全省震前预防和震后救灾两个系统，使地震综合防御工作得到了根本的组织保证。为了使全省工程建设场地的地震安全性评价工作纳入规范化统一管理的轨道，保证工程项目抗震设防的科学性与合理性，1993年4月，省政府办公厅又以27号文印发了《安徽省工程建设场地地震安全性评价管理暂行办法》，对促进全省经济建设的顺利进行产生了积极的影响。

在省政府的领导协调下，各有关部门和社会各界积极支持、参与防震减灾工作，进一步形成了全省地震综合防御的新格局。为了提高地震监测预报的能力和水平，近几年来，省财政在财力比较困难的情况下，已先后七次拨出专款，加强地震监测、通讯和分析系统的建设。建立了全省地震无线通讯网和地震数据处理微机系统，更新了部分陈旧老化的观测仪器，并为地震部门配备了应急监测车辆和地震宣传专用摄像设备。1991年安徽遭受特大洪涝灾害，省财政还拨出救灾款，用以恢复毁坏的地震监测设施。目前，全省地震监测、数据传输、无线通讯和分析预报系统的现代化建设已经取得较大进展，全省抗御地震的能力有了明显的加强。为了提高全省人民的防震减灾意识，1991年省委宣传部和省地震局联合发出《关于加强地震科普宣传教育工作的通知》，1993年又联合下文，转发《国家地震局、中共中央宣传部关于防震减灾宣传工作的规定》；与此同时，省教委和省地震局联合发文，在全省中学开展地震知识讲座活动，开拓了一条宣传地震科普知识的捷径和新路子。为了加强震前的工程抗震和震后的抗震救灾工作，1992年由省计委、省建设厅和省地震局联合成立了安徽省地震烈度评定委员会；1993年由省地震局和有关部门共同成立了震害损失评定委员会。一个测、报、防、抗、救的地震综合防御局面已在全省初步形成，全省防震减灾工作进入了一个政府减灾功能、地震科技进步和社会公众相结合的阶段。

（安徽省地震局　朱煌武）

江西省地方地震工作

一、省委省政府进一步加强对地震工作的领导

1月31日，省长吴官正在向省人大八届一次会议所作的《政府工作报告》中指出："前五年，……地震等工作取得了新的进步"，并提出：今后五年，"……地震等工作要与各项经济社会事业相应发展。"3月6日，省人大教科文卫委员会专题听取省地震局的工作汇报并及时作了意见反馈。4月份召开了全省地震工作会议，出席会议的有省党政领导、各地市、有关县政府及省直部门负责人共60余人，会议总结了上年工作、部署了1993年全省地震工作任务，并表彰了先进集体和先进个人。为增强赣南地区地震监测能力，省政府在7月份拨出专款4.5万元，用于赣州地区地震台站更新仪器、改善通讯，同时由省红十字会提供

地震救灾备用药品和物资。

二、综合防震减灾工作

7月，省地震局及各地市县地震部门开展“地震科普知识宣传周”活动。省委宣传部、省地震局在7月27日联合召开“纪念唐山地震十七周年座谈会”，省人大、政协的领导出席了会议，副省长黄懋衡到会并讲话，江西日报、江西人民广播电台、江西电视台均报道了会议情况。10月，省地震局与湖南省地震办公室在九江联合举办震害评估学习班。省地震局与省保险公司联合行文，发出了《关于做好地震灾害保险工作的联合通知》，开展地震保险业务。年底，抚州地区成立地区地震办公室。

在工程地震方面，年内完成了南昌昌北飞机场初阶段和江西核电站选址初阶段工程地震工作。

（江西省地震局　包建新）

福建省地方地震工作

一、加强地方地震队伍建设

于1993年8月恢复了龙岩地区地震办，同时决定龙岩地震台和地震办合署办公，加强了当地防震减灾工作。经与厦门市政府协商，完善了厦门市地震局领导班子。经与宁德地区行署联系，为加强对水口水库地震的综合防御工作，筹备恢复宁德地区地震办。

二、部署落实大震应急反应预案

省地震局根据省办公厅印发的《福建省破坏性地震应急反应预案》的通知精神进行部署，推进各地市政府落实大震应急预案。福州、莆田、厦门、漳州等市，漳浦、长泰、平潭等县已制订了大震应急预案，并通过政府公布。泉州市、龙岩地区、龙海、福清、诏安、闽清等县（市）也制订出应急预案，正提交当地政府公布。华安县政府成立了以县长为主任的“防震减灾委员会”，省邮电系统已在系统内颁布大震应急预案。

三、加强监测力量

龙岩地区在龙岩地震台附近增设了地下流体观测，电磁波观测项目；闽清增设了地下水位观测项目；漳州也建立了电磁波观测项目，从而弥补专业台网布局的不足。同时，进一步采取措施提高地方台站资料观测质量，如福清东张地震台在1993年获得全省测震图纸评比第一名。

四、防震减灾宣传工作深入发展

利用唐山地震纪念日组织全省各地开展宣传活动。如泉州、厦门、莆田等地同电视台联系播放地震内容的录像片，出专刊，召开纪念会。在第四个国际减灾日，省地震局会同省委宣传部，省科委等十家单位举行隆重纪念大会，同时举办了咨询活动和文艺演出，受教育人数达数万人。

（蔡晋安）

河南省地方地震工作

一、充分发挥当地政府在综合防震减灾中的作用

1993年4月召开了“河南省地方地震工作会议”，传达了全国地震趋势会商意见，部署了全年工作。会议指出要重点抓好五项工作：①进一步强化政府领导职能，积极推进行业管理；②强化监测预报工作；③发挥两个积极性，加强宏观测报点的工作；④做好防震减灾宣传工作；⑤逐步开展地方地震工作检查评比。5月份，省防震抗震指挥部办公室的同志又先后到各市（地）检查、落实，推进了各项工作进展。

省政府换界后，经省政府批准，调整充实了省防震抗震指挥部成员，组成了以张世英副省长为指挥的新的领导班子，于6月份召开了“1993年河南省防震抗震指挥部工作会议”，省电视台、河南日报社、河南科技报、省人民广播电台均对会议作了报道。对全省防震减灾工作起到了积极作用。

为增强全民的减灾意识和社会减灾功能，研究制定综合减灾对策及预案，推广普及防灾减灾科学技术知识及成果，经省政府领导批准，召开了“河南省灾害防御协会筹备会”，讨论了灾协章程和机构建制，通过了会议纪要。

二、加强行业管理

省地震局会同省计经委、建设厅联合下发了《关于贯彻执行〈中国地震烈度区划图(1990)〉和〈中国地震烈度区划图（1990）使用规定〉的通知》，为各市、地开展工程地震工作提供了政策法规依据。成立了有20多名专家组成的“河南省地震安全性评定委员会”，实行工程建设项目地震安全性评价许可证制度等一整套比较完整的管理办法。

三、加强防震减灾宣传

省地震局与河南省新闻工作者协会联合举办了《防震减灾好新闻》评选活动，全省各市、地新闻宣传单位积极参加，共评出一等奖3项，二等奖9项，三等奖14项，推动了地震知识普及宣传和防震减灾宣传。

《中原地震科普报》1993年加大了综合防震减灾宣传报道的内容。全年共出版24期，发行20余万份。

（河南省地震局　刘建华）

湖北省地方地震工作

一、巩固完善地震监测台网

(1) 南川地方测震台工作走上了正规，配齐了领导班子和业务技术人员，制定了各项管理制度，配齐了仪器设备，仪器工作正常，正式投入了观测。并于1993年6月顺利通过了省局验收，成为湖北省监测台网的正式成员和

全省地震速报骨干台。

(2) 随州地方地震台完成了整建任务，安装了仪器设备，正式开始试运行。

(3) 房县水化站观测条件得到了改善，通过一年试记，提供了连续可靠的水化学观测资料，已达到区域水化站的检查验收标准。

(4) 改善了竹山地方地震台的观测条件，经过整顿、改造，竹山地震台已于1993年底通过了省局验收。

二、加强中等地震的应急工作与现场工作

强调加强对中等地震的应急工作，并规定对3级以上地震即由地市级地震局（办）会同所在县地震部门开展地震现场工作，进行地震知识宣传，安定人心；对 $M_L4.0$ 以上地震和特殊地区的有感地震由省局组织现场工作队赴地震现场开展工作。1993年，对长阳 $M_L3.2$ 有感震群和咸宁4.1级震群都及时地派出了现场工作组，配合地方政府做安定群众工作收到了明显的社会和经济效益。

三、加强防震减灾工作

(1) 指导地、市、县各级地震部门协助当地政府制定破坏性地震应急方案，到目前为止，全省凡有地震机构的地方，全部协助当地政府完成了破坏性地震应急方案的制定工作。在新的地震烈度区划图公布以后，湖北省地震局与省城乡建设厅共同行文，对区划图的使用作出了明确规定。部分地、市、县地震局（办）也在当地政府和城建部门支持协助下，对当地建设工程有关的地震安全评价工作作出了相应规定。

(2)组织地方地震部门的领导与业务技术人员参加国家地震局组织的地震安全性评价和震害预测评估培训班。提高了地方地震机构领导和业务人员的素质。

四、注意发挥政府职能，加强行业管理

(1) 在机构改革中，根据国家地震局的要求，向省政府汇报了国家地震局对地震系统机构改革的指导思想和国务委员宋健在全国地震局长会议上的讲话精神。局领导和职能部门还专程到地方政府，与地方政府沟通情况交换意见。

(2)配合地方政府对地方地震机构负责人进行考查，与地方政府共同商讨逐步改善地方地震机构人员组成状况。

(3) 加强行业管理，制定了工程测勘，地震安全性评价工作管理办法。

(4)制定了少震弱震地区中等地震应急对策方案。

（湖北省地震局　贺玉方）

湖南省地方地震工作

一、防震减灾工作

湖南省人民政府办公厅于1993年6月19日印发了《关于成立湖南省防灾减灾工作领导小组机构的通知》，发至全省各州、市、行署和省直各单位。领导小组由副省长郑培民任组长，省政府副秘书长翁晖等任副组长，下设办公室，省地震办公室主任李运祓兼办公室主任。省防震减灾领导机构的成立，加强了全省

防震减灾工作的领导，推动了全省防震减灾工作的开展。娄底行署也于1993年7月成立了地区防震减灾工作领导小组，并发文要求所属县、市成立相应的领导机构。

二、地震宣传工作

1993年4月，郑培民副省长在各地、市地震办公室主任会议讲话中要求全省各级地震机构把地震知识普及和防灾减灾宣传工作做为地震部门一项带战略性任务抓紧抓好。会后，全省在地震宣传方面主要做了如下工作：

（1）1993年5月20日，中共湖南省委宣传部、湖南省地震办公室以湘震［1993］037号文印发《关于贯彻中共中央宣传部、国家地震局〈关于防震减灾宣传工作的规定〉的意见》至各州、市、地委宣传部、地震办、省直宣传、文化系统各单位。随后，常德、岳阳、益阳、娄底、邵阳等地、市相继转发了省政府文件。全省地震宣传工作基本纳入了各级党委宣传部门的领导下，加大了地震宣传的力度，括宽了地震宣传的渠道。

（2）娄底地区地震办在继续巩固与提高新化县10多所中学中开设地震知识课外，1993年又在双峰、连源两县的部分中学中开展这项工作。邵阳市地震办在10所中学举办地震知识讲座，每年各校进行2次。岳阳市地震办公室经市委宣传部批准，组织科技人员撰编《防震减灾知识必读》简易读本，用以宣传和普及防震减灾知识。省、市、地地震办，都建立了防震减灾固定的宣传橱窗（栏），宣传地震知识。

（3）平息地震谣传。1993年7月，汨罗市有关单位召开抗震设防规划会议，消息传到社会上，引起群众误解，而且把汨罗列为Ⅶ度烈度区，误认为要发生7级地震，并把这次会议讲成是即将发生7级地震的紧急会议，因而，造成人心惶惶。岳阳市地震办得知情况后，立即采取有效措施，向群众开展辟谣宣传，并与汨罗市人民政府、科委商讨对策，由汨罗市政府发出辟谣通知，使这次地震谣传引起的波动及时得到平息。

三、震灾评估

1993年10月，湖南与江西在江西九江联合举办了“湘赣地震灾害评估培训班”，湖南各地、市地震办与省直有关单位派人参加了学习。

（湖南省地震办公室　刘宝成）

广东省防震减灾的对策

广东省地处中国南部沿海，人口6525万，陆地面积17.8万km^2，全省设置20个市，下辖119个县级行政区。广东是最早实行经济改革、对外开放政策的省份，也是经济和社会发展最快的省份之一。

在中国中南及华南诸省中，广东的地震活动水平较高。东南沿海地震带几乎包括了广东全部海岸线，从沿海到内地地震活动由强变弱。广东历史上发生的14次6.0级以上地震及2次7.0级以上地震大多数发生在沿海，其中1918年汕头市南澳发生的7.3级地震造成数千人死亡。而广东沿海正是全省经济最发达，人口最密集的地带，集中了全省所有的经济特区和经济技术开发区，其人口和社会总产值分别占全省的62.4%和61.9%。随着经济建设的发展，新的港口、机场、高速公路、核电站、超高层建筑不断投入建设和使用，而沿海有10个市处于《中国烈度区划图》标示的Ⅶ度区，2个市处于Ⅷ度区，工程建设抗震设防问题日益显示出其迫切性和重要性。以广州为中心的珠江三角洲地区，由于人口的迅速增加和乡镇的迅速发展，已形成一个拥有1750多万人口的“超级城市”，并与香港、澳门连成一片。对公共设施、社会组织、住房的需求与日俱增。上述情况，对广东的防震减灾工作提出了新的课题。

根据地震预报专家分析，在未来10年中国大陆处于本世纪第五个地震活跃期的背景下，华南地区地震活动水平有可能相应增强，10年内发生6级左右地震的可能性较大。实际上，广东、福建及近海近一二年内5级左右地震比较频繁，为近20年所罕见。广东省政府已制定20年内基本实现现代化的战略目标，并且同时认识到组织防灾体系，采取减灾对策是政府的一项基本职能，认识到坚持经济建设与减灾一起抓是政府应遵循的方针。只有把推进地震科技的进步与应用同政府领导职能，以及发动广大民众的积极参与紧密结合起来，才能收到保护公民、财产和经济活动安全的效果。

一、防震减灾的组织体系

广东省防震减灾的最高决策指挥机构是广东省防震抗震救灾工作领导小组，代号为“8951工程领导小组”，省政府分管民政的副省长是这个小组的组长，省军区副司令员任副组长，省属十多个厅负责人是小组成员。小组不定期召开会议，协调防震减灾各个环节的工作，紧急情况下负责统一指挥调度。“8951”工程办公室是这个小组的办事机构，设在省地震局，由省地震局局长任办公室主任，省建设委员会负责人任副主任。

目前，在“8951工程领导小组”的组织下，已制定并公布《广东省破坏性地震应急反应预案》，对发生不同程度的破坏性地震，省政府及其部门的反应程序、职责分工、抢险救灾组织体系等作了明确具体的规定。同时，省政府的33个部门分为13个专业组，制定了各自的应急行动方案，如工程抢险、物资保障、社会治安、新闻管制、经费筹措、生产自救等。在现场震害调查方面，方案规定由省地震局、省建委和保险公司组成震害评估组，在地震发生后2小时内出发赶到地震现场开展评估，以此作为政府划拨救灾经费与重建经费的依据，这就有可能避免由各级政府层层上报灾情带来的虚假成分。与此同时，“8951工程领导小组”还部署了珠江三角洲震害预测项目，下一步准备组织沿海各市编制城市综合防震减灾规划。

广东省地震局是省政府具体管理防震减灾事务的职能部门，同时又是国家地震局直属的科研事业单位，具有双重性质。广东省地震局管理全省地震监测预报，开展防震减灾科学研究，管理地震烈度与工程建设场地地震安全性评价、推进面向社会的防震减灾知识宣传、指导市、县的防震减灾工作。该局属下的工程防震研究所设有地震活动性、地震地质、水库诱发地震、工程地震、工程抗震等专业研究机构。广东省地震安全性评定委员会以该局技术人员为主体组成，同时包含了省建委、电力局、国际工程咨询公司等部门的业务人员，负责审定地震烈度、地震危险性分析、地震地面运动参数预测、地震小区划等工作成果。

广东省建委抗震办公室是负责抗震设防、抗震加固的政府职能部门。根据地震局提供的基本烈度与设防烈度，通过制定法规将抗震设防纳入基本建设的立项论证与设计审批程序。

广东全省20个市均设置有市地震工作机构，有的市还有专门的抗震办公室。

二、地震的监测预报

广东地震活动监测体系的主体是省地震局直接管辖下的监测网络，同时以市、县地方设置的地震台为其补充。在台网布局上，重点考虑加强沿海的监测力量。目前，全省已有24个地震台、2个无线遥测地震台网共12个子台，在建的还有珠江三角洲、茂名、阳江等三个无线遥测地震台网共20个子台，其中珠江三角洲台网系引进美国 Teledyne Geotech 公司的数字地震台设备。前兆观测方面，有形变、水化、水动态、地磁、地电、地应力、重力、电磁波等8种手段。流动观测方面，布设了汕头、珠江三角洲、粤西的地壳形变观测网、重力观测网、地磁观测网。此外，还建立了一批业余性质的动物、水井、水化学观测点，由热心地震科学的公众人士义务观测。地震台站向省地震局分析预报中心以无线电台传递观测数据，该中心负责及时整理数据，分析地震动态，每周组织一次各手段分析人员参加的综合会商会议，每月举行一次扩大范围的会商会议，每半年、每年举行一次全省性的会商会议并分别参加华南片区、全国的会商会议。当然，鉴于目前的分析预报水平，一般会商意见仅仅限于地震机构内部传达，确有必要时，由省地震局长决定，非常谨慎地向省政府和有关市政府汇报并提出采取相应防震措施的建议。实际上，震情分析人员日常更多遇到的情况是在发生有感地震后迅速判断趋势，在有较大把握不致于发生更高震级地震情况下作出无破坏性地震的预报，并明确地告知地方政府，以期稳定民众情绪，维护社会正常秩序。对于政府和社会来说，这样做的意义绝不亚于成功预报一次破坏性地震所产生的效益。

三、减轻未来地震的灾害

广东省注意把握好减轻未来地震灾害的下述几个环节：

（1）在国家经济建设和国土利用规划方面，正确地使用烈度区划图，并以此图件作为一般工业与民用建筑的地震设防依据。中国地震烈度区划图[1990]的比例尺为1：400万，给出50年期限内，一般场地条件下可能遭遇超越概率为10%的烈度值。对于大中城市、新设置的开发建设区，还要求在区划图的基础上进行专门的地震危险性分析、地震烈度复核、地震小区划工作，尤其是地震地质条件比较复杂和位于烈度分界线附近的城市、开发区必须复核地震的基本烈度。广东省的20个市，已有14个市已经或正在做地震小区划。各个城市在小区划的基础上，制定该市的抗震防灾规划。

（2）对于重要工程，必须做专门的地震安全性评价工作。广东省明确规定这样的工程系指地震设防烈度要求高于区划图标示值的工程，如特大桥梁、大中型水库大坝、大电厂及变电站、卫星地面通讯站、重大港口、机场、特高层建筑，以及核反应堆、可能导致有毒物质泄露的工程，其他生命线工程等。地震安全性评价的工作内容，一般包括概率危险性分析、场地地震参数的评定，以及建筑场地的地震稳定性评价。珠海市磨刀门大桥由于作了安全性评价工作，避免了原定的桥址跨越两条活动断层带来的隐患，确定了新的桥址方案，为此不仅提高了大桥的安全程度，而且节省建桥经费1200万元。大约有一半左右的城市，政府在地震安全性评价方面管理严密，另一半城市则管理较为松弛，该做不做的工程还为数不少。目前，通过政府颁布法规加强管理已成为良好的趋势。鉴于广东省制定了雄心勃勃的20年基本实现现代化的规划，重要工程建设比比皆是，整个珠江三角洲地区如同一个巨大的工地，1993年的基本建设费用预算为800亿元（人民币），加强建设场地的地震安全性评价管理就显得更为重要了。1993年1月8日，广东省工程防震研究所承担了105个安全性评价项目。

（3）抗震设防问题。基本烈度、设防烈度与地震动参数的测定，目的在于进行正确的抗震设计与施工管理。这项工作由建设部门负责按《新建工程抗震设防暂行规定》(1989年国家计划委员会、建设部颁布）实施管理。一般说来列入国家建设计划，由有资格的专业部门设计的工程，都正确地采取了抗震设防措施，但违章建筑，边远地区的工程仍然存在着违反规定的严重现象。即使像广州这样的大城市，违反规定的施工也时有发生。如广州皮鞋厂1992年违章在砖混结构的厂房上搭建框架结构的楼房，结果导致厂房垮塌，压死3人。与中国内地不同，广东省特别是珠江三角洲农村的新建民居大多采用框架结构，以广东地震破坏性情况看，这些民居的抗震能力是足够抵御地震的破坏的。

（4）广东省政府、20个市政府、55个处于地震烈度Ⅶ度以上地区的县政府都制定了详尽的破坏性地震应急预案。广东省把破坏性地震按其灾害程度分为五类：特大破坏性地震、严重破坏性地震、中等破坏性地震、一般破坏性地震和轻微破坏性地震，分别由国务院、省、市、县政府组织应急救援。制定应急预案的原则是：①应急预案是为政府制定的，明确政府及其职能部门在紧急情况下的责任、权力及反应程序；②只适用于破坏性地震发生后的紧急状态，一旦救灾启动，预案也就完成；③执行预案时，实行高度集中的首长负责制。

（5）编制城市防震减灾规划。专业减灾人员日益认识到，防震减灾工作是涉及社会各个方面的一项庞大的系统工程，需要政府组织，社会影响，综合管理，并且要有超前意识，以适应广东沿海经济蓬勃发展、城市化程度日益提高、对生命线工程的依赖越来越紧密、人口剧增的形势。为此，需要由政府制定规划。迄今为止，广东省只有4个市在地震小区划的基础上制定了“抗震防灾规划”，其重点是对城市建设、抗震设防与抗震加固，以及紧急状态下人口疏散作出规划，现在看来这是远远不够的。拟议中的“城市防震减灾规划”旨在全面提高城市的综合防震减灾功能，其涉及范围除了城市建设、抗震能力、防止次生灾害的能力、避震通道、疏散地等硬件建设外，还应包括防灾体系的建立、民众的教育、社会的组织、对灾害的预测等软件建设，并且以法律的形势确定预期目标、社会各个组成部分的责任。广东省防震抗震救灾领导小组办公室准备将以行政区划为基础的城市防震减灾规划的编制作为今后若干年工作的重点。

开展震害预测研究是编制防震减灾规划的基础。目前，珠江三角洲震害预测项目已作为国家重点科技攻关项目在9个市的范围内开展。

（6）推进地震保险业务。地震灾害发生周期长，灾害损失大，一旦发生严重破坏性地震，仅仅靠政府救灾是不够的，还需要开展地震保险业务，由社会筹集救灾与重建的资金。为此，广东省地震局已与保险公司多次磋商，准备共同推进地震保险。看来，今后的主要问题是如何促进企业认识到参加地震保险的意义，以及是否有必要由政府确定法定保险范围。

四、对公众进行防灾教育

1993年7月，在广州召开了“广东省防震减灾宣传工作会议”，这个会议是由中共广东省委宣传部和广东省地震局联合主办的，各市党委宣传部门和省内各主要报纸、电台、电视台负责人参加了会议，共商防震减灾宣传事宜。会议由党委宣传部门召开，这一举措本身就反映了对防震减灾宣传的重视程度。会议讨论了广东省防震减灾宣传工作三年计划，通过了“广东省防震减灾宣传工作的规定”。决定省和市均成立“防震减灾宣传工作协调小组”，要求各个新闻媒介都要为防震减灾宣传提供方便，而宣传资料则由地震部门负责提供。近三年来，广东省政府将每年6月定为“科技活动月”，其中安排一周为全省“防震减灾宣传周”，各市在这一周里通过电视节目、报刊专栏文章、街头橱窗等形式广为宣传地震的科学知识，以期取得市民的关注和了解。开平市在这一周安排“地震知识一条街”的活动，组织学校、科研单位在一条街道两侧布置地震知识宣传栏，取得很好的宣传效果。夏季，则组织中学生参加地震夏令营，培养一批青少年地震宣传活动的积极分子。广州市还组织了地震知识电视有奖竞猜活动。这些活动的目的，旨在使社会公众或多或少接触到一些防灾减灾知识提高人们的防震意识，学习到一些最基本的抗灾自救互救知识。人们体会到，加强对公众防灾知识的宣传，也许是最长远意义的一项减灾措施。

五、“国际减灾十年”活动对广东防震减灾的推动

在“国际减灾十年”期间，广东各个团体和政府机关正酝酿成立全省防灾协会，以民间和半官方的形式推动防灾工作。来自科学界的省人民代表和省政协委员纷纷提出提案，建议省人民代表大会和省政府成立高规格的防灾委员会，制定全省防灾规划，加重对防灾的投入。广东省内城市之间每年召开1～2次会议，相互交流防震减灾战略和工作成果，并且派出重点城市的代表参加每年一度的全国城市防震减灾经验交流会议。广东沿海城市的专业减灾人员，发现他们面临的困难和问题，与美国洛杉矶市、日本东京都、静冈县同行面临的问题极为相似，这些问题集中表现在人口密集化、农村都市化的过程中如何处理好防震减灾有关环节。广东可以从洛杉矶、东京、横滨、静冈的同行那里学习到不少成功的经验；建议与上述地区建立互相交流的密切联系。

我们期望通过国际减灾十年活动，建立起政府—学术界—社会之间的桥梁，建立起中国和其他国家之间的桥梁，人们得以共同致力于防震减灾事业，共享防震减灾成果，实现到本世纪末大大减轻自然灾害的目标。

（广东省地震局　何熙平）

广东省地震局平息地震谣传

1993年8月3日，连山县太保镇附近发生3.5级地震之后，到8月31日止，共记录到该地区 $M_L \geqslant 2.2$ 地震34次，最大为3.6级。由于有感地震较多（3.0级以上都有感），地震时间较长，社会上有不少的谣传。为此，广东省地震局派工作组于8月25日至31日赴地震现场开展工作。

一、地震谣传的由来

连山县自1976年7月1日和7月3日分别记录到2.2级及1.9级地震各1次后，直到1993年8月之前，未有地震活动记录。但自1993年8月1日以后，小地震活动开始活跃。

由于该地是一个新震区，对地震知识不太了解，同时地震震源较浅，有感强烈，群众对地震的形势有不少猜测和传说。

一位老农，根据当地天气及风的情况按干支变化，认为1993年8月27日至29日有6级地震，9月7～12日也有6～7级地震，并将该预报意见，写信给连山县气象部门，致使地震预报的意见散布出去，从而引起人们的恐慌，并在社会上造成混乱：

(1) 某单位由于传闻有地震，相当多职工不肯回房做饭，食堂也无人做饭，严重影响工作。

(2) 8月26～27日晚，在县城有数百人在广场过夜，不少空旷场所都有人过夜，拖男带女，有的全家，有的抱着金银首饰在外过夜。

(3) 三水镇为了让群众离开房子，连续放

三场电影，直到凌晨3点。

(4) 有的商店关门。

(5) 8月26～27日，县城汽车站车票突然紧张，外出避震的人甚多，车站人群拥挤，秩序较乱。

(6) 县有些单位职工，为了避震，要远离震区，到广州或邻县。

(7) 县城有的人，将小孩送到别处的亲戚家。

二、平息谣传

首先根据地震、前兆等情况，并根据邻省区前兆资料的分析，对地震趋势进行判断。

通过认真分析、研究认为：此次小震群的地震活动还未结束，类似的地震还会发生，但目前还未发现有破坏性地震发生的迹象。

其次，依靠政府是做好平息谣传工作的关键。

1. 工作组的措施

针对社会上出现的情况，对不同对象，采取不同的方法，如乡、镇或管理区（农村），在调查地震时，宣传地震知识，说明地震预报是由政府部门发出的，所流传的都不是预报意见而是谣传，并说明地震发展情况，要乡、镇政府做好宣传，稳定群众，有情况及时反映到县，这样收到较好效果。从整体来说，乡镇情况比县城要稳定、秩序要好。在震中区的乡、镇（如太保镇，大坪镇）镇政府及时宣传，加之在当地老农预报发生地震的时间（8月27日）之前，工作组到了这些镇调查，说明情况，使这些镇的群众较为稳定。

在城内县政府召开各级会议（如局级，科级，乡、镇领导会议）。会上强调：

(1) 做好宣传，地震预报是由政府部门发出，任何单位及个人无权预报，非政府传达的传说，均是谣传；

(2) 说明地震趋势，目前未发现有强震前兆，对于5级以下地震破坏性较小，不要恐慌，要稳定生产，稳定秩序；

(3) 做好生命线工程和重要工程的安全性评估工作，如重要水库和工程等。

2. 清远市采取的措施

(1) 当连山县发生地震后，及时了解震情，并向省地震局反映情况；

(2) 市府发了两份明传电报，要求县成立“防震抗震救灾工作领导小组”；

(3) 派员（市科委副主任，市地震办公室副主任参加）进行现场调查；

(4) 采取多种宣传方法（印发有关地震材料，登《清远报》）；

(5) 采取“内紧外松”的方针，稳定社会和做好地震的宣传工作；

(6) 9月1日召开市抗震防震指挥部人员会议，落实具体措施和工作部署。

3. 县采取的措施

县委听取工作组的意见后，由陶世林副县长亲自抓此项工作，由县科学技术委员会领导具体负责调查地震和技术方面的组织工作，县办公室负责宣传教育、负责实施。同时清远市科学技术委员会参加指导协调。采取多渠道多样化的宣传工作，概括有如下几点：

(1) 8月26日（工作组到达的第二天）召开领导干部会议，布置工作。

(2) 召开科级干部会议，分层次贯彻、落实。

(3) 召开乡、镇干部会，扩大普及面。

(4) 广播宣传。

(5) 根据调查及地震情况，发出通报。

(6) 印发市、县的有关地震宣传材料。

(7) 成立“防震抗震救灾工作领导小组”。

另外，采取多渠道，多种形式，使群众在较短的时间内，了解地震的一般知识和预报的权限，对地震的谣传有较正确的认识。

三、几点体会

这次连山震群活动是对地震工作的一次

检验，通过这次行动，体会到：

（1）对于新震区的震情处理工作不能忽视。

（2）发挥政府职能，采用多种渠道做好震情处理和抓好地震宣传工作。

（3）在台网稀少的地震区，带流动地震记录仪到现场是必要的。通过记录结果，有效地了解地震情况，确定地震位置，群众比较相信，对稳定社会很有帮助。

（4）有针对性地做好宣传和调查工作。

（5）现场与省局保持联系，对处理震情十分重要。在调查过程中，工作组每天与局联系（包括电传），及时反映情况，及时处理，沟通市、县、局工作部署，有效地处理震情。

（6）平时做好地震知识的宣传工作。调查过程中发现，地震知识了解比较多的单位或地方，社会秩序都比较好。

（7）交通工具也是一个重要的问题，不能忽视。

（广东省地震局　罗振暖　姚梅尹　钟贻军）

海南省积极推进防震减灾工作

（1）1993 年 3 月份召开了全省地震工作会议。会议强调地震工作的根本目的在于最大限度地减轻地震灾害，为达到这一目的，必须走综合防御道路，必须把地震科技进步、政府的领导职能和群众的积极参与三者紧密结合起来，充分发挥政府在防震减灾工作中的职能作用，统一组织协调社会各方面的力量，搞好综合防御。省政府副省长刘名启在会上作了题为《充分发挥政府职能，努力做好防御和减轻地震灾害工作》报告，要求全省地震工作者要提高对防震减灾重要性认识，充分发挥政府在防震减灾中的职能作用，加强防震减灾体系建设，努力推进综合防御工作。

（2）海南省政府于 1992 年颁发了《海南省破坏性地震应急反应预案》（琼府[1992]92 号）后，有关单位结合本单位任务认真贯彻落实，相继制定了本系统本单位的贯彻实施方案。为了适应综合防震减灾的需要，省地震局重新调整了局属各部门的职能范围，把地震监测预报、震灾预防、地震应急、地震救灾与重建的防震减灾四个环节纳入各职能部门的职责范围，加强防震减灾体系建设。为加强重点地震防御区的抗震防灾工作，省政府批准在已成立地震工作机构的市、县成立抗震办公室，与该市、县地震局合署办公，实行一套人马，两个机构名称，全面管理所在市、县的抗震防灾工作。同时，还认真抓好抗震防灾规划和抗震加固工作，完成了定安县抗震防灾规划编制的前期工作。积极推进儋州市抗震防灾规划的编制工作，开展了那大镇、美扶、木堂、白马井四个开发区 $35km^2$ 的地震小区划工作。完成了澄迈县瑞溪中心小学教学楼、省中医院病房楼等项目的抗震加固工作。省地震局还会同省保险公司筹划开展地震灾害保险业务。

（3）为了贯彻落实好中共中央宣传部和国家地震局中宣发文[1992]14 号《关于防震减灾宣传工作的规定》，根据文件精神和海南省“地震活动频度低，强度高”的特点，按照“预防为主，平震结合，常备不懈”的原则，省委宣传部和省地震局联文印发了《关于落实国家防震减灾宣传工作规定的意见》至各市县、省属单位，提出了防震减灾宣传工作方针和原则、内容和任务、职责分工等。

（海南省地震局　蔡堪瑞）

四川省综合防震减灾工作

为进一步推进综合防御减灾工作，根据国务院、国家地震局和省政府有关精神，主要开展了以下一些工作：

(1) 根据国家地震局部署安排，召开了西南片区（川、滇、藏）半年度地震趋势会商会和四川省1994年度地震趋势会商会，对我省及其邻区未来震情趋势作了分析判断，及时向省政府作了汇报，并向地震联席会议成员单位作了通报。

(2) 根据国家地震局《关于加强云南、四川地区地震监测预报工作的紧急通知》，强化了我省监测预报工作，8月24日召开了四川省第一次地震工作联席会议，对加强我省监测预报、防震减灾工作做了部署，会后省政府办公厅编发了《议事纪要》第128期，下发各地、市、州、县及省政府各部门贯彻执行。

(3) 受省政府委托，省地震局组成三个省防震减灾工作组，分赴雅安、攀枝花、甘孜、阿坝、凉山等地、州、市及所属21个县，对地震重点监视防御区各级政府贯彻落实地震防灾对策方案、应急反应预案等情况进行了检查，上报了《关于我省地震重点监视区防震减灾工作的情况汇报》，省政府办公厅以《政府工作通报》第58号下发各地、州、县及省政府各部门贯彻执行。

(4) 省政府于12月17日召开了第二次地震联席会议，通报了1994年度地震趋势判断，汇报了防震减灾工作存在的问题和困难，会议要求进一步认清地震形势，加强防震减灾工作。

(5) 省政府办公厅转发了省救灾办、省地震局“关于做好我省地震灾情评估及上报工作意见的通知”（川办发［1993］42号），为震情评估及上报工作规范化、制度化打下了基础，实践表明，符合我省实际，效果较好。

(6) 省委宣传部、省地震局联合下发了《关于认真做好防震减灾宣传工作的通知》，推动了我省防震减灾工作向纵深发展。

(7) 开展了纪念唐山地震17周年、松平地震17周年、炉霍地震20周年、叠溪地震60周年、国际减灾日、国际地球日、巴塘重建工作等一系列活动。完成了地震应急宣传系列挂图的编汇工作和地震系统优秀科普作品评选活动。采取对策，及时平息了部分地区出现的地震谣传。《震苑报》、《四川地震》完成了年度出版发行工作。

(8) 如期完成了5个县的震害预测工作，超额完成了18个县（区）的基础资料收集、补充调查工作，完成了《四川省重点监视防御区地震综合防御对策》、《马尔康城区地震综合防御对策》等软科学研究任务。

（四川省地震局　程天才）

陕西省综合防震减灾工作

陕西省综合防震减灾工作是从70年代开展起来的。经过20多年的努力，逐步建立形成了适应我国国情、具有陕西特色的由国家地震局和省政府统一领导下的地震部门和社会多方面广泛参与相结合的综合防震减灾体系。

1. 建成了全省地震监测预报系统网络，形成了不同学科、不同空间分布、定点与流动观测相互补充的专群结合的区域地震监测网

目前全省共设置15个专业地震台，35套定点观测手段，11个地方办台，观测手段19套，以及流动重力和流动形变观测。为保证地震观测数据和地震信息的快速传递，先后在部分专群地震台和地、市地震办架设了短波或超短波电台，基本形成有线、无线相互补充的通讯网络。通过对地震预报方法的清理和实用化攻关成果的推广应用，陕西省地震监测预报工作开始步入规范化、程式化阶段。为了加强和稳定我省地震监测预报队伍，我们在深化改革、转换内部管理机制方面对从事监测、分析预报人员实行政策倾斜，采取适当的鼓励措施。

2. 进一步加强政府职能作用

综合防震减灾工作包括地震监测预报、震灾预防。地震应急和地震救灾与重建四个环节，要做好这项工作必须依靠政府的统一领导，充分发挥政府职能作用。

(1) 陕西省在70年代就成立了省地震工作领导小组，承担对全省地震监测预报、工程地震与抗震、地震对策和工程建设场地地震安全性评价工作的全面领导和协调管理职责。

(2) 加强对地震安全性评价工作的管理。先后成立了"陕西省地震烈度评定委员会"和"陕西省地震灾害损失评估委员会"，并正式开展工作。1993年由省政府办公厅转发了省地震局、建设厅《关于执行〈中国地震烈度区划图（1990）及其使用规定〉的意见》，在理顺关系、加强统一领导工程地震工作方面产生了积极作用。

(3) 抓紧制定地震应急对策。在省政府的支持下，1991年组织制定了《陕西省防震减灾方案》，经省政府转发执行。西安、渭南、宝鸡、咸阳、汉中、铜川、安康七个地（市）分别制定了综合防震减灾预案或大震应急对策，并经地（市）行署（政府）转发执行。

(4)以省政府名义召开了全省防震减灾工作会议。1993年8月全省各地（市）主管地震工作的专员（市长）和地（市）宣传部长参加了陕西省防震减灾工作会议。会上传达贯彻了全国地震重点监视区宣传工作座谈会和全国地震局长会议精神，交流了防震减灾工作经验，进一步明确了防震减灾工作的指导思想和工作目标，在认真分析当前形势的基础上研究部署了陕西防震减灾工作。

3. 加强地、县地方地震工作

(1)注重在稳定地方地震工作机构和地方地震工作队伍，切实加强对地方地震工作的领导，充分发挥地、县地震部门的政府职能作用三个方面做工作，努力使地方群测网点在调整优化、合理布局的基础上得到巩固提高。经省政府批准，由省、地财政投入，在关中东部地震重点监视区新建地温、电磁波观测网和华阴综合前兆地震台。目前两网已投入试测运行，前兆地震台预期1994年3季度开始运行。采取稳定、培训各种措施使群测点观测质量，地方分析预报水平不断提高，逐步接近或达到专业队伍水平。

(2) 协助各地、市广泛深入开展防震减灾宣传工作。按照中共中央宣传部和国家地震局的要求，我们编写了陕西省防震减灾宣传工作大纲，拟定了"陕西防震减灾宣传工作规定"，促使地震减灾宣传教育工作纳入党的宣传工作计划中。包括采用报刊、图片、版画、专栏和印发资料、举办报告会以及开展街头咨询等多种形式对不同层次进行地震宣传，据统计全省1993年受教育者达200多万人次（不包括广播、电视宣传）。咸阳、铜川已分别与地市宣传部门联合行文，提出开展防震减灾宣传工作的具体要求。

(3) 按国家地震局震害防御司的部署，在省政府的支持下，省、地联合共同组织开展关中东部部分县、市震害预测工作，现已完成年度任务。

4. 不断扩展工作领域，搞好全省滑坡管理和减灾协会工作

(1)滑坡管理。1993 年全省共发生滑坡 13 次，崩塌 16 次，泥石流 2 次，共计 31 次。死亡 48 人，伤 3 人，其中死亡人数均为突发性崩塌事故造成，而滑坡、泥石流灾害因部分发生在无人区且部分预防工作较好虽造成一定财产损失，但没有人员伤亡。主要管理办法采用签订目标岗位责任制，省、地、县、乡层层落实责任，对普查的 122 处重点滑坡制定出切实可行的“防、抢、撤”方案，成立了以乡镇长为组长、村长为成员的防滑护坡领导小组，负责辖区的滑坡监测、防治和救灾工作。其次是组织力量合理安排汛前工作检查，及时解决和排除存在的问题和隐患。再是广泛深入开展滑坡知识宣传。还针对滑坡险情，迅速制定落实抢险方案，尽力使人员伤亡和财产损失减少到最低限度。1993 年已完成全省重点滑坡普查工作，组织科研力量开展滑坡编图和重点滑坡治理与崩塌灾害的研究，使全省滑坡管理工作得到加强。

(2) 减灾协会工作。陕西省减灾协会自 1988 年 9 月成立以来，在宣传普及减灾知识，组织灾害科学研究、学术交流、年度自然灾害趋势预测、灾害考察等方面做了大量工作，产生了一定的社会效益和经济效益，受到省委、省政府和省科协的肯定和奖励，推动了陕西减灾事业的发展。1993 年 5 月召开了第二次会员代表大会，修改通过了《陕西省减灾协会章程》，选举出第二届理事会，表彰奖励了先进团体会员单位、优秀会员、优秀学会工作者，安排部署了今后的工作任务。协会坚持每年组织的自然灾害趋势会商会意见均为省政府办公厅转发，组织各界科研力量编写出版《陕西省重大自然灾害综合研究与防御对策》、组织有关科技力量进行陕南秦巴山区山地灾害考察与研究工作，针对陕西灾情组织实地调查等等工作，为政府减灾决策提供了依据，产生了一定的社会和经济效益，较好地发挥了党和政府与科技工作者之间的桥梁和纽带作用。1993 年被评为全国先进协会。

5. 为国民经济建设服务，大力开展地震科技开发工作

为了适应市场需求，我局对外服务的工作重点从地震安全性评价向灾害性地质勘察转移。1993 年共完成开发项目 36 项，成交金额达 40 余万，其中地裂缝与活断层勘察、滑坡调查与防治占三分之一。为适应经济建设需要，我们完成了土工实验室的筹建和验收工作，购置了钻机，及时开展了桩机测试、地面地震动时程和工程地质勘探工作，为今后的科技开发增添了后劲。在对外服务中我们以优良的服务质量、较低的收费标准经受了技术市场激烈竞争的考验。在西安天然气管道储罐站场地地裂缝勘察中，经各种测试手段查明，原拟点场地存在一条贯穿场区的隐伏地裂缝，建议场区移至安全地带。其测试结果经专家评审通过，为中方设计顺利进行、节省开支提供了科学依据。陕西省地震局承担的 9904 厂的工程地质勘察工作，也受到设计部门的好评。

(陕西省地震局　吕　莲)

甘肃省地方地震工作

一、加强地方地震机构的政府职能作用

省地震局多次向省政府汇报地方地震工作以及机构的设置意见，并到各地(州、市)与当地政府领导座谈，宣传甘肃省的地震形势、地震工作的特殊性、政府职能作用和地方地震工作机构存在的必要性等。尤其是甘肃省有两个重点监视防御区，地震形势比较严重，各级政府的责任重大，如果没有一个强有力的职能部门，充分发挥职能作用，一旦地震突然发生，快速反应跟不上，地震灾害的损失就比较严重。因此，要求各级地方地震工作部门加强与政府的联系，发挥好本部门的职能作用。

二、优化监测台网，搞好地震监测预报工作

甘肃省作为多震区的省份，必须加强监测预报工作，尤其在重点监视防御区，仍要把监测预报特别是短临预报工作放在首位，充分发挥地方地震工作在地震短临预报中的作用。1993年，甘肃省地震局地方地震工作指导思想是立足目前，注重长远，在祁连山中西段重点监视区立足于报；在兰州、白银、天水、金昌、嘉峪关等城市立足于防；在张掖、酒泉、陇南、天水市的大部分县既应立足于防，又要争取报。根据这种设想，把专群台网统一优化调整，合理布局，撤销一些发挥作用不大和观测条件差又难以改造的地方台。1993年撤销了4个地方观测台项。并对5个电磁波台站进行环境改造或仪器更新，使通渭测汞台投入了正常运行，全年进行了14个地方台站的改造工作，更新了41台仪器设备，使用经费达45.42万元。同时，对玉门青草湾传输水位井网实地踏勘、选址、试传，完成了台网子台建设，中心观测室改造和电源装配等工作。在加强观测资料质量管理方面，实行质量分级管理制度和目标管理，建立一套完整的观测资料评比办法和资料报送制度。1993年全省地方地震台资料评比中，优秀率达86%。并在地方台、企业台开展观测、预报、科研三结合工作，解决了白银、金昌、武威、平凉、嘉峪关地震局的微机，用地震预报实用化攻关指南处理分析资料，按国家局震情分析研究报告的格式要求编写出震情研究报告，使甘肃的地方地震监测预报工作走上正规。

三、加强防震减灾宣传工作，提高全社会民众的防震减灾意识

根据厦门会议精神，1993年遵循因地制宜、因时制宜、经常持久、科学求实的原则，把防震减灾宣传分为常规宣传、强化宣传、应急宣传和救灾宣传的四个环节为宣传内容。着重抓好强化宣传的试点工作，在张掖重点监视区，加大宣传的力度和频度，突出宣传的主题，宣传地震形势，防御措施，应急预案，自救互救知识等，随时注意掌握社会舆论动向，及时平息谣言，普及宣传到农村、工厂、矿山，逐步做到家喻户晓。甘肃省1993年防震减灾宣传的第二个重点是抓好城市厂矿企业的防震减灾宣传，以大型震情报告会，地震知识宣传和次生灾害的防御等宣传为主，编写和出版了《厂矿企业防震减灾工作要览》，《地震与石化企业抗震防灾》等书籍作为宣传材料，建立城市防灾规划。1993年地方地震宣传工作另一

个重点是加大向领导层宣传的比重。通过宣传防震减灾工作，赠送《地县领导地震工作手册》等，使政府领导重视和支持地震工作。通过近几年全省地方地震宣传工作人员的努力，1993 年 12 月在湖北十堰召开的全国防震减灾宣传工作会议上，甘肃省宣传工作被评为全国防震减灾宣传先进单位，排名第一。

（甘肃省地震局）

宁夏回族自治区地方地震工作

一、发挥政府减灾职能

宁夏北部至内蒙古交界地区连续三年被列为全国地震重点监视防御区。自治区地震局向区党委、政府、人大、政协、军区等有关部门通报了震情，并召开自治区防震救灾领导小组第四届工作会议，研究部署综合防震减灾工作。各级地震办公室也及时向当地政府、防震救灾领导小组（指挥部）通报震情趋势意见。落实区防震救灾领导小组工作会议部署。震情趋势意见分层次、有范围地“透明”到社会，做到防患于未然。

1993 年是区、地（市）、县三级政府换届的一年，各级政府换届后，都调整充实了防震救灾领导小组（指挥部）。各级防震救灾领导小组成员重新学习中央、地方防震减灾的有关文件和各级人民政府批准实施的《防震减灾对策方案》、《大震应急对策预案》等，责任落实到人。并研究部署落实自治区防震救灾领导小组第五次工作会议精神。

为加强防震减灾工作的管理，区政府办公厅以宁政办发［1993］33 号下发了《转发自治区地震局、城乡建设厅关于贯彻执行〈中国地震烈度区划图（1990）〉和〈中国地震烈度区划图（1990）使用规定〉意见的通知》，各级地办同政府有关部门进行了研究落实，加强了新建、扩建工程的抗震设防标准和地震安全性评价工作的管理。

为加强地震灾情上报的管理，自治区政府以宁政发［1993］122 号文颁发了《关于发布“宁夏回族自治区地震灾情上报规定”的通知》，各级政府按通知要求规定，已经建立各系统和县（区）乡的地震灾情速报网。地震系统已健全了地震灾情评估队伍并举办了地震灾情评估学习班，统一了评估技术规范和工作方法，制定了工作细则和工作制度。并成立了以地震局及有关各厅、局、委、办工程技术专家组成的自治区地震灾害评估委员会，加强统一管理和技术指导。

各级地办主任还经常参加当地政府工作会议，同政府领导和有关部门共商地震减灾工作大计。

二、强化震情意识，提高观测质量

地方地震监测工作实行三级管理，统一执行区地震局工作计划，实施观测工作规范及细则；统一实施观测资料质量评比标准及评比办法；统一格式传递保送观测资料；统一提供观测技术及其条件的服务；统一实施台网调整优化方案。由于加强了地方地震业务工作的指导和技术服务，地方地震监测工作质量大大提高，发挥了观测工作的作用，填补了专业台网不足。参加全国和全区评比的观测台项，均获优秀成绩。

各级地办不断完善制度，经常强化观测人员的震情意识，是保证观测资料质量不断提高的基础。

各级地办坚持周、月会商制度及年度地震趋势研究工作，统一参加全局系统评比工作，有部分地办的会商意见和地震趋势研究报告获评比优秀成绩。

三、强化宣传，提高民众抗震防灾意识和能力

国家地震局和中宣部联合召开防震减灾宣传工作座谈后，宁夏地震局和自治区党委宣传部立即召开了全区防震减灾宣传工作会议，传达落实工作计划，并下发文件要求全社会新闻单位、团体都要积极参与、协助地震防灾宣传，还下发了“宁夏回族自治区地震减灾工作宣传提纲”。各级党委宣传部和同级政府地震部门也召开宣传工作会议，将宣传工作责任落实。由于党委宣传部的统一领导，各新闻单位，部门的参与、协作。宣传工作的广度、深度明显增加，宣传的形式和内容有明显变化。

每月第一个星期天的新闻一刻钟节目，固定震情专栏、播出上月全球7级、全国5级、区内2级以上地震震情实况，区内发生破坏性地震或城市（银川、石嘴山）发生有感地震，电视台立即播出震情通告。震情专栏编播一年，深受各级领导和群众欢迎，增强了震情透明度，提高了防震减灾的意识。

1993年7月11日固原发生4.7级地震和8月12日石炭井发生4.7级地震后，电视台立即播出震情通告和震后趋势判断意见，安定了生产生活秩序，得到当地政府和区人民政府的好评。

区党委宣传部以宁党宣［1993］第30号向各级宣传部门、新闻单位“转发防震减灾和地震保险宣传教育工作计划”，使宁夏的防震减灾与地震保险有机结合起来。

各级地办在党委宣传部的领导下，注意调动各新闻单位参与积极性，采用报刊、广播、有线电视等做好经常性的宣传，同时充分利用保险，城建部门的支持，进行电视知识竞赛或者有奖答卷等形式强化宣传特别是各级地办紧紧抓住“唐山地震纪念宣传周”和“国际减灾宣传日”活动，请政府、人大等部门领导参加举行大型社会宣传活动。

各级地震部门继续抓好中小学学生的地震知识宣传教育工作。继续坚持广播讲座，到工矿放录相，到农村办地震知识宣传展览。1993年全区共发《宁夏地震报》、《中国减灾报》35000份，《地震知识》小册子10000余册，各种宣传橱窗总计92期。总之在地震宣传中，突出“两个面向、四个坚持”的原则，即面向各级领导，坚持重点宣传；面向广大群众，坚持长期宣传；利用纪念活动，坚持广泛宣传；开展咨询服务，坚持深入宣传。通过宣传教育，广大群众的防震意识和防震、抗震能力大大提高，宣传工作已见实效。

（宁夏地震局　万自成）

厦门市地震传言对策工作

一、地震传言始末

1993年10月上旬，厦门市地震局零星接到一些电话，询问近期震情，并告知社会上传言地震部门预报10月16日厦门地区将会发生大地震，10月27日左右，市地震局相对较密集地每天接到近20个电话查寻，随时间推移，有传27日发震，又有传31日发震……11月7日发震，震中就在员当湖，震级12级

……。

11月10日上午9时，市府召开全市县和处以上领导干部会议，将厦委办（1993）84号文《关于不要轻信地震谣传的通知》下发（市委办与市府办联合发文），指出“现将市地震局关于不要轻信地震谣传的通报材料印发你们，请立即传达到全体干部群众，做好宣传辟谣工作”。通报会上，由市地震局和气象局分别就震情与谣传，气象异常原因作了解释。市委副书记主持会议，分管地震工作的副市长讲了话。

11月10日晚6时45分，9时45分，厦门电视台两次作了会议实况新闻报道：

11月11日，厦门日报以“地震传言纯属子虚乌有”为题，对通报会及震情和气象情况作了详细报道，在科普栏目中刊登“如何识别地震谣言”的短文；

11月11日晚，厦门电视台采访气象台，报道了受到副热带高压控制，厦门市气温比多年平均气温偏高的气象卫星云图解释。

二、社会影响的统计学分析与启示

厦门地震局近20年来重视防震减灾知识的宣传，并逐步形成了一套行之有效的工作程序和宣传形式，如城市四级宣传网，宣传工作中的系统论观点等，是被国家地震局充分肯定的。那么，在这次传言冲击下，人群表现出的“免疫力”到底如何呢？进行社会调查统计工作，不仅可以检验以往社会宣传的效果，也可指导今后工作的开展。

根据传言的社会实况，11月8日我们实施了一个简单的社会调查方案——随机地向群众口头提问：

你是否听到厦门地区近期要发生地震的传言。

对听到传言者进一步询问，你对这次传言相信吗？

对没听到传言者询问，假设有人告诉你厦门要发生大地震，你相信吗？

这些问题的典型答案有：“传言总是事出有因吧，天气又闷热，唐山地震时也是这么热”；“既然有传言，宁可信其有”；地震预报必须由政府发布，小道消息不可信；“如果政府迟迟不表态，就是默认，预报在科学上还没过关”；……我们将调查结果归纳为表1，根据抽样统计学原理，以二项分布参数置信区间来做分区社会（大人群）的影响评估，通过对典型社区人群的对比分析，得到以下认识。

1. 传闻过程的“加速器现象”与“中止现象”

苏联心理学家波尔什沃夫把人群称为使情感状态的倾向性传播得极快的“加速器”，换言之，人口越稠密的地区，某种情感在人群中多次传递，相互强化的机会就越大。如果人群中信谣的人多，则信谣言—传谣—恐震这样一种行为与情感的传递、强化过程就极易形成；反之，当人群中人对地震谣言持否定态度的人较多，或人群中威信较高，“众望所归”的人表示对地震谣言的不感兴趣，并提供正确的行为规范，就能使多数人的情感行为回到正常轨道上，谣言也就可能因此“中止”。也可说是不信谣的情感在这一人群中得到强化。

“加速”或“中止”是有条件的。在地震传言这一社会现象的研究中，可认为是取决于不同人群对地震科学认识水平的总体差异。而人群地震科学知识水平相当部分是与地震部门科普宣传、法规教育的广泛程度分不开的。

对表1中置信区间均取中值来讨论，可以看到，在文化层次较高的人群中，受传言影响的社会比例$P=52\%$，而在一般文化构成的人群中高达83%。实际上，“厦大”区比“街道”区明显地平静，可看成是传言“中止”现象。

进一步设想“加速”与“中止”的构模：设人群对地震信息的传播是按某种递增关系（如指数函数$n=aA^{bT}N=F(n)$），考虑传播过程还会受到中止（不传给 别人甚至劝阻信谣的人放弃原观点)，也即存在着协同与竞争，故引入抑制项 $CF^2(n)$ 则 $N=Fn(1-CFn)$ ——这就是社会传言的耗散系统，正反馈（信谣传谣）和负反馈（不信谣，劝阻信传）在共同起作用，当宣传工作或应急举措得当时，抑制传言形成的作用上升，传言系统就会解体（中止）。对于特定地区，积累一些实例后，可尝试建立近似的数模。这样，就能逐步地走向社

表 1　分区抽样调查统计表

Ⅰ区厦门大学、鹭江大学、海洋所				Ⅱ区中山路、文化宫、市政府			
大学教师、大学生、科研人员				居民、商店服务员、机关干部			
调查总人数 $N=40$				调查总人数 $N=35$			
有听到传言 $n=21$		无听到传言 $n=19$		有听到传言 $n=30$		无听到传言 $n=5$	
信言 $n=4$	不信 $n=17$	信言 $n=6$	不信 $n=13$	信言 $n=10$	不信 $n=20$	信言 $n=3$	不信 $n=2$

以二项分布参数 p 的置信区间评价社会影响

$1-r=0.95$

①分区受传言影响的社会比例	
$k=21$，$n-k=19$	$k=30$，$n-k=5$
p：(0.36—0.68)	p：(0.70—0.95)
②不信传言的社会比例	
$k=30$，$n-k=10$	$k=22$，$n-k=13$
p：(0.59—0.87)	p：(0.45—0.78)
③自信有识别传言能力的社会比例	
$k=13$，$n-k=6$	$k=2$，$n-k=3$
p：(0.43—087)	p：(0.05—0.85)

会学的定量化。

2. 宣传工作的局限性

在文化层次高的人群中，不信传言的社会比例为73%，另一相应的人群为58%，揭示出文化较高，具备一定的科学常识和法制观念——对有关地震预报的法规程序有所了解，则人云亦云的盲从心理就较少，自信有识别能力的社会比例不高（分别为65%和45%）是一个非常有趣的现象，进一步调查指出，是受到地震科学现状的限制，不少人认为地震预报是世界难题，说不定传言正是内部业务部门未能确定的预报意见。唐山地震，美国1994年元月洛杉矶地震都在震后才发现隐断层的存在（厦大学生言)，由此，可认为只要地震科学不取得实质性突破，地震传言这一社会现象就永远有存在的土壤，辟谣宣传工作到一定程度后，只能借助于法规——地震预报的发布规定来匡正视听，而不是单纯的科学解释。

3. 宣传工作的空区还存在

统计结果还告诉我们，在一般群众中，进一步开展地震科普宣传工作的重要和必要性。宣传的对象还大有人在，尤其是在一般文化层次的人群中。宣传的内容除了地震科学知识，防震减灾自救知识外，有关地震的法规宣传也必须并重。至少，还有占总数20%的群众需要我们去进行一些最初步的宣传教育工作。

（厦门市地震局）

学术活动

中国地震学会青年科技工作委员会成立

1993年4月28日上午，中国地震学会青年科技工作委员会在国家地震局一楼会商室召开了成立大会。

青年科技工作委员会委员吴荣辉、修济刚、高孟潭、赵和平、尤惠川、吴忠良、陈建民、朱世龙、刘小伟、吴建春、陈焕新、沈建华、周静、杨大克、蒋海昆、谢富仁、宿景贵、王安滨、胡平、章思亚、成小平、丁平、薄万举、曲克敏、杨建思、罗咏生、巩曰沐出席了成立大会。

中国地震学会理事长丁国瑜研究员代表学会常务理事会宣布青年科技工作委员会正式成立和组成名单。接着。他就青年科技人员的学习、工作和成长发表了热情洋溢的讲话，并以“科技增强国力、青年开创未来”作为向大会的贺词。

吴荣辉主任委员代表青年科技工作委员会筹备组向大会汇报了委员会的筹备过程，并说明了委员会成立的目的、工作任务和今后设想。他认为，尽管国家地震局各级领导为培养青年地震工作者采取了一系列的有力措施，但仅仅依靠外力是不够的，青年科技人员应该组织起来，发挥青年人的自身优势和组合的集体优势，在追踪世界高科技的同时，投身于国家经济建设的主战场，用自己的聪明才智为经济建设服务，在为经济建设服务中增长知识和才干，培养和造就一大批面向21世纪的人才。

国家地震局副局长陈章立代表局党组对青年科技工作委员会的成立表示祝贺并作了重要讲话，他指出，到了2000年，地震系统一大批50～60年代毕业的业务骨干将陆续退下岗位，历史的重担已经落到青年人的身上，青年人要有紧迫感和责任感，要充分发挥青年人敢想敢干的特点，青年人既要向老师学习，在学术上又不要带有框框。他希望青年科技工作委员会成立以后，应在加速培养青年人、科技转化为生产力的综合防震减灾等方面多做工作，有所作为。

科技监测司司长、中国地震学会副秘书长孙其政，中国地震学会常务副理事长、地球物理研究所所长陈运泰研究员，中国减灾报社社长兼总编陈鑫连研究员，分析预报中心副主任张国民研究员，局机关党委副书记杨流平等先后发言，对委员会的成立表示祝贺，并提出殷切希望。

会议修改并通过了《中国地震学会青年科技委员会章程》，对今后的工作进行了热烈的讨论。

（中国地震学会）

部分经济发达、人口稠密省市有影响地震应急对策研讨会在武汉召开

部分经济发达、人口稠密省市有影响地震应急对策研讨会于 1993 年 11 月 2 日至 5 日在武汉召开，上海、安徽、江西、浙江、河南、广西、湖南、湖北等八省市地震局（办）主管震情的局长（主任）和分析预报中心（室）主任出席了会议。

会议主要内容为浙江、湖北、江西三省分别汇报宁波皎口、湖北咸宁、江西寻乌和抚州等有影响的地震的情况；交流地震预报、现场工作体会；研讨《经济发达、人口稠密省市有影响地震应急对策方案》的制定。

1993 年我国地震活动主要集中发生在西南地区，但近一二年在我国东部、中南部一些省份先后不同程度地发生了中等地震或震群活动，如 3 月 20 日的浙江省宁波皎口地震，6 月份江西省的寻乌、抚州等地的三次有感地震，7 月 25 日湖北省咸宁的震群活动。尽管这些地震强度不大，但由于发生在人口稠密、经济发达缺乏防震抗震经验的地区，同样给当地人民群众的生活秩序、工农业生产和社会安定造成一定影响。如何提高少震弱震地区人民群众的防震抗震意识，减少不应有的损失，与会代表进行了热烈讨论。大家一致认为，在经济发达、人口稠密的少震弱震区，破坏性地震发生概率虽然很低，但中等地震和有感震群却时有发生，造成影响和损失往往比西部不发达地区的 6 级乃至 7 级地震还大。因此，如何提高经济发达、人口稠密省份的地震应急能力，如何在有影响的地震发生后，及时采取有效措施，既从科学技术上提高地震预报工作的准确性，又能从社会学角度采取恰当的对策，及时稳定人民生活秩序、保证工农业生产正常进行和社会安定，将是经济发达人口稠密地区地震工作的重点。

在交流各地地震预报和现场工作体会时，会议对一些单位在处理有影响地震过程中所表现出的工作作风、科学态度和采取的应急措施，给予了应有的肯定；同时对地震应急工作中出现的失误和不尽人意的地方，也进行了认真总结，与会代表一致表示在总结经验教训的基础上，要不断改进和提高地震应急能力和水平。

会议代表还对各单位提交的地震应急对策方案（提纲）进行了认真的讨论，从适用范围、应急组织机构、震情决策依据与程序、现场工作内容与重点等各个方面提出了修改意见，国家地震局科技监测司将根据大家的意见，对方案作进一步修改与完善，使地震应急工作真正做到科学化、程序化、规范化。

（地震研究所　贺玉芳　胡朝明）

中国地震学会地壳形变测量专业委员会1993年学术年会在武汉召开

1993年中国地震学会地壳形变测量专业委员会学术会议于11月22日至26日在武汉举行。出席会议的代表有国家地震局系统有关省局，研究所，第一、第二地形变监测中心，九江培训中心，鹤壁市地办，地震科学联合基金会办公室，以及同济大学、武汉测绘科技大学等单位的专家学者和青年科技工作者共40人。

大会交流了学术论文20多篇，国家地震局科技监测司委托地震研究所和第一地形变监测中心制定的《全国大地测量动态监测系统方案（初稿）》也在会上作了介绍，听取同行专家评议，大会就大地测量的近代发展及在地震预报研究中的作用和地位进行了讨论，并对明年本专业委员会的学术活动作了安排。

宣读的论文涉及面广，很多内容为“八·五”重点课题的研究成果，其中关于整体大地测量，地形变与重力资料的联合反演，板块运动的力学模型，地壳形变前兆分析理论和方法，唐山、大同地震形变与重力前兆场的震例研究以及我国几个重点监测区GPS观测等，均反映了地震局系统地壳形变观测和研究工作的新进展；随着地壳形变观测技术的发展、观测资料的积累，尤其是空间技术的使用，不但使学科研究的深度和广度得到了很大的发展，而且促进了全国地形变观测研究工作的大联合。

会议代表对建立我国大地测量动态监测系统的初步方案进行了讨论，大家认为建立全国性的大地测量动态监测系统是十分必要的，同时也是可能的。这项工作对于提高我国地震中期预报水平，推进当前地震预报研究工作的深入发展具有重要作用，对方案初稿中提出的网点密度及全国复测周期、全国网和区域网的连接等问题提出了新的意见并建议将初稿作适当修改后报送国家地震局审定，建议国家地震局能够将此项目立为“九·五”重点项目组织实施。

陈鑫连主任对学术年会进行了总结，对今后的地形变工作，要加强整体综合分析，要进一步加强大地测量与地球物理和地质科学的交叉渗透研究，使地形变研究工作从几何学转向动力学，从地球表面转向地下深处，为攻克地震中期预报关作出应有的贡献。

与会代表对地壳形变测量专业“九·五”如何发展也提出了很好的建议和意见，其中包括加强排除干扰的研究、提高观测精度，加强模型理论研究，加强地震中期预测理论和方法的研究等。

（地震研究所　徐菊生　胡朝明）

抗震设计规范学术讨论会在镇江召开

中国地震学会地震工程专业委员会和中国工程建设标准化协会工程抗震委员会联合举办了“抗震设计规范学术讨论会”于1993年10月12日至10月16日在江苏省镇江市召

开。出席这次学术讨论会的有多年来从事规范编制工作、规范专题研究、试验设计及施工应用等的研究单位、设计部门、大专院校、抗震办公室等32个单位的67名代表，国家地震局、建设部抗办、地震出版社也派人参加了会议，会上有32篇论文进行了交流，并且出版了会议论文集。

抗震设计规范是抗震研究服务于工程建设的一条有效途径。近年来，我国新编或修订了多种结构的抗震设计规范，这些规范反应了国内外抗震研究的最新成果，为我国经济建设起了积极的作用，但也存在着一些值得进一步研讨的问题。这次学术讨论会上专家们就我国各类工程的抗震设计规范中的共性问题，如与烈度区划图的衔接问题、设防标准问题、场地分类问题、设计反应谱、强度验算等问题；各类抗震规范或规范之间的关系；有关我国工程抗震技术标准体系表的问题进行了广泛深入的研讨，同时为今后修订规范提出了先导性的研究工作，推动我国抗震设计规范的进一步完善。

同时，专家们对我国隔震技术的规范化进行了讨论。建筑隔震、减震是一项综合性的技术，目前已发展到实用化的阶段。美国、日本等一些发达国家都相继在试点的基础上推向规范化。我国近几年来在隔震、减震技术方面的研究和实践也很活跃，但规范化问题尚未提到日程上来，专家们认为，为了加速该项技术的发展和减少工程实践的失误，规范化的工作亦应尽早提到议事日程上来。

会上还对工程建设国家标准主管部门决定在“八五”期间编制国家通用的《工程抗震场地划分等级标准》进行了探讨。首先由主编单位国家地震局工程力学研究所作了详细的介绍，该标准的适用范围是工程结构、设施和设备的抗震设计。其主要内容为“规定场地评定方法和设计地震动参数的确定方法”。专家们对其标准的名称与内容进行了讨论，提出了合理的建设性意见，供编制组参考，使新编的《工程抗震场地划分等级标准》的规定适用于各行业抗震规范所需的地震荷载。

（工程力学研究所　韩素英）

现今地球动力学问题研讨会在京召开

受国家自然科学基金会地球科学部的委托，由学部委员、国家地震局地质研究所所长马宗晋倡导并组织的“现今地球动力学问题研讨会”于1993年10月6～9日在京召开。

参加会议的有30余名多学科的科学家和专家，来自国家自然科学基金会、北京大学、中国地质大学、上海同济大学、中国科学院地球物理研究所、中国科学院地质研究所、中国矿产地质信息研究院、国家地震局地球物理研究所、国家地震局地质研究所、国家地震局分析预报中心等单位。

研讨会包括两部分。第一部分是科学家的学术报告，介绍现代固体地球科学的重要分支——现今地球动力学的国际国内最新进展，涉及地球的形变、结构与组成。地球内部的热状态与热作用、全球板块运动、全球地幔对流、地球内部的相变等前沿课题。第二部分是讨论现今地球动力学的发展趋势以及我国“九五”期间该学科的发展战略和优选课题。对此代表们提出了许多具体建议。

许多科学家一致认为，现今地球动力学是一门跨学科的交叉性、综合性科学，涉及现代固体地球科学的主要分支——地质学、地球物理学、地球化学和大地测量学，这门学科的特点是把地球作为一个动力系统整体，概括各相关学科领域提供的数据信息，研究地球各圈层的现状和正在发生的过程，并以现今状态为起点，反演可能时间尺度的地球动力学演化，从而对全球的和区域的地壳运动、变形现象给出科学的解释和预测，为开发资源、减轻灾害、保护环境提供基础资料与理论。

研讨会提供的信息表明，最近十年间地球动力学发展的显著特点是，通过应用高技术使基本的测量和实验能力得到空前的提高，并使数量庞大的资料处理、复杂现象过程的模拟、逼真图象的生成成为可能。典型例子有：由于VIBL、SLRH和GPS等空间技术的实用化，给大地测量学带来了革命性的变革，使我们对板块运动现状进行动态实测成为可能；由于计算机性能和计算方法的进步，已能对全球地震观测台网的记录数据进行处理，发展了三维地震层析成象（CT）与彩色图象生成技术，开始探测到地球深部的非均匀状态与细结构；超高温高压物理技术、辐射光技术的发展，使大致相当于地幔、地核条件的岩石实验成为可能，提供了对地球深部状态与过程进行物理模拟的工具；随着超导技术的磁力仪、重力仪等各种观测仪器性能的大幅度改善，也可望对地球动力学的发展作出巨大贡献。在这种背景下，现今地球动力学的发展越来越具有全球化的趋势，一系列全球规模的大范围观测活动和国际合作计划正在蓬勃开展；同时要求地球动力学基础理论研究开拓新的思路，依据各种新的资料数据进行创造性思维，突破原有模型的框架，建立更好的理论模型来揭示观察到的现象与过程。

一些科学家建议，根据国际发展趋势与我国的实际情况，在“九五”期间或今后十年间，我国的地球动力学研究可着重在微动态地球动力学、上地幔的非均匀性与动力学过程以及全球动力学模型的理论研究三个领域开展基础研究。

（局地质研究所　张崇立　高祥林）

全国第三届地应力专业讨论会在京召开

1993年9月14日至9月17日，由国家地震局地壳应力研究所和地震学会地震地质专业委员会召开了全国第三届地应力专业会议，共邀请了全国20多个单位的50多名代表，在会议上宣读了44篇论文。除了交流地应力测量在工程中的应用外，还就新技术、新方法、全国地应力图的编制、地震预报中的应力测量手段等专题进行了交流讨论。

在整个地壳中都存在着应力。绝大多数部位的岩石都处于压性应力状态，其数值和主压应力的方向因地而异。近二三十年来，国内外的地学工作者已逐渐认识到，掌握地壳岩石中应力状态（简称为地应力）的重要性。它不仅仅是地学研究中的基础资料，而且对于所有的大型工程建设都有十分重要的实用价值，无论是工程的勘测涉及，还是施工与安全运营，在各地质灾害的防治工作中也都需要把地应力参数作为科学依据。

我国已故著名地质学家李四光教授曾对地应力工作十分重视，在他的倡导下，我国的地震、地质、水电等许多部门自60年代起相继开展了地应力的实测与研究工作。现已在水电、矿山、煤炭、交通、油田开发、核能等许多部门获得了重要应用，有些工作已达到了较高的水平。如金川镍矿井下巷道变形破坏的防治、二滩水电站站址的选取、大庆油田套管损坏的机理、华北煤田臭陶水突出的防治、西南煤矿瓦斯突出的研究等。又如，已通过专家验收的七五攻关课题“长江三峡坝区水库诱发地震的可能性”中，开展了坝区应力场的综合研究，为了得到地表到地下800m深处应力状态的可靠资料，除使用了先进的水压致裂测量方法外，还与日本合作开展声发射应力测量新方法进行了对照验证，由此进行的分析计算表明，三峡水库的蓄水不会对周围断层的稳定性带来明显影响。

会议论文集将于1994年12月由地震出版社出版发行。

（地壳应力所　科研处）

全国高等院校地震类专业教材建设委员会在山西召开会议

1993年8月15～20日，国家地震局全国高等院校地震类专业教材建设委员会在山西召开会议，评选高等院校地震类专业优秀教材。经国家教委决定，自1977年以来，国家地震局负责组织规划编写全国高等院校地震类专业教材，此后，国家地震局在这一方面做了大量工作。1992年，国家地震局召开会议，研究制订全国高等院校地震类专业“八五”教材规划，并印发了《全国高等院校地震专业教材工作座谈会纪要》，《全国高等院校地震类专业教材建设委员会第一次全体会议纪要》。在此基础上，经各院校地震类专业的申报和推荐，请专家进行了认真的教材质量评议和审查，并经全国高等院校地震类专业教材建设委员会第二次全体会议评审，共评出国家地震局优秀教材一等奖两个，二等奖两个，三等奖四个和优秀教材特别奖一个。国家地震局高等院校优秀教材奖是部委一级奖励，对获奖教材的编著者，国家地震局颁发了证书及奖金。

获奖书目：

序号	获奖等级	教材名称	编著者姓名	主编（第一编者）所在单位	出版单位	出版年月	责任编辑
01	一等	地磁学教程	蒋邦本　阚济生　陈养炎　林启锦　徐世浙	北京大学	地震出版社	1986.6	裴　申
02	一等	重力与固体潮教程	吴庆鹏　许天铭　宁津生　管泽霖　曹其平	北京大学	地震出版社	1982.7	何寿欢
03	二等	地震学教程（修订版）	傅淑芳　刘宝诚	北京大学	地震出版社	1991.6	姚家榴
04	二等	地壳岩石的力学性能	陈　颙	中科院研究生院	地震出版社	1988.7	姚家榴
05	三等	地震地质学	修保琨　刘锡大　黄杰藩　丁幼文　彭一民　赵其强　何科昭	北京大学	地震出版社	1982.7	蒋浩旋
06	三等	地震学原理	徐果明　周蕙兰	中国科技大学	科学出版社	1982.4	周文甫
07	三等	地震地质学基础	黄培华　金凤英　丁宝田　韩　健	中国科技大学	地震出版社	1982.9	蒋浩旋
08	三等	地球内部物理	周蕙兰	中科院研究生院	地震出版社	1990.4	姚家榴

09 特别奖	地球物理学概论	张少泉	中科院研究生院	地震出版社 1986.6	单心福

（局人事教育司　卢　桢）

中国东部九省市地方地震系统科技开发交流会在青岛召开

中国东部九省市地方地震系统科技开发交流会于 1993 年 6 月 4 日至 7 日在山东青岛市举行，河北、河南、江苏、安徽、浙江、福建、上海、天津、山东等省市的地方地震工作部门和国家地震局科技司地方处共 64 名代表出席了会议。

会议充分肯定了九省、市地方地震系统开展的横向方位协作活动，特别是将地方地震工作和社会主义市场经济紧密结合的积极做法，认为这是有胆识、有远见的战略决策。并希望这项活动能坚持不懈地开展下去，越搞越好。

会议还交流了九省市地方地震系统的科技开发信息，组织了产品展销和贸易洽谈活动。山东省枣庄市薛城区地震办公室、河北省沧州地震局、山东省潍坊市地震局等 12 个单位的代表做了大会发言，近 30 位代表在分组会上充分发表了意见。

（山东省地震局地方处　董守德）

为国民经济服务

国家地震局1993年科技开发工作的新进展

一、实施了新的管理运行机制

(1)投资部完成了近500万元开发基金的审核工作,在事业单位财务管理办法中对各单位收入管理和经济实体财务管理作了必要的规定。

(2)台站部下发了"台站科技开发管理办法",安排了11个共46万元的开发基金项目,部分已经取得了良好的效果。

(3)企业部为规范企业发展起草了局直属公司的"资产经营责任书",对各单位所办企业申请的开发基金项目进行了初审,基本理顺了五个直属企业的关系,为发展奠定了良好的基础。

(4)工程部完成了"工程建设场地地震安全性评价许可证书管理办法"和"地震安全性评价工作上岗证书的颁发和管理秩序"。

(5)通信工程部为各单位建立BP机网做了大量工作,已组织协助完成了陕西、上海等六个网的建设,并正在为广东、辽宁等11个申请建网单位办理申请频率等事宜;协调了青海花土沟油田遥测台网项目,现已正式签订合同。

(6)国际项目部通过对外科技交流与合作渠道,积极支持各单位开展对外的科技开发工作,审定、批准了12个开发性团组赴国外执行项目,办理护照签证30人次,组织签订的对外项目额合人民币约400万元。

(7)准备部下发了"地震系统技术装备开发工作管理暂行实施办法",组织系统内七个工厂在自愿的基础上组建了联合公司,为工厂的发展创造了良好的条件。

(8)地方地震开发部与台站开发部联合召开了"全国部分地震台(办)科技开发工作座谈会",讨论并修改了"台站、地办科技与商贸信息网章程",帮助部分实体与地震系统全国性公司联系合作,通过华能等公司寻求开拓国际技贸市场的途径,并将其制定的联合开拓的贸易方案介绍给各地经营实体。

(9)房地产开发部对局系统房地产资源进行了统计分析,对几个房地产项目的开发进行了试点,开工了五个改善住房紧张状况的项目,获房22900m^2,约296套,有的项目中附加了具有经营潜力的建设内容。

二、筹措、批准了科技开发基金

为支持系统内各单位开发工作的启动,在经费十分紧张的情况下,筹措、批准了500万科技开发基金。全年共受理32个单位申请的项目68个,申请金额达2153.3万元,经过初审、审核及审批,1993年共批准20个单位的25个项目,共计470.8万元。单位受益面达62.5%,完成计划资金的94%。

开发基金的下达缓解了各单位开发启动资金不足的矛盾,具有雪中送炭的功效;由于所选的多是“短、平、快”项目，至今已取得初步成效，项目已见收益。辽宁省地震局金州地震台从事饲养狐狸已经有几年了，效益很好，但苦于没有资金，饲养规模难以扩大，不能得到更大的经济效益。开发基金到位后，他们购买了种狐，添置了新的饲养笼舍，目前狐狸销售势头很好，相信会有很好的效益。吉林四平台与当地驻军合作，在该市中心地带建起一座占地 500m²20 个车库房的存车库，解决了当地一些中高档汽车冬季无法存放的难题，预计也将会有可观的利润。

三、对外横向合作的进展

（1）为落实温家宝、宋健对石油—地震科技合作的批示，将合作进一步引向深入，召开了“深化石油—地震科技合作工作会议”，调整了双方合作领导小组成员，组织上有了保证。

召开了 1993 年工程与抗震项目合作洽谈会，共签属合作项目 14 项，共 547 万元（其中石油基建费 70 万）。

按石油—地震深化科技合作工作会议精神，双方组建了奥伊工程咨询公司。

年底双方共同召开了“地震抗震建筑结构学术讨论会”，又落实了合作项目 3 项，共计 110 万元。

组织大庆低温核供热项目论证，配合石油科技管理部门对双方合作的振动法采油项目、CT 项目进行了验收鉴定。

（2）与华能集团的合作。为使双方合作的结合点——北京华能地学高技术联合公司能更快地顺利发展，双方高层领导经过会谈，就些关键问题达成共识，双方将理顺合作管理公司的关系，为公司的发展创造更佳的环境。

四、为系统内各单位的科技开发工作提供良好的服务、支撑条件

（1）1993 年 5 月召开了全系统的科技开发管理与经营机构经验交流暨工作会议，会议近 200 名代表来自 40 多个单位和几十个企业，会议上交流了经验、总结了工作、审议通过了科技开发工作报告，对全系统的科技开发工作起到了积极的推动作用，是“我们科技开发工作上的一个里程碑”。

为地球所等单位向国家科委申报国家级新产品试制计划，由于前期工作仔细、认真，所报八项产品均获批准，其中 2 项被评审专家确认为国际先进水平，其余 6 项为国际水平或国内先进水平，这八项产品预计产值达 3 亿元。

为工力所等单位申请全国乙级工程勘察证书。已批准三家单位，还在为要申请的十多家单位作努力。

为有关单位积极申报国家火炬计划项目。

组织局测防中心在系统内开展桩基检测资格证书的审查发放及测桩人员技术培训。已有 19 个单位取得测桩资格证、40 多名技术人员考取了测桩上岗证书。

组织系统内单位积极申报第二届全国技术市场“金桥奖”。

（2）适应社会主义市场经济的发展，支持企业完善新的经营机制。华商公司已具备了初步的发展框架，与瑞康合作了 BP 机台，人造皮肤项目已在开展，经国家旅游局批准成立了华商国际旅行社（一类社）并有了一定的盈利。

振远公司调整了领导，正积极组织项目，具备了发展的基础。

华能 公司充分发挥了两系统的多方面优势，形成了几个有前景的拳头项目：PS 乳化剂、华能反病毒卡、自动抄表系统、轨道仪。

奥伊工程咨询公司筹备工作全部完成，明年将是奠定基础的一年。

勇征公司经过一段时间的调整，逐步走向正轨，并签定了起步项目，到了第一批合同款。

全系统 1993 年的科技开发工作，虽然各单位间进展不尽平衡，但事实却表明全系统在开发、创收、人员分流方面的确呈现了稳步发

展的势头。

五、各单位开发创收1992年与1993年的对比

	1992年29单位统计	1993年37单位统计	1993年/1992年
工程项目	1958万元	6550万元	335%
产品开发	1076万元	1640万元	152%
三　产	982.4万元	5890万元	600%
其　他	313万元	430万元	137%
总　计	4329.4万元	14500万元	335%

	4月开发工作会议时	11月统计	11月/4月
开发实体总数	116人	181人	156%
从业人员	2707人	3836人	141%
		(其中系统内分流人员为2455人)	
营业面积	4.5万m^2		
注册资金	12400万元	21854万元	176%

六、各主要部门的成绩

1. 投资管理部

(1)保证资金的使用、坚持严格审批,1993年在经费十分紧张情况下,局安排了500万元科技开发基金,截止11月底已审批支持14个单位近50余项,借出资金425.8万元,完成计划的85%1992年投资735万。1992年借出周转金778万元。1993年又借出周转金近1000万元。在资金使用上,坚持前帐不清后帐不借的原则;投资与借款分清的原则,从而保证了资金的使用效益。

(2) 加强财务管理。在1993年7月1日国家实施新的"企业财务通则"和"企业会计准则"及行业财务会计制度前,我们向各单位发出贯彻执行的通知和学习用教学录象带。使新旧会计制度接轨。另外在1993年财务工作会议上,将局直属公司财务单位列入统管单位之一,并在"地震事业单位财务管理暂行办法"中对各单位收管理和经济实体财务管理做了必要的规定。

(3)对开发周转金和科技开发基金贯彻专款专用的原则和收取占用费的规定。并下发了周转金使用规定和交纳占用费的有关利率和上交的规定。

(4)今后就进一步加强科发基金和借用周转金的管理,特别是到期收回的工作。到目前1993年到期应还款尚有近800万元未归还。

2. 地震台站开发管理部

1993年2月底,台站开发部、通讯开发部、地方地震开发部联合召开了地震台站及地办科技开发工作会议,会议重点研讨如何在保证监测系统优质正常运转的前提下,全方位地开展为国民经济建设服务。会议对部分申请科技开发基金的项目进行了论证,介绍了一些各单位研制开发的产品,达成了一些合作意向。

1993年地震系统中申报台站开发基金数十项,台站开发管理部经过认真的评审推荐,经批准,于1993年4月、7月份两批下达了11项台站开发项目,共46万元:

(1)WR系列保健制品初级产品加工6万元　局分析预报中心黄村台

(2)测绘成果数字化成图系统建设6万元

江苏局南通台

(3)电子感应开关厂设备完善2万元　安徽局合肥台

(4)针织成衣厂建设5万元　一测中心易县台

(5)汽车洗车厂建设1万元　海南局那大台

(6)九寨沟加油站建设5万元　四川局台站监测中心

(7) 扩大饲养场（狐狸）规模5万元　辽宁局金州台

(8)建筑装修门市部建设5万元　河北局张家口台

(9) 饲养绵羊2万元　内蒙局百灵庙台

(10) 租赁车库建设5万元　吉林局四平台

(11) 电子游戏机组装5万元　辽宁局铁岭台

这些项目基金下达后,台站管理部以震科[1993]081号文件下发了《关于做好台站开发工作几点意见的通知》，要求已得到台站开发基金支持的台站及台站所在单位领导必须高度重视台站开发项目,认真组织制定可操作的项目实施方案,落实实施计划，进行动态跟踪管理,给予有力的指导与协调，确保项目产出效益。

这些获得台站开发基金资助的项目基本都已启动,有几个项目虽已启动,但进展缓慢,效益没有当初所估计的那样乐观,有的项目推向市场还有相当的困难。台站管理部将会继续对这些项目进行跟踪管理，抓出效益。

为充分利用信息资源,向科技开发提供服务,在建立地震科技信息网络咨询中心的设想的基础上,在新近成立的地震数据信息中心建立了地震科技信息市场,来具体承担地震科技信息网络的资料收集、加工和流通，并与全国科技市场接轨,成为全国科技市场的一个组成部分。

3. 企业管理部

(1) 修改“国家地震局公司管理暂行办法”。

(2) 制定“国家地震局直属公司管理办法”，对局属公司的归口管理部门，管理部门对公司的权限责任和义务提出了原则意见。

(3) 制定了对局属公司的“资产经营责任书”，提出了经营责任、上缴利润、国有资产增值保值的指标，资产经营者与所有者的责、权、利关系以及对经营者奖励和惩罚的标准。

(4)召开了地震系统开发经营与管理机构经验交流会，省局、直属单位、各类公司实体及部分地办参加了会议,多种商品参加了展示和交易，组织了PS石油溶化剂，连锁商店等项目的专题座谈，调动了开发工作的积极性。

(5)为地球所及华能地学公司的八项科技产品申报了1993年国家科委组织的国家重点新产品项目，全部获得批准，可以向有关部门申请新产品中试阶段的减免税。

(6)协助华能地学公司反病毒卡申请国家火炬计划贷款。

(7) 为华能公司PS石油溶化剂的生产和在油田推广应用，分别与新河县和石油部联系，做了大量协调工作。

(8)为系统内5个单位办理工程勘察资格证书的复查审批工作,经建设部审查，已批准三家单位获得乙级工程勘察资格证书。

(9)支持局测防中心开展桩基检测资格证书的审查发放以及测桩人员技术培训，已有19个单位取得测桩资格证，40多人得到了测桩上岗证。

(10) 为开发工作取得较大成绩的单位和个人申报1993年度国家科委金桥奖。

(11) 为企业申报的科技开发周转金进行初审。

(12) 协调有关部门为公司人员评定技术职称。

(13) 根据中共中央关于党政机关干部不能在公司中任职的决定,提出更换局勇征公司法人代表，正协助所任法人代表理顺公司关系。

(14) 为局属华商公司审批办理新的分支机构。

除对公司进行管理和服务，在继续加强与石油部科技合作方面做了一些工作，如参与组织石油—地震合作项目协调会，组织大庆低温提供热装置的前期工作方案论证，和石油部科技局共同组织对振动法采油项目和CT技术在油田开发中的应用项目进行鉴定，这两个项目均得到参会专家的一致好评，并决定开展进一步的合作研究工作。

对系统内公司实体的统计工作上半年已做过一次，随着市场经济的发展，这方面发生的变化很大，正在进行新的统计工作。

4. 地震工程管理部

(1) 完成了"工程建设场地地震安全性评价许可证书管理办法"和"地震安全性评价工作上岗证书的颁发和管理程序"。

(2)完成了地震烈度评定委员会的换届和更名工作，召开了省震害防御处处长会议。

(3) 完成了"工程场地地震安全性评价工作规范"。

(4) 针对工程项目中各单位的协调问题，今年做了一些调研工作，为今后制定协调原则作基础。

(5) 与国家核安全局一起共同修改了"核电厂厂址选择中的地震及有关问题"的安全导则。

(6) 成立了"国家地震局工程地震研究中心"。

(7)为了配合地震安全性评价工作规范编写了有关教材，准备明年4月份举办业务培训。

(8) 组织、协调了珠海跨海大桥、福建核电厂等大型项目。

5. 地震通信工程开发管理部

截止到1993年10月底，除局分析预报中心寻呼台以外，上海、山东、四川、陕西、河南等省地震局相继建成开通了防震减灾寻呼台，其中山东是自建，上海和四川都是与其他部门合建，陕西和河南是由局里投资建设的，现在都已正式开通运营。在已开通寻呼台的建设中，开发部为他们提供了有关批文，多次与有关无线电管理委员会协商，最终为他们解决了使用频率，为寻呼台的建设开通创造了必要条件。

除已开通的几个寻呼台外，广东、广西、海南、福建、江西、天津、河北、山西、辽宁、新疆、青海等省市地震局都提出了建网申请，开发部为以上各单位发了有关建网及频率申请的文件，并同国家无线电管理委员会协商，经开发部与各单位的共同努力，新疆、青海、广西、广东、河北、辽宁等省都得到当地同意建网和使用频率的批文，开发部还协助新疆、广西及青海作了技术设计方案与经费预算，后来由于资金等原因未能建网，鉴于局里不能投资，部分省局正在与有关公司联系合作建网。

在为各单位进行协调的同时，开发部还组织制订了全国无线通信系统联网总体设计和国家地震局无线寻呼网技术设计方案，为地震系统的通信发展提供了技术保证。

6. 国际项目管理部

(1) 为使局系统各有关单位、开发部、经济实体开展对外工程项目、技术合作、洽谈合作意向、签署协议等工作，共审查、批准12个团组赴国外执行项目。办理出国护照、签证30人次。

(2)实施了上海市地震局与中国核工业物资供销上海核电器材公司签订的《巴基斯坦恰希玛核电站安全壳土压力、地下水压力及地下水孔隙压力监测仪表系统技术合同》项目。

(3)实施了地壳应力研究所与日本签订的《水压致裂裂缝产生和扩展预测技术》项目。

(4)批准并执行地壳应力研究所与泰国电力局签署的《拉姆塔崆抽水蓄能工程原地应力测量技术合作》项目。

(5)批准综合观测队与俄罗斯有关部门签

订在俄开办中国餐馆及中国商品部项目，与俄方洽谈黄金找矿技术合作项目等。

(6) 与有关方面商谈了出口地震仪器（向朝鲜、菲律宾）的意向，可望于1994年执行。

(7) 组织安排外国学者、学生自费来华考察，进行工作研究和学习、进修等，扩大了外汇收入来源。

1993年签订的各项目总金额合人民币为400万元左右，各单位各有特色。

7. 技术装备开发管理部

(1) 在管好用好各类技术装备，确保其保值、增值的同时，组织各单位技术装备部门努力做好技术装备开发工作，拓宽服务领域，为经济建设服务。根据国家地震局科技开发管理办法的要求，开会研究了地震系统技术装备开发工作的有关问题，并经1993年地震系统物资工作会议讨论通过，制定了"地震系统技术装备开发工作管理暂行实施办法"（已下发）。

(2)提出了进一步进行深化技术装备工作改革的意见，并以局发文下发了"关于地震系统技术装备工作深化改革的意见"。要求各单位进一步解放思想、更新观念、抓住有利时机，开创地震技术装备工作为地震事业及经济建设服务的新局面的基本思路和具体措施。

(3) 在两个文件下发后，采取多种措施引导大家充分发挥技术装备系统分布广、渠道多、信息灵等综合优势，组建技术装备开发信息网络（正在组建中），并开展了科技与商品信息交流、咨询、服务。

(4) 到目前为止，不完全统计有近十几个单位成立了技术装备供应公司（供应站、服务部、销售部等），开展了多种形式的有偿服务项目。

(5) 技术装备管理部，利用一切机会积极宣传开发工作的意义和局对技术装备开发工作的指示精神，并对部分单位在起步阶段的工作给予了政策、信息、人力和物力方面的支持。

8. 地方地震科技开发管理部

地方地震科技开发管理部依据局科技开发办公室1993年工作计划的安排，与台站开发管理部联合召开了"全国部分地震台（办）科技开发工作座谈会"。会议交流了开发工作的进展情况和经验；研讨了如何启动、推进科技开发的有关问题；讨论并修改了"台站、地办科技与商贸市场信息网章程"。会议之后充分利用各省的地震小报与刊物进行宣传、动员，设立专栏介绍经验、沟通市场信息。利用全国及区域性会议的机会帮助各地建立省内及跨省区的市场信息网络。在全国部分台（办）开发工作座谈会之后，华东、华北九省市率先召开了"地方地震系统科技开发协调会"，筹建市场信息网，进行贸易、科技服务洽谈。

会后山东、安徽、江苏等省也相继召开地办系统开发工作会议，建立市场信息网、制定管理办法或章程推进开发工作。

为了具体的帮助地方部门抓好开发工作，尽量多的接触各地震部门的经营实体进行调查研究，了解开发第一线人员的情况，了解开发 工作碰到的困难与要求，寻求支持、协助搞好开发的措施与办法，呼吁主管部门制定政策时尽可能考虑开发起步的艰难，创造必要的条件与良好的政策环境，扶持开发工作，并从职能管理的角度为开发工作铺路、搭桥。

在各地建立信息网络的同时，与各经营实体研究科技开发协作，商贸活动联合开拓市场的途径与办法。

9. 房地产开发管理部

(1) 弄清基础资源、发掘开发潜力　根据局系统房地产资源统计与分析资料，局拥有土地7465亩，拥有建筑物148万m^2。从开发工作的特点出发对工地利用率和开发潜力作了初步分析，在正式出版的资料中增加补充了土地利用墙、建筑容积率、建筑密度等有关内容，进一步完善了《国家地震局房地产资源统计与分析》。

(2) 抓好试点，推进开发工作　根据各地房地产开发的形势发展，在有关方面的密切协助与配合下，推动了国家地震局系统首批意向开发项目。①山东青岛台；②山东烟台中心；③广东深圳台；④广东汕头台；⑤广东五山测量队；⑥河南局机关大院；⑦河北承德中心台；⑧广东局机关大院；⑨海南三亚地震台；⑩福建集关测量大队。其中，第⑧项已经在实施过程中，第①、⑤有了草签协议趋于成熟。

(3) 加快改革步伐，改善职工住房条件　在有关方面的共同努力之下，1993 年共开工了 5 个项目，能够获得工作和生活用房 22900m² 约 296 套，其中广西科办与住宅 2000m²、兰州所住宅 5700m²、海南局经营用房 4200m²、北京玉泉路住宅 7000m²，北京蒲黄榆住宅 4000m²。

(4)着眼未来、创造条件、发展三产　1993 年，经有关领导研究同意，有 6 个建设项目，结合当地的建设要求，采取了有偿投入和自筹形式，在项目中附加了具有经营潜力的建设内容，如：

福建省地震局	两台科技活动中心 4000m²	
福建省地震局	商业用房	750m²
安徽省地震局	住宅底商	350m²
湖南省地震局	住宅底商	350m²
宁夏省地震局	住宅底商	150m²

“全国地震系统开发管理与经营机构经验交流暨工作会议”在京召开

国家地震局于 1993 年 5 月 18～21 日在北京组织召开了“全国地震系统开发管理与经营机构经验交流暨工作会议”。国家科委技术市场管理办公室、北京市海淀新技术产业开发区及国家地震局领导、各省市地震局（办）和直属单位约 200 人参加了会议。会议审议并通过了局科技开发办公室所作的科技开发工作报告，交流了各自在开发工作中的经验和体会，展示了部分开发的技术和产品实物，研讨了地震系统科技开发工作中存在的问题和今后的发展战略，建立了全系统贸易合作的网络。

与会代表一致认为，地震系统有着极强的科技、人员和网络等优势，地震科技开发工作并不是权宜之计，它作为地震工作的重要组成部分，必将在地震系统自强、自立的过程中会日益显示其重要性。地震系统各级部门和单位将在完成地震监测预报、基础研究的同时，投入更大的力量，通过发展包括科技开发、咨询、服务和多种经营在内的第三产业，更好更直接地为国民经济建设服务。

（局震害防御司）

地震系统技术装备开发工作管理暂行实施办法

（1993 年 9 月 27 日）

第一章 总 则

第一条 为推进地震系统技术装备工作的改革，充分发挥其在地震监测预报、科研、防震减灾工作中的技术条件保障作用，更好地服从和服务于经济建设这个中心，针对地震系统技术装备工作的特点，在管好用好各类技术装备，确保其保值、增值的同时，各单位技术装备部门应大力开展技术装备开发工作，拓宽服务领域，为经济建设服务。根据国家地震局科技开发管理办法，特制定本实施办法。

第二条 通过技术装备开发，挖掘地震系统仪器设备潜力，充分利用地震技术装备管理队伍的人才、信息、资源。投入到为经济建设服务的广阔领域中去，以市场为导向，全方位，多形式，多途径地开展技术装备开发、咨询、服务工作。通过积极创收，开辟新的设备更新基金筹集渠道，增强技术装备部门的生机和活力。

第三条 地震技术装备开发是地震科技开发工作的重要组成部分，各单位技术装备部门要坚持对内强化管理与供应服务，通过积极开展仪器设备的有偿使用、有偿占用和专管共用，提高各类仪器设备的利用率和技术、经济效益；对外积极开展面向社会的开发、经营活动和仪器设备的租赁服务。各单位应对技术装备开发工作给予热情扶植，积极引导，主动提供信息，协同配合，努力创造条件，积极参与技术装备开发工作。

第四条 鼓励、支持各单位技术装备部门利用仪器设备（大震应急仪器设备除外）、库房和其他一切可以利用的条件，在不影响地震工作技术条件保障的前提下，开展面向社会、服务于经济建设的一切合法经营活动，鼓励技术装备部门用横向创收和租赁、销售收入，弥补纵向仪器设备更新经费不足，改善工作条件和人员待遇。

第五条 国家地震局科技开发办公室技术装备开发管理部归口管理全国地震系统技术装备开发工作，负责技术装备开发工作的组织、协调与管理；各单位的技术装备部门应接受国家地震局技术装备开发管理部的指导，并积极组织、参与本单位的技术装备开发工作。

第六条 建立技术装备开发信息网，印发“信息快讯”，发挥物资系统自身优势，利用一切可能的条件沟通、传播信息，开展信息咨询服务。

第二章 经营范围与方式

第七条 技术装备开发经营范围包括：设备租赁，库房出租，专用仪器设备生产、加工、维修，大震应急用品及防灾物资供应，办公用品及办公自动化设备销售，技术及信息咨询，成果转让，仓储、包装、运输、劳务等，即技术装备部门所在地的政策允许的一切合法经营活动。

第八条 技术装备开发的组织形式可多种多样，不拘一格，要因地、因人制宜。

1. 属事业单位性质的可采取一个机构两块牌子，组建仪器设备租赁或供销服务中心。

2. 可跨区域、跨部门开办物资供销服务联合体。

3. 可办物资供应公司或供应站等经济实体。

4. 事业单位的技术装备管理人员可业余兼职、停薪留职，承包、承揽开发项目。

5. 技术装备管理人员要积极利用库存仪器设备、库房等条件进行租赁和开发业务。

第九条 在经营方式上，推进自主经营，独立核算。

1. 有条件的单位可合资经营，大型仪器设备可采取承包或租赁经营管理。

2. 未经技术装备管理部门同意，任何部门无权对所占用的仪器设备进行转借和出租。

3. 各单位技术装备部门可在授权的情况下代表“局技术装备开发管理部”联系、洽谈业务，承揽、承担项目。

第三章 经费来源与管理

第十条 技术装备开发启动经费来源包括：借用流动资金、银行贷款、集资、设备维修更新基金和申请国家地震局科技开发基金资助等渠道。

第十一条 开发项目的主要成本包括：

1. 仪器、设备折旧费——参照国家有关规定，结合地震系统实际情况执行。一般年折旧费不低于仪器设备原值的10%。

2. 消耗成本——包括水、电、油、材料购置、成果印刷、差旅费、运杂费、税金等，按实际消耗计算。

3. 人员劳务费——包括项目实施用工、技术设计、乙方（承担方）验收等项费用，参照有关行业或地方标准计算劳务费。

4. 技术信息中介费——按项目的效益大小、竞争的激烈程度及中介方实际所起的作用，确定中介费在项目合同额中所占的比例。

5. 管理费——对技术装备开发工作已启动2年以上，并取得显著经济效益的，可根据开发项目的规模适当收取少量管理费，一般不超过合同额的3%。

6. 不可预见费——包括市场物价调整、工程中的突发事件处理等。

第十二条 开发收入的分配与使用

1. 纯收入（扣除项目成本和应缴税金后）按所在地区规定的比例提留事业发展基金（设备维修更新基金）、集体福利基金和奖励基金。在技术装备开发工作起步阶段（1～2年内），且年纯收入不足1万元时，经主管领导审批后可适当调整提留比例。

2. 三项基金按国家有关规定使用，但事业发展基金（设备维修更新基金）必须用于补贴仪器设备更新经费不足和技术装备开发工作的再投入；奖励基金主要用于奖励直接从事开发和技术装备管理等工作中有突出贡献的人员。

第十三条 技术装备开发项目的财务管理

1. 技术装备开发工作可根据规模及实际条件设立帐号并配备专职或兼职财会人员，建立适合承包形式的独立核算的财务帐目。

2. 技术装备开发的财务管理，必须遵守国家财务管理制度与规定，合理使用经费，接受审计部门审查。

第四章 项目管理与实施

第十四条 技术装备开发项目必须按经济合同法和技术合同法的规定签订合同，一般项目合同应经过甲乙双方主管部门审查、重大项目必须公证。

第十五条 利用技术装备开发实行谁投入、谁审批，需经有关部门立项论证、审批的项目包括：

1. 利用大型仪器设备或投资10万元以上的项目；

2. 动用设备更新基金5万元以上项目；

3. 需要经济担保或技术装备部门无能力独立承担的项目；

4. 合同额在50万元以上或利用库房面积1000m^{2}以上的项目；

5. 申请国家地震局科技开发基金资助的项目。

第十六条 技术装备开发项目的实施，要在国家法律及政策允许的范围内进行，执行国家标准和行业标准，要杜绝违法、违纪、违章事件的发生。对违背国家法律、政策，或个人渎职给开发工作直至技术装备其他工作造成重大损失者，由主管人员及直接责任者负经济损失赔偿处罚或法律责任。

第十七条 各省局（所、中心、队、办等）对本单位技术装备开发工作负有项目检查、监督和保证项目完成的责任；负有项目立项论证、审批和项目乙方验收，把好质量关的责任。

第五章 附 则

第十八条 本管理办法自公布之日起实行。

第十九条 各省局（所、中心、队、办等）可制定技术装备开发管理实施细则。

第二十条 本管理办法由国家地震局科技开发办公室（技术装备开发管理部）负责解释与修订。

何厚铧先生捐助卫星电话系统，支持防震减灾事业

正值我国大陆地震活动又进入一个新的活跃期、世界各国广泛开展“国际减灾十年活动”之际，著名爱国人士、全国人大常委会委员、澳门中华总商会副会长、澳门支持中国减灾扶贫行动委员会主任、澳门大丰银行董事长、《澳门基本法》起草委员会副主任委员何厚铧先生无偿赠送国家地震局五套美国生产的便携式卫星电话系统（MAGNAphone），用于地震现场信息传送，以提高救灾效果，减轻地震灾害损失。

唐山等地震震后应急救灾工作表明，救灾工作的关键是及时，而信息的快速传递是及时实施救灾指挥的前提。通过20多年的努力，我国已初步建成由1000多部电台和6个卫星地面站组成的地震通讯系统，以及由2000多台项组成的地震前兆观测系统。但是尚缺乏适用于野外以及地震现场使用的流动便携式通讯工具。何先生赠送的便携式卫星电话系统填补了这一空白，不仅对做好应急工作，有效地减轻地震灾害损失具有重要意义，而且将对地震通讯现代化产生积极影响。

防震减灾事业是全社会的公益事业。我国是发展中国家，财力还不雄厚，地震事业的发展除了国家的投入之外，还需社会各界和海内外炎黄子孙的共同参与、支持和帮助。何先生作为知名的爱国人士，身在澳门，心系全国，支援防震减灾工作，以实际行动参与“国际减灾十年”活动，成为社会各界乃至海内外炎黄子孙爱国忧民、共助地震事业的典范。

为弘扬何先生这种爱国主义精神，唤醒每个炎黄子孙的赤子之心，共同为防震减灾这一社会公益事业尽心尽力，国家地震局于1993年8月26日在人民大会堂举行了隆重的捐赠仪式，国务委员兼国家科委主任宋健、国家地震局局长方樟顺在捐赠仪式上高度评价了何先生的这一义举，国务院港澳办主任鲁平等40余名各部委领导出席了该仪式。

（局震害防御司）

山西省地震局为国民经济建设服务

1993年山西省地震局面向社会、面向经济建设，跟踪全省建设计划，服务上门，积极开展了工程建设场地地震安全性评价工作、建筑物抗震性能评估、隐伏断裂探查与矿山爆破振动测试等，共承揽16项工程；同时积极扶持台站开发，逐步增强了地震台站自我发展的能力。

1. 省人民政府大力支持地震工作

（1）山西省人民政府办公厅在晋政办发（1993）37号转发省地震局关于1993年震情趋势及防震减灾工作的报告的通知中，明确指出："省地震局要严格按照国务院国办发（1993）10号文件精神，认真做好防震减灾各个环节的工作，提高重点监视防御区的综合防御能力，加强场地地震安全性评价工作的管理，为全省城乡提供科学的抗震设防依据，提高各类工程抗御地震灾害的能力。"

（2）张维庆副省长代表山西省人民政府与孙国学局长签订了1993年省地震局目标责任书，共六项，其中两项是："作好万家寨引黄蓄水工程、新建铁路、公路特大桥梁、隧洞、涵洞，太原、大同机场改扩建工程，重要城市电讯枢纽工程，大同、阳泉、西山等矿务局骨干矿井扩建工程，阳城、河曲电厂，太钢豆罗分厂，长治铝厂，省广播电视塔建设等重点项目的地震安全性评价，提供设防安全与合理投资的地震设防标准。筹建山西省地震安全性评价委员会，对重大工程的地震安全性评价报告进行审查、把关。制定地震安全性评价管理办法，将工程建设场地地震安全性评价正式纳入工程建设项目可行性研究内容。"

为了完成这两项目标责任，采用了跟踪山西省建设计划、上门服务、宣传到项目建设、设计负责人，既宣传了地震安全性评价工作，也增强了震害防御能力。

2. 1993年主要的地震安全性评价工作

（1）为山西第一高塔（312m）——山西省广播电视综合发射塔塔址进行了地震安全性综合评价，提供了100年超越概率为2%、5%的地震烈度及相应的水平向、竖直向的峰值速度、峰值加速度；分别以5%、3%的阻尼在地表和地下15m深处，水平向、竖直向拟合出48条人工地震波；对塔址地震地质稳定性、附近断裂活动性进行了评价，得出适宜建塔结论。为该塔的抗震设防提供了科学依据，受到了省广播电视厅的好评。另外，为省公安厅指挥中心、省电力厅调度大楼、省人民银行大楼等10余座高层建筑进行地震安全性评价工作。

（2）为华晋焦煤公司的王家岭煤矿区地面建设场址和临汾能源开发公司的临汾煤炭开发集团项目中的刘村焦化厂、光华电厂、光华生活区、台头煤矿、临汾—台头铁路等工程场址进行了地震安全性综合评价，受到建设单位和西北煤炭设计院、兰州铁路设计院、鞍山钢铁设计院、核工业部第七设计院等单位的好评，为能源开发与建设作出了贡献。

（3）为太原钢铁公司尖山铁矿118t大爆破进行了振动测试。为该矿计算爆破安全系数积累了资料，为矿山妥善解决因爆破影响村民受损赔偿纠纷提供了可靠的依据，既保护了受损村民的利益，又使矿山工作能顺利进行，减少了不必要的损失。

（4）1993年引进兄弟单位具有国际先进水平的GDP-16地球物理数据综合采集仪，进行了场地地下1500m以内隐伏断裂的探查。主要为太原机场扩建跑道、太原武宿大型枢纽立交桥（长1700m）、大同水泥厂二期工程、临汾一台头铁路的罗云山山前段路基等工程进行探查，取得了很好的成果。

（5）首次进行了三栋高楼的抗震性能评估，为抗震加固提供了科学依据。

3. 全方位、多渠道开发，增加创收来源

兴办了晋震科工贸公司，以综合技术服务、人员交流为主，兼营其他；局机关劳动服务公司经过三年努力，已初具经营规模；调整了局地籍测量队伍班子和人员；局机关服务中心和局老龄委兴办考发经营的几件事实初见成效，受到离退休人员和在职职工的好评。所属台站也利用自身条件、环境、人才，因地制宜地积极开发创收。夏县中心地震台继续利用温泉疗养组织收入；太原基准地震台创办起围巾厂、涂料厂获得较好效益；代县、灵丘地震台在省局的支持下，冲杀在铁路建设工地上；大同中心地震台利用自身房产条件进行多种经营，也取得了一定效益。山西地震系统开发创收，既取得一定的社会、经济效益，也在一定程度上弥补了地震事业经费的不足，还改善了职工生活和工作条件。

（阎正苹　贺明华）

辽宁省地震局工程地震工作

1993年辽宁省地震局共完成各类工程项目20余个，其中主要有如下几项：

(1)内蒙古通辽电厂三期扩建工程场地地震基本烈度复合工作。通过工程地震勘测研究院大量实际工作与科学论证，对该厂所处地区的原地震基本烈度进行了合理调整。由此为电厂扩建工程提供了可靠数据，同时节省该厂扩建投资500万元。

(2)内蒙古翁牛特旗地区地震勘探任务。工程地震勘测研究院克服了场区地质构造和地貌条件极其复杂的难题，进行了折射法地震勘探工作完成了圈定油田构造的目的。

(3)完成了沈阳市皇姑区热电厂的初勘与详勘及辽宁省东沟县大洋河大桥、沈阳市风雨坛小区、兴东小区建设的地质勘察等项目。

(4)完成了鞍山市的金三角大厦、亚光经协大厦、电业大厦、银座大厦、粮食大厦、火车站改建；大连市的华侨大厦、邮电枢纽工程、国贸大厦、云山大厦、寺儿沟热电厂等工程的地震安全性评价项目。由此为上述高层建筑及重要生命线工程确定了合理的抗震设计参数；查明了场地的隐伏构造，从而有利于清除隐患和及时处理工程建设中的不安全因素。同时，通过地基动力参数的测定为建筑物合理布局提供了依据。

地震安全性评价工作对特殊重要的工程，如核电站、高坝水库等显得尤为重要。如果抗震设计标准过高，将浪费国家大量投资；如标准过低，则会给工程带来隐患。我局承担完成的辽宁核电站温坨子新建厂址地震安全性评价工作，就因其所定标准合理，既保证了电站厂址的安全，又为国家节省了近2亿元的投资。为此，该项工作获得了1993年度辽宁省科技进步一等奖。

(5)桩基测试工作除了合理的抗震标准以外，建筑工程质量也很重要。当前，很多建筑物都采用桩基础。因此桩基质量与建筑工程质量密切相关。1993年在大连、瓦房店、普兰店等市对几十幢楼房的桩基进行了测试。为建筑质量检验部门严把质量关，取得了良好的经济效益与社会效益。

（辽宁省地震局　钟以章
唐俊杰　刘健　高玉林）

江苏省地震局对外科技服务

1993年，江苏省地震局承担了对外科技服务项目81项，当年完成77项。地震安全性评价工作任务占开发任务的较大比例，共14项（见表）。

宿迁市地震动小区划工作范围15km²，由于宿迁市位于郯庐断裂带内，具有发生强震的构造背景，且工作区大部分为第四纪所覆盖，工作难度大。经反复论证和研究，确定了本项目重点研究的8个专题：①工作区郯庐断裂带新活动的分段性及其活动特征；②郯庐断裂带地震分段活动特征及强震复发周期研究；③郯城—营口地震带未来100年内地震趋势研究及近场宿迁段地震趋势估计；④近场区郯庐断裂带最新一次活动时代及活动性质研究；⑤勘察场址区内推测的北西向废黄河断裂位置、规模及活动性；⑥宿迁及邻近地区历史上水系变迁与断裂构造的关系；⑦近场区潜在震源区划分；⑧地震动衰减研究。经过1993年的工作，实际完成人工地震折射剖面7条，测线总长5385m；反射剖面3条，测线总长1012m；断层气测量剖面19条，测线总长10km；钻孔5个，总进尺2023m；取样11个，进行动三轴土样测试，开挖探槽7个，土石方216m³；采集年龄样品28个，其中热释光测龄19个，^{14}C测龄4个，石英形貌法3个；编制图件和描图共76幅。通过大量的实际工作获得了丰富的资料，为完成宿迁市地震动小区划工作奠定了基础。1993年12月国家地震局烈度评委会组织了部分专家对野外工作进行了现场检查和验收。专家们对野外工作获得的资料，取得的进展给予好评，并对下一步工作进行了指导。

本年度所完成的地震安全性评价工作项目都通过了国家地震局和省局地震安全性评价委员会或甲方组织的评审，工作成果深受业主好评。

地震安全评价开发项目一览表

序号	项目名称	委托单位
1	宿迁市地震安全性评价（地震烈度复核及城区地震小区划）	宿迁市人民政府
2	镇江—扬州公路大桥场址断裂活动性评定和地震基本烈度复核的综合研究	江苏省交通规划设计院
3	南京长江二桥阶段工程地震专题研究	南京长江第二大桥筹建办公室
4	江西省九江鄱阳湖口大桥场址区断裂活动性评定和地震基本烈度复核工作的综合研究	江西省交通规划勘察设计院
5	江阴长江大桥地震动工程参数	交通部公路规划设计院
6	东海平湖油气田开发工程海底管道路由地震危险性初步分析	渤海石油工程勘察公司

续表

序号	项 目 名 称	委 托 单 位
7	海江联运原油工程中海上平台及海上输油管道地震危险性初步分析、三江口过江管线场址地震烈度复核和区域稳定性研究	南京金陵石化公司
8	南京龙潭发电厂地震烈度复核	江苏省电力局
9	江南—小野田水泥厂有限公司工厂厂址地震烈度复核	江南—小野田水泥有限公司
10	灌南堆沟港电厂地质稳定性评价及地震烈度复核	灌南县人民政府
11	徐州市城区、铜山县、邳州市、睢宁县地震基本烈度复核	徐州市人民政府
12	邳州市徐塘电厂地震烈度复核	邳州市徐塘电厂
13	镇江联合水泥厂地震烈度复核	镇江船山石灰石矿
14	睢宁县王圩村变电站地震烈度和隐伏断层鉴定	江苏省电力局

工程场地勘探、桩基检测、波速与振动测试、水文调查、测量测绘等服务项目是科技开发的另一个重要方面。全年完成合同额60余万元,其中桩基检测项目在我省建委组织的资质考核中分获第一名和第三名。这方面的工作可望在今后的开发中得到加强,拓宽地震科技为国民经济建设服务的领域。

(江苏省地震局　唐荣余　丁政)

福建省地震局工程地震工作

福建省地震局在1993年加强科技开发管理,促进了工程地震技术发展。全年对外签订工程技术项目合同50项。其中,大型综合性项目40项,如福州长乐国际机场、青州大桥场址、福州至厦门高速公路的夏—漳段以及中银招商局漳州港尾开发区场址等地震安全性评价工程;中小型工程20多项,如福州元洪城、太平洋城、外经贸大厦、南平、石狮等地城市高层建筑场地稳定性评价或场址评判、紫冒山爆破观测、金鸡山隧道工程地质评价、西山公路桥址选评等工程;同时还承担了建筑桩基质量检测、小区开发工程的动测等项目20多项。

(福建省地震局　蔡晋安)

地球物理井间层析成象技术在福建工程中获得应用

为解决福建省大中型工程项目建筑地基的评价，1993年4月福建省地震局地震工程勘察院引进国家地震局地球物理研究所研制的井间电磁波层析成象扫描技术，对福州长乐国际机场跑道场地、福州闽江大桥桥墩场地、福州金鸡山隧道场地进行了勘测并取得成功，获得上述几个工程场地地面下数十米内岩石和土层精细结构及物性差异的清晰图象，为正确评判重要构筑物地基的工程地质与岩土层的性质提供了直观而准确的地下信息和科学依据，为工程项目的设计工作带来了一定的经济效益。

（王洪涛）

河南省地震局为国民经济服务

（1）1993年共承揽地震烈度复核、地震安全性评价、找地下热水和浅井水资源评价、桩基测试、测波速、工程地震勘探、土样试验等大小项目40余项，完成合同金额近50万元。在合同实施中求质量、讲信誉，获得了较好的社会效益。

（2）组建了土工实验室，下半年签定了近1万元的土样试验合同，已初步收到效益。

（河南省地震局　刘建华）

地震研究所为国民经济服务

1. 葛洲坝二江泄水闸2号门机载荷限制器的研制

为保证500t重闸门的安全，地震研究所胡国庆研究员等人受葛洲坝水力发电厂水工分厂的委托，成功地研制了二江泄水闸2号门机载荷限制器，自1992年9月安装交付现场使用，到1993年12月共使用测量48次，于1993年12月20日通过验收，认为GW型门式起重机载荷限制器设计合理、结构紧凑、使用方便，各项技术指标基本满足使用要求。

2. DZ-2型钢材长度自动测量仪的研制

受武钢委托，地震研究所胡国庆等人研制成功DZ-2型钢材长度自动测量仪。该仪器采用光电检测系统进行粗测，CCD图象传感系统进行精测，将两种手段巧妙结合，以非接触方式，在生产流水线上自动测定各种型材、重轨、棒料的长度，并能依据每根长度打印出来。其主要技术指标为：

测长范围：3～20m

测量精度：1cm

测量速度：单次测量时间为1ms

钢材运动速度：能在高达10m/s速度下

进行测量。

该测量系统不但速度快、自动化程度高、测量精确，而且还具有完备的软件功能。计算机能将每个班组生产的钢材的品种、规格、根数、总长、总重等存入机内，能将月产量、年产量以数字和图表表示出来。

3. 工程地震

（1）汉江碾盘山水利枢纽工程地震安全评价，拟建中的汉江碾盘山水利枢纽工程位于汉水中游河段，具有发电、航运、灌溉和替代南水北调下游补偿工程等综合功能。坝型为敞开式平底闸，坝顶高程54m，最大坝高19m，正常蓄水位51m，日调节库容2250万m^3，装机容量12万kW，年发电量5.6亿kW·h。

为确保该工程的安全，地震研究所受钟祥市汉江碾盘山水利枢纽开发公司委托，于1993年5月承担了该工程的地震基本烈度复核和地震危险性分析工作，对该地区进行了地震地质研究、地震活动性分析、历史地震复查和地震危险性分析，最后给出了一定时间段内坝址的地震基本烈度和相应的峰值加速度。

（2）汉江王甫洲水利枢纽工程地震安全性评价受长江水利委员会勘测总队委托，国家地震局地震研究所承担了湖北省汉江王甫洲水利枢纽工程场地的地震安全性评价工作。该工程位于老河口市南部，坝长17m，坝高19m，库容约1亿m^3。根据工程的要求并参照《重大工程场地的工程地震工作大纲（1990）》的有关条款，开展了区域（远场）地震构造环境、工程近场区地震地质条件、区域地震活动性分析、潜在震源区及其地震活动参数的确定、地震活动衰减规律和地震危险性分析等研究工作，最后给出的结果于1993年9月18日经湖北省地震局地震基本烈度评委会审查通过。

（3）荆沙长江公路大桥新河口桥位地震安全性评价，拟建的荆沙长江公路大桥是横跨长江的斜拉式大桥，北起沙市万寿宝塔上游约1km处，南至公安县荆江分洪北闸口下游8km附近，主桥长4015m，两岸接线长约4200m。为了大桥的抗震设计的科学和安全，湖北省交通规划设计院，委托国家地震局地震研究所对荆沙长江公路大桥新河口桥位进行地震安全性评价研究。课题组以国家地震局《重大工程场址工程地震工作大纲》为依据，结合工程地区的实际情况和设计单位的具体要求，对该地区的基础地震地质、地震活动性和工程地震问题进行了深入研究，为设计单位提供了地震安全性评价意见。

4. CBD系列测量标灯的研制

为了给野外测量提供准确的定向目标，国家地震局地震研究所研制了CBD系列（CBD-1、CBD-2、CBD02F）精密测量标灯，是一种多用途信号标灯，光信号容易辨认，不论昼夜，从任何方向都能进行观测。它的主要性能与特点：

全方位：不需定向，任何方向都能观测。

连续闪光：专门选择自动闪光频率，容易识别，CBD-2型亦能发连续光。

光强可调：以适应不同的距离、能见度、背景光的观测条件。

发光中心可调：消除偏心影响，提高精度。

光控操作：灯受光电池控制自动接、断，适于山区或其他条件恶劣地区无人操作的情况。

安装方便：可直接安置在三角架上，或通过连接器安置在三角基座和带有强制中心孔的固定底盘上，CBD-2F型特别适于测距仪反射器配套使用。

主要技术指标：

测程：三种型号分别为30、10、15km

电源：12V、6V、6V直流

光源：与电源电压相应的12W钨灯

功耗：1型最大4.2A；2和2F型最大2A

环境温度：－20～＋50℃

尺寸：1型118mm（直径）×190mm（高度）；2型为96mm×153mm，2F型为69mm×97mm

重量：三种型号分别为1.2、0.7、0.275kg

（地震研究所　胡朝明）

四川省地震局为国民经济服务

1993年，四川省地震局对外开发项目数和合同额都有较大增加，是历年中最多的一年，其中以台网建设、工程地震、地籍测量、钻爆工程为主。工程地震完成了绵一茂公路、清平水库、武都水库、大邑水库、双流机场、川东化工厂、瓦斯沟电站等项目的工程地震或地震安全性评价工作；遥测地震台网建设项目中，西昌冕宁大桥水库遥测地震台网已完成野外勘选和大部分设备订购，子台与中继站的基建工作正按计划执行，青海花土沟油田地震台网已完成主要设备的订购任务。二滩地震台网已投入运行，观测质量达到规范要求。

（四川省地震局　程天才）

兰州地震研究所科技开发情况

1993年共签订科技开发合同5项，内容涉及地震安全性评价、水库诱发地震和大地电磁测深等。服务对象包括航天、能源电力、地矿及建设等部门，合同金额达42万元。签订的合同数与合同金额比前两年有不同程度的减少。

在第三产业经营方面，原有的公司及其所属的经营实体，在经营方面继续保持着稳定增长的势头。局劳动服务公司为搞活企业，采取了不同形式的承包责任制，1993年预计创产值64万余元。兰震新技术开发实业总公司拓宽经营范围，继续吸收本所职工及待业青年，1993年预计创产值408万余元，创造了良好的社会效益和经济效益。影视译制中心经过整顿以后，重新开始对外营业服务。转变后勤部门只向内不对外的思想观念，积极开展对社会服务，扩大了招待所的经营面积。新成立了仪器设备经营部、搞活资金，加快资金运转，创造更多的经济效益。

（兰州地震研究所　王子梅）

银川河东机场及输油管道沿线地震安全性评价

拟建的银川河东机场，位于宁夏灵武县临河乡黄河东侧，西距银川市约21km。受宁夏计委和工业设计院委托，宁夏地震局承担了机场区断层活动性评价、场地类型划分、地震危险性分析和机场输油管道沿线断层活动性评价及地震基本烈度复核等工作。其中机场区断层活动性评价由宁夏地震局和国家地震局地壳应力研究所合作完成。依据上述内容，本次工作以四份研究报告和一系列图件提供给委托单位使用。

一、区域地震环境

对以机场为中心，半径250～300km范围（以下简称研究区）的地震环境进行分析研究。

研究区大地构造上处在我国华北断块区和青藏断块区两大地质构造单元的衔接部位，两者在地形地貌、地质构造、地壳厚度和结晶基底埋深等方面都存在明显的差异。银川河东机场位于华北断块区银川断陷盆地的东缘。

活动构造与地震活动有密切的关系，通过对研究区内8个新生代褶皱、27条主要活动断裂和11个活动盆地进行综合分析，确定了强震发生的构造标志。结合地球物理场资料，研究了其异常特征、地壳厚度变化、莫氏面起伏等与地震活动的关系。

研究区内地震发生频繁，从公元406年至今已发生$M\geqslant4.7$地震100多次，其中8级以上地震两次。20年来$M_L=2.5\sim4.6$的地震已发生1600多次。强震和弱震的平面分布相类似，表现出条带性和丛集性。最明显的条带出现在东经106°00′～106°30′之间，北起临河，南抵固原，南北长550km以上。吴忠—灵武一带则表现为明显的地震丛集。从强、弱震的分布可以看出，历史上发生过强震的地方，也是现代弱震活动的场所。银川盆地是一个地震发生频繁的新生代地堑型盆地，但由于机场位于盆地东部边缘，该处地震活动的频度和强度均远低于地堑内部。机场附近曾发生过多次破坏性地震，对场址区的影响烈度首推1739年平罗8级地震，达到Ⅸ度，银川附近发生的两次6.5级地震，对场址的影响烈度也达到Ⅶ度。

二、机场区断层活动性评价

依协议，本工作对以机场为中心，半径5～10km为边界的范围（以下简称近场区）的断层进行详查，并对其活动性做出评价。为此，进行了航空照片的认真判读、野外地震地质调查、地球物理勘探（电法和浅层人工地震）、地球化学勘探（气汞和氡）、探槽揭露和年龄测定等工作。

据前人资料和航片解译结果，在近场区内共划出了9条线性构造，按走向分为两组，一组走向北东—北北东，分别为F_1、F_2、F_3、F_6、F_7和F_9；另一组走向北西至北北西，为F_4、F_5和F_8。其中F_1—F_5是在机场范围内通过的五条线性构造。研究结果得到：F_1、F_2、F_3、F_6、F_7和F_8六条线性构造为第四纪活动断层，全新世均不活动。F_4和F_9不是断层，F_5未延入机场场区。

研究结果得到：F_1、F_2、F_3、F_6、F_7和F_8六条线性构造为第四纪活动断层，全新世均不活动。F_4和F_9不是断层，F_5未延入机场场区。

机场场址范围内实际存在的为北北东向的F_1、F_2、F_3三条断层。

F_1断层在彩红外航片上呈现一条醒目的北北东向延伸的线性影象，长度大于15km。野外调查发现，它是一条地貌分界线，分隔Ⅱ级和Ⅲ级地貌面。大部分地段表现为东高西低的断崖，最大高差可达30m，部分地段显示为宽缓的槽地。经探槽揭露，该断层倾向北西，倾角72°～75°，北西盘下降，属正断性质，断层的宽度一般为数十厘米。沿断层布置了多条氡射气浓度测线和气汞测线，一条电法勘探线，一条浅层人工地震勘探线，各种手段都显示了该断层的存在。据陡坎地形形态推算、全新世地层厚度对比、热释光年龄样品测定，该断层最后一次活动在全新世之前。

F_2断层位于F_1之西约500m，大致与之平行，长约3.5km。航片上呈断续分布的线性影象，地表部分段落表现为具有一定高度的地貌陡坎，沿走向追索未发现断面，几个2m深的探槽也未揭露出断面。物、化探结果均表明该断层确实存在，人工地震资料显示，F_2倾向西，倾角 80°，但断距不大。该断层未切穿全新世地层。

F_3 断层位于场区中部，走向北东，与跑道大致平行，长约 3km。航片上表现为一条隐约可见的线性影象，地面追索未见任何断层迹象。由于 F_3 断层距跑道较近，沿该断层布置了氡射气浓度测线五条，气汞测线二条，电测深测线二条，浅层人工地震测线二条，开挖探槽二个。化探结果仅有微弱异常，物探结果有断面显示，人工地震结果表明该断层在 20m 深处断距为 5m，断面倾向西，倾角 75°。探槽未揭露出断面，表明 F_3 未切穿全新统。

研究结果表明，F_2、F_3 均为 F_1 断层的次级断层。

三、机场区场地类型划分

银川河东机场处在银川平原与灵盐台地的接壤部位，近场区地势由东向西逐级下降，可分为四级地貌面，机场的主体位于第三级地貌面上。该级地貌面宽约 2km，表层为一套全新统风成含砾粉砂土、黄土，厚度绝大部分地段不超过 1m；下部由上更新统冲、洪积砾石、砂砾石和砂、粉砂土等组成，属于含有洪积成分的黄河冲积阶地。场区地下水位埋藏深度大于 30m。

本次工作在场区内布设波速测点 32 个，卓越周期测点 26 个，测点的平面分布基本均匀。另外，还计算了 12 个点的动弹性模量、动剪切模量和动泊松比三个动弹性参数。根据测试和计算结果，场区可划分为两类场地土：一类的剪切波速为 504.2～596.4m/s，为坚硬场地土；另一类的剪切波速为 393.0～485.8m/s，为中硬场地土。结合覆盖层厚度，场地类型可划为Ⅰ类和Ⅱ类场地，卓越周期具有很好的对应性，Ⅰ类场地基本上 $T_Z<0.20s$，Ⅱ类场地在 0.20～0.40s 之间变化。场地类型的划分结果以大比例尺图件提供给委托单位。

四、地震危险性分析

在区域地震环境分析的基础上，根据地震区、带划分的原则和依据，将本研究区划分为华北和青藏高原两个地震区。属华北地震区的为银川—河套地震带的西半部，属青藏高原地震区的为祁连山地震带东北角的西海固地震亚带。以地震带为基本统计单元，通过绘制 M-T 图、$\sqrt{E}$-T 图及周期图给出了各地震带地震活动的时间分布特征，用 b 值缺震估计法和极值分析法对地震活动强度进行了估计，对各地震带未来百年地震活动水平做了分析。

潜在震源区以地震地质条件、地震活动性以及地球物理场等方面的资料为依据，经综合分析确定。共划分出了 19 个潜在震源，震级上限考虑经验调整、构造类比和其他经验关系确定，分 6.5、7、7.5、8、8.5 五个等级；b 值以地震带为基本单元，将历史地震与近代地震结合考虑来确定；地震的年发生率采用研究区内能代表两个地震带地震活动水平的震级—频度关系式来推算。由于研究区处在两大地震区的交界地区，通过统计资料选取、统计方法改进，确定了适合本研究区的地震烈度衰减关系和地震加速度衰减关系。

地震危险性分析计算采用了椭圆衰减模型，将银川河东机场中央地理位置做为场点位置，对其烈度和加速度进行了计算，结果为：场点 50 年 63%、10%、3%超越概率情况下的地震烈度分别为 6.6、7.9 和 8.5 度，基岩水平加速度峰值依次为 $129\times10^{-2}m/s^2$、$245\times10^{-2}m/s^2$ 和 $356\times10^{-2}m/s^2$。

五、机场输油管道沿线断层活动性评价及地震基本烈度复核

银川河东机场输油管道南起灵武县城东，北抵机场，长约 30km。为了查明输油管道沿线一定范围内的活动断层，本工作首先对管道

沿线的航、卫片进行了认真解释，对区域资料进行了逐一分析，现场工作除与机场场区采用相同的工作方法外，还进行了管道沿线1∶5万地质填图、地形剖面测量等工作，查清了管道沿线一定范围内活断层的数量和基本要素。

管道沿线活动断层主要有F_1和F_6两条。F_1断层在前已作介绍，此处不再复述，仅就F_6断层做以讨论。

F_6断层展布于灵武东山西麓，总体走向近南北，为一条向西倾斜的正断层。平面排列方式上，具有正断层常见的折状拐弯、斜截排列等特征。它是明显的地貌分界线，大部分地段构成Ⅰ级和Ⅲ级地貌面的界线（Ⅱ级地貌面在北段清楚，向南逐渐消失）。以泽沟和胶泥沟为界，F_6断层可分为北、中、南三段。北段以北东向延出填图区。中段近南北走向，断层崖清楚，最高可达30～40m。南段受全新世风积砂掩埋和人为改造迹象不清，仅从航片上显示为一条线性影象而延到填图区外。

由于F_6断层规模较大，又位于管线东侧1.5km处，基本平行管线延伸，在灵武东管线还将穿越该断层而过，因此，对其活动性评价成为本次工作的一个重点。沿断层多处布设了物、化探，进行了详细的1∶5万地质填图，开挖了7个探槽，对典型的断层崖地貌做了经纬仪实测。结果表明，F_6断层正断西倾，倾角多处为60°—75°，断层带最大宽度不超过50cm。综合覆盖层厚度、断层崖地形剖面的研究，结合年龄测值可以认为该断层在晚更新世晚期以来基本不活动，至少在全新世以来不活动。

银川河东机场及输油管线所在位置在1990年出版的地震烈度区划图上位于Ⅶ度与Ⅷ度区交界线附近，加之它又属大型工程项目，按区划图使用范围和规定应做基本烈度复核。为此，将输油管道沿线按纬度0.1度划分为3个场点（机场、庆沟、油库），对其地震基本烈度进行了计算，自北而南各场点50年超越概率10%条件下的地震基本烈度分别为7.9度、7.9度、7.8度，依“七下八上”的原则，均属八度弱。该数值可做为设计的依据。

参加以上工作的主要人员有：孟广魁、王增光、柴炽章、潘祖寿、闵伟、焦德成、何开明、班铁等。

（宁夏回族自治区地震局　王增光）

人 事 教 育

国家地震局地震数据信息中心成立

1993年12月18日，国家地震局地震数据信息中心正式成立。国务委员、国家科委主任宋健为地震数据信息中心成立题词："发展地震信息技术，为防震减灾做贡献。"

地震数据信息中心与世界数据中心中国中心地震学科中心（WDC-D-S）一套机构、两块牌子，国家地震局人才交流中心和国家地震局技术市场信息中心挂靠在地震数据信息中心。地震信息中心下设：业务处、人事教育处、办公室、数据部、信息部及北京方夏技术公司。

地震数据信息中心的任务是：

(1)协助国家地震局管理地震数据信息业务工作，拟订地震数据信息管理技术规范和标准。

(2) 建立地震数据信息库和软件库，为国内外用户提供咨询和服务。

(3) 承担世界数据中心中国中心（WDC-D）地震学科中心的职责和任务。

(4) 协助国家地震局管理标准化工作。

(5) 协助国家地震局管理地震科技期刊、科技文献；负责国家地震局主办的中外文地震学术刊物编辑和出版工作。

(6)协助国家地震局管理地震音像业务工作和音像档案。

(7)协助国家地震局管理人才交流中心和技术市场信息中心。

(8) 筹建国家地震局档案馆，管理科技档案。

(9) 筹建国家地震局交办事项。

地震数据信息中心业务机构的具体任务是：

数据部　①抓好数据流程中的各个环节，包括数据收集、加工、汇集、存储、提供服务等；②数据通信，实现数据流程中各环节之间的连接；③对数据流程的技术管理，包括完善数据质量控制体系、规范数据内容和格式以及数据处理方法、优化数据流程等；④国际数据交换，包括向国内主动介绍国际数据资源，根据用户需求主动获取国际数据，以及开展国际数据交换；⑤数据服务，包括向用户提供数据资源信息，向用户提供所掌握的数据，寻找并提供用户所需要的数据，提供处理数据的环境条件，向管理决策部门提供所需数据，信息和与决策有关的建议。

国家地震局人才交流中心　国家地震局挂靠在地震数据中心的事业单位，与中心人事教育处合署办公。其工作内容是：①建立地震系统人才供求信息库，为各类人才及用人单位提供咨询服务；②受单位或个人委托保存并接转人事关系和人事档案，规范化管理人事档案；③为各类流动人才寻找工作，牵线搭桥，并办理有关手续；④申办因私出境人员的政审与有关手续；⑤为流动人员按国家统一规定的调资政策给予调整档案工资；⑥为富余人员择业举办转岗培训，牵线搭桥，或创造条件兴办第三产业提供社会化服务；⑦为留学回国人员提供择业咨询或成果转让投产、销售寻找合作单位；⑧参加国家人事部人才交流中心的联网与交流；⑨受国家地震局和局人事教育司委托承办人才交流的其他工作。

国家地震局技术市场信息中心　国家科委建立全国技术市场信息系统的第一批试点单位之一，受国家地震局委托挂靠在地震数据信息中心。其任务是：①广泛开展地震系统内技术市场信息收集、汇总、整理、交换，并为用户提供规范化、商品化、国际化的信息咨询及中介服务；②与国家科委全国技术市场信息系统联网，开展国内外技术市场信息交流，协调和沟通国内外贸易和资金渠道，全方位、多层次地为地震系统乃至全社会服务；③及时编辑、发布和出版技术市场信息，为各单位牵线搭桥；④在条件成熟的情况下，负责组建技术市场信息中心，以便形成技术市场信息网络；⑤建立可靠的信息传递系统，以快速、准确地将技术市场信息传递给有关单位。

信息部　①协助国家地震局提出的地震文献合理布局及实施方案，完成中西文建库检索任务；办好《中国地震》、《中国地震》英文版、《地震预报》英文版、《地震文摘》、《地震科技情报》刊物；做好科技声像载体的情报服务工作；编辑《中国地震科研课题总览》。②加强情报工作的组织管理，改变传统的情报研究观念；建立地震科技查新数据库、世界各国地震工作概况数据库、地震科研课题和成果数据库、灾害库等；及时为领导及管理部门，为大震应急、为出访人员提供有关背景材料，为地震科研课题立项和成果评定提供一定的参考依据；通过期刊与快报提供地震科技动态，并提供咨询服务。

（陈国营）

深化人事制度改革促进人才合理流动

——国家地震局人才交流中心1993年度主要工作

为了促进人才合理流动，充分发挥各类专门人才的特长，使地震科技更好地为国民经济建设服务。国家地震局1992年9月17日震发编289号文件成立国家地震局人才交流中心。

一、组织参加全国人才技术交流活动

国家人事部主办的全国人才市场首届人才技术交流大会于1993年10月2日在北京国际展览中心开幕，人才交流中心代表地震局组团，由人才交流中心副主任胡先坤为团长参加了为期4天的交流大会。中心在交流大会设摊位一个，展板七块，介绍了国家地震局的工作方针、任务及机构设置和京区局直属单位地球物理所、地质研究所、分析预报中心、地壳应力研究所、地震数据信息中心、综合观测队、地震出版社七个单位的概况。同时放映了唐山大地震的录相片和散发了中国减灾报以及人才交流中心简介。开幕式当天，国家地震局人事教育司司长李裕澈到现场参观并听取人才招聘汇报。经过1000多人的谈话双向选择，最后在满足京区各直属单位专业需要的前提下，择优招聘了京外31名各类专业人才进京。其中包括解决了京区局属各单位科技人员14对夫妻长期分居两地的困难。招聘的31人中具有高级职称4人，中级职称18人，都具有大专以上学历；年龄最大的48岁，最小的25岁。

二、积极做好留学人员工作

为了掌握地震系统国外留学未归人员的情况，人才交流中心于1993年11月向各省、自治区、直辖市地震局（办）和局属各单位共42个单位发出通知要求填报“在国外人员情况登记表”，据反馈回中心30多个单位登记表的不完全统计，仍在国外留学的人员计220余人，他们主要分布在美国、加拿大、日本、澳大利亚、英国、法国、俄罗斯等国家，其中在美国的有122人；攻读博士学位的有66人，硕士学士26人；学地球物理专业、地震地质专业的有72人；被单位宣布不保留公职或自动离职的计33人；已在国外定居的5人；有通信地址的计128人。人才交流中心对凡有详细通讯地址的留学人员发了公开信，与他们沟通情况，联络感情。表达了对留学人员热情洋溢、诚挚友好的情感，中心期待游子的回音。

三、保留地震系统“下海”部分人员人事档案，并根据中办发（1993）85号文件精神给存档人员填写工资套改登记表，即档案工资。还为京区局属有关公司提供特殊专业技术人才，为公司符合条件的科研人员申办了高级工程师的报评工作并确定任职资格。

（局人才交流中心　胡先坤）

国家地震局1993年领导班子建设及其他干部工作

完成了武汉所、山东局、海南局、黑龙江局、上海局、江西局、西藏局、数据中心、一形变中心、二形变中心等10个单位领导班子成员的换届、调整、补充、交流工作。提拔局级干部二名，副局级干部六名，提高副局级待遇四名，交流副局级干部三名，平调副局干部一名，增补党组成员二名。

局属各单位对中层干部的管理也做到了规范化，选拔任用干部严格按程序办理，干部队伍整体素质有了提高。有些单位加大了改革力度，结合单位实际，将任命制改为聘任制，使上岗干部责权利结合，促进了事业的发展。本年度人教司接受系统中层干部备案287人。

办理聘、录干部及续聘干部350人。

根据人事部人调发（1993）2号文件“关于参加首届人才市场交流大会的通知”精神，为招聘专业人才，并相应解决京区干部“两地分居”，参加了本次人才招聘大会。共引进人才24人，其中两地分居17户；夫妻同调7户。

（局干部处张金　王天星）

国家地震局1993年职称评聘与专家工作

一、职称评聘工作

由于历史原因，国家地震局60年代毕业的大学生相对比较集中，以往专业技术职务评聘受指标控制，使得一部分符合评审条件的人得不到晋升。为缓解职称评审矛盾，调动广大专业技术人员积极性，在认真调查研究基础上，决定在高、中级职称评审中开展评聘分开试点。为保证评审质量，组织制定并下发了“国家地震局1993年科研、工程系列专业技术资格评审条件”，首次在全局范围内用量化条件控制取代过去的指标和数量控制。全局14个科研、工程系列副高职称评委会和各中级职称评委会根据下发的量化评审条件于第一季度先后完成了评审工作。

对评审通过的高级职称人员，局人教司组织有关人员进行了审核，审核结果分两批下达给各单位。在各有关单位完成高、中级职称评审后，全局研究员职称评审工作于5月份完成。共受理申报研究员资格人数413人，评审通过143人，评审通过率为34.6%，申报人数和评审通过人数均为历年来人数最多的一年。

实行评聘分开后，对按照评审条件评审通过的高、中级资格人员，表明其在局系统内具备相应职务资格的学术、技术水平和工作能力，职务聘任和工资待遇由各单位根据岗位设置确定。未被聘任者不与相应职务的工资待遇挂钩。

在完成全局评审工作以后，根据人事部下达为1992年度高、中级岗位增补数，完成了高、中级岗位的增补与微调工作。人事部下达国家地震局1992年高级岗位职数500个，中级50个，高级是继首批指标数量最多的一次。为用好这些指标，对各单位评聘情况和专业技术人员学历构成进行了详细的统计分析，结合各单位规模和方向任务对拟增补数认真进行了测算。对增补的高级岗位职数，分两批予以下达。为鼓励优秀青年人才脱颖而出，对35岁以下通过副高资格的优秀拔尖人才特批指标17个。研究员级岗位增补按人事部历次下达我局高级岗位职数的15%比例掌握，全局增补研究员级岗位职数83个，在下达高、中级岗位职数的同时，下达给各有关单位。截止1993年底，先后下达各单位高级岗位职数1543个，其中研究员级岗位职数239个；中级岗位职数4283个。

通过对1993年高、中级岗位职数增补及相应资格实行评聘分开，使局高、中级专业技术职务评聘矛盾在一定程度上得到缓解，从总体上看反映较好，但资格人数增多后聘任矛盾也随之加大，需要进一步加强设岗，形成择优聘任的竞争机制，并最终打破终身制，真正做到能上能下。

二、专家工作

根据人事部部署，1993年继续开展并完成了享受政府特殊津贴专家选拔工作，全局共有169人获准享受政府特殊津贴，其中100元档30人，50元档139人。从1990年此项工作开展以来的4年中，全局共有348人先后享受政府特殊津贴，其中100元档103人，50元档245人。

1993年，中国科学院布置开展了学部委员增补工作，国家地震局副局长陈颙研究员于当年11月当选为地学部学部委员。至此，我局有10人先后获此殊荣。他们是：顾功叙、刘恢先、马杏恒、秦馨菱、曾融生、丁国瑜、胡聿贤、陈运泰、马宗晋、陈颙。

1993年，局首次开展了地震科技新星评选工作，评选自下而上进行，在各有关单位推荐的基础上，经组织专家评审，报局党组审定，最后评选出18名。他们当中，有的在科学研究上崭露头角，显示出才华和潜力；有的在技术上有所创新，做出了积极贡献；有的在科学技术管理工作中有所作为，做出了显著成绩。年龄最小的29岁，最大的40岁，平均年龄36岁。根据文件规定，国家地震局科技新星每两年评选一次，此次评选的为1992年度科技新星，对获得科技新星称号者，除发给荣誉证书外，还在原职务工资基础上晋升一级工资。

对在科学、技术、管理工作中作出成就的优秀青年拔尖人才评选科技新星，在广大科技人员尤其在青年科技人员中引起积极反响，对稳定和调动广大青年科技人员积极性，激励广大青年科技人员攀登地震科技高峰将具有重要意义。

（局人事教育司　章思亚）

国家地震局1993年机构编制与工资管理

一、机构、编制

1993年根据中央编办要求，上报“国家地震局省局机构改革方案”（初稿）。

根据机构管理的要求，在不增加编制的情况下，国家地震局共批准成立了以下机构：

南宁地震遥测台、广东省工程防震研究所、工程力学所塌陷工程研究所、分析预报中心新技术研究所、国家地震局工程地震研究所（挂靠在地球所）、工程力学所北京工作站、工程力学所建筑工程研究所、工程力学所科学技术杂志社等；并完成了河北省地震局黄金海岸科技活动中心的移交和更名工作；国家地震局驻沪物资供应办事处更名为国家地震局驻上海办事处；根据〔中编函（1992）34号〕文批准，科技情报中心更名为地震数据信息中心后，重新明确中心的任务（有9条）。

二、劳动工资管理

1993年通过调研征求意见，上报人事部《国家地震局事业单位工资制度改革方案》，突出行业特点，制定符合行业特点的津贴制度，省局机关列入执行国家机关工作人员工资标准，并提出提高艰苦台站津贴标准等。继续实行工资总额包干试点工作。

根据国家安排主要对在京单位工人进行了技术等级考核培训，并组织13名高级工通过了工人技师评审。

（局人事教育司　王　霞）

国家地震局1993年教育培训工作

（1）在专家评议、审查的基础上，一批教育理论研究课题通过验收。这些教育理论研究课题，是地震系统广大教育管理干部，在长期的地震教育管理工作实践中，围绕着有关培养学术带头人的有效途径、地震继续教育法规研究、研究生教育工作、岗位培训等方面的问题开展的。通过验收的研究报告及论文共计14篇，已结集出版。

（2）1993年6～12月在兰州举办了第三期岗前培训班。来自11个省、直辖市、自治区地震局（办）、直属单位的40名学员参加了培训。培训班教材在前两期培训班的基础上进行了增删完善，增强了实用性。在教学中，也以提高动手能力为主。受到学员和用人单位的欢迎。

（3）10月7～14日，国家地震局与人事部在杭州联合举办了“地震科技的基础研究与应用研究”高级研修班。高研班的宗旨是：在当前面临地震队伍结构调整和人员分流的新形势下，如何跟踪地震研究的世界先进水平，筛选和确定地震科研的前沿课题，为制订地震工作深化改革的政策提供科学依据。高研班邀请了北京大学等单位的专家介绍了其他学科在预测研究方面的思路、方法及国内外的动态、进展。地震系统的专家分别从地震预报研究现状及前沿问题，各种地震监测预测方法的理论依据、适用范围，地震减灾的基本理论问题及工作内容等方面进行了广泛、深入的研讨。23名来自工作第一线，有较深学术造诣的高级专业技术人员参加了高研班，并获得人事部颁发的全国高研班结业证书。

(4)“地震灾害损失评估局长班”1993年10月22～27日在杭州举办。胡聿贤研究员结合地震工程学科的历史发展和最新动态，对震害预测与评估做了讲解；李树桢研究员以国家地震局发布的《震害评估细则》为依据，介绍了结构分类、震害分级、调查的原则以及评估计算方法等内容；陈颙副局长则就震害预测、评估及其管理等问题讲授了有关课程。来自26个省、直辖市、自治区地震局（办）的领导参加了研讨班，同时结合国家地震局《地震灾情上报暂行规定》、《地震重点监视防御区震害预测工作指南》等有关文件，就评估的分级原则、灾害的分类、评估方法、人员培训、队伍组织以及综合防御等问题进行了充分的研讨。

（局人事教育司　卢　桢）

1993年国家地震局研究生教育情况

单位：人

项目＼培养单位	合计	地球物理所	地质所	分析预报中心	武汉地震所	兰州地震所	工程力学所
一、招生数	32	2	13	3	3	4	7
其中：硕士	15		3	3	3	4	2
博士	17	2	10				5
二、毕业生数	30	7	7	3	5	4	4
其中：硕士	24	4	4	3	5	4	4
博士	6	3	3				

（局人事教育司　宁卫民）

1993年国家地震局各单位接收大中专毕业生及毕业研究生情况

接收单位＼学历层次	合　计	研　究　生	大学本专科	中　专　生
全系统接收毕业生小计	157	42	82	33
地球物理研究所	13	7	4	2
地质研究所	6	4	2	0
分析预报中心	10	5	4	1
地壳应力研究所	4	2	2	0

续表

接收单位 \ 学历层次	合计	研究生	大学本专科	中专生
地震数据信息中心	3	1	2	0
综合观测队	2	2	0	0
防灾技术高等专科学校	3	0	3	0
工程力学研究所	5	4	1	0
兰州地震研究所	12	3	7	2
地震研究所	6	4	1	1
地球物理勘探大队	11	3	7	1
第一地形变监测中心	3	0	1	2
第二地形变监测中心	1	0	1	0
杭州干部培训中心	1	0	1	0
河北省地震局	6	0	5	1
天津市地震局	6	0	0	6
山西省地震局	8	1	6	1
辽宁省地震局	2	0	1	1
吉林省地震局	1	0	1	0
黑龙江省地震局	1	0	1	0
上海市地震局	4	3	0	1
江苏省地震局	4	0	3	1
安徽省地震局	1	0	1	0
江西省地震局	4	0	2	2
福建省地震局	7	0	6	1
山东省地震局	1	0	1	0
广东省地震局	9	2	5	2
海南省地震局	3	0	1	2
广西壮族自治区地震办公室	1	0	1	0
湖南省地震办公室	2	0	2	0
河南省地震局	3	0	2	1
四川省地震局	8	1	5	2
陕西省地震局	2	2	0	0
青海省地震局	3	0	3	0
宁夏回族自治区地震局	1	0	0	1

（局人事教育司　宁卫民）

1993年防灾技术高等专科学校教育情况

单位：人

指标名称	招生数	毕业生数	在校生数
一、专科部分	104	52	201
其中：国家任务	44	52	141
二、中专部分	538	35	1316
其中：国家任务	94	35	257

（局人事教育司　宁卫民）

优秀地震教育工作者表彰大会在河北三河召开

为进一步贯彻落实中共中央、国务院颁发的《中国教育改革和发展纲要》，激发各级领导和广大地震教育工作者重视教育，支持教育，热爱教育，献身教育的工作责任感和工作热情，进一步推动地震教育工作的开展，1993年教师节期间，国家地震局在河北三河防灾技术高等专科学校召开表彰大会，对26名优秀教师、优秀教育工作者给予表彰奖励，为104名长期辛勤耕耘、默默奉献在地震教育岗位上的研究生导师、学校教师和教育管理干部颁发荣誉证书。国家地震局副局长陈章立出席了表彰大会并讲了话。陈副局长在讲话中指出：教育是人类社会永恒而神圣的事业，由教育振兴从而推进整个地震事业的发展是我们共同的心愿和努力的方向，我们要不断探索和完善地震教育工作，使地震教育工作再上一个新台阶。

优秀教师、优秀教育工作者名单：

防灾技术高等专科学校教师：

任天水　洪丙星　高盛义　熊仲华

杭州干部培训中心兼职教师：

张少泉

天津市地震局：

朱凤桐

山西省地震局：

赵　锐

杭州干部培训中心：

苏晓梅　何建树　徐子君

广东省地震局：

续新民

武汉地震研究所：

范春琳

四川省地震局：

王洪年

云南省地震局：

任志洪

陕西省地震局：

杜文和

兰州地震研究所：

吴瑾冰　苏　业　张京州

新疆维吾尔自治区地震局：

宋培琴

物探大队：

刘　群

工程力学所：

韩玉玖　李凤萍

地球物理所：

宋昭仪

地质所：

陈树岩

防灾技术高等专科学校：

周为莺　许殿祥

荣获荣誉证书教师和教育工作者名单：

地球物理所：

尹祥础　王碧泉　朱传镇　许忠淮

许绍燮　陈　颙　陈运泰　陈俊良

陈培善　宋仲和　李自强　时振梁

郑治真　赵玉林　赵忠和　胡聿贤

秦馨菱　郭履灿　曾融生　谢毓寿

地质所：

马　瑾　马杏垣　马宗晋　王克鲁

王绳祖　邓起东　叶　洪　刘国栋

刘若新　朱海之　李　玶　李志义

张裕明　陈益惠　宋惠珍　邵学钟

罗焕炎　胡毓良　施良骐　高名修

徐道一　蒋风亮　强祖基

分析预报中心：

丁国瑜　冯德益　汪成民　吴开统

张国民　张奕麟　梅世蓉

工程力学所：

王前信　尹之潜　江近仁　刘　颖

刘贞荣　张克绪　谢君斐　谢礼立

廖振鹏　熊建国

兰州地震研究所：

孙崇绍　李玉龙　陈丙午　张必敖

侯珍清　郭增建　秦保燕　钱效魁

武汉地震研究所：

刘志英　李　平　李瑞浩　张海根

吴翼麟　杨惠荣　高锡铭　赖锡安

防灾技术高等专科学校：

刁大烈　刘运生　朱　选　李子玉

李忠有　李淑芬　李喜太　李瑞珍

张双水　陈春生　何世颖　赵永安

俞徐同　徐维汉　徐静明　程永平

谢天聪　谢振海　蒋明先　霍英春

广东省地震局：

袁丙昌　罗新荣

河北省地震局：

朱金明

综合观测队：

王廷芳

地壳应力所：

郭若眉

中国减灾报：

陈鑫连

局机关：

何育华　董继善

（局人事教育司　卢　桢）

重要地震科技图书简介

固体地球物理学论评（1992）

秦馨菱　谢毓寿

16 开 147 千字 90 页 平装 4.50 元

本书为地震科学联合基金会主办系列文集的第二集，该文集每年出版一集，由主办者约请有造诣的科学家撰稿，介绍近年来国内外科学工作者在本学科各研究领域所取得的成果和最新进展，以及这些研究的学术意义和重要价值，同时也为广大基金申请者提供有益的选题指南。本集包括地震学、空间物理学、构造物理学、非线性科学以及灾害物理学等方面的综述性论文 9 篇。

活断层分段——原则、方法及应用

丁国瑜　田勤俭　孔凡臣　谢霄峰

张立人　王立平著

16 开 240 千字 152 页　平装 10.00 元

活断层的研究在地球动力学、活动构造学、地震学及工程安全性评价等方面越来越引起人们的重视。而对活断层分段的研究则是 80 年代后期以来这一研究领域中最引人注目的一个新课题。它涉及对断层活动特性的认识和解决一系列有关活断层实际问题的具体方法与途径，具有重要理论与实际意义。本书包含了对活断层分段涵义及有关分段一系列基本问题的讨论，对活断层分段的原则与方法以及在解决地震危险性评估、重大工程安全性评价等实际问题中的应用进行了较系统的论述。

山西临汾地震研究与系统减灾

马宗晋　主编

16 开 959 千字 612 页 平装 40.00 元

减轻自然灾害是一个与人民生命财产安全息息相关的科学难题。本书是山西省人民政府和国家地震局联合基金会资助的，志在预测、预防山西临汾地区地震灾害的“山西临汾地震区别与系统减灾”典范项目的主要成果之一。含有有关地震成因、地壳结构、物质状态、地震活动性、城市防震、抗震救灾等方面的论文 68 篇，在对本区地震成因、地壳结构、物质状态及地震活动性研究的基础上，对本区进行了地震烈度小区划、工程稳定性分析和与地震伴生的自然灾害的预测，为该区制定相应的城市发展、城市生命线工程建设规划和设计方案提供了科学的依据。

中国地震预报概论

梅世蓉　冯德益 等著

16 开 841 千字 526 页 精装 28.00 元 平装 22.00 元

本书是我国 20 多年来地震预测工作的科学总结，全书共分 5 篇 35 章。书中叙述了我国地震活动特点与地震预测工作特点、思路及工作体制；系统阐述了现行九个学科预测地震的理论基础、观测系统、干扰排除、异常识别、前兆特征、预报方法与效能评价；综合论述了我国地震前兆的基本特征，并对其可能的机制进行了探讨；本书还介绍了地震前兆观测数据的处理与分析方法；全面、系统地论述了各类地震预报方法，包括地震预报的数学方法、物理方法、系统科学方法、经验预报方法及地震预报的计算机系统（专家系统）等。

梅世蓉地震科学研究论文选集——地震学、地震前兆与地震预报

16 开 890 千字 556 页 平装 27.80 元

本书是著者40多年来在地震科学领域研究的主要论文选集。全书包括论文40篇。约为90万字。论文中大部分已分散发表在不同的学报、期刊、论文集，少部分是近几年完成的。

选集中论文归纳成八个部分：中国地震活动性；地震波、地球内部构造、地震参数测定与震源过程；唐山地震的深入研究；大陆地震的力学成因分类与预测途径；地震综合预报专家系统；中国地震前兆综合特征及其形成机理；孕育大地震的物理模式与中国地震活动性非均匀动力模式研究；俄、英文发表的部分论文。

地球活动构造解说

马宗晋　叶　洪　陈树岩　主编

32开 94千字 134页 平装 3.50元

本书是根据《地球的活动构造》系列教学片解说词改编而成。全书分为：变动中的地球，地球的局部构造，活动构造的年代测定，区域活动构造，全球活动构造，活动构造与工程地震六个部分。

本书可供从事地震、地质、城市建设、水电、核电、石油等部门的科技人员参考。

地震科学整体观研究

吴宁远　李树菁　主编

16开 350千字 224页 平装 10.00元

这本文集共由27篇论文组成。其中包括地球系统及地震科学整体观，无量纲、不变量、相似理论，浑沌-分形理论，细胞自动机算法，由食物链生物质量比导出的地震数字金字塔结构算法，蕴震系统自组织、前兆场整体演化理论，地震活动度分析，各种尺度破裂以及多种断裂系扩展过程的统一理论，地震预报的地球经济穴位理论，地球物理综合反演、地磁周期与地震预报，征兆地质学理论等。最后一篇讨论了地震科学整体观的若干基本问题。

瞬态谱估计理论及其应用

郑治真　张少芬　著

32开 194千字 232页 平装 6.00元

本书详细地介绍了信号的谱估计理论、方法和应用。第一～三章介绍了熵、傅里叶谱估计；最大熵谱估计和最小交叉熵谱估计，第四～六章介绍了连续信号、离散序列的瞬态谱估计理论、方法及其应用。

本书可供非数学专业的大学高年级学生和研究生、从事信号处理的科技人员阅读、参考。

工程地震学概论

蒋　溥　戴丽思　著

16开 727千字 466页 平装 30.00元

本书系统介绍了工程地震学的基本原理、方法和典型的工程地震实例，从工程地震环境评价的角度，沟通了地质学、地震学、地震工程学、抗震学、工程地质学和地质工程学等学科之间的内在联系，从而建立上述各学科之间的边缘学科——工程地震学。全书共10章，分三个层次：1～4章侧重于论述工程地震学相关的基本概念；5～7章侧重于论述工程地震学基本原理和方法；8～10章结合城市、水电、核电等方面介绍专门性工程地震研究。本书最后附有烈度表、地震动衰减、活断层、地震波速及核电设计等资料和经验关系式，以便于实际查用。

工程地质与地质工程

孙广忠　著

32开 188千字 224页 平装 6.50元

全书共八章，从地质工程的基本概念、土体力学、岩体结构力学、地应力、隧道工程、边坡工程、地质工程设计和地质体改造等方面进行了理论与实际应用的系统论述。全书观念新颖，论述精辟，在学术上有重要开拓，利于实际应用。对工程地质、工程建筑设计、施工、环境保护、综合减灾等工作人员和有关方面的科研人员以及大专院校师生都有理论指导和实际应用的参考价值。

分形与混沌——在地质学和地球物理学中的应用

〔美〕D.L. 特科特　著

陈颙　郑捷　季颖　译

分形和混沌是本世纪 60 年代出现的新理论。本书作者精通固体地球物理学和地质学，在此基础上，应用分形和混沌理论的观点去研究地学现象。前 7 章主要介绍自相似分形的基本概念、自相似分形在岩石破碎、地震活动性和构造学、矿石的品位和储量以及在丛集方面的应用、自仿射分形；第 8 章讲述自仿射分形在地貌学研究中的应用；第 9 章介绍动力学系统；第 10～14 章介绍逻辑斯蒂映射、滑块模型、洛仑兹方程、地幔对流和力武常次发电机引进混沌的基本概念；第 15 章为重整化群方法；第 16 章介绍自组织临界性。本书不失为一本向地学以及其他自然科学领域的工作者介绍分形与混沌理论入门的好书。

地球的理论

〔美〕D.L. 安德森　著

关华平　杨玉荣　刘小伟 等　译

16 开 784 千字 490 页 平装 22.50 元

本书是地球科学吸取了多种学科最新成果，取得了很大的进展。作者利用天文学、地质学、岩石学、地震学、固体地球物理及地球化学等多种知识，讨论了地球的起源、成分和演化问题，介绍了地壳上地幔、下地幔和地核特性，还对地球的热力学性质、弹性、非弹性、粘弹性、非均匀性以及化学组成同位素等进行了专门的研究。本书适合于地球物理、地质、天体物理工作者及有关大专院校师生使用。

地震科学联合基金会资助课题成果汇编（1985—1989）第二辑

地震科学联合基金会办公室　编

16 开 1017 千字 636 页 平装 28.00 元 精装 30.00 元

从本辑开始，基金会将以特定的最终成果报告形式发表各被资助课题所取得的成果进展。这里共收入 66 篇，并归纳为七个部分：1. 地震预报各种前兆方法的物理机制研究；2. 地震学理论和预报方法的研究；3. 地球物理力学机制与实验研究；4. 地震危险性分析和地震灾害预测研究；5. 地壳结构、介质构造运动和环境的研究；6. 地质构造地质标志、断层活动与地震的关系研究；7. 仪器研制及其他。

大同—阳高地震研究

国家地震局科技监测司　编

16 开 355 千字 222 页 平装 12.60 元

1989 年 10 月 19 日大同—阳高地震是自唐山大震后平静 13 年，发生在华北北部最强的地震事件。本书从各种观测、分析方法、区域特征、理论计算和模拟实验等角度对大同—阳高地震的孕育发生背景、发展过程及发生的机理进行了较全面的综合研究。着重研究了前兆场的演变特征，从而对首都圈地区中强地震孕育机理提出了较为客观的认识，对于建立我国板内地震孕育理论模型有着十分重要的意义。

鲜水河—小江断裂带

李玶　主编

16 开 445 千字 278 页 平装 18.00 元

全书共分三部分：第一部分主要阐明了本区的区域构造发展史和深部的地球物理背景；第二部分主要介绍活动构造和本区的地震活动，强震与区域性活动断裂带的有关认识，有关活断层的鉴定、活动期次和时限的确定，以及活断层的时、空、强与地震三要素的互相关系的制定等；第三部分主要内容是对本断裂带的强震进行中、长期预报，为本断裂带上地震的时、空、强三要素判定提供了线索。

中法合作活断层对比研究

国家地震局国际合作司　编

16 开 409 千字 262 页 平装 14.00 元

本书由中国和法国活动构造学家共同撰写。主要内容包括区域活动构造、活动构造与地震、断层崖与断层位错、古地震与地震形变带、地震危险性与地震预测和新技术、新方法的应用等。它反映了西地中海周围地区以及中国祁连山—河西走廊地区活断层及其对比研究的新资料、新认识和新成果，还反映了活断层研究中的新技术和新方法。

国家地震局国际合作研究专辑 中国、比利时、卢森堡固体潮及地球动力学研究

蔡惟鑫 陈洪飞 主编

16开 320千字 200页 平装 11.70元

本书反映了我国地震科学领域对外开放以来最早的一批国际合作项目的成果。该书全面系统地回顾了中、比、卢地球动力学合作研究的历程、进展和今后展望。内容包括地球重力、倾斜应变固体潮的理论研究、观测技术与仪器研制、试验结果与分析，以及在地震中的应用。内容丰富，具有较强的科学性和实用性。

地壳构造与地壳应力文集（6）

国家地震局地壳应力研究所 编

16开 310千字 204页 平装 10.00元

本文集汇集了地壳构造运动、地震地质与地震预报研究、地应力、应变测量与应用以及数值模拟等方面的文章19篇。多数文章以大量野外地质资料和历史地震资料为基础，分析研究了我国某些地区现今地壳运动的活动特征，进而提出了部分地区未来强震活动的趋势，有的文章还介绍了地应力测量在油田开发中应用的实例。

三峡坝区水库诱发地震研究——茅坪钻孔的现场测试与分析

李方全 张伯荣 苏恺之 等 著

16开 327千字 216页 平装 9.00元

本书为三峡工程坝区水库诱发地震研究的论文集。第一部分主要论述茅坪800m深钻孔中各项原地测量的方法和结果；第二部分主要是关于岩石力学实验室研究和断层滑动准则的论文；第三部分是在原地应力测量结果的基础上进行的应力场数值分析的有关论文；第四部分是以原地应力测量结果为基础，用断层滑动准则讨论水库蓄水后不同深度诱发地震的可能性。

中国地震灾害损失预测研究专辑（二）

地震生命损失研究

傅征祥 李革平 著

32开 168千字 202页 平装 4.56元

地震灾害的严重后果之一是生命损失。如何减轻地震造成的人员伤亡，已引起各国政府和社会的高度重视。本书研究了地震生命损失的时间、空间和强度的统计分布特征，生命的地震易损性，地震生命损失预测和评估方法，以及减轻地震人员伤亡的对策和有效性等问题。本书可供从事地震灾害、地震保险和抗震救灾研究的科技人员、管理人员和有关院校师生参考。

燕山地区喜马拉雅运动及现今地壳稳定性研究

易明初 李 晓 著

16开 313千字 220页 平装 15.00元

本书是“七五”期间地质矿产部及国家自然科学基金和地质行业科技发展基金联合资助项目“燕山地区地壳运动及区域成矿作用”成果之一。全书共分九章，前七章是以区域地质构造为背景，采用沉积、地貌、构造、岩浆活动、地震活动及现代地形变等理论和研究方法，从各个不同角度揭示该区的地壳运动踪迹；第八章是根据前七章的基本事实以及通过各种方法研究所显示的地壳运动踪迹，总结出喜马拉雅地壳运动发育规律和运动期幕的划分；第九章是以现今地壳运动为基础，采用概率分析和模糊数学的理论与方法，对燕山地区进行了区域地壳稳定性分区评价，为该区的国土整治与规划和重大工程建设提供了宝贵资料。因此，本书具有重大的理论意义和实际意义，特别是在大量的新认识和新观点中，喜马拉雅运动划分年表和NNW向构造体系——“华北系”的建立最为突出，为地质力学学科的发展做出了贡献。

四川活动断裂与地震

唐荣昌 韩渭宾 主编

16开 876千字 596页 平装 36.00元

本书是对四川地区20多年来活动断裂与

地震研究工作较全面的总结。全书共分8章，对四川地区的主要活动断裂从地质、地貌、地震、地形变、深部构造、遥感地质等多方面进行了广泛深入的研究；对活动断裂的类型、分布组合、活动方式、滑动速率、断裂带上的古地震遗迹及有关年代学、强震复发间隔和应力状况等方面开展了广泛的探讨；在上述研究、探讨的基础上对本区活动断裂的地震危险性进行了评价。

云南地震预报系统论

赵洪声　刘祖荫　编著

32开 302千字 360页 平装 9.80元

本书从系统的角度出发，将地震系统与外部环境看作相互联系，相互作用的整体，通过长序列大样本书分析，阐述了云南地震系统的地震演化特征，着重论述了云南地区天文背景、大气涨落、旱涝剧变、地热异常等与地震活动的关系，初步揭示出一些可能制约地震孕育和爆发的基本物理关系，以及它们的致震规律。并在此基础上，建立起有一定物理基础的地震预报模式，将其应用于实践，取得了较好的效果。

祁连山—河西走廊活动断裂系

国家地震局地质研究所

国家地震局兰州地震研究所

16开 582千字 362页 平装 25.00元

本书是中国活断层研究专辑之一，是在中法科技合作研究基础上取得的一项重要成果。书中着重反映所取得的新资料和新认识。祁连山—河西走廊断裂系是青藏高原块体的北部边界，是认识青藏块体新构造运动的窗口。本书系统全面地论述了活动断裂系第四纪以来的构造变形、断裂活动与滑动速率、历史大震的地表破裂特征与成因机制、活动断裂粘滑与蠕滑运动的划分、大震重复间隔及未来地震危险性、逆断层的构造组合和变形特征及其动力学模式等。

1990年天祝—景泰6.2级地震

汤　泉　王振亚等　编著

16开 169千字 114页 平装 6.50元

1990年10月20日，在甘肃省天祝藏族自治县、景泰县和古浪县三县交界处发生了一次6.2级地震，该地震是1954年之后甘肃省最大的一次地震。本次地震无论在地震科学研究上，还是抗震救灾工作方面都积累了一批资料和经验。本书从地震序列分析入手，介绍了地质条件、前兆资料、震害和烈度资料以及震害快速评估、防震减灾等方面的经验。

新疆减灾四十年

《新疆减灾四十年》编委会

朱令人　主编

叶民权　徐德源　副主编

16开 528千字 338页 平装 19.00元

本书首次系统地论述了新疆维吾尔自治区主要自然灾害（气象灾害、洪旱灾害、雪害、地震灾害、地质地貌灾害、沙害、土壤盐碱危害、农林牧业有害生物灾害等）的概况、成因、特征、分布规律，以及灾害对国民经济发展的影响和防御对策。本书第2部分是灾害实录，按时间顺序辑录了1949～1990年新疆40年来发生的各次重大自然灾害，对灾害情况进行了完整、翔实的整理，是新疆第一部较为全面、系统地介绍灾害方面的基础资料。

郯庐带地震活动性研究

魏光兴　刁守中　周翠英　著

16开 339千字 212页 平装 10.00元

本书是系统研究中国大陆板内大型地震带地震活动性的专门著作，全书共分九章：第一章回顾郯庐带地球物理学、地震学研究简史；第二章介绍郯庐带地震史料及现代地震观测台网资料；第三章阐述郯庐地震带的划分依据及其合理性；第四、五、六、七章依次详细研究郯庐带7级以上强震序列及其震源环境，历史中、强地震群体活动时空韵律性、自相似性和有序性，现代弱震活动时空图象与数理模型检验以及构造应力场特征；第八章分析郯庐带震兆特征及地震活动趋势；第九章总结郯庐带地震活动的基本特征并提出有待深入研究的问题。

地下水动态异常与地震短临预报

万迪堃　汪成民 等　编著

32开 374千字 234页 平装 10.00元

地震短临预报是当前地震预报的关键和难点。本书通过对大量地下水动态震例的分析和对震前地下水动态异常特征及其与地震三要素关系的总结，论述了地下水动态异常在地震短临预报中的地位和作用，建立了预报地震三要素的异常标志体系和利用地下水动态异常进行地震短临预报的方法。书中还总结了我国地震地下水动态研究的创新和应用前景。

地震生物学概论

蒋锦昌　陈德玉　编著

32开 297千字 354页 平装 9.00元

本书汇集了作者二十多年来从事地震前动物习性异常及机理研究的成果，以及国内外有关的研究工作。全面介绍了该领域的开创、发展、教训和展望；较系统地论述了与认识和理解震前动物异常有关的环境、行为、神经科学，以及生理心理学等方面的基础知识；简要地论述了震前动物异常的行为特征及其与地震三要素（时间、地区、震级）的统计关系；系统地论述了震前动物异常的地球物理和地球化学因素背景，及其对动物直接作用、感觉反应和综合效应机理，全面论述了震前动物异常的确定观测，鸟类声行为的研究和模式识别，以及地震前植物习性异常的观测和研究。

油田应力测量

刘建中　张金珠　张　雪　编著

16开 339千字 212页 平装 15.50元

本书介绍了油田应力测量的水力压裂、井壁崩落、井下微地震波、岩芯擦痕、应力解除、S波分裂等多种地球物理及地质学方法。其中有的已在、有的将可能在我国石油行业应用。另外，也介绍了相应的岩石力学理论基础、实验与测试技术；还阐述了油田应力场资料分析的内容和程式；讨论了油田应力测量结果在指导采油方面的实际应用。

包气带水文地质专论

许兆义　著

16开 183千字 116页 平装 9.80元

本书主要论述了包气带水文地质理论与研究方面的问题。主要内容包括：包气带水的贮存形式、孔隙介质、孔隙－裂隙双重介质中包气带水的微观渗流机制和宏观渗流特征，包气带水流定量研究的基础，包气带介质环境特征和作用，包气带水文地质应用等。

矿物物理矿物材料新研究

张惠芬　王辅亚　查福标　主编

16开 230千字 162页 平装 12.00元

本书是我国第三届矿物物理矿物材料学术讨论会论文集。书内含学术论文详细摘要101篇，这些论文涉及矿物物理、矿物材料、矿物结构及宝玉石矿物学等方面，反映出我国地质矿物学和材料科学工作者近年来在这些领域所取得的最新成果。

壳幔演化与成岩成矿同位素地球化学

中国矿物岩石地球化学学会同位素地球化学专业委员会

中国地质学会同位素地质专业委员会

16开 360千字 252页 平装 30.00元

本书是我国近4年来关于壳－幔演化与成岩成矿同位素地球化学方面的研究成果汇编。其研究领域包括理论、实验和地质应用诸方面，反映了我国同位素地质年代和同位素地球化学研究的新进展，其中包括近年来取得重要进展的环境与海洋同位素地球化学研究成果。

地貌过程与环境

中国地理学会地貌与第四纪专业委员会编

16开 450千字 306页 平装 12.50元

1991年12月，中国地理学会地貌与第四纪专业委员会在广西桂林召开了“地貌过程与环境管理研讨会”。本书是从会议论文中挑选、编纂成的文集，共46篇，主题是：地貌过程与环境和人类活动的关系，包括河流、坡地侵蚀与发展、海岸、风沙、喀斯特、城市与环境地貌、构造地貌、地貌实验等方面，比较集中反映了1987年以来全国地貌与第四纪有关领域的研究成果。

（以上由地震出版社张慧平提供）

重力测量学

〔德〕W. Torge教授 著

徐菊生 刘序俨 等译

刘鼎文 赖锡安 等校

本书为国际知名的重力测量学专家国际大地测量协会（IAG）现任主席W. Torge教授专著。全书共分十章。内容包括重力测量学的基本概念、基础理论、应用研究、重力观测方法和资料处理及其发展历史。本书不但对作为重力学研究的基本工具的重力场理论及其现代知识作了综合论述，同时还着重介绍了重力资料在现代大地测量学、地球物理学、地球动力学等交叉学科中的应用，对这些领域中最新研究成果作了详尽的评述，列举了大量的研究实例。本书还特别安排了专门的章节对现今重力测量学研究领域的重点课题——重力随时间变化的测量和解释，进行了精辟的阐述。本书内容丰富，图文并茂，书中提供了常用的公式和基本数据，便于读者使用，书后附有大量的参考文献，可供研究者查阅参考。

本书适于从事现代大地测量学、空间大地测量学、地球物理学、地震学研究人员阅读使用；本书又是著者在汉诺威大学授课的讲义的基础上写的，因此亦可作为大专院校有关专业师生的教学用书。

（地震研究所 胡朝明）

附　录

给出上年度全球$M_S \geqslant 7.0$，中国$M_S \geqslant 4.0$地震目录，并记载本系统大事记。

1993 年全球地震目录（$M_S \geqslant 7.0$）

月	日	时	分	秒	纬 度	经 度	深 度	M_S	位 置
01	15	19	06	04.4	43.0N	143.8E	112	7.2	日本北海道地区*
03	06	11	05	48.0	40.9S	164.2E	011	7.2	所罗门群岛
06	08	21	03	35.5	51.3N	157.8E	081	7.3	千岛群岛
07	12	21	17	10.4	42.9N	139.3E	020	7.6	日本东海
08	08	16	34	24.6	13.0N	144.9E	071	7.6	马里亚纳群岛以南
09	03	20	35	01.2	14.7N	092.6W	027	7.0	墨西哥恰帕斯近海
09	11	03	12	53.8	14.6N	092.5W	036	7.6	墨西哥恰帕斯近海
10	24	15	52	16.8	16.9N	098.4W	027	7.0	墨西哥格雷罗近海

* 表示震级标度为 M_B 或 m_b

1993 年中国地震目录（$M_S \geqslant 4.0$）

月	日	时	分	秒	纬度	经度	M_S	深度 (km)	位 置
01	03	08	01	54.9	33.9	100.6	4.4	014	青海甘德
01	08	22	22	59.9	23.8	122.6	4.4	015	台湾花莲
01	12	16	52	47.5	31.6	080.8	4.6	033	西藏噶尔
01	16	00	37	40.5	42.1	084.5	4.6	016	新疆轮台
01	18	20	42	04.3	30.9	090.5	6.1	010	西藏当雄
01	18	22	49	41.3	30.9	090.6	4.5	006	西藏当雄
01	20	15	09	42.8	23.9	122.2	4.0	020	台湾花莲
01	23	16	59	25.8	24.2	121.7	5.7	031	台湾花莲
01	26	08	04	28.1	24.3	122.2	4.0	005	台湾苏澳
01	27	04	32	05.8	23.0	101.2	6.2	032	云南普洱
01	27	04	46	36.4	22.9	101.3	5.0	032	云南普洱
01	27	13	00	12.8	23.0	101.1	4.6	032	云南普洱
01	28	19	19	12.0	25.0	122.4	4.4	015	台湾基隆
02	01	03	33	28.8	25.9	101.3	5.0	010	云南大姚
02	01	19	50	33.8	25.9	101.3	4.7	010	云南大姚
02	03	00	05	12.7	42.1	086.3	5.1	016	新疆和静
02	05	21	54	41.6	23.6	107.9	4.0	006	广西大化
02	10	02	26	00.1	23.6	107.9	4.3	010	广西大化
02	11	04	25	57.8	34.4	080.8	4.3	010	西藏日土
02	12	19	22	58.1	43.3	083.9	4.0	015	新疆新源
02	13	00	16	37.1	40.3	078.2	4.0	021	新疆巴楚
02	13	18	34	25.9	38.9	078.1	4.6	038	新疆麦盖提
02	14	18	21	24.2	30.4	129.0	4.0	015	东海
02	15	16	45	47.7	30.9	090.4	4.4	015	西藏班戈
02	17	10	00	25.4	38.4	089.5	4.8	013	新疆若羌

月	日	时	分	秒	纬度	经度	M_s	深度 (km)	位　置
02	19	10	36	01.4	24.3	122.0	4.2	015	台湾新城
02	21	01	33	33.5	32.5	090.2	4.7	032	西藏班戈
02	24	09	30	45.2	22.4	122.4	4.3	029	台湾台东
03	02	21	36	37.2	30.6	103.4	4.0	015	四川大邑
03	05	14	57	04.4	22.1	121.0	5.2	037	台湾恒春
03	05	16	25	25.3	21.9	121.0	5.0	010	台湾恒春
03	12	15	16	48.3	27.2	101.1	4.1	015	云南宁蒗
03	13	16	48	07.5	28.5	128.3	4.8	021	东海
03	20	22	52	00.4	29.1	087.4	6.4	021	西藏拉孜
03	21	05	26	40.3	29.0	087.5	4.7	032	西藏拉孜
03	24	08	33	50.8	33.0	082.4	4.3	031	西藏革吉
03	28	09	16	10.4	33.0	123.8	4.5	032	黄海
03	29	13	45	15.1	27.6	103.0	4.1	020	四川布拖
03	31	21	44	12.0	29.2	087.5	5.0	032	西藏拉孜
04	03	13	02	50.2	40.0	075.5	4.4	006	新疆乌恰
04	07	16	17	07.8	22.9	121.1	4.1	009	台湾台东
04	08	11	49	31.9	35.6	077.6	5.0	031	喀喇昆仑山口
04	09	05	11	25.1	28.1	100.9	4.2	016	四川木里
04	10	11	13	02.1	27.9	101.0	4.4	008	四川木里
04	12	11	48	12.5	28.7	095.5	4.4	016	西藏墨脱
04	12	14	54	41.1	28.1	101.0	4.0	015	四川木里
04	14	16	31	06.9	42.7	087.4	4.2	023	新疆和静
04	14	17	58	04.1	39.2	077.0	4.1	043	新疆伽师
04	17	05	10	13.0	23.4	120.8	4.2	005	台湾台南
04	21	14	11	46.0	34.7	084.7	4.1	032	西藏拉雄错
04	27	22	19	49.8	33.0	095.8	4.0	007	青海杂多
05	08	15	00	22.1	35.8	078.4	4.1	024	新疆苏盖提
05	11	22	35	38.1	28.1	099.7	4.4	032	云南中甸
05	14	13	42	11.5	24.3	121.7	4.3	004	台湾苏澳
05	24	07	57	46.7	31.5	098.8	4.7	011	西藏德格
05	24	13	02	29.0	29.0	096.1	4.6	032	西藏墨脱
05	30	15	38	29.7	23.7	100.4	4.2		云南景谷
05	30	16	32	25.5	23.7	100.4	4.5		云南景谷
06	03	09	15	36.9	23.4	100.1	4.8	010	云南景谷
06	04	09	03	59.9	23.7	100.4	4.9	008	云南临沧
06	04	09	42	52.0	23.7	100.4	4.2		云南临沧
06	07	06	56	15.0	26.2	123.5	4.4	017	台湾钓鱼岛
06	11	04	38	30.9	23.7	100.5	4.3	020	云南景谷
06	12	07	27	17.6	23.0	099.1	4.4		云南沧源西南
06	12	15	39	44.3	24.7	122.6	4.4	005	台湾宜兰
06	14	15	30	17.4	35.7	078.4	4.4	032	新疆苏盖提
06	14	16	49	56.9	38.4	076.8	4.4	006	新疆麦盖提
06	16	07	12	26.2	35.8	077.7	4.6	032	新疆苏盖提

月	日	时	分	秒	纬度	经度	M_S	深度(km)	位置
06	24	01	19	25.8	27.6	092.7	4.1	032	西藏错那
06	24	10	59	49.0	24.4	122.1	4.3	018	台湾苏澳
06	24	18	39	47.2	24.9	121.1	4.3	005	台湾桃园
06	25	18	04	28.1	33.2	093.3	4.7	029	青海唐古拉山
06	26	22	36	35.3	37.7	112.6	4.2	022	山西太原
06	27	03	41	30.9	31.8	109.6	4.0		陕西镇平
07	03	10	00	22.2	28.3	086.7	4.6	032	西藏聂拉木
07	05	03	08	04.4	24.8	122.3	5.3	107	台湾宜兰*
07	07	04	07	50.7	32.0	082.4	4.4	034	西藏改则
07	07	19	58	43.8	36.7	097.1	4.1		青海德令哈
07	10	11	14	33.4	29.3	104.0	4.2		四川犍为
07	11	04	12	53.0	36.7	106.3	4.3	015	宁夏同心
07	11	23	15	26.4	31.5	103.9	4.3	002	四川什邡
07	17	17	46	33.4	28.0	099.7	5.6	026	云南中甸
07	29	10	23	07.1	28.2	099.7	4.0	012	云南中甸
07	30	01	58	20.8	29.8	114.3	4.1	010	湖北咸宁
08	04	18	32	00.4	48.2	130.3	4.4		黑龙江萝北
08	07	08	00	37.6	26.5	125.8	6.6	170	台湾东北*
08	07	16	36	06.3	29.0	103.6	4.8	005	四川沐川
08	10	14	46	18.4	24.7	101.9	4.4	015	云南双柏
08	11	09	07	32.9	23.6	100.4	4.2		云南景谷
08	12	08	29	36.1	39.3	106.4	4.2	010	宁夏石炭井
08	14	22	30	00.4	25.5	101.3	5.3		云南姚安
08	17	00	36	59.9	23.2	120.1	4.1	014	台湾台南
08	18	12	40	39.6	25.1	121.9	4.0	013	台湾台北
08	20	14	37	53.1	29.6	105.5	4.5		四川荣昌
08	21	03	59	09.2	25.5	123.7	4.8	217	台湾东北*
08	29	12	00	16.6	40.8	106.8	4.2		内蒙古杭锦后旗
09	04	11	34	12.6	23.5	122.9	4.0	027	台湾大港口东
09	04	12	32	18.8	24.1	122.9	4.2	030	台湾花莲东
09	05	01	25	11.1	30.4	094.8	4.1	020	西藏边坝
09	05	04	22	29.9	37.3	094.6	5.0	017	青海格尔木
09	05	06	06	53.4	37.5	094.8	4.7	015	青海格尔木
09	06	06	40	25.3	37.2	094.5	4.5	016	青海格尔木
09	07	04	57	22.9	30.4	094.9	4.0	032	西藏边坝
09	11	03	18	23.9	39.1	111.5	4.3		山西五寨
09	12	16	03	35.0	30.6	083.4	4.2	032	西藏桑木张
09	13	11	04	54.9	31.0	083.6	4.4	035	西藏措勤
09	20	04	14	14.4	22.2	101.9	4.6	030	云南江城南
09	30	22	15	17.4	23.6	121.8	4.5	009	台湾大港口
10	02	06	39	58.9	47.7	130.9	4.5	015	黑龙江萝北
10	02	16	42	31.9	38.3	088.8	6.4	014	新疆若羌
10	02	17	20	13.6	38.3	088.8	4.0	031	新疆若羌

月	日	时	分	秒	纬度	经度	M_S	深度 (km)	位置
10	02	17	43	19.5	38.3	088.7	5.2	017	新疆若羌
10	03	01	23	32.8	38.2	088.8	5.3	015	新疆若羌
10	03	07	50	01.9	38.5	088.7	4.1	029	新疆若羌
10	03	18	54	23.3	40.1	123.4	4.1	013	辽宁鞍山
10	07	11	27	02.4	38.5	088.6	4.4	029	新疆若羌
10	11	04	56	09.6	23.6	100.4	4.1		云南景谷
10	13	04	49	22.1	38.4	088.8	4.1	031	新疆若羌
10	14	07	34	17.7	28.6	103.3	4.3	001	四川马边
10	15	18	52	04.0	24.6	121.4	4.1	004	台湾苏澳
10	18	11	06	58.4	23.6	100.4	4.6		云南景谷
10	19	00	35	03.0	30.0	098.3	4.8	032	西藏芒康
10	25	02	03	49.4	23.2	121.8	4.4	020	台湾新港
10	26	19	38	24.1	38.5	098.7	5.9	030	青海托来南山
10	29	08	41	40.2	36.4	077.6	4.6	144	新疆乔戈里峰*
11	02	15	14	51.1	43.0	131.1	5.2	557	黑龙江珲春*
11	08	03	09	39.1	24.6	104.5	4.1		云南罗平
11	12	22	16	30.7	22.1	121.9	5.1	178	台湾兰屿*
11	22	17	04	18.2	24.0	122.6	4.3	033	台湾花莲
11	27	03	22	37.0	23.0	120.5	4.1	011	台湾台南
11	27	12	48	14.8	35.9	105.7	4.0	025	宁夏西吉
12	01	03	03	13.4	23.0	121.3	4.4	009	台湾台东
12	01	04	37	11.2	39.4	075.4	5.9	008	新疆喀什
12	01	17	25	57.8	39.4	075.5	4.6	022	新疆喀什
12	01	22	54	50.3	45.0	093.9	4.5	022	新疆巴里坤东北
12	03	08	01	32.0	24.2	122.1	4.5	016	台湾花莲东北
12	06	07	57	20.4	30.1	108.3	4.3		四川石柱
12	07	07	00	18.2	21.9	121.0	5.2	032	台湾恒春南
12	10	16	59	36.5	20.9	121.1	5.8	015	台湾恒春南
12	10	19	13	54.3	20.8	121.1	4.3	032	台湾恒春南
12	12	20	54	40.7	32.3	087.1	4.6	033	西藏达则错
12	13	07	34	18.2	27.3	092.1	4.3	029	西藏邦迪拉
12	16	05	49	41.4	23.2	120.6	5.7	016	台湾台南
12	21	18	04	18.3	22.5	103.5	4.6	015	云南金平南
12	23	00	22	20.7	23.2	120.3	4.1	024	台湾台南
12	30	13	55	36.6	30.9	103.7	4.2	015	四川都江堰
12	31	00	29	47.4	38.2	122.8	4.2	016	黄海

* 表示震级标度为 M_B 或 m_b。

（局分析预报中心　冯　浩）

国家地震局1993年大事记

1月6～10日

1993年全国地震趋势会商会在京召开。会议对1993年地震趋势进行了判定；表彰了1992年在地震监测预报工作中取得优异成绩的先进集体和个人。

1月

国家地震局机关老龄委员会在京成立。任主任委员为袁维丹，副主任委员为林庭煌、宫廷奇。

1月9日

国家地震局振远科技工贸公司经国家工商局正式核准登记。

1月

制定下发《地震灾情上报暂行规定》。对地震灾情快速反应、评估规范化、科学化、系统化将起到重要作用。

1月

北京地区防震减灾中心成立。对加强首都圈震情跟踪，发挥地震部门的政府职能作用，稳定首都秩序将产生深远影响。

2月

首届全国地震好新闻评选会在京闭幕。共有266件（篇）参评，共计171件作品获奖。其中，获特等奖8件、一等奖12件、二等奖31件、三等奖70件、鼓励奖50件。

2月9～12日

1993年全国地震工作计划会议在京召开。

2月

全国地震台站和地震办开发工作会议在京召开。明确了台站开发创收方向。对稳定台站科技人员，加强监测能力，提高监测成果质量将起到积极的促进作用。

2月19～24日

国家地震局1993年度外事工作会议在海口市召开。来自局系统的50余位代表参加了本次会议。会议在认真学习中共中央、国务院及有关部委涉外文件的基础上，结合我局外事工作特点与会代表进行了广泛的交流；同时表彰了在上一年度外事工作中取得优异成绩的单位和个人。

2月

国家地震局第五次审计、监察工作会议在京召开。表彰了1992年度在审计、监察工作中取得突出成绩的先进集体与个人。

2月

世界实验室环境与电磁监测中心在地质所成立。

3月5～10日

国家地震局学位委员会工作会议在京召开。经国务院学位委员会批准，陈颙、陈培善、刘国栋、胡毓民、张裕明、谢礼立、门福录为博士生导师。增补工力所岩石力学专业为博士学位授权点。

3月8日

深化石油-地震科技合作工作会议在京召开。联合规划了今后石油与地震部门双方扩大合作的领域及步骤。

3月18～22日

全国第二批震例总结工作会议在京召开。

3月30日

国家地震局历年享受政府特殊津贴及有突出贡献的中青年科技管理专家数据库建库工作结束，使得这一工作的管理跨入先进的现代化管理轨道。

4月3日

参加了“第二届全国技术市场金桥奖”评选活动。国家地震局的“科技开发办公室”、“广东省地震局”、“华能地学高技术联合公司”三个单位获集体奖。栾毅和孙人武两同志获得个人奖。

5月

召开了有近30个部委参加的震情通报会。由陈章立副局长就近期会上普遍关注的国内、国际地震形势进行了详细的通报和科学的分析。

5月19日

制定下发《地震台网观测与工作质量省级评比办法》。细化了省一级观测资料质量评比办法。充分体现了省级评比在观测资料评比中的主体作用。

6月

全国分片年中会商会分别在成都、兰州、海口举行。对年初确定的重点监视区进行了跟踪分析。确定了下步的工作重点。

6月10～17日

由副局长陈颙率领的中国地震代表团一行5人首次对以色列进行友好访问。

6月14～21日

副局长陈章立率中国地震代表团赴越南进行首次正式友好访问。

7月24日

1993年科技新星评选工作结束。国家地震局修济刚等18位做出突出成绩的青年科技管理人才获此殊荣。

8月16～21日

全国第二次地震专业教材建设委员会全体会议在山西召开。会议评选、审批了优秀教育工作者和受表彰名单。

8月

国家地震局向国家科委申报的八项国家级重点新产品全部获准通过，同时肯定其达到国际和国内先进水平。

8月

第十一届全国青少年地震科技夏令营在青岛胜利闭幕。

8月26日

全国人大代表、澳门大丰银行常务董事、总经理何原铧先生通过华商公司向我局赠送5套海事卫星传真电话系统。我局在人民大会堂举行了接收答谢仪式。

8 月

全国地震烈度、灾害损失评定委员会第一次全体会议在京召开。会议讨论并修改了委员会章程，确定了今后的工作重点。

9 月

全国地震局长会议在京召开。会议就大家普遍关心的热点问题："稳定加强一头，放开搞活一片"地震系统的改革开放总方向进行深入、细致的广泛地讨论。统一了思想和认识。

9 月 7 日

国际工程地震学会名誉理事，美国科学院和美国工程科学院院士及加州理工学院土木系终身名誉教授豪斯纳博士被局工程力学研究所授予名誉教授。

9 月 30 日

国家地震局承担的世界之窗——火山景观试验阶段工作在中共中央委员、侨联主任廖辉观看给予充分肯定后结束，将转入正式建设工程。

10 月

为配合国际减灾日，组织了科学现代舞剧《大地震》的演出活动，同时举行了新闻招待会。这一系列活动的开展、普及了地震知识，扩大了地震局在社会上的影响力，加强了广大民众防震、抗震意识与能力。

10 月

全国震害防御处长会议在郑州召开。会议讨论了《工程建设场地地震安全性评价许可证》和《地震安全性评价上岗证书》事宜。

11 月

召开了（1993 年度）地震监测五大学科观测资料质量评比会。其中，测震学科的兰州台等 5 个台站获取本学科第一名；磁电学科的宝坻台等 5 个台站获取本学科的前三名；流体学科的洱源、聊城等 4 个台站获取前三名；通信学科的河南局等获取了本学科的前三名；形变学科的新疆、怀来等 8 个台站获取了本学科的第一名。

11 月 24 日

国家地震局华商国际旅行社经国家旅游局批准具有中央一类社经营资格。

12 月 15 日

局地球物理研究所的女博士杨建思被评为中央国家机关"十杰"青年，吴忠良被评为"百优"青年，受到党中央、国务院领导同志的接见。

（局办公室　高荣胜）

《中国地震年鉴》特约撰稿人名单

吕庆书	北京市地震局	谢乐今	西藏自治区地震局
姜国华	天津市地震局	施彩霞	陕西省地震局
李俊菊	河北省地震局	王菊珍	甘肃省地震局
樊　琦	山西省地震局	梁金仓	宁夏回族自治区地震局
陈进良	内蒙古自治区地震局	朱文玉	青海省地震局
高玉林	辽宁省地震局	陈祥玉	新疆维吾尔自治区地震局
李景富	吉林省地震局	宋建立	国家地震局地球物理勘探大队
薛仲新	黑龙江省地震局	满振阳	国家地震局第一地形变监测中心
金　胜	上海市地震局	刘天铭	国家地震局第二地形变监测中心
张锁喜	江苏省地震局	韩素英	国家地震局工程力学研究所
张耀明	浙江省地震局	陈英方	国家地震局地球物理研究所
刘良宽	安徽省地震局	张崇立	国家地震局地质研究所
包建新	江西省地震局	苏恺之	国家地震局地壳应力研究所
蔡晋安	福建省地震局	申　裕	国家地震局分析预报中心
张祥义	山东省地震局	陈春生	防灾技术高等专科学校
刘建华	河南省地震局	刘　玫	国家地震局综合观测队
胡朝明	湖北省地震局	赵　勇	国家地震局地震数据信息中心
刘宝成	湖南省地震办公室	张慧平	地震出版社
梁　干	广东省地震局	刘凤麟	国家地震局人事教育司
龙安明	广西壮族自治区地震办公室	赵和平	国家地震局计划财务司
蔡堪瑞	海南省地震局	李　健	国家地震局科技监测司
刘成仁	四川省地震局	张宏卫	国家地震局震害防御司
师万香	云南省地震局	陈洪飞	国家地震局国际合作司
覃子建	贵州省地震办公室		